rororo

# Das rororo-Jubiläumsbuch
## Die besten Geschichten aus 50 Jahren

Herausgegeben von
Marcel Hartges

Rowohlt Taschenbuch Verlag

Originalausgabe
Veröffentlicht im Rowohlt Taschenbuch
Verlag GmbH, Reinbek bei Hamburg, Mai 2000
Copyright © 2000 by Rowohlt Taschenbuch
Verlag GmbH, Reinbek bei Hamburg
Umschlaggestaltung: Max Bartholl/Christoph Krämer
Quellenverzeichnis im Anhang des Buches Seite 605
Alle Rechte vorbehalten
Satz Swift PostScript (PageOne)
Gesamtherstellung Clausen & Bosse, Leck
Printed in Germany
ISBN 3 499 22826 2

# Inhalt

Vorwort 7

HANS FALLADA ■ Die Sorglosen 9

ERNEST HEMINGWAY ■ Schnee auf dem Kilimandscharo 36

WOLFGANG BORCHERT ■ Schischyphusch oder Der Kellner meines Onkels 66

ROBERT MUSIL ■ Die Portugiesin 79

DOROTHY PARKER ■ Zu schade 103

KURT TUCHOLSKY ■ Rheinsberg 118

ITALO SVEVO ■ Die Zigarette 152

ISAAC BASHEVIS SINGER ■ Gimpel der Narr 180

PHILIP ROTH ■ Die Bekehrung der Juden 201

ROALD DAHL ■ Genesis und Katastrophe 221

ROLF HOCHHUTH ■ Die Berliner Antigone 230

ALBERT CAMUS ■ Der Gast 245

JEAN-PAUL SARTRE ■ Herostrat 263

VLADIMIR NABOKOV ■ Frühling in Fialta 283

JOHN CHEEVER ■ Der Schwimmer 311

HENRY MILLER ■ Der dritte oder vierte Frühlingstag 328

HARRY MULISCH ■ Symmetrie 341

JOHN UPDIKE ■ Die andere Frau 351

TONI MORRISON ■ Was dann? 379

PETER RÜHMKORF ■ Der Hüter des Misthaufens 396

HELMUT KRAUSSER ■ Spielgeld 404

ELKE HEIDENREICH ■ Das Dööfchen 413

HAROLD BRODKEY ■ Unschuld 425

HERTA MÜLLER ■ Dorfchronik 475

ROSAMUNDE PILCHER ■ Das blaue Zimmer 487

PAUL AUSTER ■ Auggie Wrens Weihnachtsgeschichte 506

ALISSA WALSER ■ Geschenkt 516

JOSÉ SARAMAGO ■ Embargo 526

FELICITAS HOPPE ■ Am Saum 540

PÉTER NÁDAS ■ Minotauros 546

TIM GAUTREAUX ■ Derselbe Ort, dieselben Dinge 569

PETER HØEG ■ Spiegelbild eines jungen Mannes im Gleichgewicht 590


Quellenverzeichnis 605

# Vorwort

Anfang der dreißiger Jahre erhielt Kurt Tucholsky den Brief eines jungen Literaturenthusiasten. «Erlauben Sie mir», bekannte der pragmatische Oberrealschüler aus Nürnberg freimütig, «daß ich Ihnen zu Ihren Werken meine vollste Anerkennung ausspreche. Das wird Ihnen zwar gleichgültig sein – aber ich möchte doch noch eine weitere Bemerkung hinzufügen. Hoffentlich sterben Sie recht bald, damit Ihre Bücher billiger werden (so wie Goethe zum Beispiel). Ihr letztes Buch ist wieder so teuer, daß man es nicht kaufen kann.» Tucholsky reagierte mit einem mittlerweile berühmten Hilferuf an seinen Verleger: «Lieber Meister Rowohlt, liebe Herren Verleger! Macht unsre Bücher billiger!»

An die Forderung Tucholskys mag Ernst Rowohlts Sohn Heinrich Maria Ledig-Rowohlt gedacht haben, als er 1946 aus der Not heraus auf die Idee verfiel, Romane der Weltliteratur im Zeitungsformat zu drucken. Dies war die Geburtsstunde von Rowohlts Rotations Romanen, kurz Ro-Ro-Ro genannt. Werke von Joseph Conrad, Ernest Hemingway, Kurt Tucholsky oder Erich Kästner erschienen – insgesamt fünfundzwanzig «Bände». Der Stückpreis betrug 50 Pfennig, und die Auflagen schwankten zwischen 100 000 und 150 000. Der Erfolg war auf Anhieb so groß, dass sich der Verlag mit einem – zumindest aus heutiger Sicht – kuriosen Anliegen an seine Leser wandte: «Wir bitten Sie, solange der Büchermangel herrscht, nicht grundsätzlich jeden Rotationsroman zu kaufen; sondern lassen Sie sich beraten von Ihrem Buchhändler und wählen Sie aus.»

Mit der wirtschaftlichen Erholung nach der Währungsreform und dem Ende der Papierknappheit waren neue Strategien gefragt. Auf keinen Fall wollte Rowohlt darauf verzichten, gute Literatur zu einem erschwinglichen Preis anzubieten. Nach den Erfahrungen der Nazi-Zeit war dies weit mehr als ein ökonomisches Gebot. Von einer USA-Reise im Jahre 1949 brachte Heinrich Maria Ledig-Rowohlt die entscheidende Idee mit: Taschenbücher! Der Rotationsdruck wurde beibehalten und die kostspielige und zeitraubende Bindung durch eine besondere Klebung, das so genannte Lumbeck-Verfahren, ersetzt. Am 17. Juni 1950 erschienen mit den *rororos* Nr. 1 – 4 die ersten Taschenbücher in Deutschland. Es war der Anfang einer unvergleichlichen Erfolgsgeschichte.

Dem ersten Band, Hans Falladas Roman *Kleiner Mann – was nun?*, folgten fünfzehntausend weitere Titel. Eine gewaltige Zahl, die dennoch viel weniger über den Erfolg der *rororos* verrät als die klangvolle Liste der Autorinnen und Autoren: Ernest Hemingway, Wolfgang Borchert, Robert Musil, Kurt Tucholsky, Italo Svevo, Jean-Paul Sartre, Albert Camus, Simone de Beauvoir oder Vladimir Nabokov – samt und sonders Namen, die inzwischen zu modernen Klassikern der Weltliteratur geworden sind. Die zeitgenössische Literatur ist nicht minder prominent vertreten: Philip Roth, John Updike, Harry Mulisch, Harold Brodkey, Paul Auster oder die Nobelpreisträger Toni Morrison und José Saramago seien stellvertretend genannt für das ambitionierte Gegenwartsprogramm.

Natürlich kann der vorliegende Band nur einen kleinen Ausschnitt aus alldem zeigen. Die Auswahl war daher alles andere als leicht. Sie sollte repräsentativ sein, war aber zwangsläufig immer wieder auch subjektiv. Entstanden ist am Ende hoffentlich dennoch eine kurzweilige und interessante Zeitreise durch 50 Jahre *rororo*-Geschichte.

*Marcel Hartges*

# Hans Fallada

Vorspiel

## DIE SORGLOSEN

*Pinneberg erfährt etwas Neues über Lämmchen und faßt einen großen Entschluß*

Es ist fünf Minuten nach vier. Pinneberg hat das eben festgestellt. Er steht, ein nett aussehender, blonder junger Mann, vor dem Hause Rothenbaumstraße 24 und wartet.

Es ist also fünf Minuten nach vier und auf dreiviertel vier ist Pinneberg mit Lämmchen verabredet. Pinneberg hat die Uhr wieder eingesteckt und sieht ernst auf ein Schild, das am Eingang des Hauses Rothenbaumstraße 24 angemacht ist. Er liest:

DR. SESAM
Frauenarzt
Sprechstunden 9–12 und 4–6

«Ebend! Und nun ist es doch wieder fünf Minuten nach vier. Wenn ich mir noch eine Zigarette anbrenne, kommt Lämmchen natürlich sofort um die Ecke. Laß ich es also. Heute wird es schon wieder teuer genug.»

Er sieht von dem Schild fort. Die Rothenbaumstraße hat nur eine Häuserreihe, jenseits des Fahrdamms, jenseits eines Grünstreifens, jenseits des Kais fließt die Strela, hier schon hübsch breit, kurz vor ihrer Einmündung in die Ostsee. Ein frischer Wind weht herüber, die Büsche nicken mit ihren Zweigen, die Bäume rauschen ein wenig.

«So müßte man wohnen können», denkt Pinneberg. «Sicher hat dieser Sesam sieben Zimmer. Muß ein klotziges Geld verdienen. Er wird Miete zahlen ... zweihundert Mark? Dreihundert Mark? Ach was, ich habe keine Ahnung. – Zehn Minuten nach vier!»

Pinneberg greift in die Tasche, holt aus dem Etui eine Zigarette und brennt sie an.

Um die Ecke weht Lämmchen, im plissierten weißen Rock, der Rohseidenbluse, ohne Hut, die blonden Haare verweht. «Tag, Junge. Es ging wirklich nicht eher. Böse?»

«Keine Spur. Nur, wir werden endlos sitzen müssen. Es sind mindestens dreißig Leute reingegangen, seit ich warte.»

«Sie werden ja nicht alle zum Doktor gegangen sein. Und dann sind wir ja angemeldet.»

«Siehst du, daß es richtig war, daß wir uns angemeldet haben!»

«Natürlich war es richtig. Du hast ja immer recht, Junge!» Und auf der Treppe nimmt sie seinen Kopf zwischen die Hände und küßt ihn stürmisch. «O Gott, ich bin glücklich, daß ich dich mal wieder habe, Junge. Denke doch, beinahe vierzehn Tage!»

«Ja, Lämmchen», antwortet er. «Ich bin auch nicht mehr brummig.»

Die Tür geht auf, und im halbdunklen Flur steht ein weißer Schemen vor ihnen, bellt: «Die Krankenscheine!»

«Lassen Sie einen doch erst mal rein», sagt Pinneberg und schiebt Lämmchen vor sich her. «Übrigens sind wir privat. Ich bin angemeldet. Pinneberg ist mein Name.»

Auf das Wort «Privat» hin hebt der Schemen die Hand und schaltet das Licht auf dem Flur ein. «Herr Doktor kommt sofort. Einen Augenblick, bitte. Bitte, dort hinein.»

Sie gehen auf die Tür zu und kommen an einer andern, halb offen stehenden vorbei. Das ist wohl das gewöhnliche Wartezimmer, und in ihm scheinen die dreißig zu sitzen, die Pinneberg an sich vorbeikommen sah. Alles schaut auf die beiden, und ein Stimmengewirr erhebt sich:

«So was gibt's nicht!»

«Wir warten schon länger!»

«Wozu zahlen wir unsere Kassenbeiträge?!»

«Die feinen Pinkels sind auch nicht mehr wie wir.»

Die Schwester tritt in die Tür: «Seien Sie man bloß ruhig! Herr Doktor wird ja gestört! Was Sie denken, ist nicht. Das ist der Schwiegersohn von Herrn Doktor mit seiner Frau. Nicht wahr?»

Pinneberg lächelt geschmeichelt, Lämmchen strebt der andern Tür zu. Einen Augenblick ist Stille.

«Nu bloß schnell!» flüstert die Schwester und schiebt Pinneberg vor sich her. «Diese Kassenpatienten sind zu gewöhnlich. Was die Leute sich einbilden für das bißchen Geld, das die Kasse zahlt ...»

Die Tür fällt zu, der Junge und Lämmchen sind im roten Plüsch.

«Das ist sicher sein Privatsalon», sagt Pinneberg. «Wie gefällt dir das? Schrecklich altmodisch finde ich.»

«Mir war es gräßlich», sagt Lämmchen. «Wir sind doch sonst auch Kassenpatienten. Da hört man mal, wie die beim Arzt über uns reden.»

«Warum regst du dich auf?» fragt er. «Das ist doch so. Mit uns kleinen Leuten machen sie, was sie wollen ...»

«Es regt mich aber auf ...»

Die Tür öffnet sich, eine andere Schwester kommt: «Herr und Frau Pinneberg bitte? Herr Doktor läßt um einen Augenblick Geduld bitten. Wenn ich unterdes die Personalien aufnehmen dürfte?»

«Bitte», sagt Pinneberg und wird gleich gefragt: «Wie alt?»

«Dreiundzwanzig.»

«Vorname: Johannes.»

Nach einem Stocken: «Buchhalter.»

Und glatter: «Immer gesund gewesen. Die üblichen Kinderkrankheiten, sonst nichts. – Soviel ich weiß, beide gesund.»

Wieder stockend: «Ja, die Mutter lebt noch. Der Vater nicht mehr, nein. Kann ich nicht sagen, woran er gestorben ist.» Und Lämmchen ... «Zweiundzwanzig. – Emma.»

Jetzt zögert *sie*: «Geborene Mörschel. – Stets gesund. Beide Eltern am Leben. Beide gesund.»

«Also einen Augenblick noch. Herr Doktor ist sofort frei.»

«Wozu das alles nötig ist», brummt er, nachdem die Tür wieder zufiel. «Wo wir doch nur ...»

«Gerne hast du es nicht gesagt: Buchhalter.»

«Und du nicht das mit der geborenen Mörschel!» Er lacht. «Emma Pinneberg, genannt Lämmchen, geborene Mörschel. Emma Pinne...»

«Bist du stille! O Gott, Junge, ich müßte noch einmal ganz unbedingt. Hast du eine Ahnung, wo das hier ist?»

«Also, das ist doch immer dieselbe Geschichte mit dir ...! Statt daß du vorher ...»

«Aber ich bin, Junge. Ich bin wirklich. Noch auf dem Rathausmarkt. Für einen ganzen Groschen. Aber wenn ich aufgeregt bin ...»

«Also, Lämmchen, nimm dich doch einen Augenblick zusammen. Wenn du wirklich eben erst ...»

«Junge, ich muß ...»

«Ich bitte», sagt eine Stimme. In der Tür steht Doktor Sesam, der berühmte Doktor Sesam, von dem die halbe Stadt und die viertel Provinz flüstern, daß er ein weites Herz hat, manche sagen auch, ein gutes Herz. Jedenfalls hat er eine volkstümliche Broschüre über sexuelle Probleme verfaßt, und darum hat Pinneberg den Mut gehabt, ihm zu schreiben und sich und Lämmchen anzumelden.

Dieser Doktor Sesam steht also in der Tür und sagt: «Ich bitte.»

Doktor Sesam sucht auf seinem Schreibtisch nach dem Brief.

«Sie haben mir geschrieben, Herr Pinneberg. Sie können noch keine Kinder brauchen, weil das Geld nicht reicht.»

«Ja», sagt Pinneberg und ist schrecklich verlegen.

«Machen Sie sich immer schon ein bißchen frei», sagt der Arzt zu Lämmchen und fährt dann fort: «Und nun möchten Sie einen ganz sicheren Schutz wissen. Ja, einen ganz sicheren ...» Er lächelt skeptisch hinter seiner goldenen Brille.

«Ich habe in Ihrem Buch gelesen», sagt Pinneberg, «diese Pessoirs ...»

«Diese Pessare», sagt der Arzt, «ja, aber sie passen nicht für jede Frau. Und dann ist es immer etwas umständlich. Ob Ihre Frau das Geschick hat ...»

Er sieht zu ihr hoch. Sie hat sich ein bißchen ausgezogen, nur so angefangen, die Bluse und den Rock. Mit ihren schlanken Beinen steht sie sehr groß da.

«Nun, gehen wir einmal rüber», sagt der Arzt. «Die Bluse hätten wir nun *dazu* nicht auszuziehen brauchen, kleine junge Frau.»

Lämmchen wird ganz rot.

«Jetzt lassen Sie sie schon liegen. Kommen Sie. Einen Augenblick, Herr Pinneberg.»

Die beiden gehen in das Nebenzimmer. Pinneberg sieht ihnen nach. Der ganze Doktor Sesam reicht der «kleinen jungen Frau» nicht bis an die Schultern. Pinneberg findet wieder, sie sieht herrlich aus, das beste Mädchen von der Welt, das einzige überhaupt. Er arbeitet in Ducherow und sie hier in Platz, er sieht sie höchstens alle vierzehn Tage und so ist sein Entzücken immer frisch und sein Appetit über alles Begreifen.

Nebenan hört er den Arzt ab und zu halblaut etwas fragen, gegen einen Schalenrand klappert ein Instrument, das Geräusch kennt er vom Zahnarzt, es ist kein angenehmes Geräusch.

Nun fährt er zusammen, diese Stimme von Lämmchen kennt er noch nicht – sie sagt ganz laut, fast schreiend, sehr hell:

«Nein, nein, nein!» Und noch einmal: «Nein!» Und dann ganz leise, aber er hört es doch: «O Gott!»

Pinneberg macht drei Schritte gegen die Tür – was ist das? Was kann da sein? Man hat schon gehört, daß solche Ärzte schreckliche Wüstlinge sind ... Aber nun spricht Doktor Sesam wieder, nichts zu verstehen, und nun klappert wieder das Instrument.

Und dann lange Stille.

Es ist ein Hochsommertag, etwa Mitte Juli, herrlichster Sonnenschein. Der Himmel draußen ist dunkelblau, ins Fenster reichen ein paar Zweige, sie bewegen sich im Seewind. Da ist ein altes Lied aus Pinnebergs Kinderzeit, es fällt ihm eben ein:

> Wehe-Wind, Puste-Wind,
> Nimm den Hut nicht meinem Kind!
> Sei gelind zu meinem Kind,
> Wehe-Wind, Puste-Wind!

Die im Wartezimmer reden. Denen wird die Zeit auch lang. Eure Sorgen möcht ich haben. Eure Sorgen ...

Die beiden kommen wieder. Pinneberg wirft einen ängstlichen Blick auf Lämmchen, sie hat so große Augen, wie von einem Schreck erweitert. Sie ist blaß, aber nun lächelt sie ihm zu, kümmerlich erst, und dann breitet sich das Lächeln voll aus über das ganze Gesicht und wird immer stärker und blüht auf ... Der Arzt steht in der Ecke, er wäscht sich die Hände. Schräg schaut er hinüber zu Pinneberg. Dann sagt er eilig: «Ein bißchen zu spät, Herr Pinneberg, mit der Verhütung. Die Tür ist zu. Ich denke Anfang des zweiten Monats.»

Pinneberg ist ohne Atem. Das war wie ein Schlag. Dann sagt er hastig: «Herr Doktor, es ist doch unmöglich! Wir haben so aufgepaßt! Ganz unmöglich ist das. Sag doch selbst, Lämmchen ...»

«Junge!» sagt sie. «Junge ...»

«Es ist so», sagt der Arzt. «Irrtum ausgeschlossen. Und glauben Sie mir, Herr Pinneberg, ein Kind ist für jede Ehe gut.»

«Herr Doktor», sagt Pinneberg und seine Lippe zittert. «Herr Doktor, ich verdiene im Monat hundertachtzig Mark! Ich bitte Sie, Herr Doktor!»

Doktor Sesam sieht schrecklich müde aus. Was jetzt kommt, das kennt er, das hört er an jedem Tag dreißigmal.

«Nein», sagt er. «Nein. Bitten Sie mich gar nicht erst darum. Kommt überhaupt nicht in Frage. Sie sind beide gesund. Und Ihr Einkommen ist gar nicht schlecht. Gar – nicht – schlecht.»

«Herr Doktor!» sagt Pinneberg fieberhaft.

Hinter ihm steht Lämmchen und streicht ihm über die Haare: «Laß, Junge, laß! Es wird schon gehen.»

«Aber es ist ganz unmöglich ...», bricht Pinneberg aus – und wird still. Die Schwester ist hereingekommen.

«Herr Doktor werden am Apparat verlangt.»

«Sie sehen», sagt der Arzt. «Passen Sie auf, Sie freuen sich noch. Und wenn das Kind da ist, kommen Sie sofort zu mir. Dann machen wir das mit der Verhütung. Verlassen Sie sich nicht aufs Nähren. Also denn ... Mut, junge Frau!»

Er schüttelt Lämmchen die Hand.

«Ich möchte gleich ...», sagt Pinneberg und zieht sein Portemonnaie.

«Ach ja», sagt der Arzt, schon in der Tür, und sieht die beiden noch einmal an, schätzend. «Na, fünfzehn Mark, Schwester.» – «Fünfzehn ...», sagt Pinneberg gedehnt und sieht die Tür an. Doktor Sesam ist schon fort. Er holt umständlich einen Zwanzigmarkschein hervor, schaut mit gerunzelter Stirn zu, wie die Quittung ausgeschrieben wird, und nimmt sie in Empfang. Seine Stirn hellt sich etwas auf: «Ich bekomme das von der Krankenkasse wieder, nicht wahr?»

Die Schwester sieht ihn an, dann Lämmchen. «Schwangerschaftsdiagnose, nicht wahr?» Sie wartet gar nicht erst auf die Antwort. «Doch nicht. Das ersetzen die Kassen nicht.»

«Komm, Lämmchen!» sagt er.

Sie steigen langsam die Treppe hinunter. Auf einem Absatz bleibt Lämmchen stehen und nimmt seine Hand zwischen die ihren. «Sei nicht so traurig! Bitte nicht! Es wird schon gehen.»

«Ja, ja», sagt er, tief in Gedanken.

Sie gehen ein Stück Rothenbaumstraße, dann biegen sie in die Mainzer Straße ein. Hier sind hohe Häuser und viele Menschen, Autos fahren in Rudeln, die Abendzeitungen sind schon da, niemand achtet auf die beiden.

«Gar kein schlechtes Einkommen, sagt der, und nimmt mir fünfzehn Mark ab von meinen hundertachtzig, solch Räuber!» – «Ich schaffe es schon», sagt Lämmchen. «Ich schaffe es schon.» – «Ach du!» sagt er.

Von der Mainzer Straße kommen sie in den Krümperweg, still ist das plötzlich hier.

Lämmchen sagt: «Jetzt versteh ich manches.»

«Wieso?» fragt er.

«Ach nichts, nur daß mir morgens immer schlecht ist. Und es war überhaupt so komisch ...»

«Aber du mußt es doch gemerkt haben?»

«Ich hab doch immer gedacht, es kommt noch. Wer denkt denn gleich an so was?»

«Vielleicht hat er sich geirrt!»

«Nein. Das glaube ich nicht. Es stimmt schon.»

«Aber möglich ist es doch, daß er sich geirrt hat?»

«Nein, ich glaube ...»

«Bitte! Höre doch einmal zu, was ich sage! Möglich ist es doch!?» – «Möglich –? Möglich ist alles!»

«Also, vielleicht kommt morgen schon die Regel. Dann schreib ich dem aber einen Brief –!» Er versinkt in Gedanken, er schreibt einen Brief.

Auf den Krümperweg folgt die Hebbelstraße, die beiden gehen fein bedachtsam durch den Sommernachmittag, in dieser Straße stehen schöne Ulmen.

«Meine fünfzehn Mark verlange ich dann aber auch zurück», sagt Pinneberg plötzlich.

Lämmchen antwortet nicht. Sie tritt vorsichtig auf mit der ganzen Breite des Schuhs, und sie sieht genau, wohin sie tritt, es ist alles so anders.

«Wohin gehen wir eigentlich?» fragt er plötzlich.

«Ich muß noch mal nach Haus», sagt Lämmchen. «Ich habe Mutter nichts gesagt, daß ich wegbleibe.»

«Auch das noch!» sagt er.

«Schimpf nicht, Junge», bittet sie. «Aber ich will sehen, daß ich um halb neun noch mal runterkommen kann. Mit welchem Zug willst du fahren?»

«Um halb zehn.»

«Dann bring ich dich zur Bahn.»

«Und sonst nichts», sagt er. «Sonst wieder mal nichts. Ein Leben ist das.»

Die Lütjenstraße ist eine richtige Arbeiterstraße, immer wimmelt es von Kindern da, man kann keinen richtigen Abschied nehmen.

«Nimm es nicht so schwer, Junge», sagt sie und gibt ihm die Hand. «Ich schaff es schon.»

«Ja, ja», sagt er und versucht zu lächeln. «Du bist Trumpf-As, Lämmchen, und stichst alles.»

«Und um halb neun bin ich unten. Bestimmt.»

«Und keinen Kuß jetzt?»

«Es geht wirklich nicht, es wird gleich weitergetratscht. Tapfer, tapfer!»

«Also gut, Lämmchen», sagt er. «Nimm du es auch nicht so schwer. Irgendwie wird es ja werden.»

«Natürlich», sagt sie. «Ich verlier den Mut schon nicht. Tjüs derweile.»

Sie huscht schnell die dunkle Treppe hinauf, ihr Stadtkofferchen schlägt gegen das Geländer: klapp – klapp – klapp.

Pinneberg sieht den hellen Beinen nach. Hunderttausendmal

ist ihm Lämmchen schon diese gottverdammte Treppe hinauf entschwunden.

«Lämmchen!» brüllt er. «Lämmchen!»

«Ja?» fragt sie von oben und sieht über das Geländer.

«Einen Augenblick!» ruft er. Er stürmt die Treppe hinauf, er steht atemlos vor ihr, er faßt sie bei den Schultern. «Lämmchen!» sagt er und keucht vor Aufregung und Atemnot. «Emma Mörschel! Wie wär's, wenn wir uns heiraten würden –?»

*Mutter Mörschel – Herr Mörschel – Karl Mörschel*
*Pinneberg gerät in die Mörschelei*

Lämmchen Mörschel sagte nichts. Sie machte sich von Pinneberg los und setzte sich sachte auf eine Treppenstufe. Plötzlich waren ihre Beine weg. Nun saß sie da und sah zu ihrem Jungen hoch. «O Gott!» sagte sie. «Junge, wenn du das tätest!»

Ihre Augen wurden ganz hell. Es waren dunkelblaue Augen mit einer Schattierung ins Grünliche; jetzt strömten sie geradezu über von strahlendem Licht.

Wie wenn alle Weihnachtsbäume ihres Lebens auf einmal in ihr brennten, dachte Pinneberg und wurde ganz verlegen vor Rührung.

«Also, geht in Ordnung, Lämmchen», sagte er. «Machen wir. Und möglichst bald, was?»

«Junge, du brauchst es aber nicht. Ich komme auch so zurecht. Nur, da hast du recht, besser ist es schon, wenn der Murkel einen Vater hat.»

«Der Murkel», sagte Johannes Pinneberg. «Richtig, der Murkel.»

Es war einen Augenblick still. Er kämpfte mit sich, ob er Lämmchen nicht sagen sollte, daß er bei seinem Heiratsantrag gar nicht an diesen Murkel gedacht hatte, sondern nur daran, daß es sehr gemein war, an diesem Sommerabend drei Stunden auf sein Mädchen in der Straße zu warten. Aber er sagte es nicht. Statt dessen bat er: «Steh doch auf, Lämmchen. Die Treppe ist sicher ganz dreckig. Dein guter weißer Rock ...»

«Laß den Rock, laß ihn sausen! Was kümmern uns alle Röcke von der Welt. Bin ich glücklich! Hannes! Junge!» Nun war sie wirklich auf ihren Beinen und fiel ihm wieder um den Hals. Und das Haus war gütig: von den zwanzig Parteien, die über diese Treppe aus- und eingingen, kam nicht eine, nachmittags nach fünfe in der Laufzeit, wo die Ernährer nach Haus kommen und alle Hausfrauen schnell noch eine vergessene Zutat fürs Essen holen. Keiner kam.

Bis Pinneberg sich frei machte und sagte: «Aber das können wir doch sicher auch oben – als Brautpaar. Gehen wir rauf.»

Lämmchen fragte bedenklich: «Gleich willst du mit? Ist es nicht besser, ich bereite Vater und Mutter vor, wo sie doch gar nichts von dir wissen –?»

«Was doch sein muß, tut man am besten gleich», erklärte Pinneberg und wollte noch immer nicht auf die Straße. «Übrigens werden sie sich doch bestimmt freuen?»

«Na ja», meinte Lämmchen nachdenklich. «Mutter sehr. Vater, weißt du, da darfst du dich nicht dran stoßen. Vater flaxt gerne, der meint das nicht so.»

«Ich werd's schon richtig verstehen», sagte Pinneberg.

Lämmchen schloß die Tür auf: ein kleiner Vorplatz. Hinter einer angelehnten Tür klang eine Stimme: «Emma! Komm gleich mal her!»

«Einen Augenblick, Mutter», rief Emma Mörschel. «Ich zieh nur meine Schuh aus.»

Sie nahm Pinneberg bei der Hand und führte ihn auf Zehenspitzen in ein kleines Hofzimmer, wo zwei Betten standen.

«Leg deine Sachen dahin. Ja, das ist mein Bett, da schlaf ich drin. Im andern Bett schläft Mutter. Vater und Karl schlafen drüben in der Kammer. Nun komm. Halt, dein Haar!» Sie fuhr ihm schnell mit dem Kamm durch die Wirrnis.

Beiden klopfte das Herz. Sie nahm ihn bei der Hand, sie gingen über den Vorplatz, sie stießen die Tür zur Küche auf. Am Herd stand mit rundem, krummem Rücken eine Frau und briet etwas in einer Pfanne. Pinneberg sah ein braunes Kleid und eine große blaue Schürze.

Die Frau sah nicht hoch. «Lauf schnell mal in den Keller, Emma, und hol Preßkohlen. Ich kann das dem Karl hundertmal sagen ...»

«Mutter», sagte Emma, «das ist mein Freund Johannes Pinneberg aus Ducherow. Wir wollen uns heiraten.»

Die Frau am Herd sah hoch. Es war ein braunes Gesicht mit einem starken Mund, einem scharfen gefährlichen Mund, ein Gesicht mit sehr hellen, scharfen Augen und mit zehntausend Falten. Eine alte Arbeiterfrau.

Die Frau sah Pinneberg an, einen Augenblick, scharf, böse. Dann wandte sie sich wieder ihren Kartoffelpuffern zu. «Dumm Tügs», sagte sie. «Schleppst du mir jetzt deine Kerle ins Haus?! Geh und hol Kohlen, ich hab keine Glut.»

«Mutter», sagte Lämmchen und versuchte zu lachen, «er will mich wirklich heiraten.»

«Hol Kohlen, sag ich, Deern», rief die Frau und fuhrwerkte mit der Gabel.

«Mutter –!»

Die Frau sah hoch. Sie sagte langsam: «Bist du noch nicht unten? Willst du einen Backs?!»

Ganz rasch drückte Lämmchen ihrem Pinneberg die Hand. Dann nahm sie einen Korb, rief, so fröhlich es ging: «Gleich bin ich wieder da!» – und die Flurtür klappte.

Pinneberg stand verlassen in der Küche. Er sah vorsichtig gegen Frau Mörschel hin, als könnte sein Hinsehen sie schon reizen, dann gegen das Fenster. Man sah nur einen blauen Sommerhimmel und ein paar Schornsteine.

Frau Mörschel schob die Pfanne beiseite und hantierte mit den Herdringen. Es klapperte und klirrte sehr. Sie stocherte mit dem Feuerhaken in der Glut, dabei murrte sie vor sich hin. Höflich fragte Pinneberg: «Wie bitte –?»

Es waren die ersten Worte, die er bei Mörschels sagte.

Er hätte nichts sagen sollen, denn wie ein Geier schoß die Frau auf ihn nieder. In der einen Hand hielt sie den Haken, in der andern noch die Gabel vom Pufferwenden, aber das war nicht so schlimm, trotzdem sie damit fuchtelte. Schlimm war ihr Gesicht, in dem alle Falten zuckten und sprangen, schlimmer waren ihre grausamen und bösen Augen.

«Wenn Sie mir mein Mädchen in Schande bringen!» schrie sie außer sich.

Pinneberg trat einen Schritt zurück. «Ich will Emma ja heiraten, Frau Mörschel!» sagte er ängstlich.

«Sie denken wohl, ich weiß nicht, was ist», sagte die Frau unbeirrt. «Seit zwei Wochen stehe ich hier und warte. Ich denke, sie sagt mir was, ich denke, sie bringt mir den Kerl bald an, ich sitze hier und warte.» Sie holte Atem. «Das ist ein gutes Mädchen. Sie Mann Sie, meine Emma, das ist kein Dreck für Sie. Die ist immer fröhlich gewesen. Die hat mir nie ein böses Wort gegeben – wollen Sie sie in Schande bringen?»

«Nein, nein», flüstert Pinneberg angstvoll.

«Doch! Doch!» schreit Frau Mörschel. «Doch! Doch! Zwei Wochen stehe ich hier und warte, daß sie ihre Binden zum Waschen gibt – nichts! Wie haben Sie das gemacht, Sie?» Pinneberg kann es nicht sagen.

«Wir sind junge Leute», sagt er sanft.

«Ach Sie», sagt sie noch böse, «daß Sie mein Mädchen dazu gekriegt haben.» Plötzlich grollt sie wieder: «Schweine seid ihr Männer, alles Schweine, pfui!»

«Wir heiraten, sobald es mit den Papieren geht», erklärt Pinneberg.

Frau Mörschel steht wieder am Herd. Das Fett brutzelt, sie fragt: «Was sind Sie denn? Können Sie denn überhaupt heiraten?»

«Ich bin Buchhalter. In einem Getreidegeschäft.»
«Also Angestellter?»
«Ja.»
«Arbeiter wäre mir lieber. – Was verdienen Sie denn?»
«Hundertachtzig Mark.»
«Mit Abzügen?» – «Nein, die gehen noch ab.»
«Das ist gut», sagt die Frau, «das ist nicht so viel. Mein Mädchen soll einfach bleiben.» Und plötzlich wieder ganz böse: «Denken Sie nicht, daß sie was mitbekommt. Wir sind Proletarier. Bei uns gibt es das nicht. Nur das bißchen Wäsche, was sie sich selbst gekauft hat.»

«Das ist alles nicht nötig», sagt Pinneberg.

Plötzlich ist die Frau wieder böse: «Sie haben doch auch nichts. Sie sehen doch auch nicht nach Sparen aus. Wenn man mit solchem Anzug rumläuft, bleibt nichts übrig.»

Pinneberg braucht nicht zu gestehen, daß sie ziemlich das Richtige getroffen hat, denn Lämmchen kommt mit den Kohlen. Sie ist bester Stimmung: «Hat sie dich gefressen, armer Junge?» fragt sie. «Mutter ist ein richtiger Teekessel, der kocht immer gleich über.»

«Sei nicht so frech, Ütz», schilt die Alte. «Sonst kriegst du doch noch deinen Backs. – Geht in die Schlafstube und schleckt euch ab. Ich will mit Vater zuerst allein reden.»

«Na also», sagt Lämmchen. «Hast du meinen Bräutigam auch schon gefragt, ob er Kartoffelpuffer mag? Heute ist unser Verlobungstag.»

«Weg mit euch!» sagt Frau Mörschel. «Und daß ihr mir nicht die Tür abschließt, ich sehe ein paarmal nach, daß ihr keine Dummheiten macht.»

Sie sitzen sich an dem kleinen Tisch auf den weißen Stühlen gegenüber.

«Mutter ist 'ne einfache Arbeiterin», sagt Lämmchen. «Die ist so derb, sie denkt sich nichts dabei.»

«Oh, sie denkt sich schon was dabei», sagt Pinneberg und

grinst. «Deine Mutter weiß Bescheid, verstehst du, was uns der Doktor heute gesagt hat.»

«Natürlich weiß sie das. Mutter weiß immer alles. Ich glaub, du hast ihr gut gefallen.»

«Na, hör mal, so sah es aber nicht aus.»

«Mutter ist so. Mutter muß immer schimpfen. Ich hör's schon gar nicht mehr.»

Einen Augenblick ist Stille, beide sitzen sich brav gegenüber, die Hände liegen auf dem Tischchen.

«Ringe müssen wir uns auch kaufen», sagt Pinneberg gedankenvoll.

«O Gott ja», sagt Lämmchen rasch. «Sag schnell, welche magst du lieber, glänzend oder matt?»

«Matt!» sagt er.

«Ich auch! Ich auch!» ruft sie. «Ich glaube, wir haben in allem den gleichen Geschmack, das ist fein. – Was werden die kosten?»

«Ich weiß auch nicht. Dreißig Mark?» – «So viel?»

«Wenn wir goldene nehmen?»

«Natürlich nehmen wir goldene. Laß sehen, wir wollen Maß nehmen.»

Er rückt zu ihr. Sie nehmen einen Faden von einer Garnrolle. Es ist schwierig. Einmal schneidet das Garn ein, und einmal sitzt es zu lose.

«Hände besehen bringt Streit», sagt Lämmchen.

«Aber ich besehe sie ja gar nicht», sagt er. «Ich küsse sie ja. Ich küsse ja deine Hände, Lämmchen.» –

Es klopft mit sehr hartem Knöchel gegen die Tür. «Rüberkommen! Vater ist da!»

«Gleich», sagt Lämmchen und löst sich aus seinem Arm.

«Schnell uns ein bißchen zurechtmachen. Vater flaxt ewig.»

«Wie ist er denn, dein Vater?»

«Gott, du wirst ja gleich sehen. Ist ja auch egal. Du heiratest mich, mich, mich, ohne Vater und Mutter.»

«Aber mit dem Murkel.»

«Mit dem Murkel, ja. Nette unvernünftige Eltern bekommt er. Nicht eine Viertelstunde können sie vernünftig sitzen ...» Am Küchentisch sitzt ein langer Mann in grauen Hosen, grauer Weste und einem weißen Trikothemd, ohne Jacke, ohne Kragen. An den Füßen hat er Pantoffeln. Ein gelbes, faltiges Gesicht, kleine scharfe Augen hinter einem hängenden Zwicker, ein grauer Schnurrbart, ein fast weißer Kinnbart.

Der Mann liest die «Volksstimme», aber nun, da Pinneberg und Emma hereinkommen, läßt er das Blatt sinken und betrachtet den jungen Mann.

«Sie sind also der Jüngling, der meine Tochter heiraten will? Sehr erfreut, setzen Sie sich hin. Übrigens werden Sie es sich noch überlegen.»

«Was?» fragt Pinneberg.

Lämmchen hat sich auch eine Schürze umgebunden und hilft der Mutter. Frau Mörschel sagt ärgerlich: «Wo der Bengel nun wieder bleibt. Die ganzen Puffer werden zäh.»

«Überstunden», sagt Herr Mörschel lakonisch. Und zu Pinneberg zwinkernd: «Sie machen auch manchmal Überstunden, nicht wahr?»

«Ja», sagt Pinneberg. «Ziemlich oft.»

«Aber ohne Bezahlung –?»

«Leider. Der Chef sagt ...»

Herrn Mörschel interessiert nicht, was der Chef sagt. «Sehen Sie, darum wäre mir ein Arbeiter für meine Tochter lieber: wenn mein Karl Überstunden macht, kriegt er sie bezahlt.»

«Herr Kleinholz sagt ...», beginnt Pinneberg von neuem.

«Was die Arbeitgeber sagen, junger Mann», erklärt Herr Mörschel, «das wissen wir lange. Das interessiert uns nicht. Was sie tun, das interessiert uns. Es gibt doch 'nen Tarifvertrag bei euch, was?»

«Ich glaube», sagt Pinneberg.

«Glaube ist Religionssache, damit hat 'n Arbeiter nischt zu

tun. Bestimmt gibt es ihn. Und da steht drin, daß Überstunden bezahlt werden müssen. Warum krieg ich 'nen Schwiegersohn, dem sie nicht bezahlt werden?»

Pinneberg zuckt die Achseln.

«Weil ihr nicht organisiert seid, ihr Angestellten», erklärt ihm den Fall Herr Mörschel. «Weil kein Zusammenhang ist bei euch, keine Solidarität. Darum machen sie mit euch, was sie wollen.»

«Ich bin organisiert», sagt Pinneberg mürrisch. «Ich bin in 'ner Gewerkschaft.»

«Emma! Mutter! Unser junger Mann ist in 'ner Gewerkschaft? Wer hätte das gedacht! So schnieke und Gewerkschaft!» Der lange Mörschel hat den Kopf ganz auf die Seite gelegt und besieht seinen künftigen Schwiegersohn mit eingekniffenen Augen. «Und wie nennt sich Ihre Gewerkschaft, mein Junge? Nur raus damit!»

«Deutsche Angestellten-Gewerkschaft», sagt Pinneberg und ärgert sich immer mehr.

Der lange Mann krümmt sich völlig zusammen, so stark überkommt es ihn. «Die Dag! Mutter, Emma, haltet mich fest, unser Jüngling ist ein Dackel, das nennt er 'ne Gewerkschaft! Ein gelber Verband, zwischen zwei Stühlen. O Gott, Kinder, so ein Witz ...»

«Na, erlauben Sie mal», sagt Pinneberg wütend. «Wir sind kein gelber Verband! Wir werden nicht von den Arbeitgebern finanziert. Wir zahlen unsern Bundesbeitrag selber.»

«Für die Bonzen! Für die gelben Bonzen! Na, Emma, da hast du dir ja den richtigen ausgesucht. Einen Dag-Mann! Einen richtigen Dackel!»

Pinneberg sieht hilfesuchend zu Lämmchen, aber Lämmchen sieht nicht her. Vielleicht ist sie es gewohnt, aber wenn sie es gewohnt ist, für ihn ist es doch schlimm.

«Angestellter, wenn ich so was höre», sagt Mörschel. «Ihr denkt, ihr seid was Besseres als wir Arbeiter.»

«Denk ich nicht.»

«Denken Sie doch. Und warum denken Sie das? Weil Sie Ihrem Arbeitgeber nicht 'ne Woche den Lohn stunden, sondern den ganzen Monat. Weil Sie unbezahlte Überstunden machen, weil Sie sich unter Tarif bezahlen lassen, weil Sie nie 'nen Streik machen, weil Sie immer die Streikbrecher sind ...»

«Es geht doch nicht nur ums Geld», sagt Pinneberg. «Wir denken doch auch anders als die meisten Arbeiter, wir haben doch andere Bedürfnisse ...»

«Anders denken», sagt Mörschel, «anders denken – Sie denken genau so wie ein Prolet ...»

«Das glaub ich nicht», sagt Pinneberg, «ich zum Beispiel ...»

«Sie zum Beispiel», sagt Mörschel und kneift die Augen ganz gemein ein und feixt. «Sie zum Beispiel haben sich doch Vorschuß genommen?»

«Wieso?» fragte Pinneberg verwirrt. «Vorschuß –?»

«Na ja, Vorschuß», grinst der andere noch mehr. «Vorschuß da, bei der Emma. Nicht sehr fein, Herr. Mächtig proletarische Angewohnheit ...»

«Ich ...», fängt Pinneberg an und ist sehr rot und hat Lust, die Türen zu donnern und zu brüllen: Oh, so rutscht mir doch alle ...!

Aber Frau Mörschel sagt scharf: «Ruhig bist du jetzt, Vater, mit deinem Flaxen! Das ist erledigt. Das geht dich gar nichts an.»

«Da kommt der Karl», ruft Lämmchen, denn draußen klappte eine Tür.

«Also her mit dem Essen, Frau», sagt Mörschel. «Und recht habe ich doch, Schwiegersohn, fragen Sie mal Ihren Pastor, unfein ist das ...»

Ein junger Mensch kommt herein, aber jung ist nur eine Altersbezeichnung, er sieht völlig unjung aus, noch gelber, noch galliger als der Alte. Er knurrt: «'n Abend», nimmt von dem Gast keinerlei Notiz und zieht Jacke und Weste aus, dann das Hemd. Pinneberg sieht es mit steigender Verwunderung.

«Überstunden gemacht?» fragt der Alte.

Karl Mörschel knurrt nur etwas.

«Laß doch jetzt die Scheuerei, Karl», sagt Frau Mörschel, «komm essen.»

Aber Karl läßt schon das Wasser am Ausguß laufen und fängt an, sich sehr intensiv zu waschen. Bis zu den Hüften ist er nackt, Pinneberg geniert sich etwas, Lämmchens wegen. Aber die scheint nichts dabei zu finden, es ist ihr wohl selbstverständlich. Pinneberg ist vieles nicht selbstverständlich. Die häßlichen Steingutteller mit den schwärzlichen Anschlagstellen, die halb kalten Kartoffelpuffer, die nach Zwiebeln schmecken, die saure Gurke, das laue Flaschenbier, das nur für die Männer dasteht, dazu diese trostlose Küche, der waschende Karl ...

Karl setzt sich an den Tisch, sagt brummig: «Nanu, Bier ...»

«Das ist der Bräutigam von Emma», erklärt Frau Mörschel, «sie wollen bald heiraten.»

«Hat sie doch einen abgekriegt», sagt Karl. «Na ja, einen Bourgeois. Ein Prolet ist ihr nicht fein genug.»

«Siehst du», sagt Vater Mörschel, sehr befriedigt.

«Du, zahl man lieber dein Kostgeld, eh du hier den Mund aufreißt», erklärt Mutter Mörschel.

«Was heißt siehst du», sagt Karl gallig zu seinem Vater. «Ein richtiger Bourgeois ist mir noch immer lieber als ihr Sozialfaschisten.»

«Sozialfaschisten», antwortet der Alte böse. «Wer wohl Faschist ist, du Sowjetjünger!»

«Na klar», sagt Karl, «ihr Panzerkreuzerhelden ...»

Pinneberg hört mit einer gewissen Befriedigung zu. Was der Alte zu ihm gesagt hatte, bekam er jetzt vom Sohn mit Zinsen. Nur die Kartoffelpuffer gewannen nicht sehr dadurch, es war kein nettes Mittagessen, er hatte sich seine Verlobungsfeier anders gedacht.

Pinneberg hatte seinen Zug sausen lassen, er kann auch morgens um vier fahren. Dann ist er immer noch rechtzeitig im Geschäft.

Die beiden sitzen in der dunklen Küche. Drinnen in der einen Stube schläft Herr, in der andern Frau Mörschel. Karl ist in eine KPD-Versammlung gegangen.

Sie haben zwei Küchenstühle nebeneinander gezogen und sitzen mit dem Rücken nach dem erkalteten Herd. Die Tür zu dem kleinen Küchenbalkon steht offen, der Wind bewegt leise den Schal über der Tür. Draußen ist – über einem heißen, radiolärmenden Hof – der Nachthimmel, dunkel, mit sehr blassen Sternen.

«Ich möchte», sagt Pinneberg leise und drückt Lämmchens Hand, «daß wir es ein bißchen hübsch hätten. Weißt du» – er versucht es zu schildern –, «es müßte hell sein bei uns und weiße Gardinen und alles immer schrecklich sauber.»

«Ich versteh», sagt Lämmchen, «ich versteh, es muß schlimm sein bei uns für dich, wo du es nicht gewohnt bist.»

«So meine ich es doch nicht, Lämmchen.»

«Doch. Doch. Warum sollst du es nicht sagen, es ist doch schlimm. Daß sich Karl und Vater immer zanken, ist schlimm. Und daß Vater und Mutter immer streiten, das ist auch schlimm. Und daß sie Mutter immer um das Kostgeld betrügen wollen, und daß Mutter sie mit dem Essen betrügt ... alles ist schlimm.»

«Aber warum sind sie so? Bei euch verdienen doch drei, da müßte es doch gut gehen.»

Lämmchen antwortete ihm nicht. «Ich gehör ja nicht rein hier», sagt sie statt dessen. «Ich bin immer das Aschenputtel gewesen. Wenn Vater und Karl nach Haus kommen, haben sie Feierabend. Dann fang ich an mit Aufwaschen und Plätten und Nähen und Strümpfestopfen. Ach, es ist nicht das», ruft sie aus, «das täte man ja gerne. Aber daß das alles ganz selbstverständlich ist und daß man dafür geschupst wird und geknufft, daß man nie ein gutes Wort bekommt und daß der Karl so tut, wie wenn er mich mit ernährt, weil er mehr Kostgeld zahlt als ich ... Ich verdien doch nicht so viel – was verdient denn heute eine Verkäuferin?»

«Es ist ja bald vorbei», sagt Pinneberg. «Ganz bald.»

«Ach, es ist ja nicht das», ruft sie verzweifelt, «es ist ja alles nicht das. Aber, weißt du, Junge, sie haben mich immer richtig verachtet, du Dumme sagen sie zu mir. Sicher, ich bin nicht so klug. Ich versteh vieles nicht. Und dann, daß ich nicht hübsch bin ...»

«Aber du bist hübsch!»

«Du bist der erste, der das sagt. Wenn wir mal zum Tanz gegangen sind, immer bin ich sitzengeblieben. Und wenn dann Mutter zum Karl gesagt hat, er solle seine Freunde schicken, hat er gesagt: Wer will denn mit so 'ner Ziege tanzen? Wirklich, du bist der erste ...»

Ein unheimliches Gefühl beschleicht Pinneberg. ‹Wirklich›, denkt er, ‹sie sollte mir das nicht so sagen. Ich hab immer gedacht, sie ist hübsch. Und nun ist sie vielleicht gar nicht hübsch ...›

Lämmchen aber redet weiter: «Siehst du, Jungchen, ich will dir ja nichts vorjammern. Ich will es dir nur dieses einzige Mal sagen, daß du weißt, ich gehör hier nicht her, ich gehör nur zu dir. Zu dir allein. Und daß ich dir ganz furchtbar dankbar bin, nicht nur wegen des Murkels, sondern weil du das Aschenputtel geholt hast ...»

«Du», sagt er. «Du!»

«Nein, jetzt noch nicht. – Und wenn du sagst, wir wollen es hell und sauber haben, du mußt ein bißchen geduldig sein, ich hab ja nie richtig kochen gelernt. Und wenn ich etwas falsch mache, dann sollst du es mir sagen, und ich will dich nie belügen ...»

«Nein, Lämmchen, nein, es ist gut.»

«Und wir wollen uns nie, nie streiten. O Gott, Junge, was wollen wir glücklich sein, wir beide allein. Und dann der Dritte, der Murkel.»

«Wenn es aber ein Mädchen wird?»

«Es ist ein Murkel, sage ich dir, ein kleiner süßer Murkel.» – Nach einer Weile stehen sie auf und treten auf den Balkon.

Ja, der Himmel ist da über den Dächern und seine Sterne in ihm. Sie stehen eine Weile schweigend, jedes die Hand auf der Schulter des andern.

Dann kehren sie zu dieser Erde zurück, mit dem engen Hof, den vielen hellen Fensterquadraten, dem Jazzgequäk.

«Wollen wir uns auch Radio anschaffen?» fragt er plötzlich.

«Ja, natürlich. Weißt du, ich bin dann nicht so mutterseelenallein, wenn du im Geschäft bist. Aber erst später. Wir müssen uns so furchtbar viel anschaffen!»

«Ja», sagt er.

Stille.

«Junge», fängt Lämmchen sachte an. «Ich muß dich was fragen.»

«Ja?» sagt er unsicher.

«Aber sei nicht böse!»

«Nein», sagt er.

«Hast du was gespart?»

Pause.

«Ein bißchen», sagt er zögernd. «Und du?»

«Auch ein bißchen», und ganz rasch: «Aber nur ein ganz, ganz klein bißchen.»

«Sag du», sagt er.

«Nein, sag du zuerst», sagt sie.

«Ich ...», sagt er und bricht ab.

«Sag schon!» bittet sie.

«Es ist wirklich nur ganz wenig, vielleicht noch weniger als du.»

«Sicher nicht.»

«Doch. Sicher.»

Pause. Lange Pause.

«Frag mich», bittet er.

«Also», sagt sie und holt tief Atem. «Ist es mehr als ...»

Sie macht eine Pause.

«Als was?» fragt er.

«I wo», lacht sie plötzlich. «Soll ich mich genieren! Hundertdreißig Mark hab ich auf der Kasse.»

Er sagt stolz und langsam: «Vierhundertsiebzig.»

«Au fein!» sagt Lämmchen. «Das wird grade glatt, sechshundert Mark. Junge, was ein Haufen Geld!»

«Na ...», sagt er. «Viel finde ich es ja nicht. Aber man lebt schrecklich teuer als Junggeselle.»

«Und ich hab von meinen hundertzwanzig Mark Gehalt siebzig Mark für Kost und Wohnung abgeben müssen.»

«Dauert lange, bis man so viel zusammengespart hat», sagt er.

«Schrecklich lange», sagt sie. «Es wird und wird nicht mehr.»

Pause.

«Ich glaub nicht, daß wir in Ducherow gleich 'ne Wohnung kriegen», sagt er.

«Dann müssen wir ein möbliertes Zimmer nehmen.»

«Da können wir auch für unsere Möbel mehr sparen.»

«Aber ich glaube, möbliert ist schrecklich teuer.»

«Also, laß uns mal rechnen», schlägt er vor.

«Ja. Wir wollen mal sehen, wie wir hinkommen. Wir wollen rechnen, als ob wir nichts auf der Kasse hätten.»

«Ja, das dürfen wir nicht angreifen, das soll ja mehr werden. Also hundertachtzig Mark Gehalt ...»

«Als Verheirateter kriegst du noch mehr.»

«Ja, weißt du, ich weiß nicht.» Er ist sehr verlegen. «Nach dem Tarifvertrag vielleicht, aber mein Chef ist so komisch ...»

«Darauf würde ich keine Rücksicht nehmen, ob er komisch ist.»

«Lämmchen, laß uns erst mal mit hundertachtzig rechnen.

Wenn's mehr wird, ist es ja nur schön, aber die haben wir doch erst mal sicher.»

«Also schön», stimmt sie zu. «Nun erst mal die Abzüge.»

«Ja», sagt er. «An denen kann man ja nichts ändern. Steuern 6 Mark und Arbeitslosenversicherung 2 Mark 70. Und Angestellten-Versicherung 4 Mark. Und Krankenkasse 5 Mark 40. Und die Gewerkschaft 4 Mark 50 ...»

«Na, deine Gewerkschaft, das ist doch überflüssig ...»

Pinneberg sagt etwas ungeduldig: «Das laß man erst. Ich hab von deinem Vater genug.»

«Schön», sagt Lämmchen, «macht 22 Mark 60 Abzüge. Fahrgeld brauchst du nicht?»

«Gott sei Dank nein.»

«Bleiben also erst mal 157 Mark. Was macht die Miete?»

«Ja, ich weiß doch nicht. Zimmer und Küche, möbliert. Sicher doch 40 Mark.»

«Sagen wir 45», meint Lämmchen. «Bleiben 112 Mark 40. Was denkst du, brauchen wir fürs Essen?»

«Ja, sag du mal.»

«Mutter sagt immer, 1 Mark 50 braucht sie für jeden Tag.»

«Das sind 90 Mark im Monat», sagt er.

«Dann bleiben noch 22 Mark 40», sagt sie.

Die beiden sehen sich an.

Lämmchen sagt ganz schnell: «Und dann haben wir noch nichts für Feuerung. Und nichts für Gas. Und nichts für Licht. Und nichts für Porto. Und nichts für Kleidung. Und nichts für Wäsche. Und nichts für Schuhe. Und Geschirr muß man sich auch manchmal kaufen.»

Und er sagt: «Und man möchte doch auch mal ins Kino. Und am Sonntag 'nen Ausflug machen. Und 'ne Zigarette rauch ich auch ganz gerne.»

«Und sparen wollen wir doch auch was.»

«Mindestens 20 Mark im Monat.»

«Dreißig.»

«Rechnen wir noch mal.»

«An den Abzügen ändert sich nichts.»

«Und billiger kriegen wir kein Zimmer und Küche.»

«Vielleicht fünf Mark billiger.»

«Naja, ich will man sehen. 'ne Zeitung möcht man sich aber auch halten.»

«Sicher. Können wir nur am Essen sparen, nun gut, zehn Mark vielleicht ab.»

Sie sehen sich wieder an.

«Dann kommen wir noch immer nicht aus. Und an Sparen ist auch nicht zu denken.»

«Du», sagt sie sorgenvoll, «mußt du immer Plättwäsche tragen? Die kann ich nicht selber plätten.»

«Doch, das verlangt der Chef. Ein Oberhemd kostet sechzig Pfennig plätten und ein Kragen zehn Pfennig.»

«Macht auch wieder fünf Mark im Monat», rechnet sie.

«Und Schuhe besohlen.»

«Auch das, ja. Das ist auch gemein teuer.»

Pause.

«Also, rechnen wir noch mal.»

Und nach einer Weile: «Also streichen wir vom Essen noch mal zehn Mark ab. Aber billiger als für siebzig kann ich es nicht.»

«Wie machen es denn die andern?»

«Ja, ich weiß auch nicht. Furchtbar viel haben doch noch 'ne ganze Ecke weniger.»

«Ich versteh das nicht.»

«Da muß irgendwas nicht richtig sein. Laß uns noch mal rechnen.»

Sie rechnen und rechnen, sie kommen zu keinem andern Ergebnis. Sie sehen sich an. «Weißt du», sagt Lämmchen plötzlich, «wenn ich heirate, kann ich mir doch meine Angestellten-Versicherung auszahlen lassen?»

«Au fein!» sagt er. «Das gibt sicher hundertzwanzig Mark.»

«Und deine Mutter», fragt sie. «Du hast mir nie von ihr erzählt.»

«Da ist auch nichts zu erzählen», sagt er kurz. «Ich schreib ihr nie.»

«So», sagt sie. «Ja dann.»

Wieder Stille.

Sie kommen nicht weiter, also stehen sie auf und treten auf den Balkon. Es ist fast alles dunkel geworden im Hof, auch die Stadt ist still geworden. In der Ferne hört man ein Auto tuten.

Er sagt in Gedanken verloren: «Haarschneiden kostet auch achtzig Pfennige.»

«O du, laß», bittet sie. «Was die andern können, werden wir auch können. Es wird schon gehen.»

«Hör noch mal zu, Lämmchen», sagt er. «Ich will dir auch kein Hausstandsgeld geben. Zu Anfang des Monats tun wir alles Geld in einen Topf, und jeder nimmt sich etwas davon, was er braucht.»

«Ja», sagt sie. «Ich hab einen hübschen Topf dafür, blaues Steingut. Ich zeig dir ihn noch. – Und dann wollen wir furchtbar sparsam sein. Vielleicht lern ich noch Oberhemden plätten.»

«Fünf-Pfennig-Zigaretten sind auch Unsinn», sagt er. «Es gibt schon ganz anständige für drei.»

Aber sie stößt einen Schrei aus. «O Gott, Junge, den Murkel haben wir doch ganz vergessen! Der kostet ja auch Geld!»

Er überlegt: «Was kostet denn solch kleines Kind? Und dann gibt es Entbindungsgeld und Stillgeld und Steuern zahlen wir auch weniger... ich glaub immer, die ersten Jahre kostet der gar nichts.»

«Ich weiß nicht», sagt sie zweifelnd.

In der Tür steht eine weiße Gestalt.

«Wollt ihr nicht endlich ins Bett?» fragt Frau Mörschel. «Drei Stunden könnt ihr noch schlafen.»

«Ja, Mutter», sagt Lämmchen.

«Es ist schon alles gleich», sagt die Alte. «Ich schlaf heute bei

Vater. Der Karl bleibt heute nacht auch weg. Nimm ihn dir mit, deinen ...» Die Tür schrammt zu, ungesagt bleibt, welchen deinen ...

«Aber ich möchte wirklich nicht», sagt Pinneberg etwas pikiert. «Das ist doch wirklich nicht angenehm hier bei deinen Eltern ...»

«O Gott, Junge», lacht sie. «Ich glaub, der Karl hat recht, du bist ein Bourgeois ...»

«Aber keine Spur!» protestiert er. «Wenn es deine Eltern nicht stört.» Er zögert noch einmal: «Und wenn Doktor Sesam sich nun geirrt hat, ich habe nichts da.»

«Also setzen wir uns wieder auf die Küchenstühle», schlägt sie vor. «Mir tut schon alles weh.»

«Ich komm ja schon, Lämmchen», sagt er reumütig.

«Ja, wenn du nicht willst –?»

«Ich bin ein Schaf, Lämmchen! Ich bin ein Schaf!»

«Na also», sagt sie. «Dann passen wir ja zueinander.»

«Das wollen wir gleich sehen», sagt er.

# Ernest Hemingway

## SCHNEE AUF DEM KILIMANDSCHARO

*Der Kilimandscharo ist ein schneebedeckter Berg von sechstausend Meter Höhe und gilt als der höchste Berg Afrikas. Der westliche Gipfel heißt bei den Massai ‹Ngàja Ngài›, das Haus Gottes. Dicht unter dem westlichen Gipfel liegt das ausgedörrte und gefrorene Gerippe eines Leoparden. Niemand weiß, was der Leopard in jener Höhe suchte.*

«Das Fabelhafte daran ist, dass man keine Schmerzen hat», sagte er, «daran merkt man, dass es anfängt.»

«Ist das wahr?»

«Ganz bestimmt. Es tut mir schrecklich Leid, dass es so riecht. Das stört dich sicher.»

«Nicht! Bitte nicht.»

«Sieh sie dir an», sagte er, «was führt sie eigentlich her; wittern sie es oder können sie es sehen?»

Das Lager, auf dem der Mann ruhte, stand in dem breiten Schatten eines Mimosenbaumes, und als er über den Schatten weg hinaus in den Glast der Ebene blickte, hockten dort unflätig drei jener großen Vögel, während noch ein Dutzend am Himmel segelten und im Vorbeifliegen schnell sich bewegende Schatten warfen.

«Die sind da, seit dem Tag, an dem das Lastauto zusammenbrach», sagte er. «Heute zum ersten Mal haben sich ein paar am Boden niedergelassen. Ich hab zuerst genau beobachtet, wie sie fliegen, für den Fall, dass ich sie mal in einer Geschichte verwenden würde. Das kommt mir jetzt komisch vor.»

«Bitte, hör damit auf», sagte sie.

«Ich rede doch nur», sagte er. «Es ist nicht so schlimm, wenn ich rede. Aber ich will dich natürlich nicht belästigen.»

«Du belästigst mich nicht», sagte sie, «du weißt das. Ich bin nur so schrecklich nervös geworden, weil ich gar nichts tun kann. Ich finde, wir sollten es uns so leicht wie möglich machen, bis das Flugzeug kommt.»

«Oder bis das Flugzeug nicht kommt.»

«Bitte sag mir doch, was ich tun kann. Es muss doch irgendetwas geben, was ich tun kann.»

«Du kannst das Bein amputieren; das würde es vielleicht aufhalten, obschon ich es bezweifle. Oder du kannst mich erschießen. Du schießt ja jetzt gut. Ich hab dir's Schießen beigebracht, nicht wahr?»

«Bitte red doch nicht so. Kann ich dir nicht etwas vorlesen?»

«Was denn?»

«Etwas aus dem Büchersack, das wir noch nicht gelesen haben.»

«Ich kann nicht zuhören», sagte er. «Sprechen ist noch am leichtesten. Wir zanken uns und damit vergeht die Zeit.»

«Ich zanke mich doch nicht. Ich will mich nie zanken. Komm, wir wollen uns nicht mehr zanken. Einerlei, wie gereizt wir sind. Vielleicht werden sie heute mit einem neuen Lastauto zurückkommen. Vielleicht kommt das Flugzeug.»

«Ich will mich nicht von hier fortrühren», sagte der Mann. «Es hat keinen Zweck, sich von hier fortzurühren, außer wenn es dir die Sache leichter macht.»

«Das ist feige.»

«Kannst du einen Menschen wirklich nicht, so gut es geht, sterben lassen, ohne ihn zu beschimpfen? Wozu auf mir herumhacken?»

«Du wirst nicht sterben.»

«Sei nicht töricht. Ich lieg doch im Sterben. Frag die Dreckskerle da.» Er sah dort hinüber, wo die riesenhaften widerlichen Vögel saßen, die nackten Köpfe in ihr gesträubtes Gefieder versenkt. Ein vierter glitt nieder; zuerst lief er schnellfüßig, und dann watschelte er langsam auf die anderen zu.

«Die sind um jedes Camp herum. Man beachtet sie sonst nur nicht. Du kannst nicht sterben, wenn du dich nicht selbst aufgibst.»

«Wo hast du denn das gelesen? Du bist wirklich solch ein Idiot.»

«Du könntest auch mal an andere denken.»

«Herrgott nochmal», sagte er, «das war doch mein Beruf.»

Dann lag er da und war eine Weile still und blickte durch das Hitzeflimmern der Ebene dorthin, wo der Busch begann. Ein paar Antilopen hoben sich winzig und weiß gegen das Gelb ab und weit weg sah er eine Herde Zebras, weiß gegen das Grün des Busches. Dies war ein angenehmes Lager unter großen Bäumen, an einem Hügel gelegen, mit gutem Wasser, und dicht dabei war eine fast ausgetrocknete Wasserstelle, wo des Morgens Wildhühner aufstiegen.

«Soll ich dir nicht etwas vorlesen?», fragte sie. Sie saß auf einem Klappstuhl neben seinem Lager. «Es kommt ein Wind auf.»

«Nein, danke.»

«Vielleicht kommt das Lastauto.»

«Ich pfeife auf das Lastauto.»

«Ich aber nicht.»

«Ich pfeife auf viele Sachen, die dir wichtig sind.»

«Nicht so viele, Harry.»

«Wollen wir etwas trinken?»

«Es heißt doch, dass es schlecht für dich ist. Im *Black* steht, man soll allen Alkohol vermeiden. Du solltest nicht trinken.»

«Molo!», rief er.

«Jawohl, Bwana.»

«Bring Whisky und Soda!»

«Jawohl, Bwana.»

«Du solltest nicht», sagte sie. «Gerade das meine ich doch mit ‹sich selbst aufgeben›. Es steht da, dass es schlecht für dich ist. Ich weiß, dass es schlecht für dich ist.»

«Nein», sagte er, «es ist gut für mich.»

Also jetzt war alles vorbei, dachte er. Also jetzt würde er keine Gelegenheit mehr haben, es zu beenden. Also so hörte es auf, mit einem Gezänk über Whisky. Seit der Brand in seinem rechten Bein begonnen hatte, war er ohne Schmerzen, und mit den Schmerzen war das Grauen vergangen, und jetzt fühlte er nichts weiter als eine große Müdigkeit und Zorn, dass dies das Ende war. Auf das, was nun kam, war er sehr wenig neugierig. Jahrelang war er davon besessen gewesen, aber jetzt bedeutete es ihm an sich nichts. Es war seltsam, wie leicht es dies Müdegenug-Sein machte.

Jetzt würde er niemals die Sachen schreiben, die er sich zum Schreiben aufgespart hatte, bis er wirklich genügend wusste, um sie gut zu schreiben. Dafür würde er aber auch nicht bei dem Versuch, sie zu schreiben, versagen. Vielleicht konnte man sie überhaupt nicht schreiben und schob es deshalb auf und vertagte das Anfangen. Ja, das würde er nun auch niemals wissen.

«Ich wünschte, wir wären nie hierher gekommen», sagte die Frau. Sie sah ihn an, während sie ihr Glas in der Hand hielt und sich auf die Lippen biss. «In Paris hättest du so etwas nie bekommen. Du hast immer gesagt, wie gern du in Paris bist. Wir hätten in Paris bleiben sollen oder sonst wohin gehen können. Ich wäre überall hingegangen. Ich hab dir gesagt, dass ich überall hingehen würde, wohin du wolltest. Wenn du auf Jagd gehen wolltest, hätten wir ja auch in Ungarn auf Jagd gehen und es bequem haben können.»

«Dein verfluchtes Geld!», sagte er.

«Das ist nicht fair», sagte sie. «Es hat dir genauso gehört wie mir. Ich habe alles verlassen und bin mit dir überall hingefahren, wohin du wolltest, und ich habe immer das getan, was du tun wolltest. Aber ich wünschte, wir wären niemals hierher gekommen.»

«Du hast gesagt, dass es dir hier gefällt.»

«Tat es auch, als du gesund warst. Aber jetzt hasse ich es. Ich sehe nicht ein, warum das mit deinem Bein passieren musste. Was haben wir denn getan, dass uns das passieren musste?»

«Getan? Ich vermute, ich vergaß, sofort Jod darauf zu tun, als ich mich verletzte. Dann kümmerte ich mich nicht darum, weil ich mich nie infiziere. Dann später, als es schlimmer wurde, hätte ich vielleicht nicht, als die anderen antiseptischen Mittel zu Ende gingen, die schwache Karbollösung benutzen sollen; die hat die winzigen Blutgefäße lahm gelegt und den Brand verursacht.» Er blickte sie an. «Was sonst noch?»

«Das meine ich nicht.»

«Wenn wir einen guten Autoschlosser engagiert hätten, anstelle von einem ungelernten Kikuyu-Fahrer, der würde den Ölstand nachkontrolliert haben, und dann wäre das Lager im Lastwagen nicht heißgelaufen.»

«Das meine ich nicht.»

«Wenn du deine Leute zu Hause nicht verlassen hättest, deine verdammten Old-Westbury-, Saratoga-, Palm-Beach-Leute, um mit mir loszuziehen ...»

«Aber ich liebte dich doch. Das ist nicht fair. Und ich liebe dich jetzt und ich werde dich immer lieb haben. Hast du mich denn nicht lieb?»

«Nein», sagte der Mann. «Ich glaube nicht. Ich hab dich nie lieb gehabt.»

«Harry, was sagst du da? Du hast den Verstand verloren.»

«Nein, ich habe keinen zu verlieren.»

«Trink das nicht», sagte sie. «Liebling, bitte trink das nicht. Wir müssen alles tun, was wir tun können.»

«Tu du's», sagte er. «Ich bin müde.»

*Jetzt im Geist sah er den Bahnhof von Karagatsch, und er stand da mit seinem Pack, und das war der Scheinwerfer des Simplon-Orient-Express, der jetzt das Dunkel zerschnitt, und er war im Begriff, Thrazien nach dem*

Rückzug zu verlassen. Das war eine der Sachen, die er sich zum Schreiben aufgespart hatte, dies und wie er am Morgen beim Frühstück aus dem Fenster sah und den ersten Schnee auf den Bergen in Bulgarien erblickte und wie Nansens Sekretärin den alten Mann fragte, ob dies Schnee wäre, und wie der alte Mann hinblickte und sagte: «Nein, das ist kein Schnee. Es ist zu früh für Schnee.» Und die Sekretärin wiederholte vor den anderen Mädchen: «Nein, seht doch hin, das ist kein Schnee», und wie sie alle sagten: «Es ist kein Schnee. Wir haben uns geirrt.» Aber es war schon Schnee, und als er mit dem Austausch von Bevölkerungsgruppen begann, schickte er sie hinaus, in den Schnee hinein. Und es war Schnee, durch den sie stapften, bis sie in jenem Winter umkamen.

Es war auch Schnee, der die ganze Weihnachtswoche hindurch in jenem Jahr oben im Gauertal fiel, in jenem Jahr, in dem sie in der Holzfällerhütte wohnten mit dem großen viereckigen Kachelofen, der die Hälfte des Zimmers einnahm, und wo sie auf Matratzen schliefen, die mit Buchenblättern gefüllt waren, damals, als der Deserteur mit blutigen Füßen durch den Schnee kam. Er sagte, die Polizei wäre dicht hinter ihm her, und sie gaben ihm wollene Socken und hielten die Gendarmen im Gespräch auf, bis die Spuren verweht waren.

Am Weihnachtstag in Schruns war der Schnee so weiß, dass es den Augen wehtat, wenn man aus der Weinstube hinausblickte und die Leute aus der Kirche nach Hause kommen sah. Es war dort, wo sie die von Schlitten geglättete, von Urin gegelbte Straße hinaufgegangen waren, am Fluss entlang mit den steil abfallenden Tannenhängen, die Skier schwer auf der Schulter, und wo sie auf dem Gletscher oberhalb des Madlenerhauses die große Abfahrt machten, wo der Schnee so glatt aussah wie Zuckerguss und so trocken war wie Pulver, und er erinnerte sich an das lautlose Sausen, das die Geschwindigkeit machte, wenn man wie ein Vogel hinunterschoss.

Sie waren eine Woche lang im Madlenerhaus eingeschneit damals im Schneesturm, und sie spielten im Rauch beim Laternenlicht Karten, und die Einsätze wurden höher und höher, je mehr Herr Lent verlor. Schließlich verlor er das Ganze. Alles, das Geld der Skischule und den Verdienst der ganzen Saison und dann sein Vermögen. Er sah ihn noch vor sich mit seiner langen Nase, wie er die Karten aufnahm, und dann eröffnete Sans voir. Damals wurde dauernd gespielt. Wenn es keinen Schnee gab, wurde gespielt, und wenn es zu viel gab, wurde gespielt. Er dachte an all die Zeit in seinem Leben, die er mit Spielen verbracht hatte.

Aber er hatte niemals eine Zeile hierüber geschrieben, auch nicht über den kalten, klaren Weihnachtstag, als die Berge jenseits der Ebene sichtbar waren, an dem Barker die Linien überflogen hatte, um den Urlauberzug mit den österreichischen Offizieren mit Bomben zu belegen und sie mit einem Maschinengewehr zu beschießen, als sie auseinander rannten und davonliefen. Er erinnerte sich an Barker, wie er nachher in die Messe kam und davon zu erzählen begann, und wie es still wurde, und wie dann jemand sagte: «Du verdammter Bluthund.»

Es waren die gleichen Österreicher, die sie damals getötet hatten, mit denen er später Ski fuhr. Nein, nicht die gleichen. Hans, mit dem er das ganze Jahr lang Ski gelaufen war, hatte bei den Kaiserjägern gestanden, und wenn sie zusammen auf die Hasenjagd gingen, das kleine Tal hinauf, oberhalb der Sägemühle, so hatten sie über die Gefechte auf dem Pasubio und über den Angriff auf Pertica und Asalone gesprochen, und er hatte niemals ein Wort davon geschrieben, auch nicht vom Monte Corno und nicht von Sette Comuni und nicht von Arsiero.

Wie viele Winter hatte er in Vorarlberg und am Arlberg zugebracht? Es waren vier, und dann erinnerte er sich an den Mann, der den Fuchs abzugeben hatte, als sie damals nach Bludenz gegangen waren, um Geschenke zu kaufen, und an den Kirschkerngeschmack von gutem Kirsch und das schnell gleitende Sausen des stäubenden Pulverschnees auf dem Harsch und wie man «Juchhe» schrie, wenn man die letzte Strecke bis zum Steilhang hinunterlief, den man Schuss fuhr, und wie man mit drei Schwüngen durch den Obstgarten lief und dann über den Graben hinaus und auf die vereiste Straße hinter dem Gasthaus. Dann machte man die Bindungen los, stieß die Skier ab und lehnte sie gegen die hölzerne Wand des Gasthauses, während das Lampenlicht aus dem Fenster drang und sie drinnen in der rauchigen, nach jungem Wein riechenden Wärme Ziehharmonika spielten.

«Wo haben wir in Paris gewohnt?», fragte er die Frau, die neben ihm auf einem Klappstuhl, jetzt in Afrika, saß.

«Im *Crillon*. Das weißt du doch.»

«Warum weiß ich das?»

«Da haben wir doch immer gewohnt.»

«Nein, nicht immer.»

«Dort und im *Pavillon Henri Quatre* in Saint-Germain. Du hast gesagt, wie gern du dort bist, dass du's liebst.»

«Liebe ist ein Misthaufen», sagte Harry, «und ich bin der Hahn, der draufsteigt und kräht.»

«Wenn du wirklich fort musst», sagte sie, «ist es absolut nötig, alles, was du zurücklässt, kaputtzumachen? Musst du wirklich alles fortnehmen? Ich meine, musst du dein Pferd und deine Frau töten und deinen Sattel und deinen Harnisch verbrennen?»

«Ja», sagte er. «Dein verdammtes Geld war mein Harnisch. Mein Wolf & Harnisch.»

«Nicht.»

«Schön», sagte er, «ich werde damit aufhören. Ich will dir nicht wehtun.»

«Es ist jetzt ein kleines bisschen spät dafür.»

«Also schön. Dann werde ich dir weiter wehtun. Es ist auch amüsanter. Das Einzige, was mir wirklich je mit dir Vergnügen gemacht hat, kann ich ja jetzt nicht tun.»

«Das ist nicht wahr. Du hast an vielen Sachen Vergnügen gehabt, und ich hab alles getan, was du wolltest.»

«Gott nein! Hör schon auf mit dem Getue, ja?»

Er blickte sie an und sah, dass sie weinte.

«Hör mal», sagte er. «Denkst du, dass ich das zum Spaß tue? Ich weiß nicht, warum ich's tue. Wahrscheinlich versucht man zu töten, um sich selbst am Leben zu halten. Ich war ganz vernünftig, als wir zu reden anfingen. Ich wollte dies bestimmt nicht und jetzt bin ich so verrückt wie ein toller Hund und so niederträchtig zu dir wie nur möglich. Hör nicht auf das, was ich sage, Liebling. Ich hab dich lieb, wirklich. Du weißt, dass ich dich lieb habe. Ich habe niemals irgendjemand so geliebt wie dich.»

Er schlitterte in die gewohnte Lüge, von der er lebte.

«Du bist geliebt zu mir.»

«Hu-re du», sagte er, «reiche Hu-re, du. Das ist Poesie. Ich bin jetzt voller Poesie. Fäule und Poesie. Faule Poesie.»

«Hör auf, Harry. Warum musst du jetzt wieder so teuflisch sein?»

«Ich will nichts zurücklassen», sagte der Mann. «Ich will nichts übrig lassen.»

Jetzt war es Abend, und er hatte geschlafen. Die Sonne war hinter dem Hügel verschwunden, und ein Schatten lag über der Ebene, und die kleinen Tiere ästen nahe beim Camp, schnell hinabtauchende Köpfe und hin- und herschwingende Schwänze; er beobachtete, wie sie sich jetzt ein gutes Stück vom Busch entfernt hielten. Die Vögel lauerten nicht mehr am Boden. Sie hockten alle plump in einem Baum. Es waren jetzt viel mehr. Sein Boy saß neben seinem Lager.

«Memsahib ist weg, jagen», sagte der Boy. «Will Bwana was?»

«Nein.»

Sie war unterwegs, um etwas Fleisch zu schießen, und da sie wusste, wie gern er das Wild beobachtete, hatte sie sich weit entfernt, um den Frieden des kleinen Abschnitts der Ebene, den er übersehen konnte, nicht zu stören. Sie tat nie etwas gedankenlos, dachte er. Nie, soweit sie etwas davon wusste oder gelesen oder jemals gehört hatte.

Es war nicht ihre Schuld, dass es mit ihm bereits vorbei war, als er zu ihr kam. Woher sollte eine Frau wissen, dass man nichts von dem meinte, was man sagte, dass man nur aus Gewohnheit sprach und um es bequem zu haben? Als er nicht mehr meinte, was er sagte, hatte er mit seinen Lügen bei Frauen mehr Erfolg als früher, wenn er ihnen die Wahrheit gesagt hatte.

Es war gar nicht einmal so sehr, dass er log, als dass einfach keine Wahrheit da war, die man sagen konnte. Er hatte sein Leben hinter sich, und es war vorbei, und dann fuhr er fort, es mit anderen Menschen und mehr Geld noch einmal zu leben, an den schönsten Plätzen von früher und einigen neuen.

Wenn man nicht dachte, dann war alles fabelhaft. Man war innerlich abgebrüht, sodass man nicht auf die Art und Weise in die Brüche ging wie die meisten und man tat so, als ob man sich nichts aus der Arbeit machte, die man früher getan hatte, jetzt, wo man sie nicht mehr zuwege brachte. Aber zu sich selbst sagte man, dass man über diese Leute schreiben würde, über diese Schwerreichen, dass man nicht wirklich zu ihnen gehörte, dass man als Spion in ihrem Land war, dass man weggehen und dann darüber schreiben würde und dass es dann endlich von jemand beschrieben würde, der wusste, worüber er schrieb. Aber er würde es niemals tun, denn jeder Tag des Nichtschreibens, des Luxus, jeder Tag dieser Existenz, die er verachtete, stumpfte seine Fähigkeit ab und schwächte seinen Arbeitswillen, sodass er schließlich überhaupt nicht mehr arbeitete. Die Leute, die er jetzt kannte, fühlten sich alle viel wohler, wenn er nicht arbeitete. In Afrika war es, wo er in der guten Zeit seines Lebens am glücklichsten gewesen war, deshalb war er hierher gekommen, um noch einmal anzufangen. Sie hatten diese Safari mit einem Mindestmaß an Komfort gemacht. Es gab keine Entbehrungen, aber auch keinen Luxus, und er hatte gedacht, dass er dadurch wieder ins Training kommen, dass er sich irgendwie das Fett von der Seele herunterarbeiten könnte, so wie ein Boxer in die Berge geht, um zu arbeiten und zu trainieren, um es aus seinem Körper herauszuschwitzen.

Ihr hatte es gefallen. Es gefiel ihr ausgezeichnet, sagte sie. Sie liebte alles, was aufregend war und einen Szenenwechsel mit sich brachte, wo es neue Menschen gab und alles angenehm war, und er hatte die Illusion gehabt, dass sein Arbeitswille in alter Stärke wiederkehrte. Wenn dies nun aber das Ende war, und er wusste, es war das Ende, dann durfte er sich jetzt nicht winden und sich selbst den tödlichen Biss beibringen wie eine Schlange, deren Rückgrat gebrochen ist. Es war nicht die Schuld dieser Frau. Wenn sie es nicht gewesen wäre, wäre es eine andere gewesen. Wenn er von einer Lüge lebte, musste er versuchen, auch im Tod dazu zu stehen. Er hörte einen Schuss jenseits des Hügels.

Sie schoss ausgezeichnet, diese gute, diese reiche Hure, diese freundliche Hüterin und Zerstörerin seiner Begabung. Unsinn! Er hatte seine Begabung selbst zerstört. Warum sollte er dieser Frau, weil sie ihn so angenehm aushielt, die Schuld zuschieben? Er hatte seine Begabung damit zerstört, dass er sie nicht benutzt, dass er sich selbst und das, woran er glaubte, verraten hatte, dass er so viel trank, bis die Schärfe seiner Wahrnehmungen litt, durch Faulheit, durch Trägheit, durch Snobismus, durch Hochmut und durch Vorurteil – auf Teufel komm raus! Was war das? Ein Verzeichnis alter Bücher? Was war seine Begabung denn schon groß? Eine Begabung war es sicher, aber anstatt sie zu benutzen, hatte er sie verschachert. Es war nie das, was er getan hatte, sondern das, was er tun könnte, und er hatte sich sein Brot lieber auf andere Weise als mit der Feder verdient. Es war auch seltsam, dass, wenn er sich in eine neue Frau verliebte, diese immer mehr Geld hatte als die letzte. Aber wenn er nicht mehr verliebt war, wenn er nur noch log wie bei dieser Frau jetzt, die mehr Geld hatte als alle übrigen, die alles Geld der Welt hatte, die Mann und Kinder gehabt hatte, die sich Liebhaber genommen hatte, die ihr nicht genügten, und die ihn, als Schriftsteller, als Mann, als Kameraden und als kostbaren Besitz von Herzen liebte, war es nicht merkwürdig, dass er, als er sie gar nicht liebte und log, ihr mehr für ihr Geld geben konnte, als wenn er wirklich geliebt hatte?

Wir sind wohl alle für das, was wir tun, geschaffen, dachte er. Wie wir unser Brot verdienen, darin liegt unsere Begabung. Er hatte in einer oder der anderen Form Vitalität verkauft sein ganzes Leben lang, und wenn die Gefühle nicht zu sehr mitspielen, kann man mehr fürs Geld geben. Das war ihm klar geworden, aber auch darüber würde er jetzt niemals schreiben. Nein, er würde nicht hierüber schreiben, obwohl es sich schon lohnte, darüber zu schreiben.

Jetzt kam sie in Sicht; sie ging quer über die Lichtung dem Lager zu. Sie hatte Jodhpurs an und trug ihre Büchse. Die beiden Boys kamen hinter ihr her und trugen eine Antilope am Riemen zwischen sich. Sie war immer noch eine gut aussehende Frau, dachte er, und sie hatte einen anziehenden Körper. Sie hatte eine ausgesprochene Bettbegabung, und es machte ihr Spaß; sie war nicht hübsch, aber er mochte ihr Gesicht. Sie las unendlich viel, ritt und jagte gern und trank bestimmt zu viel. Ihr Mann war gestorben, als sie noch eine verhältnismäßig junge Frau war, und eine Zeit lang hatte sie sich ihren zwei eben erwachsenen Kindern, die sie nicht brauchten und die durch ihre Anwesenheit nur in Verlegenheit gerieten, und ihrem Stall voller Pferde, ihren Büchern und Schnapsflaschen gewidmet. Sie las gern abends vor dem Essen und sie trank Whisky und Soda, während sie las. Zur Essenszeit war sie leicht betrunken, und nach einer Flasche Wein zum Abendbrot war sie gewöhnlich betrunken genug, um schlafen zu können.

Das war vor den Liebhabern. Als sie Liebhaber hatte, trank sie nicht so viel, weil sie nicht betrunken zu sein brauchte, um zu schlafen. Aber die Liebhaber langweilten sie. Sie war mit einem Mann verheiratet gewesen, der sie niemals gelangweilt hatte, und diese Leute langweilten sie sehr.

Und dann kam eines ihrer Kinder bei einem Flugzeugunglück ums Leben, und nachdem das vorbei war, hatte sie keine Lust mehr auf Liebhaber, und da Trinken kein Betäubungsmittel war, musste sie sich ein neues Leben aufbauen. Plötzlich hatte sie eine panische Angst vor dem Alleinsein bekommen. Aber sie wollte einen Menschen um sich haben, vor dem sie Achtung haben konnte.

Es hatte sehr einfach angefangen. Ihr gefiel, was er schrieb, und sie hatte ihn immer um das Leben, das er führte, beneidet. Sie glaubte, dass er genau das tat, was er wollte. Die Mittel, durch die sie ihn sich gewonnen, und die Art, wie sie sich schließlich in ihn verliebt hatte, gehörten alle einfach zu dem planmäßigen Vorgang, sich ein neues Leben aufzubauen, und er hatte alles, was von seinem alten Leben übrig war, verschachert.

Er hatte es verschachert für Sicherheit, auch für Luxus; das ließ sich nicht leugnen, und wofür noch? Er wusste es nicht. Sie hätte ihm alles, was er sich wünschte, gekauft. Das wusste er. Sie war außerdem eine verflucht nette Frau. Er würde mindestens so gern mit ihr wie mit irgendeiner anderen schlafen, sogar lieber noch mit ihr, weil sie reicher war, weil sie sehr nett war und ihn schätzte und weil sie niemals Szenen machte. Und jetzt fand dies Leben, das sie sich aufgebaut hatte, sein Ende, weil er kein Jod benutzt hatte, als er sich vor vierzehn Tagen das Knie an einem Dorn ritzte, als sie sich vorwärts bewegten, um zu versuchen, eine Herde von stehenden Wasserböcken zu fotografieren, die mit erhobenen Köpfen Umschau hielten, während ihre Nüstern die Luft durchschnupperten und ihre weit aufgeklappten Ohren auf das leiseste Geräusch horchten, das sie in den Busch zurückscheuchen würde. Und sie waren wirklich ausgerissen, noch bevor er eine Aufnahme gemacht hatte.

Da kam sie.

Er wandte den Kopf auf dem Lager, um ihr entgegenzusehen. «Hallo», sagte er.

«Ich habe einen Antilopenbock geschossen», erzählte sie ihm. «Das gibt eine gute Brühe für dich, und zum Klim lass ich sie Kartoffelbrei machen. Wie fühlst du dich?»

«Viel besser.»

«Ist das nicht großartig! Weißt du, eigentlich hab ich's mir fast gedacht. Du schliefst fest, als ich wegging.»

«Ich habe gut geschlafen. Bist du weit gegangen?»

«Nein. Gerade nur bis hinter den Hügel. Ich habe die Antilope mit einem guten Blattschuss gekriegt.»

«Wahrhaftig, du schießt ausgezeichnet.»

«Macht mir Riesenspaß. Ich finde Afrika wunderbar. Tatsächlich. Wenn's *dir* gut geht, ist's überhaupt das Schönste, das ich je erlebt habe. Du weißt gar nicht, wie gern ich mit dir auf Jagd gegangen bin, und das Land liebe ich.»

«Ich auch.»

«Liebling, du weißt ja gar nicht, wie wunderbar ich's finde, dass es dir besser geht. Ich konnte es vorhin nicht aushalten, als du dich so fühltest. Du wirst nie wieder mit mir so reden, nicht wahr? Versprichst du mir das?»

«Nein», sagte er. «Ich weiß nicht mehr, was ich gesagt habe.»

«Du brauchst mich doch nicht kaputtzumachen, nicht wahr? Ich bin ja nur eine Frau in mittleren Jahren, die dich liebt und die tun möchte, was du tun möchtest. Man hat mich ja bereits zwei- oder dreimal kaputtgemacht. Du willst mich doch nicht noch einmal kaputtmachen, nicht wahr?»

«Ich möchte dich ein paar Mal im Bett kaputtmachen», sagte er.

«Ja, das ist die richtige Art von Kaputtmachen. Unsere Natur will, dass wir einander so kaputtmachen. Das Flugzeug wird morgen bestimmt hier sein.»

«Woher weißt du das?»

«Ich bin sicher. Es muss kommen. Die Boys haben das Holz und das Gras für die Signalfeuer schon bereit. Ich war heute wieder unten und habe es mir angesehen. Es ist reichlich Platz zum Landen da und wir haben alles an beiden Enden fertig.»

«Wieso glaubst du, dass es morgen kommt?»

«Ich bin ganz sicher. Es ist ja überfällig. Und in der Stadt wird man dir dann dein Bein zusammenflicken, und dann werden wir einander auf unsere gute Weise kaputtmachen und nicht auf diese entsetzliche Art mit Reden.»

«Wollen wir etwas trinken? Die Sonne ist untergegangen.»

«Meinst du, du solltest?»

«Ich trinke einen.»

«Also trinken wir einen zusammen. *Molo, letti dui whiskysoda!*», rief sie.

«Du solltest deine Moskitostiefel anziehen», sagte er zu ihr.

«Ich tu's nach dem Baden …»

Während es dunkelte, tranken sie, und gerade bevor es ganz dunkel war, nicht mehr hell genug, um zu schießen, wechselte eine Hyäne über die Lichtung auf ihrem Weg um den Hügel.

«Das Mistvieh streunt hier jeden Abend herum», sagte der Mann. «Jeden Abend seit vierzehn Tagen.»

«Die macht nachts immer den Lärm. Mich stört's nicht weiter, aber es ist ein widerliches Viehzeug.»

Während sie so zusammen tranken, hatte er keine Schmerzen, nur das Unbehagen, immer in derselben Lage liegen zu müssen, und während die Boys das Feuer anzündeten, dessen Schatten auf die Zelte sprang, spürte er von neuem, wie er dies Leben einer wohligen Selbstaufgabe bejahte. Sie *war* sehr gut zu ihm. Er war nachmittags grausam und ungerecht gewesen. Sie war eine ganz famose Frau, wirklich großartig. Und gerade da fiel ihm ein, dass er im Sterben lag.

Es kam wie ein Sausen, nicht wie ein Sausen von Wasser oder von Wind, sondern von einer plötzlichen, übel riechenden Leere, und das Seltsame daran war, dass die Hyäne leicht am Rand davon entlangglitt.

«Was ist, Harry?», fragte sie ihn.

«Nichts», sagte er. «Du solltest dich lieber auf die andere Seite setzen, gegen den Wind.»

«Hat Molo den Verband gewechselt?»

«Ja, ich nehme jetzt nur noch Borwasser.»

«Wie fühlst du dich?»

«Ein bisschen taumelig.»

«Ich geh hinein, baden», begann sie. «Ich bin gleich wieder da, dann essen wir zusammen, und dann bringen wir dein Lager hinein.»

Also war es gut, sagte er zu sich, dass wir mit dem Gezänk aufgehört haben. Mit dieser Frau hatte er sich niemals viel gezankt, während er sich mit den Frauen, die er liebte, so viel gezankt hatte, dass am Ende alles, was sie gemeinsam hatten, durch die ätzende Wirkung ihrer Zänkereien zerstört wurde. Er hatte zu viel geliebt, zu viel verlangt, und alles war fadenscheinig geworden.

*Er dachte an sein Alleinsein in Konstantinopel, damals, als sie sich in Paris vor seiner Abreise gezankt hatten. Er hatte die ganze Zeit über gehurt, und dann, als das vorbei war und es ihm nicht gelungen war, seine Einsamkeit zu töten, sondern sie nur immer schlimmer wurde, hatte er ihr, der Ersten, der, die ihn verlassen hatte, einen Brief geschrieben, in dem er ihr sagte, dass er es nie hätte abtöten können ... Wie ihm, als er einmal glaubte, sie vor dem Régence zu sehen, inwendig ganz schwach und übel geworden sei, und dass er einer Frau, die ihr in irgendeiner Art ähnelte, den Boulevard entlang gefolgt sei, angsterfüllt, sie möge es nicht sein, voller Angst, das Gefühl, das es ihm gab, zu verlieren. Wie ihn jede, mit der er geschlafen hatte, sie nur noch mehr vermissen ließ. Wie das, was sie getan hatte, ja völlig bedeutungslos sei, da ihm klar wäre, dass er sich nicht von seiner Liebe zu ihr heilen könne. Er schrieb diesen Brief im Club, völlig nüchtern, adressierte ihn nach New York und bat sie, ihm nach Paris ins Büro zu schreiben. Das schien ungefährlich. Und an dem Abend, als sie ihm so sehr fehlte, dass er sich inwendig jämmerlich leer fühlte, schlenderte er bei Maxim's vorbei, las ein Mädchen auf und ging mit ihr essen. Nachher war er mit ihr in ein Lokal gegangen, um zu tanzen. Sie tanzte schlecht, und er ließ sie stehen für eine scharfe armenische Nutte, die ihren Bauch derart gegen ihn presste, dass es ihn beinahe versengte. Er nahm sie einem englischen Kanonier nach einer Schlägerei weg. Der Kanonier forderte ihn auf hinauszukommen und sie prügelten sich draußen auf der Straße, auf den Pflastersteinen, in der Dunkelheit. Er hatte ihm zwei ordentliche Kinnhaken versetzt, und als er nicht k. o. ging, war ihm klar, dass allerhand bevorstand. Der Kanonier boxte ihn in den Bauch und dann unters Auge. Dann holte er aus und landete einen linken Schwinger, und der Kanonier fiel über ihn her und packte seine Jacke und riss den*

Ärmel ab, und er hieb ihn zweimal hinters Ohr, und dann erledigte er ihn mit einem Rechten, als er ihn wegstieß. Als der Kanonier zu Boden ging, schlug er mit dem Kopf zuerst auf, und er rannte mit dem Mädchen weg, weil man die Militärpolizei kommen hörte. Sie stiegen in ein Taxi und fuhren hinaus zu Rimmily Hissa, am Bosporus entlang und dann zurück in der kühlen Nacht, und sie gingen ins Bett, und sie fühlte sich so überreif an, wie sie aussah, jedoch glatt, rosenblättrig, siruppartig, glattbauchig, vollbusig, und sie brauchte kein Kissen unter ihrem Hintern und er verließ sie, bevor sie aufwachte, und schwammig genug sah sie aus im ersten Tageslicht, und er tauchte mit einem blauen Auge im Pera Palace auf und trug seine Jacke überm Arm, weil ein Ärmel fehlte.

Am selben Abend ging es weiter nach Anatolien, und er erinnerte sich, wie er später einmal auf dieser Expedition den ganzen Tag über durch Mohnfelder geritten war, aus denen man Opium gewann, und wie seltsam man sich schließlich fühlte, und alle Entfernungen schienen nicht zu stimmen, wo sie den Angriff mit den neu eingetroffenen Offizieren aus Konstantinopel gemacht hatten, die von nichts die geringste Ahnung hatten, und die Artillerie hatte in die Truppen hineingefeuert, und der englische Beobachter hatte wie ein Kind geheult.

Das war jener Tag, an dem er zum ersten Mal tote Männer in weißen Ballettröckchen und Schnabelschuhen mit Pompons darauf gesehen hatte. Die Türken waren stetig und truppweise vorgedrungen, und er hatte gesehen, wie die berockten Männer wegliefen und wie die Offiziere in sie hineinfeuerten und dann selbst rannten, und dann waren auch er und der englische Beobachter gerannt, bis ihm die Lunge wehtat und er den Geschmack von Kupfermünzen im Mund hatte und sie hinter einigen Felsblöcken anhielten, und da rückten die Türken heran, in Wellen wie vorher. Später hatte er jene Dinge gesehen, an die er niemals denken konnte, und noch später hatte er viel Schlimmeres gesehen. Er hatte, als er nach Paris zurückkam, nicht davon sprechen können und hielt es auch nicht aus, wenn jemand anders es erwähnte. Und als er damals an dem Café vorüberging, saß der amerikanische Dichter mit einem dummen Ausdruck auf seinem Schafsgesicht vor einem Haufen Untertassen und sprach über die Dadaisten mit einem Rumänen, der angeblich Tristan Tzara hieß, der immer ein Monokel trug und Kopfweh hatte – und oben in seiner Wohnung mit seiner Frau, die er jetzt wieder liebte, wo der Zank vollständig vorbei war, wo die Verrücktheit vollständig vorbei war, wo er froh war, wieder zu Hause zu sein, da schickte das Büro ihm seine Post hinauf in die Wohnung. Und eines Morgens kam dann der Antwortbrief auf den, den er geschrieben hatte, auf dem Tablett herein, und als er die Handschrift sah, überlief es ihn eiskalt und er versuchte, den Brief unter einen andern zu schieben. Aber seine Frau sagte: «Von wem ist denn der Brief, mein Lieber?», und das war das Ende vom Anfang davon.

Er erinnerte sich an die guten Tage mit ihnen allen und die Streitereien. Sie suchten sich immer die schönsten Plätze für die Streitereien aus. Und warum hatten sie wohl immer Streit angefangen, wenn er sich gerade am wohlsten fühlte? Er hatte niemals etwas davon geschrieben, zuerst wohl, weil er keinem wehtun wollte, und später fand er dann, dass es auch ohne dies genug zum Schreiben gab. Aber er hatte immer gedacht, dass er es doch schließlich einmal schreiben würde. Es gab so viel zu schreiben. Er hatte gesehen, wie die Welt sich wandelte, nicht nur die Ereignisse, obschon er auch viele Ereignisse gesehen und Menschen beobachtet hatte, aber er hatte die feineren Veränderungen gesehen, und er konnte sich erinnern, wie die Menschen zu verschiedenen Zeiten gewesen waren. Er war dabei gewesen, und er hatte es beobachtet, und es war seine Aufgabe, darüber zu schreiben, aber nun würde er es niemals tun.

«Wie fühlst du dich?», sagte sie. Sie war, nachdem sie gebadet hatte, aus dem Zelt gekommen.

«Ganz gut.»

«Magst du jetzt essen?» Er sah Molo hinter ihr mit einem Klapptisch und den anderen Boy mit den Schüsseln.

«Ich möchte schreiben», sagte er.

«Du solltest etwas Brühe trinken, um bei Kräften zu bleiben.»

«Ich sterbe heute Nacht», sagte er. «Ich brauche nicht bei Kräften zu bleiben.»

«Bitte kein Melodram, Harry», sagte sie.

«Gebrauch doch deine Nase. Ich bin bereits bis zur Hälfte des

Oberschenkels hinauf verfault. Zum Teufel nochmal, wozu soll ich mich jetzt mit Brühe abgeben? Molo, bring Whisky-Soda!»

«Bitte, trink die Brühe», sagte sie sanft.

«Schön.»

Die Brühe war zu heiß. Sie musste in der Tasse abkühlen, bis er sie trinken konnte, ohne sich den Mund zu verbrennen.

«Du bist eine großartige Frau», sagte er. «Hör nicht auf das, was ich sage.»

Sie sah ihn an mit dem so wohl bekannten, so beliebten Gesicht aus *Spur* und *Town and Country*, nur ein wenig ramponiert vom Trinken, nur ein wenig ramponiert vom Bett, aber *Town and Country* zeigte niemals jene gesunden Brüste und jene brauchbaren Schenkel und jene leicht die Kreuzgegend streichelnden Hände, und als er aufblickte und ihr so wohl bekanntes, angenehmes Lächeln sah, fühlte er wieder den Tod kommen. Diesmal war es kein Sausen. Es war ein Hauch wie von Wind, der eine Kerze aufflackern und die Flamme hochschießen lässt.

«Man kann mein Netz später herausbringen und es am Baum aufhängen und das Feuer aufschichten. Ich gehe heute Nacht nicht ins Zelt. Es lohnt nicht den Umzug. Es ist eine klare Nacht. Es wird keinen Regen geben.»

So starb man also, inmitten von Flüstern, das man nicht hörte. Nun, Zank würde es nicht mehr geben. Das konnte er versprechen. Dieses eine noch nie gehabte Erlebnis würde er sich jetzt nicht verderben. Wahrscheinlich würde er es doch tun. Man versaute sich ja alles. Aber vielleicht auch nicht.

«Du kannst kein Diktat aufnehmen, nicht wahr?»

«Ich hab's nie gelernt», erwiderte sie ihm.

«Macht nichts.»

Es war nicht genug Zeit, natürlich, obschon es sich anscheinend wie ein Fernrohr ineinander schob, sodass man alles in einen Absatz hineinbekam, wenn man's richtig anfasste.

*Da lag ein Blockhaus, weiß beworfen mit Mörtel, auf einem Hügel über dem See. Da gab es eine Glocke an einer Stange neben der Tür, um die Leute zum Essen zu rufen. Hinter dem Haus waren Felder, und hinter den Feldern waren Bäume. Eine Reihe italienischer Pappeln führte vom Haus zur Werft und von dort um die Landspitze herum. Ein Weg ging hinauf in die Hügel, direkt an den Bäumen vorbei, und auf diesem Weg pflückte er Brombeeren. Dann brannte das Blockhaus herunter, und all die Gewehre, die in den Ständern aus Hirschläufen über dem Kamin waren, verbrannten, und nachher lagen die Läufe, in deren Magazinen das Blei geschmolzen war, mit den weggebrannten Schäften auf der Asche, die man benutzte, um für die großen eisernen Seifenkessel Lauge zu machen, und man fragte Großvater, ob man sie zum Spielen haben könnte, und er sagte «Nein». Weil es eben immer noch seine Gewehre waren, verstehen Sie? Und er kaufte auch niemals neue. Auf die Jagd ging er auch nicht mehr. Das Haus wurde an derselben Stelle wieder aufgebaut; jetzt aus Balken und weiß gestrichen, und von der gedeckten Veranda aus konnte man die Pappeln und dahinter den See sehen, aber Gewehre gab es niemals wieder. Die Läufe der Gewehre, die an den Hirschläufen an der Wand des Blockhauses gehangen hatten, lagen draußen auf dem Aschenhaufen, und keiner rührte sie je an.*

*Nach dem Krieg pachteten wir einen Forellenbach im Schwarzwald, und es gab zwei Wege, die dorthin führten. Einer ging durch das Triberger Tal hinab und schlängelte sich an der Talstraße entlang im Schatten der Bäume, die die weiße Straße einsäumten, und dann eine Seitenstraße hinan, die durch die Hügel hinaufführte, an einer Menge kleiner Anwesen mit großen Schwarzwaldhäusern vorbei, bis jene Straße den Bach überquerte. Hier begann unser Fischwasser.*

*Man konnte sonst auch steil bis zum Waldsaum hinaufklettern und dann über die Hügelkuppen durch die Tannenwälder hinauf bis an den Rand einer Wiese gehen und über die Wiese hinunter bis zur Brücke. Es standen Birken am Bach, und er war nicht breit, sondern schmal, klar und reißend mit kleinen Ausbuchtungen dort, wo er die Wurzeln der Birken unterhöhlt hatte. Der Hotelbesitzer in Triberg hatte eine ausgezeichnete Saison. Es war besonders nett, und wir waren alle sehr befreundet.*

*Im nächsten Jahr kam die Inflation, und das Geld, das er im Jahr zuvor verdient hatte, reichte nicht aus, um Lebensmittel für den Beginn der neuen Saison zu kaufen, und er erhängte sich.*

*Das konnte man diktieren, aber man konnte nicht die Place Contrescarpe diktieren, wo die Blumenverkäufer ihre Blumen auf der Straße färbten und der Farbstoff dort, wo der Autobus abfuhr, über das Pflaster lief und die alten Männer und Frauen ewig von Wein und Fusel betrunken waren, und wo den Kindern bei der Kälte die Nasen liefen, und auch nicht den Geruch von schmutzigem Schweiß, von Armut und Betrunkenheit im Café des Amateurs und den Huren vom Bal Musette, über dem sie wohnten. Die Concierge, die in ihrer Loge den Sergeant der Garde Républicaine zu Besuch hatte, dessen Helm mit dem Rosshaarbusch auf dem Stuhl lag. Die Locataire überm Gang, deren Mann Radrennfahrer war, und ihre Freude in der crémerie an jenem Morgen, als sie L'Auto aufgemacht hatte und sah, wo er im Paris-Tours, seinem ersten großen Rennen, als Dritter gelegen hatte. Sie war rot geworden und hatte gelacht und war dann weinend mit der gelben Sportzeitung in der Hand die Treppe hinaufgegangen. Der Mann von der Frau, die den Bal Musette betrieb, fuhr ein Taxi, und wenn er, Harry, morgens in aller Frühe ein Flugzeug nehmen musste, klopfte der Mann an die Tür, um ihn zu wecken, und dann tranken sie beide ein Glas Weißwein an der Messingtheke, bevor sie aufbrachen. Er kannte seine Nachbarn in jenem Viertel damals, weil sie alle arm waren.*

*Um jene Place herum gab es zwei Sorten: die Säufer und die sportifs. Die Säufer suchten ihre Armut auf ihre Weise zu vergessen, und die sportifs, indem sie trainierten. Sie waren die Nachkommen der Communards und brauchten sich nicht groß zu besinnen, wo sie politisch standen. Sie wussten, wer ihre Väter, ihre Verwandten, ihre Brüder und Freunde erschossen hatte, als die Versailler Truppen einrückten und nach der Commune die Stadt besetzten und jeden hinrichteten, den sie greifen konnten, der Schwielen an den Händen hatte oder eine Mütze trug oder sonst wie ein Arbeiter aussah. Und in jener Armut und in jenem Viertel jenseits der Straße, gegenüber einer boucherie chevaline und einer Wein-Konsumgenossenschaft, hatte er den Anfang zu allem gemacht, was er je schreiben würde. Es gab niemals einen anderen Teil von Paris, den er so liebte, die* wild wuchernden Bäume, die alten, weiß getünchten, unten braun gestrichenen Häuser, das lange Grün des Autobusses auf jenem runden Platz, das Lila von den gefärbten Blumen auf dem Pflaster, das jähe Abfallen der Rue du Cardinal-Lemoine den Hügel hinab zur Seine und nach der anderen Seite die enge, wimmelnde Welt der Rue Mouffetard. Die Straße, die zum Panthéon hinaufführte, und die andere, die er immer mit dem Rad entlangfuhr, die einzige asphaltierte Straße im ganzen Viertel – glatt unter den Rädern – mit den hohen, schmalen Häusern und dem billigen, vielstöckigen Hotel, in dem Paul Verlaine gestorben war. Die Wohnung, in der sie lebten, bestand nur aus zwei Zimmern, und er hatte ein Zimmer in der obersten Etage jenes Hotels, das ihn im Monat 60 Francs kostete, und da schrieb er, und von dort konnte er die Dächer und Schornsteine und alle Hügel von Paris sehen.

Von der Wohnung aus konnte man nur die Bude vom Holz- und Kohlenmann sehen. Er verkaufte auch Wein, schlechten Wein. Den goldenen Pferdekopf der boucherie chevaline, wo die geschlachteten Tiere gelb, golden und rot in der offenen Auslage hingen, und den grün gestrichenen Konsumverein, wo sie ihren Wein kauften, guten Wein und billig. Sonst gab es nichts als getünchte Mauern und die Fenster der Nachbarn, die nachts, wenn jemand betrunken auf der Straße lag, stöhnend und jammernd, in jener typisch französischen ivresse, deren Existenz man abzuleugnen suchte, die Fenster öffneten, und dann das Gemurmel der Gespräche.

«Wo ist der Polizist? Wenn man ihn nicht braucht, ist der Scheißkerl immer da. Er schläft mit irgendeiner Concierge. Hol den agent.» Bis irgendjemand einen Eimer voll Wasser aus dem Fenster schüttete und das Gejammer aufhörte. «Was war das? Wasser? Donnerwetter, das war 'ne Idee.» Und die Fenster sich schlossen. Marie, seine femme de ménage, die gegen den Achtstundentag protestierte und sagte: «Wenn ein Mann bis sechs arbeitet, trinkt er sich auf dem Heimweg nur einen Kleinen an und verschwendet nicht zu viel. Wenn einer nur bis fünf arbeitet, ist er jeden Abend betrunken und man hat überhaupt kein Geld mehr. Unter der Kürzung der Arbeitszeit hat bloß die Frau des Arbeiters zu leiden.»

«Möchtest du nicht noch etwas Brühe haben?», fragte ihn die Frau.

«Nein, danke sehr; sie ist ausgezeichnet.»

«Versuch doch noch ein bisschen.»

«Ich möchte gern einen Whisky-Soda.»

«Es ist nicht gut für dich.»

«Nein, ‹es ist schlecht für mich, zu wissen, dass du verrückt nach mir bist!› Text und Musik von Cole Porter.»

«Du weißt, ich hab's gern, wenn du trinkst.»

«O ja, nur dass es schlecht für mich ist.»

Wenn sie geht, dachte er, werde ich alles haben, was ich will. Nicht alles, was ich will, aber alles, was es gibt. Gott, war er müde. Zu müde. Er wollte ein bisschen schlafen. Er lag still und der Tod war nicht da. Er war wohl in eine andere Straße eingebogen. Er fuhr paarweise auf Rädern und bewegte sich lautlos auf dem Pflaster.

*Nein, er hatte damals über Paris geschrieben, nicht über das Paris, an dem er hing. Aber was war mit allem Übrigen, das er niemals geschrieben hatte?*

*Was war mit der Ranch und dem silbrigen Grau des Salbeigebüschs, dem schnell strömenden, klaren Wasser in den Bewässerungsgräben und dem satten Grün der Luzerne? Der Pfad führte hinauf in die Berge und das Vieh war im Sommer so scheu wie Wild. Das Gebrüll und das gleichförmige Geräusch und die langsam sich bewegende Masse, die den Staub aufwirbelte, wenn man das Vieh im Herbst hinuntertrieb. Und hinter dem Gebirge die klare Schärfe der Bergspitze im Abendlicht, und als er hinunterritt beim Mondlicht, wie sich der Pfad hell durch die Ebene zog. Jetzt erinnerte er sich daran, wie er im Dunkeln durchs Gehölz hinuntergekommen war und sich am Schwanz des Pferdes festgehalten hatte, wenn er nichts sehen konnte, und an all die Geschichten, die er hatte schreiben wollen.*

*Über den blöden Hüterjungen, den man damals auf der Ranch zurückließ und dem eingeschärft war, keinen ans Heu zu lassen, und über jenen* alten Dreckskerl von den Forks, der den Jungen, als er mal für ihn arbeitete, verprügelt hatte und der vorbeikam, um sich Futter zu holen. Wie der Junge «Nein» gesagt hatte und der Alte sagte, er würde ihn wieder verprügeln. Der Junge holte die Flinte aus der Küche und erschoss ihn, als er versuchte, in die Scheune zu gehen, und als sie auf die Ranch zurückkamen, lag er bereits eine Woche tot und steif gefroren in der Vieheinzäunung, und die Hunde hatten ihn teilweise aufgefressen. Aber was übrig war, packte man, in eine Decke gewickelt, auf einen Schlitten und band es fest, und man ließ sich von dem Jungen beim Ziehen helfen, und zusammen nahm man es auf und beförderte es auf Skiern die Straße hinunter und sechzig Meilen weiter hinab in die Stadt, um den Jungen der Polizei zu übergeben. Er hatte keine Ahnung davon, dass man ihn verhaften würde. Er dachte, er habe seine Pflicht getan und man wäre sein Freund, und er würde belohnt werden. Er hatte geholfen, den alten Mann hinunterzuschaffen, damit jeder erfahren würde, wie schlecht der alte Mann gewesen war und dass er versucht hatte, Futter zu stehlen, das ihm nicht gehörte, und als der Sheriff dem Jungen die Handschellen anlegte, konnte er es gar nicht fassen. Dann fing er an zu weinen. Das war eine der Geschichten, die er sich zum Schreiben aufgespart hatte. Er kannte mindestens zwanzig gute Geschichten aus jener Gegend, und er hatte auch nicht eine geschrieben. Warum?

«Erzähl du ihnen, warum», sagte er.
«Warum was, Lieber?»
«Warum nichts.»
Sie trank nicht mehr so viel, seit sie ihn hatte. Aber falls er am Leben blieb, würde er niemals über sie schreiben, das wusste er jetzt. Auch über keine der anderen. Die Reichen waren fade und tranken zu viel, oder sie spielten zu viel Tricktrack. Sie waren fade und alle einer wie der andere. Er erinnerte sich an den armen Julian und seine romantische Ehrfurcht vor ihnen und wie er einmal eine Geschichte begonnen hatte, die so anfing: «Die Steinreichen sind anders als du und ich.» Und wie jemand zu Julian gesagt hatte: «Jawohl, sie haben mehr Geld.» Aber das fand Julian gar nicht komisch. Er hielt sie für eine besonders glorrei-

che Menschenart, und als ihm aufging, dass es gar nicht so war, warf ihn das genauso um wie jede andere Sache, die ihn umwarf.

Er hatte Leute, die es umwarf, verachtet. Man brauchte es ja noch nicht zu mögen, weil man es verstand. Er konnte mit allem fertig werden, dachte er, weil ihm nichts wehtun konnte, solange es ihn nichts anging.

Gut, jetzt würde ihn der Tod nichts angehen. Etwas, wovor er sich immer gegraut hatte, waren Schmerzen. Er konnte Schmerzen so gut ertragen wie jeder andere, bis sie zu lange anhielten und ihn aushöhlten, aber hier hatte er etwas, das entsetzlich wehgetan hatte, und gerade als er fühlte, dass es ihn zerbrach, hatte der Schmerz aufgehört.

*Er erinnerte sich an damals, als Williamson, der Artillerieoffizier, von einer Handgranate getroffen wurde, die eine deutsche Patrouille warf, als er in jener Nacht durch den Stacheldraht zurückkam, und wie er schrie und jeden gebeten hatte, ihn zu töten. Er war ein dicker Kerl, sehr tapfer und ein guter Offizier, wenn er auch zum Theatralischen neigte. Aber in jener Nacht blieb er im Stacheldraht hängen, und eine Rakete beleuchtete ihn, und seine Eingeweide hingen im Stacheldraht verstrickt, sodass sie ihn losschneiden mussten, nachdem sie ihn lebendig hereingebracht hatten. «Erschieß mich, Harry, um Christi willen, erschieß mich.» Sie hatten einmal darüber diskutiert, dass Gott keinem etwas schicke, was er nicht ertragen könne, und irgendeiner hatte die Theorie aufgestellt, dass dies bedeute, dass eben an einem gewissen Punkt der Schmerz automatisch das Bewusstsein auslösche. Aber er hatte sich immer an Williamson in jener Nacht erinnert. Nichts ließ ihn das Bewusstsein verlieren, bis er ihm all seine Morphiumtabletten gab, die er immer aufgespart hatte, um sie selbst zu nehmen, und dann wirkten sie auch noch nicht gleich.*

Dies jedoch, was er hatte, war kinderleicht, und wenn es nicht mit der Zeit schlimmer wurde, brauchte man sich keine Sorgen zu machen. Nur dass er gern in besserer Gesellschaft gewesen wäre.

Er dachte ein bisschen an die Gesellschaft, die er gern haben würde.

Nein, dachte er, wenn man alles, was man tut, zu lange und zu spät tut, kann man nicht erwarten, dass die Menschen noch da sind. Sie sind alle weg. Das Fest ist vorbei und man ist mit seiner Gastgeberin allein.

Mich langweilt das Sterben genauso wie alles Übrige, dachte er.

«Es ist langweilig», sagte er laut.

«Was denn, Lieber?»

«Alles, was man zu verdammt lange tut.»

Er betrachtete ihr Gesicht zwischen sich und dem Feuer. Sie lag im Stuhl zurückgelehnt, und der Feuerschein fiel auf ihr von feinen Linien durchzogenes Gesicht, und er konnte sehen, dass sie schläfrig war. Er hörte die Hyäne außerhalb des Feuerbereichs lärmen.

«Ich habe geschrieben», sagte er, «aber es hat mich müde gemacht.»

«Glaubst du, du wirst schlafen können?»

«Sicher. Warum gehst du nicht rein?»

«Ich sitze gern hier bei dir.»

«Spürst du irgendetwas Seltsames?», fragte er sie.

«Nein, nur ein bisschen Müdigkeit.»

«Aber ich», sagte er. Er hatte gerade gespürt, wie der Tod wieder vorbeikam. «Weißt du, das Einzige, was ich nie verloren habe, ist meine Neugier», sagte er zu ihr.

«Du hast überhaupt nichts verloren. Du bist der kompletteste Mann, den ich je gekannt habe.»

«Mein Gott», sagte er, «wie wenig so eine Frau weiß. Was ist das? Deine Intuition?»

Weil gerade eben der Tod gekommen war und seinen Kopf auf das Fußende des Lagers lehnte und er seinen Atem riechen konnte.

«Glaub nichts von all dem Zeug mit Sichel und Schädel»,

sagte er zu ihr. «Es können genauso gut zwei Polizisten auf Rädern sein oder ein Vogel. Oder er könnte eine breite Schnauze haben wie eine Hyäne.»

Er war jetzt an ihm hochgekrochen, aber er hatte keine Gestalt mehr. Er nahm einfach Raum ein.

«Sag ihm, dass er weggehen soll.»

Er ging nicht weg, sondern kam ein bisschen näher.

«Du hast einen höllischen Atem», sagte er zu ihm. «Du stinkender Dreckskerl.»

Er drängte sich noch näher an ihn heran, und jetzt konnte er nichts zu ihm sagen, und als er sah, dass er nicht sprechen konnte, kam er noch ein bisschen näher, und jetzt versuchte er, ihn, ohne zu sprechen, wegzuscheuchen, aber er bewegte sich an ihm hoch, sodass sein Gewicht voll auf seine Brust drückte, und während er da hockte und er sich weder bewegen noch sprechen konnte, hörte er die Frau sagen: «Bwana schläft jetzt. Nehmt das Lager sehr vorsichtig auf und tragt es ins Zelt.»

Er konnte nicht sprechen, um ihr zu sagen, dass sie ihn wegscheuchen sollte, und er hockte jetzt schwerer auf ihm, sodass er nicht atmen konnte. Und dann, als sie sein Lager hochhoben, war plötzlich alles gut, und das Gewicht wich von seiner Brust.

Es war Morgen, und es war bereits eine ganze Zeit lang Morgen, und er hörte das Flugzeug. Es sah sehr klein aus und dann beschrieb es einen weiten Kreis, und die Boys liefen hinunter und zündeten die Feuer an und nahmen Paraffin dazu und häuften Gras auf, sodass es zwei große Rauchfahnen an beiden Enden des geebneten Platzes gab, und der Morgenwind blies sie dem Lager zu, und das Flugzeug beschrieb noch zwei Kreise, zuletzt ganz niedrig, und glitt dann hinab, richtete sich aus und landete glatt, und der alte Compton in seiner weiten Hose, seiner Tweedjacke und einem braunen Filzhut kam auf ihn zu.

«Was ist denn los, alter Hengst?», sagte Compton.

«'n schlimmes Bein», sagte er zu ihm. «Willst du was frühstücken?»

«Danke, ich möchte nur eine Tasse Tee haben. Weißt du, es ist unser alter ‹Gabelschwanz›; die Memsahib werde ich nicht mitnehmen können. Es ist nur für einen Platz. Euer Lastauto ist unterwegs.»

Helen hatte Compton beiseite genommen und sprach mit ihm. Compton kam aufgeräumter als je zurück.

«Wir laden dich gleich ein», sagte er. «Ich komme dann zurück für die Mem. Ich fürchte, ich muss in Arusha Zwischenlandung machen, um zu tanken. Wollen uns mal gleich in Bewegung setzen.»

«Und dein Tee?»

«Weißt du, ich mach mir wirklich nichts daraus.»

Die Boys hatten das Lager aufgenommen und trugen es dem kleinen Flugzeug zu, um die grünen Zelte herum und hinunter, am Felsen entlang, hinaus in die Ebene und an den Lichtsignalen vorbei, die jetzt, wo alles Gras aufgezehrt war, hell brannten, und der Wind blies die Flammen an. Es war schwierig, ihn hineinzubekommen, aber als er erst einmal drinnen war, lehnte er sich auf dem ledernen Sitz zurück, und das Bein lag steif ausgestreckt neben Comptons Sitz. Compton warf den Motor an und stieg ein. Er winkte Helen und den Boys zu, und während das Geratter in das alte, wohl bekannte Brausen überging, wendeten sie, und Compton hatte ein wachsames Auge auf die Warzenschweinlöcher und brauste holpernd die Strecke zwischen den Feuern entlang und hob sich mit dem letzten Stoß in die Luft, und er sah sie alle unten stehen und winken und das Lager neben dem Hügel flacher werden und die Ebene sich ausbreiten, Gruppen von Bäumen und den Busch flach werden, während die Wildspuren jetzt glatt zu den Wasserstellen liefen, und dann sah er eine neue Wasserstelle, von der er gar nichts gewusst hatte. Die Zebras, jetzt kleine, gerundete Rücken, und die Gnus, großköpfige Punkte, die aufwärts zu steigen schienen, als sie wie in langen Fingern sich über die Ebene bewegten und dann auseinander liefen, als der Schatten sich ihnen näherte. Sie waren jetzt winzig, und ihre Bewegungen hatten nichts Galoppierendes mehr, und die Ebene war jetzt, so weit man sehen konnte, grau-gelb, und vor ihm war Compies Tweedrücken und sein brauner Filzhut. Dann waren sie über den ersten Hügeln, und die Gnus zogen hinauf, und dann waren sie über Bergen mit plötzlichen Tiefen von grün aufstrebenden Wäldern und dichten Bambushängen und dann wieder dunklem Wald und wie in Spitzen und Mulden ausgehauen, bis sie darüber hinweg waren, und abfallende Hügel, und dann eine neue Ebene, heiß jetzt und lilabraun, uneben von der Hitze, und Compie, der sich umdrehte, um zu sehen, wie es ihm bekam. Dann sah man neue Berge dunkel vor sich.

Und dann, anstatt nach Arusha weiterzufliegen, drehten sie nach links – er musste wohl ausgerechnet haben, dass er genügend Brennstoff hatte –, und als er hinabsah, erblickte er eine treibende rosa Wolke, die sich über den Boden bewegte und in der Luft so wie der erste Schnee in einem Schneetreiben, der von nirgendwoher kommt, und er wusste, dass die Heuschrecken vom Süden heranzogen. Dann begannen sie zu steigen, und sie schienen nach Osten zu fliegen, und dann wurde es dunkel, und sie waren in einem Gewitter, und der Regen war so dicht, dass es schien, als ob man durch einen Wasserfall flog, und dann waren sie hindurch, und Compie wandte den Kopf und grinste und deutete vorwärts, und dort vor ihnen, so weit er sehen konnte, so weit wie die ganze Welt, groß, hoch und unvorstellbar weiß in der Sonne war der flache Gipfel des Kilimandscharo. Und dann wusste er, dorthin war es, wohin er ging.

Gerade dann hörte die Hyäne auf, im Dunkel zu wimmern, und begann einen seltsamen, menschlichen, fast weinenden Ton von sich zu geben. Die Frau hörte es und bewegte sich unruhig hin und her. Sie wachte nicht auf. Im Traum war sie im Haus in

Long Island, und es war der Abend vor dem ersten Ball ihrer Tochter. Irgendwie war ihr Vater da, und er war sehr grob gewesen. Dann war das Geräusch, das die Hyäne machte, so laut, dass sie erwachte, und einen Augenblick lang wusste sie nicht, wo sie war, und sie hatte große Angst. Dann nahm sie die Taschenlampe und beleuchtete damit das andere Lager, das sie hineingetragen hatten, nachdem Harry eingeschlafen war. Sie konnte seinen Körper unter dem Moskitonetz sehen, aber irgendwie hatte er sein Bein herausgezwängt und es hing am Lager hinunter. Der Verband war vollständig abgegangen und sie konnte nicht hinsehen.

«Molo!», rief sie. «Molo, Molo.»

Dann sagte sie «Harry, Harry!», dann mit erhobener Stimme: «Harry. Bitte, Harry, o Gott, Harry.»

Es kam keine Antwort, und sie konnte ihn nicht atmen hören.

Draußen vor dem Zelt machte die Hyäne immer noch das gleiche seltsame Geräusch, von dem sie erwacht war. Aber sie hörte es nicht, weil ihr Herz so klopfte.

# Wolfgang Borchert

## SCHISCHYPHUSCH
## ODER DER KELLNER MEINES ONKELS

Dabei war mein Onkel natürlich kein Gastwirt. Aber er kannte einen Kellner. Dieser Kellner verfolgte meinen Onkel so intensiv mit seiner Treue und mit seiner Verehrung, daß wir immer sagten: Das ist sein Kellner. Oder: Ach so, sein Kellner.

Als sie sich kennenlernten, mein Onkel und der Kellner, war ich dabei. Ich war damals gerade so groß, daß ich die Nase auf den Tisch legen konnte. Das durfte ich aber nur, wenn sie sauber war. Und immer konnte sie natürlich nicht sauber sein. Meine Mutter war auch nicht viel älter. Etwas älter war sie wohl, aber wir waren beide noch so jung, daß wir uns ganz entsetzlich schämten, als der Onkel und der Kellner sich kennenlernten. Ja, meine Mutter und ich, wir waren dabei.

Mein Onkel natürlich auch, ebenso wie der Kellner, denn die beiden sollten sich ja kennenlernen und auf sie kam es an. Meine Mutter und ich waren nur als Statisten dabei und hinterher haben wir es bitter verwünscht, daß wir dabei waren, denn wir mußten uns wirklich sehr schämen, als die Bekanntschaft der beiden begann. Es kam dabei nämlich zu allerhand erschrecklichen Szenen mit Beschimpfung, Beschwerden, Gelächter und Geschrei. Und beinahe hätte es sogar eine Schlägerei gegeben. Daß mein Onkel einen Zungenfehler hatte, wäre beinahe der Anlaß zu dieser Schlägerei geworden. Aber daß er einbeinig war, hat die Schlägerei dann schließlich doch verhindert.

Wir saßen also, wir drei, mein Onkel, meine Mutter und ich, an einem sonnigen Sommertag nachmittags in einem großen prächtigen bunten Gartenlokal. Um uns herum saßen noch ungefähr zwei- bis dreihundert andere Leute, die auch alle schwitzten. Hunde saßen unter den schattigen Tischen und Bienen saßen auf den Kuchentellern. Oder kreisten um die Limonadengläser der Kinder. Es war so warm und so voll, daß die Kellner alle ganz beleidigte Gesichter hatten, als ob das alles nur stattfände aus Schikane. Endlich kam auch einer an unseren Tisch.

Mein Onkel hatte, wie ich schon sagte, einen Zungenfehler. Nicht bedeutend, aber immerhin deutlich genug. Er konnte kein s sprechen. Auch kein z oder tz. Er brachte das einfach nicht fertig. Immer wenn in einem Wort so ein harter s-Laut auftauchte, dann machte er ein weiches feuchtwässeriges sch daraus. Und dabei schob er die Lippen weit vor, daß sein Mund entfernte Ähnlichkeit mit einem Hühnerpopo bekam. Der Kellner stand also an unserem Tisch und wedelte mit seinem Taschentuch die Kuchenkrümel unserer Vorgänger von der Decke. (Erst viele Jahre später erfuhr ich, daß es nicht sein Taschentuch, sondern eine Art Serviette gewesen sein muß.) Er wedelte also damit und fragte kurzatmig und nervös:

«Bitte schehr? Schie wünschen?»

Mein Onkel, der keine alkoholarmen Getränke schätzte, sagte gewohnheitsmäßig:

«Alscho: Schwei Aschbach und für den Jungen Schelter oder Brausche. Oder wasch haben Schie schonscht?»

Der Kellner war sehr blaß. Und dabei war es Hochsommer und er war doch Kellner in einem Gartenlokal. Aber vielleicht war er überarbeitet. Und plötzlich merkte ich, daß mein Onkel unter seiner blanken braunen Haut auch blaß wurde. Nämlich als der Kellner die Bestellung der Sicherheit wegen wiederholte:

«Schehr wohl. Schwei Aschbach. Eine Brausche. Bitte schehr.»

Mein Onkel sah meine Mutter mit hochgezogenen Brauen an, als ob er etwas Dringendes von ihr wollte. Aber er wollte sich nur vergewissern, ob er noch auf dieser Welt sei. Dann sagte er mit einer Stimme, die an fernen Geschützdonner erinnerte:

«Schagen Schie mal, schind Schie wahnsinnig? Schie? Schie machen schich über mein Lischpeln luschtig? Wasch?»

Der Kellner stand da und dann fing es an, an ihm zu zittern. Seine Hände zitterten. Seine Augendeckel. Seine Knie. Vor allem aber zitterte seine Stimme. Sie zitterte vor Schmerz und Wut und Fassungslosigkeit, als er sich jetzt Mühe gab, auch etwas geschützdonnerähnlich zu antworten:

«Esch ischt schamlosch von Schie, schich über mich schu amüschieren, taktlosch ischt dasch, bitte schehr.»

Nun zitterte alles an ihm. Seine Jackenzipfel. Seine pomadenverklebten Haarsträhnen. Seine Nasenflügel und seine sparsame Unterlippe.

An meinem Onkel zitterte nichts. Ich sah ihn ganz genau an: Absolut nichts. Ich bewunderte meinen Onkel. Aber als der Kellner ihn schamlos nannte, da stand mein Onkel doch wenigstens auf. Das heißt, er stand eigentlich gar nicht auf. Das wäre ihm mit seinem einen Bein viel zu umständlich und beschwerlich gewesen. Er blieb sitzen und stand dabei doch auf. Innerlich stand er auf. Und das genügte auch vollkommen. Der Kellner fühlte dieses innerliche Aufstehen meines Onkels wie einen Angriff und er wich zwei kurze zittrige unsichere Schritte zurück. Feindselig standen sie sich gegenüber. Obgleich mein Onkel saß. Wenn er wirklich aufgestanden wäre, hätte sich sehr wahrscheinlich der Kellner hingesetzt. Mein Onkel konnte es sich auch leisten, sitzen zu bleiben, denn er war noch im Sitzen ebenso groß wie der Kellner und ihre Köpfe waren auf gleicher Höhe.

So standen sie nun und sahen sich an. Beide mit einer zu kurzen Zunge, beide mit demselben Fehler. Aber jeder mit einem völlig anderen Schicksal.

Klein, verbittert, verarbeitet, zerfahren, fahrig, farblos, verängstigt, unterdrückt: der Kellner. Der kleine Kellner. Ein richtiger Kellner: Verdrossen, stereotyp höflich, geruchlos, ohne Gesicht, numeriert, verwaschen und trotzdem leicht schmuddelig.

Ein kleiner Kellner. Zigarettenfingrig, servil, steril, glatt, gut gekämmt, blaurasiert, gelbgeärgert, mit leerer Hose hinten und dicken Taschen an der Seite, schiefen Absätzen und chronisch verschwitztem Kragen – der kleine Kellner.

Und mein Onkel? Ach, mein Onkel! Breit, braun, brummend, baßkehlig, laut, lachend, lebendig, reich, riesig, ruhig, sicher, satt, saftig – mein Onkel!

Der kleine Kellner und mein großer Onkel. Verschieden wie ein Karrengaul vom Zeppelin. Aber beide kurzzungig. Beide mit demselben Fehler. Beide mit einem feuchten wässerigen weichen sch. Aber der Kellner ausgestoßen, getreten von seinem Zungenschicksal, bockig, eingeschüchtert, enttäuscht, einsam, bissig.

Und klein, ganz klein geworden. Tausendmal am Tag verspottet, an jedem Tisch belächelt, belacht, bemitleidet, begrinst, beschrien. Tausendmal an jedem Tag im Gartenlokal an jedem Tisch einen Zentimeter in sich hineingekrochen, geduckt, geschrumpft. Tausendmal am Tag bei jeder Bestellung an jedem Tisch, bei jedem «bitte schehr» kleiner, immer kleiner geworden. Die Zunge, gigantischer unförmiger Fleischlappen, die viel zu kurze Zunge, formlose zyklopische Fleischmasse, plumper unfähiger roter Muskelklumpen, diese Zunge hatte ihn zum Pygmäen erdrückt: kleiner, kleiner Kellner!

Und mein Onkel! Mit einer zu kurzen Zunge, aber: als hätte er sie nicht. Mein Onkel, selbst am lautesten lachend, wenn über ihn gelacht wurde. Mein Onkel, einbeinig, kolossal, slickzungig. Aber Apoll in jedem Zentimeter Körper und jedem Seelenatom. Autofahrer, Frauenfahrer, Herrenfahrer, Rennfahrer. Mein Onkel, Säufer, Sänger, Gewaltmensch, Witzereißer, Zotenflüsterer, Verführer, kurzzungiger sprühender, sprudelnder spuckender Anbeter von Frauen und Kognak. Mein Onkel, saufender Sieger, prothesenknarrend, breitgrinsend, mit viel zu kurzer Zunge, aber: als hätte er sie nicht!

So standen sie sich gegenüber. Mordbereit, todwund der eine, lachfertig, randvoll mit Gelächtereruptionen der andere. Ringsherum sechs- bis siebenhundert Augen und Ohren, Spazierläufer, Kaffeetrinker, Kuchenschleckerer, die den Auftritt mehr genossen als Bier und Brause und Bienenstich. Ach, und mittendrin meine Mutter und ich. Rotköpfig, schamhaft, tief in die Wäsche verkrochen. Und unsere Leiden waren erst am Anfang.

«Schuchen Schie schofort den Wirt, Schie aggreschiver Schpatsch, Schie. Ich will Schie lehren, Gäschte schu inschultieren.»

Mein Onkel sprach jetzt absichtlich so laut, daß den sechs- bis siebenhundert Ohren kein Wort entging. Der Asbach regte ihn in angenehmer Weise an. Er grinste vor Wonne über sein großes gutmütiges breites braunes Gesicht. Helle salzige Perlen kamen aus der Stirn und trudelten abwärts über die massiven Backenknochen. Aber der Kellner hielt alles an ihm für Bosheit, für Gemeinheit, für Beleidigung und Provokation. Er stand mit faltigen hohlen leise wehenden Wangen da und rührte sich nicht von der Stelle.

«Haben Schie Schand in den Gehörgängen? Schuchen Schie den Beschitscher, Schie beschoffener Schpaschvogel. Losch, oder haben Schie die Hosche voll, Schie mischgeschtalteter Schwerg?»

Da faßte der kleine kleine Pygmäe, der kleine slickzungige Kellner, sich ein großmütiges, gewaltiges, für uns alle und für ihn selbst überraschendes Herz. Er trat ganz nah an unsern Tisch, wedelte mit seinem Taschentuch über unsere Teller und knickte zu einer korrekten Kellnerverbeugung zusammen. Mit einer kleinen männlichen und entschlossen leisen Stimme, mit überwältigender zitternder Höflichkeit sagte er: «Bitte schehr!» und setzte sich klein, kühn und kaltblütig auf den vierten freien Stuhl an unserem Tisch. Kaltblütig natürlich nur markiert. Denn in seinem tapferen kleinen Kellnerherzen flackerte die empörte Flamme der verachteten gescheuchten mißgestalteten Kreatur. Er hatte auch nicht den Mut, meinen Onkel anzusehen.

Er setzte sich nur so klein und sachlich hin und ich glaube, daß höchstens ein Achtel seines Gesäßes den Stuhl berührte. (Wenn er überhaupt mehr als ein Achtel besaß – vor lauter Bescheidenheit.) Er saß, sah vor sich hin auf die kaffeeübertropfte grauweiße Decke, zog seine dicke Brieftasche hervor und legte sie immerhin einigermaßen männlich auf den Tisch. Eine halbe Sekunde riskierte er einen kurzen Aufblick, ob er wohl zu weit gegangen sei mit dem Aufbumsen der Tasche, dann, als er sah, daß der Berg, mein Onkel nämlich, in seiner Trägheit verharrte, öffnete er die Tasche und nahm ein Stück pappartiges zusammengeknifftes Papier heraus, dessen Falten das typische Gelb eines oftbenutzten Stück Papiers aufwiesen. Er klappte es wichtig auseinander, verkniff sich jeden Ausdruck von Beleidigtsein oder Rechthaberei und legte sachlich seinen kurzen abgenutzten Finger auf eine bestimmte Stelle des Stück Papiers. Dazu sagte er leise, eine Spur heiser und mit großen Atempausen:

«Bitte schehr. Wenn Schie schehen wollen. Schtellen Schie höflichscht schelbscht fescht. Mein Pasch. In Parisch geweschen. Barschelona. Oschnabrück, bitte schehr. Allesch ausch meinem Pasch schu erschehen. Und hier: Beschondere Kennscheichen: Narbe am linken Knie. (Vom Fußballspiel.) Und hier, und hier? Wasch ischt hier? Hier, bitte schehr: Schprachfehler scheit Geburt. Bitte schehr. Wie Schie schelbscht schehen!»

Das Leben war zu rabenmütterlich mit ihm umgegangen, als daß er jetzt den Mut gehabt hätte, seinen Triumph auszukosten und meinen Onkel herausfordernd anzusehen. Nein, er sah still und klein vor sich auf seinen vorgestreckten Finger und den bewiesenen Geburtsfehler und wartete geduldig auf den Baß meines Onkels.

Es dauerte lange, bis der kam. Und als er dann kam, war es so unerwartet, was er sagte, daß ich vor Schreck einen Schluckauf bekam. Mein Onkel ergriff plötzlich mit seinen klobigen vierekkigen Tatmenschenhänden die kleinen flatterigen Pfoten des Kellners und sagte mit der vitalen wütendkräftigen Gutmütigkeit und der tierhaft warmen Weichheit, die als primärer Wesenszug aller Riesen gilt: «Armesch kleinesch Luder! Schind schie schon scheit deiner Geburt hinter dir her und hetschen?»

Der Kellner schluckte. Dann nickte er. Nickte sechs-, siebenmal. Erlöst. Befriedigt. Stolz. Geborgen. Sprechen konnte er nicht. Er begriff nichts. Verstand und Sprache waren erstickt von zwei dicken Tränen. Sehen konnte er auch nicht, denn die zwei dicken Tränen schoben sich vor seine Pupillen wie zwei undurchsichtige allesversöhnende Vorhänge. Er begriff nichts. Aber sein Herz empfing diese Welle des Mitgefühls wie eine Wüste, die tausend Jahre auf einen Ozean gewartet hatte. Bis an sein Lebensende hätte er sich so überschwemmen lassen können! Bis an seinen Tod hätte er seine kleinen Hände in den Pranken meines Onkels verstecken mögen! Bis in die Ewigkeit hätte er das hören können, dieses: Armesch kleinesch Luder!

Aber meinem Onkel dauerte das alles schon zu lange. Er war Autofahrer. Auch wenn er im Lokal saß. Er ließ seine Stimme wie eine Artilleriesalve über das Gartenlokal hinwegdröhnen und donnerte irgendeinen erschrockenen Kellner an:

«Schie, Herr Ober! Acht Aschbach! Aber losch, schag ich Ihnen! Wasch? Nicht Ihr Revier? Bringen Schie schofort acht Aschbach oder tun Schie dasch nicht, wasch?»

Der fremde Kellner sah eingeschüchtert und verblüfft auf meinen Onkel. Dann auf seinen Kollegen. Er hätte ihm gern von den Augen abgesehen (durch ein Zwinkern oder so), was das alles zu bedeuten hätte. Aber der kleine Kellner konnte seinen Kollegen kaum erkennen, so weit weg war er von allem, was Kellner, Kuchenteller, Kaffeetasse und Kollege hieß, weit weit weg davon.

Dann standen acht Asbach auf dem Tisch. Vier Gläser davon mußte der fremde Kellner gleich wieder mitnehmen, sie waren leer, ehe er einmal geatmet hatte. «Laschen Schie dasch da nochmal vollaufen!» befahl mein Onkel und wühlte in den Innentaschen seiner Jacke. Dann pfiff er eine Parabel durch die

Luft und legte nun seinerseits seine dicke Brieftasche neben die seines neuen Freundes. Er fummelte endlich eine zerknickte Karte heraus und legte seinen Mittelfinger, der die Maße eines Kinderarms hatte, auf einen bestimmten Teil der Karte.

«Schiehscht du, dummesch Häschchen, hier schtehtsch: Beinamputiert und Unterkieferschusch. Kriegschverletschung.» Und während er das sagte, zeigte er mit der anderen Hand auf die Narbe, die sich unterm Kinn versteckt hielt.

«Die Öösch haben mir einfach ein Schtück von der Schungenschpitsche abgeschoschen. In Frankreich damalsch.»

Der Kellner nickte.

«Noch bösche?» fragte mein Onkel.

Der Kellner schüttelte schnell den Kopf hin und her, als wollte er etwas ganz Unmögliches abwehren.

«Ich dachte nur schuerscht, Schie wollten mich utschen.»

Erschüttert über seinen Irrtum in der Menschenkenntnis wackelte er mit dem Kopf immer wieder von links nach rechts und wieder zurück.

Und nun schien es mit einmal, als ob er alle Tragik seines Schicksals damit abgeschüttelt hätte. Die beiden Tränen, die sich nun in den Hohlheiten seines Gesichtes verliefen, nahmen alle Qual seines bisherigen verspotteten Daseins mit. Sein neuer Lebensabschnitt, den er an der Riesentatze meines Onkels betrat, begann mit einem kleinen aufstoßenden Lacher, einem Gelächterchen, zage, scheu, aber von einem unverkennbaren Asbachgestank begleitet.

Und mein Onkel, dieser Onkel, der sich auf einem Bein, mit zerschossener Zunge und einem bärigen baßstimmigen Humor durch das Leben lachte, dieser mein Onkel war nun so unglaublich selig, daß er endlich endlich lachen konnte. Er war schon bronzefarben angelaufen, daß ich fürchtete, er müsse jede Minute platzen. Und sein Lachen lachte los, unbändig, explodierte, polterte, juchte, gongte, gurgelte – lachte los, als ob er ein Riesensaurier wäre, dem diese Urweltlaute entrülpsten. Das erste kleine neuprobierte Menschlachen des Kellners, des neuen kleinen Kellnermenschen, war dagegen wie das schüttere Gehüstel eines erkälteten Ziegenbabys. Ich griff angstvoll nach der Hand meiner Mutter. Nicht daß ich Angst vor meinem Onkel gehabt hätte, aber ich hatte doch eine tiefe tierische Angstwitterung vor den acht Asbachs, die in meinem Onkel brodelten. Die Hand meiner Mutter war eiskalt. Alles Blut hatte ihren Körper verlassen, um den Kopf zu einem grellen plakatenen Symbol der Schamhaftigkeit und des bürgerlichen Anstandes zu machen. Keine Vierländer Tomate konnte ein röteres Rot ausstrahlen. Meine Mutter leuchtete, Klatschmohn war blaß gegen sie. Ich rutschte tief von meinem Stuhl unter den Tisch. Siebenhundert Augen waren rund und riesig um uns herum. Oh, wie wir uns schämten, meine Mutter und ich.

Der kleine Kellner, der unter dem heißen Alkoholatem meines Onkels ein neuer Mensch geworden war, schien den ersten Teil seines neuen Lebens gleich mit einer ganzen Ziegenmeckerlachepoche beginnen zu wollen. Er mähte, bähte, gnuckte und gnickerte wie eine ganze Lämmerherde auf einmal. Und als die beiden Männer nun noch vier zusätzliche Asbachs über ihre kurzen Zungen schütteten, wurden aus den Lämmern, aus den rosigen dünnstimmigen zarten schüchternen kleinen Kellnerlämmern, ganz gewaltige hölzern meckernde steinalte weißbärtige blechscheppernde blödblökende Böcke.

Diese Verwandlung vom kleinen giftigen tauben verkniffenen Bitterling zum andauernd, fortdauernd meckernden schenkelschlagenden geckernden blechern blökenden Ziegenbockmenschen war selbst meinem Onkel etwas ungewöhnlich. Sein Lachen vergluckerte langsam wie ein absaufender Felsen. Er wischte sich mit dem Ärmel die Tränen aus dem braunen breiten Gesicht und glotzte mit asbachblanken sturerstaunten Augen auf den unter Lachstößen bebenden weißbejackten Kellnerzwerg. Um uns herum feixten siebenhundert Gesichter. Siebenhundert Augen glaubten, daß sie nicht richtig sahen. Siebenhundert Zwerchfelle schmerzten. Die, die am weitesten ab saßen, standen erregt auf, um sich ja nichts entgehen zu lassen. Es war, als ob der Kellner sich vorgenommen hatte, fortan als ein riesenhafter boshaft bähender Bock sein Leben fortzusetzen. Neuerdings, nachdem er wie aufgezogen einige Minuten in seinem eigenen Gelächter untergegangen war, neuerdings bemühte er sich erfolgreich, zwischen den Lachsalven, die wie ein blechernes Maschinengewehrfeuer aus seinem runden Mund perlten, kurze schrille Schreie auszustoßen. Es gelang ihm, so viel Luft zwischen dem Gelächter einzusparen, daß er nun diese Schreie in die Luft wiehern konnte.

«Schischyphusch!» schrie er und patschte sich gegen die nasse Stirn. «Schischyphusch! Schiiischyyyphuuusch!» Er hielt sich mit beiden Händen an der Tischplatte fest und wieherte: «Schischyphusch!» Als er fast zwei Dutzend mal gewiehert hatte, dieses «Schischyphusch» aus voller Kehle gewiehert hatte, wurde meinem Onkel das Schischyphuschen zuviel. Er zerknitterte dem unaufhörlich wiehernden Kellner mit einem einzigen Griff das gestärkte Hemd, schlug mit der anderen Faust auf den Tisch, daß zwölf leere Gläser an zu springen fingen, und donnerte ihn an: «Schlusch! Schlusch, schag ich jetscht. Wasch scholl dasch mit dieschem blödschinnigen schaudummen Schischyphusch? Schlusch jetscht, verschtehscht du!» Der Griff und der gedonnerte Baß meines Onkels machten aus dem schischyphuschschreienden Ziegenbock im selben Augenblick wieder den kleinen lispelnden armseligen Kellner.

Er stand auf. Er stand auf, als ob es der größte Irrtum seines Lebens gewesen wäre, daß er sich hingesetzt hatte. Er fuhr sich mit dem Serviettentuch durch das Gesicht und räumte Lachtränen, Schweißtropfen, Asbach und Gelächter wie etwas hinweg, das fluchwürdig und frevelhaft war. Er war aber so betrunken, daß er alles für einen Traum hielt, die Pöbelei am Anfang, das Mitleid und die Freundschaft meines Onkels. Er wußte nicht: Hab ich nun eben Schischyphusch geschrien? Oder nicht? Hab ich schechsch Aschbach gekippt, ich, der Kellner dieschesch Lokalsch, mitten unter den Gäschten? Ich? Er war unsicher. Und für alle Fälle machte er eine abgehackte kleine Verbeugung und flüsterte: «Verscheihung!» Und dann verbeugte er sich noch einmal: «Verscheihung. Ja, verscheihen Schie dasch Schischyphuschgeschrei. Bitte schehr. Verscheihen der Herr, wenn ich schu laut war, aber der Aschbach, Schie wischen ja schelbscht, wenn man nichtsch gegeschen hat, auf leeren Magen. Bitte schehr darum. Schischyphusch war nämlich mein Schpitschname. Ja, in der Schule schon. Die gansche Klasche nannte mich scho. Schie wischen wohl, Schischyphusch, dasch war der Mann in der Hölle, diesche alte Schage, wischen Schie, der Mann im Hadesch, der arme Schünder, der einen groschen Felschen auf einen rieschigen Berg raufschieben schollte, eh, muschte, ja, dasch war der Schischyphusch, wischen Schie wohl. In der Schule muschte ich dasch immer schagen, immer diesch Schischyphusch. Und allesch hat dann gepuschtet vor Lachen, können Schie schich denken, werter Herr. Allesch hat dann gelacht, wischen Schie, schintemalen ich doch die schu kursche Schungenschpitsche beschitsche. Scho kam esch, dasch ich schpäter überall Schischyphusch geheischen wurde und gehänschelt wurde, schehen Schie. Und dasch, verscheihen, kam mir beim Aschbach nun scho insch Gedächtnisch, alsch ich scho geschrien habe, verschtehen. Verscheihen Schie, ich bitte schehr, verscheihen Schie, wenn ich Schie beläschtigt haben schollte, bitte schehr.»

Er verstummte. Seine Serviette war indessen unzählige Male von einer Hand in die andere gewandert. Dann sah er auf meinen Onkel.

Jetzt war der es, der still am Tisch saß und vor sich auf die Tischdecke sah. Er wagte nicht, den Kellner anzusehen. Mein Onkel, mein bärischer bulliger riesiger Onkel wagte nicht, aufzusehen und den Blick dieses kleinen verlegenen Kellners zu erwidern. Und die beiden dicken Tränen, die saßen nun in seinen

Augen. Aber das sah keiner außer mir. Und ich sah es auch nur, weil ich so klein war, daß ich ihm von unten her ins Gesicht sehen konnte. Er schob dem still abwartenden Kellner einen mächtigen Geldschein hin, winkte ungeduldig ab, als der ihm zurückgeben wollte, und stand auf, ohne jemanden anzusehen.

Der Kellner brachte noch zaghaft einen Satz an: «Die Aschbach wollte ich wohl gern beschahlt haben, bitte schehr.»

Dabei hatte er den Schein schon in seine Tasche gesteckt, als erwarte er keine Antwort und keinen Einspruch. Es hatte auch keiner den Satz gehört und seine Großzügigkeit fiel lautlos auf den harten Kies des Gartenlokals und wurde da später gleichgültig zertreten. Mein Onkel nahm seinen Stock, wir standen auf, meine Mutter stützte meinen Onkel und wir gingen langsam auf die Straße zu. Keiner von uns dreien sah auf den Kellner. Meine Mutter und ich nicht, weil wir uns schämten. Mein Onkel nicht, weil er die beiden Tränen in den Augen sitzen hatte. Vielleicht schämte er sich auch, dieser Onkel. Langsam kamen wir auf den Ausgang zu, der Stock meines Onkels knirschte häßlich auf dem Gartenkies und das war das einzige Geräusch im Augenblick, denn die drei- bis vierhundert Gesichter an den Tischen waren stumm und glotzäugig auf unseren Abgang konzentriert.

Und plötzlich tat mir der kleine Kellner leid. Als wir am Ausgang des Gartens um die Ecke biegen wollten, sah ich mich schnell noch einmal nach ihm um. Er stand noch immer an unserem Tisch. Sein weißes Serviettentuch hing bis auf die Erde. Er schien mir noch viel viel kleiner geworden zu sein. So klein stand er da und ich liebte ihn plötzlich, als ich ihn so verlassen hinter uns herblicken sah, so klein, so grau, so leer, so hoffnungslos, so arm, so kalt und so grenzenlos allein! Ach, wie klein! Er tat mir so unendlich leid, daß ich meinen Onkel an die Hand tippte, aufgeregt, und leise sagte: «Ich glaube, jetzt weint er.»

Mein Onkel blieb stehen. Er sah mich an und ich konnte die

beiden dicken Tropfen in seinen Augen ganz deutlich erkennen. Noch einmal sagte ich, ohne genau zu verstehen, warum ich es eigentlich tat: «Oh, er weint. Kuck mal, er weint.»

Da ließ mein Onkel den Arm meiner Mutter los, humpelte schnell und schwer zwei Schritte zurück, riß seinen Krückstock wie ein Schwert hoch und stach damit in den Himmel und brüllte mit der ganzen großartigen Kraft seines gewaltigen Körpers und seiner Kehle:

«Schischyphusch! Schischyphusch! Hörscht du? Auf Wiederschehen, alter Schischyphusch! Bisch nächschten Schonntag, dummesch Luder! Wiederschehen!»

Die beiden dicken Tränen wurden von den Falten, die sich jetzt über sein gutes braunes Gesicht zogen, zu nichts zerdrückt. Es waren Lachfalten und er hatte das ganze Gesicht voll davon. Noch einmal fegte er mit seinem Krückstock über den Himmel, als wollte er die Sonne herunterraken, und noch einmal donnerte er sein Riesenlachen über die Tische des Gartenlokals hin: «Schischyphusch! Schischyphusch!»

Und Schischyphusch, der kleine graue arme Kellner, wachte aus seinem Tod auf, hob seine Serviette und fuhr damit auf und ab wie ein wildgewordener Fensterputzer. Er wischte die ganze graue Welt, alle Gartenlokale der Welt, alle Kellner und alle Zungenfehler der Welt mit seinem Winken endgültig und für immer weg aus seinem Leben. Und er schrie schrill und überglücklich zurück, wobei er sich auf die Zehen stellte und ohne sein Fensterputzen zu unterbrechen:

«Ich verschtehe! Bitte schehr! Am Schonntag! Ja, Wiederschehen! Am Schonntag, bitte schehr!»

Dann bogen wir um die Ecke. Mein Onkel griff wieder nach dem Arm meiner Mutter und sagte leise: «Ich weisch, esch war schicher entschetschlich für euch. Aber wasch schollte ich andersch tun, schag schelbscht. Scho'n dummer Hasche. Läuft nun schein ganschesch Leben mit scho einem garschtigen Schungenfehler herum. Armesch Luder dasch!»

# Robert Musil

## DIE PORTUGIESIN

Sie hießen in manchen Urkunden delle Catene und in andern Herren von Ketten; sie waren aus dem Norden gekommen und hatten vor der Schwelle des Südens halt gemacht; sie gebrauchten ihre deutsche oder welsche Zugehörigkeit, wie es der Vorteil gebot, und fühlten sich nirgends hingehören als zu sich.

Seitlich des großen, über den Brenner nach Italien führenden Wegs, zwischen Brixen und Trient, lag auf einer fast freistehenden lotrechten Wand ihre Burg; fünfhundert Fuß unter ihr tollte ein wilder kleiner Fluß so laut, daß man eine Kirchenglocke im selben Raum nicht gehört hätte, sobald man den Kopf aus dem Fenster bog. Kein Schall der Welt drang von außen in das Schloß der Catene, durch diese davorhängende Matte wilden Lärms hindurch; aber das gegen das Toben sich stemmende Auge fuhr ohne Hindernis durch diesen Widerstand und taumelte überrascht in die tiefe Rundheit des Ausblicks.

Als scharf und aufmerksam galten alle Herren von Ketten, und kein Vorteil entging ihnen in weitem Umkreis. Und bös wie Messer waren sie, die gleich tief schneiden. Sie wurden nie rot vor Zorn oder rosig vor Freude, sondern sie wurden dunkel im Zorn und in der Freude strahlten sie wie Gold, so schön und so selten. Sie sollen einander alle, wer immer sie im Lauf der Jahre und Jahrhunderte waren, auch noch darin geglichen haben, daß sie früh weiße Fäden in ihr braunes Haupt- und Barthaar bekamen und vor dem sechzigsten Jahr starben; auch darin, daß in ihren mittelgroßen, schlanken Körpern die ungeheure Kraft, die sie manchmal zeigten, gar nicht Platz und Ursprung zu haben, sondern aus ihren Augen und Stirnen zu kommen schien, doch war dies Gerede von eingeschüchterten Nachbarn und Knechten. Sie nahmen, was sie an sich bringen konnten, und gingen dabei redlich oder gewaltsam oder listig zu Werk, je wie es kam, aber stets ruhig und unabwendbar; ihr kurzes Leben war ohne Hast und endete rasch, ohne nachzulassen, wenn sie ihr Teil erfüllt hatten.

Es war Sitte im Geschlecht der Ketten, daß sie sich mit dem in ihrer Nähe ansässigen Adel nicht versippten; sie holten ihre Frauen von weit her und holten reiche Frauen, um durch nichts in der Wahl ihrer Bündnisse und Feindschaften beschränkt zu sein. Der Herr von Ketten, welcher die schöne Portugiesin vor zwölf Jahren geheiratet hatte, stand damals in seinem dreißigsten Jahr. Die Hochzeit fand in der Fremde statt, und die sehr junge Frau sah ihrer Niederkunft entgegen, als der schellenklingelnde Zug der Gefolgsleute und Knechte, Pferde, Dienerinnen, Saumtiere und Hunde die Grenze des Gebiets der Catene überschritt; die Zeit war wie ein einjähriger Hochzeitsflug vergangen. Denn alle Ketten waren glänzende Kavaliere, bloß zeigten sie es nur in dem einen Jahr ihres Lebens, wo sie freiten; ihre Frauen waren schön, weil sie schöne Söhne wollten, und es wäre ihnen anders nicht möglich gewesen, in der Fremde, wo sie nicht so viel galten wie daheim, solche Frauen zu gewinnen; sie wußten aber selbst nicht, zeigten sie sich in diesem einen Jahr so, wie sie wirklich waren, oder in all den andren. Ein Bote mit wichtiger Nachricht kam den Nahenden entgegen: noch waren die farbigen Gewänder und Federwimpel des Zugs wie ein großer Schmetterling, aber der Herr von Ketten hatte sich verändert. Er ritt, als er sie wieder eingeholt hatte, langsam neben seiner Frau weiter, als wollte er Eile für sich nicht gelten lassen, aber sein Gesicht war fremd geworden wie eine Wolkenwand. Als bei einer Biegung des Wegs plötzlich das Schloß vor ihnen auftauchte, nur noch eine Viertelstunde entfernt, brach er mit Anstrengung das Schweigen.

Er wollte, daß seine Frau umkehre und zurückreise. Der Zug hielt an. Die Portugiesin bat und bestand darauf, daß sie weiterritten; umzukehren war auch Zeit, nachdem man die Gründe gehört hatte.

Die Bischöfe von Trient waren mächtige Herren, und das Reichsgericht sprach ihnen zu Munde: seit des Urgroßvaters Zeit lagen die Ketten mit ihnen in Streit wegen Stücken Lands, und bald war es ein Rechtsstreit gewesen, bald waren aus Forderung und Widerstand blutige Schlägereien erwachsen, aber jedesmal waren es die Herren von Ketten gewesen, die der Überlegenheit des Gegners nachgeben mußten. Der Blick, dem sonst kein Vorteil entging, wartete hier vergeblich, ihn zu gewahren; aber der Vater überlieferte die Aufgabe dem Sohn, und ihr Stolz wartete in der Geschlechterfolge, ohne weich zu werden, weiter.

Es war dieser Herr von Ketten, dem sich der Vorteil darbot. Er erschrak darüber, daß er ihn beinahe versäumt hätte. Eine mächtige Partei im Adel lehnte sich gegen den Bischof auf, es war beschlossen worden, ihn zu überfallen und gefangen zu nehmen, und der Ketten, als man vernommen hatte, daß er wiederkam, sollte ein Trumpf im Spiel sein. Ketten, seit Jahr und Tag abwesend, wußte nicht, wie es um die bischöfliche Kraft stand; aber das wußte er, daß es eine böse, jahrelange Probe von unsicherem Ausgang sein würde, und daß man sich nicht auf jeden bis zum bitteren Ende würde verlassen können, wenn es nicht gelang, Trient gleich anfangs zu überrumpeln. Er grollte seiner schönen Frau, weil sie ihn beinahe die Gelegenheit hatte verspielen lassen. So sehr gefiel sie ihm, der um einen Pferdehals zurück neben ihr ritt, wie immer; auch war sie ihm noch so geheimnisvoll wie die vielen Perlenketten, die sie besaß. Wie Erbsen hätte man solche Dinger zerdrücken können, wenn man sie in der hohlen, sehnengeflochtenen Hand wog, dachte er neben ihr reitend, aber sie lagen so unbegreiflich sicher darin. Nur war dieser Zauber von der neuen Nachricht beiseite geräumt worden wie die Mummenträume des Winters, wenn die knäbisch nackten ersten sonnenharten Tage wieder da sind. Gesattelte Jahre lagen vorauf, in denen Weib und Kind fremd verschwanden.

Aber die Pferde waren inzwischen an den Fuß der Wand gelangt, worauf die Burg stand, und die Portugiesin, als sie alles angehört hatte, erklärte noch einmal, daß sie bleiben wolle. Wild stieg das Schloß auf. Da und dort saßen an der Felsbrust verkümmerte Bäumchen wie einzelne Haare. Die Waldberge stürzten so auf und nieder, daß man diese Häßlichkeit einem, der nur die Meereswellen kannte, gar nicht hätte zu beschreiben vermögen. Voll kaltgewordener Würze war die Luft, und alles war so, als ritte man in einen großen zerborstenen Topf hinein, der eine fremde grüne Farbe enthielt. Aber in den Wäldern gab es den Hirsch, Bären, das Wildschwein, den Wolf und vielleicht das Einhorn. Weiter hinten hausten Steinböcke und Adler. Unergründete Schluchten boten den Drachen Aufenthalt. Wochenweit und -tief war der Wald, durch den nur die Wildfährten führten, und oben, wo das Gebirge ihm aufsaß, begann das Reich der Geister. Dämonen hausten dort mit dem Sturm und den Wolken; nie führte eines Christen Weg hinauf, und wann es aus Fürwitz geschehen war, hatte es Widerfahrnisse zur Folge, von denen die Mägde in den Winterstuben mit leiser Stimme berichteten, während die Knechte geschmeichelt schwiegen und die Schultern hochzogen, weil das Männerleben gefährlich ist und solche Abenteuer einem darin zustoßen können. Von allem, was sie gehört hatte, erschien es aber der Portugiesin als das Seltsamste: So wie noch keiner den Fuß des Regenbogens erreicht hat, sollte es auch noch nie einem gelungen sein, über die großen Steinmauern zu schaun; immer waren neue Mauern dahinter; Mulden waren dazwischen gespannt wie Tücher voll Steinen, Sterne so groß wie ein Haus, und noch der feinste Schotter unter den Füßen nicht kleiner als ein Kopf: es war eine Welt, die eigentlich keine Welt war. Oft hatte sie sich in Träumen dieses Land, aus dem der Mann kam, den sie liebte, nach seinem eigenen Wesen vorgestellt und das Wesen dieses Mannes nach dem, was er ihr von seiner Heimat erzählte. Müde des pfaublauen Meers, hatte sie sich ein Land erwartet, das voll Unerwartetem war wie die Sehne eines gespannten Bogens; aber da sie das Geheimnis sah, fand sie es über alles Erwarten häßlich und mochte fliehn. Wie aus Hühnerställen zusammengefügt war die Burg. Stein auf Fels getürmt. Schwindelnde Wände, an denen der Moder wuchs. Morsches Holz oder rohfeuchte Stämme. Bauern- und Kriegsgerät, Stallketten und Wagenbäume. Aber da sie nun hier war, gehörte sie her, und vielleicht war das, was sie sah, gar nicht häßlich, sondern eine Schönheit wie die Sitten von Männern, an die man sich erst gewöhnen mußte.

Als der Herr von Ketten seine Frau den Berg hinaufreiten sah, mochte er sie nicht anhalten. Er dankte es ihr nicht, aber es war etwas, das weder seinen Willen überwand, noch ihm nachgab, sondern ausweichend ihn anderswohin lockte und ihn unbeholfen schweigend hinter ihr dreinreiten machte wie eine arme verlorene Seele.

Zwei Tage später saß er wieder im Sattel.

Und elf Jahre später tat er es noch. Der Handstreich gegen Trient, leichtfertig vorbereitet, war mißlungen, hatte der Rittermacht gleich im Anfang über ein Drittel ihres Gefolges gekostet und mehr als die Hälfte ihres Wagemuts. Der Herr von Ketten, am Rückzug verwundet, kehrte nicht gleich nach Hause zurück; zwei Tage lang lag er in einer Bauernhütte verborgen, dann ritt er auf die Schlösser und fachte den Widerstand an. Zu spät gekommen zur Vorberatung und Bereitung des Unternehmens, hing er nach dem Fehlschlag daran wie der Hund am Ohr des Bullen. Er stellte den Herrn vor, was ihrer wartete, wenn die bischöfliche Macht zum Gegenschlag kam, ehe ihre Reihen wieder geschlossen seien, trieb Säumige und Knausernde an, preßte Geld aus ihnen, zog Verstärkungen herbei, rüstete und ward zum Feldhauptmann des Adels gewählt. Seine Wunden bluteten anfangs noch so, daß er täglich zweimal die Tücher wechseln mußte; er wußte nicht, während er ritt und umsprach und für jede Woche, um die er zu spät zur Stelle gewesen war, einen Tag fernblieb, ob er dabei an die zauberhafte Portugiesin dachte, die sich ängsten mußte.

Fünf Tage nach der Kunde von seiner Verwundung kam er erst zu ihr und blieb bloß einen Tag. Sie sah ihn an, ohne zu fragen, prüfend, wie man dem Flug eines Pfeils folgt, ob er treffen wird.

Er zog seine Leute herbei bis zum letzten erreichbaren Knaben, ließ die Burg in Verteidigungszustand setzen, ordnete und befahl. Knechtlärm, Pferdegewieher, Balkentragen, Eisen- und Steinklang war dieser Tag. In der Nacht ritt er weiter. Er war freundlich und zärtlich wie zu einem edlen Geschöpf, das man bewundert, aber sein Blick ging so gradaus wie aus einem Helm hervor, auch wenn er keinen trug. Als der Abschied kam, bat die Portugiesin, plötzlich von Weiblichkeit überwältigt, wenigstens jetzt seine Wunde waschen und ihr frischen Verband auflegen zu dürfen, aber er ließ es nicht zu; eiliger, als es nötig war, nahm er Abschied, lachte beim Abschied, und da lachte sie auch.

Die Art, wie der Gegner den Streit auskämpfte, war gewaltsam, wo sie es sein konnte, wie es dem harten, adeligen Mann entsprach, der das Bischofsgewand trug, aber sie war auch, wie es dieses frauenhafte Gewand ihn gelehrt haben mochte, nachgiebig, hinterhältig und zäh. Reichtum und ausgedehnter Besitz entfalteten langsam ihre Wirkung in stufenweisen, bis zum letzten Augenblick hinaus verzögerten Opfern, wenn Stellung und Einfluß nicht mehr ausreichten, um sich Helfer zu verbünden. Entscheidungen wich diese Kampfweise aus. Rollte sich ein, sobald sich der Widerstand zuspitzte; stieß nach, wo sie sein Erschlaffen erriet. So kam es, daß manchmal eine Burg berannt wurde, und wenn sie nicht rechtzeitig entsetzt werden konnte, unter blutigem Hinmorden fiel, manchmal aber auch durch Wochen Heerhaufen in den Ortschaften lagerten und nichts geschah, als daß den Bauern eine Kuh weggetrieben oder ein paar Hühner abgestochen wurden. Aus Wochen wurde Sommer und Winter, und aus Jahreszeiten wurden Jahre. Zwei Kräfte rangen miteinander, die eine wild und angriffslustig, aber zu schwach, die andre wie ein träger, weicher, aber grausam schwerer Körper, dem auch noch die Zeit ihr Gewicht lieh.

Der Herr von Ketten wußte das wohl. Er hatte Mühe, die verdrossene und geschwächte Ritterschaft davon abzuhalten, in einem plötzlich beschlossenen Angriff ihre letzte Kraft auszugeben. Er lauerte auf die Blöße, die Wendung, das Unwahrscheinliche, das nur noch der Zufall bringen konnte. Sein Vater hatte gewartet und sein Großvater. Und wenn man sehr lange wartet, kann auch das geschehn, was selten geschieht. Er wartete elf Jahre. Er ritt elf Jahre lang zwischen den Adelssitzen und den Kampfhaufen hin und her, um den Widerstand wach zu halten, erwarb in hundert Scharmützeln immer von neuem den Ruf verwegener Tapferkeit, um den Vorwurf zaghafter Kriegsführung von sich fern zu halten, ließ es zeitweilig auch zu großen blutigen Treffen kommen, um den Zornmut der Genossen anzufachen, aber auch er wich ebenso gut wie der Bischof einer Entscheidung aus. Er wurde oftmals leicht verwundet, aber er war nie länger als zweimal zwölf Stunden zuhause. Schrammen und das umherziehende Leben bedeckten ihn mit ihrer Kruste. Er fürchtete sich wohl, länger zuhause zu bleiben, wie sich ein Müder nicht setzen darf. Unruhige angehalfterte Pferde, Männerlachen, Fackellicht, die Säule eines Lagerfeuers wie ein Stamm aus Goldstaub zwischen grün aufschimmernden Waldbäumen, Regengeruch, Flüche, aufschneidende Ritter, Hunde, an Verwundeten schnuppernd, gehobene Weiberröcke und verschreckte Bauern waren seine Zerstreuung in diesen Jahren. Er blieb mitten drin schlank und fein. In sein braunes Haar begannen sich weiße Haare zu schleichen, sein Gesicht kannte kein

Alter. Er mußte grobe Scherze erwidern und tat es wie ein Mann, aber seine Augen bewegten sich wenig dabei. Er wußte dreinzufahren wie ein Ochsenknecht, wo sich die Mannszucht lockerte; aber er schrie nicht, sein Wort war leis und kurz, die Soldaten fürchteten ihn, nie schien der Zorn ihn selbst zu ergreifen, aber er strahlte von ihm aus, und sein Gesicht wurde dunkel. Im Gefecht vergaß er sich; da ging alles diesen Weg gewaltiger, Wunden schlagender Gebärden aus ihm heraus, er wurde tanztrunken, bluttrunken, wußte nicht, was er tat, und tat immer das Rechte. Die Soldaten vergötterten ihn deshalb; es begann sich die Legende zu bilden, daß er sich aus Haß gegen den Bischof dem Teufel verschrieben habe und ihn heimlich besuche, der in Gestalt einer schönen fremden Frau auf seiner Burg weilte.

Der Herr von Ketten, als er das zum erstenmal hörte, wurde nicht unwillig, noch lachte er, aber er wurde ganz dunkelgolden vor Freude. Oft, wenn er am Lagerfeuer saß oder an einem offenen Bauernherd, und der durchstreifte Tag, so wie regensteifes Leder wieder weich wird, in der Wärme zerging, dachte er. Er dachte dann an den Bischof in Trient, der auf reinem Linnen lag, von gelehrten Klerikern umgeben, Maler in seinem Dienst, während er wie ein Wolf ihn umkreiste. Auch er konnte das haben. Einen Kaplan hatte er auf der Burg bestallt, damit für Unterhaltung des Geistes gesorgt sei, einen Schreiber zum Vorlesen, eine lustige Zofe; ein Koch wurde weither geholt, um von der Küche das Heimweh zu bannen, reisende Doktoren und Schüler fing man auf, um an ihrem Gespräch einige Tage der Zerstreuung zu gewinnen, kostbare Teppiche und Stoffe kamen, um mit ihnen die Wände zu bedecken; nur er hielt sich fern. Ein Jahr lang hatte er tolle Worte gesprochen, in der Fremde und auf der Reise, Spiel und Schmeichelei, – denn so wie jedes wohlgebaute Ding Geist hat, sei es Stahl oder starker Wein, ein Pferd oder ein Brunnenstrahl, hatten ihn auch die Catene; – aber seine Heimat lag damals fern, sein wahres Wesen war etwas, auf das man wochenlang zureiten konnte, ohne es zu erreichen. Auch jetzt sprach er noch zuweilen unüberlegte Worte, aber nur so lang, als die Pferde im Stall ruhten; er kam nachts und ritt am Morgen fort oder blieb vom Morgenläuten bis zum Ave. Er war vertraut wie ein Ding, das man schon lang an sich trägt. Wenn du lachst, lacht es auch hin und her, wenn du gehst, geht es mit, wenn deine Hand dich betastet, fühlst du es: aber wenn du es einmal hochhebst und ansiehst, schweigt es und sieht weg. Wäre er einmal länger geblieben, hätte er in Wahrheit sein müssen, wie er war. Aber er erinnerte sich, niemals gesagt zu haben, ich bin dies oder ich will jenes sein, sondern er hatte ihr von Jagd, Abenteuern und Dingen, die er tat, erzählt; und auch sie hatte nie, wie junge Menschen es sonst wohl zu tun pflegen, ihn gefragt, wie er über dies und jenes denke, oder davon gesprochen, wie sie sein möchte, wenn sie älter sei, sondern sie hatte sich schweigend geöffnet wie eine Rose, so lebhaft sie vordem gewesen war, und stand schon auf der Kirchentreppe reisefertig, wie auf einen Stein gestiegen, von dem man sich aufs Pferd schwingt, um zu jenem Leben zu reiten. Er kannte seine zwei Kinder kaum, die sie ihm geboren hatte, aber auch diese beiden Söhne liebten schon leidenschaftlich den fernen Vater, von dessen Ruhm ihre kleinen Ohren voll waren, seit sie hörten. Seltsam war die Erinnerung an den Abend, dem der zweite sein Leben dankte. Da war, als er kam, ein weiches hellgraues Kleid mit dunkelgrauen Blumen, der schwarze Zopf war zur Nacht geflochten, und die schöne Nase sprang scharf in das glatte Gelb eines beleuchteten Buchs mit geheimnisvollen Zeichnungen. Es war wie Zauberei. Ruhig saß, in ihrem reichen Gewand, mit dem Rock, der in unzähligen Faltenbächen herabfloß, die Gestalt, nur aus sich heraussteigend und in sich fallend; wie ein Brunnenstrahl; und kann ein Brunnenstrahl erlöst werden, außer durch Zauberei oder ein Wunder, und aus seinem sich selbst tragenden, schwankenden Dasein ganz heraustreten? Man mochte das Weib umarmen und plötzlich gegen den Schlag eines magischen Widerstands stoßen; es geschah nicht so; aber ist Zärtlichkeit nicht noch unheimlicher? Sie sah ihn an, der leise eingetreten war, wie man einen Mantel wiedererkennt, den man lang an sich getragen und lang nicht mehr gesehen hat, der etwas fremd bleibt und in den man hineinschlüpft.

Traulich erschienen ihm dagegen Kriegslist, politische Lüge, Zorn und Töten! Tat geschieht, weil andre Tat geschehn ist; der Bischof rechnet mit seinen Goldstücken, und der Feldhauptmann mit der Widerstandskraft des Adels; Befehlen ist klar; taghell, dingfest ist dieses Leben, der Stoß eines Speers unter den verschobenen Eisenkragen ist so einfach, wie wenn man mit dem Finger weist und sagen kann, das ist dies. Das andre aber ist fremd wie der Mond. Der Herr von Ketten liebte dieses andere heimlich. Er hatte keine Freude an Ordnung, Hausstand und wachsendem Reichtum. Und ob er gleich um fremdes Gut jahrelang stritt, sein Begehren griff nicht nach Frieden des Gewinns, sondern sehnte sich aus der Seele hinaus; in den Stirnen saß die Gewalt der Catene, bloß kamen stumme Taten aus den Stirnen. Wenn er morgens in den Sattel stieg, fühlte er jedesmal noch das Glück, nicht nachzugeben, die Seele seiner Seele; aber wenn er abends absaß, senkte sich nicht selten der mürrische Stumpfsinn alles durchlebten Übermaßes auf ihn, als hätte er einen Tag lang alle seine Kräfte angestrengt, um nicht ohne alle Anstrengung etwas Schönes zu sein, das er nicht nennen konnte. Der Bischof, der Schleicher, konnte zu Gott beten, wenn Ketten ihn bedrängte; Ketten konnte nur über blühende Saaten reiten, die widerspenstige Woge des Pferds unter sich leben fühlen, Freundlichkeit mit Eisentritten herbeizaubern. Aber es tat ihm wohl, daß es dies gab. Daß man leben kann und sterben machen ohne das andre. Es leugnete und vertrieb etwas, das sich zum Feuer schlich, wenn man hineinstarrte, und fort war, so wie man sich, steif vom Träumen, aufrichtete und herumdrehte. Der Herr von Ketten spann zuweilen lange verschlungene Fäden, wenn er an den Bischof dachte, dem er das alles antat, und ihm war, als könnte nur ein Wunder es ordnen.

Seine Frau nahm den alten Knecht, welcher der Burg vorstand, und streifte mit ihm durch die Wälder, wenn sie nicht vor den Bildern in ihren Büchern saß. Wald öffnet sich, aber seine Seele weicht zurück; sie brach durch Holz, kletterte über Steine, sah Fährten und Tiere, aber sie brachte nicht mehr heim als diese kleinen Schrecknisse, überwundenen Schwierigkeiten und befriedigten Neugierden, die alle Spannung verloren, wenn man sie aus dem Wald heraustrug, und eben jenes grüne Spiegelbild, das sie schon nach den Erzählungen gekannt hatte, bevor sie ins Land gekommen war; sobald man nicht darauf eindrang, schloß es sich hinter dem Rücken wieder zusammen. Lässig gut hielt sie indessen Ordnung am Schloß. Ihre Söhne, von denen keiner das Meer gesehen hatte, waren das ihre Kinder? Junge Wölfe, schien ihr zuweilen, waren es. Einmal brachte man ihr einen jungen Wolf aus dem Wald. Auch ihn zog sie auf. Zwischen ihm und den großen Hunden herrschte unbehagliche Duldung. Gewährenlassen ohne Austausch von Zeichen. Wenn er über den Hof ging, standen sie auf und sahn zu ihm herüber, aber sie bellten und knurrten nicht. Und er sah gradaus, wenn er auch hinüberschielte, und ging kaum ein wenig langsamer und steifer seines Wegs, um es sich nicht merken zu lassen. Er folgte überallhin der Herrin; ohne Zeichen der Liebe und der Vertrautheit; er sah sie mit seinen starken Augen oft an, aber sie sagten nichts. Sie liebte diesen Wolf, weil seine Sehnen, sein braunes Haar, die schweigende Wildheit und die Kraft der Augen sie an den Herrn von Ketten erinnerten.

Einmal kam der Augenblick, auf den man warten muß; der Bischof fiel in Krankheit und starb, das Kapitel war ohne Herrn. Ketten verkaufte, was beweglich war, nahm Pfänder auf liegenden Besitz und rüstete aus allen Mitteln ein kleines, ihm eigenes Heer: dann unterhandelte er. Vor die Wahl gestellt, den alten Streit gegen neu bewaffnete Kraft weiterführen zu müssen, ehe noch der kommende Herr sich entscheiden konnte, oder einen billigen Abschluß zu finden, entschied sich das Kapitel für dieses, und es konnte nicht anders geschehn, als daß der Ketten, der als Letzter stark und drohend dastand, das meiste für sich einstrich, wofür sich das Domkapitel an Schwächeren und Zaghafteren schadlos hielt.

So hatte ein Ende gefunden, was nun schon in der vierten Erbfolge wie eine Zimmerwand gewesen war, die man jeden Morgen beim Frühbrot vor sich sieht und nicht sieht: mit einem Mal fehlte sie; bis hieher war alles gewesen wie im Leben aller Ketten, was noch zu tun blieb im Leben dieses Ketten, war runden und ordnen, ein Handwerker- und kein Herrenziel.

Da stach ihn, als er heimritt, eine Fliege.

Die Hand schwoll augenblicklich an, und er wurde sehr müde. Er kehrte in die Schenke eines elenden kleinen Dorfes ein, und während er hinter dem schmierigen Holztisch saß, überwältigte ihn Schlummer. Er legte sein Haupt in den Schmutz und als er gegen Abend erwachte, fieberte er. Er wäre trotzdem weitergeritten, wenn er Eile gehabt hätte; aber er hatte keine Eile. Als er am Morgen aufs Pferd steigen wollte, fiel er hin vor Schwäche. Arm und Schulter waren aufgequollen, er hatte sie in den Harnisch gepreßt und mußte sich wieder ausschnallen lassen; während er stand und es geschehen ließ, befiel ihn ein Schüttelfrost, wie er solchen noch nie gesehen; seine Muskeln zuckten und tanzten so, daß er die eine Hand nicht zur andern bringen konnte, und die halb aufgeschnallten Eisenteile klapperten wie eine losgerissene Dachrinne im Sturm. Er fühlte, daß das schwankhaft war, und lachte mit grimmigem Kopf über sein Geklapper; aber in den Beinen war er schwach wie ein Knabe. Er schickte einen Boten zu seiner Frau, andere nach einem Bader und zu einem berühmten Arzt.

Der Bader, der als erster zur Stelle war, verordnete heiße Umschläge von Heilkräutern und bat, schneiden zu dürfen. Ketten, der jetzt viel ungeduldiger war, nach Hause zu kommen, hieß ihn schneiden, bis er bald halb so viel neue Wunden davontrug, als er alte hatte. Seltsam waren diese Schmerzen, gegen die er sich nicht wehren durfte. Dann lag der Herr zwei Tage lang in den saugenden Kräuterverbänden, ließ sich vom Kopf bis zu den Füßen einwickeln und nach Hause schaffen; drei Tage dauerte dieser Marsch, aber die Gewaltkur, die ebensogut hätte zum Tod führen können, indem sie alle Verteidigungskräfte des Lebens verbrauchte, schien der Krankheit Einhalt getan zu haben: als sie am Ziel eintrafen, lag der Vergiftete in hitzigem Fieber, aber der Eiter hatte sich nicht mehr weiter ausgebreitet.

Dieses Fieber, wie eine weite brennende Grasfläche, dauerte Wochen. Der Kranke schmolz in seinem Feuer täglich mehr zusammen, aber auch die bösen Säfte schienen darin verzehrt und verdampft zu werden. Mehr wußte selbst der berühmte Arzt davon nicht zu sagen, und nur die Portugiesin brachte außerdem noch geheime Zeichen an Tür und Bett an. Als eines Tags vom Herrn von Ketten nicht mehr übrig war als eine Form voll weicher heißer Asche, sank plötzlich das Fieber um eine tiefe Stufe hinunter und glomm dort bloß noch sanft und ruhig.

Waren schon Schmerzen seltsam, gegen die man sich nicht wehrt, so hatte der Kranke das Spätere überhaupt nicht so durchlebt wie einer, der mitten darin ist. Er schlief viel und war auch mit offenen Augen abwesend; wenn aber sein Bewußtsein zurückkehrte, so war doch dieser willenlose, kindlich warme und ohnmächtige Körper nicht seiner, und diese von einem Hauch erregte schwache Seele seine auch nicht. Gewiß war er schon abgeschieden und wartete während dieser ganzen Zeit bloß irgendwo darauf, ob er noch einmal zurückkehren müsse. Er hatte nie gewußt, daß Sterben so friedlich sei; er war mit einem Teil seines Wesens vorangestorben und hatte sich aufgelöst wie ein Zug Wanderer: Während die Knochen noch im Bett lagen, und das Bett da war, seine Frau sich über ihn beugte, und er, aus Neugierde, zur Abwechslung, die Bewegungen in ihrem aufmerksamen Gesicht beobachtete, war alles, was er liebte, schon weit voran. Der Herr von Ketten und dessen mondnächtige Zauberin waren aus ihm herausgetreten und hatten sich sacht entfernt: er sah sie noch, er wußte, mit einigen großen Sprüngen würde er sie danach einholen, nur jetzt wußte er nicht, war er schon bei ihnen oder noch hier. Das alles aber lag in einer riesigen gütigen Hand, die so mild war wie eine Wiege und zugleich alles abwog, ohne aus der Entscheidung viel Wesens zu machen. Das mochte Gott sein. Er zweifelte nicht, es erregte ihn aber auch nicht; er wartete ab und antwortete auch nicht auf das Lächeln, das sich über ihn beugte, und die zärtlichen Worte.

Dann kam der Tag, wo er mit einemmal wußte, daß es der letzte sein würde, wenn er nicht allen Willen zusammennahm, um leben zu bleiben, und das war der Tag, an dessen Abend das Fieber sank.

Als er diese erste Stufe der Gesundung unter sich fühlte, ließ er sich täglich auf den kleinen grünen Fleck tragen, der die Felsnase überzog, die mauerlos in die Luft sprang. In seine Tücher gewickelt, lag er dort in der Sonne. Schlief, wachte, wußte nicht, was von beidem er tat.

Einmal, als er aufwachte, stand der Wolf da. Er blickte ihm in die geschliffenen Augen und konnte sich nicht rühren. Er wußte nicht, wieviel Zeit verging, dann stand seine Frau neben ihm, den Wolf am Knie. Er schloß wieder die Augen, als wäre er gar nicht wach gewesen. Aber da er wieder in sein Bett getragen wurde, ließ er sich die Armbrust reichen. Er war so schwach, daß er sie nicht spannen konnte; er staunte. Er winkte den Knecht heran, gab ihm die Armbrust und befahl: der Wolf. Der Knecht zögerte, aber er wurde zornig wie ein Kind, und am Abend hing das Fell des Wolfes im Burghof. Als die Portugiesin es sah, und erst von den Knechten erfuhr, was geschehen war, blieb ihr das Blut in den Adern stehn. Sie trat an sein Bett. Da lag er bleich wie die Wand und sah ihr zum erstenmal wieder in die Augen. Sie lachte und sagte: Ich werde mir eine Haube aus dem Fell machen lassen und dir nachts das Blut aussaugen.

Dann schickte er den Kleriker weg, der früher einmal gesagt hatte: der Bischof kann zu Gott beten, das ist gefährlich für Euch, und später ihm immerzu die letzte Ölung gegeben hatte; aber das gelang nicht gleich, die Portugiesin legte sich ins Mittel und bat, den Kaplan noch zu dulden, bis er ein anderes Unterkommen fände. Der Herr von Ketten gab nach. Er war noch schwach und schlief noch immer viel auf dem Grasfleck in der Sonne. Als er wieder einmal dort erwachte, war der Jugendfreund da. Er stand neben der Portugiesin und war aus ihrer Heimat gekommen; hier im Norden sah er ihr ähnlich. Er grüßte mit edlem Anstand und sprach Worte, die nach dem Ausdruck seiner Mienen voll großer Liebenswürdigkeit sein mußten, indes der Ketten wie ein Hund im Gras lag und sich schämte.

Überdies mochte das auch erst beim zweitenmal gewesen sein; er war noch manchmal abwesend. Er bemerkte auch spät erst, daß ihm seine Mütze zu groß geworden war. Die weiche Fellmütze, die immer etwas stramm gesessen hatte, sank bei einem leichten Zug bis ans Ohr herunter, das sie aufhielt. Sie waren selbdritt, und seine Frau sagte: «Gott, dein Kopf ist ja kleiner geworden!» – Sein erster Gedanke war, daß er sich vielleicht habe die Haare zu kurz scheren lassen, er wußte bloß im Augenblick nicht, wann; er fuhr heimlich mit der Hand hin, aber das Haar war länger, als es sein sollte, und ungepflegt, seit er krank war. So wird sich die Kappe geweitet haben, dachte er, aber sie war noch fast neu und wie sollte sie sich geweitet haben, während sie unbenützt in einer Truhe lag. So machte er einen Scherz daraus und meinte, daß wohl in vielen Jahren, wo er nur mit Kriegsknechten gelebt habe und nicht mit gebildeten Kavalieren, sein Schädel kleiner geworden sein möge. Er fühlte, wie plump ihm der Scherz vom Munde kam, und auch die Frage war damit nicht weggeschafft, denn kann ein Schädel kleiner werden? Die Kraft in den Adern kann nachlassen, das Fett unter der Kopfhaut kann im Fieber etwas zusammenschmelzen: aber was gibt das aus?! Nun tat er zuweilen, als ob er sich das Haar glatt striche, schützte auch vor, sich den Schweiß zu trocknen, oder trachtete, sich unbemerkt in den Schatten zurückzubeugen, und griff schnell, mit zwei Fingerspitzen wie mit einem Maurerzirkel, seinen Schädel ab, ein paarmal, mit verschiedenen Griffen: aber es blieb kein Zweifel, der Kopf war kleiner geworden, und wenn man ihn von innen, mit den Gedanken befühlte, so war er noch viel kleiner und wie zwei dünne aufeinandergeklappte Schälchen.

Man kann ja vieles nicht erklären, aber man trägt es nicht auf den Schultern und fühlt es nicht jedesmal, wenn man den Hals nach zwei Menschen wendet, die sprechen, während man zu schlafen scheint. Er hatte die fremde Sprache schon lang bis auf wenige Worte vergessen; aber einmal verstand er den Satz: «Du tust das nicht, was du willst, und tust das, was du nicht willst.» Der Ton schien eher zu drängen als zu scherzen; was mochte er meinen? Ein andermal beugte er sich weit aus dem Fenster hinaus, ins Rauschen des Flusses; er tat das jetzt oft wie ein Spiel: der Lärm, so wirr wie durcheinandergefegtes Heu, schloß das Ohr, und wenn man aus der Taubheit zurückkehrte, tauchte klein darin und fern das Gespräch der Frau mit dem Andern auf; und es war ein lebhaftes Gespräch, ihre Seelen schienen sich wohl miteinander zu fühlen. Das drittemal lief er überhaupt nur den beiden nach, die abends noch in den Hof gingen; wenn sie an der Fackel oben auf der Freitreppe vorbeikamen, mußte ihr Schatten auf die Baumkronen fallen; er beugte sich rasch vor, als dies geschah, aber in den Blättern verschwammen die Schatten von selbst in einen. Zu jeder andren Zeit hätte er versucht, mit Pferd und Knechten sich das Gift aus dem Leib zu jagen oder es im Wein zu verbrennen. Aber der Kaplan und der Schreiber fraßen und tranken so, daß ihnen Wein und Speise bei den Mundwinkeln herausliefen, und der junge Ritter schwang ihnen lachend die Kanne zu, wie man Hunde aufeinanderhetzt. Der Wein ekelte Ketten, den die mit scholastischer Tünche überzogenen Lümmel soffen. Sie sprachen vom tausendjährigen Reich, von Doktorsfragen und Bettstrohgeschichten; deutsch und in Kirchenlatein. Ein durchreisender Humanist übersetzte, wo es fehlte, zwischen diesem Welsch und dem des Portugiesen; er hatte sich den Fuß verstaucht und heilte ihn hier kräftig aus. «Er ist vom Pferd gefallen, als ein Hase vorbeisprang», gab der Schreiber zum besten. «Er hielt ihn für einen Lindwurm», sagte mit unwilligem Spott der Herr von Ketten, der zögernd dabeistand. «Aber das Pferd doch auch!» brüllte der Burgkaplan, «sonst wäre es nicht so gesprungen: Also hat der Magister selbst für einen Roßverstand mehr Einsicht als der Herr!» Die Trunkenen lachten über den Herrn von Ketten. Der sah sie an, trat einen Schritt näher und schlug den Kaplan ins Gesicht. Das war ein runder junger Bauer, er wurde rot über den Kopf, aber dann ganz bleich, und blieb sitzen. Der junge Ritter stand lächelnd auf und ging die Freundin suchen. «Warum habt Ihr ihn nicht erdolcht?!» zischte der Hasen-Humanist auf, als sie allein waren. «Er ist ja stark wie zwei Stiere», antwortete der Kaplan, «und auch ist die christliche Lehre wahrhaft geeignet, um in solchen Lagen Trost zu geben.» Aber in Wahrheit war der Herr von Ketten noch sehr schwach, und allzu langsam kehrte das Leben in ihn wieder; er konnte die zweite Stufe der Genesung nicht finden.

Der Fremde reiste nicht weiter, und seine Gespielin verstand schlecht die Andeutungen ihres Herrn. Seit elf Jahren hatte sie auf den Gatten gewartet, elf Jahre lang war er der Geliebte des Ruhms und der Phantasie gewesen, nun ging er in Haus und Hof umher und sah, von Krankheit zerschabt, recht gewöhnlich aus neben Jugend und höfischem Anstand. Sie machte sich nicht viel Gedanken darüber, aber sie war ein wenig müde dieses Lands geworden, das Unsagbares versprochen hatte, und mochte sich nicht überwinden, schon wegen eines schiefen Gesichts den Gespielen ziehen zu lassen, der den Duft der Heimat hatte und Gedanken, bei denen man lachen konnte. Sie hatte sich nichts vorzuwerfen; ein wenig oberflächlicher war sie seit

Wochen, aber das tat wohl, und sie fühlte, ihr Antlitz glänzte jetzt manchmal wieder so wie vor Jahren. Eine Wahrsagerin, die er befragte, sagte dem Herrn von Ketten voraus: Ihr werdet nur gesund, wenn Ihr etwas vollbringt –, aber da er in sie drang, was das wäre, schwieg sie, suchte ihm zu entkommen und erklärte schließlich, daß sie es nicht finden könne.

Er hätte es immer verstanden, die Gastfreundschaft mit feinem Schnitt zu lösen, statt sie zu brechen, auch ist die Heiligkeit des Lebens und des Gastrechts für einen, der durch Jahre ungebetner Gast bei seinen Feinden war, kein unübersteigliches Hindernis, aber die Schwäche der Genesung machte ihn diesmal fast stolz darauf, unbeholfen zu sein; solche arglistige Klugheit erschien ihm nicht besser als die kindische Wortklugheit des Jungen. Seltsames widerfuhr ihm. In den Nebeln der Krankheit, die ihn umfangen hielten, erschien ihm die Gestalt seiner Frau weicher, als es hätte sein müssen; sie erschien ihm nicht anders als früher, wenn es ihn gewundert hatte, ihre Liebe zuweilen heftiger wiederzufinden als sonst, während doch in der Abwesenheit keine Ursache lag. Er hätte nicht einmal sagen können, ob er heiter oder traurig war; genau so wie in jenen Tagen der tiefen Todesnähe. Er konnte sich nicht rühren. Wenn er seiner Frau in die Augen sah, waren sie wie frisch geschliffen, sein eignes Bild lag obenauf, und sie ließen seinen Blick nicht ein. Ihm war zu Mut, es müßte ein Wunder geschehn, weil sonst nichts geschah, und man darf das Schicksal nicht reden heißen, wenn es schweigen will, sondern soll horchen, was kommen wird.

Eines Tags, als sie in Gesellschaft den Berg heraufkamen, war oben vor dem Tor die kleine Katze. Sie stand vor dem Tor, als wollte sie nicht nach Katzenart über die Mauer setzen, sondern nach Menschenart Einlaß, machte einen Buckel zum Willkomm und strich den ohne irgend einen Grund über ihre Anwesenheit erstaunten großen Geschöpfen um Rock und Stiefel. Sie wurde eingelassen, aber es war gleich, als ob man einen Gast empfinge, und schon am nächsten Tag zeigte sich, daß man vielleicht ein kleines Kind aufgenommen hatte, aber nicht bloß eine Katze: solche Ansprüche stellte das zierliche Tier, das nicht den Vergnügungen in Kellern und Dachböden nachging, sondern keinen Augenblick aus der Gesellschaft der Menschen wich. Und es hatte die Gabe, ihre Zeit für sich zu beanspruchen, was recht unbegreiflich war, da es doch so viel andre, edlere Tiere am Schloß gab, und die Menschen auch mit sich selbst viel zu tun hatten; es schien geradezu davon zu kommen, daß sie die Augen zu Boden senken mußten, um dem kleinen Wesen zuzusehn, das sich ganz unauffällig benahm und um ein klein wenig stiller, ja man könnte fast sagen trauriger und nachdenklicher war, als einer jungen Katze zukam. Die spielte so, wie sie wissen mußte, daß Menschen es von jungen Katzen erwarten, kletterte auf den Schoß und gab sich sogar ersichtlich Mühe, freundlich mit den Menschen zu sein, aber man konnte fühlen, daß sie nicht ganz dabei war; und gerade dies, was zu einer gewöhnlichen jungen Katze fehlte, war wie ein zweites Wesen, ein Ab-Wesen oder ein stiller Heiligenschein, der sie umgab, ohne daß einer den Mut gefunden hätte, das auszusprechen. Die Portugiesin beugte sich zärtlich über das Geschöpfchen, das in ihrem Schoß am Rücken lag und mit den winzigen Krallen nach ihren tändelnden Fingern schlug wie ein Kind, der junge Freund beugte sich lachend und tief über Katze und Schoß, und Herrn von Ketten erinnerte das zerstreute Spiel an seine halb überwundene Krankheit, als wäre die, samt ihrer Todessanftheit, in das Tierkörperchen verwandelt, nun nicht mehr bloß in ihm, sondern zwischen ihnen. Ein Knecht sagte: Die bekommt die Räude.

Herr von Ketten wunderte sich, weil er das nicht selbst erkannt hatte; der Knecht wiederholte: Die muß man beizeiten erschlagen.

Die kleine Katze hatte inzwischen einen Namen aus einem der Märchenbücher erhalten. Sie war noch sanfter und duldsamer geworden. Jetzt konnte man auch schon bemerken, daß sie krank und fast leuchtend schwach wurde. Sie ruhte immer länger aus im Schoß von den Geschäften der Welt, und ihre kleinen Krallen hielten sich mit zärtlicher Angst fest. Sie begann jetzt auch einen um den andren anzusehn; den bleichen Ketten und den jungen Portugiesen, der vorgeneigt saß und den Blick von ihr nicht wendete, oder von dem Atmen des Schoßes, in dem sie lag. Sie sah sie an, als wollte sie um Vergebung dafür bitten, daß es häßlich sein werde, was sie in geheimer Vertretung für alle litt. Und dann begann ihr Martyrium.

Eines Nachts begann das Erbrechen, und sie erbrach bis zum Morgen; sie war ganz matt und wirr im wiederkehrenden Tageslicht, als hätte sie viele Schläge vor den Kopf erhalten. Aber vielleicht hatte man dem verhungerten armen Kätzchen bloß im Übereifer der Liebe zuviel zu fressen gegeben: doch im Schlafzimmer konnte sie danach nicht mehr bleiben und wurde zu den Burschen in die Hofkammer getan. Aber die Burschen klagten nach zwei Tagen, daß es nicht besser geworden sei, und wahrscheinlich hatten sie sie auch in der Nacht hinausgeworfen. Und sie brach jetzt nicht nur, sondern konnte auch den Stuhl nicht halten, und nichts war vor ihr sicher. Das war nun eine schwere Probe, zwischen einem kaum sichtbaren Heiligenschein und dem gräßlichen Schmutz, und es entstand der Beschluß – man hatte inzwischen erfahren, woher sie gekommen war, – sie dorthin zurücktragen zu lassen; es war ein Bauernhaus unten am Fluß, nahe dem Fuß des Berges. Man würde heute sagen, sie stellten sie ihrer Heimatsgemeinde zurück und wollten weder etwas verantworten, noch sich lächerlich machen; aber das Gewissen drückte sie alle, und sie gaben Milch und ein wenig Fleisch mit und sogar Geld, damit die Bauersleute, wo Schmutz nicht soviel ausmachte, gut für sie sorgten. Die Dienstleute schüttelten dennoch die Köpfe über ihre Herrn.

Der Knecht, der die kleine Katze hinuntergetragen hatte, erzählte, daß sie ihm nachgelaufen war, als er zurückging, und daß er noch einmal hatte umkehren müssen: zwei Tage später war sie wieder oben am Schloß. Die Hunde wichen ihr aus, die Dienstleute trauten sich wegen der Herrschaft nicht, sie fortzujagen, und als die sie erblickte, stand schweigend fest, daß jetzt niemand mehr ihr verweigern wollte, hier oben zu sterben. Sie war ganz abgemagert und glanzlos geworden, aber das ekelerregende Leiden schien sie überwunden zu haben und nahm bloß fast zusehends an Körperlichkeit ab. Es folgten zwei Tage, die verstärkt alles noch einmal enthielten, was bisher gewesen war: langsames, zärtliches Umhergehn in dem Obdach, wo man sie hegte; zerstreutes Lächeln mit den Pfoten, wenn sie nach einem Stückchen Papier schlug, das man vor ihr tanzen ließ; zuweilen ein leichtes Wanken vor Schwäche, obgleich vier Beine sie stützten, und am zweiten Tag fiel sie zuweilen auf die Seite. An einem Menschen würde man dieses Hinschwinden nicht so seltsam empfunden haben, aber an dem Tier war es wie eine Menschwerdung. Fast mit Ehrfurcht sahen sie ihr zu; keiner dieser drei Menschen in seiner besonderen Lage blieb von dem Gedanken verschont, daß es sein eigenes Schicksal sei, das in diese vom Irdischen schon halb gelöste kleine Katze übergegangen war. Aber am dritten Tag begannen wieder das Erbrechen und die Unreinlichkeit. Der Knecht stand da, und wenn er sich auch nicht traute, es zu wiederholen, sagte doch sein Schweigen: man muß sie erschlagen. Der Portugiese senkte den Kopf wie bei einer Versuchung, dann sagte er zur Freundin: es wird nicht anders gehn; ihm kam es selbst vor, als hätte er sich zu seinem eigenen Todesurteil bekannt. Und mit einemmal sahen alle den Herrn von Ketten an. Der war weiß wie die Wand geworden, stand auf und ging. Da sagte die Portugiesin zum Knecht: Nimm sie zu dir.

Der Knecht hatte die Kranke auf seine Kammer genommen, und am nächsten Tag war sie fort. Niemand frug. Alle wußten, daß er sie erschlagen hatte. Alle fühlten sich von einer unaussprechlichen Schuld bedrückt; es war etwas von ihnen gegangen. Nur die Kinder fühlten nichts und fanden es in Ordnung, daß der Knecht eine schmutzige Katze erschlug, mit der man nicht mehr spielen konnte. Aber die Hunde am Hof schnupperten zuweilen an einem Grasfleck, auf den die Sonne schien, steiften die Beine, sträubten das Fell und blickten schief zur Seite. In einem solchen Augenblick begegneten sich Herr von Ketten und die Portugiesin. Sie blieben beieinander stehn, sahn nach den Hunden hinüber und fanden kein Wort. Das Zeichen war dagewesen, aber wie war es zu deuten, und was sollte geschehn? Eine Kuppel von Stille war um die beiden.

Wenn sie ihn bis zum Abend nicht fortgeschickt hat, muß ich ihn töten, – dachte Herr von Ketten. Aber der Abend kam, und es hatte sich nichts ereignet. Das Vesperbrot war vorbei. Ketten saß ernst, von leichtem Fieber gewärmt. Er ging in den Hof, sich zu kühlen, er blieb lange aus. Er vermochte den Entschluß nicht zu finden, der ihm sein ganzes Dasein lang spielend leicht gewesen war. Pferde satteln, Harnisch anschnallen, ein Schwert ziehn, diese Musik seines Lebens war ihm mißtönend; Kampf erschien ihm wie eine sinnlos fremde Bewegung, selbst der kurze Weg eines Messers war wie eine unendlich lange Straße, auf der man verdorrt. Aber auch Leiden war nicht seine Art; er fühlte, daß er nie wieder ganz genesen würde, wenn er sich dem nicht entriß. Und neben beidem gewann allmählich etwas anderes Raum: als Knabe hatte er immer die unersteigliche Felswand unter dem Schloß hinaufklettern wollen; es war ein unsinniger und selbstmörderischer Gedanke, aber er gewann dunkles Gefühl für sich wie ein Gottesurteil oder ein nahendes Wunder. Nicht er, sondern die kleine Katze aus dem Jenseits würde diesen Weg wiederkommen, schien ihm. Er schüttelte leise lachend den Kopf, um ihn auf den Schultern zu fühlen, aber dabei erkannte er sich schon weit unten auf dem steinigen Weg, der den Berg hinabführte.

Tief beim Fluß bog er ab; über Blöcke, zwischen denen das Wasser trieb, dann an Büschen hinauf in die Wand. Der Mond zeichnete mit Schattenpunkten die kleinen Vertiefungen, in welche Finger und Zehen hineingreifen konnten. Plötzlich brach ein Stein unter dem Fuß weg; der Ruck schoß in die Sehnen, dann ins Herz. Ketten horchte; es schien ohne Ende zu dauern, bevor der Stein ins Wasser schlug; er mußte mindestens ein Drittel der Wand schon unter sich haben. Da wachte er, so schien es deutlich, auf und wußte, was er getan hatte. Unten ankommen konnte nur ein Toter, und die Wand hinauf der Teufel. Er tastete suchend über sich. Bei jedem Griff hing das Leben in den zehn Riemchen der Fingersehnen; Schweiß trat aus der Stirn, Hitze flog im Körper, die Nerven wurden wie steinerne Fäden: aber, seltsam zu fühlen, begannen bei diesem Kampf mit dem Tod Kraft und Gesundheit in die Glieder zu fließen, als kehrten sie von außen wieder in den Körper zurück. Und das Unwahrscheinliche gelang; noch mußte oben einem Überhang nach der Seite ausgewichen sein, dann schlang sich der Arm in ein Fenster. Es wäre wohl anders, als bei diesem Fenster emporzutauchen, auch gar nicht möglich gewesen; aber er wußte, wo er war; er schwang sich hinein, saß auf der Brüstung und ließ die Beine ins Zimmer hängen. Mit der Kraft war die Wildheit wiedergekehrt. Er atmete sich aus. Seinen Dolch an der Seite hatte er nicht verloren. Es kam ihm vor, daß das Bett leer sei. Aber er wartete, bis sein Herz und seine Lungen völlig ruhig seien. Es kam ihm dabei immer deutlicher vor, daß er in dem Zimmer allein war. Er schlich zum Bett: es hatte in dieser Nacht niemand darin gelegen.

Der Herr von Ketten schlich durch Zimmer, Gänge, Türen, die keiner zum erstenmal findet, der nicht geführt ist, vor das Schlafgemach seiner Frau. Er lauschte und wartete, aber kein Flüstern verriet sich. Er glitt hinein; die Portugiesin atmete sanft im Schlaf; er bückte sich in dunkle Ecken, tastete an Wänden, und als er sich wieder aus dem Zimmer drückte, hätte er beinahe gesungen vor Freude, die an seinem Unglauben rüttelte. Er stöberte durch das Schloß, aber schon krachten die Dielen und Fliesen unter seinem Tritt, als suchte er eine freudige Überraschung. Im Hof rief ihn ein Knecht an, wer er sei. Er fragte nach dem Gast. Fortgeritten, meldete der Knecht, wie der Mond heraufkam. Der Herr von Ketten setzte sich auf einen Stapel halbentrindeter Hölzer, und die Wache wunderte sich, wie lang er saß. Plötzlich packte ihn die Gewißheit an, wenn er jetzt das Zimmer der Portugiesin wieder betrete, werde sie nicht mehr da sein. Er pochte heftig und trat ein; die junge Frau fuhr auf, als hätte sie im Traum darauf gewartet, und sah ihn angekleidet vor sich stehn, so wie er fortgegangen war. Es war nichts bewiesen und nichts weggeschafft, aber sie fragte nicht, und er hätte nichts fragen können. Er zog den schweren Vorhang vom Fenster zurück, und der Vorhang des Brausens stieg auf, hinter dem alle Catene geboren wurden und starben.

«Wenn Gott Mensch werden konnte, kann er auch Katze werden», sagte die Portugiesin, und er hätte ihr die Hand vor den Mund halten müssen, wegen der Gotteslästerung, aber sie wußten, kein Laut davon drang aus diesen Mauern hinaus.

# Dorothy Parker

## ZU SCHADE
*(Too Bad)*

I

**M**eine Liebe», sagte Mrs. Marshall zu Mrs. Ames, «ich war noch nie im Leben so überrascht. Nie im Leben. Also, Grace und ich waren so – einfach *so*.»

Zur Erläuterung hielt sie die rechte Hand in die Höhe, den ausgestreckten Zeige- und Mittelfinger dicht aneinander gepresst.

Mrs. Ames schüttelte traurig den Kopf und bot die Zimtbrötchen an.

«Stellen Sie sich das vor!», sagte Mrs. Marshall und lehnte, wenn auch sehnsüchtigen Blickes, ab. «Wir sollten letzten Dienstag bei ihnen zu Abend essen, und dann bekam ich diesen Brief von Grace aus diesem kleinen Ort droben in Connecticut, sie schreibt, sie werde dort oben bleiben, für wie lange wisse sie noch nicht und sie glaube, wenn sie zurückkomme, werde sie vermutlich nur ein großes Zimmer mit Kochnische nehmen. Ernest wohne derzeit drüben im Club, schrieb sie.»

«Aber was haben sie denn mit ihrer Wohnung gemacht?» Die Stimme von Mrs. Ames war schrill vor Besorgnis.

«Also, die hat anscheinend seine Schwester übernommen, samt Möbeln und allem – erinnern Sie mich übrigens daran, dass ich sie besuchen muss», sagte Mrs. Marshall. «Sie wollten ohnehin in die Stadt ziehen und sie suchten nach etwas Passendem.»

«Geht es ihr denn nicht schrecklich nahe – seiner Schwester?», fragte Mrs. Ames.

«Oh – schrecklich.» Mrs. Marshall tat das Wort als unzulänglich ab. «Meine Liebe, bedenken Sie, wie nahe das jedem geht, der die beiden kannte. Bedenken Sie, wie nahe das mir geht. Ich weiß nicht, wann mich etwas mehr deprimiert hat. Ja, wenn es jemand anderes als die Weldons gewesen wäre!»

Mrs. Ames nickte.

«Das habe ich auch gesagt», berichtete sie.

«Das sagen doch einfach alle.» Mrs. Marshall wischte umgehend jede unverdiente Anerkennung beiseite. «Wenn man bedenkt, dass sich die Weldons trennen! Also, ich habe ja immer wieder zu Jim gesagt: ‹Tja, das ist jedenfalls mal ein glücklich verheiratetes Paar›, sagte ich immer, ‹so kongenial und mit dieser netten Wohnung und allem.› Und dann, aus heiterem Himmel, gehen sie hin und trennen sich. Ich kann einfach nicht begreifen, was um alles in der Welt sie dazu gebracht hat. Es scheint einfach zu furchtbar zu sein!»

Wiederum nickte Mrs. Ames langsam und traurig.

«Ja, es scheint immer zu schade zu sein, etwas Derartiges», sagte sie. «Es ist doch zu schade.»

## II

Mrs. Grace Weldon schlenderte durch das aufgeräumte Wohnzimmer und verlieh ihm jenen gewissen weiblichen Schliff. Sie war nicht eben gut im Verleihen von Schliff. Die Idee selber war reizvoll und ansprechend. Bevor sie verheiratet war, hatte sie davon geträumt, geruhsam in ihrer neuen Wohnung umherzugehen, hier geschickt eine Vase zu verrücken oder dort eine Blume aufzurichten und es dadurch von einem Haus in ein Heim zu verwandeln. Selbst jetzt, nach sieben Ehejahren, sah sie sich im Geiste noch gern bei dieser anmutigen Tätigkeit.

Aber obgleich sie sich jeden Abend gewissenhaft bemühte, sobald die rosenrot schimmernden Lampen angezündet waren, war sie stets ein wenig verwirrt, wie man eigentlich diese kleinen Wunder anstellte, die einem Raum ein völlig anderes Gesicht geben. Das Wohnzimmer, so schien ihr, sah doch ganz gut aus, so wie es war – so gut jedenfalls, wie es jemals aussehen würde mit dieser Kamineinfassung und den gleichen alten Möbeln. Delia, eines der allerweiblichsten Wesen, hatte es früher am Tag mit all dem Schliff ihrer persönlichen Prägung versehen und ihr Werk war seither in keiner Weise beeinträchtigt worden. Aber die Aufgabe, einer Sache ein völlig anderes Gesicht zu geben, so hatte Mrs. Weldon stets gehört, konnte niemals der Dienerschaft überlassen werden. Schliff oblag der Hausfrau. Und Mrs. Weldon war nicht die Person, die sich einer übernommenen Pflicht entzog.

Mit einer geradezu Mitleid erregenden Miene der Unsicherheit näherte sie sich dem Kaminsims, nahm eine kleine japanische Vase auf und stand mit ihr in der Hand da, während sie sich hilflos im Zimmer umsah. Das weiß lackierte Bücherregal zog ihre Aufmerksamkeit auf sich und dankbar schritt sie zu ihm hinüber und stellte die Vase da ab, wobei sie vorsichtig diverse Nippsachen umgruppierte, um Platz zu schaffen. Um das Gedränge zu mildern, griff sie zu einer gerahmten Fotografie von Mr. Weldons Schwester in Abendkleid und Brille, schaute sich wieder überall um und stellte sie dann schüchtern auf dem Klavier ab. Sie strich einschmeichelnd den Klavierüberwurf glatt, rückte die Notenhefte von *A Day in Venice*, *To a Wild Rose* und Kreislers *Caprice Viennois* zurecht, die sich stets auf dem Notenständer befanden, ging hinüber zum Teetisch und nahm einen Platzwechsel zwischen dem Milchkännchen und der Zuckerdose vor.

Dann trat sie zurück und inspizierte ihre Neuerungen. Es war erstaunlich, wie wenig sie das Zimmer veränderten.

Seufzend wandte Mrs. Weldon ihre Aufmerksamkeit einer

Schale mit Narzissen zu, die schon etwas über ihre erste Frische hinaus waren. Hier gab es nichts für sie zu tun; die allwissende Delia hatte ihnen frisches Wasser gegeben, ihre Stiele gekürzt und die bereits verwelkteren Schwestern entfernt. Dennoch beugte sich Mrs. Weldon über sie und zupfte behutsam an ihnen herum.

Sie hielt sich gern für einen Menschen, bei dem Blumen gedeihen, der immer Blühendes um sich haben muss, um wahrhaft glücklich zu sein. Wenn ihre Wohnzimmerblumen abstarben, vergaß sie fast nie, am nächsten Tag im Blumengeschäft vorbeizuschauen und einen neuen Strauß zu besorgen. Sie erzählte den Leuten, in kleinen vertraulichen Ergüssen, dass sie Blumen liebte. Es lag etwas geradezu Entschuldigendes in der Art, wie sie ihr zartes Bekenntnis vorbrachte, als bäte sie ihre Zuhörer, sie hinsichtlich ihres Geschmacks nicht für zu exzentrisch zu halten. Es hatte fast den Anschein, als erwarte sie von dem Betreffenden, bei ihren Worten erschreckt zurückzuweichen und auszurufen: «Doch nicht wirklich! Ja, wo *soll* das bloß hinführen?»

Sie hatte noch weitere kleine Geständnisse ihrer Schwächen zur Hand, die sie von Zeit zu Zeit ablegte; stets mit einem kleinen Zögern, als wäre es ihr verständlicherweise peinlich, ihr Herz zu offenbaren, sprach sie von ihrer Liebe zu Farben, dem Land, vergnügten Stunden, einem wirklich interessanten Stück, schönen Stoffen, gut gemachten Kleidern und Sonnenschein. Doch es war ihre Zuneigung zu Blumen, die sie am häufigsten eingestand. Sie schien zu glauben, dass diese, mehr noch als ihre anderen Voreingenommenheiten, sie von der Masse abhob.

Mrs. Weldon gab den betagten Narzissen nun einen letzten leichten Klaps und inspizierte noch einmal das Zimmer, um zu sehen, ob sich noch weitere Verschönerungen anboten. Ihre Lippen zogen sich zusammen, als ihr die kleine japanische Vase ins Auge fiel; an ihrem ursprünglichen Platz hatte sie sich eindeutig besser gemacht. Sie stellte sie zurück und der Ärger, den der Anblick des Kaminsimses ihr stets bereitete, stieg in ihr auf.

Sie hatte die Kamineinfassung vom ersten Moment an gehasst, als sie sich die Wohnung angesehen hatten. Es gab noch anderes, was sie ebenfalls stets daran gehasst hatte – den langen, schmalen Flur, das dunkle Esszimmer, den unzureichenden Schrankraum. Aber Ernest hatte die Wohnung allem Anschein nach durchaus gemocht und so hatte sie nichts gesagt, weder damals noch seither. Was hatte es schließlich für einen Zweck, deswegen viel Aufhebens zu machen? Vermutlich gab es überall Nachteile, ganz egal, wo sie lebten. Es hatte jedenfalls genug gegeben in ihrer letzten Wohnung.

So hatten sie die Wohnung für fünf Jahre gemietet – vier Jahre und drei Monate Mietzeit blieben noch. Mrs. Weldon fühlte sich plötzlich erschöpft. Sie legte sich auf die Chaiselongue und presste ihre dünne Hand gegen ihr stumpfes braunes Haar.

Mr. Weldon kam die Straße herunter, fast waagrecht vornübergebeugt in seinem Kampf mit dem Wind vom Fluss. Ihm gingen wieder die allabendlichen düsteren Gedanken durch den Kopf, in der Nähe des Riverside Drive zu wohnen, fünf Straßen von einem U-Bahnhof entfernt – zwei dieser Straßen von heftigen Windstößen durchtobt. Er mochte die Wohnung nicht sehr, selbst wenn er dort ankam. Sobald er das Esszimmer gesehen hatte, war ihm klar gewesen, dass sie immer bei künstlichem Licht würden frühstücken müssen – eine Sache, die er hasste. Aber Grace hatte das, wie es schien, nie bemerkt, und so war er still gewesen. Es machte ohnehin nicht viel aus, sagte er sich. Mit ziemlicher Sicherheit war überall irgendetwas nicht in Ordnung. Das Esszimmer war nicht viel schlimmer als das Schlafzimmer zum Hof in ihrer letzten Wohnung. Grace hatte sich allem Anschein nach auch daran nie gestoßen.

Mrs. Weldon öffnete die Tür auf sein Läuten.

«Na?», sagte sie heiter.

Sie lächelten sich strahlend an.

«Hal-lo», sagte er. «Na? Zu Hause?»

Sie küssten sich flüchtig. Sie sah mit höflichem Interesse zu, wie er Hut und Mantel aufhängte, die Abendzeitungen aus der Tasche nahm und ihr eine aushändigte.

«Die Zeitungen mitgebracht?», sagte sie und nahm sie.

Sie ging ihm durch den schmalen Flur in das Wohnzimmer voraus, wo er sich langsam in seinen großen Sessel sinken ließ, mit einem Geräusch zwischen einem Seufzer und einem Stöhnen. Sie setzte sich ihm gegenüber auf die Chaiselongue. Wieder lächelten sie sich strahlend an.

«Na, was hast du heute denn so getrieben?», erkundigte er sich.

Sie hatte die Frage erwartet. Sie hatte sich zurechtgelegt, bevor er heimkam, wie sie ihm all die kleinen Begebenheiten ihres Tages erzählen würde – wie die Frau im Lebensmittelladen eine Auseinandersetzung mit der Kassiererin gehabt hatte und wie Delia zum Mittagessen mit mäßigem Erfolg einen neuen Salat ausprobiert hatte und wie Alice Marshall zum Tee gekommen war und dass es stimmte, dass Norma Matthews wieder ein Kind erwartete. Sie hatte daraus eine lebhafte kleine Geschichte gesponnen und mit Bedacht amüsante Beschreibungen gewählt; hatte geglaubt, dass sie sie gut und mit Esprit erzählen würde und dass er vielleicht über die Schilderung des Zwischenfalls im Lebensmittelgeschäft lachen würde. Aber nun, da sie darüber nachdachte, erschien sie ihr wie eine lange, öde Tirade. Sie hatte nicht die Energie, damit anzufangen. Und er entfaltete bereits seine Zeitung.

«Ach, eigentlich nichts», sagte sie mit einem munteren kleinen Lachen. «Hast du einen angenehmen Tag verbracht?»

«Nun –», begann er. Er hatte mit dem Gedanken gespielt, ihr zu erzählen, wie er das Geschäft mit Detroit schließlich doch noch unter Dach und Fach gebracht hatte und wie entzückt J. G. allem Anschein nach darüber gewesen war. Aber sein Interesse erlahmte, kaum dass er zu sprechen begann. Außerdem war sie ganz davon in Anspruch genommen, einen losen Faden an den Wollfransen eines der Kissen neben ihr abzureißen.

«Ach, ganz leidlich», sagte er.

«Müde?», fragte sie.

«Nicht sehr», antwortete er. «Warum – möchtest du heute Abend etwas unternehmen?»

«Tja, nur wenn du willst», sagte sie strahlend. «Was immer du möchtest.»

«Was immer *du* möchtest», korrigierte er sie.

Das Thema war beendet. Zum dritten Mal wurde ein Lächeln ausgetauscht und dann versteckte er sich hinter seiner Zeitung.

Mrs. Weldon wandte sich ebenfalls der Zeitung zu. Aber es war ein schlechter Abend für Neuigkeiten – eine lange Rede von irgendwem, ein Plan für eine Mülldeponie, ein projektiertes Luftschiff, ein vier Tage alter mysteriöser Mordfall. Niemand, den sie kannte, war gestorben oder hatte sich verlobt oder geheiratet oder hatte an einer Festlichkeit teilgenommen. Die auf der Frauenseite abgebildeten Modelle waren für Miss Vierzehn-bis-sechzehn. Die Reklamen betrafen weitgehend Brot und Soßen und Herrenbekleidung und Räumungsverkäufe von Küchengeräten. Sie legte die Zeitung weg.

Sie fragte sich, wie Ernest einer Zeitung so viel Vergnügen abgewinnen konnte. Er konnte sich fast eine Stunde lang mit einer beschäftigen und dann zu einer anderen greifen und die gleichen Nachrichten mit unvermindertem Interesse von vorne bis hinten durchgehen. Sie wünschte, dass sie das könnte. Sie wünschte, mehr noch als das, dass ihr etwas zu sagen einfallen würde. Sie sah sich im Zimmer nach einer Anregung um.

«Schon meine hübschen Närrchenzissen bemerkt?», sagte sie, angeregt. Jedem anderen gegenüber hätte sie sie Narzissen genannt.

Mr. Weldon blickte in Richtung der Blumen. «M-hm», sagte er zur Bestätigung und wandte sich wieder den Nachrichten zu.

Sie schaute ihn an und schüttelte verzweifelt den Kopf. Er sah es nicht hinter der Zeitung; und sie sah nicht, dass er nicht las. Er wartete, die Hände um das bedruckte Blatt gekrampft, bis die Knöchel blauweiß waren, auf ihre nächste Äußerung. Sie kam.

«Ich liebe Blumen», sagte sie in einer ihrer kleinen vertraulichen Anwandlungen.

Ihr Mann antwortete nicht. Er seufzte, sein Griff lockerte sich und er las weiter.

Mrs. Weldon durchsuchte das Zimmer nach einer weiteren Anregung.

«Ernie», sagte sie, «ich sitze gerade so gemütlich. Würdest du nicht bitte aufstehen und mir mein Taschentuch vom Klavier holen?»

Er erhob sich sofort. «Aber natürlich», sagte er.

Die Art und Weise, Leute zu bitten, einem Taschentücher zu bringen, dachte er, als er zu seinem Sessel zurückging, bestand darin, sie darum zu bitten, und nicht darin, sie denken zu lassen, man erweise ihnen einen Gefallen. Entweder frei heraus fragen, ob sie es tun würden oder nicht, oder aber aufstehen und sich sein Taschentuch selbst holen.

«Vielen herzlichen Dank», sagte seine Frau überschwänglich.

Delia erschien in der Türöffnung. «Abendessen», murmelte sie verschämt, als ob dies ein nicht ganz anständiges Wort für eine junge Frau sei, und verschwand.

«Abendessen, Ernie», rief Mrs. Weldon munter und erhob sich.

«Noch einen Moment», ertönte es undeutlich hinter der Zeitung hervor.

Mrs. Weldon wartete. Dann ging sie mit zusammengekniffenen Lippen hinüber und nahm ihrem Mann spielerisch die Zeitung aus der Hand. Sie lächelte ihn vorsichtig an und er lächelte zurück.

«Geh schon mal rein», sagte er und stand auf. «Ich komme gleich nach. Ich muss mir nur noch die Hände waschen.»

Sie blickte ihm nach und in ihrem Innern fand eine Art Vulkanausbruch statt. Man sollte meinen, dass er nur ein einziges Mal – nur an einem einzigen Abend – hingehen und sich die Hände waschen könnte, bevor zum Abendessen gerufen wurde. Nur ein einziges Mal – das schien doch nicht zu viel verlangt. Aber sie sagte nichts. Es war bei Gott ärgerlich, aber letztendlich nicht der Mühe wert, deshalb viel Aufhebens zu machen.

Sie wartete, fröhlich und strahlend, höflich davon absehend, mit ihrer Suppe anzufangen, als er sich an den Tisch setzte.

«Oh, Tomatensuppe, was?», sagte er.

«Ja», antwortete sie. «Die magst du doch, nicht wahr?»

«Wer – ich?», sagte er. «O ja. Ja, in der Tat.»

Sie lächelte ihn an.

«Ja, ich dachte mir, dass du sie magst», sagte sie.

«Du magst sie doch auch, nicht wahr?», erkundigte er sich.

«O ja», versicherte sie ihm. «Ja, ich mag sie sogar sehr. Ich esse schrecklich gern Tomatensuppe.»

«Ja», sagte er, «es gibt kaum etwas Besseres an einem kalten Abend als Tomatensuppe.»

Sie nickte. «Das finde ich auch», gestand sie.

Im Laufe ihres Ehelebens hatte es bei ihnen vermutlich dreimal im Monat Tomatensuppe zum Abendessen gegeben.

Die Suppe war gegessen und Delia brachte das Fleisch herein.

«Na, das sieht aber gut aus», sagte Mr. Weldon und schnitt es auf. «Wir haben lange kein Steak mehr gehabt.»

«O doch, das haben wir, Ern», sagte seine Frau eifrig. «Das hatten wir – lass mich überlegen, an welchem Abend waren die Baileys da? – das hatten wir Mittwochabend – nein, Donnerstagabend. Erinnerst du dich nicht?»

«Tatsächlich?», sagte er. «Ja, du hast vermutlich Recht. Es schien mir nur irgendwie länger her zu sein.»

Mrs. Weldon lächelte höflich. Ihr fiel nichts ein, um den Meinungsaustausch in die Länge zu ziehen.

Worüber unterhielten sich Eheleute eigentlich, wenn sie miteinander allein waren? Sie hatte Ehepaare – nicht zweifelhafte, sondern Leute, von denen sie wirklich wusste, dass sie Mann und Frau waren – im Theater oder in der Eisenbahn gesehen, die sich so angeregt miteinander unterhielten, als ob sie bloß Bekannte wären. Sie beobachtete sie immer voller Verwunderung und fragte sich, was um alles in der Welt sie sich zu sagen fanden.

Sie konnte sich recht gut mit anderen Leuten unterhalten. Die Zeit schien ihr nie auszureichen, um ihren Freundinnen alles zu erzählen, was sie ihnen sagen wollte; sie dachte daran, wie sie noch nachmittags auf Alice Marshall eingeredet hatte. Männer wie Frauen fanden es reizvoll, ihr zuzuhören; nicht brillant, nicht besonders witzig, aber doch amüsant und anregend. Sie war nie um Worte verlegen, nie bewusst um Gesprächsstoff bemüht. Sie hatte ein gutes Gedächtnis für die neuesten Klatschgeschichten oder kleine Anekdoten über Prominente, die sie irgendwo gelesen oder gehört hatte, und verstand es, sie unterhaltsam wiederzugeben. Dinge, die die Leute zu ihr sagten, animierten sie zu prompten Erwiderungen und zu weiteren amüsanten Schilderungen. Nicht dass diese Leute vor Geist gesprüht hätten; es war nur so, dass sie mit ihr sprachen.

Das war der Trick dabei. Wenn niemand etwas zu einem sagt, wie soll man da ein Gespräch fortsetzen? Im Stillen war sie immer erbittert und verärgert über Ernest, weil er ihr nicht aushalf.

Ernest schien ebenfalls recht redselig, wenn er mit anderen zusammen war. Die Leute sprachen sie ständig an und sagten ihr, wie sehr sie sich gefreut hätten, ihren Mann kennen zu lernen, und wie kurzweilig er sei. Sie taten dies nicht einfach aus Höflichkeit. Es bestand kein Grund, weshalb sie sich die Mühe machen sollten, das zu sagen.

Selbst wenn sie und Ernest ein anderes Ehepaar zum Abendessen oder zum Bridge eingeladen hatten, redeten und lachten sie beide den ganzen Abend lang unbekümmert. Aber kaum sagten die Gäste gute Nacht und was für ein furchtbar netter Abend es gewesen sei, und die Tür hatte sich hinter ihnen geschlossen, standen die Weldons wieder da, ohne sich etwas zu sagen zu haben. Es wäre intim und amüsant gewesen, miteinander über die Kleidung und die Bridgekünste und die vermutlichen häuslichen und finanziellen Angelegenheiten ihrer Gäste zu sprechen, und sie tat es am nächsten Tag auch, unter großer Anteilnahme, mit Alice Marshall oder einer anderen Freundin. Aber mit Ernest konnte sie es nicht. Sobald sie damit anfing, stellte sie fest, dass sie es einfach nicht über sich brachte.

So räumten sie denn den Kartentisch weg und leerten die Aschenbecher, mit vielen «Oh, Entschuldigung» und «Nein, nein – ich war dir im Weg», und dann sagte Ernest meist: «Na, ich geh wohl schon mal zu Bett», und sie antwortete dann: «Ist gut – ich komme in einer Minute nach», und dann lächelten sie sich fröhlich an und wieder war ein Abend vorbei.

Sie versuchte sich daran zu erinnern, worüber sie sich früher unterhalten hatten, vor der Heirat, als sie noch verlobt waren. Es schien ihr, dass sie einander nie viel zu sagen gehabt hatten. Aber damals hatte sie sich darüber keine Gedanken gemacht; sie hatte sogar, als sie miteinander gingen, die Befriedigung eines Menschen empfunden, der Recht hat, denn sie hatte immer gehört, dass wahre Liebe sprachlos ist. Außerdem hatte es damals immer Küsse und Ähnliches gegeben, die einen in Anspruch nahmen. Aber es hatte sich herausgestellt, dass die wahre Ehe anscheinend ebenso stumm war. Und man kann sich ja nicht auf Küsse und all das Übrige verlassen, um die Abende zu verbringen, nach sieben Jahren.

Man sollte meinen, dass man sich daran gewöhnen würde, in sieben Jahren, einsehen würde, dass das nun einmal so ist, und es dabei bewenden lassen. Aber das tut man eben nicht. So etwas geht einem auf die Nerven. Es ist kein Schweigen von jener anheimelnden, angenehmen Art, in das Menschen gelegentlich gemeinsam versinken. Es gibt einem ein Gefühl, als ob man etwas dagegen unternehmen müsste, als ob man seine Pflicht nicht erfüllte. Man hat das Gefühl, das eine Gastgeberin beschleicht, wenn ihre Party schlecht läuft, wenn ihre Gäste in Ecken herumsitzen und es ablehnen, sich zu den anderen zu begeben. Es macht nervös und unsicher und man redet verzweifelt über Tomatensuppe und sagt Dinge wie «Närrchenzissen».

Mrs. Weldon fahndete im Geist nach einem Thema, das sie ihrem Mann anbieten könnte. Da war Alice Marshalls neue Abmagerungsmethode – nein, das war ziemlich langweilig. Da war diese Meldung, die sie in der Morgenzeitung über einen siebenundachtzigjährigen Mann gelesen hatte, der, als vierte Ehefrau, ein Mädchen von zwanzig genommen hatte – das hatte er vermutlich schon gesehen, und solange er es nicht für erwähnenswert gehalten hatte, würde er es auch nicht für hörenswert halten. Da war diese Sache, die der kleine Junge der Baileys über Jesus gesagt hatte – nein, das hatte sie ihm schon gestern Abend erzählt.

Sie schaute zu ihm hinüber, wie er gedankenlos seine Rhabarber-Pie aß. Sie wünschte, er würde sich nicht dieses fettige Zeug auf den Kopf schmieren. Vielleicht war es notwendig, wenn ihm wirklich die Haare ausfielen, aber er hätte wohl doch ein reizvolleres Mittel finden können, wenn er nur so viel Zartgefühl an den Tag legen würde, danach zu suchen. Und wieso mussten ihm eigentlich die Haare ausfallen? Es war etwas fast Abstoßendes an Leuten mit Haarausfall.

«Schmeckt dir die Pie, Ernie?», fragte sie lebhaft.

«Tja, ich weiß nicht», sagte er und dachte darüber nach. «Ich bin nicht gerade scharf auf Rhabarber, glaube ich. Du etwa?»

«Nein, ich bin nicht furchtbar scharf darauf», antwortete sie. «Aber ich bin ja eigentlich auf Pie überhaupt nicht scharf.»

«Wirklich nicht?», sagte er, höflich erstaunt. «Ich mag Pie eigentlich sehr gern – manche jedenfalls.»

«Tatsächlich?» Das höfliche Erstaunen lag nun auf ihrer Seite.

«Na ja», sagte er. «Ich mag eine schöne Heidelbeer-Pie oder

eine schöne Zitronencreme-Pie oder eine –» Er verlor das Interesse an der Sache und seine Stimme erstarb.

Er vermied es, ihre linke Hand anzusehen, die mit der Handfläche nach oben auf der Tischkante lag. Die langen grauweißen Enden ihrer Nägel ragten über die Spitzen ihrer Finger hinaus und der Anblick berührte ihn unangenehm. Warum in Gottes Namen musste sie ihre Fingernägel so widernatürlich lang tragen und sie so entsetzlich spitz feilen? Wenn er etwas nicht ausstehen konnte, dann eine Frau mit spitzen Fingernägeln.

Sie kehrten ins Wohnzimmer zurück, wo sich Mr. Weldon wieder in seinen Sessel gleiten ließ und nach der zweiten Zeitung griff.

«Ganz sicher, dass du heute Abend nichts Besonderes unternehmen möchtest?», fragte er fürsorglich. «Beispielsweise ins Kino gehen oder so?»

«O nein», sagte sie. «Außer wenn du etwas unternehmen willst.»

«Nein, nein», antwortete er. «Ich habe nur gedacht, dass du vielleicht willst.»

«Nur wenn du willst», sagte sie.

Er machte sich an seine Zeitung und sie ging ziellos im Zimmer umher. Sie hatte vergessen, sich ein neues Buch aus der Bibliothek zu holen, und es war ihr noch nie im Leben eingefallen, ein bereits beendetes Buch noch einmal zu lesen. Sie dachte flüchtig daran, eine Patience zu legen, aber sie hatte nicht genug dafür übrig, um sich die Mühe zu machen, die Karten zu holen und den Tisch aufzubauen. Es gab eine Näharbeit, die sie erledigen konnte, und sie dachte, dass sie alsbald ins Schlafzimmer gehen und das Nachthemd holen könnte, das sie sich machte. Ja, das würde sie vermutlich tun, in einem Weilchen.

Ernest würde eifrig lesen und etwa in der Mitte der Zeitung laut zu gähnen beginnen. Etwas passierte in Mrs. Weldon, wenn er das tat. Sie würde murmeln, dass sie mit Delia sprechen müsste, und in die Küche eilen. Sie würde ziemlich lange dort bleiben, vage in Töpfe schauen und sich halbherzig nach Wäschelisten erkundigen, und wenn sie zurückkehrte, würde er bereits verschwunden sein, um sich zum Schlafengehen fertig zu machen.

Im Jahr verliefen von ihren Abenden dreihundert auf diese Weise. Sieben mal dreihundert ist über zweitausend.

Mrs. Weldon ging ins Schlafzimmer und holte ihre Näharbeit. Sie setzte sich, hielt den rosa Satin auf den Knien fest und begann, das Oberteil des halb fertigen Kleidungsstücks mit schmaler Spitze einzufassen. Es war eine diffizile Tätigkeit. Der dünne Faden verknotete sich und zog sich zusammen und sie konnte das Licht nicht so einstellen, dass der Schatten ihres Kopfes nicht auf ihre Arbeit fiel. Ihr wurde von der Überanstrengung ihrer Augen leicht übel.

Mr. Weldon blätterte eine Seite um und gähnte laut. «Uh-hah-hah-hah-hah-», machte er in absteigender Tonfolge. Er gähnte erneut, und diesmal ging er die Tonleiter nach oben.

III

«Meine Liebe», sagte Mrs. Ames zu Mrs. Marshall, «glauben Sie wirklich nicht, dass da eine andere Frau im Spiel gewesen sein muss?»

«Oh, ich kann mir so etwas beim besten Willen nicht denken», sagte Mrs. Marshall. «Nicht bei Ernest Weldon. So hingebungsvoll – jeden Abend um halb sieben zu Hause und so ein guter Gesellschafter und so fidel und alles. Ich kann mir nicht vorstellen, dass es das gewesen sein könnte.»

«Manchmal», bemerkte Mrs. Ames, «sind es gerade diese furchtbar fidelen Männer.»

«Ja, ich weiß», sagte Mrs. Marshall. «Aber doch nicht Ernest Weldon. Also, ich sagte immer zu Jim: ‹Ich habe noch nie im

Leben einen so hingebungsvollen Ehemann erlebt›, sagte ich. Oh, nicht Ernest Weldon.»

«Ich nehme nicht an», begann Mrs. Ames und zögerte. «Ich nehme doch nicht an», fuhr sie fort und drückte unverwandt die aufgeweichte Zitronenscheibe in ihrer Tasse mit dem Teelöffel aus, «dass Grace – dass es jemals jemanden gab – oder so etwas?»

«Himmel, aber nein», rief Mrs. Marshall. «Grace Weldon hat diesem Mann doch ihr Leben geopfert. Es war immer Ernest hier und Ernest da. Ich kann es einfach nicht begreifen. Wenn es irgendeinen denkbaren Grund gegeben hätte – wenn sie sich je gestritten hätten oder wenn Ernest trinken würde oder so etwas. Aber sie kamen so wunderbar miteinander aus – also, es hat fast den Anschein, als ob sie verrückt gewesen sein müssten, hinzugehen und so etwas zu tun. Na, ich kann Ihnen auch nicht annähernd schildern, wie melancholisch mich das gemacht hat. Es scheint einfach furchtbar zu sein.»

«Ja», sagte Mrs. Ames, «es ist ganz gewiss zu schade.»

# Kurt Tucholsky

### RHEINSBERG
#### Ein Bilderbuch für Verliebte

Seinen eigentlichen Anfang nahm das Abenteuer erst, als sie in Löwenberg ausstiegen. Der D-Zug ruhte lang und dunkel in der Halle unter dem Holzdach – sie durchschritten einen Tunnel, oben, in hellem Sonnenlicht, stand die Kleinbahn, wie aus Holz gefügt, steif und verspielt.

Sie stiegen ein.

«Claire?»

«Wolfgang?»

«Diese Bahn scheint noch lange hier zu stehen ... machen wir einen kleinen Spaziergang?»

«Setz dich hin und falte die Hände! Sie geht gleich ab.»

Der Zug ruckte und ruckelte sich gemächlich durch Salatgärten, Hofmauern. Der Horizont flimmerte blendend weiß ... War es eine Schönheit, diese Landschaft? – Nein: da standen Baumgruppen, durch nichts ausgezeichnet, das Land wurde wellig in der Ferne, versteckte ein Wäldchen und zeigte ein anderes – man freute sich im Grunde, daß alles da war ... Das Maschinchen schnob und klingelte zornig, durch den staubigen Rauch hindurch klingelte es melodisch, wie eine läutende Kirchturmsglocke bei Sturm.

«Wolf, den Reiseführer!»

Sie hatten ihn im D-Zug liegen lassen – er hatte ihn im D-Zug liegen lassen. Sie hielten, mitten im Walde, auf der Strecke. Die Köpfe heraus; die Beamten waren zurückgelaufen, hatten Schaufeln mitgenommen: die Lokomotive mußte Funken ausgeworfen haben, ein kleiner Brand war entstanden ...

«Ich will mitlöschen!»

Er kugelte den sandigen Abhang herunter; die Reisenden lachten. Oben stand Claire und verdrehte die Augen.

«Du mußt ja ...!»

Er kam zurück, ganz bestaubt, lächelnd, glücklich. Er hatte sich wieder einmal betätigt. Die Beamten kamen, stiegen auf, der Zug ruckte an ...

«Eigentlich ...»

«Na?»

«Ich finde es heiter. Denk mal, mein Papa und mein' Mama sitzen jetzt im Kontor, fahren in der Stadt herum und glauben ihr Töchterchen wohlgeborgen im Schoße der treusorgenden Freundin. Hingegen ...»

«Hingegen ...?»

«Na ja, treusorgen sorgst du ja für mich ...»

Der Jäger nebenan hatte schon lange in sich hineingelacht. Er saß da, grün, bepackt, schwer und braungebrannt. Man hatte, wenn man ihn sah, die Empfindung von ganz frühen, feuchten Morgen, ein Mann tappt durch den halbdunklen Wald, es riecht kräftig und gut ... Das kleine, runde Loch der Büchse guckte unheilverkündend, schwarz und dunkel in die Luft: kleine Kugeln werden herausfliegen, das Reh, auf das es morgen gerichtet wird, lief vielleicht jetzt gerade mit seinen Gefährten zur Quelle, trank und war zierlich im Walde verschwunden ... Der Jäger stand auf, stopfte sich eine Pfeife und sagte beim Herausgehen: «Schonzeit, junger Mann, Schonzeit!» – und trampfte lachend davon.

Das Coupé war erfüllt von ihrem Schreien, das die rumpelnden und klirrenden Geräusche übertönen sollte.

Man verständigte sich nur schwer:

«... Sonne weit über das Land ...»

«... wie? Sonne reit' über das Land? ...»

«... nein ... Sonne weeiit ... Land ... Seh mal: 'ne Akazie! 'ne blühende Akazie, lauter blühende Akazien!»

«Is gar keine, is 'ne Magnolie!»

«Hach! Also wer weiß denn von uns beiden in der Botanik Bescheid? Ich oder ich?»

«'ne Magnolie is es.»

«Meine Liebe, ich müßte bedauern, es mit einem kräftig geführten Schlag gegen Sie nicht bewenden lassen zu können. Alle Wesensmerkmale der Akazie deuten auch bei diesen Bäumen auf eine solche hin.»

«Is aber 'ne Magnolie.»

«Herr Gott, Claire! Siehst du denn nicht diese typisch ovalen Blätter die weißen, kleinen, traubenförmigen Blütenstiele! – Mädchen!»

«Aber … Wölfchen … wo es doch 'ne Magnolie is …»

Sie erstickte in Küssen.

Dann galt es noch eine Bauersfrau nachzuahmen, die auf der letzten Station hochgeschürzt und breitbeinig stehengeblieben war, um sich vermittels ihres zweiten Unterrocks zu schneuzen. Claire erwies sich hierbei als geschickt und brauchbar.

Endlich kamen sie aber doch an.

Es zeigte sich, daß das Hotel, das sich schon durch einen Anschlag im Zuge als altbekannt und mit einer gepflegten Küche versehen angepriesen hatte, durch einen Wagen, zwei Pferde und einen Bediensteten vertreten war. Dieser Mann mußte die Gepäckstücke holen, die man in Berlin sorgfältig aufgegeben hatte: zwei winzig kleine Köfferchen. Sie wurden verladen; die Reisenden stiegen ein. Sie rutschten auf den schwarzen, hier und da ein wenig aufgeplatzten Wachstuchkissen der Sitze herum; die Fenster klirrten, die beiden machten sich durch weitausladende Handbewegungen verständlich. Der Wagen war leer, die Chaussee staubig und öde. Einige hundert Meter saßen sie manierlich, aber schon an der Ecke, die das Anwesen des Gütlers Johannes Lauterbach und das der Post bilden, lagen sie in lautem Hader, wessen Koffer durch seine Kleinheit am meisten Verdacht erregen werde. Sie nannte diese Reisegegenstände «Segelschweine», und die Claire rang die Hände, Wolf sei ein Schandfleck. Sie, ihrerseits, wahre das Dekorum. Sie schwatzten fortwährend, die Claire am heftigsten. Ihr Deutsch war ein wenig aus der Art geschlagen. Sie hatte sich da eine Sprache zurechtgemacht, die im Prinzip an das Idiom erinnerte, in dem kleine Kinder ihre ersten lautlichen Verbindungen mit der Außenwelt herzustellen suchen; sie wirbelte die Worte so lange herum, bis sie halb unkenntlich geworden waren, ließ hier ein «T» aus, fügte da ein «S» ein, vertauschte alle Artikel, und man wußte nie, ob es ihr beliebte, sich über die Unzulänglichkeit einer Phrase oder über die andern lustig zu machen. Daß sie Medizinerin war, wie sie zu sein vorgab, war kaum glaubhaft, jedoch mit der Wahrheit übereinstimmend. Sie spielte immer, gab stets irgendeiner lebenden oder erdachten Gestalt für einige Augenblicke Wirklichkeit ...

Der Wagen hielt. Während sie ausstiegen:

«Paß auf, Frauchen, wo ist der Koffer mit dem falschen Geld? – Ah da ...»

Der Hausknecht ließ den Mund weit offen stehen, sperrte die Augen auf ...

Freundlich geleitete sie der alte Wirt in ein Zimmer des ersten Stockwerks. Es war kahl, einfach, blumig tapeziert. Holzbetten standen darin, ein großer Waschtisch, eine Vase mit einem künstlichen Blumenstrauß – an der Wand hingen zwei Pendants: «Eroberung Englands durch die Normannen», und in gleichartigem Rahmen und symmetrisch aufgehängt «Großpapachens 70. Geburtstag». Die Tür schloß sich, sie waren allein.

«Claire?»

«Wolfgang?»

«Jetzt weiß ich nicht, sollte ich den Kofferschlüssel zu Hause vergessen haben ...?»

«My honey-suckle», und sie drückte ihm einen heftigen Kuß auf den Mund, während ihr Gesicht rachsüchtig und boshaft erglänzte, und stieß ihn von sich:

«Och, der kleine Jungchen muß ja alles vergess' – psch, psch, psch ...» Und man wußte nicht, ob diese Töne eine wiegende Mutter nachahmten oder ganz etwas anderes.

«Pack aus, mein Hulle-Pulle!» –

Schwer seufzend packten sie aus, räumten ein.

«Ja, ich bin nu so weit. Jetzt frisiere ich mich, un denn gehe ich spaziers. Un du?»

«Das überlasse du nur mir; es wird dir dann seinerzeit das Nötige mitgeteilt werden.»

Der Stil war im großen und ganzen einheitlich verzerrt. Sie sagten sich häufig Dinge, die nicht recht zueinander paßten, nur um diese oder jene Redewendung anbringen zu können, den andern zu irritieren, sein Gleichgewicht zu erschüttern ... Sie gingen herunter ...

Da war der Marktplatz, der mit alten, sehr niedrigen Bäumen bepflanzt war, schattig und still lag er da. Sie schritten durch ein schmiedeeisernes Tor in den Park. Hier war es ruhig. In dem einfachen weißen Bau des Schlosses klopfte ein Handwerker. Sie gingen durch den Hof wieder in den Park, wieder in die Stille ...

Noch brausten und dröhnten in ihnen die Geräusche der großen Stadt, der Straßenbahnen, Gespräche waren noch nicht verhallt, der Lärm der Herfahrt ... der Lärm ihres täglichen Lebens, den sie nicht mehr hörten, den die Nerven aber doch zu überwinden hatten, der eine bestimmte Menge Lebensenergie wegnahm, ohne daß man es merkte ... Aber hier war es nun still, die Ruhe wirkte lähmend, wie wenn ein regelmäßiges, langgewohntes Geräusch plötzlich abgestellt wird. Lange sprachen sie nicht, ließen sich beruhigen von den schattigen Wegen der stillen Fläche des Sees, den Bäumen ... Wie alle Großstädter bewunderten sie maßlos einen einfachen Strauch, überschätzten seine Schönheit und ohne das Praktische aller sie umgebenden ländlichen Verhältnisse zu ahnen, sahen sie die Dinge vielleicht ebenso einseitig an, wie der Bauer – nur von der andern Seite.

Nun, hier in Rheinsberg erforderten die Gegenstände nicht allzuviel praktische Kenntnis, man war ja nicht auf einem Gut, das bewirtschaftet werden sollte. – Sie kamen an den Rand eines zweiten Sees, an eine Bank. Stille ...

«Wolfgang?»

«Claire?»

«Glaubssu, daß es hier Bärens gibs? Eine alte Tante von mir is beinah mal von einem ...»

«... von einem Bären zerrissen worden?»

«Nein.» Sie war ganz empört. «Habe ich das gesagt? – Ich meinte nur ... Aber, du – beschützs mich doch, ja?»

«Ich schwöre dir ...»

«Hm.»

Wieder war es sehr still. Die Claire saß da und sah sehr bestimmt in das schmutzig-grüne Wasser.

«Also paß mal auf. Warum ist hier nicht überall der zweite Friedrich? So wie er in Sanssouci überall ist. Auf jedem geharkten Weg, an jedem Boskett, hinter jeder Statue? – Hier hat er gelebt. Gut. Wüßtest du es nicht, würdest du es merken?»

«Nein. Vielleicht muß man älter, machtvoller sein, um die Welt sich zu formen nach seinem Ebenbilde ... Wer ist heute so wie der Alte war? – Sehen unsere Wohnungen aus, wie wenn sie nur und ausschließlich dem Besitzer gehören könnten? ... – Ein Specht, siehst du ein Specht!»

«Wölfchen, es ist kein Specht. Es ist eine Schleiereule.»

Er stand auf. Mit Betonung:

«Ich habe ein außerordentlich feines Empfinden dafür, ich vermute, du bist gewillt, dich über mich lustig zu machen. Wird diese Vermutung zur Gewißheit, so schlage ich dich nieder.»

Ihr Gelächter klang weit durch die Fichten.

Das Schloß! – Das Schloß mußte besichtigt werden. Man schritt hallend in den Hof und zog an einer Messingstange mit weißem Porzellangriff. Eine kleine Glocke schepperte. Ein Fenster klappte: «Gleich!» – Eine Tür oberhalb der kleinen Stiege öffnete sich, und es kam nichts, und dann tappte es, und dann schob sich der massige Kastellan in den Hof. Als er der Herrschaften ansichtig wurde, tat er etwas Überraschendes. Er stellte sich vor. «Mein Name ist Herr Adler. Ich bin hier der Kastellan.» Man dankte geehrt und präsentierte sich als Ehepaar Gambetta aus Lindenau. Historische Erinnerungen schienen den dicken Mann zu bewegen, seine Lippen zuckten, aber er schwieg. Dann:

«Nu kommen Sie man hier hinten rum, – da ist es am nächsten.» –

Und schloß eine bohlene Tür auf, die in einen dunklen Steinaufgang hineinführte. Sie kletterten eine steile Treppe mühsam herauf. Oben, in einem ehemaligen Vorzimmer, lagen braune Filzschuhe auf dem Boden, verstreut, in allen Größen für Groß und Klein, zwanzig, dreißig – man mochte an irgendein Märchen denken, vielleicht hatte sie eine Fee hierher verschüttet, oder ein Wunschtopf hatte wieder einmal versagt und war übergelaufen ...

Die Claire behauptete: *So* kleine gäbe es gar nicht. –

«Ih», sagte Herr Adler, «immer da rein; wenn sie auch ein bißchen kippeln, des tut nichts.»

Er aber war nicht genötigt, solche Schuhe anzuziehen, weil er von Natur Filzpantoffeln trug.

Die Zimmer, durch die er sie führte, waren karg und enthaltsam eingerichtet. Steif und ausgerichtet standen Stühle an den Wänden aufgebaut. Es fehlte jene leise Unregelmäßigkeit, die einen Raum erst wohnlich erscheinen läßt, hier stand alles in rechtem Winkel zueinander ... Herr Adler erklärte:

«... und düs hier sei das sogenannte Prinzenzimmer, und in diesem Korbe habe das Windspiel geschlafen. Das Windspiel – man wisse doch hoffentlich ...?»

«Zu denken, Claire, daß auch durch deine Räume einst Liebende der Führer mit beredtem Munde leitet» ...

«Gott sei Dank! Konnt er ja! Bei uns war es pikfein.»

Und dann sagte Herr Adler, dies seien chinesische Vasen, und dieselben hätte der junge Graf Schleuben von seiner Asienreise mitgebracht.

Aber hier – man trat in ein anderes höheres Zimmer – hier sei der Gemäldesaal. Die Bilder habe der berühmte Kunstmaler Pesne gemalen, und die Bilder seien so vorzüglich gemalen, daß sie den geehrten Besuchern überall hin mit den Augen folgten. Man solle nur einmal die Probe machen! Herr Adler gab diese Fakten stückweis, wie ein Geheimnis, preis. Es war, als wundere er sich immer, daß seine Worte auf die Besucher keine größere Wirkung machten. – Herrgott, die Claire! – Sie begann den Kastellan zu fragen. Wolfgang wollte sie hindern, aber es war schon zu spät. –

«Sagen Sie mal, Herr Adler, woher wissen Sie denn das alles, das mit dem Schloß und so?»

Herr Adler leitete sein Wissen von seinem Vorgänger, dem Herrn Breitriese, her, der es seinerseits wieder von dem damaligen Archivar Brackrock habe. –

«Und dann, was ich noch fragen wollte, Herr Adler, hat es hier wohl früher ein Badezimmer gegeben?»

«Nein, aber *wir* haben eins unten, wenn es Sie interessiert...»

Sie dankten. Herr Adler, der noch zum Schluß auf eine Miniatur, ein Geschenk der Großfürstin Sofie von Rußland, hingewiesen hatte, verfiel plötzlich in abruptes Schweigen. Und erst nachdem das Trinkgeld in seiner Hand klingelte, blickte er zum Fenster hinaus und sagte, ein wenig geistesabwesend: «Dies ist ein ehrwürdiges Schloß. Sie werden die Erinnerung daran Ihr ganzes Leben bewahren. Im Garten ist auch noch die Sonnenuhr sehenswert.»

Claire unterließ es nicht, Wolf ein wenig zu kneifen, und an der blumenkohlduftenden Kastellanswohnung vorbei schritten sie hinaus, ins Freie.

Am Nachmittag fuhren sie auf dem See herum. Er ruderte, und sie saß am Steuer, während sie dann und wann drohte, sie werde ihre graue, alte Familie unglücklich machen, sie habe es nunmehr satt und stürze sich ins Wasser. Er werde sowieso bald umwerfen. Nein – sie landeten an einer kleinen Insel. Ein paar Bäume standen darauf. Sie lagerten sich ins Gras ... Ein kühler Wind strich vom See herüber. Die Uferlinien waren unendlich fein geschwungen, die hellblaue Fläche glänzte matt ...

«Sehssu, mein Affgen, das is nu deine Heimat. Sag mal: würdest du für dieselbe in den Tod gehen?»

«Du hast es schriftlich, liebes Weib, daß ich nur für dich in den Tod gehe. Verwirre die Begriffe nicht. Amor patriae ist nicht gleichzusetzen mit der ‹amor› als solcher. Die Gefühle sind andere.»

«Nun, ich bescheide mich.»

Und, nach einem langen Träumen in den hellen Himmel –, er war so hell, so hell, daß die bitzenden Funken vor den Augen tanzten, sah man lange hinein –: «Wölfchen, du hast doch niemalen eine andere geliebt, vor mir?»

«Nie!»

Es prickelte, so über die Sehnsucht der Bürger zu spotten, über das, was sie Liebe nannten, über ihre Gier, stets der erste zu sein ... Sie waren beide nicht unerfahren.

Stimmen kamen, Ruderboote, Familien, die hier zu einem Picknick landen wollten. Riesige, blecherne Vorratskörbe bedrohten wie Geschütze das Lager der Friedlichen ... Auf und davon! –

Mitten im See: «Söh mal, du muß mir auch ma rudern gelaß gehabt haben –! Mich möcht diß auch mal – buh.»

«Bitte, rudere!»

Sie wechselten, das Boot schwankte.

Die Claire ruderte. Es war eine Freude. Einmal verlor sie beide Ruder. Er mußte mit dem Stock rudern. Endlich fingen sie die Hölzer wieder, die weitab auf dem Wasser getrieben hatten.

«Ich kann es sehr schön. Ich konnt ja auch mal ohne Ruder – ja, konnt ich! Lach nich, du Limmel! hab ich fürleichs nicht recht, na!»

Und ruderte, daß sie prusten und keuchen mußte, wie eine kleine asthmatische Dampfmaschine. Die Sonne ging schon unter, als sie anlegten.

Er bezahlte. Die Claire schwätzte mit der Bootsverleiherin. Er hörte gerade:

«So – also ein kräftiger Menschenschlag ist hier, wie?»

«Tje Fröln, *wir* vertobaken uns Jungen ja nich schlecht!»

Sie lachten noch, als sie am Hotel waren.

Wie friedlich dieser Abend war; sie saßen unter den niedrigen dunklen Bäumen und warteten auf das Essen.

«Claire?»

«Wolfgang?»

«Mir ist so ...»

«Gut so, mein Junge.»

«Nein! Spaß beiseite, mir ist mit dem Magen nicht recht.»

«Das ist Cholera. Wart, bis du was zu essen bekommst.»

«Nein, hör doch, ich hab so ein Gefühl, so leer, so ...»

«Typisch. Das ist geradezu – bezeichnend ist das. Du stirbs, Wölfchen.»

«Die richtige Liebe deinerseits ist das auch nicht! Erst lasse ich dich auf Medizin studieren, und jetzt willst du nich mal durch dein Hörrohr kucken.»

«Ach Gott, nicht wahr, was heißt denn hier überhaupt! – Nicht wahr? – Wer denn schließlich ...»

Aber sie ging doch mit zur Apotheke, die hellbraun und ganz modern sachlich eingerichtet war; weiße Büchsen und Töpfe aus Porzellan reihten sich auf Borden, ein leichter Baldriangeruch durchzog die Räumlichkeiten. Hier händigte man dem Kranken nach eingehender Rücksprache und leutseligem Reden an den Provisor eine kleine Flasche mit einer dunkelbraunen Flüssigkeit ein. Sie half. Gott sei Dank.

Dann aßen sie, und nach Tisch rauchte die Claire. Drüben am Haus saßen die Herren, die jeder Zugereiste als Honoratioren zu bezeichnen pflegt. Juristen, Beamte, der Apotheker, der durch Bruch des Berufsgeheimnisses mit Hinweis auf die beiden der kleinen Runde fettes Gelächter entlockte.

«Prost, Wolf, auf die Alten!»

«Auf die Alten!»

Die Gläser klangen, und drüben die Gäste, die in langer Tischreihe am beleuchteten Haus speisten, blickten herüber. Die Claire blies Ringe.

«Es ist eine maßlose Frechheit», entschied sie.

«Hm?»

«Hierher zu fahren. Wenn das niemand merkt! Aber es merks niemands – paß mal auf, es merks niemand.»

«Ne quis animadvertat! Prost.»

«Weißt du, lieber reise ich mit einem Flohzirkus wie mit dir.»

«Als, Claire, als mit dir.»

«Ach Gott, konnste auch besser mir nicht zu bekorrigieren zu gebrauchs gehabs habs! Ich spreche dir das schiere Hochdeutsch!»

«Hm. – Eingeweihte wissen davon Kantaten zu singen. Trinkst du noch was?»

«Ob ich noch wen trinke? – Nö.»

«Ich finde, wir gehen noch ein bißchen, hä?»

Sie schlenderten durch den dunklen Ort. Nach langen, schwarzen Häuserstrecken kam eine Bogenlampe, umschwirrt von surrenden braunen Flecken. Insekten, die durchaus in das Licht gelangen wollten.

«Claire?»

«Wölfchen?»

«Die Tiere da oben, siehst du?»

«Ja.»

«So auch der Mensch.»

Sie blieb stehen.

«Wieso ... bitte?»

«Wie jene Lebewes...»

«Bitte – was hier zu symbolisieren is, symbolisier ich mir alleine. Überhaupt mußt du schlafen gehen. Du sprichst ja schon ganz ... anders. Soll ich dir aufs Aam nehmen?»

«Buhle!»

An dunklen Fensterläden kamen sie vorbei und an langen Mauern; hinter rötlich beleuchteten Gardinen saßen Familien und spielten Karten ... Einmal traten sie in einen Hof, stolperten über Pflastersteine und blickten durch ein Fenster in einen Saal.

Drinnen spielten sie Theater.

Von der Bühne sah man nur einen kleinen, gelben, hellen Winkel; aber man hörte alles. «Hoho», sagte eine überlaute Frauenstimme im Alt, «da werden wir meinen Schwager fragen müssen. Ah, da kommt er ja ...»

Das Publikum schnaufte und zuckte wie eine vielköpfige Bestie im Dunkel. Man sah Schultern sich bewegen, Köpfe sich hin- und herwenden ...

«Himmel, der Fritz», kreischte jemand auf der Bühne, und die Menge der Theaterbesucher lachte, ihre Körper tauchten auf und nieder, man murmelte ...

«Wie merkwürdig», sagte Wolfgang, «draußen ist es totenstill, der Mond scheint, und hier drinnen spielen sie ein Scheinleben. Und wir kommen hinzu, wissen nichts von den Voraussetzungen des ersten Akts und bleiben ernst.»

Es war still, der hell erleuchtete Winkel der Bühne blieb leer; einer mußte wohl eine zum Lachen reizende Geste gemacht haben, denn jetzt lachten die Frauen hell kreischend, während die Männer beifällig grunzten. Sie beugten sich weiter vor, man konnte undeutlich und durch das Fensterglas verschoben den übrigen Teil der Bühne erkennen, der eine Zimmereinrichtung mit gelber Tapete und gemalten Einrichtungsgegenständen darstellte; ein Mann in grüner Schürze hielt dort oben Zwiesprache mit einer robusten Weibsperson in den Vierzigern. Als Souffleurkasten diente ein alter Strandkorb. Sie hörten die beiden sagen:

«So, Er soll hier reinemachen (in der Tat hielt der Mann einen Besen in der Hand), und statt dessen scharwenzt Er mit den Mädels! Paß Er nur auf, Er Liederjahn.» – Hier kicherte das Publikum. – «Ich werde Ihm die Suppe schon versalzen. Hier und hier und da und da!»

Das Publikum lachte: «Hoho!» und oben bekam der Mann, der bis dahin mit gutgespielter Teppenhaftigkeit den Kopf beflissen-horchend geneigt hielt, einige patschende Schläge ins Gesicht ... In diesem Augenblick trat ein junges Mädchen auf die Bühne, und hier nahm die Heiterkeit des Publikums einen so beängstigenden Grad an, daß die beiden unwillkürlich vom Fenster zurückfuhren.

«Der erste Akt!» seufzte er. «Uns fehlt der erste Akt!»

«So ein kleiner Junge, will sich das Theater besehens! Marsch zu Bett!»

Und sie gingen.

Als sie die Treppe hinaufkletterten, hörten sie noch das lachende Lärmen der angeregten Honoratioren.

«Claire, belustigen sich die ackerbautreibenden Bürger über uns? – Ich bin fürchterlich in meiner Wut.»

«Ja, mein Jungchen. Nu geh man zu Bett.»

Ihre großen, breitschultrigen Schatten tanzten an der Wand, weil die Kerzenflamme tanzte ... Die Claire stand vor dem Spiegel und löste ihre Haare auf.

«Wölfchen, paß ma auf; da war ich noch 'n kleiner Mädchen, un da bin ich bei meine Freundin, die Alice, gegangen – heb mir doch mal die Nadel auf! – und da war ein Herr, wie er hieß, weiß ich nicht mehr, und der hat gesagt, mein Haar ist wie aus Seide gesponnen. Ja.»

«Na – und –?»

«Nüchs.»

Die Claire liebte es, Geschichten zu erzählen, die, ohne Pointe, kleine, anspruchslose Begebenheiten ihrer Kindheit enthielten. Sie verlangte, daß man sie sich oft anhöre, und wurde zornig erregt bei dem Einwand, man kenne dies.

«Du bist gar nicht freundlich zu mir. Du liebst mich nicht mehr.»

Einem seelischen Chamäleon gleich, bot sie nun den Anblick einer Liebeskranken. Der Mund war schmerzlich verschoben, der Oberkörper leicht geneigt, die Hände krampften sich.

«Ich meinerseits liege im Bett», sagte er. Die Kerzenflamme verlosch ...

Unten schwatzte das Wirtshauspublikum. Man hörte, wie der Wirt seinen Rundgang bei den Tischen veranstaltete:

«Nun, auch die Frau Schwester wieder gesund? – Ja, ja, so geht's. Hat es den Herrschaften geschmeckt? Ja ...»

Oben aber sagte die Claire gedankenvoll, langsam:

«Ich möcht dir nu nehmen und einem in sein Gulasch werfen. Seh mal, er wundert sich bestimmt. Wie –?»

Aber dann schwieg sie.

In der Nacht wachte er auf. Vorsichtig bauschte er den Vorhang, der weiß und faltig am Fenster leise vom Nachtwind bewegt war. Der Mond gespensterte in den Bäumen, ein Obelisk stand seitwärts drohend da und warf einen scharfen Schatten. Das Laub rauschte auf. Warum reagieren wir darauf wie auf etwas Schönes, fühlte er. Es ist doch nur ein durch Schallwellen fortgepflanztes Geräusch ... Und überließ sich gleich darauf willenlos diesem ruhigen Rauschen, das ein wenig traurig war, aber Hohes ahnen ließ und die Brust weiter machte ... Er fuhr herum. Eine ganz verschlafene Kinderstimme sagte unter einem Wasserfall von Haaren:

«Is niemand in mein klein Bettchen, und soll aber jemand da sein, und Klein-Clärchen is ganz allein ...»

Er trug sie zurück.

Als er früh am Morgen vom Friseur zurückkam, war die Claire am Aufstehen. Es war das so eine Sache: die erste Viertelstunde pflegte sie mit feiner Stimme ein entzückend klingendes Gemurmel zu stammeln, unzusammenhängende Silben hervorzubringen und in den verschiedensten Nachahmungen von Tierstimmen zu paradieren. Kaum hatte er die Tür hinter sich zugezogen, so begrüßte ihn das Winseln und Mauen einer neugeborenen Katze.

«Aufstehen! Claire! Aufstehen! Alle Leute sind schon nach Tisch.»

Man mußte ein wenig übertreiben – es half sonst nichts.

«Buh!»

«Ja, ich weiß, Komm!»

Und zog ihr die Bettdecke fort.

Später:

«Wölfchen, zieh ich nu das Grüne oder das Weiße an?»

«Hm, welches möchtest du denn gerne anziehen?»

«Das ... das weiß ich nicht. C'est pourquoi ich dich frage.»

«So zieh denn das Weiße an.»

«Schön. Was *dieser* Junge mich tyrannisiert, das ist nicht zu sagen. Haach!»

Pause.

«Wolfgang?»

«Claire?»

«Meinst du würklich, daß ich das Weiße anziehen soll? Seh mal ... ich meine, mit den Fleckens un so ...»

«Also: das Grüne.»

«Schön.»

Nach einer kleinen Weile:

«Ja, haber – ich möchte doch aber gern ...»

«Was möchst du gern?»

«Das Grüne –»

«Aber ich sage dir ja, zieh's an!»

«Ja ... aber ... wenn du's mir sagst, macht's mir gar keinen

Spaß. Du mußt sagen: Zieh's nich an, mußt du sagen, oder: zieh das Weiße an, tja.»

Und bevor er sich noch erholt hatte, fing sie an, ein wundervolles Gezänk von sich zu geben, nach Art gewisser Frauen, die sich beleidigt glauben und ihren Gefühlen auch dem Dienstmädchen gegenüber keinen Hehl zu machen pflegen. Das Ganze paßte nicht recht her, aber sie war im Zuge, da war nichts zu machen.

«So? – Also in *meinem* Hause lasse ich mir das nicht sagen, ich nicht! Sie stauben meine kostbaren Seidenmöbel nicht ab, Sie ... Geschöpf! – Aber mein Mann, der Bergassessor ...»

Er floh. Noch auf dem Korridor hörte er sie wie einen Schusterjungen pfeifen.

Auf den Kaffeetisch schien die Sonne: hier roch es stark und ländlich nach Milch, Butter und einer frischgewaschenen Decke. Bienen und dicke Fliegen schwammen in einem alten Honigglas, das der vorsorgliche Wirt mit Zuckerwasser gefüllt hatte.

Sie kam herunter, eine Weile sprachen sie nichts. Sie aß ... mein Gott, sie aß und hatte Hunger, den richtigen Morgenhunger des Langschläfers.

«Claire?»

«Wolf?»

«Ich denke, wir fahren heute morgen ein wenig spazieren.»

«So, und ich? – Mich nimmt er gar nicht mit! – Ich will auch mit!»

«Ich sagte: wir.»

«Buh, buh!»

«Ja, du kannst auch mit. Nu weine man nich und eß.»

«Wolfgang, ein so wunderschönes Deutsch sprichst du ja auch nicht, nein, das kann man nicht sagen. Aber keine Sorge: Meine Bemühungen werden mich das Ziel schon erreichen lassen.»

Sie konnte ganz gewählt sprechen, wie es wohl alte Erzieherinnen manchmal tun, mit übermäßig stark betonten Endsilben und weit nach hinten gerutschten Gaumen-«R»s.

«Mein Papa sagt immer, Wölfschen, ich spräche keinen guten Deutsch. Wie? – Ja, er ist ein erfahrener Greis, aber wie steht es ihm an zu sprechen ‹Stoße nicht in das Horn des Leichtsinns, mein Kind, und witzele nicht über so schwerwiegende Dinge!› Ich frage dich: Hat er unrecht oder hat er unrecht? Zwei Möglichkeiten kommen nur in Betracht.»

«Er hat recht. Da kommt der Wagen.»

Es war sein Glück. Denn schon hatte sie sich hochaufgerichtet und stand da, die Hände fest auf den Tisch gedrückt und schielte …

Leicht und schnell rollte der Wagen durch die grüne Allee.

«Wolfgang?»

«Claire?»

«Merks du nichs?»

«Wie bitte?»

«Obs du nichs merks?»

«Nein.»

«Na, aber süh mir mal an!»

«Bei Gott, nichts. Zuckt die Achseln.»

«Du mußt das nicht mitsprechen, was in Klammern steht. Zuckt die Achseln, das steht in Klammern, weißt du? – Aber merkst du nichts?»

«Du hast dich gewaschen.»

«P! – Aber … ein blaues Band hatt' ich gestern durch mein Hemd gezogs, un nu nich mehr. Du erlaubs mirs ja nich. Du ja nich.»

Bot sie nicht das Aussehen einer sichtlich Gekränkten, die schmollend die bessern Gefühle des Geliebten anrief?

«Du hast ja 'n Freund, der wo sagt, bunte Bänders in der Wäsche tragen nur Kellnerinnen! Konnst deinem Freund gesagt haben, er konnt bei mir gegangen gewesen sein, ob ich vielleicht 'ne Kellnerin war.»

Ja, er wolle das bestellen.

Aber nun mußten sie in das Grüne sehen, das sich an ihnen vorüberbewegte. Nicht, als ob dieser Wald jene gerühmte Schönheit besessen hätte, wie wir sie auf Bildern und Postkarten zu sehen Gelegenheit haben. Er wies keine «Partien» auf, keine Durchblicke. Aber er machte sie froh. Es war wohl mehr ihre allgemeine Freude, am Leben zu sein. Zwischen den Vergangenen und denen, die noch kommen würden – jetzt waren *sie* an der Reihe – hurra! –

An einer Biegung der Chaussee machte der Kutscher halt, murmelte und verschwand im Gebüsch. Die Claire begleitete seinen Weggang mit frommen Reden ... Und dann fuhren sie weiter, und an einem Wirtshaus am See wurde Rast gemacht, und dort gab es zu essen.

Und dann fuhren sie wieder auf langen Umwegen nach Hause, nach Rheinsberg. Fußgänger begegneten ihnen, schwitzende Familienväter, die ihre Spazierstöcke mit den baumelnden Jacken am Ende Gewehr über trugen und schweigend der nächsten Bierquelle zustrebten, Verliebte, die mit verkrampften Händen selig daherstolperten, einmal hörten sie das Bruchstück eines Gespräches zweier spitzmäuliger Damen.

«Ja», sagte die eine, «und denken Sie, sie ist eine Berlinerin, aber wissen Sie, im guten Sinne des Wortes ...»

Der Wagen juckelte und knarrte, bald gehen die Pferde im Trab, bald trotten sie langsam mit gesenkten, nickenden Köpfen ... Und immer konnte man, wenn es einem beliebte, den Kopf nach hinten legen, «auf den Verdeck», wie Claire das nannte, und dann sah man in die Wolken, immer in die Wolken, während der Körper im Rhythmus des Fahrens angenehm bewegt wurde ...

Am Spätnachmittag kamen sie an; es war heiß, vielleicht würde es abends ein Gewitter geben, sagte der Wirt. Sie gingen in den Park. An einem kleinen Rondell schimmerten weiße Figuren aus dem Blätterwerk. Ein Satyr lehnte an einem Baumstumpf, mit gesenkter Flöte, ein Faun stach eine fliehende

Nymphe ... Das Schloß leuchtete weiß, violett funkelten die Fensterscheiben in hellen Rahmen, von staubigen Lichtern rosig betupft, alles spiegelte sich im glatten Wasser. Baumgruppen standen da, rötlich-gelb beschienen mit schwärzlichen Schatten, sie warfen lange, dunkle Flächen auf den Rasen. Träge schob sich der See in kleinen Wellchen an die schilfigen Ufer ...

«Brühheiß. Kann man eigentlich so den Hitzschlag bekommen, Claire?»

Sie lag am Boden und kaute einen Halm, der schwankend ihrem Munde entwuchs.

«Das kommt ganz auf die Innentemperatur an, mein Junge. Du – bei deiner Hitze – ja, du kannst wohl einen kriegen! Zeig' mal die Zunge – hm ...»

«Du tätest auch besser daran, mehr in den Kollegs aufzupassen, anstatt Herzen mit meinen Initialen in die Bänke zu schneiden. Überhaupt das Frauenstudium ...»

«Bitte, nehmen Sie Platz.» Sie war ganz Würde, und obgleich sie im Gras saß, konnte man glauben, was den Ausdruck ihres Gesichts anbetraf, einen vielbeschäftigten, an seinen Patienten interessierten Arzt vor sich zu sehen.

«Einen Weg zur Heilung werden wir schon finden ... schon finden ...»

Sie kraulte sich einen imaginären Bart. «Wissen Sie, ob Ihr Herr Großpapa jemals an einem icterus katarrhalis litt? Oder an einer angina vincentis? Nun, wir werden das Übel schon beheben. Darf ich bitten, den Mund zu öffnen, weiter, weiter – so ...» Und sie warf den Aufhorchenden mit einem starken Stoß nach hinten, ins Gras ...

Die Luft lag unbeweglich, drückend, sie schritten über eine Brücke, darunter das Wasser grün und schleimig abfloß. Sie blickten hinunter. Blätter schwommen vorbei, kleine Zweige, Hölzchen ...

«Wolfgang?»

«Claire?»

«Erlaubsus mir? Ja? Nur einmal! Bitte! Bitte!»

Sie drängte sich an ihn, umkoste ihn, ging ihm um den Bart, sozusagen ...

«Was denn, was denn, Kind?» Er machte sich frei.

«Erlaubs mir doch! Nie nich erlaubsu mir wen! Ich möcht' doch soo gern ...»

«Aber was denn?»

Sie schwieg. Sie sahen wieder von der Brücke in das dahinschleichende Wasser.

«Wolfgang», sagte die Claire träumerisch, «ich möcht' *einmal* in das Wasser spucken ...» Und in den höchsten Tönen: «Erlaubs du mir?» Und piepsend: «Ja?»

Er erlaubte es ihr.

Sie gingen durch die Straßen der Stadt. Schaufenster boten lokkend ihre Einlagen an, kunstreich geordnet. Oh, man war hier durchaus auf der Höhe, wie man mit Stolz sagen durfte, und hatte sich die Errungenschaften der neuen Zeit zunutze gemacht: ein moderner Wind wehte auch hier. Nach künstlerischen Prinzipien hatte z. B. Herr Krummhaar, der Kolonialwarenhändler an der Ecke des Marktes, sein Schaufenster arrangiert. Blickte man durch die blankpolierten Scheiben, so tat sich dem Beschauer eine schlaraffenhafte Landschaft auf: auf einem Hügel von Paniermehl stand ein Zuckerhut mit einem roten Gelatinekreuz, und sah man näher hin, war es eine Windmühle. Pflaumenwege führten an mit Preisen versehenen Korinthenbeeten vorbei, und auf einem Spiegelglas schwamm eine Brigg, die Herrn Krummhaar aus dem fernen Indien bauchige Flaschen Danziger Goldwassers und Salzbrezeln heranschleppte ... Vor der Ladentür waren Fässer aufgebaut, die bis oben hin mit köstlichen Erbsen und allerhand getrocknetem, nun aber längst verstaubtem Obst gefüllt zu sein schienen; nur der Kundige konnte ahnen, daß es sich um eine geschickte Täuschung handle. Lange stand die Claire vor der bunten Pracht, dann zitierte sie mit Ausdruck:

«Und einen Ochsen, ganz bepackt,
Mit Fleischextrakt ...»

Überall blieb sie stehen, alles wollte sie kaufen, und sie wirbelte herum, schwatzte, lachte, und war nacheinander: ein Frauchen, das ihren Mann zu Einkäufen bewegen will, ein unfolgsames Kind, das sich meckernd von der Hand der Bonne durch die Straßen schleppen läßt, ein kleiner Hund – und zehn Schritte lang bot sie sogar die Kopie eines durchaus nicht einwandfreien Geschöpfes ...

Vor der Tür eines kleine Lädchens, dessen Schaufenster dem Käufer Posamentier- und Weißwaren versprachen, standen die Fräulein Luft, zwei gutmütige ältliche Wesen, die ein wenig muffig rochen ...

Sie schöpften die Abendluft, einen Käufer gab es jetzt nicht. Die beiden drängten sie in ihren Laden.

«Ich möchte, bitte, Wäscheknöpfe.» Die Claire war geschäftig, ganz bei der Sache.

«Tje ...»

«Aber bitte, geben Sie mir doch, bitte, weiße Wäscheknöpfe ... zum Annähen ...»

«Tje ... Gewiß.»

Aber die Fräulein Luft rührten sich nicht, sondern sahen sich und die beiden Besucher, die ihren Laden nahezu ausfüllten, ratlos, verlegen an. Eine von ihnen holte tief Atem ...

«Mochte der schunge Härr nicht so lang rausgehen ...»

«Welch treue Seele», dachte er. Und ging heraus.

«Ein Kinematograph? Hier in Rheinsberg? Wölfchen, nach dem Souper? Ja?»

Wirklich, es gab einen, und sie gingen hin.

Auf dem Wege schon murrte es in den Wolken, die langsam

aufzogen. Wind schüttelte Laub von den rauschenden Bäumen, Staub wirbelte auf ...

Aber noch trocken kamen sie in dem Saal des Wirtshauses an. Richtig, ein kleines Orchester war da, es verdunkelte sich der Saal ...

NATUR! MALERISCHE FLUSS-
FAHRT DURCH DIE BRETAGNE.
KOLORIERT.

Der Apparat schnatterte und warf einen rauchigen Lichtkegel durch den Saal. Eine bunte Landschaft erschien, bunt, farbenprächtig, heiter. Die Kolorierung war der Natur getreulich nachgebildet: Die Bäume waren spinatgrün, der Himmel, wie in einem ewigen Sonnenuntergang, in Rosa und Blau schwimmend ... Während die Flußlandschaft hell vorbeizog, schwankte dauernd ein schwarzer Schatten, in Form einer Stange, durch das Bild, was vermuten ließ, daß die Aufnahme von einem Dampfboot aus gemacht worden war. Dies bestätigte sich; denn nach einer kleinen Weile drehte sich der hellbraun gebohlte Teil eines Schiffes in das Bild, das nun das Nahe und das Ferne zugleich erkennen ließ: eine rosagekleidete Dame, mit weißem Spitzenschirm, anscheinend zu diesem Zwecke hinbeordert, erzeugte vermittels freundlichen Lächelns, Winkens und eifrigen Auf- und Abspazierens geschickt den Eindruck sommerlichen Glückes; hinten glitten die kolorierten Bestandteile der Bretagne vorbei, Trauerweiden, die Zweige in das Wasser hängen ließen, kleine ockergelbe Häuschen, die anscheinend auf ihre Umgebung abgefärbt hatten, ein vorüberziehender Fischdampfer ...

Die Claire saß erschüttert.

«Wolfgang, es ist zu traurig! Glaubsu, daß der sterbende Krieger seine Heimat erreicht?»

Er glaubte es nicht. Um so weniger, als jetzt der eben eingetretene Klavierspieler geräuschvoll drei kräftige Akkorde erschallen ließ, sein Bierglas herunterwarf, aber hierdurch unbeirrt sich anschickte, den nunmehr folgenden Film: «MORITZ LERNT KOCHEN» in angemessener Weise zu begleiten. Die Musik tobte: der Nachbar steckt den Kopf zur Tür herein, Moritz steht am Kochherd, packt den andern, wirft ihn in den Topf, daß die Beine heraussehen. Schwanken, Fallen, Töpfe kippen, Sintflut, man schwimmt gemeinschaftlich die Treppe herunter, schüttelt sich unten die Hände, nimmt das triefende Mobiliar unter den Arm und verschwindet ...

Die Claire konnte sich nicht beruhigen: sie fragte, wollte alles wissen. Ob er denn nun kochen könne, ob der Nachbar gut durchgekocht sei, sie könne übrigens kochen, perfekt, möchte sie nur sagen ...

Und schwieg erst, als helle Buchstaben auf dunklem Grund ankündigten:

DAS RETTENDE LICHTSIGNAL.
In der Titelrolle Herr Violo.
Von der Greizer Hofoper.

Auf Grund einer freundlichen, stillen Übereinkunft zwischen Filmfabrik und Publikum bedeutet die blaue Farbe Nacht, während die rote die Katastrophe einer Feuersbrunst anzeigt, so daß es allen klar wurde, wie man in solch gefährlichen Stunden eines rettenden Lichtsignales des Bräutigams bedurfte. Mochte die Handlung durchsichtig sein, hier war das Leben, aber konzentriert. Wenn das Meer, wenn die Brandung an Felsen schlug, wenn der Vorplatz eines Hauses einen Augenblick frei blieb und man an den Zweigen sehen konnte, wie der Wind geweht hatte, *der* Augenblick war dahin, unwiederbringlich dahin ... Wie beängstigend schön war es, wenn Eisenbahnzüge, lautlos, wie große Schatten erschienen, immer näher, größer – ein Kopf sah aus dem Fenster ...

Aber als die leuchtenden Lichtgestalten zu weinen begannen

und ein Harmonium in Aktion gesetzt wurde, schnupfte die Claire tief auf und äußerte schluchzend den Wunsch, nach Hause zu gehen ...

Sie kämpften sich durch Wind und Regen ins Hotel.

Am Morgen gingen sie in die Felder. Das Gewitter von gestern hatte abgekühlt, die ersten herbstlichen Tage kamen. Der Wind wehte stark. Als sie gegen ihn angingen, sang er wie klagend ... An den Wegen schäumten die Laubmassen. Milchigweißes Licht beglänzte gleichmäßig die Felder. Die Sonne steckte hinter den stürmenden Wolken; manchmal kam sie hervor, dann war sie rot und fror in der rauhen, kräftigen Herbstluft. Ein leerer Pfad lag vor ihnen, reingefegt vom Wind – und es war Seligkeit, darüber hinwegzuschreiten; junge Linden reihten sich endlos, und es war Glück, immer wieder den ächzenden Stamm zur Seite zu haben. Tief ging der Atem, und die Schultern hoben sich. Sie gingen im Gleichschritt.

Sehnsucht – Sehnsucht nach der Erfüllung! Hier war alles (fühlte er), Herbst, der klärende, klare Herbst, Claire, alles – und doch zog es weiter, der Fuß strebte vorwärts, irgendwo lag ein Ziel, nie zu erreichen!

Viel, fast alles auf der Welt war zu befriedigen, beinahe jede Sehnsucht war zu erfüllen – nur diese nicht. Was war, von oben betrachtet, ein Liebender? – Ein Narr. Wenn sich ihm das geliebte Herz eröffnete, schwieg er, satt und zufrieden. Ganze Literaturen wären nicht, riegelten die Mädchen ihre Türen auf ... Ein Amoroso war zu befriedigen, gebt ihm das Weib, das er begehrt, und der tönende Mund schweigt. Was gibt es, *uns* zum Schweigen zu bringen? Wir haben nichts mehr zu verschleiern, wir wissen um alle Heimlichkeiten der Körper ... Auch um alle der Seele? – Es gibt Worte, die nie gesagt werden dürfen, sonst sterben sie ... Aber wir wollen nicht in diese Tiefen der Schatzkammern, wir haben einander ganz und doch sehnen wir uns. Was ist das, das uns forttreibt, weiter, höher, vorwärts? – Der Frühling ist es nicht; denn es ist da zu allen Jahreszeiten, die

Jugendzeit ist es nicht; denn wir spüren es in allen Altern, die Claire ist es nicht, wir fühlen es ohnehin.

Jetzt kamen sie durch einen windstillen Hain junger Birken.

Glücklich sein, aber nie zufrieden. Das Feuer nicht auslöschen lassen, nie, nie! In einem runden Loch kreiste träge schwarzes, fauliges Wasser. Alles andere ist ein Vorspiel: die Werbung, die Gewährung, das Genießen. Dann fängt es an und hört nimmer auf. Was kann vorher sein? Beschäftigt mit der simplen Frage: Ja? – Nein? – sehen sie nicht das Wesentliche, nicht das Eigentliche. Entkleide die deinige von deinen Begierden, sie zu besitzen, setze sie in dein Zimmer, wunschlos, allein, denk, du habest alles, was du wolltest ... Bliebe sie? Kann sie mehr als locken, versprechen? – Kann sie *geben*? Nicht jede hält die Belastungsprobe aus. Man behütet nicht umsonst ängstlich das Letzte, wenn man nicht weiß, daß es das Kostbarste ist, was man zu geben hat. Eroberungen, bei denen der Reiz nur im Erobern besteht. Wir aber wollen besitzen.

Und es gibt keine tiefere Sehnsucht als diese: die Sehnsucht nach der Erfüllung. Sie kann nicht befriedigt werden ...

«Wölfchen! Hallo!» Sie war weit voraufgelaufen und pflückte im Gebüsch weiße Eisbeeren, legte sie im Kreis auf den Boden und knackte sie mit dem Fuß entzwei.

«Warum tust du es?»

«Hast du keinen Sinn für Schönheit? *Fühlst* du nicht, daß das befriedigt, erlöst, wie von einem Druck befreit, wenn die Beere – endlich – aufknackt? – Banause!»

Die Gräser glänzten im Licht, ein dicker Käfer zog über die Chaussee, flog auf, ein Wind strich über den Weg, führte ihn mit sich fort, wollte er dorthin? – Nun, er würde auch da glücklich sein ...

Eine Schafherde trappelte durch die gestoppelten Felder; sie wollten ausweichen, aber es war zu spät, der Schäferhund hatte eine lange Reihe zurechtgebellt, sie waren mitten unter ihnen, die Schafe umwogten sie, die Claire schwankte lachend in dem Meer her und hin.

«Wölfchen, wenn mir die Tieren nu fressens?»

«Ihnen nicht, Fräulein, es dürfte sich nicht lohnen.»

Endlich krochen sie heraus, staubbedeckt, lachend.

«Daß du dir da rausgefunden hast, Wölfchen!»

Sie waren auf freiem Feld, glänzend wehten grüne Gräser im Wind, die Luft war in starker Bewegung, aber das Land lag ruhig, mochte es wehen und darüber hinfahren, die Erde blieb fest.

Sie standen auf einem kleinen Hügel, das Land wellte sich weit fort, spielend riß die starke Luft an den Haaren. Dies alles umarmen können, nicht, weil es gut oder schön ist, sondern weil es da ist, weil sich die Wolkenbänke weiß und wattig lagern, weil wir leben! Kraft! Kraft der Jugend! …

«Claire?»

«Na?»

Und wurde gepackt und wie ein Wickelkind davongetragen, den Abhang herunter bis tief in die blumige Mulde.

Und wieder kamen sie nach Rheinsberg, und weil es der letzte Tag war, verschwand Wolf und kam kurz vor dem Mittagessen mit einem großen weißen Paket wieder. Oben angelangt, legte er es auf den Tisch. Die Claire zupfte vor dem Spiegel an ihrem Haar. Wandte sich um.

«Wolfgang?»

«Claire?»

«Was is'n diss?»

«Nüchs, wie du dich auszudrücken beliebst.»

«Na, haber …»

«Um allen so gearteten Debatten aus dem Wege zu gehen, mein liebes Weib, erkläre ich hiermit, daß in dem Paket mit erhobener Stimme zwar etwas darin ist, aber du dasselbe mit Bedeutung nicht vor dem Abend öffnen darfst. Um zehn geht der Zug, um dreiviertel zehn darfst du, Punkt.»

«Hm.»
Pause.
«Wolfgang?»
«Claire?»
«Sagssu mir, was da drün is? Seh mal ...»
«Schweig. Ich habe gesprochen.»
«Aba, Wölfchen, ich fand, du konnst mir doch den Anfangsbuchstaben sagen und den hintern auch, ich meine den Endbuchstaben, ja?»
«Ich zertrümmere dich. Nein.»
«Nur den Anfang, tje? – Bitte, bitte! ...»
«Schluß. Wir essen!»
Es gab «schöne Sachens» – «Suppens gibs», erörterte Claire, die alles wußte, «un Hühnegens mit Gemüsen und Hops (Hops? – Obst, Wölfchen, Obst) un denn gübs ... Willstu das gern wissen, Wölfchen?»
«Ja.»
«Hm, ich sag dir's auch. Aber du mußt mir sagen, was in dem Paket ...»
«Ich will's nicht wissen.»
«Buh!»
Sie «muckschte» wie ein kleines Kind und ließ eine habsburgische Unterlippe hängen, bis das Essen kam.
«Wölfchen, eß man Suppens mitm Messer?»
«Wa –?»
«Na, ich hab mal einen gesehen, der hat mitm Messer gegessen.»
«Suppe?»
«Neieinn ...»
Aber da kam eine alte Dame an ihrem Tisch vorübergeschlurcht, schielte krumm und murmelte etwas von «unerhört» und «Person» und so.
«Wölfchen, die meint mir. Konnste ihr nich gefordert gehabt habs? – Söh mal, ich bin doch 'ne Feine, nich wahr? oder

glaubssu, ich bin eine Prostitierte? Nei–n. Ich ja nich. Ich nich. Hä?»

«Laß das Alter gewähren, mein Kind. Vielleicht hat sie nicht so hübsche Jugenderinnerungen ... Wie schrieb der große Friedrich an den Rand seiner Akten? – ‹Mein lieber Geheimrat›, schrieb er, ‹wir sind alt und können nicht mehr, wir wollen uns über die freuen, die noch können›.»

Und dann aßen sie, und als es zu Ende war:

«Wölfchen, die Sonne scheint gerade so schön, wir wollen photographieren!»

Sie holte den Apparat, den sie umständlich herrichtete. Eine Zeitaufnahme war beabsichtigt, unter dem Blätterdach der alten Bäume, die gesprenkeltes Licht zum Boden durchließen.

«Stell dir man hin, Wölfchen. Nun paß auf: wir machens einen langen Aufnahmen. Du mußt nu ümmessu ruhig stehen, weißtu, ganz stille, ich geh solange fort, auf daß es dir nicht lächere ...»

Er stand regungslos, nur gegen die Sonnenstreifen anblinzelnd, fühlte sein Herz klopfen, der Atem ging taktmäßig ein und aus. Wie lange es dauerte? Die Claire wandelte unter den Linden, weiter hinten. Es sah aus, als hätte sie vergessen ...

Ohne die Lippen weit zu öffnen: «Claire!»

Immer noch erging sie sich unter den schattigen Bäumen, aber sie antwortete: «Ja?»

«Noch lange?»

«Nein.»

Wieder Schweigen. Wieder summten die Insekten. Teller klapperten im Haus.

«... lange?»

«Wolfgang?»

«Hm?»

Und von ganz fern: «Du kannst kommen! – ich habe gar nicht eingestellt!» Und helles Lachen.

«So ein –»

«Aber schön still hast du gehalts!»

Hoho! Wie aus einem Schallbecken platzte Lachen aus ihrem Mund, heftig, lärmend.

Aber er fing sie.

Nach dem Essen mußte die Claire schlafen gelegt werden. Sie waren im Sonnenglast hingestreckt, auf einer Wiese, über der die Luft in der Mittagswärme zittrig schwebte. Schweigen ...

«Wölfchen?»

«Claire?»

«Sagssus mirs?»

«Was denn?»

«Was in den Paket ...?»

«Schlaf!»

Sie schnarchte, daß die Grillen vor Schreck verstummten.

«Pst!»

«Du sagst ja, ich soll. Nie nich is es richtig. Buh!»

Wieder Schweigen.

Wie im Selbstgespräch: «Ich fand, wenn du's mir sagtest, gefiel's mir hier besser. Wie? Ich bin neugierig, alle Frauen sind ...? Ich will dir mal was sagen, ich will's gar nicht wissen, überhaupt ist es mir egal, es läßt mich kalt.»

«Das kannst du brauchen.»

«Wie?»

«Ich meinte nur.»

«Wölfchen?»

«Claire?»

«Is'n zu essens drin oder ...?»

Aber er antwortete nun nicht mehr. Sie schliefen. Und als sie aufwachten – sie hatte ihn wachgekitzelt –, stand die Claire auf, strich sich den Rock glatt, und ihre ersten Worte waren: «Neugierig bün ich ga–nich. Aber wissen möcht ich *bloß*, was da in is», und dachte heftig nach, ohne es herauszubekommen. (Sie hat es nie erfahren, das Paket wurde im Hotel vergessen.)

Nachmittags lagen sie im Boot. Der Himmel war klar, noch einmal gab der Sommer seine Wärme.

Dies ist der letzte der drei Tage! Aber ich bin so froh wie am ersten. Jung sein, voller Kraft sein, eine Reihe leuchtender Tage – das kommt nie wieder! Heiter Glück verbreiten! – Wir wollen uns Erinnerungen machen, die Funken sprühen! Wir haben alles voraus – heute! Mögen die in den Gräbern die Fäuste schütteln, mögen die Ungeborenen lächeln – wir *sind*! Alle sollen freudig sein! Kämpfen – aber mit Freuden! – Dreinhauen – aber mit Lachen! Mädchen, was zieht ihr mit Ketten schwer beladen einher? – Schüttelt sie ab. Sie sind leicht! – Sie sind hohl! – Tanzt, tanzt! –

Vom Ufer her rief sie jemand an, ein Mädchen mit einer Schneckenfrisur und ernsten, schwarzen Augen. Sie trug sich irgendwie in Blau und Grau. Sie ruderten heran. Wo es hier nach dem Forsthaus ginge? Ob es noch weit sei? – Sie beabsichtigten dorthin zu fahren, wenn sie wolle …? Sie dankte, nahm an.

Es ergab sich, daß sie gleichfalls die Heilwissenschaft studiere und sich auch sonst geistig fleißig rege. Sie lud arme Kinder zu sich zu Tisch, um an abgemessenen Gewichtsportionen die Wirkungen gewisser Hydrate festzustellen, auch in andern Beziehungen nahm sie sich dieser Opfer der kapitalistischen Wirtschaftsordnung an und förderte sie durch gute Ratschläge. Das brachte sie ruhig und selbstverständlich vor, bescheiden, aber fest. Das Gespräch glitt weiter. Nein – heiraten wollte sie vorläufig nicht; sie habe noch keinen gefunden, der Mann gewesen wäre, ohne ein Sexualtier zu sein. Sie hatte einen schlechten Teint, und es sah aus, als bade sie selten. – Ob sie denn nie verliebt gewesen sei? – Oh, sie besäße, wie sie, ohne unbescheiden zu sein, mitteilen könne, Temperaments genug. So habe sie neulich auf einem Vereinsfest sogar etwas getrunken, was dem Geschmacke nach schwedischer Punsch gewesen sein mochte. Aber das seien doch Nebendinge. Für sie – hier schaukelte das Boot ein wenig – für sie gäbe es nur die Pflicht. Die Pflicht, ihrem Berufe als Wissenschaftlerin und soziales Glied voll und ganz Genüge zu tun.

Dies, was sie anginge. Und die Herrschaften? Mit wem habe sie das Vergnügen? Sie sei stud. med. Aachner, Lissy Aachner. Und die Freundlichen, die sie hier mitnähmen? – Claire ergriff das Wort (Wolfgang graute): – Nun, sie hätten hier ein kleines Besitztum in der Nähe, nicht sehr bedeutend, 300 Morgen etwa, ja, und das sei ihr Bruder, sie seien noch nie in einer großen Stadt gewesen, die Eltern erlaubten es nicht, nein – wie es denn so in Berlin aussähe? – Sie hätten so bunte Vorstellungen davon, aber, nicht wahr? – aus den Büchern könne man das nicht so ...

Die Studentin Aachner bestätigte dies. Nein, aus den Büchern könne man dies nicht so. – Man müsse wirklich einmal ... Sie könne das den Herrschaften nur empfehlen! – Diese verschiedenartigen Kreise, diese Anregungen, man müsse ordentlich auf dem Posten sein, um all den Anforderungen Genüge zu tun! Nun, – sie, Lissy Aachner, sei auf dem Posten, das könne sie wohl sagen. Und es erwies sich, daß dieses begabte Mädchen über alles, so die Liebe und das Leben, ihre klaren festen Begriffe hatte, an denen nicht zu rütteln war. Sie sei Monistin. Was das sei? Gesellschaftliche Artigkeit trug über ein leichtes Lächeln den Sieg davon. Sie sei erfüllt von dem Glauben, daß alles sich auf natürlicher Grundlage nach Maßgabe der betreffenden Umstände aufbaue. Auf die Umstände lege sie besonderes Gewicht, auf die käme es an ... Aus ihnen ließe sich *alles* herleiten. Sie, Lissy Aachner, wäre nimmermehr das geworden, was sie sei, wenn nicht die Umstände und das, was man wohl Milieu nenne, sie zu einem Produkt der neuen Zeit gemacht hätten. Und diese Umstände zu erkennen, das sei es, fuhr stud. med. Aachner fort, worauf es ankäme ... *Erkenntnis*, das sei das Wort! – Wohin sollte es führen, wenn wir auf der Stufe alter Barbarenvölker stünden und den Regen z. B. noch als etwas Göttliches empfänden? Der Regen sei einfach ein Niederschlag atmosphärischen Wassers in Form von Tropfen oder Wasserstrahlen. Dagegen war nichts zu sagen. Der

Regen war in der Tat ein Niederschlag atmosphärischen Wassers in Form von Tropfen oder Wasserstrahlen. Und habe es nicht mit den geistigen Dingen eine ebensolche Bewandtnis? – Sei nicht auch hier Erkenntnis das Element alles Lebens? – Wie wolle man sich denn vor Liebesschmerz hüten, ohne die Elemente dieses Affekts, die Liebe und den Schmerz, analysieren zu können? – Sie gäbe ja Ausnahmen zu, bemerkte die Sprecherin, aber wenn wir auch heute noch nicht so weit wären, alles zu erkennen, so läge dies eben an einer Mangelhaftigkeit unserer Apparate bzw. Organe. Es würde schon noch werden. Seien nicht auch die Religion, die Kunst Dinge, die restlos in ihre Bestandteile aufzulösen nur einem Orthodoxen als kühn erscheinen könne? – Ja, das gesamte Leben als solches ... Aber hier lief der Kahn auf den Sand, daß es knirschte. Man war angelangt. Die stud. med. Aachner bedankte sich und schritt durch das Grün auf das Forsthaus zu, männlichen Schrittes, geradeaus, und irgendwie in Blau und Grau gekleidet ...

Die beiden trieben ab, das Boot schwankte, bewegt durch das Schaukeln der Lachenden. Und wieder trug sie die Strömung dahin, der fächelnde Wind kräuselte das Wasser, brachte frischere Lüfte ... Einmal legte die Claire die Hand auf den Bootrand: diese ein wenig knochige und männliche Hand, auf deren Rücken blaßblaue Adern sich strafften; sah man aber die holzgeschnitzten, langen Finger, so ahnte man, es war eine erfahrene Hand. Diese Fingerspitzen wußten um die Wirkung ihrer Zärtlichkeiten, kräftig und sicher spielten die Gelenke ... Die Hand hing im Wasser und zog einen quirlenden Streif. Dunkelgrün und klar lagen die Ufer weit zurück.

Leuchtender, leuchtender Tag! – Da-sein, voraussetzungsloses Da-sein und immerfort wissen, daß eine ist, die gleich fühlt, gleich denkt ... (Denkt, fühlt sie wirklich? Aber ist das nicht einerlei, wenn wir nur glauben?) Nun, wir *glauben* eben einmal, daß wir uns nur deshalb nicht begegnen, weil wir nebeneinander demselben Ziele zulaufen, gleich strebend, parallel – ... Dies zu wissen – das ist Glück. Ein Seitenblick genügt: all deine Empfindungen sind hier noch einmal, aber umkleidet mit dem Reiz des Fremden. Wozu noch sprechen? – Wir wissen ohnehin. Wozu versichern, betonen? – Wir wissen, wir wissen. Und das Erlebnis und ich und sie – das gibt einen Klang, einen guten Dreiklang.

Aber nun waren nur noch zwei Stunden bis zur Abfahrt.
«Wolfgang?»
«Claire?»
«Gehen wir noch ein bißchen spazieren? Komm, in die böhmischen Wälder!»
Und sie gingen durch den dämmerigen Park, in dem die Baumgruppen erdunkelten, sich schwärzlich auseinanderschoben ... Der Himmel war am Nachmittag schimmernd klar gewesen – noch spannte er sich wie ein ungeheurer Bogen von Osten nach Westen, aber nun hatte er eine dunkle Färbung angenommen, er war fast schwarz, und weiße Wolkenflecken zogen rasch unter ihm dahin.

Gewiß blies hier der Wind immer so in die Baumwipfel, daß sie aufrauschten, strich durch die Stämme, raschelte schleifend im Laub ... *Sie* empfanden: Abschied. *Sie* mußten fort. Leises Trauern ... noch einmal zogen sie die reine Luft ein. Abschied. Eine neue Etappe. Aber diese haben wir gelebt.

Der Weg führte auf einen Hügel, durch Wiesen und an schwärzlichen Sträuchern vorbei. Sie sprachen nichts. In der Höhe glänzten helle Fenster einer Villa: Töne? ... Da oben gab es Musik. Sie schritten aufwärts. Blieben im Dunkel stehen. Das gelbe Licht traf sie nicht: es bestrahlte einige Zweige der Linden, die am Haus gepflanzt waren. War es ein Ball? –

Ein Walzer kam. – Die Geigen – es mußte eine starkbesetzte Kapelle sein – zogen süß dahin, sie sangen das Thema, ein einfaches, liebliches, in langen Bogenstrichen. Verstummten. Aber nun nahmen es alle Instrumente auf, forte, und es war, wie wenn zarte Heimlichkeiten ans Licht gezogen würden. Mit Wehmut dachte man an die Pianopassagen. Aber auch so machte es einen schweben, und der Rhythmus, dieser wiegende, schleifende Rhythmus zuckte und warb. Sie standen unruhig, hatten sich bei den Händen gefaßt, reckten sich ... Und da brach die Lustigkeit prasselnd durch: in tausend kleinen Achteln, die klirrten, wie wenn glitzernde Glasstückchen auf Metall fielen, brach sie durch, die Geigen jubelten und kicherten, die Bässe rummelten fett und amüsiert in der Tiefe, und auch der Zinkenist machte kein Hehl daraus, daß ihn das Ganze aufs höchste erfreute. Der Teil wiederholte sich, wieder kletterten die Geigen in die schwindelnde Höhe, guckten von ihrem hohen Sopran in die Welt, und schließlich lösten sich die Töne auf zierliche, spielerische Weise in nichts auf. Dröhnten nicht drei Paukenschläge? – Ein Dominantakkord erklang: ein Lauf, von der Flöte gepfiffen, machte neugierig, gespannt ... Und wieder ein Lauf, die Geigen folgten, die Melodie blieb auf einem neuen Dominantakkord stehen ... Pause ... Und das alte, süße Thema kehrte in den Geigen wieder, hier war Erinnerung, heimliche Freuden und alles verliebte Flüstern der Welt! – Und da packte es die zwei, und sie drehten sich langsam, schwebend, und sie tanzten auf dem struppigen Rasen, schweigend, ruhig anfangs, dann schneller und schneller ... Noch einmal bliesen Fanfaren königlich und stolz, kaum wiederzuerkennen, das Thema, dann wirbelten die beiden tanzend den Abhang herunter.

Und kehrten zurück und packten ein, fuhren in dem rumpligen Hotelwagen zur Bahn, bestiegen in Löwenberg den D-Zug und fuhren durch die Nacht, brausend, aufgewühlt, nach Berlin.

In die große Stadt, in der es wieder Mühen für sie gab, graue Tage und sehnsüchtige Telephongespräche, verschwiegene Nachmittage, Arbeit und das ganze Glück ihrer großen Liebe.

# Italo Svevo

## DIE ZIGARETTE

Der Arzt, mit dem ich über meine Raucherleidenschaft gesprochen habe, riet mir, ihre Entwicklung darzustellen und diese Arbeit damit zu beginnen:

«Schreiben Sie nur, schreiben Sie! Sie werden sehen, wie bald man dazu kommt, sich selber zu erkennen.»

Ich glaube, dass ich über das Rauchen ruhig hier an meinem Tisch schreiben kann; dass es dazu nicht erst nötig ist, träumend in jenem Klubsessel zu liegen. Zwar weiß ich nicht, wie ich beginnen soll. Alle Zigaretten, die ich je geraucht habe, mögen mir beistehen. Sie glichen alle der einen, die ich hier in der Hand halte.

Sofort fällt mir etwas ein, das ich schon lange vergessen hatte: Die ersten Zigaretten meiner Jugend sind heute nicht mehr im Handel. Sie wurden um das Jahr 70 in Österreich erzeugt und in kleinen, mit dem Doppeladler geschmückten Schachteln verkauft. Halt: Eine solche Schachtel weckt sofort in mir die Erinnerung an mehrere Personen. Ich sehe ihre Züge so deutlich, dass ich mich auch gleich ihrer Namen entsinne; sonst aber interessiert mich die Begegnung kaum. Dennoch versuche ich, mehr zu erreichen. So lege ich mich wieder in den Klubsessel. Die Gestalten verblassen, verzerren sich zu Karikaturen, die über mich aus vollem Halse lachen. Ich gehe entmutigt an meinen Tisch zurück.

Eine dieser Gestalten ist Giuseppe, ein junger Bursche mit etwas heiserer Stimme. Er war damals so alt wie ich. Die andere Gestalt ist mein jüngerer Bruder, der nun seit vielen Jahren tot ist. Giuseppe musste, wahrscheinlich von seinem Vater, viel Geld haben, denn er schenkte uns jene Zigaretten. Ich weiß genau, dass er meinen Bruder reichlicher bedachte als mich. Ich war also genötigt, mir selber mehr zu verschaffen, und so kam es, dass ich stahl. Im Sommer ließ mein Vater gewöhnlich seine Weste auf einem Stuhl im Speisezimmer liegen. In einer der Taschen war immer etwas Kleingeld zu finden: ich nahm mir nur die zehn Kreuzer, die zum Kauf der heiß ersehnten Schachtel reichten. Sofort begann ich mit der ersten Zigarette und rauchte alle zehn hintereinander. Die Beute, die den Dieb verraten konnte, mochte ich nicht allzu lange bei mir behalten.

Das alles schlief in der Erinnerung. Jetzt erst erwacht es, weil ich weiß, dass es vielleicht von Bedeutung sein kann. Da habe ich also den Ursprung dieses Lasters aufgedeckt. Vielleicht (kann man es wissen?) bin ich dadurch schon geheilt. Ich zünde mir – nur zum Versuch – eine letzte Zigarette an. Möglich, dass ich sie voll Ekel gleich wieder fortwerfe.

Nun erinnere ich mich, wie es war, als mich mein Vater eines Tages beim Durchsuchen seiner Weste überraschte. Mit einer Frechheit, die ich heute abscheulich finde (wer weiß, ob dieser Abscheu nicht für meine Kur bedeutsam ist) und die ich nie mehr aufbrächte, sagte ich: «Ich wollte einmal wissen, wie viel Knöpfe so eine Weste hat.» Mein Vater lachte über meinen Hang zur Mathematik oder zur Schneiderei und merkte gar nicht, dass meine Hand in seiner Westentasche stak. Zu meiner Ehre kann ich sagen, dass dieses Lachen, das meiner vermeintlichen Harmlosigkeit galt, genügte, mich von weiteren Diebstählen abzuhalten. Das heißt: Ich stahl zwar weiter, aber ohne es zu wissen. Es kam oft vor, dass mein Vater die halb gerauchten Virginiazigarren am Rand von Tischen oder Schränken liegen ließ. Ich dachte, dass dies seine Art sei, sie fortzuwerfen, und dass unsere alte Magd Catina sie ohnedies wegräumen würde. So rauchte ich sie heimlich. Aber schon wenn ich sie einsteckte, überlief mich ein Schauer, da ich wohl wusste, wie übel mir davon werden würde. Dann rauchte ich so lange, bis meine Stirn in kaltem Schweiß und mein Magen in Zuckungen geriet. Man kann nicht behaupten, dass ich in meiner Jugend zu wenig Energie besessen hätte.

Ich erinnere mich, dass mich mein Vater auch von diesem Übel geheilt hat. Einmal kam ich müde und schweißgebadet von einem sommerlichen Schulausflug nach Hause. Meine Mutter half mir beim Auskleiden, hüllte mich in einen Bademantel und legte mich auf ein Sofa zu Ruhe. Dann setzte sie sich zu mir und nahm eine Näharbeit in die Hand. Ich war dem Schlaf schon nahe, aber der Augenblick des Hinübergleitens in die Traumwelt wollte nicht kommen, da meine Augen noch voll Sonne waren. Ich fühle so deutlich die Süße, in diesem Alter nach irgendeiner gewaltigen Anstrengung auszuruhen, dass es mir vorkommt, als läge ich noch immer dort neben dem lieben Körper, der heute nicht mehr lebt.

Es war in dem kühlen und großen Zimmer, in dem wir als Kinder spielten und das jetzt in zwei Hälften geteilt ist, da unsere Zeit mit dem Raum spart. In der Erinnerung an diese Szene vermisse ich meinen Bruder. Ich wundere mich darüber – hatte er nicht an dem Schulausflug und an der Rast nachher auch teilgenommen? Vielleicht schlief er am anderen Ende des riesigen Sofas. Ich betrachtete diesen Platz, aber es kommt mir vor, als sei er leer. Ich sehe nur mich, in einer Ruhe, die süß ist; ich bemerke noch meine Mutter und schließlich meinen Vater, dessen Worte im Raum widerhallen. Er war eingetreten und hatte mich nicht gleich bemerkt. Er rief laut:

«Maria!»

Meine Mutter bewegte fast unmerklich die Lippen und deutete mit der Hand auf mich, den sie in tiefem Schlaf glaubte. Ich aber war über die Grenze seines Reiches noch nicht geglitten und sah und hörte noch alles klar. Es gefiel mir aber, dass mein Vater auf mich Rücksicht nehmen musste, und deshalb rührte ich mich nicht.

Mein Vater sagte leise und traurig:

«Ich glaube, ich verliere den Verstand. Ich bin fast sicher, vor einer halben Stunde eine angerauchte Zigarre auf diesem Schrank liegen gelassen zu haben. Jetzt finde ich sie nicht mehr. Es muss schlimm mit mir stehen. Die Dinge schwinden aus meiner Erinnerung.»

Meine Mutter unterdrückte ein Lachen, aus Angst, mich aufzuwecken. Sie erwiderte, gleichfalls leise:

«Es war doch niemand nach dem Mittagessen in diesem Zimmer.»

Mein Vater brummte:

«Das weiß ich. Gerade darum glaube ich ja verrückt zu werden!»

Er drehte sich um und ging hinaus. Nun öffnete ich halb die Augen und sah die Mutter an. Sie saß wieder über ihre Arbeit gebeugt und lächelte noch. Wahrscheinlich glaubte sie nicht an eine Krankheit meines Vaters, da sie so über seine Angst lächeln konnte. Ich habe dieses Lächeln in der Erinnerung festgehalten und erkannte es sofort wieder, als ich es einmal auf den Lippen meiner Frau fand.

Später erschwerte nicht mehr Geldmangel die Befriedigung meines Lasters; umso verlockender wurde es durch das Verbot.

Ich rauchte viel und suchte dazu alle möglichen Verstecke auf. Besonders erinnere ich mich an einen finsteren Keller, wo ich einmal nach einer halben Stunde von furchtbarem Unwohlsein befallen wurde. Ich befand mich dort mit zwei anderen Jungen, und ich entsinne mich nur ihres Knabenanzuges: zwei kleine Hosen, die stramm gestrafft sind. Die Körper sind von der Zeit in nichts aufgelöst worden. Wir hatten viele Zigaretten und veranstalteten ein Wettrauchen. Ich gewann und verbarg heroisch mein Unwohlsein, die Folge dieses seltsamen Experimentes. Schließlich gingen wir wieder hinaus in die frische und sonnige Luft. Ich schloss die Augen, um nicht sofort ohnmächtig hinzufallen. Dann erholte ich mich langsam und freute mich laut meines Sieges. Einer der beiden Kleinen sagte:

«Mir macht es gar nichts, dass ich verloren habe. Ich rauche nur, solange es mir Spaß macht.»

Dieses gesunden Wortes entsinne ich mich deutlich; das Kindergesicht aber, das damals vor mir war, habe ich vergessen.

Damals konnte ich noch nicht sicher sagen, ob ich die Zigarette, ihren Geschmack und den Zustand, den ich dem Nikotin verdankte, liebte oder hasste. Später habe ich verstanden, dass ich das alles hasste, was die Sache noch viel schlimmer gemacht hat. Dies wurde mir plötzlich bewusst, als ich ungefähr zwanzig Jahre alt war und einige Wochen lang an starken Halsschmerzen und hohem Fieber litt. Der Arzt verordnete mir Bettruhe und verbot das Rauchen absolut. Ich erinnere mich genau des Wortes «absolut»! Es machte tiefen Eindruck auf mich und das Fieber verlieh ihm Gestalt: Ich sah den leeren Raum und hatte nichts, um dem ungeheuren Druck widerstehen zu können, den leere Räume stets erzeugen.

Als der Arzt fort war, blieb mein Vater noch bei mir (meine Mutter war schon seit vielen Jahren tot), rauchte seine Zigarre und leistete mir ein wenig Gesellschaft. Bevor er fortging, legte er leicht die Hand auf meine glühende Stirn und sagte:

«Nicht rauchen, du!»

Da kam über mich eine ungeheure Erregung. Ich dachte: «Es schadet mir, ich will es nie mehr tun. Nur ein einziges und letztes Mal will ich noch rauchen.» – So zündete ich mir eine Zigarette an. Sofort verließ mich jede Erregung, obwohl das Fieber noch stärker wurde und ich bei jedem Zug meine Kehle brennen fühlte, als würde ein glühendes Holzstück hineingestoßen. Mit der Gewissenhaftigkeit, mit der man ein Gelöbnis einhält, rauchte ich die Zigarette zu Ende. Und unter ungeheuren Schmerzen rauchte ich während meiner Krankheit noch viele andere. Mein Vater kam und ging und rauchte selber seine Zigarre und sagte dabei:

«Bravo! Noch ein paar Tage ohne zu rauchen, und du bist gesund!»

Dieser Satz genügte. Ich brannte vor Erwartung, dass er aus dem Zimmer gehe, um rasch, rasch zu meiner Zigarette zu kommen. Ich stellte mich oft schlafend, um ihn früher von mir wegzubringen.

Dieses Leiden verschaffte mir mein zweites: die ohnmächtige Bemühung, das erste loszuwerden. Täglich wechselten Zigaretten und strenge Vorsätze, nicht mehr zu rauchen, miteinander ab. Ja, um alles zu sagen, im Allgemeinen ist es heute auch nicht anders. Die unendliche Reihe der «letzten Zigaretten», die damals, in meinem zwanzigsten Lebensjahr anfing, ist heute noch nicht abgeschlossen. Freilich sind die Vorsätze nicht mehr so streng. Ich bin älter geworden und nachgiebiger gegen meine Schwächen. Wenn man alt wird, lächelt man über das Leben und alles, was es enthält. Heute kann ich offen sagen, dass ich viele Zigaretten rauche ... die noch lange nicht die letzten sind.

Auf dem Titelblatt eines Wörterbuches finde ich folgende kalligraphierte und mit seltsamen Schnörkeln versehene Bemerkung:

«Heute, am 2. Februar 1886, gebe ich das juristische Studium auf und fange mit der Chemie an. Letzte Zigarette!!»

Es war eine letzte Zigarette, die für mich bedeutsam blieb. So viel Hoffnung hängte ich daran!

Ich erkannte plötzlich, wie fern und abseits das Kirchenrecht vom wirklichen Leben lag, ließ es ärgerlich im Stich und warf mich einer Wissenschaft in die Arme, die mir das Leben selber zu sein schien, wenn auch in einer Glasphiole eingeschlossen. Im Rauch dieser letzten Zigarette erstand der Wunsch nach irgendeiner aktiven (auch manuellen) Betätigung und nach klarem, trockenem und exaktem Denken.

Aber später, als ich wieder an die Reihe der Kohlenstoffverbindungen nicht glauben konnte, kehrte ich zum Jus zurück. Das war leider ein großer Irrtum! Auch er wurde mit einer «letzten

Zigarette» gefeiert, deren Datum ich gleichfalls in irgendeinem Buch vermerkt finde. Auch diese Zigarette blieb nicht ohne Bedeutung. Ich füge mich darein, zu den Problemen und Varianten des Mein, Dein und Sein mit den allerbesten Absichten zurückzukehren, und sagte mich endgültig von den Kohlenstoffverbindungen los. Es schien bewiesen, dass ich für das chemische Studium nicht geeignet war, allein schon wegen meiner ungeschickten und unsicheren Hände. Wie hätten die auch anders sein können, da ich unaufhörlich wie ein Türke rauchte?

Eben jetzt, da ich darüber nachzudenken beginne, befallen mich Zweifel: habe ich deshalb von der Zigarette niemals lassen können, weil ich ihr alle Schuld an meiner Unfähigkeit zuschrieb? Wäre ich wirklich der ideale, lebenstüchtige Mensch geworden, wenn ich das Rauchen aufgegeben hätte? Vielleicht hat mich gerade dieser Zweifel an mein Laster gefesselt. Es ist ja so bequem, sich groß zu glauben – vermöge einer latenten Größe. Ich versuche diese hypothetische Erklärung meiner Jugendschwäche ohne rechte Überzeugung. Jetzt, da ich alt bin, da man nichts mehr von mir fordert, gelange ich noch immer von einer Zigarette zu einem guten Vorsatz und von einem guten Vorsatz zu einer Zigarette. Was sollen mir jetzt noch gute Vorsätze? Möchte ich gar wie jener alte Apostel der Hygiene, den Goldoni auf die Bühne gestellt hat, in voller Gesundheit sterben, nachdem ich mein ganzes Leben lang krank gewesen bin?

Als ich Student war, wechselte ich einmal die Wohnung und musste die Wände des Zimmers, das ich verließ, neu tapezieren lassen, weil ich sie über und über mit Daten bedeckt hatte. Ich verließ das Zimmer wie einen Friedhof meiner guten Vorsätze. Ich hatte sie alle dort begraben und hielt es nicht mehr für möglich, an demselben Ort noch einmal neue zu schmieden. Ich bin überzeugt, dass die Zigarette anders und bedeutsamer schmeckt, wenn sie die letzte sein soll. Auch andere können einen eigenen Geschmack haben, aber nie einen so intensiven.

Die letzte Zigarette hat das Aroma des Gefühls eines Sieges über sich selbst, der Hoffnung auf eine baldige Ära voll Kraft und Gesundheit. Andere Zigaretten besagen, dass man seine eigene Freiheit besitzt, indessen man raucht, und dass gleichwohl jene Ära voll Kraft und Gesundheit weiter in hoffnungsvoller Nähe bleibt, wenn auch auf etwas später verschoben.

Die Daten auf den Zimmerwänden waren von äußerster Buntheit. Teilweise hatte ich sie mit Ölfarben aufgetragen. Mein Vorsatz, von Ehrlichkeit durchdrungen, fand seinen rechten Ausdruck in der Kraft der Farbe, die alle Farben vorhergegangener Vorsätze überschreien und zum Verblassen bringen sollte. Mit bestimmten Daten beschäftigte ich mich intensiv, da ihre Ziffern sonderbar miteinander harmonierten. Einem Datum aus dem vorigen Jahrhundert schrieb ich die Fähigkeit zu, mein Laster zu beenden: «Der neunte Tag des neunten Monats des Jahres 1899». Ein bezeichnendes Datum, nicht wahr? Das neue Jahrhundert schenkte mir Daten, die wieder von anderer musikalischer Übereinstimmung waren: «Der erste Tag des ersten Monats des Jahres 1901». Heute noch glaube ich, dass ich imstande wäre, ein neues Leben zu beginnen, käme nur einmal so ein Datum wieder.

Aber im Kalender ist an Daten kein Mangel. Mit etwas Phantasie könnte man eigentlich jedes mit einem guten Vorsatz in Einklang bringen. Dieses zum Beispiel schien mir einen kategorischen Imperativ zu enthalten: «Der dritte Tag des sechsten Monats des Jahres 1912, 24 Uhr». Wie das klingt: als hätte jede Zahl den Einsatz der vorhergehenden verdoppelt.

Über das Jahr 1913 war ich einen Augenblick lang stutzig. Da fehlte ja der dreizehnte Monat, der mit der Jahreszahl übereinstimmen sollte. Aber man glaubt nicht, dass so viele mathematische Beziehungen in einem Datum nötig sind, um zu einer «letzten Zigarette» Anlass zu geben. Viele Daten, die ich in Büchern oder auf Bildern, die ich liebe, vermerkt gefunden habe, sind doch gerade durch ihre innerliche Beziehungslosigkeit auffallend. Zum Beispiel: «Der dritte Tag des zweiten Monats des Jahres 1905, 6 Uhr!» Sieht man genauer hin, so hat auch dieses seine besondere Beziehung: Jede Zahl verneint ganz einfach die vorhergehende. Auch viele Ereignisse, genau genommen alle seit dem Tod des Papstes Pius IX. bis zur Geburt meines Sohnes, erschienen mir wichtig genug, um durch den lang gewohnten, unabänderlichen Vorsatz zelebriert zu werden. Meine Verwandten staunen über mein unerhörtes Gedächtnis für die glücklichen und unglücklichen Jahrestage der Familie und halten mich deshalb für einen teilnehmenden und guten Menschen!

Um vor mir selber nicht dumm zu erscheinen, versuchte ich, meiner fixen Idee der letzten Zigarette einen philosophischen Sinn zu unterschieben. Man sagt mit großer Gebärde: «Nie, nie mehr!» Und was geschieht mit der Gebärde, wenn man sein Versprechen hält? Diese Gebärde bleibt eben nur dann in der Welt, wenn man den Vorsatz immer wieder erneuert. Und außerdem ist ja die Zeit für mich nicht jenes Unbegreifliche, das niemals stehen bleibt. Zu mir, zu mir allein kommt sie zurück.

Die Krankheit ist eine Überzeugung. Ich wurde mit dieser Überzeugung geboren. Von der Krankheit, an der ich im Alter von zwanzig Jahren litt, wüsste ich nichts mehr, hätte ich nicht mit einem Arzt darüber gesprochen. Es ist merkwürdig, wie man sich an gesprochene Worte besser erinnert als an Gefühle, die niemals zu einer sprachlichen Form gelangt sind.

Ich besuchte diesen Arzt, der nervöse Leiden auf elektrischem Wege heilen sollte. Ich hoffte, die Elektrizität würde mir vielleicht die Kraft verleihen, das Rauchen aufzugeben.

Der Arzt hatte einen dicken Bauch. Sein asthmatischer Atem begleitete das Geräusch der Elektrisiermaschine. Sie wurde gleich bei meinem ersten Besuch in Tätigkeit gesetzt. Ich hatte erwartet, dass der Arzt durch das Studium meines Körpers das Gift entdecken werde, das mein Blut verdarb. Ich war enttäuscht. Er erklärte, ich sei von ganz gesunder Konstitution. Ich klagte über schlechte Verdauung und mangelnden Schlaf, er aber nahm an, dass mein Magen zu wenig Säure entwickle und dass die peristaltischen Bewegungen (er wandte diesen Ausdruck so oft an, dass ich ihn nie wieder vergaß) zu wenig lebhaft seien. Er verschrieb mir eine Säure, die mich ruiniert hat; seither leide ich an einem Überschuss an Säure.

Da wurde mir plötzlich klar, dass er niemals von selbst das Gift in meinem Blut entdecken werde. Ich äußerte meine Vermutung und fragte ihn direkt, ob das Nikotin nicht schuld an meinem Zustand sei. Ich wollte ihm helfen. Mit Mühe hob er seine breiten Schultern.

«Peristaltische Bewegungen, Säure, das Nikotin hat nichts damit zu tun!»

Ich wurde siebzigmal elektrisiert. Wahrscheinlich hätte die Behandlung noch lange fortgedauert, wenn ich ihr nicht selbst ein Ziel gesetzt hätte. Ich erwartete ein Wunder, wenn ich zu diesen Ordinationen ging. Ich hoffte, den Arzt davon zu überzeugen, dass er mir endlich das Rauchen verbieten müsse. Wer weiß, wie alles geworden wäre, hätte mich in meinen guten Vorsätzen ein ärztlicher Befehl bestärkt.

Diesem Arzt schilderte ich meine Krankheit ungefähr so: «Ich kann nicht studieren. Wenn ich, was selten vorkommt, zeitig zu Bett gehe, bleibe ich bis zum Läuten der ersten Morgenglocken wach. Darum pendle ich auch zwischen dem juristischen und dem chemischen Studium hin und her: Beide Wissenschaften erfordern eine feste Tageseinteilung, ich aber weiß nie, wann ich aufstehen kann.»

Herr Äskulap, die Augen unausgesetzt auf seine Quadranten statt auf seinen Patienten gerichtet, erklärte dezidiert:

«Die Elektrizität heilt jede Schlaflosigkeit.»

Dann sprach ich so mit ihm, als verstünde er bereits etwas von Psychoanalyse, deren Wege ich als einer der Ersten schüchtern ging. Ich berichtete ihm von meinen Miseren mit Frauen. Eine einzige genügt mir nicht. Auch nicht viele. Alle begehre ich! Auf der Straße bin ich unendlich leicht erregbar. Alle, die vorbeigehen, gehören mir. Ich mustere sie frech, in dem Bedürfnis, mich brutal zu gebärden. Ich entkleide sie in Gedanken. Ich lasse ihnen nur die Schuhe. Ich umschließe sie mit meinen Armen und bin erst dann beruhigt, wenn ich sicher bin, sie ganz erkannt zu haben.

Vergebliche Beichte! Worte in die leere Luft gesprochen! Der Doktor schnaufte und sagte dann:

«Ich will nur hoffen, dass die elektrische Behandlung Sie von dieser Krankheit nicht heilen wird. Das fehlte noch! Ich würde keine Ruhmkorff'sche Spule mehr anrühren, wenn ich eine solche Wirkung befürchten müsste.»

Er erzählte mir etwas, das er für sehr witzig hielt: Ein Patient, der ein ähnliches Leiden hatte wie ich, ging zu einem berühmten Arzt und bat ihn um Heilung. Die Heilung gelang vollständig. Aber bald darauf musste der Arzt die Stadt verlassen, weil der geheilte Patient drohte, ihm das Fell über die Ohren zu ziehen.

Ich schrie:

«Meine Erregung ist nicht die normale! Sie stammt von einem Gift, das mir in den Adern brennt!»

Der Arzt murmelte teilnahmsvoll:

«Niemand ist mit seinem Los zufrieden.»

Um ihn zu überzeugen, tat ich selber das, was er versäumt hatte. Ich sammelte sämtliche Symptome meiner Krankheit und studierte sie eingehend.

Meine Zerstreutheit! Auch sie hinderte mich am Studium. Als ich mich in Graz auf meine erste Staatsprüfung vorbereitete, notierte ich mir sorgsam alles, was ich bis zur letzten dieser Prüfungen brauchte. Was geschah? Kurz vor der ersten Prüfung bemerkte ich plötzlich, dass ich Sachen gelernt hatte, die erst viele Jahre später in Betracht kamen. So konnte ich diese Prüfung gar nicht machen. Natürlich, ich hatte auch die andern Dinge nur flüchtig gelernt; daran war ein Mädchen aus der Nachbarschaft schuld, das übrigens nur in frecher Art mit mir kokettierte, ohne mir mehr zu gewähren. Sowie sie am Fenster erschien, verschwand der Text vor meinen Augen. Was für ein Esel war ich, mich an solche Dinge zu verlieren! – Ich sehe heute noch deutlich im gegenüberliegenden Fenster ihr kleines weißes Antlitz: oval, von zarten roten Locken eingerahmt. Ich sah sie an: und schon war's mir, als müsste ich diese Weiße und dieses rötliche Gold sofort auf mein Kissen legen.

Herr Äskulap brummte:

«Koketterie ist nur normal und gesund. In meinem Alter werden Sie nicht mehr kokettieren.»

Heute weiß ich genau, dass ihm der Begriff des Kokettierens überhaupt fehlte. Ich bin jetzt siebenundfünfzig Jahre alt und kann mit Sicherheit sagen, dass ich noch auf dem Sterbebett meiner Pflegerin begehrende Blicke zuwerfen werde, sollte diese nicht meine Frau sein und sollte meine Frau eine halbwegs hübsche Pflegerin zulassen! Oder ich müsste durch die Psychoanalyse geheilt sein. Oder ich müsste das Rauchen aufgegeben haben.

Ich sprach aufrichtig, wie zu einem Beichtvater: Frauen gefielen mir nur in ihren Einzelheiten, nicht an sich, als Ganzes. Bei der einen liebte ich die kleinen, in zierlichen Schuhen steckenden Füße, bei der andern den schlanken oder vollen Hals und die kleinen Brüste. So fuhr ich fort, die anatomischen Bestandteile einer Frau aufzuzählen. Der Arzt unterbrach mich:

«Alles das zusammen bildet eine ganze Frau.»

Darauf antwortete ich etwas, das mir wichtig erschien:

«Die gesunde und normale Leidenschaft liebt die ganze Frau, auch ihren Geist und ihre Seele.»

So eine Leidenschaft war mir bis jetzt fremd geblieben. Doch als ich etwas Ähnliches zu fühlen glaubte, machte mich auch dies nicht gesund. Es scheint mir wichtig festzustellen, dass ich die Spuren der Krankheit dort entdeckte, wo ein Fachmann nichts als Gesundheit sah. Nun hat sich meine Diagnose bestätigt.

Ich fand jemanden, der mich und meine Krankheit besser begriff: einen Freund, der nicht Arzt war. Dieser gab meinem Leben eine neue Melodie, die heute noch nachklingt.

Es war ein reicher Mann, der seinen Müßiggang hinter Studien und literarischen Arbeiten verbarg. Er sprach besser, als er schrieb. So konnte die Welt niemals erfahren, was für ein guter Kopf er war. Er war kräftig und dick. Als ich ihn kennen lernte, lag er gerade einer energischen Abmagerungskur ob, die sich schon nach wenigen Tagen als erfolgreich erwies. Dermaßen, dass man gern neben ihm auf der Straße ging, um, wie neben einem Kranken, die eigene Gesundheit besser zu fühlen. Ich beneidete ihn um seine Energie, die ihn alles erreichen ließ, was er wollte, und leistete ihm während seiner ganzen Kur Gesellschaft. Er erlaubte mir, seinen Bauch zu befühlen, der täglich kleiner wurde. Ich sagte, neidisch und missgünstig und in der Absicht, seinen guten Vorsatz zu verderben:

«Ja, aber sagen Sie mir: Was wollen Sie nach dieser Kur mit so viel Haut anfangen?»

Mit einer Unbedingtheit, die in seinem abgemagerten Antlitz komisch wirkte, antwortete er mir:

«In zwei Tagen beginne ich mit der Massage.»

Seine Kur war Schritt für Schritt vorausbestimmt. Niemand konnte daran zweifeln, dass er alles aufs genaueste einhalten werde.

Dies bewog mich, ihm mein Vertrauen zu schenken. Ich schilderte ihm meine Krankheit. Auch dieser Schilderung erinnere ich mich genau. Ich schloss damit, dass es mir leichter wäre, auf die drei täglichen Mahlzeiten zu verzichten als auf die Zigaretten; denn dazu muss man sich immer wieder mit derselben Anstrengung entschließen, jeden Augenblick, den ganzen Tag lang. Und wenn man mit diesen aufreibenden Entschlüssen ununterbrochen beschäftigt ist, bleibt einem für nichts anderes mehr Zeit; bekanntlich ist nur Julius Cäsar imstande gewesen, sich mit mehreren Problemen gleichzeitig zu beschäftigen.

Zwar verlange ja niemand von mir irgendeine Arbeit, solange mein Verwalter Olivi am Leben sei. Aber es gehe jedenfalls nicht an, dass ein Mensch von meiner Sorte nichts anderes auf der Welt tue als träumen oder ohne jegliches Talent Violine spielen.

Der ehemals dicke, nunmehr abgemagerte Mann fand nicht gleich eine Antwort. Als Mensch, der die Methode schätzt, dachte er erst lange nach. Dann erklärte er mir in doktrinärem Ton, zu dem ihn seine Überlegenheit allerdings berechtigte, dass meine Krankheit, meine fixe Idee nicht durch die Zigarette selbst, sondern durch den Vorsatz bedingt sei. In mir hätten sich im Lauf der Jahre zwei Menschen entwickelt: der eine befahl, der andere war Sklave, der, sobald die Zügel locker wurden, aus Lust an der Freiheit dem Willen des Herrn entgegenarbeitete. Es sei notwendig, ihm vollkommene Freiheit zu geben. Gleichzeitig aber müsse ich der Krankheit so gegenübertreten, als ob sie mir völlig fremd und neu wäre. Ich solle sie nicht bekämpfen, sondern vernachlässigen; ich müsse sie vergessen, ihr gewissermaßen den Rücken drehen, wie einer Gesellschaft, die meiner unwürdig ist. Einfach, nicht wahr?

Wirklich, die Sache erschien mir einfach. Es gelang mir mit großer Anstrengung, jeden Vorsatz in mir zu töten, und ich muss zugeben, dass ich es tatsächlich mehrere Stunden lang fertig brachte, nicht zu rauchen. Sowie aber mein Mund vom Rauch gereinigt war, fühlte ich mich so unschuldig wie ein Neugeborenes, und ich bekam wieder eine primitive Lust nach einer Zigarette. Die rauchte ich dann: Sie erzeugte schlechtes Gewissen und damit zugleich den Vorsatz, den ich hatte töten wollen. Es war ein anderer, ein längerer Weg, aber er führte zum selben Ziel.

Olivi, die Kanaille, schlug mir eines Tages vor, dem Vorsatz durch eine Wette Kraft zu geben.

Ich glaube, dass Olivi stets so ausgesehen hat wie heute. Ich jedenfalls habe ihn immer nur so gesehen: ein wenig gebückt, aber von kräftiger Konstitution, und immer so alt wie heute, wo er achtzig Jahre zählt. Er arbeitete für mich und tut es noch jetzt. Aber ich liebe ihn nicht. Ich glaube nämlich, dass er mich selbst dadurch vom Arbeiten abgehalten hat.

Also wir wetteten! Die Wette verlor, wer von uns beiden zuerst rauchen würde. Der musste zahlen, dann konnten wir beide wieder tun, was wir wollten. So versuchte er, die Erbschaft meiner Mutter, die ich selbst verwaltete, zu schmälern, er, der die Aufgabe hatte, mich an der Verschwendung meines väterlichen Erbteils zu hindern!

Jedenfalls – die Wette erwies sich als äußerst schädlich. Jetzt war es damit vorbei, einmal Herr und einmal Sklave zu sein. Jetzt war ich nur noch Sklave. Sklave dieses Olivi, den ich nicht liebte. Ich rauchte sofort. Erst dachte ich daran, ihn zu betrügen und im Geheimen viel zu rauchen. Aber wozu dann die Wette? Ich suchte lieber intensiv nach einem schönen Datum für eine letzte Zigarette, einem Datum, das zum Tag der Wette in irgendeiner Beziehung stünde, und glaubte, Olivi würde die Wette darauf eingehen. Aber ich fuhr fort zu rebellieren. Vom vielen Rauchen wurde mir angst und bange. Um mich endlich zu befreien, ging ich zu Olivi und gestand.

Der Alte lächelte, steckte das Geld ein, zog sofort eine große Zigarre aus seiner Tasche und zündete sie mit unendlichem Wohlbehagen an. Ich zweifle aber nicht daran, dass er seinerseits die Wette eingehalten hat. Andere sind eben aus anderem Stoff gemacht.

Mein Sohn wurde drei Jahre alt. Da hatte meine Frau eine gute Idee. Sie riet mir, in ein Sanatorium zu gehen, wo man mir mein Übel abgewöhnen würde. Ich war sofort damit einverstanden, vor allem deshalb, weil mein Sohn, wenn er zu eigener Urteilskraft herangereift wäre, einen geklärten und ruhigen Mann in mir finden sollte. Ein zweiter Grund war, dass es mit Olivis Gesundheit abwärts ging und er mich zu verlassen drohte. So hätte ich plötzlich gezwungen sein können, an seine Stelle zu treten. Und ich glaubte, zu einer solchen Tätigkeit kaum fähig zu sein – mit all dem Nikotin im Leibe.

Erst hatten wir die Absicht, in die Schweiz zu gehen, die klassische Heimat aller Sanatorien. Dann erfuhren wir durch Zufall, dass ein gewisser Doktor Muli in Triest eine solche Anstalt eröffnet hatte. Ich ließ erst meine Frau mit ihm verhandeln. Er versprach ihr, mir ein kleines Appartement zu reservieren, wo ich von einer Assistentin und mehreren andern Wärtern überwacht werden würde. Als meine Frau mir das wiedererzählte, lächelte sie und brach sogar in schallendes Gelächter aus bei dem Gedanken, dass ich eingesperrt werden sollte. Ich lachte herzlich mit. Zum ersten Mal half sie mir bei meinen Heilungsversuchen. Bisher hatte sie meine Krankheit nicht ernst genommen und gemeint, das Rauchen sei eine sonderbare und nicht allzu langweilige Art, sein Leben zu verbringen. Sie schien mir nach unserer Hochzeit recht angenehm überrascht zu sein, dass ich meiner Freiheit nicht nachweinte. Hatte ich doch ganz anderen Dingen nachzuweinen!

Wir fuhren an jenem Tag ins Sanatorium, an dem Olivi dezidiert erklärte, er bleibe keinesfalls noch länger als einen Monat in meinem Dienst. Es war Abend, als wir zu Doktor Muli kamen. Wir hatten zu Hause etwas Wäsche in einen Koffer getan.

Doktor Muli, ein hübscher junger Mann, empfing uns persönlich an der Tür. Es war Hochsommer. Er war klein, nervig; in seinem sonnverbrannten Gesicht funkelten zwei schwarze Augen. Er war von vorbildlicher Eleganz, vom Scheitel bis zur Sohle weiß gekleidet. Ich zollte ihm Bewunderung, die übrigens gegenseitig war.

Ich erriet bald den Grund seiner Bewunderung und sagte, ein wenig irritiert:

«Sie glauben wohl weder an die Notwendigkeit dieser Kur noch an den Ernst, mit dem ich sie auf mich nehme?»

Mit einem leichten Lächeln, das immerhin verletzend war, erwiderte der Doktor:

«O nein, warum? Vielleicht ist die Zigarette für Sie persönlich schädlicher, als sie es nach der Meinung der Ärzte im Allgemeinen ist. Es ist mir nur unverständlich, warum Sie nicht versucht haben, die Zahl der Zigaretten einzuschränken, anstatt das Rauchen *ex abrupto* aufgeben zu wollen. Man darf ja rauchen. Man darf nur nicht übertreiben.»

Wahrhaftig, im vergeblichen Bemühen, das Rauchen gänzlich aufzugeben, hatte ich an die Möglichkeit, weniger zu rauchen, gar nicht gedacht. Nun aber war der Ratschlag nur dazu angetan, meinen Vorsatz wankend zu machen. Ich sagte daher ein mannhaftes Wort:

«Lassen Sie mich doch die Kur versuchen, da sie nun einmal beschlossen ist.»

Der Doktor lachte etwas von oben herab: «Versuchen? Sobald Sie sich einmal der Kur unterziehen, muss sie gelingen. Ohne Gewaltanwendung gegen die Wärterin Giovanna werden Sie von hier kaum fortkommen. Außerdem würden die Formalitäten, die dies erfordert, so lange dauern, dass Sie inzwischen Ihr Laster schon längst vergessen hätten.»

Nun standen wir in dem für mich reservierten Appartement. Um dahin zu gelangen, musste man erst in den zweiten Stock hinauf, dann wieder ins Erdgeschoss hinunter.

«Sehen Sie? Diese Tür hier versperrt den Teil des Erdgeschosses, in dem sich der Ausgang befindet. Nicht einmal Giovanna hat die Schlüssel. Auch sie muss, wenn sie ins Freie will, erst in den zweiten Stock hinaufsteigen. Und sie allein hat die Schlüssel zu der Tür, durch die wir vom Treppenflur hereinkamen. Außerdem übt im zweiten Stock immer ein Wärter Aufsicht. Keine schlechte Einrichtung für ein Sanatorium für kleine Kinder und Wöchnerinnen, nicht wahr?»

Und er begann zu lachen, wahrscheinlich bei dem Gedanken, dass ich mit kleinen Kindern zusammen eingesperrt werden sollte. Er rief Giovanna und stellte sie mir vor. Ein kleines, verkümmertes Weib von undefinierbarem Alter. Sie mochte zwischen vierzig und sechzig Jahren sein. Graue Haare, kleine, lebhaft leuchtende Augen. Der Doktor sagte:

«Das ist der Herr, mit dem Sie boxen müssen: Darauf machen Sie sich nur gefasst.»

Sie sah mir forschend ins Gesicht, errötete und rief mit schriller Stimme:

«Ich werde meine Pflicht tun, gewiss, aber nicht mit Ihnen raufen. Wenn Sie mich bedrohen, rufe ich sofort den Wärter, der ein Riese ist. Sollte Ihnen das nicht recht sein, so gehen Sie, wohin Sie wollen. Ich will Ihretwegen meine Haut nicht riskieren!»

Später erfuhr ich, dass ihr der Doktor für die Erfüllung ihrer Aufgabe reichen Lohn versprochen hatte. Dadurch war sie so eingeschüchtert worden. Jetzt aber ärgerten mich ihre Worte. Eine nette Situation, in die ich mich da freiwillig begeben hatte!

Ich rief: «Zum Teufel mit Ihrer Haut!», und wandte mich dann an den Doktor: «Ich wünsche, dass diese Frau mich nicht belästigt. Ich habe einige Bücher mitgebracht und brauche absolute Ruhe.»

Der Doktor wies Giovanna zurecht, worauf sie sich zu entschuldigen versuchte. Es gelang ihr aber nur, mich noch mehr zu reizen.

«Ich habe zwei kleine Töchterchen und für diese muss ich leben.»

«Ich fände es gar nicht der Mühe wert, Sie umzubringen», erwiderte ich in einem Ton, der die Arme sicherlich nicht beruhigte.

Der Doktor schickte sie aus dem Zimmer, indem er ihr auftrug, im oberen Stockwerk etwas zu holen. Um mich zu beruhigen, schlug er vor, mir jemand anderen an Stelle Giovannas zu schicken. Er fügte noch hinzu: «Sie ist kein schlechter Mensch. Wenn ich ihr nahe lege, weniger aufdringlich zu sein, werden Sie sich nie mehr über sie zu beklagen haben.»

Ich tat, als wäre es mir gleichgültig, wer mich bewacht, und erklärte mich mit Giovanna zufrieden. Da ich aber doch sehr aufgeregt war, zog ich zur Beruhigung die vorletzte Zigarette aus der Tasche und rauchte sie mit großer Gier. Dem Doktor erzählte ich, dass ich nur zwei Stück mitgebracht hätte. Schlag Mitternacht wolle ich aufhören zu rauchen.

Meine Frau und der Arzt nahmen zu gleicher Zeit von mir Abschied. Sie sagte lächelnd:

«Da es einmal so weit ist, sei stark.»

Dies Lächeln, das ich sonst so liebte, erschien mir jetzt wie purer Hohn. Gerade in diesem Augenblick entstand in mir ein völlig neues Gefühl, das mein mit solchem Ernst begonnenes Unternehmen schnell zum Zusammenbruch führen sollte. Ich hatte schon vorher ein unangenehmes Gefühl verspürt, und jetzt, wo ich allein war, wurde es mir klar: Ich war eifersüchtig auf den jungen Arzt. Er war schön und frei! Seine Kollegen nannten ihn «Venus de medicis». Weshalb hätte ihn meine Frau nicht lieben sollen? Beim Hinausgehen hatte er den Blick auf ihre elegant bekleideten Füße gesenkt. Zum ersten Mal seit meiner Heirat war ich eifersüchtig. Traurig! Sicherlich war daran nur schuld, dass man mich schmählich gefangen hielt. Dagegen wehrte ich mich! Das Lächeln meiner Frau war so wie immer gewesen. Keineswegs Hohn darüber, dass ich von zu Hause fortmusste. Es stimmte zwar, dass sie es war, die mich einsperren ließ, obwohl sie mein Laster gar nicht wichtig nahm; aber sie hatte es wohl nur getan, um mir zu helfen. Und dann: Vergaß ich bereits, dass es gar nicht so leicht war, sich in meine Frau zu verlieben? Der Arzt hatte ihre Füße gewiss nur betrachtet, um zu sehen, welche Schuhe er seiner Geliebten kaufen sollte. Und ich rauchte sofort die letzte Zigarette; dabei war es noch gar nicht Mitternacht, sondern erst elf Uhr: für eine letzte Zigarette eine unmögliche Stunde.

Ich schlug irgendein Buch auf. Ich las, ohne zu verstehen, ich sah Erscheinungen. Die Seite, die mir unter die Augen kam, verwandelte sich in eine Fotografie des Doktor Muli, den eine Gloriole voll strahlender Schönheit umrahmte. Mein Widerstand war gebrochen! Ich rief Giovanna. Vielleicht würde mich ein kleines Gespräch wirklich beruhigen.

Sie kam und maß mich mit misstrauischen Augen. Dann rief sie mit ihrer schrillen Stimme:

«Glauben Sie ja nicht, mich an der Erfüllung meiner Pflichten irgendwie hindern zu können.»

Ich erfand lauter Lügen, um sie zu besänftigen. Ich erklärte, dass ich nicht im Entferntesten an so etwas dächte, nur hätte mich das ewige Lesen gelangweilt, und ich schlug ihr eine kleine Plauderei vor. Gleichzeitig bat ich sie, mir gegenüber Platz zu nehmen. O Gott, wie ihr Altweibergesicht und ihre Augen, die doch noch jung und beweglich waren wie die eines gehetzten Tieres, mich anwiderten. Ich hatte Mitleid mit mir, der ich in solcher Gesellschaft leben musste. Ich bin übrigens, auch wenn ich frei bin, außerstande, mir meine Gesellschaft selbst zu wählen. Es sind die anderen, die meine Gesellschaft suchen. Meine Frau zum Beispiel.

Ich bat Giovanna, mich ein bisschen zu unterhalten. Sie sagte, sie wüsste nichts, was mich irgendwie interessieren könnte. Ich drängte sie, etwas von ihrer Familie zu erzählen, und fügte hinzu, dass doch jeder auf dieser Welt so etwas hätte.

Da gehorchte sie und erzählte sofort, dass sie ihre beiden Töchter ins Armenhaus geben musste.

Ihre Erzählung amüsierte mich. Die so mit dem Armenhaus für sie erledigten achtzehn Monate Schwangerschaft reizten mich sogar zum Lachen. Aber die Erzählerin war stark polemisch veranlagt. Als sie mir beweisen wollte, dass ihr nichts anderes übrig bliebe, da ihr Gehalt zu klein sei, und dass Doktor Muli ein himmelschreiendes Unrecht an ihr begehe, wenn er erkläre, dass zwei Kronen täglich für sie genügten, da doch das Armenhaus ihre ganze Familie erhalte – da konnte ich nicht weiter zuhören. Sie aber schrie: «Und die übrigen Bedürfnisse? Die Kinder sind zwar genährt und gekleidet, aber es fehlt ihnen alles, was sie sonst noch brauchen.»

Und nun ging es los. Sie zählte alles auf, was sie selber für ihre Kinder besorgen musste. Ich erinnere mich nicht mehr genau, was es war, denn ich lenkte meine Aufmerksamkeit auf andere Dinge, um meine Ohren vor ihrer entsetzlichen Stimme zu bewahren. Ich glaubte, ein Recht auf Vergeltung zu haben:

«Könnte ich nicht eine Zigarette bekommen, nur eine einzige? Ich würde sie mit zehn Kronen bezahlen. Allerdings erst morgen, denn ich habe heute keinen Kreuzer bei mir.»

Giovanna erschrak heftig über meinen Vorschlag. Sie begann wieder zu schreien, erhob sich und wollte hinauseilen, wahrscheinlich, um den Wärter zu rufen.

Ich musste auf mein Vorhaben verzichten, um sie zum Schweigen zu bringen. Und nur um etwas zu sagen und mir eine Haltung zu geben, fragte ich obenhin:

«Aber in diesem Gefängnis wird es doch wenigstens was zum Trinken geben?»

Giovanna erwiderte zu meinem größten Erstaunen in gewöhnlichem Gesprächston und ohne zu schreien:

«Gewiss. Bevor der Doktor fortging, hat er mir diese Flasche Cognac für Sie gegeben. Hier ist sie, wie ich sie bekommen habe. Sehen Sie, ganz unversehrt.»

Ich wusste jetzt, dass mir nichts anderes mehr übrig blieb, als mich zu betrinken. Dahin hatte mich das Vertrauen zu meiner Frau gebracht! Sofort schien es mir, als lohne mein Laster nicht mehr der Mühe, die ich mir mit ihm gab. Ich rauchte nun schon seit einer halben Stunde nicht mehr, dachte auch überhaupt nicht daran und war nur mit Gedanken über meine Frau und den Doktor Muli beschäftigt. Ich war also vollkommen geheilt, dafür aber unheilbar lächerlich!

Ich öffnete die Flasche und goss mir ein Gläschen von der gelben Flüssigkeit ein. Giovanna sah mir mit offenem Mund zu. Ich wagte nicht, ihr etwas anzubieten.

«Bekomme ich noch mehr Cognac, wenn diese Flasche leer ist?»

In höflichem Konversationston versicherte Giovanna:

«Soviel Sie wollen! Die Verwalterin ist angewiesen, wenn nötig, auch noch um Mitternacht aufzustehen, um Ihren diesbezüglichen Wünschen nachzukommen!»

Ich bin nie geizig gewesen, und so hatte Giovanna sofort ihr voll gefülltes Gläschen. Sie leerte es, bevor sie noch danke sagen konnte. Und gleich darauf stierten ihre lebhaften Augen wieder die Flasche an. Damit brachte sie mich selber auf den Gedanken, sie betrunken zu machen. Aber das war nicht so leicht!

Ich kann nicht alles wiedergeben, was sie mir nach mehreren Gläsern Cognac in ihrem unverfälschten Triestiner Dialekt erzählte. Ich hatte das Gefühl, neben jemandem zu sitzen, dem ich sicherlich mit Vergnügen zuhören würde, wenn mich nicht gerade andere Gedanken beschäftigten.

Zunächst erklärte sie mir, wie sie Gefallen an der Arbeit finden würde. Alle Menschen auf der Welt müssten das Recht haben, täglich ein paar Stunden in einem bequemen Lehnstuhl, jenem ähnlich, in dem sie gerade saß, zu verbringen und eine Flasche guten Schnaps, natürlich nur solchen, der nicht schadet, zu trinken.

Auch ich wollte etwas sagen. Ich fragte sie, ob ihre Arbeit so eingerichtet war, als ihr Mann noch lebte.

Sie begann zu lachen. Von ihrem Mann hatte sie mehr Prügel als Liebkosungen bekommen. Verglichen mit dem, was sie damals arbeiten musste, kam ihr ihre jetzige Arbeit wie ein Ruhestand vor. Auch bevor ich mit meiner Kur in dieses Haus gekommen war. Hierauf wurde Giovanna philosophisch und fragte, ob ich glaube, dass die Toten sehen, was die Lebenden tun. Ich bejahte kurz. Aber sie wollte mehr wissen: ob die Toten, wenn sie drüben ankommen, im Nachhinein alles erfahren, was sich hier unten ereignet hat, als sie noch lebten.

Einen Augenblick lang amüsierte mich diese Frage. Giovannas Stimme war weich geworden. Sie hatte sie gedämpft, um von den Toten nicht gehört zu werden. Ich fragte:

«Sie haben Ihren Mann betrogen?»

Sie bat mich, nicht zu schreien. Dann gestand sie mir, ihren Mann betrogen zu haben, aber nur in den ersten Monaten ihrer Ehe. Später habe sie sich an die Prügel gewöhnt und ihren Mann geliebt.

Um das Gespräch nicht einschlafen zu lassen, fragte ich weiter:

«Ihre erste Tochter stammt also von dem andern?»

Mit der gleichen gedämpften Stimme gestand sie, dass sie dies schon wegen der Ähnlichkeit für wahrscheinlich halte. Aber es schmerze sie sehr, ihren Mann betrogen zu haben. Sie sagte das lachend, denn das sind Dinge, über die man immer lacht, obgleich sie uns doch zeitlebens wehtun. Sie bedauerte es erst seit dem Tod ihres Mannes, denn früher hatte es ja keinerlei Bedeutung, da er nichts davon wusste.

Mit einer gewissen verwandtschaftlichen Sympathie versuchte ich, ihren Schmerz zu lindern, und sagte: «Ich glaube wohl, dass die Toten alles wissen, dass ihnen aber das meiste davon ziemlich egal ist. Nur die Lebenden leiden darunter!», rief ich dann und schlug mit der Faust auf den Tisch.

Bei dieser Gelegenheit verrenkte ich mir die Hand. Nichts ist geeigneter, neue Gedanken zu erwecken, als physischer Schmerz. Da schien mir noch Rettung möglich. Während mich die Vorstellung peinigte, dass meine Frau meine Gefangenschaft dazu ausnützen könnte, mich zu betrügen, hielt sich der Arzt in Wirklichkeit vielleicht noch in der Anstalt auf. Unter diesen Umständen hätte ich meine Ruhe wieder gefunden. Ich bat also Giovanna, den Doktor zu holen, und gab vor, dass ich ihn dringend sprechen müsse. Eine ganze Flasche versprach ich ihr als Belohnung. Sie wehrte ab, sie sei gar nicht trunksüchtig. Dennoch gehorchte sie sofort, und ich konnte sie polternd die Holzstiege zum zweiten Stock hinaufsteigen hören. Bald danach stieg sie wieder herunter, glitt aber aus, wobei sie aufschrie und einen lauten Spektakel aufführte.

«Hol dich der Teufel!», murmelte ich mit Inbrunst. Wenn sie sich nur den Hals bräche. Das würde meine Lage wesentlich vereinfachen.

Aber bald kam sie wieder lächelnd auf mich zu. In ihrem Zustand spürt man körperliche Schmerzen nicht mehr stark. Sie behauptete, dem Wärter, der eben schlafen gegangen sei, Weisungen gegeben zu haben, damit er jederzeit zur Stelle sein könnte, wenn man ihn brauchte. Bei diesen Worten drohte sie mit dem Finger, lächelte aber dazu, wie um die Drohung zu mildern. Etwas sachlicher sagte sie dann, dass der Doktor, seitdem er mit meiner Frau fortgegangen war, nicht mehr gesehen worden sei. Also zusammen waren sie gegangen! Der Wärter harre selbst schon seit einigen Stunden auf seine Rückkehr, weil ein Kranker seine Hilfe brauche. Länger wolle er nun nicht warten.

Ich sah sie prüfend an, um herauszubekommen, ob das Lächeln, das ihr Antlitz verzerrte, ihr gewöhnliches war oder etwas Besonderes verbarg; ob es etwa daher kam, dass sich der Doktor bei meiner Frau befand anstatt bei mir, dem Patienten. Mich packte ein Zorn, der mein Gehirn in wirblige Drehung brachte. Wie immer stritten sich zwei Personen in mir, von denen die eine einsichtsvoller war und sagte: «Du Esel! Warum glaubst du, dass deine Frau dich gerade jetzt betrügt? Wenn sie das gewollt hätte, hätte sie es wirklich nicht nötig gehabt, dich vorher einzuschließen.»

Die andere, sicherlich die, die rauchen wollte, nannte mich zwar gleichfalls einen Esel, aber nur um dann noch lauter zu schreien: «Bedenk doch, wie bequem es ihnen die Abwesenheit des Gatten macht! Mit dem Doktor, der von dir bezahlt wird!»

Giovanna, die unaufhörlich trank, sagte: «Ich habe vergessen, die Tür zum zweiten Stockwerk abzusperren. Aber ich mag nicht mehr hinaufsteigen. Schließlich ist ja immer jemand oben, und es würde Ihnen übel bekommen, wenn Sie versuchen sollten durchzubrennen.»

«Natürlich!», erwiderte ich mit ein wenig Heuchelei, die genügte, die Ärmste in ihrem augenblicklichen Zustand zu täuschen. Dann trank ich gierig noch einen Cognac und erklärte, dass ich mir jetzt, wo ich so viel Alkohol zur Verfügung hätte, gar nichts aus den Zigaretten machte. Sie glaubte mir aufs Wort. Ferner sagte ich, dass es ja gar nicht mein Wunsch sei, mir das Rauchen abzugewöhnen, sondern der meiner Frau. Sie müsse nämlich wissen, dass ich mich nach der zehnten Zigarette in furchtbarer Weise verwandle. Jede Frau, die mir in solch einem Augenblick gegenüberträte, befände sich in direkter Gefahr.

Giovanna lachte laut und warf sich geräuschvoll in einen Sessel:

«Was? Ihre Frau ist es, die Ihnen die zehn Zigaretten, die Sie brauchen, verbietet?»

«Gewiss tut sie das! Wenigstens mir hat sie's verboten!»

Sie war gar nicht so dumm, diese Giovanna, mit so viel Cognac im Leib. Ihr Lachen schüttelte sie so sehr, dass sie fast vom Sessel fiel. Als sie wieder reden konnte, malte sie sich mit abgebrochenen Sätzen, inspiriert durch meine Krankheit, ein wirklich seltsames Bild aus.

«Zehn Zigaretten ... halbe Stunde ... man richtet den Wecker ... und dann ...»

Ich berichtigte:

«Um zehn Zigaretten zu rauchen, brauche ich ungefähr eine Stunde. Dann eine weitere Stunde, um die Wirkung abzuwarten ...»

Plötzlich wurde Giovanna ernst und erhob sich ohne jede Mühe aus dem Sessel. Sie sagte, sie müsse zu Bett gehen, weil ihr der Kopf wehtue. Ich bat sie, die Flasche mitzunehmen, da ich davon schon mehr als genug hätte. Dafür sollte sie mir – so fügte ich heuchlerisch hinzu – am nächsten Tag einen guten Wein besorgen.

Sie aber dachte gar nicht an den Wein. Bevor sie mit der Flasche aus dem Zimmer ging, warf sie mir einen Blick zu, der mir Angst einflößte.

Sie hatte die Tür offen gelassen. Einige Minuten später fiel ins Zimmer ein Päckchen, das ich sofort aufhob. Es waren Zigaretten, elf Stück. Um sicherzugehen, war die arme Giovanna verschwenderisch geworden. Ordinäre Zigaretten waren es, «Ungarische». Die erste, die ich zu rauchen begann, war ausgezeichnet. Ich fühlte mich äußerst erleichtert. Zunächst glaubte ich, dass ich mich nur darüber freute, es diesem Hause ordentlich gezeigt zu haben. Das Haus war vielleicht gut genug, um kleine Kinder einzuschließen, nicht aber einen Mann wie mich. Dann kam mir der Gedanke, dass ich auch meiner Frau ordentlich mitgespielt hatte. Warum hätte sich sonst meine Eifersucht in eine ungefährliche Neugier verwandelt? Ich blieb ruhig auf meinem Platz sitzen und rauchte die ekelhaften Zigaretten.

Nach einer halben Stunde erinnerte ich mich, dass ich aus diesem Hause fliehen musste, in dem Giovanna auf ihren Lohn noch wartete. Ich zog meine Schuhe aus und trat auf den Korridor. Die Tür zu Giovannas Zimmer war angelehnt. Aus den lauten und regelmäßigen Atemzügen schloss ich, dass Giovanna eingeschlafen war. Vorsichtig stieg ich zum zweiten Stock hinauf, wo ich mir hinter der Tür, auf die Doktor Muli so stolz gezeigt hatte, die Schuhe wieder anzog. Dann gelangte ich auf einen anderen Korridor und schickte mich an, die Stiegen langsam hinunterzusteigen, um keinen Verdacht zu erregen.

Schon war ich auf dem Treppenflur des ersten Stocks angelangt, als eine Dame in eleganter Wärterinnentracht auf mich zukam und höflich fragte:

«Bitte, suchen Sie jemand?»

Sie war recht hübsch. Ich wäre gar nicht abgeneigt gewesen, die zehn Zigaretten an ihrer Seite zu Ende zu rauchen. Ich lächelte sie an, ein wenig frech:

«Ist der Herr Doktor Muli nicht hier?»

«Um diese Zeit ist er niemals hier.»

«Können Sie mir nicht sagen, wo man ihn im Augenblick treffen kann? Bei mir zu Hause liegt ein Kranker, der ihn dringend braucht.»

Sie gab mir höflich die Adresse des Doktors, die ich mehrere Mal vor mich hinsagte, als wollte ich sie memorieren. Ich hatte es nun gar nicht mehr eilig fortzukommen, aber die Dame drehte mir unwillig den Rücken. So wurde ich geradezu aus meinem Gefängnis hinausgeworfen.

Unten öffnete mir eine Frau sofort das Tor. Ich hatte keinen Kreuzer bei mir und sagte leise:

«Das Trinkgeld gebe ich Ihnen das nächste Mal.»

Keiner kennt seine Zukunft. Mir wiederholt sich die Zeit: Es war leicht möglich, dass ich hier noch einmal durchging.

Die Nacht war warm und klar. Ich nahm den Hut ab, um noch besser zu spüren, dass ich im Freien war. Ich sah so bewundernd zu den Sternen empor, als lernte ich sie erst eben kennen. Morgen, fern vom Sanatorium, würde ich endlich aufhören zu rauchen. Vorläufig aber verschaffte ich mir in einem Café, das noch offen war, gute Zigaretten. Es war doch unmöglich, meine Karriere als Raucher mit den Zigaretten der armen Giovanna zu beschließen. Der Kellner, der die Zigaretten brachte, kannte mich und gab sie mir auf Kredit.

Vor meiner Villa angelangt, zog ich wie rasend an der Glocke. Erst erschien die Magd am Fenster und dann, nach etwas längerer Zeit, meine Frau. Während ich noch unten wartete, dachte ich vollkommen kalt:

«Es scheint, dass der Doktor Muli da ist.» Kaum aber hatte mich meine Frau erkannt, als schon die ganze stille Straße von ihrem Lachen widerhallte, das nicht geheuchelt sein konnte und das allein genügte, jeden Verdacht zu zerstreuen.

Oben brachte ich noch einige Zeit damit zu, in allen Ecken herumzuschnüffeln. Meiner Frau versprach ich, am nächsten Tage alle meine Erlebnisse zu erzählen, die sie übrigens zu erraten glaubte. Sie fragte:

«Warum legst du dich nicht schlafen?»

Ich entschuldigte mich:

«Mir scheint, dass du während meiner Abwesenheit diesen Kasten an einen andern Fleck gerückt hast.»

Ich habe oft das Gefühl, dass die Möbel in meinem Haus umgestellt werden. Meine Frau tut dies auch wirklich manchmal. Ich sah aber in alle Ecken, ob sich nicht etwa die kleine, elegante Gestalt des Doktors dort irgendwo verborgen hielt.

Meine Frau hatte für mich eine gute Nachricht. Als sie vom Sanatorium nach Hause gegangen war, hatte sie Olivis Sohn getroffen und von ihm erfahren, dass sich der Alte viel besser fühle, seitdem er eine von seinem neuen Arzt verschriebene Medizin benützte.

Im Einschlafen überdachte ich noch alles. Ich war froh, dem Sanatorium entronnen zu sein, denn nunmehr blieb mir genügend Zeit, mich langsam zu kurieren. Mein Sohn, der gerade im Nebenzimmer schlief, war sicherlich noch lange nicht so weit, um mich zum Vorbild zu nehmen oder über mich ein Urteil fällen zu können. Es war absolut nicht nötig, sich zu übereilen.

# Isaac Bashevis Singer

## GIMPEL DER NARR

### 1

Ich bin Gimpel der Narr. Ich selbst halte mich nicht für einen Narren. Aber so nennen mich eben die anderen. Sie haben mir den Namen gegeben, als ich noch auf die Schule ging. Im Ganzen hatte ich sieben verschiedene Namen: Schwachkopf, Esel, Tor, Trottel, Dämlack, Tropf und Narr. Der letzte Beiname blieb an mir kleben. Worin aber bestand meine Narrheit? Ich war so leicht zum Narren zu halten. Die anderen sagten beispielsweise: «Weißt du, Gimpel, dass die Frau des Rabbi jetzt in die Wochen gekommen ist?» Da schwänzte ich einfach die Schule. Nun, es stellte sich heraus, dass das Schwindel war. Wie hätte ich das aber wissen sollen? Sie hatte keinen dicken Leib gehabt. Aber ich hatte nie einen Blick auf ihren Leib geworfen. War das wirklich so närrisch? Die Horde in der Schule lachte und wieherte, stampfte und tanzte und grölte ein Gute-Nacht-Gebet. Und statt der Rosinen, die sie einem sonst schenken, wenn eine Frau niederkommt, stopften sie mir Ziegenmist in die Hand. Ich war sicher kein Schwächling. Wenn ich jemandem einen Klaps versetzte, flog er gleich bis nach Krakau. Aber von Haus aus bin ich keine Schlägernatur. Ich sage zu mir selbst: Mach dir nichts draus. Und das wiederum machen die anderen sich zunutze.

Eines Tages kam ich aus der Schule und hörte einen Hund bellen. Ich habe keine Angst vor Hunden, aber natürlich möchte ich mich mit ihnen auch nicht gerade anlegen. Einer von ihnen könnte die Tollwut haben, und wenn der einen beißt, dann kann kein Tatar auf der ganzen Welt einem mehr helfen. Ich machte mich also aus dem Staube. Dann drehte ich mich um und sah, dass der ganze Marktplatz vor Lachen brüllte. Es war gar kein Hund gewesen, sondern Wolf-Lejb der Dieb. Woher hätte ich das wissen sollen? Es klang tatsächlich wie das Jaulen einer Hündin.

Als die Spaßvögel und Witzbolde herausfanden, dass ich so leicht hinters Licht zu führen war, versuchte jeder Einzelne sein Glück mit mir. «Gimpel, der Zar kommt nach Frampol» – «Gimpel, der Mond ist in Turbin heruntergepurzelt» – «Gimpel, der kleine Hodel Vierstück hat hinter dem Badehaus einen Schatz entdeckt.» Und ich wie ein Golem habe allen geglaubt. Erstens ist überhaupt alles möglich, wie in den *Sprüchen der Väter* geschrieben steht – ich habe nur vergessen, wieso. Zweitens hatte ich schon deshalb alles zu glauben, weil die Stadt sonst über mich hergefallen wäre! Wenn ich jemals zu sagen wagte: «Ach, ihr wollt mir was aufbinden!», war der Teufel los. Die anderen wurden ganz wütend: «Was soll das heißen! Willst du etwa uns alle als Lügner bezeichnen?» Ja, was blieb da zu tun? Ich glaubte also den anderen und hoffentlich hat es ihnen wenigstens ein bisschen gut getan.

Ich war Vollwaise. Mein Großvater, der mich aufzog, befand sich schon auf dem Weg ins Grab. Man schob mich also zu einem Bäcker ab, und was haben sie da nicht alles mit mir angestellt! Jede Frau und jedes Mädchen, die eine Schüssel Nudeln backen ließ, musste mich mindestens einmal aufziehen. «Gimpel, im Himmel ist gerade Jahrmarkt.» – «Gimpel, der Rabbi hat im siebenten Monat ein Kalb zur Welt gebracht.» – «Gimpel, eine Kuh ist hier übers Dach geflogen und hat Messingeier gelegt.»

Einmal kam auch ein Student aus der Talmudschule, um sich ein Brötchen zu kaufen, und der sagte: «He, Gimpel, während du hier mit deiner Bäckerschaufel im Ofen herumkratzt, ist der

Messias gekommen. Die Toten sind auferstanden.» – «Was soll das heißen?», fragte ich. «Ich habe kein Widderhorn blasen hören!» – «Bist du taub?», fragte er zurück, und alle anderen riefen in diesem Augenblick: «Wir haben es gehört, wir haben es gehört!» Dann kam Rietze, die Kerzenzieherin, in den Laden und rief mit ihrer heiseren Stimme: «Gimbel, dein Vater und deine Mutter sind aus dem Grab auferstanden. Sie suchen nach dir.»

Offen gestanden wusste ich sehr genau, dass nichts dergleichen geschehen war, aber trotzdem streifte ich mir rasch die Wolljacke über und lief hinaus. Die anderen redeten nun einmal davon, und vielleicht war wirklich etwas geschehen. Was kostete es mich schon, einmal selber nachzugucken? Ach, was für ein Gejohle da draußen plötzlich losbrach! Und dann schwor ich mir, niemals mehr etwas zu glauben. Aber das war auch nicht das Richtige. Die anderen brachten mich dermaßen durcheinander, dass ich zuletzt Groß und Klein nicht mehr unterscheiden konnte.

Ich suchte den Rabbi auf, um mir bei ihm Rat zu holen. «Es steht geschrieben», sagte er, «man solle lieber das ganze Leben ein Narr als eine Stunde lang schlecht sein. Du bist kein Narr. Die anderen sind die Narren. Denn jeder, der seinen Nächsten in Beschämung stürzt, schließt sich selbst vom Paradiese aus.» Trotzdem legte die Tochter des Rabbi mich wieder herein. Als ich das Haus des Rabbiners verließ, sagte sie: «Hast du die Wand schon geküsst?» – «Nein, wozu?» Sie erwiderte: «Das Gesetz will es so, nach jedem Besuch hast du die Wand zu küssen.» Nun, das konnte wenigstens nicht weiter schaden. Und sie brach in Gelächter aus. Es war ein ganz schöner Streich, den sie mir da gespielt hatte.

Ich wollte schon in eine andere Stadt ziehen, aber da hatte es jeder plötzlich mit dem Ehestiften eilig, und sie waren so unablässig hinter mir her, dass sie mir beinahe die Rockschöße abgerissen hätten. Sie redeten und redeten auf mich ein, bis ich nicht mehr wusste, wo mir der Kopf stand. Die Auserwählte war alles andere als züchtig, aber man behauptete, sie sei eine unschuldige Jungfrau. Sie hinkte, aber die anderen sagten, das täte sie absichtlich, einfach aus mädchenhafter Scheu. Sie hatte einen Bankert und es hieß, das Kind sei ihr kleiner Bruder. Ich sagte: «Ihr verplempert nur eure Zeit. Niemals werde ich diese Hure heiraten.» Aber die anderen erwiderten entrüstet: «Was für eine Ausdrucksweise! Schämst du dich denn nicht? Wir könnten dich vor den Rabbi schleppen und dafür sorgen, dass du bestraft wirst, weil du ihr Übles nachgesagt hast.» Da erkannte ich, dass ich nicht so leichten Kaufes davonkommen würde, und ich dachte: Sie haben es sich nun einmal in den Kopf gesetzt, mich zum allgemeinen Gespött zu machen. Aber wenn ich erst einmal verheiratet bin, dann bin ich als der Ehemann auch der Herr im Hause, und wenn sie nichts dawider hat, bin auch ich damit einverstanden. Außerdem kann man nicht unverletzt durchs Leben gehen und darf das auch gar nicht erwarten.

Ich suchte also ihre Lehmhütte auf, die auf sandigem Grunde stand, und die ganze Horde kam brüllend und im Chor trällernd hinter mir her. Es war die reinste Bärenhatz. Als wir beim Brunnen angelangt waren, blieben sie stehen. Sie hatten Angst, sich mit Ella anzulegen. Ihr Mund war wie eine mechanische Klappe, die von selber nicht zum Stillstand kommt, und sie hatte eine scharfe Zunge. Ich trat in die Hütte. Von Wand zu Wand waren Leinen gespannt, an denen Wäsche zum Trocknen hing. Das Mädchen trug ein abgewetztes, von der Stange gekauftes Plüschgewand. Ihr Haar war in Zöpfen auf ihrem Kopf festgesteckt. Es verschlug mir fast den Atem, was ich da zu riechen bekam.

Offensichtlich wusste sie, wer ich war. Sie warf mir nur einen Blick zu und sagte: «Schau da, wer hier ist! Er ist gekommen, der Waschlappen. Hol dir eine Sitzgelegenheit.»

Ich gestand ihr alles, leugnete nichts. Sag mir bitte die Wahrheit», sagte ich, «bist du wirklich noch Jungfrau, und ist dieser freche kleine Jechiel tatsächlich dein jüngerer Bruder? Versuche nicht, mir was vorzumachen, denn ich bin Waise.»

«Ich bin selbst ein Waisenkind», erwiderte sie, «und wer dich je an der Nase herumführt, bekommt es mit mir zu tun. Aber sie sollen sich ja nicht einbilden, dass sie mich ausnutzen können. Ich möchte eine Mitgift von fünfzig Gulden haben und außerdem noch den Ertrag einer allgemeinen Kollekte. Sonst können sie mich am Du-weißt-schon küssen.» Sie redete, wie ihr der Schnabel gewachsen war. Ich antwortete: «Die Mitgift bringt die Braut in die Ehe, nicht der Bräutigam.» Darauf sie: «Kein Kuhhandel bitte! Ein deutliches Ja oder ein deutliches Nein – sonst fort mit dir, dorthin, woher du gekommen bist.»

Ich dachte: Aus diesem Teig wird niemals ein Brot werden. Aber unser Städchen ist nicht gerade arm. Die anderen waren mit allem einverstanden und fuhren mit den Hochzeitsvorbereitungen fort. Der Zufall wollte es, dass damals gerade eine Ruhr-Epidemie herrschte. Die Trauung fand vor den Friedhofstoren statt, in der Nähe der kleinen Hütte, in der die Leichen gewaschen wurden. Die männlichen Gäste betranken sich. Während der Heiratsvertrag aufgesetzt wurde, hörte ich den sehr frommen Oberrabbi fragen: «Ist die Braut verwitwet oder geschieden?» Und die Küstersfrau antwortete an ihrer Stelle: «Sowohl verwitwet wie geschieden.» Das war für mich ein schwarzer Augenblick. Aber was hätte ich tun sollen? Etwa unter dem Traubaldachin noch die Flucht ergreifen?

Es gab Tanz und Gesang. Mir gegenüber tanzte eine alte Großmutter, die ein weißes Sabbatzopfbrot an sich gepresst hielt. Der Zeremonienmeister brachte einen Trinkspruch zum Gedenken an die Eltern der Braut aus. Die Schuljungen warfen wie am Tischa-be-Aw, dem Tag der Erinnerung an die Zerstörung des alten Tempels, mit Kletten. Nach der Predigt wurden uns zahllose Geschenke überreicht: ein Nudelbrett, ein Knettrog, ein Eimer, Besen, Kochlöffel und ein Haufen Haushaltsartikel. Dann blickte ich zufällig auf und sah, wie zwei kräftige junge Männer eine Wiege herantrugen. «Wozu brauchen wir das?», fragte ich. Sie erwiderten: «Zerbrich dir den Kopf nicht darüber. Es stimmt schon. Es wird sich nützlich erweisen.» Da begriff ich, dass ich wieder einmal übers Ohr gehauen werden sollte. Aber von der anderen Seite betrachtet: Was riskierte ich schon? Ich werde abwarten, was sich daraus entwickelt, dachte ich. Eine ganze Stadt kann doch nicht völlig den Verstand verloren haben.

2

Des Nachts trat ich zu meiner Frau ins Zimmer, aber sie wollte mich nicht zu sich heranlassen. «Nun, hör mal, hat man uns etwa deshalb miteinander getraut?», fragte ich. Und sie erwiderte: «Ich habe gerade meine Regel.» – «Aber gestern hat man dich zum rituellen Bad geführt, und das kann doch wohl nur danach geschehen, wie?» – «Heute ist nicht gestern», sagte sie, «und gestern ist nicht heute. Du kannst abhauen, wenn es dir nicht passt.» Mit einem Wort – ich wartete.

Keine vier Monate später lag sie schon in den Wochen. Die Stadtbewohner lachten hinter vorgehaltener Hand, aber was ließ sich tun? Das Mädchen litt unerträgliche Schmerzen und krallte sich an der Wand fest. «Gimpel», schrie sie, «es ist aus mit mir. Vergib mir!» Die Hütte füllte sich mit Frauen. Sie machten auf dem Herd Wasser heiß. Die Schreie flatterten bis zum Himmel empor.

In solchen Augenblicken sucht der Mann das Bethaus auf und sagt Psalmen her, und ebendas tat ich.

Das gefiel offenbar den anderen. Ich stand in der Ecke, sprach Psalmen und Gebete, und jene schüttelten den Kopf. «Bete nur, bete!», spornten sie mich an. «Von Gebeten ist eine Frau noch nie schwanger geworden.» Einer aus der Gemeinde hob einen Strohhalm an meinen Mund und sagte: «Heu für die Rindviecher.» Auch damit hatte er nicht so ganz Unrecht, bei Gott!

Sie brachte einen Jungen zur Welt. Am Freitag in der Synagoge trat der Küster vor die heilige Lade, hämmerte aufs Vorlesepult und kündigte an: «Der wohlhabende Reb Gimpel lädt zu Ehren der Geburt eines Sohnes die Gemeinde zu einem Fest ein.» Das ganze Bethaus hallte von Gelächter wider. Mein Gesicht war glühend heiß. Aber ich konnte beim besten Willen nichts tun. Schließlich war ich es ja, der für die Beschneidungsfeierlichkeiten und -förmlichkeiten verantwortlich war.

Die halbe Stadt kam angelaufen. Man hätte keine Menschenseele mehr in die Hütte hineinzwängen können. Die Frauen brachten gepfefferte Kichererbsen, und aus der Schenke wurde ein Fässchen mit Bier herbeigerollt. Ich aß und trank so viel wie nur einer, und sie alle beglückwünschten mich. Dann erfolgte die Beschneidung, und ich benannte den Jungen nach meinem Vater, er ruhe in Frieden. Als alle gegangen waren und ich mit meiner Frau allein war, schob sie den Kopf durch den Bettvorhang und rief mich zu sich.

«Gimpel», fragte sie, «warum bist du so stumm? Ist dein Schiff mit Mann und Maus untergegangen?»

«Was soll ich denn sagen?», antwortete ich. «Was Schönes hast du mir da eingebrockt! Wenn meiner Mutter das je zu Ohren käme, würde sie ein zweites Mal das Zeitliche segnen.»

«Du bist wohl nicht ganz bei Sinnen, wie?»

«Wie kannst du nur jemanden derart lächerlich machen, der eigentlich Herr und Meister im Hause sein sollte?»

«Was ist denn los mit dir?», fragte sie. «Was für Gedanken gehen denn in deinem Kopf um?»

Ich erkannte, dass ich frei von der Leber weg sprechen musste. «Glaubst du wirklich, zu so etwas wäre ein Waisenkind gut genug? Du hast einen Bankert zur Welt gebracht.»

«Schlag dir nur diese törichten Gedanken aus dem Kopf. Das Kind ist von dir.»

«Wie kann es von mir sein?», fragte ich streitbar. «Es ist siebzehn Wochen nach der Hochzeit zur Welt gekommen.»

Ja, das sei vor der Zeit gewesen, bemerkte sie. «War es nicht ein bisschen reichlich viel vor der Zeit?», fragte ich. Sie erwiderte, sie habe eine Großmutter gehabt, die ihre Kinder in ebenso kurzer Zeit zur Welt gebracht habe, und sie selbst gleiche dieser Großmutter wie ein Tropfen Wasser dem anderen. Sie bekräftigte das alles mit so viel heiligen Eiden, dass man einem Bäuerlein geglaubt haben würde, hätte es die gleichen Worte auf dem Jahrmarkt gebraucht. Um offen zu sein – ich glaubte ihr nicht. Aber als ich die Sachen am folgenden Tage mit dem Schulmeister besprach, entgegnete er, dass Adam und Eva dasselbe widerfahren sei: Zu zweit hätten sie sich ins Bett gelegt, und zu viert wären sie wieder aufgestanden.

«Es gibt keine Frau auf der Welt, die nicht eine Urenkelin Evas wäre», schloss er.

Ja, so verhielt es sich denn. Die anderen redeten mich mit ihren angeblichen Beweisen fast taub. Aber wer ist im Grunde je sicher, wie es sich mit so etwas wirklich verhält?

Immerhin vergaß ich mit der Zeit meinen Kummer. Ich liebte den Kleinen wie toll, und auch er liebte mich. Sobald er mich kommen sah, wedelte er mit den Händchen und wollte von mir in die Höhe gehoben sein, und wenn er einmal die Kolik hatte, war ich der Einzige, der ihn beruhigen konnte. Ich kaufte ihm einen kleinen Beißring und ein goldfarbenes Mützchen. Immerzu wurde er von irgendeinem bösen Blick getroffen, und dann hatte ich zur Gegenwirkung rasch eines der bekannten Buchstabenamulette herbeizuholen. Ich arbeitete wie ein Zugochse. Man weiß ja, wie die Ausgaben in die Höhe gehen, wenn man ein kleines Kind im Hause hat. Ich möchte freilich nicht aufschneiden. Denn auch Elka hatte ich gar nicht ungern. Sie setzte mir mit Flüchen und Verwünschungen zu, und ich konnte nicht genug von ihr bekommen. Was für Kräfte sie hatte! Ein einziger Blick von ihr konnte einem die Sprache verschlagen. Und ihr Redeschwall! Pech und Schwefel, daran mangelte es ihm nicht, und trotzdem hatte er seinen Reiz. Jedes ihrer Worte war ein Labsal für mich. Und doch schlug sie mir auch blutende Wunden.

Abend für Abend brachte ich ihr einen weißen Brotlaib und einen dunklen, und außerdem noch selbst gebackene Mohnbrötchen. Um ihretwillen wurde ich zum Dieb und stibitzte alles, dessen ich habhaft werden konnte: Makronen, Rosinen, Mandeln, süßes Gebäck. Hoffentlich kann mir einst auch vergeben werden, dass ich allerlei aus den Sabbat-Kochtöpfen stahl, die die Frauen zum Warmhalten in den Bäckerofen stellten. Ich hole mir ein paar Bissen Fleisch heraus, eine Scheibe Pudding, Kopf oder Bein eines Hühnchens, ein paar Kaldaunen – alles, was sich rasch beiseite bringen ließ. Sie aß und wurde rundlich und hübsch.

Die ganze Woche über hatte ich in der Bäckerei zu nächtigen. Wenn ich am Freitagabend nach Hause kam, war sie nie um irgendeine Ausflucht verlegen. Entweder hatte sie Sodbrennen oder Seitenstechen oder den Schluckauf oder Kopfschmerzen. Man kennt ja die Ausflüchte einer Frau. Ich hatte eine böse Zeit. Es war schlimm für mich. Und zum Überfluss wurde ihr kleiner Bruder, der Bankert, immer größer. Er hämmerte mir auf den Schädel, bis ich Beulen bekam, und wenn ich einmal zurückschlagen wollte, riss sie den Mund auf und fluchte so schauerlich, dass ich grünen Nebel vor meinen Augen wogen sah. Zehnmal am Tage drohte sie, sich von mir scheiden zu lassen. Jeder andere an meiner Stelle hätte sich auf leisen Sohlen davongemacht und wäre auf immer verschwunden. Aber ich gehöre zu denen, die sich wortlos mit allem abfinden. Was soll man auch tun? Unsere Schultern haben wir schließlich von Gott, und unsere Bürden auch.

Eines Abends gab es in der Bäckerei einen Unfall. Der Ofen platzte, und um ein Haar hätte es gebrannt. Es blieb uns nichts anderes übrig, als nach Hause zu gehen, und das tat ich. Ja, es musste doch geradezu ein Vergnügen sein, mitten in der Woche einmal in einem richtigen Bett zu schlafen. Nur wollte ich den

Kleinen nicht aufwecken, und ich schlich mich auf Zehenspitzen ins Haus. Hier war es mir allerdings, als hörte ich nicht nur ein einziges Schnarchen, sondern sozusagen ein Doppelschnarchen – die eine Hälfte ganz leicht, die andere das Röcheln eines geschlachteten Ochsen. Oh, das gefiel mir gar nicht! Ganz und gar nicht! Ich betrat das Schlafzimmer, und plötzlich wurde um mich her alles schwarz. Neben Elka lag die Gestalt eines Mannes. Jeder andere an meiner Stelle würde Lärm geschlagen haben, Lärm genug, um die ganze Stadt aufzustören, aber mir fiel ein, dass ich das Kind aufwecken könnte. So ein kleines Ding – warum ein Schwälblein erschrecken, dachte ich. Gut denn, ich ging in die Bäckerei zurück und streckte mich auf einem Mehlsack aus, und bis zum frühen Morgen konnte ich kein Auge zutun. Es schüttelte mich, als ob ich einmal die Malaria gehabt hätte. ‹Genug jetzt mit deiner Dummheit›, sagte ich zu mir selbst. ‹Der Gimpel will nicht das ganze Leben lang ein Einfaltspinsel sein. Selbst die Narrheit eines Narren wie Gimpel hat ihre Grenzen.›

Am nächsten Morgen suchte ich den Rabbi wieder auf, um mich beraten zu lassen, und das brachte die ganze Stadt auf die Beine. Gleich wurde auch der Gemeindediener zu Elka geschickt. Sie erschien, das Kind auf dem Arm. Und was, glaubt ihr wohl, hatte sie vorzubringen? Sie bestritt es einfach, bestritt alles, Stein und Bein! «Er ist nicht bei Sinnen», sagte sie, «mir selber sind Wachträume und Gesichte völlig unbekannt.» Man schrie sie an, warnte sie, hämmerte mit der Faust auf den Tisch, aber sie blieb bei ihrer Aussage: es sei eine falsche Beschuldigung.

Die Metzger und Pferdehändler nahmen ihre Partei. Einer der Burschen aus dem Schlachterhaus trat an mich und sagte: «Wir haben ein Auge auf dich. Dir steht was bevor.» Währenddessen presste das Kind und beschmutzte sich. Im rabbinischen Gerichtsraum befand sich eine Bundeslade, und da das Erwähnte unzulässig war, schickte man Elka fort.

«Was soll ich denn tun?», fragte ich den Rabbi.

«Du musst dich gleich von ihr scheiden lassen.»

«Und wenn sie nicht will?»

«Du musst ihr die Scheidungsurkunde zustellen lassen. Mehr hast du nicht zu tun.»

«Na schön, Rabbi. Ich will noch darüber nachdenken.»

«Da gibt es nichts nachzudenken», sagte er. «Du darfst nicht mehr unter dem gleichen Dach mit ihr bleiben.»

«Und wenn ich das Kind sehen möchte?»

«Lass sie laufen, die Hure», erwiderte er, «und das Bankertgesindel mit ihr.»

Nach dem von ihm verkündeten Urteilsspruch hätte ich nicht einmal mehr ihre Schwelle überschreiten dürfen – niemals mehr, bis zum Lebensende.

Zur Tageszeit machte mir das gar nicht so viel aus. Ich dachte: Es musste nun einmal passieren, das Geschwür musste aufgehen. Aber wenn ich zur Nachtzeit auf den Säcken lag, wurde mir doch sehr bitter zumute. Ich wurde von Sehnsucht ergriffen – nach ihr und nach dem Kind. Ich wollte eigentlich zornig sein, aber das ist nun gerade mein Missgeschick, dass mir echter Zorn nicht liegt. Erstens – das war jedenfalls der Lauf, den meine Gedanken nahmen – muss es bisweilen einen Fehltritt geben. Ohne Irrtümer geht es im Leben nicht ab. Wahrscheinlich hatte der Bursche, der bei ihr lag, sie verführt und ihr Geschenke und wer weiß was sonst noch gegeben, und für Frauen gilt nun einmal der Satz: Lange Haare, kurzer Sinn. Er hatte sie darum wohl auch so leicht herumbekommen. Und da sie die Sache so hartnäckig in Abrede stellt – ob ich vielleicht doch Gesichte habe? Es gibt so etwas wie Sinnestäuschungen. Man sieht eine Gestalt oder ein Männchen oder was Ähnliches, aber wenn man näher kommt, ist gar nichts da, ist nicht das Geringste vorhanden. Und wenn dem so ist, dann tue ich ihr Unrecht. Und als ich in meinen Gedanken bei diesem Punkte angelangt war, kamen mir die Tränen. Ich schluchzte dermaßen, dass das Mehl, auf dem ich lag, feucht wurde. Am Morgen begab ich mich wieder zum Rabbi und sagte ihm, ich hätte mich wohl geirrt. Der Rabbi setzte den Federkiel, mit dem er gerade schrieb, nicht ab, sondern schrieb weiter und bemerkte nur, in diesem Falle werde er wohl alles noch einmal überprüfen müssen. Bis dahin dürfte ich mich nicht in die Nähe meiner Frau wagen, könnte ihr aber immerhin durch einen Boten Brot und Geld bringen lassen.

### 3

Es dauerte volle neun Monate, bis alle Rabbiner sich untereinander einig waren. Handschreiben gingen in dieser, in jener Richtung. Ich hatte keine Ahnung gehabt, dass eine Frage wie die meine einen solchen Aufwand an Gelehrsamkeit erforderte.

Unterdessen schenkte Elka einem weiteren Kind das Leben, diesmal einem Mädchen. Am Sabbat ging ich in die Synagoge und rief einen Segen auf ihr Haupt herab. Man hieß mich vor die Tora treten, und ich gab dem Kind den Namen meiner Schwiegermutter – sie ruhe in Frieden. Die Lümmel und Großmäuler der Stadt, die in die Bäckerei kamen, wuschen mir den Kopf. Ganz Frampol weidete sich an meinen Nöten und Kümmernissen. Trotzdem war ich entschlossen, auch in Zukunft alles zu glauben, was mir gesagt wurde. Was nützt es, gar nicht zu glauben? Heute ist es die eigene Frau, der man keinen Glauben schenkt. Morgen ist es Gott selbst, dessen Existenz man bezweifelt.

Durch einen Gesellen, der bei ihr im Nebenhaus wohnte, ließ ich ihr täglich ein Roggen- oder Weizenbrot zukommen oder ein Stück Torte oder ein Brötchen oder ein Hörnchen oder, wenn ich Gelegenheit dazu hatte, eine Scheibe Pudding oder Honigkuchen oder Hochzeitsstrudel – irgendetwas, das mir gerade unter die Hände kam. Der Geselle war ein gutmütiger Bursche, und mehr als einmal legte er von sich aus noch etwas hinzu. Er hatte mich früher häufig geärgert, mich an der Nase gezupft oder mir einen Rippenstoß versetzt, aber seit er zum regelmäßigen Besucher in meinem Hause geworden war, verhielt er sich freundlich und freundschaftlich. «He, du, Gimpel», sagte er zu mir, «du hast eine sehr anständige kleine Frau und zwei hübsche Kinder. Die alle verdienst du gar nicht.»

«Aber was die Leute alles über die Frau reden», bemerkte ich.

«Nun, sie müssen wohl einfach ihre Zunge wetzen. Lass dich dadurch so wenig bekümmern wie durch die Kälte des letzten Winters.»

Eines Tages ließ der Rabbi mich zu sich kommen und sagte: «Bist du auch ganz sicher, Gimpel, dass du, was deine Frau betrifft, dich damals geirrt hast?»

«Ja, ich bin ganz sicher.»

«Aber hör einmal – du selbst hast es doch gesehen.»

«Es muss ein Schatten gewesen sein.»

«Ein Schatten wovon?»

«Von einem der Balken, glaube ich.»

«Dann darfst du wieder nach Hause. Du bist dem Rabbi von Janower Dank schuldig. Er hat bei Maimonides irgendeinen versteckten Hinweis gefunden, der dir jetzt zustatten kommt.»

Ich ergriff des Rabbi Hand und küsste sie.

Am liebsten wäre ich gleich nach Haus gelaufen. Es ist keine Kleinigkeit, so lange von Weib und Kind getrennt zu sein. Dann besann ich mich eines Besseren: erst zur Arbeit und am Abend nach Hause, wie früher. Ich sprach mit keiner Menschenseele, obwohl dieser Tag, was mein Herz betraf, wie einer der großen Festtage war. Die Frauen neckten und hänselten mich, wie sie es auch sonst immer taten, aber ich dachte nur: Immer weiter mit eurem losen Gerede! Die Wahrheit liegt jetzt offen zutage, wie Öl auf dem Wasser. Maimonides sagt, es ist recht und darum ist es auch recht!

Als ich am späten Abend den Teig zugedeckt hatte, um ihn aufgehen zu lassen, nahm ich das, was mir an Brot zustand, und einen kleinen Sack Mehl und machte mich auf den Heimweg. Es war Vollmond und die Sterne funkelten – es konnte einem ganz angst und bange werden. Ich setzte mich also in Trab, und vor mir schoss ein langer Schatten dahin. Es war Winter und es war gerade Neuschnee gefallen. Mir war nach Singen zumute, aber es war schon etwas spät, und ich wollte die Bürger nicht aufwecken. Gern hätte ich auch gepfiffen, aber ich erinnerte mich, dass man in der Nacht nicht pfeift, weil das die Dämonen aus ihren Schlupfwinkeln lockt. Ich blieb also stumm und lief, was ich konnte.

In den Höfen der Christen kläfften Hunde mich an, wenn ich gerade vorüberkam, aber ich dachte: Bellt euch nur die Zähne aus! Was seid ihr denn anderes als Hunde? Ich dagegen bin ein Mensch, der Mann einer hübschen Frau, der Vater viel versprechender Kinder.

Beim Anblick des Hauses begann mir das Herz zu hämmern, als sei es das eines Schwerverbrechers. Ich verspürte keine Furcht, aber mein Herz machte bumm-bumm! Nun, es gab kein Zurück mehr. Leise hob ich den Schnepper in die Höhe und trat in die Wohnung. Elka schlief bereits. Ich blickte nach der Wiege des Kleinsten hinüber. Die Fensterläden waren geschlossen, aber der Mondschein zwängte sich durch die Mauerritzen. Ich sah das Gesicht der Jüngstgeborenen und liebte es schon in diesem Augenblick, liebte es bis auf jeden winzigen Knochen.

Dann trat ich näher an das Bett heran. Und was sah ich zunächst anderes als den Gesellen, der neben Elka lag! Der Mond verschwand sogleich hinter einer Wolke. Es war nun ganz finster und ich zitterte. Die Zähne klapperten mir. Das Brot fiel mir aus der Hand, und meine Frau erwachte und fragte: «Wer ist denn das, he?»

«Ich bin's», murmelte ich.

«Gimpel?», fragte sie. «Wie kommst du denn her? Ich glaubte, es wäre verboten.»

«Der Rabbi hat es mir erlaubt», antwortete ich und bibberte wie im Fieber.

«Höre, Gimpel», sagte sie, «geh doch rasch mal zum Schuppen hinüber und sieh nach, ob mit der Ziege alles in Ordnung ist. Es kam mir so vor, als wäre sie krank.» Ja, ich hatte zu erwähnen vergessen, dass wir eine Ziege hatten. Als ich hörte, es ginge ihr nicht gut, lief ich in den Hof hinaus. Die Ziege war ein liebes kleines Geschöpf. Ich hatte fast so etwas wie eine menschliche Empfindung für sie.

Etwas zögernd ging ich auf den Schuppen zu und machte die Tür auf. Dort stand die Ziege auf ihren vier Beinen. Ich betastete sie überall, zog sie an den Hörnern, untersuchte ihr Euter und fand nichts Verdächtiges. Sie hatte wahrscheinlich zu viel Baumrinde gefressen. «Gute Nacht, kleine Ziege», sagte ich. «Bleib nur weiter gesund.» Und das kleine Tier erwiderte mir mit einem Mäh, als wolle es mir für meinen Wunsch danken.

Ich ging ins Haus zurück. Der Geselle war verschwunden.

«Wo ist der Bursche?», fragte ich.

«Welcher Bursche?»

«Was soll denn das heißen?», sagte ich. «Der Geselle. Mit dem du gerade geschlafen hast.»

«Mögen die Träume, die ich heute und gestern Nacht gehabt habe, in Erfüllung gehen und dir Körper und Seele zerschmettern! Ein böser Geist hat sich in dir eingenistet und dich blind gemacht.» Und dann, fast schreiend: «Du widerliches Geschöpf! Du Mondkalb! Du Gespenst! Du Dreckskerl! Hinaus mit dir, oder ich hole ganz Frampol mit meinem Geschrei aus dem Bett!»

Noch ehe ich mich vom Fleck rühren konnte, sprang ihr Bruder hinter dem Ofen hervor und versetzte mir einen Schlag auf den Hinterkopf. Ich glaubte schon, er hätte mir das Genick gebrochen. Ich hatte das Gefühl, dass mit mir etwas ganz und gar nicht stimmte, und ich sagte: «Mach bloß keinen Skandal. Es fehlt jetzt nur noch, dass die Leute mir nachsagen, ich hätte mit Gespenstern und Dybbuks zu tun.» Das hatte sie nämlich gerade gemeint. «Dann wird niemand mehr das Brot anrühren, das ich gebacken habe.»

Kurz und gut, ich konnte sie irgendwie beschwichtigen. «Nun», sagte sie, «genug jetzt. Leg dich hin und lass dich überfahren.»

Am folgenden Morgen rief ich den Gesellen beiseite. «Hör zu, Brüderlein!», sagte ich. Und so weiter und so fort. «Wovon redest du denn überhaupt?» Er starrte mich an, als wäre ich gerade vom Dach gefallen.

«Wahr und wahrhaftig», erwiderte er, «du solltest jetzt lieber zu einem Kräuterdoktor oder einem Heilkundigen gehen. Ich fürchte, bei dir ist eine Schraube locker, aber dir zuliebe will ich nicht davon reden.» Und dabei blieb es denn auch.

Um mich kurz zu fassen: Zwanzig Jahre lang lebte ich mit meiner Frau noch zusammen. Sie schenkte mir sechs Kinder, vier Töchter und zwei Söhne. Alles Mögliche ging in dieser Zeit vor, aber ich sah nichts und ich hörte nichts. Ich glaubte einfach, das war alles. Vor kurzem sagte der Rabbi zu mir: «Der Glaube ist wohltätig schon in sich selbst. Es steht geschrieben, dass ein guter Mensch von seinem Glauben lebt.»

Plötzlich wurde meine Frau krank. Es fing mit einer Kleinigkeit an, einem winzigen Gewächs auf der Brust. Aber es war ihr offenbar kein langes Leben bestimmt; ihre Jahre waren gezählt. Ich habe ein Vermögen an sie gewendet. Übrigens hatte ich zu erwähnen vergessen, dass ich inzwischen eine eigene Bäckerei hatte und in Frampol den Ruf genoss, so etwas wie ein reicher Mann zu sein. Täglich kam der Heilkundige, und auch jeder Kräuterdoktor aus der näheren Umgebung wurde herbeigeholt. Sie beschlossen, Blutegel anzulegen und dann das Geschwür zu kappen. Sie zogen sogar einen richtigen Arzt aus Lublin hinzu, aber es war zu spät. Vor ihrem Tod rief meine Frau mich an ihr Bett und sagte: «Vergib mir, Gimpel.»

«Was ist da zu vergeben? Du bist eine gute und treue Frau gewesen.»

«Ach du lieber Gott, Gimpel!», erwiderte sie. «Es war schändlich, wie ich dich die ganzen Jahre kindisch betrogen habe. Ich möchte geläutert vor meinen Schöpfer treten, und darum muss ich dir gestehen, dass die Kinder nicht deine sind.»

Wäre ich mit einem Stück Holz auf den Schädel geschlagen worden, ich hätte nicht verstörter sein können.

«Wessen Kinder sind es denn?», fragte ich.

«Das ahne ich nicht», sagte sie. «Da waren so viele ... aber sie sind nicht von dir.» Und noch während sie sprach, warf sie den Kopf zur Seite, ihr Blick wurde glasig, und mit Elka war es vorbei. Auf ihren fahl gewordenen Lippen war ein Lächeln zurückgeblieben.

Ich glaubte sie, tot wie sie war, noch sagen zu hören: «Ich habe Gimpel betrogen. Das war der Sinn meines kurzen Lebens.»

4

Als ich nach Ablauf der Trauerzeit eines Nachts träumend auf den Mehlsäcken lag, kam der Geist des Bösen höchstpersönlich zu mir und sagte: «Gimpel, warum schläfst du jetzt?»

«Was sollte ich denn sonst tun?», fragte ich. «Etwa Krapfen essen?»

«Die ganze Welt betrügt dich. Und du solltest nun deinerseits der Welt etwas vorschwindeln.»

«Wie kann ich der ganzen Welt etwas vorschwindeln?»

«Du könntest jeden Tag einen Eimer Urin beiseite stellen und ihn des Nachts über den Teig ausschütten. Mögen die Weisen von Frampol Dreck fressen.»

«Und das Gericht, das in der nächsten Welt über mich gehalten wird?»

«Es gibt keine nächste Welt», sagte er. «Man hat dir einen falschen Warenwechsel angedreht und dir weisgemacht, du hättest eine Katze im Leib. Was für ein Unsinn!»

«Nun ja», sagte ich, «und gibt es einen Gott?»

«Es gibt auch keinen Gott.»

«Was gibt es dann überhaupt?»

«Nur dicken Schlamm.»

Mit Ziegenbärtchen und Ziegenhörnern, mit langen Zähnen und einem Schweif stand er vor mir. Als ich solches von ihm vernahm, hätte ich ihn am liebsten beim Schwanz gepackt, aber ich purzelte von den Mehlsäcken herab und hätte mir um ein Haar eine Rippe gebrochen. Dann wollte es der Zufall, dass ich einem natürlichen Drang zu gehorchen hatte, und als ich am Trog vorüberkam, sah ich, dass der Teig aufgegangen war. Er schien mir zuzurufen: «Tu es!» Kurz und gut, ich ließ mich herumkriegen.

Bei Morgengrauen kam der Geselle. Wir kneteten das Brot, streuten Kümmel darauf und schoben es in den Ofen. Dann ging der Geselle, und ich blieb allein in der kleinen Aschenmulde am Ofen sitzen, auf einem Lumpenhaufen. Nun, Gimpel, dachte ich, du hast dich jetzt an allen für die Beschämung gerächt, in die sie dich täglich gestürzt haben. Draußen glitzerte der Frost, aber am Ofen war es warm. Die Flammen erhitzten mir das Gesicht. Ich senkte den Kopf und döste ein.

Fast im gleichen Augenblick schon erblickte ich vor mir Elka in ihrem Leichentuch. Sie rief mir zu: «Was hast du angerichtet, Gimpel?»

«Es ist alles deine Schuld», sagte ich und brach in Tränen aus.

«Du Narr», erwiderte sie. «Du Narr! Weil ich falsch zu dir war – ist deshalb auch alles andere falsch? Ich habe niemand anderen betrogen als mich selbst. Jetzt habe ich für alles zu büßen, Gimpel. Hier bleibt mir nichts erspart.»

Ich betrachtete ihr Gesicht. Es war schwarz. Ich fuhr erschreckt hoch und blieb wie benommen sitzen. Ich spürte, dass alles jetzt in der Schwebe war. Ein einziger falscher Schritt, und ich hatte das ewige Leben verwirkt. Aber Gott kam mir zu Hilfe. Ich ergriff die lange Schaufel, holte die Brote aus dem Ofen, trug sie in den Hof hinaus und begann in der gefrorenen Erde ein Loch zu graben.

Währenddessen kam mein Geselle zurück. «Was tust du da, Meister?», sagte er und wurde leichenblass.

«Ich weiß, was ich tue», erwiderte ich und vergrub unmittelbar vor seinen Augen alles in der Erde.

Dann begab ich mich nach Hause, holte meinen Sparschatz aus dem Versteck und verteilte ihn unter meinen Kindern. «Ich habe eure Mutter heute Nacht gesehen», sagte ich. «Die Ärmste wird jetzt ganz schwarz.»

Sie waren so erstaunt, dass sie kein Wort über die Lippen brachten.

«Gehabt euch wohl», sagte ich, «und vergesst, dass ein Mann wie Gimpel jemals auf der Welt war.» Ich legte mein kurzes Mäntelchen und ein Paar Schuhe an, nahm in die eine Hand den Beutel mit meinem Gebetstuch, in die andere meinen Stock und küsste die Mesusa. Als die Leute auf der Straße mich in diesem Aufzug erblickten, waren sie höchst überrascht.

«Wo wollt Ihr denn hin?», fragten sie.

«In die Welt hinaus», antwortete ich. Und auf diese Weise schied ich von Frampol.

Ich zog im ganzen Land umher, und gute Leute ließen es nicht an Fürsorge fehlen. Nach vielen Jahren war ich alt und weiß. Ich bekam mehr als genug an Lügen und Schwindeleien zu hören, aber je länger ich lebte, umso mehr begriff ich auch, dass es eigentlich gar keine Lügen waren. Alles, was in Wirklichkeit nicht geschieht, ereignet sich dafür des Nachts im Traum. Es widerfährt dem einen, wofern es dem anderen nicht widerfährt, morgen, wofern nicht heute, oder ein Jahrhundert später, wofern nicht im nächsten Jahr. Was macht das schon aus? Oft habe ich Geschichten vernommen, von denen ich dachte: Das kann doch wohl nicht passieren. Aber noch vor Ablauf eines Jahres hörte ich, dass es tatsächlich irgendwo Ereignis geworden war.

Wenn ich so von Ort zu Ort ziehe und an fremden Tischen esse, geschieht es oft, dass ich selbst erfundene Geschichten erzähle – unwahrscheinliche Geschichten von Teufeln, Zauberern, Windmühlen und dergleichen. Die Kinder laufen mir nach und rufen: «Großvater, erzähl uns was!» Manchmal wollen sie eine ganz bestimmte Geschichte hören, und ich versuche, ihnen gefällig zu sein. Ein dicker Junge sagte einmal zu mir: «Großvater, das ist doch dasselbe, was du uns schon früher erzählt hast.» Der kleine Lausekerl, er hatte Recht.

Nicht anders verhält es sich mit den Träumen. Schon vor vielen Jahren habe ich Frampol verlassen, aber sobald ich die Augen schließe, bin ich wieder dort. Und wen, glaubt ihr wohl, sehe ich dann vor mir? Elka. Sie steht am Waschtrog wie bei unserer ersten Begegnung, aber ihr Gesicht leuchtet, und ihre Augen strahlen wie die einer Heiligen, und sie spricht in irgendeiner fremden Sprache von seltsamen Dingen. Beim Aufwachen habe ich gleich alles wieder vergessen. Aber solange der Traum anhält, fühle ich mich gestärkt. Sie beantwortet alle meine Fragen, und es stellt sich heraus, dass zwischen uns das beste Einvernehmen besteht. Ich weine und bettle: «Lass mich doch bei dir sein.» Und sie tröstet mich und mahnt mich zur Geduld. Das letzte Stündlein ist näher, als ich geglaubt hatte. Manchmal streichelt und küsst sie mich, und ihre Tränen fallen auf mein Gesicht. Beim Erwachen spüre ich ihre Lippen noch auf den meinen, und auf der Zunge habe ich noch den Salzgeschmack ihrer Tränen.

Zweifellos besteht diese unsere Welt nur in unserer Einbildung, aber sie liegt von der wirklichen Welt nur einen Katzensprung entfernt. Neben der Tür der elenden Hütte, in der ich jetzt liege, lehnt schon das Brett, auf dem die Toten fortgetragen werden. Der jüdische Totengräber hat schon den Spaten gehoben. Das Grab wartet auf mich, die Würmer sind hungrig, und auch die Leichentücher sind schon zur Stelle – ich habe sie in meinem Bettelsack bei mir. Ein anderer Schnorrer wartet darauf, mein Strohbett zu erben. Wenn es an der Zeit ist, will ich voll Freuden von dannen ziehen. Wie es sich auch mit dem Drüben verhält: Es wird wirklich sein, wird keine Verwicklung, keinen Spott, keine Täuschung kennen. Gepriesen sei Gott: Dort drüben kann selbst Gimpel nicht mehr zum Narren gehalten werden.

# Philip Roth

## DIE BEKEHRUNG DER JUDEN

Du bist mir der Rechte», sagte Itzie. «Immer musst du den Mund so weit aufreißen. Wenn ich bloß wüsste, warum du nie deine Klappe halten kannst.»

«Ich hab doch gar nicht davon angefangen, Itz, ich nicht», verteidigte sich Ozzie.

«Was geht dich überhaupt Jesus Christus an?»

«Wer hat denn zuerst von Jesus Christus gesprochen, ich oder er? Ich hab ja nicht mal gewusst, wovon er redet. Jesus ist eine historische Persönlichkeit, hat er immer wieder gesagt. Eine historische Persönlichkeit.» Ozzie ahmte die volltönende Stimme des Rabbiners Binder nach. «Jesus war genauso ein Mensch wie du und ich», fuhr er fort. «Das hat Reb Binder gesagt ...»

«So? Na und? Ist doch ganz egal, ob er ein Mensch war oder nicht. Musst du deswegen den Mund aufreißen?» Itzie Lieberman war mehr für weise Zurückhaltung, besonders wenn es sich um Ozzies Fragen handelte. Schon zweimal war Mrs. Freedman wegen Ozzies Fragen zu Reb Binder bestellt worden, und am Mittwoch um halb fünf sollte sie zum dritten Mal kommen. Itzie legte Wert darauf, dass *seine* Mutter in der Küche blieb; er begnügte sich grundsätzlich damit, hinter dem Rücken des Rabbiners freche Gebärden zu machen, Grimassen zu schneiden, zu knurren oder andere, noch unfeinere Naturlaute von sich zu geben.

«Er war ein richtiger Mensch, der Jesus, er war nicht wie Gott, und wir glauben nicht, dass er Gott ist.» Langsam und bedächtig erklärte Ozzie seinem Freund den Standpunkt Reb Binders, denn Itzie hatte tags zuvor im Hebräischunterricht gefehlt.

«Die Katholiken», sagte Itzie, um ihm weiterzuhelfen, «die glauben an Jesus Christus. Für die ist er Gott.» Itzie Lieberman gebrauchte das Wort «Katholiken» im weitesten Sinne – er schloss die Protestanten mit ein.

Ozzie nahm diese Bemerkung mit einem leichten Kopfnicken hin, als wäre sie eine Fußnote, und sprach weiter. «Seine Mutter hieß Maria und sein Vater war wohl der Zimmermann Joseph», sagte er. «Aber im Neuen Testament steht, sein richtiger Vater war Gott.»

«Sein *richtiger* Vater?»

«Ja», erwiderte Ozzie, «das ist es doch gerade: Sein Vater soll Gott gewesen sein.»

«Quatsch.»

«Reb Binder sagt ja auch, das geht nicht.»

«Klar geht's nicht. Ausgemachter Blödsinn ist das. Wer ein Kind haben will, muss bei 'nem Mann liegen», theologisierte Itzie. «Also hat Maria auch bei einem liegen müssen.»

«Genau das hat Binder gesagt. ‹Nur wenn eine Frau mit einem Mann Geschlechtsverkehr hat, kann sie ein Kind kriegen.›»

«*Das* hat er gesagt, Ozz?» Die theologische Seite der Angelegenheit war für Itzie im Augenblick völlig uninteressant. «Hat er wirklich Geschlechtsverkehr gesagt?» Wie ein rosa Schnurrbart ringelte sich ein Lächeln um Itzies Lippen. «Und was habt ihr da gemacht, Ozz? Gelacht oder was?»

«Ich hab mich gemeldet.»

«Ja? Und dann?»

«Dann hab ich eben gefragt.»

Itzies Gesicht leuchtete auf. «Nach dem Geschlechtsverkehr?»

«Nein, ich hab gefragt, wieso Gott, wenn er in sechs Tagen Himmel und Erde schaffen konnte und dazu die Tiere, die Fische und das Licht, alles in sechs Tagen – besonders das Licht, ich möchte zu gern wissen, wie er das fertig gekriegt hat. Fische und Tiere machen, das ist ja schon eine Leistung ...»

«Eine tolle Leistung sogar.» Itzies Anerkennung war ehrlich, doch er sprach so nüchtern, als hätte Gott einen tadellosen Baseballwurf vollbracht.

«Aber die Sache mit dem Licht ... also wenn man darüber mal nachdenkt – das ist wirklich was», fuhr Ozzie fort. «Na, jedenfalls hab ich Binder gefragt, wenn Gott das alles in sechs Tagen machen und die sechs Tage, die er brauchte, einfach so aus dem Nichts nehmen konnte, warum, hab ich gefragt, soll's dann nicht möglich sein, dass er eine Frau ohne Geschlechtsverkehr ein Kind kriegen lässt.»

«Geschlechtsverkehr hast du zu Binder gesagt, Ozz?»

«Ja.»

«Im Unterricht?»

«Ja.»

Itzie schlug sich an den Kopf.

«Ganz im Ernst», sagte Ozzie, «das wär doch 'ne Kleinigkeit für ihn. Nach all dem anderen wäre das wirklich 'ne Kleinigkeit.»

Itzie dachte einen Augenblick nach. «Und was hat Binder gesagt?»

«Der fing nochmal von vorn an. Erklärte, dass Jesus eine historische Persönlichkeit ist, dass er ein Mensch war wie du und ich, aber kein Gott. Da hab ich gesagt, *das* hätte ich schon kapiert. Was ich wissen wollte, wär ganz was anderes.»

Was Ozzie wissen wollte, war immer «ganz was anderes». Das erste Mal hatte er wissen wollen, wieso Reb Binder die Juden «das auserwählte Volk» nannte, obgleich die amerikanische Unabhängigkeitserklärung verkündete, dass alle Menschen von Geburt gleich seien. Reb Binder bemühte sich, ihm den Unterschied zwischen politischer Gleichheit und geistigem Erwähltsein zu verdeutlichen, aber Ozzie blieb hartnäckig dabei, dass er ganz was anderes wissen wolle. Damals war der erste Besuch seiner Mutter bei dem Rabbiner fällig.

Dann kam die Flugzeugkatastrophe. Achtundfünfzig Menschen waren getötet worden, als eine Maschine über dem Flughafen La Guardia abstürzte. Die Zeitungen brachten eine Liste der Verunglückten und Ozzies Mutter entdeckte acht jüdische Namen (seine Großmutter hatte neun gefunden, aber nur, weil sie Miller zu den jüdischen Namen rechnete), und wegen dieser acht Todesopfer bezeichnete Mrs. Freedman den Absturz als «eine Tragödie». In der Diskussionsstunde am Mittwoch hatte Ozzie die Aufmerksamkeit des Rabbiners auf das Schicksal «einiger seiner Verwandten» gelenkt und alle jüdischen Namen herausgepickt. Kaum hatte Reb Binder angefangen, sich über «kulturelle Einheit» und anderes mehr zu verbreiten, als Ozzie aufstand und sagte, er wolle nicht das wissen, sondern ganz was anderes. Reb Binder verlangte, dass er sich setzte, und da schrie Ozzie, er wünschte, alle achtundfünfzig wären Juden gewesen. Deswegen wurde seine Mutter zum zweiten Mal zu dem Rabbiner bestellt.

«Aber er hat bloß immer wieder erklärt, dass Jesus historisch ist, und da hab ich eben weitergefragt. Kannst mir's glauben, Itz, er wollte mich als Dummkopf hinstellen.»

«Und dann?»

«Zuletzt hat er gebrüllt, das wäre bei mir alles nur Mache und Besserwisserei, und meine Mutter sollte kommen und jetzt hätte er endgültig genug. Und ich würde nie *Bar-Mizwah* werden, wenn er was zu sagen hätte. Und dann, Itz, dann fängt er an zu reden mit einer Stimme wie 'n Denkmal, ganz langsam und tief, und sagt, ich soll mal nachdenken über das, was ich über Gott gesagt habe. Ich musste in sein Büro gehen und darüber nachdenken.» Ozzie beugte sich zu seinem Freund. «Itz, eine geschlagene Stunde habe ich nachgedacht und jetzt bin ich sicher, dass Gott es tun könnte.»

Eigentlich hatte Ozzie vorgehabt, sein neuestes Vergehen zu beichten, sobald seine Mutter von der Arbeit kam. Aber es war ein Freitagabend im November und schon dunkel, und als Mrs. Freedman in die Küche trat, warf sie ihren Mantel ab und küsste

Ozzie rasch auf die Stirn und ging zum Tisch, um die drei gelben Kerzen anzuzünden – zwei für den Sabbat und eine für Ozzies Vater.

Immer wenn sie das tat, hob sie die Arme und zog sie durch die Luft langsam an sich heran, als wollte sie Menschen überzeugen, die sich erst halb entschlossen hatten. Ihre Augen wurden glasig von Tränen. Ozzie erinnerte sich, dass ihre Augen genauso glasig geworden waren, als sein Vater noch lebte; es hatte also nichts mit seinem Tod zu tun. Es hatte etwas mit dem Anzünden der Kerzen zu tun.

Gerade als sie das brennende Streichholz an den Docht der Sabbatkerze hielt, klingelte das Telefon, und Ozzie, der dicht daneben stand, nahm den Hörer ab und presste ihn an seine Brust. Er fand, kein Geräusch dürfe die Stille stören, wenn die Mutter die Kerzen anzündete; eigentlich sollte man sogar leiser atmen. Ozzie drückte den Hörer fest an die Brust; er beobachtete, wie die Mutter etwas Unsichtbares an sich heranzog, und er fühlte, dass auch seine Augen glasig wurden. Die Mutter glich einem rundlichen, müden, grauhaarigen Pinguin; ihre welke Haut hatte bereits das Gesetz der Schwerkraft und das Gewicht der Lebensbürde zu spüren bekommen. Selbst wenn sie ihr bestes Kleid trug, deutete nichts darauf hin, dass sie eine Auserwählte war. Aber wenn sie die Kerzen anzündete, veränderte sie sich; sie sah dann wie eine Frau aus, die weiß, dass für Gott nichts unmöglich ist.

Nach ein paar geheimnisvollen Minuten war sie fertig. Ozzie legte den Hörer auf und folgte ihr zum Küchentisch, wo sie alles für die vier Gänge des Sabbatmahles zurechtstellte. Er sagte ihr, sie solle am Mittwoch um halb fünf zu Reb Binder kommen, und er sagte ihr auch, warum. Zum ersten Mal im Leben schlug sie ihn ins Gesicht.

Ozzie weinte in einem fort, während sie Leberhäckli und Hühnersuppe aßen; er hatte keinen Appetit mehr auf das Übrige.

Der Rabbiner Marvin Binder war ein hoch gewachsener, gut aussehender, breitschultriger Mann von dreißig Jahren mit dichtem, kräftigem schwarzem Haar. Am Mittwoch zog er in dem größten der drei Klassenzimmer im Souterrain der Synagoge seine Uhr aus der Tasche und sah, dass es kurz vor vier war. Im Hintergrund des Raumes putzte Yakov Blotnik, der einundsiebzigjährige *Schammes*, langsam das große Fenster und brummelte dabei vor sich hin, ohne zu wissen, ob es vier oder sechs Uhr, Montag oder Mittwoch war. Für die meisten Schüler war Yakov Blotnik mit seinem Gebrummel, dem lockigen braunen Bart, der Hakennase und den beiden schwarzen Katzen, die ihm auf Schritt und Tritt nachliefen, eine Sehenswürdigkeit, ein Museumsstück, ein Überbleibsel aus der Vergangenheit, und sie behandelten ihn teils mit Respekt, teils mit Verachtung. Das Murmeln kam Ozzie immer wie ein seltsames, monotones Gebet vor: Das Seltsame daran war, dass Vakov Blotnik seit so vielen Jahren so unentwegt vor sich hin murmelte. Ozzie vermutete, der Alte habe zwar die Gebete behalten, Gott selbst aber völlig vergessen.

«Wir beginnen jetzt mit der Diskussionsrunde», sagte Reb Binder. «Ihr könnt ganz frei über alle jüdischen Angelegenheiten sprechen – Religion, Familie, Politik, Sport ...»

Schweigen. Der Gedanke, dass es je so etwas wie Baseball gegeben hatte oder geben könnte, war an diesem böigen, wolkigen Novembernachmittag derart unwahrscheinlich, dass niemand den Helden der Vergangenheit, Hank Greenberg, erwähnte – was die freie Diskussion beträchtlich einengte.

Auch das moralische Trommelfeuer, das Reb Binder vor kurzem auf Ozzie Freedman losgelassen hatte, erwies sich als Hemmnis. Ozzie war aufgefordert worden, aus dem hebräischen Buch vorzulesen, und nach einer Weile hatte der Rabbiner ihn ärgerlich gefragt, warum er so langsam lese und ob er denn gar keine Fortschritte gemacht habe. Ozzie sagte, er könne auch schneller, aber dann würde er den Text nicht verstehen.

Trotzdem versuchte er es auf wiederholte Ermahnungen hin, und zwar mit gutem Erfolg, aber mitten in einem langen Satz hielt er inne, sagte, er verstünde kein Wort, und fing im Trauermarschtempo noch einmal von vorn an. Dann kam das moralische Trommelfeuer.

Was Wunder, wenn keiner der Schüler geneigt war, die Redefreiheit in der Diskussionsstunde zu nutzen. Nur das Brummeln des alten Blotnik beantwortete die Aufforderung des Rabbiners.

«Gibt es denn wirklich gar nichts, worüber ihr diskutieren möchtet?» Reb Binder sah auf die Uhr. «Hat niemand Fragen oder Bemerkungen?»

Aus der dritten Reihe kam ein leises Murmeln. Der Rabbiner ersuchte Ozzie aufzustehen, damit alle von seinen Gedanken profitieren könnten.

Ozzie stand auf. «Jetzt hab ich's vergessen», sagte er und setzte sich.

Reb Binder ging bis zur zweiten Reihe und stützte sich auf die Tischkante. Itzie, dessen Tisch es war, nahm sofort stramme Haltung an, denn die Gestalt des Rabbiners war nicht mehr als eine Dolchlänge von seinem Gesicht entfernt.

«Steh auf, Oscar», sagte Reb Binder ruhig, «und versuche, deine Gedanken zu sammeln.»

Ozzie gehorchte. Alle seine Mitschüler beobachteten gespannt, wie er sich unentschlossen die Stirn kratzte.

«Ich kann sie nicht sammeln», verkündete er und ließ sich auf die Bank plumpsen.

«Steh auf!» Reb Binder näherte sich Ozzies Tisch und hinter seinem Rücken machte ihm Itzie eine lange Nase, was ein leises Kichern im Klassenzimmer auslöste. Der Rabbiner, der nur daran dachte, Ozzie die Mucken ein für allemal auszutreiben, achtete nicht auf das Gekicher. «Steh auf, Oscar. Wonach wolltest du fragen?»

Ozzie griff ein Wort aus der Luft. Es war das nächstliegende. «Religion.»

«Aha, jetzt erinnerst du dich also?»
«Ja.»
«Nun?»

Ozzie, in die Enge getrieben, platzte mit dem ersten Gedanken heraus, der ihm in den Sinn kam. «Warum kann Gott nicht alles machen, was er machen will?»

Während sich Reb Binder eine Antwort – eine endgültige Antwort – zurechtlegte, hob Itzie drei Schritte hinter ihm den linken Zeigefinger, deutete vielsagend auf den Rücken des Rabbiners und riss seine Mitschüler zu stürmischem Beifall hin.

Binder fuhr hastig herum, und inmitten des Tumultes schrie Ozzie dem Rücken des Rabbiners zu, was er ihm nicht ins Gesicht hätte schreien können. Laut, aber tonlos, wie eine Anklage, die man seit mindestens sechs Tagen in sich trägt, brach es aus ihm heraus: «Sie wissen nichts! Sie wissen überhaupt nichts von Gott!»

Blitzschnell machte Binder kehrt. «Was?»

«Sie wissen nichts! Sie wissen überhaupt nichts ...»

«Entschuldige dich, Oskar! Entschuldige dich!» Das war eine Drohung.

«Sie wissen nichts ...»

Reb Binders Hand schnellte vor. Vielleicht hatte er dem Jungen nur den Mund zuhalten wollen, aber Ozzie duckte sich und die Handfläche landete genau auf seiner Nase.

Das Blutz spritzte in einem kurzen roten Strahl auf Ozzies Hemd.

Und nun ging alles durcheinander. Ozzie brüllte: «Sie Schuft, Sie Schuf!», und rannte zur Tür. Reb Binder taumelte rückwärts, als hätte sein Blut begonnen, heftig in die entgegengesetzte Richtung zu fließen, dann taumelte er vorwärts und stürzte hinter Ozzie her. Die Klasse folgte seinem breiten Rücken in dem blauen Anzug, und ehe sich der alte Blotnik am Fenster umgedreht hatte, war der Raum leer, und alle liefen in größter Eile die drei Treppen hinauf, die zum Dach führten.

Wenn man das Tageslicht mit dem Leben des Menschen vergleicht – den Sonnenaufgang mit der Geburt, den Sonnenuntergang, das Versinken am Horizont mit dem Tod –, dann hatte jener Mittwoch sein fünfzigstes Jahr in dem Augenblick erreicht, als sich Ozzie Freedman durch die Falltür des Synagogendaches zwängte und dabei wie ein wildes Pferd mit den Füßen nach Reb Binders ausgestreckten Armen stieß. Im allgemeinen entsprechen fünfzig oder fünfundfünfzig Jahre genau dem Alter später Novembernachmittage. In diesem Monat, in diesen Stunden scheint die Wahrnehmung des Lichtes nicht länger Sache des Sehens, sondern des Hörens zu sein: Das Licht fängt an hinwegzuklicken. Und wirklich – als Ozzie dem Rabbiner die Falltür vor der Nase zuschlug und sie verriegelte, hätte man das Einschnappen des Riegels für den Laut halten können, mit dem das dunkle Grau den Himmel durchpulste.

Ozzie kniete mit seinem ganzen Gewicht auf der verriegelten Falltür; jeden Augenblick fürchtete er, Reb Binders Schulter werde sie aufstemmen, das Holz explosionsartig zersplittern und seinen Körper in den Himmel schleudern. Aber die Tür bewegte sich nicht und unter ihr hörte er nur das Trampeln von Füßen, zuerst laut, dann gedämpft wie verhallender Donner.

Ein Gedanke durchzuckte ihn: Kann *ich* das sein? Für einen Dreizehnjährigen, der soeben seinen Religionslehrer einen Schuft genannt hatte – und das gleich zweimal –, war dies eine durchaus berechtigte Frage. Lauter und lauter klang es in ihm: Bin ich das? Bin ich das? – bis ihm zum Bewusstsein kam, dass er nicht mehr kniete, sondern wie ein Verrückter auf den Rand des Daches zulief, mit weinenden Augen, schreiender Kehle und mit ziellos fuchtelnden Armen, die nicht ihm zu gehören schienen.

Bin ich das? Bin ich das – Ich – Ich – Ich – Ich –! Ich *muss* es sein – aber bin ich's?

Es ist die Frage, die sich ein Dieb stellt, wenn er in dunkler Nacht sein erstes Fenster aufbricht, und man sagt, dass auch so mancher Bräutigam vor dem Altar von dieser Frage gequält wird.

In den wenigen wilden Sekunden, die Ozzies Körper brauchte, um den Dachrand zu erreichen, begann sein nach innen gerichteter Blick sich zu trüben. Er starrte auf die Straße hinunter und wusste gar nicht mehr, worum es sich eigentlich handelte. Lautete die Frage: *Bin ich es, der Binder einen Schuft genannt hat?* oder: *Bin ich es, der hier auf dem Dach herumläuft?* Das aber, was sich unten abspielte, entschied alles, denn bei jeder Handlung kommt der Augenblick, da die Frage: Bin ich es oder ein anderer? rein akademisch wird. Der Dieb stopft das Geld in die Taschen und verduftet. Der frisch gebackene Ehemann trägt sich und seine Frau in das Hotelregister ein. Und der Junge auf dem Dach blickt auf eine Straße voller Menschen mit zurückgebogenen Hälsen und nach oben gewandten Gesichtern, die ihn anglotzen, als wäre er die Decke des Hayden-Planetariums. Plötzlich weiß man: Ich bin es.

«Oscar! Oscar Freedman!» Eine Stimme erhob sich inmitten der Menge, eine Stimme, die, wäre sie sichtbar gewesen, wie die Schrift auf der Thorarolle ausgesehen hätte. «Oscar Freedman, komm da herunter. Sofort!» Reb Binder streckte den Arm nach ihm aus und am Ende dieses Armes ragte drohend ein Finger auf. Es war die Haltung eines Diktators, aber eines Diktators – die Augen verrieten es –, dem sein Kammerdiener ins Gesicht gespuckt hat.

Ozzie antwortete nicht. Nur für eines Lidschlags Länge schaute er Reb Binder an. Stattdessen begannen seine Augen, die Welt unter ihm zusammenzusetzen, Menschen von Orten zu unterscheiden, Freunde von Feinden, Beteiligte von neugierigen Zuschauern. In sternförmigen Grüppchen umstanden seine Freunde den Rabbiner, der immer noch nach oben deutete. Die Spitze eines der Sterne, den nicht Engel, sondern fünf halbwüchsige Jungen bildeten, war Itzie. Was für eine Welt war das – mit diesen Sternen da unten, mit Reb Binder da unten …

Ozzie, der eben noch unfähig gewesen war, seinen Körper zu beherrschen, erfasste plötzlich die Bedeutung des Wortes «beherrschen»: Er fühlte Frieden und er fühlte Macht.

«Oscar Freedman, komm herunter. Ich zähle bis drei ...»

Selten lassen Diktatoren ihren Untertanen so viel Zeit, einen Befehl auszuführen, aber wie immer war Reb Binder nur äußerlich ein Diktator.

«Fertig, Oscar?»

Ozzie nickte mit dem Kopf, obwohl er genau wusste, dass nichts in der Welt – in der Welt zu Füßen jener himmlischen, die er gerade betreten hatte – ihn bewegen würde herunterzukommen, auch wenn Binder bis zu einer Million zählte.

«Also gut», sagte Reb Binder. Er fuhr mit der Hand durch sein schwarzes Samsonhaar, als sei das die Geste, die vorgeschrieben ist, ehe die erste Zahl ausgesprochen wird. Und dann, während seine andere Hand einen Kreis aus dem Stückchen Himmel über ihm herausschnitt, rief er: «Eins!»

Es folgte kein Donnerschlag. Im Gegenteil – als hätte sie nur auf das Stichwort «eins» gewartet, erschien in diesem Augenblick die am wenigsten donnergleiche Gestalt der Welt auf der Synagogentreppe. Sie trat nicht eigentlich aus der Tür, sie beugte sich hinaus in die dunkelnde Luft, umklammerte mit einer Hand den Türknauf und schaute zum Dach hinauf.

«Oi!»

Yakov Blotniks alter Verstand humpelte langsam, wie auf Krücken, aber obgleich er nicht recht begriff, was der Junge dort oben tat, wusste er, dass es nicht gut war – das heißt für die Juden nicht gut war. Für Vakov Blotnik gab es im Leben immer nur zwei Möglichkeiten: Was geschah, war entweder gut für die Juden oder nicht gut für die Juden.

Mit der freien Hand schlug er sich leicht auf die eingefallene Wange. «Oi Gott!» Und dann wandte er, so schnell er konnte, den Kopf und schaute auf die Straße hinunter. Da stand Reb Binder (wie ein Mann bei einer Auktion, der nur drei Dollar sein eigen nennt, hatte er soeben ein unsicheres «Zwei!» gerufen); da standen die Schüler, und das war alles. Mit anderen Worten: Es war noch nicht so schlimm für die Juden. Aber der Junge musste sofort herunterkommen, bevor irgendjemand ihn sah. Das Problem: Wie sollte man ihn vom Dach holen?

Wer schon einmal erlebt hat, dass seine Katze auf dem Dach festsaß, der weiß, was man in einem solchen Fall tut. Man ruft die Feuerwehr an. Vielmehr ruft man zuerst das Amt an und bittet um eine Verbindung mit der Feuerwehr. Als Nächstes hört man das laute Quietschen von Bremsen, Sirenengeheul und energisch gebrüllte Befehle. Und dann ist die Katze nicht mehr auf dem Dach. Genauso geht man vor, um einen Jungen herunterzuholen.

Das heißt, man geht so vor, wenn man Yakov Blotnik ist und einmal eine Katze auf dem Dach gehabt hat.

Als die Löschzüge – vier an der Zahl – eintrafen, hatte Reb Binder schon viermal für Ozzie bis drei gezählt. Der große Wagen mit Leiter und Haken kam um die Ecke gesaust, einer der Feuerwehrmänner sprang ab und stürzte sich auf den gelben Hydranten vor der Synagoge. Mit einem gewaltigen Ruck lockerte er die Kappe, um sie abzuschrauben. Reb Binder rannte auf ihn zu und packte ihn an der Schulter.

«Es brennt nicht ...»

Der Feuerwehrmann brummte irgendetwas und schraubte eifrig weiter.

«Aber es brennt nicht, es brennt nicht», schrie Binder. Als der Feuerwehrmann wieder nur ein Brummen hören ließ, griff der Rabbiner mit beiden Händen zu und zwang ihn, das Gesicht dem Dach zuzuwenden.

Für Ozzie sah es aus, als versuche Reb Binder, den Kopf des Feuerwehrmannes aus dem Rumpf herauszuziehen wie einen Korken aus einer Flasche. Er musste kichern über das Bild, das sich ihm darbot: Es war ein Familienporträt – der Rabbiner mit seinem schwarzen Käppchen, der Feuerwehrmann mit dem roten Helm und der barhäuptige gelbe Hydrant, der daneben hockte wie ein kleiner Bruder. Vom Rande des Daches winkte Ozzie dem Porträt zu – ein flatterndes, höhnisches Winken; dabei rutschte ihm der rechte Fuß weg. Reb Binder schlug die Hände vor die Augen.

Feuerwehrleute arbeiten schnell. Bevor Ozzie sein Gleichgewicht wiedergewonnen hatte, war schon ein großes rundes gelbes Netz über dem Rasen der Synagoge ausgespannt. Die Männer, die es hielten, blickten mit harter, gefühlloser Miene zu Ozzie hinauf.

Einer der Feuerwehrleute drehte sich zu dem Rabbiner um. «Sagen Sie mal, ist der Bengel verrückt oder was?»

Reb Binder löste die Hände von den Augen, langsam, schmerzvoll, als wären sie Klebestreifen. Dann prüfte er: nichts auf dem Bürgersteig, nichts im Netz.

«Wird er springen oder was?», rief der Feuerwehrmann.

Mit einer Stimme, die gar nicht wie die eines Denkmals war, antwortete Binder endlich: «Ja. Ja, ich glaube schon... Er hat damit gedroht...»

Damit gedroht...? Aber Ozzie erinnerte sich doch genau, dass er aufs Dach gelaufen war, um zu fliehen; an Springen hatte er überhaupt nicht gedacht. Er hatte sich nur aus dem Staub machen wollen, und in Wahrheit war er vor allem deshalb nach oben gerannt, weil man ihn hinaufgejagt hatte.

«Wie heißt er denn, der Junge?»

«Freedman», antwortete Reb Binder. «Oscar Freedman.»

Der Feuerwehrmann hob den Kopf. «He, Oscar, was ist? Springst du oder springst du nicht?»

Ozzie schwieg. Ehrlich gesagt – über diese Frage hatte er noch nicht nachgedacht.

«Pass auf, Oscar, wenn du springen willst, spring – und wenn nicht, lass es bleiben. Aber vertrödele nicht unsere Zeit, ja?»

Ozzie blickte auf den Feuerwehrmann und dann auf Reb Binder. Er wollte noch einmal sehen, wie sich Binder die Augen zuhielt.

«Ich springe.»

Er lief am Dachrand entlang zu der Ecke, unter der kein Netz war, schwenkte die Arme, ließ sie durch die Luft sausen und schlug sich bei jeder Abwärtsbewegung klatschend auf die Hosen. Dann fing er an zu kreischen wie eine Maschine: «Wiiiii ... Wiiiii ...», und beugte sich mit dem Oberkörper weit vor. Die Feuerwehrleute flitzten zur Ecke, um dort das Netz aufzuspannen. Reb Binder murmelte ein paar Worte, ein Stoßgebet, und hielt sich die Augen zu. Alles spielte sich rasch ab, ruckweise, wie in einem der ersten Filme. Die Zuschauer, die mit den Löschzügen zugleich gekommen waren, schrien oooh und aaah, als sähen sie das Feuerwerk am vierten Juli. In der Aufregung hatte niemand auf die Menge geachtet – ausgenommen natürlich Yakov Blotnik, der sich am Türknauf hin- und herdrehte und die Köpfe zählte. «*Vierondtswanzik ... finfondtswanzik* ... Oi Gott!» So war es bei der Katze nicht gewesen.

Reb Binder blinzelte zwischen den Fingern hindurch, prüfte den Bürgersteig und das Netz. Leer. Aber da rannte Ozzie zur anderen Ecke. Die Feuerwehrleute rannten mit ihm, kamen jedoch nicht so schnell voran wie er. Wenn der Junge Lust hatte, konnte er springen und auf das Pflaster knallen, bevor die Männer die Stelle erreichten, und dann würde ihnen nichts zu tun übrig bleiben, als die Bescherung mit ihrem Netz zuzudecken.

«Wiiiii ... wiiiii ...»

«He, Oscar», rief der Feuerwehrmann keuchend, «was soll das heißen, zum Teufel? Ist das ein Spiel oder was?»

«Wiiiii ... wiiiii ...»

«He, Oscar ...»

Aber schon raste er, wild mit den Flügeln schlagend, zur anderen Ecke. Reb Binder vermochte das alles nicht mehr zu ertragen – die Löschzüge, die aus dem Nichts aufgetaucht waren, den kreischenden selbstmörderischen Jungen, das Netz. Erschöpft fiel er auf die Knie, faltete die Hände wie eine kleine Kuppel vor der Brust und flehte: «Oscar, hör auf, Oscar. Spring nicht, Oscar. Bitte, komm herunter ... bitte, spring nicht.»

Und aus der Menge hinter ihm rief eine Stimme, eine junge Stimme, ein einziges Wort zu Ozzie hinauf. «Spring!»

Es war Itzie. Für einen Moment vergaß Ozzie, mit den Armen zu schlagen.

«Los, Ozz, spring!» Itzie löste sich aus der Spitze des Sterns und stand nun allein – mutig, nicht mit der Begeisterung eines Großtuers, sondern mit der eines Jüngers. «Spring, Ozz, spring!»

Noch immer kniend, mit gefalteten Händen, drehte sich Reb Binder um. Er blickte auf Itzie, dann, von Angst gepeinigt, wieder auf Ozzie. *«Spring nicht, Oscar! Bitte, spring nicht! Bitte, bitte ...»*

«Spring!» Diesmal war es nicht Itzie, es war eine andere Zacke des Sterns. Um halb fünf, als Mrs. Freedman zu ihrer Unterredung mit dem Rabbiner kam, brüllte und bat bereits der ganze kleine Sternenhimmel auf Erden, dass Ozzie springen möge, und Reb Binder, statt den Jungen zu beschwören, es nicht zu tun, weinte in die Kuppel seiner Hände.

Begreiflicherweise konnte sich Mrs. Freedman nicht erklären, was ihr Sohn auf dem Dach tat. Sie fragte also.

«Ozzie, mein Ozzie, was machst du da oben? Was ist denn los, mein Ozzie?»

Ozzies Kreischen verstummte und er ließ seine Arme langsamer flattern – sie bewegten sich sacht wie Vogelflügel in einer leichten Brise –, aber er antwortete nicht. Er stand vor dem Hintergrund des niedrigen, wolkenverhangenen, dunkelnden Himmels – das Licht klickte jetzt rascher hinweg, als hätte jemand die Geschwindigkeit reguliert –, seine Arme hoben und senkten sich mechanisch und er starrte hinab auf das kleine Bündel Frau, das seine Mutter war.

«Was ist denn, Ozzie?» Sie wandte sich nach dem knienden Rabbiner um und trat dann so dicht an ihn heran, dass nur noch eine hauchdünne Schicht Dämmerung zwischen ihrem Leib und seinen Schultern lag. «Was macht mein Kleiner da oben?»

Reb Binder blickte zu ihr auf, aber auch er blieb stumm. Nur die Kuppel seiner Hände bewegte sich; sie zitterte wie ein schwacher Puls.

«Reb, holen Sie ihn herunter! Er wird sich umbringen. Holen Sie ihn herunter, meinen einzigen Sohn ...»

«Ich kann nicht», sagte Reb Binder. «Ich kann nicht ...», und sein schönes Haupt wies auf die Schülerschar hinter ihm. «Die dort sind schuld. Hören Sie doch.»

Erst jetzt bemerkte Mrs. Freedman die Jungen und hörte, was sie brüllten.

«Für die tut er's. Er gehorcht mir nicht. Die dort sind schuld.» Reb Binder sprach wie im Traum.

«Für die tut er's?»

«Ja.»

«Sie wollen, dass er ...»

Mrs. Freedman hob die Arme in die Höhe, als dirigiere sie den Himmel. «Für die tut er's!» Und dann sanken ihre Arme herab und schlugen an den Körper, eine Geste, die älter ist als die Pyramiden, älter als die Propheten, älter als die Sintflut. «Einen Märtyrer hab ich. Sehen Sie doch!» Sie deutete mit dem Kopf auf das Dach. Ozzie schwenkte noch immer sanft die Arme. «Mein Märtyrer.»

«Oscar, komm herunter, *bitte*», stöhnte Reb Binder.

Mit erstaunlich ruhiger Stimme rief Mrs. Freedman zu ihrem Sohn hinauf: «Komm, Ozzie, komm. Sei kein Märtyrer, mein Kleiner.»

Als wäre es eine Litanei, sprach Reb Binder ihre Worte nach: «Sei kein Märtyrer, mein Kleiner, sei kein Märtyrer.»

«Los, spring, Ozz – sei ein Mortimer!» Das war Itzie. «Sei ein Mortimer, sei ein Mortimer», und alle Stimmen vereinigten sich zu einem Gesang auf das Mortimertum – was immer das sein mochte. «Sei ein Mortimer, sei ein Mortimer ...»

Wenn man auf einem Dach ist, kann man aus irgendwelchen Gründen umso weniger hören, je dunkler es wird. Ozzie begriff nur so viel, dass zwei Gruppen zwei neue Forderungen stellten: Seine Freunde riefen ihm temperamentvoll und melodisch zu, was er tun sollte; seine Mutter und der Rabbiner riefen ihm ruhig und psalmodierend zu, was er nicht tun sollte. Die Stimme des Rabbiners war nun frei von Tränen und die seiner Mutter auch. Das große Netz starrte Ozzie an wie ein blindes Auge. Der riesige, bewölkte Himmel hing tief herab. Von unten sah er wie graues Wellblech aus. Während Ozzie zu diesem gnadenlosen Himmel aufblickte, wurde ihm plötzlich klar, wie seltsam das war, was diese Menschen, seine Freunde, verlangten: Sie wollten, er solle hinunterspringen, freiwillig in den Tod gehen – das sangen sie gerade jetzt und es schien sie zu freuen. Noch seltsamer aber war etwas anderes: Reb Binder lag zitternd auf den Knien. Wenn jetzt eine Frage gestellt werden musste, dann lautete sie nicht: «Bin ich das?», sondern: «Sind wir das?...Sind wir das?»

Wie Ozzie herausfand, war es eine ernste Angelegenheit, auf dem Dach zu sein. Angenommen, er sprang – würde das Singen zum Tanzen werden? Oder würde der Sprung sie zum Schweigen bringen? Sehnsüchtig wünschte sich Ozzie, dass er den Himmel aufreißen, seine Hand hindurchstecken und die Sonne herausziehen könnte – und wie auf einer Münze würde auf der Sonne stehen: *Spring* oder *Spring nicht*.

Ozzies Knie schwankten ein wenig, knickten leicht ein, als wollten sie einen Kopfsprung vorbereiten. Seine Arme spannten sich, wurden steif, erstarrten von den Schultern bis zu den Fingerspitzen. Er hatte das Gefühl, jeder Teil seines Körpers werde darüber abstimmen, ob er sich umbringen sollte oder nicht – und jeder Teil so, als führe er ein Eigenleben.

Unerwartet klickte eine größere Menge Licht hinweg und wie ein Knebel brachte diese neue Dunkelheit alle zum Schweigen: die Freunde, die auf den Sprung in die Tiefe sangen, und die Mutter und den Rabbiner, die dagegen psalmodierten.

Ozzie wartete die Entscheidung seiner Gliedmaßen nicht ab; er begann zu sprechen, mit einer seltsam hohen Stimme, wie jemand, der sich wider Willen zum Reden entschließt.

«Mama?»

«Ja, Oscar.»

«Mama, knie nieder wie Reb Binder.»

«Oscar ...»

«Knie nieder», sagte er, «oder ich springe.»

Ozzie hörte ein Wimmern, dann ein Rascheln, und als er hinunterblickte, dorthin, wo seine Mutter gestanden hatte, sah er ihren gesenkten Kopf über einem Ring aus Kleidern. Sie lag neben Reb Binder auf den Knien.

Er sprach von neuem. «Kniet alle nieder.» Scharrende Geräusche verrieten, dass alle gehorchten.

Ozzie sah sich um. Er hob die Hand und deutete auf den Eingang zur Synagoge.

«*Er* soll auch knien.»

Wieder ein Geräusch – aber nicht das eines Kniefalls, sondern das eines Körpers, der sich abwehrend versteift. Ozzie hörte, wie Reb Binder schroff flüsterte: «... sonst bringt er sich um», und als er hinunterschaute, hatte Yakov Blotnik den Türknauf losgelassen und lag zum ersten Mal im Leben auf den Knien wie die Christen beim Gebet.

Die Feuerwehrleute – nun, es ist nicht so schwer, wie man vielleicht denkt, im Knien ein Netz stramm zu halten.

Ozzie sah sich noch einmal um; dann rief er: «Reb?»

«Ja, Oscar.»

«Reb Binder, glauben Sie an Gott?»

«Ja.»

«Glauben Sie, dass Gott *alles* tun kann?» Ozzie beugte seinen Kopf weit nach vorn, ins Dunkel. «Alles?»

«Oscar, ich ...»

«Glauben Sie, dass Gott alles tun kann? Sagen Sie's mir!»

Eine Sekunde des Zögerns. Dann: «Gott kann alles.»

«Glauben Sie, dass Gott ein Kind ohne Geschlechtsverkehr machen kann?»

«Er kann es.»

«Sagen Sie's mir!»

«Gott», gab Reb Binder zu, «kann ein Kind ohne Geschlechtsverkehr machen.»

«Mama, sag du's mir!»

«Gott kann ein Kind ohne Geschlechtsverkehr machen», wiederholte seine Mutter.

«*Er* soll es auch sagen.» Kein Zweifel, wer mit *er* gemeint war.

Ein paar Augenblicke später ertönte eine krächzende alte Stimme, die in die Dämmerung hinein etwas über Gott sagte.

Dann verlangte Ozzie, dass alle es sagten. Und dann mussten sie sagen, dass sie an Jesus Christus glaubten – erst einer nach dem anderen, dann alle im Chor.

Als das Katechisieren vorbei war, nahte bereits der Abend. Auf der Straße hörte es sich an, als hätte der Junge auf dem Dach geseufzt.

«Ozzie?» Eine Frauenstimme wagte zu sprechen. «Wirst du jetzt herunterkommen?»

Schweigen – aber die Frau wartete und schließlich erklang eine Stimme, dünn und weinerlich und erschöpft wie die eines alten Mannes, der gerade mit dem Glockengeläut fertig geworden ist. «Mama, versteh doch ... du sollst mich nicht schlagen. Und er auch nicht. Du sollst mich nicht wegen Gott schlagen, Mama. Du sollst nie jemand wegen Gott schlagen ...»

«Ozzie, bitte, komm jetzt herunter.»

«Versprich mir, versprich mir, dass du nie jemand wegen Gott schlagen wirst.»

Er hatte nur seine Mutter darum gebeten, aber aus irgendeinem Grunde gelobten alle, die auf der Straße knieten, dass sie nie jemand wegen Gott schlagen würden.

Wieder herrschte Schweigen.

«Jetzt kann ich runterkommen, Mama», sagte dann der Junge

auf dem Dach. Er wandte den Kopf nach rechts und links, als blicke er auf die Verkehrsampeln. «Jetzt kann ich runterkommen...»

Und das tat er, mitten hinein in das gelbe Netz, das im Dunkel des beginnenden Abends wie ein übergroßer Heiligenschein leuchtete.

# Roald Dahl

## GENESIS UND KATASTROPHE

*Eine wahre Geschichte*

Alles in bester Ordnung», sagte der Arzt. «Liegen Sie jetzt schön ruhig und entspannen Sie sich.» Seine Stimme schien Meilen und Meilen entfernt zu sein. «Sie haben einen Sohn.»

«Wie?»

«Sie haben einen Sohn, einen Prachtjungen. Das verstehen Sie doch, nicht wahr? Einen Prachtjungen. Haben Sie ihn schreien hören?»

«Ist er gesund, Herr Doktor?»

«Natürlich ist er gesund.»

«Bitte, ich möchte ihn sehen.»

«Ja, Sie können ihn gleich sehen.»

«Sind Sie auch sicher, dass er gesund ist?»

«Ganz sicher.»

«Schreit er noch?»

«Versuchen Sie auszuruhen. Sie brauchen sich keinerlei Sorgen zu machen.»

«Warum schreit er nicht mehr, Herr Doktor? Was ist passiert?»

«Regen Sie sich nicht auf. Es ist alles in Ordnung.»

«Ich möchte ihn sehen. Bitte, ich möchte ihn sehen.»

«Liebe Frau», sagte der Arzt und tätschelte ihre Hand. «Sie haben ein hübsches, kräftiges gesundes Kind. Warum wollen Sie mir das nicht glauben?»

«Was tut die Frau da drüben mit ihm?»

«Ihr Kleiner wird für Sie schön gemacht», antwortete der Arzt. «Wir waschen ihn ein bisschen, das ist alles. Dafür müssen Sie uns schon einen Augenblick Zeit lassen.»

«Sie schwören, dass er ganz gesund ist?»

«Ich schwöre es Ihnen. So, nun liegen Sie aber still. Machen Sie die Augen zu. Na los, machen Sie die Augen zu. So ist es recht. Sehr gut. Sehr brav ...»

«Ich habe gebetet und gebetet, dass er am Leben bleibt, Herr Doktor ...»

«Natürlich bleibt er am Leben. Warum denn nicht?»

«Weil die anderen ...»

«Wie?»

«Von meinen anderen ist keines am Leben geblieben, Herr Doktor.»

Der Arzt stand neben dem Bett und betrachtete das blasse, erschöpfte Gesicht der jungen Frau. Bis zu diesem Tage hatte er sie noch nie gesehen. Sie und ihr Mann waren erst seit kurzem in der Stadt ansässig.

Die Gastwirtsfrau, die heraufgekommen war, um bei der Entbindung zu helfen, hatte ihm erzählt, was sie von dem Ehepaar wusste: Vor etwa drei Monaten waren die beiden unerwartet mit einer Kiste und einem Koffer im Gasthof eingetroffen. Der Mann arbeitete jetzt im Zollamt an der Grenze. Er sei ein Trunkenbold, hatte die Gastwirtsfrau hinzugefügt, ein anmaßender, hochnäsiger, streitsüchtiger kleiner Säufer, aber die junge Frau sei nett und fromm. Nur sehr schwermütig – sie lache nie. Kein einziges Mal hatte die Wirtin sie in diesen Wochen lachen sehen. Angeblich war es die dritte Ehe des Mannes; man sagte, die eine Frau sei gestorben und die andere habe sich aus sehr üblen Gründen von ihm scheiden lassen. Aber das war nur ein Gerücht.

Der Arzt beugte sich vor und zog die Decke etwas höher über die Brust der Patientin. «Sie brauchen sich wirklich nicht zu sorgen», sagte er freundlich. «Ihr Baby ist ein durchaus normales Kind.»

«Genau das hat man mir bei den anderen auch gesagt. Aber ich habe sie alle verloren, Herr Doktor. In den letzten achtzehn Monaten habe ich drei Kinder verloren. Sie dürfen mir also keine Vorwürfe machen, wenn ich jetzt ängstlich bin.»

«Drei?»

«Dies ist mein viertes ... in vier Jahren.»

Der Arzt trat auf den nackten Dielen unbehaglich von einem Fuß auf den anderen.

«Sie können sich bestimmt nicht vorstellen, Herr Doktor, was das heißt, alle Kinder zu verlieren, alle drei, jedes einzeln, eins nach dem anderen. Ich sehe sie heute noch vor mir. Gustavs Gesicht sehe ich so deutlich, als läge er neben mir im Bett. Gustav war ein wunderhübscher Junge, Herr Doktor. Aber er war immer krank. Es ist schrecklich, wenn sie immer krank sind und man ihnen nicht helfen kann.»

«Ich weiß.»

Die Frau öffnete die Augen, um zu dem Arzt aufzublicken, und schloss sie dann wieder.

«Mein kleines Mädchen hieß Ida. Sie starb ein paar Tage vor Weihnachten. Vier Monate ist das erst her. Ich wollte, Sie hätten Ida sehen können, Herr Doktor.»

«Jetzt haben Sie ja wieder ein Kind.»

«Aber Ida war so schön.»

«Ja», sagte der Arzt. «Ich weiß.»

«Wie können Sie das wissen?», rief sie.

«Ich bin überzeugt, dass sie ein entzückendes Kind war. Aber Ihr neues Baby steht ihr in nichts nach.» Der Arzt wandte sich ab, trat ans Fenster und schaute hinaus in den nassen grauen Aprilnachmittag. Schwere Regentropfen klatschten auf die roten Ziegeldächer der Häuser.

«Ida war zwei Jahre, Herr Doktor ... und so schön, dass ich sie immerzu ansehen musste. Morgens zog ich sie an und dann ließ ich sie nicht aus den Augen, bis sie abends wohlbehalten im Bett lag. Ich lebte in ewiger Angst, dass dem Kind etwas zustoßen könnte. Gustav war gestorben, mein kleiner Otto auch, und sie war alles, was ich noch hatte. Manchmal stand ich nachts auf, schlich zu Ida hinüber und hielt mein Ohr dicht an ihren Mund, um mich zu vergewissern, dass sie atmete.»

«Versuchen Sie auszuruhen», mahnte der Arzt und näherte sich dem Bett. «Sie haben es nötig.» Das Gesicht der Frau war weiß, wie ausgeblutet, um Mund und Nase lag ein leichter bläulichgrauer Schatten, und die Haarsträhnen, die ihr in die Stirn hingen, klebten an der schweißfeuchten Haut.

«Als sie starb ... ich war wieder schwanger, als es passierte, Herr Doktor. Das neue war schon fünf Monate unterwegs, als Ida starb. ‹Ich will nicht!›, schrie ich nach der Beerdigung. ‹Ich will es nicht haben! Ich habe genug Kinder begraben!› Und mein Mann ... er schlenderte mit einem großen Glas Bier in der Hand zwischen den Gästen herum ... mein Mann drehte sich um und sagte: ‹Ich habe eine Überraschung für dich, Klara, eine gute Nachricht.› Können Sie sich das vorstellen, Herr Doktor? Unser drittes Kind war kaum unter der Erde – und er steht da mit einem Glas Bier in der Hand und sagt, er habe eine gute Nachricht. ‹Heute bin ich nach Braunau versetzt worden›, erzählte er. ‹Du kannst gleich die Koffer packen. Wird ein neuer Anfang für dich werden›, setzte er hinzu. ‹Ein neuer Ort und ein neuer Doktor ...›»

«Bitte, Sie dürfen nicht so viel sprechen.»

«Sie sind doch der neue Doktor, nicht wahr?»

«Gewiss.»

«Und wir sind hier in Braunau?»

«Ja.»

«Ich habe Angst, Herr Doktor.»

«Sie müssen sich bemühen, keine Angst zu haben.»

«Wie soll ich nach alledem hoffen, das vierte zu behalten?»

«So dürfen Sie nicht denken.»

«Ich kann nicht anders. Ich bin sicher, dass meine Kinder erblich belastet sind. Deswegen müssen sie sterben. Bestimmt ist es so.»

«Das ist Unsinn.»

«Wissen Sie, was mein Mann bei Ottos Geburt gesagt hat, Herr Doktor? Er kam ins Zimmer, beugte sich über die Wiege, in der Otto lag, und rief aus: ‹Warum müssen *alle* meine Kinder so klein und schwächlich sein?›»

«Das hat er gewiss nicht gesagt.»

«Doch. Und dann steckte er den Kopf in Ottos Wiege, als wollte er ein winziges Insekt untersuchen, und brummte: ‹Ich frage mich bloß, warum sie nicht etwas ansehnlicher sein können. Das ist alles, was ich wissen möchte.› Drei Tage darauf war Otto tot. Wir haben ihn schnell noch am dritten Tag getauft und an demselben Abend starb er. Und dann starb Gustav. Und dann starb Ida. Alle starben sie, Herr Doktor ... und plötzlich war das ganze Haus leer ...»

«Denken Sie jetzt nicht daran.»

«Ist dieses sehr klein?»

«Es ist ein ganz normales Kind.»

«Aber klein, nicht wahr?»

«Nun, besonders groß ist es nicht. Aber gerade solche Kinder sind meistens sehr widerstandsfähig. Und stellen Sie sich nur vor, Frau Hitler, nächstes Jahr um diese Zeit wird der Junge schon gehen lernen. Ist das nicht ein hübscher Gedanke?»

Sie antwortete nicht.

«Und in zwei Jahren wird er sich den Mund fusselig reden und Sie mit seinem Geplapper verrückt machen. Haben Sie denn schon einen Namen für ihn?»

«Einen Namen?»

«Ja.»

«Ich weiß nicht. Jedenfalls nicht genau. Ich glaube, mein Mann hat gesagt, wenn's ein Junge wäre, sollte er Adolphus heißen.»

«Dann würde er also Adolf genannt werden.»

«Ja. Mein Mann liebt den Namen, weil Adolf so ähnlich wie Alois klingt. Mein Mann heißt Alois.»

«Ausgezeichnet.»

«O Gott!», rief sie und setzte sich plötzlich im Bett auf. «Bei Ottos Geburt hat man mich genau dasselbe gefragt. Das bedeutet, dass er sterben wird! Sie wollen ihm die Nottaufe geben, nicht wahr?»

«Aber, aber…» Der Arzt nahm sie sanft bei den Schultern. «Wie können Sie so etwas denken? Ich schwöre Ihnen, dass Sie sich irren. Ich bin nun mal ein neugieriger alter Mann und spreche gern über Namen. Adolphus klingt sehr hübsch, finde ich. Einer von meinen Lieblingsnamen. Und sehen Sie … da kommt er.»

Die Wirtin, die den Säugling hoch auf ihrem enormen Busen trug, segelte freudestrahlend auf das Bett zu. «Hier ist die kleine Schönheit!», rief sie. «Wollen Sie ihn nehmen, meine Liebe? Oder soll ich ihn neben Sie legen?»

«Ist er auch warm eingepackt?», fragte der Arzt. «Hier drinnen ist es mächtig kalt.»

«Keine Sorge, der friert bestimmt nicht.»

Das Baby war fest in einen weißen Wollschal gewickelt, der nur sein winziges rotes Köpfchen frei ließ. Die Wirtin legte es behutsam neben die Mutter. «So», sagte sie, «jetzt können Sie ihn nach Herzenslust ansehen.»

«Ich glaube, er wird Ihnen gefallen», meinte der Arzt lächelnd. «Ein prächtiger kleiner Junge.»

«Und was für entzückende Hände er hat!», begeisterte sich die Gastwirtsfrau. «So lange, zarte Finger!»

Die Mutter rührte sich nicht. Sie wandte nicht einmal den Kopf, um ihr Kind anzuschauen.

«Na, was denn!», rief die Wirtin. «Der beißt Sie doch nicht!»

«Ich habe Angst hinzusehen. Ich kann einfach nicht glauben, dass ich wieder ein Kind habe, noch dazu eines, das ganz gesund ist.»

«Los, los, seien Sie nicht so dumm.»

Langsam bewegte die Mutter den Kopf und blickte in das kleine, überaus friedliche Gesicht neben ihr auf dem Kissen.

«Ist das mein Baby?»

«Natürlich.»

«Oh ... oh ... wie schön es ist ...»

Der Arzt ging zum Tisch und fing an, seine Sachen einzupacken. Die Mutter lag im Bett, schaute ihr Kind an, streichelte es lächelnd und gab kleine Laute der Freude von sich.

«Adolphus», flüsterte sie. «Mein kleiner Adolf ...»

«Pst!», machte die Wirtin. «Hören Sie? Ich glaube, Ihr Mann kommt.»

Der Arzt öffnete die Tür und blickte in den Korridor hinaus. «Herr Hitler?»

«Ja.»

«Kommen Sie bitte herein.»

Ein schmächtiger Mann in dunkelgrüner Uniform trat leise ins Zimmer und sah sich suchend um.

«Ich gratuliere», sagte der Arzt. «Sie haben einen Sohn.»

Der Mann hatte einen gewaltigen Backenbart nach dem Vorbild des Kaisers Franz Joseph und roch stark nach Bier. «Einen Sohn?»

«Ja.»

«Wie geht's ihm?»

«Ausgezeichnet. Und Ihrer Frau auch.»

«Gut.» Mit merkwürdig gezierten kleinen Schritten näherte sich der Vater dem Bett seiner Frau. «Nun, Klara», sagte er, durch den Bart lächelnd, «wie war's denn?» Er beugte sich vor, um das Baby zu betrachten. Er beugte sich tiefer. Mit raschen, ruckartigen Bewegungen beugte er sich immer tiefer, bis sein Gesicht nur noch zehn, zwölf Zoll von dem Kinderköpfchen entfernt war. Die Frau lag daneben und sah mit flehendem Blick zu ihm auf.

«Großartige Lungen hat er», verkündete die Gastwirtsfrau.

«Sie hätten sein Geschrei hören sollen. Kaum war er auf der Welt, da brüllte er auch schon los.»

«Aber ... mein Gott, Klara ...»

«Was ist, Lieber?»

«Der ist ja noch schwächlicher als Otto!»

Der Arzt trat hastig ein paar Schritte vor. «Dem Kind fehlt nichts, gar nichts.»

Langsam richtete sich der Mann auf, wandte den Kopf und sah den Arzt an. Er machte einen verwirrten, ratlosen Eindruck. «Mir brauchen Sie nichts vorzulügen, Herr Doktor», sagte er. «Ich weiß Bescheid. Mit dem wird's wieder genauso gehen.»

«Jetzt hören Sie mal zu ...», begann der Arzt.

«Ja, wissen Sie denn nicht, was mit den anderen passiert ist?»

«Denken Sie nicht mehr an die anderen, Herr Hitler. Sie müssen zuversichtlich sein.»

«Aber so klein und schwächlich ...!»

«Mein lieber Herr, es handelt sich um ein Neugeborenes.»

«Trotzdem ...»

«Was soll denn das heißen?», empörte sich die Wirtin. «Wollen Sie ihn etwa ins Grab reden?»

«Genug!», sagte der Arzt scharf.

Die Mutter weinte. Heftiges Schluchzen schüttelte ihren Körper.

Der Arzt trat zu dem Mann und legte ihm die Hand auf die Schulter. «Seien Sie gut zu ihr», flüsterte er. «Bitte. Es ist sehr wichtig.» Er schob ihn mit einem kräftigen Druck auf die Schulter unauffällig an das Bett heran. Der Mann zögerte. Der Arzt drückte stärker, gab ihm mit Fingern und Daumen zu verstehen, was er von ihm erwartete. Schließlich beugte sich der Mann widerstrebend über seine Frau und küßte sie leicht auf die Wange.

«Schon gut, Klara», sagte er. «Hör auf zu weinen.»

«Ich habe so innig gebetet, dass er am Leben bleibt, Alois.»

«Ja.»

«Monatelang bin ich Tag für Tag in die Kirche gegangen und habe die Heilige Jungfrau auf den Knien angefleht, dass sie mir dieses Kind am Leben erhält.»

«Ja, Klara, ich weiß.»

«Drei tote Kinder – mehr kann ich nicht ertragen, verstehst du?»

«Natürlich.»

«Er *muss* leben, Alois. Er *muss*, er *muss* … O Gott, hab Erbarmen mit ihm …»

# Rolf Hochhuth

## DIE BERLINER ANTIGONE

*Für Marianne*

Da die Angeklagte *einer* falschen Aussage bereits überführt war, glaubte der Generalrichter, er könne sie retten: Anne behauptete, ihren Bruder – den Gehenkten, wie der Staatsanwalt möglichst oft sagte – sofort nach dem Fliegerangriff ohne fremde Hilfe aus der Anatomie herausgeholt und auf den Invalidenfriedhof gebracht zu haben. Tatsächlich waren ein Handwagen, aber auch eine Schaufel auf der Baustelle an der Friedrich-Wilhelm-Universität entwendet worden. Auch hatten in dieser Nacht, wie immer nach den Bombardements, Feuerwehr, Hitlerjungen und Soldaten die geborgenen Opfer in einer Turnhalle oder entlang der Hauptallee des Friedhofs aufgereiht.

Vor Gericht aber hatten zwei Totengräber mit der zeremoniellen Umständlichkeit, die ihr Gewerbe charakterisiert, die jedoch in Zeiten des Massensterbens so prätentiös wirkte wie ein Sarg, überzeugend bestritten, unter den 280 Verbrannten oder Erstickten, die bis zu ihrer Registrierung unter Bäumen auf Krepp-Papier lagen, den unbekleideten, nur mit einer Plane bedeckten Körper eines jungen Mannes gesehen zu haben. Ihre Aussagen hatten Beweiskraft. Sehr präzis vor allem in den Nebensächlichkeiten gaben sie an, persönlich jeden einzelnen der 51 Toten, die weder zu identifizieren gewesen noch von Angehörigen gesucht worden waren, drei Tage später in die Grube gelegt zu haben, in das Gemeinschaftsgrab.

Die Bezeichnung Massengrab war verboten worden. Die

Reichsregierung pflegte die Toten eines Gemeinschaftsgrabes mit besonders tröstlichem Aufwand beizusetzen: nicht nur waren Geistliche beider Konfessionen und ein namhafter Parteiredner, sondern auch noch ein Musikzug des Wachbataillons und eine Fahnenabordnung hinzugezogen worden.

Ein Beisitzer des Reichskriegsgerichts, ein großväterlich warmherziger Admiral, der als einziger in dem fast leeren verwahrlosten Saal keine Furcht hatte, war so gerührt durch die Schilderung der Totenfeier, daß er der Angeklagten mit milder Zudringlichkeit empfahl, endlich die Wahrheit zu sagen über den «Verbleib» ihres toten Bruders: Die Entweihung eines Gemeinschaftsgrabes durch die Leiche eines von diesem Gerichtshof abgeurteilten Offiziers müsse sonst leider – er sagte zweimal aufrichtig *leider* – als strafverschärfend gewertet werden.

Anne, zermürbt und leise, beharrte auf ihrer Lüge ...

Der Generalrichter, während der Worte des Admirals wieder in innerem Zweikampf mit seinem Sohn, fand Bodos Gesicht nicht mehr; es zerfloß ihm wie damals im Rauch der Lokomotive – nach ihrem notdürftig zusammengeflickten Übereinkommen, am Vorabend von Bodos Abfahrt zur Ostfront. Mehr als den Verzicht, sich in diesem Augenblick mit der Schwester eines Hochverräters *öffentlich* zu verloben, hatte der Generalrichter seinem Sohn nicht abzwingen können. Seiner Weigerung, dieser Mesalliance jemals die väterliche Zustimmung zu geben, hatte Bodo die Drohung entgegengesetzt, sich sofort mit dieser Person zu verheiraten, die ihn offenbar schon seit Wochen in jeder freien Stunde an seinem Potsdamer Kasernentor abgeholt hatte – auch dann noch, *auch* dann noch, als Annes Bruder schon verhaftet war!

Der Mann, statt dankbar zu sein, daß er als Schwerverwundeter mit einem der letzten Flugzeuge aus dem Kessel von Stalingrad ausgeflogen worden war, hatte nach seiner Genesung schamlos erklärt, nicht die Russen, sondern der Führer habe die 6. Armee zugrunde gerichtet. Und Bodo stand nicht davon ab ...

Der Generalrichter, qualvoll erbittert, mochte das nicht wieder zu Ende denken. Er sah sich fest an einem Wasserfleck, der jetzt wie ein überlebensgroßer Fingerabdruck die Wand über der Büste des Führers durchdrang. Die kolossale Bronze war unerschütterlich auf ihrem Sockel geblieben, obgleich der Luftdruck des nächtlichen Bombardements selbst Rohre im Gerichtshof aus der Wand gerissen hatte ...

Der Generalrichter hörte kaum dem steifschneidigen Staatsanwalt zu. Bodo schien kein Gefühl dafür zu haben, auch seine Mutter nicht, was es ihn kostete, diese Tragödie zur Farce – und dem Führer das Wort im Mund umzudrehen, nur damit dieses aufsässige Frauenzimmer vor dem Beil bewahrt blieb. Wer sonst, wenn er den Vorsitz abgelehnt hätte, würde auch nur daran interessiert sein, Hitlers ironisch wegschiebende Anordnung nach Tisch, die Angeklagte solle «in eigener Person der Anatomie die Leiche zurückerstatten», so auszulegen, als dürfe das Mädchen den Beerdigten stillschweigend zurückbringen?

Der Führer, beiläufig vom Propagandaminister unterrichtet, während ihm die Ordonnanz schon neue Depeschen über den politischen Umsturz in Italien reichte, hatte zweifellos nicht einmal an ein Gerichtsverfahren gedacht: Anne sollte enthauptet und der Anatomie zur Abschreckung jener Medizinstudenten «überstellt» werden, die vermutlich bei der Beseitigung der Leiche ihres Bruders geholfen hatten. Hier in der Reichshauptstadt, unter den schadenfrohen Augen des Diplomatischen Korps, das hatte Hitler noch angefügt, sollte nicht geräuschvoll nach ungefährlichen Querulanten unter den Studenten gefahndet werden: peinlich genug, daß im Frühjahr die feindliche Presse von der Studentenrevolte in München Wind bekam, weil Freislers Volksgerichtshof zwar schlagartig, aber doch zu laut damit aufgeräumt hatte.

Der Generalrichter, selten im Hauptquartier, noch seltener am Tische Hitlers, hatte mit erfrorenen Lippen «Jawohl, mein Führer» gemurmelt und später, ein geblendeter Gefangener, nicht mehr zu seinem Wagen hingefunden. Wie hätte er denn in Hitlers kaltblaue, rasputinisch zwingende Augen hinein das beschämende, das unmögliche Geständnis ablegen können, dieses Mädchen, die Schwester eines Hochverräters, sei heimlich mit seinem Sohn verlobt ...

Jetzt verfiel er, Schweiß unter der Mütze, in den unsachlich persönlichen Tonfall des betagten Admirals und versprach der Angeklagten fast vertraulich mildernde Umstände. Unduldsam, aber genau entgegnete er dem Staatsanwalt: zwar sei nur während des Alarms das Kellergeschoß der Universität in der Nacht zugänglich; auch seien die Gitter dreier Fenster der Anatomie ebenfalls entfernt worden, um zusätzliche Notausgänge zu schaffen; und nur infolge der katastrophalen Verwirrung durch das Bombardement habe die Angeklagte die Schlüssel an sich bringen können. Dennoch: die Beseitigung der Leiche sei keine persönliche Bereicherung, «mithin» könne von Plünderung nicht gesprochen werden. Auch sei die Beerdigung nicht unbedingt ein staatsfeindliches Bekenntnis, da es sich bei dem Verräter um den Bruder handele. Als mildernder Umstand gelte noch die seelische Zerrüttung: der Verurteilung des Bruders sei bekanntlich der Freitod ihrer Mutter gefolgt.

Verdächtig, dachte der Staatsanwalt, ein straffgekämmter Hamburger mit einer Stimme wie ein Glasschneider – verdächtig. Aber der Ton des Generals ließ ihn verstummen. Er entblößte sogar die Zähne, ohne daß ein geplantes verbindliches Lächeln daraus wurde: Der Vorsitzende entschied nämlich auch darüber, ob er ihn weiterhin benötigte oder ihn zur Front «abstellte». Er hätte ihn gern in die Hand bekommen, diesen Chef. Es war doch lachhaft, daß er jetzt der Angeklagten eine befristete Zuchthausstrafe versprach, wenn sie die Exhumierung ihres Bruders unter Bewachung vornähme; ein solches Angebot, sicher, man brauchte sich später nicht daran zu halten – stand in keinem Verhältnis zu ihrem Verstoß gegen den Führerbefehl, politischen Verbrechern das Begräbnis zu verweigern ...

Während er voller Genugtuung die Beugung des Gesetzes durch seinen Chef bedachte; während der Admiral mit dem wehmütigen Wohlgefallen alter Männer diese halberloschene «Pracht von einem Mädel» da auf der Anklagebank teilnahmsvoll mit Blicken tätschelte; und während der Wasserfleck über der Büste des Führers vor dem langen wutroten Fahnentuch weiter und dunkler um sich fraß, zwang sich der General, schon ohne Atem, schon ohne Hoffnung zur äußersten Brutalität: «An langwierige Nachforschungen kann das Gericht zu diesem Zeitpunkt des Totalen Krieges keine Kräfte verschwenden», drohte er heiser und hastig Anne und sich selbst. «Sie können sich 24 Stunden überlegen, ob Ihre Helfershelfer in der Anatomie die Leiche Ihres Bruders dort wieder vorfinden – oder ob die Mitwisser durch Einlieferung *Ihres* Körpers, Kopf vom Rumpf getrennt, darüber aufgeklärt werden sollen, daß wir Nationalsozialisten jeden defätistischen Ungehorsam rücksichtslos ausmerzen.»

Die Todesangst gab sie nun nicht mehr frei. Doch am Abend waren ihre Hände immerhin so ruhig, daß sie Bodo schreiben konnte. Es war schon der Abschied, das wußte sie, und Brandenburg, der gute Wärter, der gleich bei Annes Einlieferung mit fröstelndem Grauen «die Schwester» erkannt hatte, war bereit, ihren Brief als Flug-Feldpost hinauszuschmuggeln.

«Du wirst erfahren, wo ich meinen Bruder beerdigt habe, und wenn Du mich später wieder suchst, so nimm ein paar Zweige von unserer Birke an der Havel und lege sie auf sein Grab, dann bist Du mir nahe.»

Sie wollte Pfarrer Ohm anvertrauen, wohin sie den Bruder gebracht hatte – wenigstens *er* blieb vor den Schergen und Schändern in Sicherheit. Dieser Gedanke bewahrte sie davor zu bereuen, obwohl sie nicht mit der Todesstrafe gerechnet hatte und bei der Drohung des Generalrichters zusammengebrochen war.

Gewaltsam vertiefte sie sich in die schon Traum gewordene Erinnerung an die Nacht vor zehn Tagen, um nicht wieder völlig von der Angst erbeutet zu werden. «Das Gericht glaubt Ihnen nicht, daß Sie den Bruder auf den Invalidenfriedhof geschafft haben!» hörte sie die durch Gekränktsein verschärfte Stimme des Generalrichters – ich würde das auch nicht glauben, dachte sie jetzt mit einem Sarkasmus, der sie für einen Moment belebte, fast erheiterte …

Und wenigstens innerlich riß sie sich los von Wand und Gitter, heraus aus der Zelle – und sie war frei, solange sie draußen an den Streifen Erde dachte, an den heidnisch alten, schon seit Generationen stillgelegten Totenacker, rings um die noch mit Feldsteinen aufgetürmte Marienkirche, im ältesten Stadtteil, ganz nahe der Universität. Die mächtigsten, die königlichen Bäume Berlins wölbten sich dort domhoch über die wenigen Grabsteine dahingesiechter Jahrhunderte, und einen der Steine, einen starken Schild der Ruhe, ausgeweint von Regen und Schnee, zerrissen wie – wie Mutters letztes Gesicht, hatte sie an jenem Nachmittag zum Grabstein des Bruders bestimmt. Sie wollte Ohm jetzt bitten, ihr die Bibelstelle zu übersetzen, die sie dort noch mühsam herausgelesen hatte: Apost. 5,29 – während der Name für die Augen, auch für die tastende Hand schon verloren war.

Wie viele hatten dort wohl Ruhe gefunden. Aus Scheu grub Anne nicht sehr tief. Sie hatte mit einem großen Messer die dicke Decke aus Moos und Rasen ziemlich spurlos herausgetrennt, während ihr sichernder Blick, sooft sie aufsah in die laute Nacht, über die glutsprühenden Dächer wie in eine Schmiede fiel. Ganz Berlin eilte in chaotisch geschäftigen Löschzügen zu den Bränden, und Anne ließ sich einfach mitreißen von dem Wirbel, als sie, sofort nach dem Ende des Angriffs, mit dem Handwagen den Hof der Universität verließ – woran sich später die Denunziantin, eine Kommilitonin, erinnern konnte. Die phosphoreszierte Friedrichstraße hatte sich brechend und verglühend im Feuerwind gegen den Himmel gebäumt, eine flackernde Fahne der Verwüstung. Und dann – wie eine Friedensinsel, so meerweit getrennt von der orgiastischen Brandwut, lag der dunkle Acker da. Niemand störte sie. Vor der Straße durch verwilderte Forsythien geschützt, geschützt im Rücken durch die gotische Nische, grub sie ohne Hast und warf die Erde auf die Plane, die den Bruder bedeckt hatte. Und sie spürte die große Anstrengung nicht, als sie den Körper vom Wagen hob und ihn noch einmal hob und bettete. Doch vermied sie, das friedlose Gesicht anzusehen; denn am Nachmittag in der Anatomie war sie hinausgestürzt, sich zu erbrechen. Sie breitete ihren Sommermantel über den Bruder – dessen Todeskälte sie starr machte; Minuten vergingen, bis Tränen und ihre Berührung der Erde dieses Erstarrtsein von ihr nahmen; nun konnte sie Erde auf den Mantel werfen – doch dann sah sie sich schon in der Falle: ihre Beine, ihr Rock, ihre Hände waren so sehr von der feuchten Erde beschmutzt. Atemlos warf sie das Grab zu. Erst als sie, wieder kniend, schon den Rasen auflegen wollte, wurde ihr bewußt, daß nach dieser Brandnacht Zehntausende ebenso beschmutzt herumlaufen würden. Da ließ sie sich Zeit. Behutsam deckte sie die Erde ab, verteilte den Rest unter Büschen und preßte mit den Händen das Moos fest. Ehe sie mit dem Handwagen auf die Straße ging, schlich sie spähend hinaus, wartete, bis ein schweres Lastauto den Lärm verstärkte, und nach fünfhundert Metern erreichte sie wieder das erste brennende Haus; und etwas weiter, da riefen zwei Hitlerjungen sie um den leeren Wagen an, packten Koffer und Körbe und schließlich noch eine hysterische Frau obenauf, die sie unversehrt aus dem Keller gezogen hatten, und Anne ließ sich versprechen, sie würden den Wagen morgen am Hauptportal zum Invalidenfriedhof abstellen, und dann warf sie die Schaufel und die Plane in die schwelenden Trümmer. Später fand sie einen Hydranten, an dem die Feuerwehr gerade den Schlauch abschraubte, und da wusch sie sich die Beine und das Gesicht und die Arme. Und hinter ihr trug man Tote weg, und sie floh aus den Trümmerstraßen, getrieben, sich bei Bodo zu bergen, überwältigt von einer quälenden Gier nach Leben – um es zu vergessen, das Leben.

Das hätte sie ihm gern geschrieben, jetzt, wo die Angst sie wieder hochjagte von der Pritsche und die zweimal zwei Meter des Käfigs ihr unter den Füßen zu schrumpfen – und dann wegzusacken schienen wie die Klappe des Galgens. Sie durfte ihm nicht verraten, wie trostlos sie war. So zwang sie sich, ihm zu schreiben, sie fände es nicht sinnlos, zu sterben für das, was sie getan hatte. Das war die Wahrheit, aber nicht die ganze. Auch das war aufrichtig: daß sie den Tod, da schon so unzählige Generationen «drüben» seien, nicht fürchten könne; daß sie sich aber in erstickendem Ekel mit der Hand an die Kehle griff, sooft sie ans Sterben dachte, an die Anatomie, das verschwieg sie. Und endlich fand sie sogar etwas Ruhe in dem banalen Gedanken: so viele müssen sterben können, Tag für Tag, und die meisten wissen nicht einmal wofür – ich werde es auch können. Und sie fand es nur noch anmaßend, nach einem Sinn zu fragen, und sie konnte jetzt denken: daß so viele schon drüben sind, daß alle nach drüben kommen, das muß mir, das *muß* mir genügen.

Das letzte verschwieg sie auch sich. Brandenburg wartete auf den Brief. Sie mußte einen kleinen Halt, ein einziges Wort, das ihm blieb, hineinlügen – und da sie einen Stern durchs Gitter sah, den sie nicht kannte, und noch einen, so fiel ihr ein, was sie im letzten Urlaub verabredet hatten, beim Segeln in einer hohen hellen Nacht: immer aneinander zu denken, wenn sie abends den Großen Wagen sähen, Bodo in Rußland, sie in Berlin. Und sie schloß: «Ich sehe durchs Gitter unseren goldenen Wagen, und da weiß ich, daß Du jetzt an mich denkst, und so wird das jeden Abend sein, und das macht mich ruhig. Bodo, lieber Bodo, alle meine Gedanken und Wünsche für Dich vertrau ich ihm an, für immer. Dann weiß ich, sie erreichen Dich, wie weit wir auch getrennt sind.»

Die Planierung des Gerichtshofes durch eine Luftmine verlängerte Annes Bedenkzeit auf elf Tage.

Ihr Pflichtverteidiger schaufelte mit rotplumpen Händen nur hilflos leere Luft; sie hatte ihn zwanzig Minuten vor der ersten Verhandlung kennengelernt. Bei seinem zweiten und letzten Besuch sah er sich um nach der Zellentür, als erwarte er von dort einen Genickschuß. Dann wisperte er, sein Taschentuch neben dem Mund: «Die Frau des Generalrichters war heute früh bei mir, sie hat geweint – jetzt weiß ich erst, daß ihr Sohn und Sie ... also: der General wird Sie retten, wenn Sie sich sofort bereit erklären ...» Anne, als dürfe sie das nicht hören, bat ihn hektisch, endlich eine Nachricht von Bodo herbeizuschaffen.

Die Besuche des Pfarrers waren ihr gefährlicher. Ohm versuchte Anne klarzumachen, daß ein Unbestatteter nach christlicher Auffassung nicht ruhelos bleibe. Und sosehr sie seine Besuche herbeisehnte, so erleichtert war sie, wenn er ging. Sie weinte jedesmal, schließlich war sie so verwirrt, daß sie nicht mehr wußte, ob sie ihm das Geheimnis zuletzt für Bodo anvertrauen dürfe.

Vier Tage und Nächte teilte sie dann die Zelle mit einer neunzehnjährigen polnischen Zwangsarbeiterin, die ihr aus zerknetetem Brot einen Rosenkranz formte, mit dem Anne sowenig beten konnte wie – ohne ihn. Die Verschleppte aus Lodz hatte sich heimlich, während eines Fliegeralarms, in einer Dresdner Bäckerei satt gegessen und sollte deshalb als Plünderer geköpft werden. Sie war nicht tapfer, aber stoisch, so daß ihre Gegenwart Anne erleichterte – während der Generalrichter gehofft hatte, das Zusammensein mit der rettungslos Verlorenen, die nicht einmal Angehörige benachrichtigen durfte, mache Anne geständig. Und wahrscheinlich wäre seine Rechnung dennoch aufgegangen. Als nämlich der Polin die Stunde schlug – im lauernden Morgenlicht des zehnten Tages von Annes Bedenkzeit – und sie aufgerufen wurde, ohne Gepäck mitzukommen, umarmten und küßten sie sich – Schwestern vor dem Henker; und Anne, durch die Berührung mit dem schon ausgebluteten Gesicht der Gefährtin jäh wie vom kalten Stahl des Fallbeils selbst angerührt, wurde mit einem Schnitt innerlich abgetrennt von ihrer Tat: Sie begriff das Mädchen nicht mehr, das seinen Bruder bestattet hatte – wollte es nicht mehr *sein*, wollte zurücknehmen. Damit war sie vernichtet. Allein gelassen, duckten ihre Nerven sich vor jedem Schritt draußen auf dem Gang, dessen blendender Linoleumläufer nicht betreten werden durfte. Ihr flatternder Blick stieß sich wund an den Mauern und verfing sich in den Gitterstäben, durch die der Tag hineinprahlte. «Das Leben geht weiter» – diese roheste aller Platitüden, sie verbrannte ihr Herz. Noch in den Spatzen, die sie beim Rundgang im Hof auf Kokoshalden gesehen hatte, demütigte sie diese ordinäre Wahrheit. Und was Bodo ihr zum Trost gesagt hatte, als sie erfuhr, ihr Bruder werde gehenkt, das nagelte nun Stunde um Stunde ihre kaltwache Vorstellungkraft auf das Brett unterm Messer, auf dem man sie anschnallen würde, und richtete ihre Augen auf die Blutrinne in den Fliesen hinter der Guillotine: der rumpflose Kopf lebt da unten noch weiter, noch lange, zwar blind, doch vermutlich bei Bewußtsein, manchmal eine halbe Stunde – während der Tod am Galgen meist schneller eintritt. Mit dieser Feststellung hatte der Generalrichter vor seiner Familie einmal zu rechtfertigen versucht, daß er «Verräter», denen die Kugel verweigert wurde, dem Strang überantwortete, und Bodo hatte Anne mit nichts anderem beruhigen können. Was mochte jetzt *er* durchleiden, seit er wußte, was ihr bevorstand? Denn Frauen, auch das hatte er ihr damals gesagt, blieb laut Führerweisung das Beil verordnet ...

Als man aber später dem Pfarrer aufschloß, kam sie nicht dazu, ihre Tat zurückzunehmen. Sein Gesicht war eingestürzt. Und seine Unfähigkeit, das erste Wort zu finden, gab Anne für die Dauer weniger Atemzüge die Kraft, Gelassenheit vorzutäuschen. Sie glaubte, er müsse ihr sagen, sie sei schon verurteilt. Sie deutete an, er könnte «es» sagen. Da murmelte er, und sie hielten sich aneinander fest: «Ihr Verlobter – Bodo, hat sich in einem russischen Bauernhaus erschossen.»

Lange erst, nachdem er es gesagt hatte, hörte sie ihn: «Man fand nur Ihren Brief bei ihm, er hatte ihn erst eine halbe Stunde ...»

«Brief?» – und er las an ihren Augen ab, daß sie das nicht begriff. Bodo hatte auch seiner Mutter nicht mehr geschrieben. Das sagte er ihr. «Kein Brief – kein – *nichts* für mich?»

Nun mußte er es *doch* sagen. «Er wollte zu Ihnen ... verstehen Sie!» sagte der Geistliche, und seine Augen zuckten. Er mußte es wiederholen: «Bodo wollte bei Ihnen sein. Er glaubte doch – er dachte, Sie seien schon ... tot.»

Hitler zeichnete alsbald den Generalrichter mit der höchsten Stufe des Kriegsverdienstkreuzes aus und empfing den durch häufiges Weinen noch treuer gewordenen Mann persönlich im Hauptquartier. Bei Tisch sagte er an diesem Tag, und es war das erste Mal, daß seine Tafelrunde ihn erbittert über den entmachteten, aber von ihm noch immer sehr verehrten Mussolini sprechen hörte, der italienische Staatschef könne sich ein Beispiel nehmen an diesem deutschen Richter, der in heroischer Weise die Staatsräson seinen familiären Gefühlen übergeordnet habe – und solle sich endlich dazu aufraffen, seinen Schwiegersohn, den Verräter Graf Ciano, in Verona erschießen zu lassen.

Der Generalrichter hatte sein Angebot nicht ausdrücklich widerrufen, wäre aber – nach Bodos Tod war er zwei Tage nicht zum Dienst erschienen – vielleicht auch nicht mehr imstande gewesen, die Delinquentin noch aus der angelaufenen Vernichtungsmaschinerie zurückzureißen. Sie hatte Anne automatisch in dem Augenblick erfaßt, in dem sie ins Gefängnis Lehrter Straße überführt worden war – schon als «Paket». Das war die Fachbezeichnung für «Patienten mit geringer Lebenserwartung», wie die besseren Herren der Justiz, die sich in fast jeder Situation ihren Witz bewahrten, zu sagen pflegten.

Paket besagte: als juristische Person abgebucht, zur Dekapitation und behördlich überwachten Kadavernutzung freigegeben.

Das Honorar für Urteil, Gefangenenkost und Scharfrichter sowie «für Übersendung dieser Kostenrechnung» war bei politischen Verbrechern per Nachnahme von den Angehörigen einzutreiben, im Falle ihrer «Nichtauffindung» oder bei Ausländern der Staatskasse «anzulasten».

Seit Anne wußte, wie Bodo ein Leben ohne sie eingeschätzt hatte, fand auch sie selbst in ihren starken Augenblicken das Leben nur noch überwindenswert – und doch hatte sie ein Gnadengesuch geschrieben, dem sie sich nun gedemütigt ausgeliefert sah. Nur körperliche Schwäche – denn «Pakete» bekamen in ihren absichtlich überheizten Zellen fast nichts mehr zu essen, an manchen Tagen nur eine Handvoll Kraut –, nur ihre Schwäche verdrängte zuweilen ihre seelischen Heimsuchungen. Der Hungerschmerz reduzierte sie auf ihre Animalität, und zuzeiten nahm das hysterisch gesteigerte Bedürfnis nach einem Stück Seife ihr den Blick dafür, daß sie gesetzlichen Anspruch nicht einmal mehr auf Sauerstoffzufuhr hatte. Schließlich atmete sie nur noch, weil sie in lächerlicher Verkennung der Kriegslage dem Größenwahn erlegen war, der Führer oder auch der Herr Reichsminister für Justiz fänden noch Zeit, sich mit einem Gnadengesuch zu befassen – das aber selbstverständlich, trotz seiner «Nicht-Vorlage» niemals übereilt abgelehnt wurde, sondern erst nach einer humanen Frist, wie sie in der Verordnung vom 11. Mai 1937 bestimmt worden war.

Manchmal entrissen ihre Toten, der Freund, die Mutter, der Bruder, Anne ihrer Angst und bewirkten, daß das Unvorstellbare, ihr eigenes Totsein, vorstellbar wurde ohne Entsetzen, ja eben als die wahre verläßliche Freiheit. In solchen Momenten war sie bereit. In den Nächten, wenn sie lag, überwog ihre Daseinsbegierde. Am Tag, unter der Folter der Zuchthausgeräusche, wenn ein Wagen im Hof, wenn Schritte und Lachen und Schreie und Schlüssel ihr den Vollstrecker anzukündigen schienen, versuchte sie, auf ihrem Schemel unter dem Gitter, sich abzuwenden von der gegenüberliegenden Tür, von dem Kübel und den Würgehänden, die sie seit der Gerichtsverhandlung nach sich greifen sah – und in die Einsicht zu flüchten, daß allein der Tod uns beschützen kann. Der Tod, nicht Gott. Denn zu jung, um ergeben zu sein, trennte sie von *dem* wie eine Eiszeit die kosmische Gleichgültigkeit, mit der er seinem Geschöpf gegenüberstand, echolos wie die Zellwand. Von «oben» erhoffte sie nichts als ihre schnelle Hinwegnahme durch eine Bombe, denn «Pakete» wurden während der Fliegerangriffe auf Berlin nicht aus ihren Gehäusen im fünften Stockwerk in die Luftschutzkeller mitgenommen; das hätte zu hohen «Personalaufwand» erfordert. Einmal splitterte die Scheibe in ihre Zelle – es war der Augenblick, sich die Adern zu öffnen, aber Hoffnung und Schwäche hinderten sie. Und als sie es endlich gekonnt hätte, da war Tag, und ihre Wärterin, eine kinderreiche Witwe, die Anne oft heimlich einen Apfel mitbrachte, entfernte mit geradezu antiseptischer Sorgfalt auch den winzigsten Splitter, nicht nur aus Annes Käfig, sondern sie fand bei der «Filzung», wie sie die Leibesvisitation nannte, auch das scherenspitze Glas, das Anne als letzte Waffe gegen ihre äußerste Entwürdigung in ihrem Haar unter dem gestreiften Kopftuch versteckt hatte. Sie lachte aus ihrer guten nahrhaften Brust, die deutsche Mutter, weil sie doch noch pfiffiger war als die Gefangene, sie lachte ohne jede Grausamkeit – und erschrak so sehr, als sie, zum erstenmal, in Annes Augen Tränen sah und ganz unvorbereitet ihr wimmerndes, verzweifeltes, irrsinniges Betteln um den Splitter abwehren mußte, daß sie schnell ging, einen Apfel zu holen.

Sogar ein Arzt gab jetzt acht, daß Anne bei voller Gesundheit auf das Schafott kam. Tatsächlich verlangte die bürokratisch geregelte Absurdität des «Endvollzugs» die Anwesenheit eines Mediziners, als man ihr endlich – eine Formalität von neunzig Sekunden – die unbegründete Ablehnung des Gnadengesuchs und die Stunde ihrer Enthauptung verlas. Ohne Auflehnung ließ

Anne, gefesselt seit der Urteilsverkündung, sich auch noch die Füße an eine kurze Kette legen und mit sechs anderen jungen Frauen, von denen eine noch ein Kind während der Haft geboren hatte, zum Auto nach Plötzensee bringen, wo ihnen ein halbidiotischer Schuster, der seit Jahren als Rentner dieses Privileg eifrig hütete, mit verschreckt geilen Augen und zutraulichem Geschwätz umständlich das Haar im Nacken abschnitt; dabei ließ er die schimmernde Flut von Annes sehr langen, blonden Haaren mit seniler Wollust durch seine riechenden Finger gehen, wickelte ihr Haar dann grinsend um einen seiner nackten Unterarme und tänzelte, die Schere unaufhörlich öffnend und schließend, um die Gefesselte herum, bis man ihn hinauspfiff wie einen Hund. Denn Anne mußte sich völlig ausziehen, um nur noch einen gestreiften Kittel und Sandalen anzulegen.

Die Todeszellen blieben offen, die Delinquenten waren an einen Mauerring gekettet. So sprach Pfarrer Ohm sie noch. Ob Anne sich jetzt des Wortes Apost. 5,29 erinnern konnte, das sie auf dem Grabstein des Bruders gefunden hatte; ob sie jenes Mädchen gewesen ist, das nach einer Chronik an diesem Nachmittag «wie eine Heilige starb»; oder ob sie es war, die zum Schafott ein Foto in den gefesselten Händen mitnahm, um für ihre Augen einen Halt zu finden – wir wissen es nicht. Pfarrer Ohm schrieb einige Jahre später auf eine Anfrage: «Ersparen Sie sich die technischen Einzelheiten, mein Haar ist darüber weiß geworden.»

Die Frauen wurden in kurzen Abständen über den knochengrauen Hof zum Schuppen des Henkers geführt. Dorthin durfte kein Geistlicher sie begleiten. Wer da, neben dem dreibeinigen Tischchen mit Schnaps und Gläsern, als Augenzeuge Dienst tat, der Admiral, der Staatsanwalt, ein Oberst der Luftwaffe als Vertreter des Generalrichters und ein Heeresjustizinspektor, der schwieg sich aus nach dem Krieg, um seine Pension nicht zu gefährden. Nur darüber berichtet das Register: Auch an diesem

5. August waltete als Nachrichter der Pferdeschlächter Röttger seines Amtes, der für seinen Schalk berüchtigt war und der, fast auf den Tag genau, ein Jahr später den Feldmarschall von Witzleben und elf seiner Freunde in Drahtschlingen erwürgte. Diese Hinrichtung wurde gefilmt, weil der Führer und sein Stab sich am Abend in der Reichskanzlei ansehen wollten, wie die Männer verendeten, die am 20. Juli 1944 versucht hatten, das Regime zu beseitigen. Ein Staatssekretär hat überliefert, daß selbst der satanische Parteigenosse Hitlers, sein Propagandaminister, während der Filmveranstaltung sich mehrmals die Hand vor die Augen hielt.

EPITAPH

Die Berliner Anatomie
erhielt in den Jahren 1939–1945
die Körper
von 269 hingerichteten Frauen

*Professor Stieve im «Parlament»*
*am 20. Juli 1952,*
*dem 8. Jahrestag*
*des gescheiterten Attentats*
*auf Hitler*

# Albert Camus

## DER GAST

**D**er Lehrer schaute zu, wie die beiden Männer zu ihm emporstiegen. Der eine war beritten, der andere zu Fuß. Sie waren noch nicht bei dem Steilhang angelangt, der zu seiner an den Hügel gebauten Schule führte. Inmitten der Steine stapften sie mühsam durch den Schnee über die unermessliche Weite der öden Hochebene. Das Pferd strauchelte von Zeit zu Zeit. Man hörte es noch nicht, aber man sah die Dampfwolke, die dann jedes Mal aus seinen Nüstern drang. Einer der Männer zumindest kannte die Gegend. Sie folgten der Piste, die doch schon seit Tagen unter einer schmutzig weißen Decke begraben lag. Der Lehrer rechnete sich aus, dass sie nicht vor einer halben Stunde oben ankommen würden. Es war kalt; er kehrte in die Schule zurück, um einen Sweater anzuziehen.

Er durchquerte das leere, eiskalte Klassenzimmer. Auf der Wandtafel flossen die vier mit verschiedenfarbigen Kreiden gezeichneten Ströme Frankreichs seit drei Tagen ihrer Mündung entgegen. Nach acht Monaten der Trockenheit hatte der Schneefall jäh um die Oktobermitte eingesetzt, ohne dass der Regen einen Übergang gebracht hätte, und die etwa zwanzig Schüler, die in den über die Hochebene verstreuten Dörfern wohnten, kamen nicht mehr. Man musste besseres Wetter abwarten. Daru heizte nur noch den einen, an das Klassenzimmer anstoßenden Raum, der ebenfalls die Hochebene gegen Osten überblickte und seine Wohnung bildete. Ein Fenster ging außerdem wie die des Klassenzimmers nach Süden. Auf dieser Seite befand sich die Schule ein paar Kilometer von der Stelle entfernt, wo das

Hochplateau gegen Süden abzufallen begann. Bei klarem Wetter konnte man die wuchtigen violetten Ausläufer des Gebirges sehen, in dem sich das Tor der Wüste öffnete.

Nachdem Daru sich ein bisschen gewärmt hatte, trat er wieder ans Fenster, von dem aus er die beiden Männer zuerst erblickt hatte. Man sah sie nicht mehr. Sie befanden sich jetzt also am Steilhang. Der Himmel war weniger dunkel, in der Nacht hatte es aufgehört zu schneien. Der Tag war mit einem schmutzigen Licht angebrochen, das kaum an Stärke zunahm, als die Wolkendecke höher stieg. Um zwei Uhr nachmittags hätte man meinen können, der Tag beginne eben erst zu dämmern. Aber das war immer noch besser als diese drei Tage, da inmitten der unaufhörlichen Finsternis dichter Schnee gefallen war, während hie und da ein Windstoß an der Doppeltür des Klassenzimmers rüttelte. Daru verbrachte lange Stunden geduldig in seinem Zimmer, das er nur verließ, um im Schuppen nach den Hühnern zu sehen und aus dem Kohlenvorrat zu schöpfen. Zum Glück hatte der kleine Lieferwagen von Tadjid, dem nächsten, nördlich gelegenen Dorf, ihn zwei Tage vor dem Sturm mit Lebensmitteln versehen. In achtundvierzig Stunden würde er wiederkommen.

Er hatte übrigens genug Vorräte, um eine ganze Belagerung auszuhalten: die Säcke voll Korn, die das kleine Zimmer beengten, waren ihm von den Behörden als Notvorrat überlassen worden, damit er den Schülern, deren Familien von der Dürre getroffen worden waren, etwas verteilen konnte. In Tat und Wahrheit hatte das Unglück alle getroffen, da sie ja alle arm waren. Jeden Tag erhielten die Kleinen eine Ration. Daru wusste genau, dass sie ihnen während dieser Zeit des schlechten Wetters gemangelt hatte. Vielleicht würde einer der Väter oder der großen Brüder an diesem Abend heraufkommen, und dann konnte er sie mit Korn versorgen. Es galt, die Zeit bis zur neuen Ernte zu überbrücken, weiter nichts. Jetzt waren Getreideschiffe aus Frankreich unterwegs, das Schlimmste war überstanden. Aber es würde schwer halten, dieses Elend zu vergessen, dieses Heer zerlumpter, in der Sonne umherirrender Schatten, die Monat um Monat versengten Hochplateaus, die allmählich in sich zusammengeschrumpfte, buchstäblich geröstete Erde, auf der jeder Stein unter den Füßen zu Staub zerbarst. Da starben die Schafe zu Tausenden, und auch ein paar Menschen hier und dort, ohne dass man dies immer erfuhr.

Er, der in seiner abgelegenen Schule ein beinahe mönchisches Dasein führte, zufrieden übrigens mit dem so wenigen, das er besaß, und mit der Rauheit seines Lebens, fühlte sich angesichts dieses Elends geradezu als Herr, wenn er an seine vier verputzten Wände, sein schmales Ruhebett, seine Bücherregale aus rohem Holz, seine Zisterne und seine wöchentliche Versorgung mit Nahrung und Wasser dachte. Und da plötzlich dieser Schnee, ohne Warnung, ohne die entspannende Wohltat des Regens. So war das Land, es machte das Leben grausam und schwer, selbst abgesehen von den Menschen, die wahrhaftig nichts vereinfachten. Aber Daru war hier geboren. Überall sonst fühlte er sich als Fremdling.

Er trat aus dem Haus und schritt über den ebenen Vorplatz vor der Schule. Die beiden Männer befanden sich jetzt auf halber Höhe des Abhangs. Der Reiter war Balducci, der alte Gendarm, den er schon seit langem kannte. An einem Strick führte er einen Araber, der mit gefesselten Händen und gesenkter Stirn hinterdrein trottete. Der Gendarm machte eine grüßende Gebärde, die Daru unbeantwortet ließ, so sehr war er damit beschäftigt, den Araber zu betrachten; er trug eine ehemals blaue Djellabah und Sandalen an den mit Socken aus grober, ungefärbter Wolle bekleideten Füßen; ein schmaler, kurzer Chéche bedeckte seinen Kopf. Sie kamen näher. Balducci ritt ständig im Schritt, um den Araber nicht zu verletzen, und so ging es nur langsam vorwärts.

Als sie sich auf Rufweite genähert hatten, schrie Balducci: «Eine Stunde für die drei Kilometer von El Ameur hierher!»

Daru, klein und vierschrötig in seinem dicken Sweater, gab keine Antwort, sondern schaute zu, wie sie emporstiegen. Kein einziges Mal hatte der Araber den Kopf erhoben. «Willkommen», sagte Daru, als sie auf den Vorplatz gelangten. «Kommt herein und wärmt euch.» Balducci stieg schwerfällig aus dem Sattel, ohne den Strick loszulassen. Unter seinem gesträubten Schnurrbart lächelte er dem Lehrer zu. Seine kleinen, dunklen, tief liegenden Augen unter der sonnenverbrannten Stirn und sein von Fältchen umgebener Mund verliehen ihm ein aufmerksames, beflissenes Aussehen. Daru fasste das Tier beim Zügel und brachte es in den Schuppen, dann kehrte er zu den beiden Männern zurück, die nun in der Schule auf ihn warteten. Er führte sie in seine Stube. «Ich will im Klassenzimmer heizen», sagte er, «wir haben es bequemer dort.» Als er zurückkehrte, saß Balducci auf dem Diwan. Er hatte den Strick gelöst, der ihn an den Araber band, und dieser kauerte nun neben dem Ofen. Seine Hände waren nach wie vor gefesselt, er hatte seine Kopfbedeckung nach hinten geschoben und schaute zum Fenster hinüber. Daru sah zunächst nur seine riesigen, vollen und glatten Lippen, die beinahe an einen Neger gemahnten; die Nase indessen war gerade, seine dunklen Augen schimmerten fiebrig. Der Chéche gab jetzt eine eigensinnige Stirn frei, und das ganze Gesicht mit der gegerbten, von der Kälte nun ein wenig entfärbten Haut trug einen zugleich ängstlichen und aufrührerischen Ausdruck, der Daru betroffen machte, als der Araber ihm den Kopf zukehrte und ihm voll in die Augen blickte.

«Kommt ins Klassenzimmer», sagte der Lehrer, «ich mache euch Minzentee.»

«Danke», sagte Balducci. «So eine Schinderei! Wenn ich nur schon pensioniert wäre!» Und an seinen Gefangenen gerichtet, fügte er auf Arabisch hinzu: «Komm.» Der Araber erhob sich und begab sich langsam, seine gefesselten Handgelenke vor der Brust zusammenschließend, ins Schulzimmer.

Gleichzeitig mit dem Tee brachte Daru einen Stuhl. Aber Balducci thronte bereits auf dem vordersten Schülerpult, und der Araber hockte zusammengekauert am Lehrerpodium, dem Ofen gegenüber, der zwischen Schreibtisch und Fenster stand. Als Daru dem Gefangenen sein Glas Tee reichen wollte, zögerte er beim Anblick seiner gebundenen Hände. «Vielleicht könnte man ihm das abnehmen?»

«Gewiss», sagte Balducci. «Es war nur für unterwegs.» Er machte Anstalten, sich zu erheben. Aber schon hatte Daru das Glas auf den Boden gestellt und war neben dem Araber niedergekniet. Der schaute ihm wortlos aus seinen fiebernden Augen zu. Als seine Hände frei waren, rieb er seine geschwollenen Handgelenke aneinander, dann nahm er sein Glas und sog die kochend heiße Flüssigkeit hastig in sich ein.

«Schön», sagte Daru. «Und wohin soll die Reise denn gehen?»

Balducci hob seinen Schnurrbart aus dem Tee. «Hierher, mein Sohn.»

«Ihr seid mir sonderbare Schüler! Wollt ihr hier übernachten?»

«Nein. Ich kehre gleich nach El Ameur zurück. Und du wirst unseren Kumpan in Tinguit abliefern. Er wird in der frankoarabischen Gemeinde erwartet.»

Balducci schaute Daru mit einem leisen, freundschaftlichen Lächeln an.

«Was faselst du da?», sagte der Lehrer. «Du willst mich wohl auf den Arm nehmen!»

«Nein, mein Sohn. So lauten die Befehle.»

«Die Befehle? Ich bin doch kein …» Daru zögerte, er wollte den alten Korsen nicht kränken. «Ich meine, es ist nicht mein Beruf.»

«Na und? Was will das schon heißen? Im Krieg übt man jeden Beruf aus.»

«Dann will ich die Kriegserklärung abwarten!»

Balducci nickte beifällig. «Gut. Aber die Befehle sind da, und sie gehen auch dich an. Es rumort, wie es scheint. Man munkelt von einer nahe bevorstehenden Erhebung. Wir sind in gewissem Sinn auf Kriegsfuß gestellt.»

Daru bewahrte seinen verstockten Ausdruck.

«Hör zu, mein Sohn», sagte Balducci. «Ich mag dich gut, aber so begreif doch! Wir sind in El Ameur kaum ein Dutzend Leute, um ein Land zu überwachen, das so groß ist wie ein kleines Departement, und ich muss zurück. Ich habe den Auftrag, dir diesen Burschen zu übergeben und unverzüglich zurückzukehren. Wir konnten ihn nicht behalten. Sein Dorf geriet in Aufruhr, sie wollten ihn heimholen. Du musst ihn im Verlauf des morgigen Tages nach Tinguit bringen. Du willst mir doch nicht angeben, dass zwanzig Kilometer einem strammen Kerl wie dir Angst machen. Nachher bist du die Sache los. Du kehrst zu deinen Schülern und zu deinem sorglosen Leben zurück.»

Jenseits der Mauer hörte man das Pferd prusten und scharren. Daru schaute zum Fenster hinaus. Das Wetter wurde ganz entschieden besser, das Licht breitete sich weiter über die verschneite Hochebene aus. Sobald der Schnee völlig geschmolzen war, würde die Sonne wieder herrschen und abermals die Felder von Stein versengen. Tagelang würde der unwandelbare Himmel von neuem sein trockenes Licht über die einsame Weite ausgießen, wo nichts an den Menschen gemahnte.

«Nun», fragte er und wandte sich wieder Balducci zu, «was hat er denn verbrochen?» Und ehe der Gendarm den Mund auftun konnte, erkundigte er sich noch: «Spricht er Französisch?»

«Nein, kein Wort. Es wurde seit einem Monat nach ihm gefahndet, aber sie hielten ihn versteckt. Er hat seinen Vetter umgebracht.»

«Ist er gegen uns?»

«Ich glaube nicht. Aber das weiß man ja nie.»

«Warum hat er getötet?»

«Familienhändel, glaube ich. Der eine soll dem anderen Korn schuldig geblieben sein. Eine unklare Sache. Kurz und gut, er hat den Vetter mit der Hippe umgebracht, weißt du, wie ein Schaf, zack! ...»

Balducci mimte den Schnitt einer Klinge an seiner Kehle und erregte damit die Aufmerksamkeit des Arabers, der ihn mit einer gewissen Besorgnis anblickte. Jäher Zorn überflutete Daru gegen diesen Mann, gegen alle Menschen und ihre dreckige Bosheit, ihren unermüdlichen Hass, ihren Blutwahn.

Aber der Wasserkessel summte auf dem Ofen. Daru schenkte Balducci nochmals Tee ein, zögerte und füllte dann auch das Glas des Arabers wieder, der ein zweites Mal gierig trank. Seine erhobenen Arme ließen jetzt die Djellabah aufspringen, und der Lehrer konnte seine magere, sehnige Brust sehen.

«Danke, mein Junge», sagte Balducci. «Und jetzt will ich machen, dass ich fortkomme.»

Er stand auf und näherte sich dem Araber, während er ein dünnes Seil aus der Tasche zog.

«Was machst du?», fragte Daru schroff.

Betroffen zeigte Balducci ihm den Strick.

«Nicht nötig.»

Der alte Gendarm zauderte. «Wie du willst. Du bist doch bewaffnet?»

«Ich habe mein Jagdgewehr.»

«Wo?»

«Im großen Koffer.»

«Neben deinem Bett solltest du es haben.»

«Warum? Ich habe nichts zu fürchten.»

«Du bist nicht ganz bei Trost, mein Sohn. Wenn sie sich erheben, ist keiner sicher, wir sitzen alle im gleichen Boot.»

«Ich werde mich zur Wehr setzen. Ich habe alle Zeit, sie herankommen zu sehen.»

Balducci setzte zu einem Lachen an, dann senkte sich der Schnurrbart plötzlich wieder über die noch weißen Zähne.

«Du hast alle Zeit? Schön. Das sagte ich ja eben. Du warst schon immer ein bisschen angeschlagen. Gerade deshalb mag ich dich, mein Sohn war genau wie du.» Während er sprach, zog er seinen Revolver hervor und legte ihn auf den Schreibtisch.

«Du kannst ihn behalten, ich brauche keine zwei Waffen von hier nach El Ameur.»

Der Revolver schimmerte auf dem Schwarz der Tischplatte. Als der Gendarm sich umdrehte, roch der Lehrer den von ihm ausgehenden Leder- und Pferdegeruch.

«Hör, Balducci», sagte Daru, «die ganze Geschichte widert mich an, angefangen bei deinem Kunden da. Aber ich werde ihn nicht ausliefern. Mich schlagen will ich, gewiss, wenn es sein muss. Aber das nicht.»

Der alte Gendarm stand aufrecht vor ihm und schaute ihn vorwurfsvoll an.

«Du begehst eine Dummheit», sagte er langsam. «Auch ich mag das nicht. Einem Menschen einen Strick anlegen – man gewöhnt sich nicht daran, trotz der Jahre nicht, und man schämt sich sogar, ja wahrhaftig. Aber man kann sie nicht einfach gewähren lassen.»

«Ich werde ihn nicht ausliefern», sagte Daru wieder.

«Es ist Befehl, mein Sohn. Ich wiederhole es dir noch einmal.»

«Ganz recht. Wiederhole ihnen, was ich dir gesagt habe: Ich werde ihn nicht ausliefern.»

Balducci machte eine sichtliche Anstrengung, um nachzudenken. Er schaute den Araber an und dann Daru. Endlich fasste er seinen Entschluss.

«Nein. Ich werde keine Meldung erstatten. Wenn du dich von uns lossagen willst, tu, was du nicht lassen kannst, ich werde dich nicht anzeigen. Ich habe Befehl, den Gefangenen abzugeben, und das tue ich. Jetzt musst du mir nur noch den Zettel unterschreiben.»

«Überflüssig. Ich werde nicht abstreiten, dass du ihn mir dagelassen hast.»

«Sei doch nicht so widerborstig. Ich weiß genau, dass du die

Wahrheit sagen wirst. Du bist von hier, du bist ein Mann. Aber unterschreiben musst du, das ist Vorschrift.»

Daru öffnete seine Schublade, holte ein viereckiges Fläschchen mit violetter Tinte hervor, den Federhalter aus rotem Holz mit der Spitzfeder, die ihm zum Vorzeichnen der Buchstaben diente, und unterschrieb. Der Gendarm faltete das Blatt sorgfältig zusammen und legte es in seine Brieftasche. Dann begab er sich zur Tür.

«Ich begleite dich hinaus», sagte Daru.

«Nein», erwiderte Balducci. «Gib dir keine Mühe mit Höflichkeiten. Du hast mich beleidigt.»

Er schaute den Araber an, der noch unbeweglich an der gleichen Stelle hockte, schniefte kummervoll und wandte sich zur Tür. «Lebe wohl, mein Sohn», sagte er. Die Tür fiel hinter ihm zu. Seine Gestalt tauchte vor dem Fenster auf und verschwand. Sein Schritt wurde vom Schnee gedämpft. Jenseits der Mauer begann das Pferd zu stampfen, Hühner gerieten in Aufruhr. Kurz darauf kam Balducci nochmals am Fenster vorbei, er zog das Pferd am Halfter nach sich. Ohne sich umzudrehen, ging er zum Steilhang; er verschwand und das Pferd folgte ihm. Man hörte einen großen Stein dumpf hinunterkollern. Daru kehrte zum Gefangenen zurück, der sich nicht gerührt hatte, ihn jedoch nicht aus den Augen ließ. «Warte», sagte der Lehrer auf Arabisch und schickte sich an, sein Zimmer aufzusuchen. Als er über die Schwelle treten wollte, besann er sich, ging zum Schreibtisch, nahm den Revolver und steckte ihn in die Tasche. Dann begab er sich in seine Stube, ohne sich umzuwenden.

Er blieb lange auf seinem Bett ausgestreckt liegen, schaute zu, wie der Himmel sich allmählich verschloss, und lauschte auf die Stille. Gerade diese Stille hatte ihn während der ersten Zeit bedrückt, als er nach dem Krieg hierher gekommen war. Er hatte um eine Stelle in der kleinen Stadt am Fuß des Vorgebirges eingegeben, das die Hochplateaus von der Wüste trennt. Im Norden grünes und schwarzes, im Süden rosarotes und violettes

Felsgemäuer bezeichnete dort die Grenze des ewigen Sommers. Man hatte ihm einen anderen Posten zugewiesen, weiter im Norden, auf der Hochebene selber. Anfänglich waren ihn die Einsamkeit und das Schweigen in diesem undankbaren, nur von Steinen bevölkerten Land hart angekommen. Zuweilen täuschten Furchen ein bebautes Feld vor, aber man hatte sie nur aufgebrochen, um einen bestimmten, zum Bauen geeigneten Stein zutage zu fördern. Man pflügte hier nur, um Steine zu ernten. Manchmal kratzte man auch ein paar Erdkrumen zusammen, die sich in Vertiefungen angesammelt hatten, um damit die kärglichen Gärten in den Dörfern fruchtbarer zu machen. So war es nun einmal, der Kiesel bedeckte für sich allein drei Viertel des Landes. Städte entstanden hier, blühten auf und gingen unter; Menschen traten flüchtig auf, liebten sich oder fuhren sich an die Gurgel und starben. In dieser Wüste zählte keiner einen Deut, er nicht und sein Gast nicht. Und doch hätte außerhalb dieser Wüste, dessen war Daru gewiss, der eine so wenig wie der andere wirklich zu leben vermocht.

Als er sich erhob, drang kein Geräusch aus dem Klassenzimmer. Er verwunderte sich über die ungeteilte Freude, die er beim bloßen Gedanken empfand, der Araber sei vielleicht entwichen und er werde wieder allein sein, ohne irgendeine Entscheidung treffen zu müssen. Aber der Gefangene war da. Er hatte sich bloß zwischen Ofen und Schreibtisch am Boden ausgestreckt. Mit weit offenen Augen betrachtete er die Zimmerdecke. In dieser Stellung sah man vor allem seine wulstigen Lippen, die ihm einen schmollenden Ausdruck verliehen. «Komm», sagte Daru. Der Araber erhob sich und folgte ihm. Im anderen Zimmer wies der Lehrer auf einen Stuhl neben dem Tisch am Fenster. Der Araber setzte sich, ohne die Augen von Daru abzuwenden.

«Hast du Hunger?»

«Ja», sagte der Gefangene.

Daru legte zwei Gedecke auf. Er nahm Mehl und Öl, knetete

in einer Schüssel einen Fladenteig und zündete den kleinen Butangas-Backofen an. Während der Fladen buk, ging er hinaus, um im Schuppen Käse, Eier, Datteln und Kondensmilch zu holen. Als der Fladen fertig war, stellte er ihn zum Abkühlen auf den Fenstersims, machte mit Wasser verdünnte Kondensmilch warm und schlug schließlich die Eier zu einem Pfannkuchen. Im Verlauf seiner Hantierungen stieß er an den in der rechten Hosentasche steckenden Revolver. Er stellte die Schüssel auf den Tisch, ging ins Klassenzimmer hinüber und legte den Revolver in seine Schreibtischschublade. Als er wieder ins Zimmer trat, war die Dämmerung hereingebrochen. Er zündete Licht an und bediente den Araber. «Iss», sagte er. Der andere nahm ein Stück Fladen, führte es gierig zum Munde und hielt inne.

«Und du?», fragte er.

«Du zuerst. Ich esse dann auch.»

Die dicken Lippen öffneten sich ein wenig, der Araber zögerte, dann biss er entschlossen in sein Stück Fladen.

Als sie gegessen hatten, schaute der Araber den Lehrer fragend an.

«Bist du der Richter?»

«Nein. Ich behalte dich bis morgen hier.»

«Warum isst du mit mir?»

«Ich habe Hunger.»

Der andere schwieg. Daru erhob sich und ging hinaus. Er brachte ein Feldbett aus dem Schuppen und stellte es quer zu seinem eigenen Bett zwischen Tisch und Ofen auf. Aus einem großen, aufrecht in einer Ecke stehenden Koffer, auf dem er seine Akten aufbewahrte, holte er zwei Decken und breitete sie über das Feldbett. Dann blieb er stehen, kam sich müßig vor und setzte sich auf sein Bett. Es gab nichts mehr zu tun, nichts mehr vorzubereiten. Er war gezwungen, diesen Mann anzuschauen. Also schaute er ihn an und versuchte, sich dieses Gesicht in rasendem Zorn vorzustellen. Es wollte ihm nicht gelingen. Er sah nur den zugleich düsteren und glänzenden Blick und den tierhaften Mund.

«Warum hast du ihn getötet?», fragte er in einem Ton, dessen Feindseligkeit ihn selbst überraschte.

Der Araber wandte die Augen ab. «Er ist davongelaufen. Ich habe ihm nachgesetzt.»

Er schaute Daru wieder an, und in seinen Augen stand etwas wie unglückliches Fragen.

«Was wird man jetzt mit mir machen?»

«Hast du Angst?»

Der andere saß plötzlich steif da und blickte zur Seite.

«Tut es dir Leid?»

Der Araber schaute ihn mit offenem Mund an. Es war ganz klar, dass er nicht verstand. Ärger begann in Daru hochzusteigen. Gleichzeitig kam er sich mit seinem kräftigen, zwischen den beiden Betten eingezwängten Körper linkisch und unbeholfen vor.

«Leg dich dahin», sagte er ungeduldig. «Es ist dein Bett.»

Der Araber rührte sich nicht.

«Sag mal!»

Der Lehrer blickte ihn an.

«Kommt der Gendarm morgen wieder?»

«Ich weiß nicht.»

«Kommst du mit uns?»

«Ich weiß nicht. Warum?»

Der Gefangene stand auf und legte sich mit den Füßen gegen das Fenster auf die Decken. Das Licht der elektrischen Birne fiel ihm gerade in die Augen, die er sogleich schloss.

«Warum?», wiederholte Daru, breitbeinig vor dem Bett stehend.

Der Araber schlug die Augen unter dem grellen Licht auf und sah ihn an, wobei er sich bemühte, nicht zu blinzeln.

«Komm mit uns», sagte er.

Mitten in der Nacht schlief Daru immer noch nicht. Er hatte

sich zu Bett gelegt, nachdem er sich völlig ausgekleidet hatte: er pflegte nackt zu schlafen. Aber als er aller Kleider entblößt im Zimmer stand, zögerte er. Er fühlte sich verwundbar und war versucht, sich wieder anzuziehen. Dann zuckte er die Achseln; er hatte sich schon in mancher misslichen Lage befunden, notfalls würde er seinen Gegner zu Boden schlagen. Von seinem Bett aus konnte er ihn beobachten; er lag nach wie vor unbeweglich auf dem Rücken und hielt die Augen vor dem harten Licht geschlossen. Als Daru es löschte, schienen die nächtlichen Schatten wie auf einen Schlag zu Eis zu erstarren. Allmählich gewann die Nacht wieder Leben, und der sternlose Himmel hinter den Scheiben begann sich sanft zu regen. Bald vermochte der Lehrer die vor ihm liegende Gestalt zu erkennen. Der Araber rührte sich noch immer nicht, aber seine Augen schienen jetzt offen zu stehen. Ein leiser Wind strich um die Schule. Vielleicht würde er die Wolken verjagen, und die Sonne kehrte zurück.

Im Verlauf der Nacht nahm der Wind an Stärke zu. Die Hühner gackerten ein wenig und verstummten dann. Der Araber drehte sich auf die Seite, sodass er Daru den Rücken zukehrte, und der Lehrer vermeinte ihn stöhnen zu hören. Dann lauschte er auf seine Atemzüge, die kräftiger und regelmäßiger geworden waren. Er horchte auf diesen so nahen Atem und sann vor sich hin, ohne einschlafen zu können. In diesem Zimmer, wo er seit einem Jahr allein schlief, empfand er die Gegenwart des anderen als störend. Sie störte ihn auch, weil sie ihm eine Art Brüderlichkeit aufzwang, die er unter den gegebenen Umständen ablehnte und deren Wesen ihm wohl bekannt war: Männer, Soldaten oder Gefangene, die ein und denselben Raum teilen, gehen eine seltsame Bindung ein, als fänden sie sich jeden Abend, sobald sie mit den Kleidern ihre Rüstung abgelegt haben, über ihre Eigenheiten hinweg in der zeitlosen Gemeinschaft der Müdigkeit und des Traums zusammen. Aber Daru verwies sich diese Gedanken, solche Dummheiten waren ihm zuwider, er musste schlafen.

Als der Araber sich jedoch ein wenig später unmerklich regte, schlief der Lehrer noch immer nicht. Bei der zweiten Bewegung des Gefangenen straffte sein Körper sich in Alarmbereitschaft. Der Araber richtete sich langsam, beinahe schlafwandlerisch auf den Ellenbogen auf. Dann saß er auf dem Bettrand und wartete unbeweglich, ohne den Kopf nach Daru umzuwenden, als lausche er mit gespanntester Aufmerksamkeit. Daru rührte sich nicht; ihm war eben eingefallen, dass er den Revolver in der Schreibtischschublade gelassen hatte. Es war klüger, unverzüglich zu handeln. Indessen fuhr er fort, den Gefangenen zu beobachten, der mit derselben Geschmeidigkeit seine Füße auf den Boden setzte, wiederum wartete und dann anfing, leise aufzustehen. Daru wollte ihn gerade anrufen, als der Araber sich in ganz natürlichem, aber unglaublich lautlosem Schritt zu entfernen begann. Er begab sich zur hinteren Tür, die in den Schuppen führte. Behutsam schob er den Riegel zurück, ging hinaus und zog die Tür hinter sich zu, ohne sie zu schließen. Daru hatte sich nicht bewegt. ‹Er reißt aus›, dachte er bloß. ‹Fort mit Schaden!› Dennoch horchte er angestrengt. Die Hühner blieben still, der andere war also auf dem freien Platz draußen. Dann vernahm er ein leises Geplätscher, dessen Bedeutung ihm erst klar wurde, als der Araber wieder unter der Tür auftauchte, sie sorgfältig schloss und sich geräuschlos hinlegte. Da kehrte Daru ihm den Rücken zu und schlief ein. Noch später vermeinte er in der Tiefe seines Schlafs schleichende Schritte um das Schulhaus zu hören. ‹Ich träume, ich träume!›, redete er sich ein. Und er schlief.

Als er erwachte, war der Himmel wolkenlos; durch die Ritzen des Fensters drang kalte, reine Luft. Der Araber schlief; er lag jetzt zusammengerollt unter den Decken, mit offenem Mund, in rückhaltloser Preisgabe. Aber als Daru ihn wachrüttelte, fuhr er in tiefstem Schrecken auf und schaute ihn, ohne ihn zu erkennen, aus verstörten Augen und mit einem so angstvollen Ausdruck an, dass der Lehrer einen Schritt zurückwich.

«Hab keine Angst. Ich bin's. Komm und iss.»

Der Araber schüttelte den Kopf und sagte ja. Sein Gesicht war wieder ruhig, aber sein Ausdruck blieb abwesend und zerstreut.

Der Kaffee war fertig. Sie saßen nebeneinander auf dem Feldbett, tranken und bissen in ihre Fladen. Dann führte Daru den Araber in den Schuppen und zeigte ihm den Wasserhahn, unter dem er sich zu waschen pflegte. Er kehrte ins Zimmer zurück, faltete die Decken, klappte das Feldbett zusammen, machte sein eigenes Bett und räumte auf. Dann ging er durch das Schulzimmer auf den Vorplatz hinaus. Schon stieg die Sonne am blauen Himmel empor; ein weiches, helles Licht überflutete das öde Hochplateau. Am Steilhang begann der Schnee stellenweise zu schmelzen. Bald würden die Steine wieder zum Vorschein kommen. Der Lehrer kauerte am Rand der Hochebene und betrachtete die wüste Weite. Er dachte an Balducci. Er hatte ihm wehgetan, er hatte ihn gewissermaßen fortgeschickt, als wollte er nicht mit ihm im gleichen Boot sitzen. Das Lebewohl des Gendarmen klang ihm noch im Ohr, und ohne zu wissen warum, fühlte er sich merkwürdig leer und hilflos. In diesem Augenblick vernahm man das Husten des Gefangenen auf der anderen Seite der Schule. Daru hörte beinahe wider Willen hin, dann warf er wütend einen Stein, der durch die Luft pfiff, ehe er sich im Schnee vergrub. Das sinnlose Verbrechen dieses Mannes empörte ihn, aber ihn auszuliefern ging gegen die Ehre: der bloße Gedanke daran war eine Demütigung, die ihn rasend machte. Und er verfluchte zugleich die Seinen, die ihm diesen Mann geschickt hatten, und den Araber, der es gewagt hatte, zu töten, der es aber nicht verstanden hatte, zu fliehen. Daru erhob sich, ging unentschlossen auf dem freien Platz hin und her, verharrte unbeweglich und betrat dann die Schule.

Der Araber stand über den Zementboden des Schuppens gebeugt und putzte sich mit zwei Fingern die Zähne. Daru betrachtete ihn. «Komm», sagte er dann. Von dem Gefangenen gefolgt, betrat er sein Zimmer. Er zog eine Jagdjoppe über seinen

Sweater und schlüpfte in seine Marschschuhe. Er wartete stehend, bis der Araber seinen Chéche wieder aufgesetzt und die Sandalen angezogen hatte. Sie gingen ins Schulzimmer hinüber, und der Lehrer wies auf die Tür. «Geh», sagte er. Der andere rührte sich nicht. «Ich komme», sagte Daru. Der Araber ging hinaus. Daru kehrte in sein Zimmer zurück, holte Zwieback, Datteln und Zucker und packte alles ein. Ehe er das Klassenzimmer verließ, stand er eine Sekunde zögernd vor seinem Schreibtisch, dann trat er über die Schwelle und schloss die Schule hinter sich ab. «Hier durch», sagte er. Er schlug die Richtung nach Osten ein, und der Gefangene folgte ihm. Aber als sie ein kleines Stückchen von der Schule entfernt waren, glaubte Daru, ein leises Geräusch in seinem Rücken zu hören. Er kehrte um und machte einen Rundgang um das Haus: Es war niemand da. Der Araber sah ihm zu, offensichtlich ohne zu begreifen. «Gehen wir», sagte Daru.

Sie marschierten eine Stunde und machten dann neben einer Felsnadel aus Kalkstein Halt. Der Schnee schmolz immer rascher, die Sonne sog die Lachen alsogleich auf und säuberte mit unglaublicher Geschwindigkeit die ganze Hochebene, die nach und nach trocknete und wie die Luft zu vibrieren begann. Als sie sich wieder auf den Weg machten, hallte der Boden unter ihren Schritten. Von Zeit zu Zeit schwang sich ein Vogel mit lebensfrohem Schrei vor ihnen durch den Raum. Tief atmend sog Daru das frische Licht in sich ein. Eine gewisse Berauschtheit stieg in ihm auf angesichts der gewaltigen, vertrauten Weite, die jetzt unter ihrer Haube blauen Himmels beinahe überall gelb gefärbt war. Sie marschierten wieder eine Stunde in südlicher Richtung und gelangten auf eine abgeflachte Anhöhe aus bröckeligem Fels. Von hier an senkte sich das Hochplateau gegen Osten in eine Tiefebene, in der man ein paar dürftige Bäume erkennen konnte, und südwärts einem Gewirr von Felsen entgegen, das der Landschaft ein zerrissenes Aussehen verlieh.

Daru blickte forschend in beide Richtungen. Man sah nur

Himmel bis zum Horizont, kein menschliches Wesen zeigte sich. Er kehrte sich dem Araber zu, der ihn verständnislos anschaute. Daru streckte ihm ein Päckchen hin. «Nimm», sagte er. «Es sind Datteln, Brot und Zucker drin. Damit kannst du zwei Tage durchhalten. Und da hast du tausend Francs.» Der Araber nahm das Päckchen und das Geld, aber er hielt seine vollen Hände auf Brusthöhe, als wisse er nicht, was er mit diesen Gaben anfangen solle. «Jetzt pass auf», sagte der Lehrer und zeigte nach Osten, «das ist der Weg nach Tinguit. Du hast zwei Stunden zu gehen. In Tinguit befinden sich die Behörden und die Polizei. Sie erwarten dich.» Der Araber blickte nach Osten, er hielt Lebensmittel und Geld noch immer an sich gedrückt. Daru fasste ihn am Arm und zwang ihn unsanft zu einer Vierteldrehung nach Süden. Am Fuß der Anhöhe, auf der sie standen, konnte man einen kaum erkennbaren Weg ahnen. «Das ist die Piste, die über die Hochebene führt. In einem Tagesmarsch kommst du zu den Weiden und den ersten Nomaden. Sie werden dich aufnehmen und beschützen, wie ihr Gesetz es verlangt.» Der Araber hatte sich jetzt Daru zugewandt, und so etwas wie panische Angst erfüllte sein Gesicht. «Hör zu», sagte er. Daru schüttelte den Kopf. «Nein, schweig. Ich gehe jetzt.» Er kehrte ihm den Rücken und machte zwei große Schritte in Richtung auf die Schule, schaute den unbeweglich dastehenden Araber noch einmal mit unentschlossener Miene an und ging dann weiter. Ein paar Minuten lang hörte er nur seine eigenen Schritte, die hart auf der kalten Erde aufklangen, und wandte den Kopf nicht um. Nach einem Weilchen blickte er indessen zurück. Der Araber stand immer noch am Rand des Hügels, mit hängenden Armen jetzt, und schaute dem Lehrer nach. Daru spürte, wie seine Kehle sich zusammenschnürte. Aber er fluchte vor Ungeduld, winkte noch einmal und schritt weiter. Er war schon ein gutes Stück entfernt, als er wieder stehen blieb und zurückblickte. Der Hügel war leer.

Daru zauderte. Die Sonne stand jetzt ziemlich hoch und begann, seine Stirn zu zerstechen. Der Lehrer kehrte um, erst unschlüssig, dann voll Entschiedenheit. Als er die kleine Anhöhe erreichte, war er in Schweiß gebadet. Er hastete hinauf und blieb atemlos oben stehen. Die Felsenfelder im Süden zeichneten sich deutlich am blauen Himmel ab, aber über der Ebene im Osten erhoben sich bereits die Dunstschleier der Hitze. Und in diesem leichten Dunst entdeckte Daru mit beklommenem Herzen den Araber, der langsam dahinschritt auf dem Weg zum Gefängnis.

Ein wenig später stand der Lehrer am Fenster seines Klassenzimmers und schaute blicklos in das junge Licht hinaus, das sich stürmisch von der Höhe des Himmels über die ganze Weite des Hochplateaus ergoss. Hinter ihm auf der Wandtafel breiteten sich zwischen den Windungen der Ströme Frankreichs die von ungelenker Hand mit Kreide geschriebenen Worte, die er eben gelesen hatte: ‹Du hast unseren Bruder ausgeliefert. Das wirst du büßen.› Daru sah den Himmel, die Hochebene und was sich unsichtbar dahinter bis zum Meer erstreckte. In diesem weiten Land, das er so sehr geliebt hatte, war er allein.

# Jean-Paul Sartre

## HEROSTRAT

Die Menschen muß man von oben sehen. Ich machte das Licht aus und stellte mich ans Fenster; sie ahnten nicht einmal, daß man sie von oben beobachten konnte. Sie pflegen die Vorderansicht, manchmal die Rückseiten, aber all ihre Effekte sind auf einen Meter siebzig große Betrachter abgestimmt. Wer hat denn je über die Form einer aus einem sechsten Stock gesehenen «Melone» nachgedacht? Sie versäumen es, ihre Schultern und ihre Schädel durch grelle Farben und auffällige Stoffe zu schützen, sie verstehen es nicht, diesen großen Feind des Menschlichen zu bekämpfen: die nach unten gerichtete Perspektive. Ich beugte mich vor und fing an zu lachen: wo war er denn, jener berühmte «aufrechte Gang», auf den sie so stolz waren: sie waren auf dem Bürgersteig plattgedrückt, und zwei lange Beine kamen halb kriechend unter ihren Schultern hervor.

Auf dem Balkon eines sechsten Stockwerks: da hätte ich mein ganzes Leben zubringen sollen. Moralische Überlegenheit muß durch materielle Symbole untermauert werden, sonst fällt sie in sich zusammen. Welches ist nun genaugenommen meine Überlegenheit über die Menschen? Eine Überlegenheit der Position, nichts weiter: ich habe einen Platz über dem Menschlichen, das in mir ist, eingenommen und betrachte es. Deshalb liebte ich die Türme von Notre-Dame, die Plattformen des Eiffelturms, Sacré-Cœur, mein sechstes Stockwerk in der Rue Delambre. Das sind vortreffliche Symbole.

Manchmal war es nötig, wieder in die Straßen hinunterzusteigen. Um ins Büro zu gehen, zum Beispiel. Ich erstickte.

Wenn man auf gleicher Höhe mit den Menschen ist, ist es viel schwieriger, sie wie Ameisen zu betrachten: sie *berühren* einen. Einmal habe ich einen toten Typ auf der Straße gesehen. Er war aufs Gesicht gefallen. Man hat ihn umgedreht, er blutete. Ich habe seine offenen Augen und sein trübes Aussehen und dieses ganze Blut gesehen. Ich sagte mir: «Es ist nichts, das ist nicht erschütternder als frische Farbe. Man hat ihm die Nase rot beschmiert, das ist alles.» Aber ich habe etwas widerlich Süßes gefühlt, das mich an den Beinen und im Nacken packte, ich bin ohnmächtig geworden. Sie haben mich in eine Apotheke gebracht, haben mir auf den Schultern herumgeklopft und mir Alkohol zu trinken gegeben. Ich hätte sie umbringen können.

Ich wußte, daß sie meine Feinde waren, aber sie wußten es nicht. Sie liebten sich untereinander, sie halfen sich gegenseitig; und auch mir wären sie wohl hier und da behilflich gewesen, weil sie mich für ihresgleichen hielten. Aber hätten sie den winzigsten Teil der Wahrheit ahnen können, hätten sie mich geschlagen. Übrigens haben sie es später getan. Als sie mich erwischt hatten und erfahren haben, *wer* ich war, haben sie mich verdroschen, haben sie mich zwei Stunden lang verprügelt, auf dem Polizeirevier, sie haben mir Ohrfeigen und Faustschläge gegeben, haben mir den Arm umgedreht, die Hose heruntergerissen und dann, zu guter Letzt, haben sie meinen Kneifer auf die Erde geworfen, und während ich ihn suchte, auf allen vieren, traten sie mir lachend in den Hintern. Ich hatte immer vorhergesehen, daß sie mich schließlich schlagen würden: ich bin nicht stark und kann mich nicht wehren. Da gibt es welche, die mir seit langem auflauerten: die Großen. Sie rempelten mich auf der Straße an, zum Spaß, um zu sehen, was ich machen würde. Ich sagte nichts. Ich tat so, als hätte ich nicht verstanden. Und doch haben sie mich erwischt. Ich hatte Angst vor ihnen: es war eine Vorahnung. Aber man kann sich wohl denken, daß ich ernsthaftere Gründe hatte, sie zu hassen.

In dieser Hinsicht ist alles von dem Tag an viel besser gegangen, an dem ich mir einen Revolver gekauft habe. Man fühlt sich stark, wenn man unablässig eins dieser Dinger bei sich trägt, die explodieren und knallen können. Ich nahm ihn sonntags, steckte ihn ganz einfach in meine Hosentasche, und dann ging ich spazieren – gewöhnlich auf den Boulevards. Ich fühlte, wie er an meiner Hose zog wie eine Krabbe, ich fühlte ihn an meinem Schenkel, ganz kalt. Aber nach und nach erwärmte er sich durch die Berührung mit meinem Körper. Ich ging ein bißchen steif, wie jemand, dem er steht und den seine Rute bei jedem Schritt behindert. Ich ließ meine Hand in die Tasche gleiten und befühlte den *Gegenstand*. Von Zeit zu Zeit ging ich in ein Pissoir – sogar dort gab ich sehr acht, denn man hat oft Nebenmänner –, ich zog meinen Revolver heraus, ich wog ihn, ich sah mir seinen schwarzgewürfelten Kolben und seinen schwarzen Abzug an, der wie ein halbgeschlossenes Augenlid aussieht. Die anderen, die von außen meine gespreizten Füße und meine Hosenaufschläge sahen, glaubten, ich würde pinkeln. Aber ich pinkele nie in Pissoirs.

Eines Abends ist mir der Gedanke gekommen, auf Menschen zu schießen. Es war ein Samstagabend, ich war ausgegangen, um Léa zu suchen, eine Blondine, die vor einem Hotel in der Rue du Montparnasse auf den Strich geht. Ich habe nie intim mit einer Frau verkehrt: ich hätte mich bestohlen gefühlt. Man steigt auf sie drauf, das stimmt schon, aber sie verschlingen einem mit ihrem großen behaarten Mund den Unterleib, und nach dem, was ich gehört habe, sind sie es, die bei diesem Tauschgeschäft – und zwar bei weitem – gewinnen. Ich verlange von niemandem etwas, aber ich will auch nichts geben. Oder aber ich hätte eine kalte und fromme Frau gebraucht, die es voller Ekel über sich ergehen läßt. Am ersten Samstag in jedem Monat ging ich mit Léa in ein Zimmer des Hotels Duquesne. Sie zog sich aus, und ich schaute sie an, ohne sie zu berühren. Manchmal lief das ganz von selbst in meiner Hose; ein andermal hatte ich Zeit genug, nach Hause zu gehen, um es mir selbst zu besorgen. An jenem Abend fand ich sie nicht auf ihrem Posten. Ich wartete eine Weile, und als ich sie nicht kommen sah, nahm ich an, daß sie erkältet war. Es war Anfang Januar und sehr kalt. Ich war tiefbetrübt: ich bin ein Phantasiemensch und hatte mir lebhaft die Lust vorgestellt, die ich aus diesem Abend herausholen wollte. Es gab zwar in der Rue d'Odessa eine Dunkelhaarige, die ich oft bemerkt hatte, ein bißchen reif, aber fest und drall: ich verabscheue reife Frauen nicht: wenn sie ausgezogen sind, sehen sie nackter aus als die anderen. Aber sie wußte nicht über meine Gepflogenheiten Bescheid, und ich war ein bißchen verlegen, ihr das geradeheraus darzulegen. Und außerdem traue ich neuen Bekanntschaften nicht: diese Frauen können sehr gut einen Ganoven hinter einer Tür verstecken, und nachher kommt der Typ plötzlich an und nimmt einem das Geld weg. Man kann von Glück sagen, wenn er einem nicht in die Fresse haut. An jenem Abend jedoch war ich aus irgendeinem Grund wagemutig, ich beschloß, bei mir zu Hause vorbeizugehen, mir meinen Revolver zu holen und das Abenteuer zu wagen.

Als ich die Frau eine Viertelstunde später ansprach, war meine Waffe in meiner Tasche, und ich fürchtete nichts mehr. Von nahem sah sie ziemlich elend aus. Sie ähnelte meiner Nachbarin von gegenüber, der Frau des Feldwebels, und ich war hochbefriedigt darüber, weil ich schon lange Lust hatte, *die* nackt zu sehen. Sie zog sich bei offenem Fenster an, wenn der Feldwebel weg war, und ich war oft hinter der Gardine stehengeblieben, um sie zu erwischen. Aber sie kleidete sich hinten im Zimmer an.

Im Hotel Stella war nur noch ein Zimmer frei, im vierten Stock. Wir gingen hinauf. Die Frau war ziemlich schwer und blieb auf jeder Stufe stehen, um zu verschnaufen. Ich war sehr munter: ich habe einen hageren Körper, trotz meinem Bauch, und mir würde erst nach mehr als vier Etagen die Puste ausgehen. Auf dem Treppenabsatz des vierten Stocks blieb sie stehen und legte schwer atmend die rechte Hand aufs Herz. In der linken hielt sie den Zimmerschlüssel.

«Das ist hoch», sagte sie und versuchte, mir zuzulächeln.

Ich nahm ihr den Schlüssel ab, ohne zu antworten, und schloß die Tür auf. Ich hielt meinen Revolver mit der linken Hand durch die Tasche geradeaus nach vorn gerichtet und ließ ihn erst los, als ich auf den Lichtschalter gedrückt hatte. Das Zimmer war leer. Auf das Waschbecken hatten sie ein Stückchen grüne Seife gelegt, für den Durchgangsverkehr. Ich lächelte: mit mir haben weder die Bidets noch die Seifenstückchen viel zu tun. Die Frau schnaufte immer noch, hinter mir, und das erregte mich. Ich drehte mich um; sie hielt mir ihre Lippen hin. Ich stieß sie zurück.

«Zieh dich aus», sagte ich.

Da stand ein Polstersessel; ich setzte mich bequem hinein. In Fällen wie diesem tut es mir leid, daß ich nicht rauche. Die Frau zog ihr Kleid aus, dann hielt sie inne und warf mir einen mißtrauischen Blick zu.

«Wie heißt du?» sagte ich mich zurücklehnend.

«Renée.»

«Also gut, Renée, beeil dich, ich warte.»

«Ziehst du dich nicht aus?»

«Los, los», sagte ich, «kümmer dich nicht um mich.»

Sie ließ die Hose auf ihre Füße fallen, dann hob sie sie auf und legte sie sorgfältig auf ihr Kleid und ihren Büstenhalter.

«Du bist also ein kleiner Schlimmer, Liebling, ein kleiner Faulpelz?» fragte sie mich. «Du willst, daß dein Frauchen die ganze Arbeit macht?»

Gleichzeitig ging sie einen Schritt auf mich zu und sich mit den Händen auf die Armlehnen meines Sessels stützend versuchte sie schwerfällig, sich zwischen meine Beine zu knien. Aber ich zog sie derb wieder hoch:

«Nicht das, nicht das», sagte ich zu ihr.

Sie sah mich überrascht an.

«Aber was soll ich denn tun?»

«Nichts. Geh, lauf herum, mehr verlange ich nicht von dir.»

Sie fing an, linkisch auf und ab zu gehen. Nichts ärgert Frauen mehr, als herumzugehen, wenn sie nackt sind. Sie sind es nicht gewohnt, die Fersen flach aufzusetzen. Die Nutte krümmte den Rücken und ließ die Arme hängen. Ich war im siebenten Himmel: ich war da, in aller Ruhe in einem Sessel sitzend, bis zum Hals bekleidet, ich hatte sogar meine Handschuhe anbehalten, und diese reife Dame hatte sich auf meinen Befehl ganz nackt ausgezogen und drehte sich um mich herum.

Sie wandte den Kopf zu mir und lächelte mir, um den Anschein zu wahren, kokett zu.

«Findest du mich schön? Weidest du dich an meinem Anblick?»

«Kümmer dich nicht darum.»

«Sag mal», fragte sie mich mit plötzlicher Entrüstung, «hast du etwa die Absicht, mich lange so herumlaufen zu lassen?»

«Setz dich.»

Sie setzte sich aufs Bett, und wir sahen uns schweigend an. Sie hatte eine Gänsehaut. Man hörte das Ticken eines Weckers jenseits der Wand. Plötzlich sagte ich zu ihr:

«Spreiz die Beine.»

Sie zögerte eine Viertelsekunde, dann gehorchte sie. Ich schaute zwischen ihre Beine und schniefte. Dann fing ich so sehr an zu lachen, daß mir Tränen in die Augen stiegen. Ich sagte ihr einfach:

«Hast du dafür Töne?»

Und ich lachte weiter.

Sie sah mich verstört an, dann errötete sie heftig und schloß die Beine wieder.

«Schwein», sagte sie zwischen den Zähnen hindurch.

Aber ich lachte noch lauter, da sprang sie mit einem Satz auf und nahm ihren Büstenhalter vom Sessel.

«He, he», sagte ich, «das ist nicht zu Ende. Ich gebe dir nachher fünfzig Francs, aber ich will etwas für mein Geld haben.»

Sie nahm nervös ihre Hose.

«Ich habe die Nase voll, verstehst du. Ich weiß nicht, was du willst. Und wenn du mich mit heraufgebracht hast, um mich zu veralbern ...»

Da habe ich meinen Revolver gezogen und habe ihn ihr gezeigt. Sie hat mich ernst angesehen und hat ihre Hose fallen lassen, ohne etwas zu sagen.

«Geh», sagte ich, «lauf herum.»

Sie ist noch fünf Minuten herumgelaufen. Dann habe ich ihr meinen Spazierstock gegeben und habe sie exerzieren lassen. Als ich spürte, daß meine Unterhose naß war, bin ich aufgestanden und habe ihr einen Fünfzigfrancsschein gegeben. Sie hat ihn genommen.

«Auf Wiedersehen», fügte ich hinzu, «ich dürfte dich für den Preis nicht sehr angestrengt haben.»

Ich bin gegangen, ich habe sie splitternackt mitten im Zimmer zurückgelassen, ihren Büstenhalter in der einen Hand, den Fünfzigfrancsschein in der anderen. Es tat mir um mein Geld nicht leid: ich hatte sie verdutzt, und Nutten wundern sich nicht so leicht. Als ich die Treppe hinunterging, habe ich gedacht: «Genau das möchte ich gern, sie alle in Erstaunen setzen.» Ich war fröhlich wie ein Kind. Ich hatte die grüne Seife mitgenommen, und zu Hause angekommen rieb ich sie lange unter heißem Wasser, bis sie nur noch ein dünnes Scheibchen zwischen meinen Fingern war und wie ein völlig abgelutschter Pfefferminzbonbon aussah.

Aber nachts schreckte ich aus dem Schlaf und sah ihr Gesicht wieder, die Augen, die sie machte, als ich ihr meine Pistole gezeigt habe, und ihren fetten Bauch, der bei jedem ihrer Schritte wabbelte.

Bin ich blöd gewesen, sagte ich mir. Und ich fühlte bittere Reue: ich hätte schießen sollen, solange ich dort war, hätte diesen Bauch wie einen Schaumlöffel durchsieben sollen. In jener Nacht und in den drei folgenden Nächten träumte ich von sechs kleinen roten Löchern, kreisförmig um den Nabel herum angeordnet.

Danach ging ich nicht mehr ohne meinen Revolver aus. Ich sah den Rücken der Leute an und stellte mir je nach ihrem Gang vor, auf welche Weise sie fallen würden, wenn ich auf sie schösse. Sonntags nahm ich die Gewohnheit an, mich vor dem Châtelet aufzustellen, wenn die klassischen Konzerte zu Ende waren. Gegen sechs Uhr hörte ich ein Klingelzeichen, und die Logenschließerinnen kamen und hakten die Glastüren fest. Das war der Anfang: die Menge kam langsam heraus; die Leute gingen mit schwebendem Schritt, die Augen noch traumverloren, das Herz noch voll hübscher Gefühle. Viele von ihnen blickten erstaunt um sich: die Straße mußte ihnen ganz wunderlich vorkommen. Da lächelten sie geheimnisvoll: sie schritten von einer Welt in die andere. In der anderen war ich und wartete auf sie. Ich hatte meine rechte Hand in die Tasche gleiten lassen und umfaßte mit aller Kraft den Griff meiner Waffe. Nach einer Weile *sah* ich mich, im Begriff auf sie loszuballern. Ich holte sie wie Flaschen herunter, sie purzelten übereinander, und die Überlebenden, von Panik ergriffen, fluteten in das Theater zurück, wobei sie die Scheiben der Türen zerbrachen. Es war ein sehr aufregendes Spiel: meine Hände zitterten am Ende, und ich mußte bei Dreher einen Kognak trinken gehen, um mich zu erholen.

Die Frauen hätte ich nicht getötet. Ich hätte sie ins Kreuz geschossen. Oder in die Waden, um sie zum Tanzen zu bringen.

Ich hatte noch nichts entschieden. Aber ich faßte den Entschluß, so zu tun, als wäre meine Entscheidung gefallen. Ich habe damit begonnen, einige Vorbereitungen zu treffen. Ich habe an einem Schießstand auf dem Jahrmarkt von Denfert-Rochereau Schießübungen gemacht. Meine Schießscheiben waren nicht berühmt, aber Menschen bieten große Ziele, insbesondere wenn man aus nächster Nähe auf sie schießt. Anschließend habe ich mich um meine Werbung gekümmert. Ich habe einen Tag gewählt, an dem alle meine Kollegen im Büro versammelt waren. Einen Montagvormittag. Ich war sehr liebenswürdig zu ihnen, aus Prinzip, obwohl es mich anwiderte, ihnen die Hand zu drücken. Sie zogen ihre Handschuhe aus, um guten Tag zu sagen, sie hatten eine obszöne Art, ihre Hand zu entkleiden, ihren Handschuh umzuschlagen und ihn langsam die Finger entlanggleiten zu lassen und die feiste und zerknitterte Nacktheit der Handfläche zu enthüllen. Ich behielt meine Handschuhe immer an.

Am Montagvormittag wird nicht viel getan. Die Stenotypistin der kaufmännischen Abteilung hatte uns die Quittungen gebracht. Lemercier schäkerte mit ihr, und als sie gegangen war, gingen sie mit blasierter Sachkenntnis ihre Reize durch. Dann sprachen sie über Lindbergh. Sie mochten Lindbergh. Ich sagte zu ihnen:

«Ich mag die schwarzen Helden.»

«Die Neger?» fragte Massé.

«Nein, schwarz, so wie man schwarze Magie sagt. Lindbergh ist ein weißer Held. Er interessiert mich nicht.»

«Versuchen Sie mal, ob es leicht ist, den Atlantik zu überqueren», sagte Bouxin spitz.

Ich legte ihnen meine Auffassung des schwarzen Helden dar:

«Ein Anarchist», faßte Lemercier zusammen.

«Nein», sagte ich sanft, «die Anarchisten lieben die Menschen auf ihre Weise.»

«Also ein Geisteskranker.»

Aber Massé, der gebildet war, griff in diesem Moment ein:

«Ich kenne ihn, Ihren Typ», sagte er zu mir. «Er heißt Herostrat. Er wollte berühmt werden, und ihm ist nichts Besseres eingefallen, als den Tempel von Ephesus niederzubrennen, eines der sieben Weltwunder.»

«Und wie hieß der Architekt dieses Tempels?»

«Ich erinnere mich nicht mehr», gestand er, «ich glaube sogar, daß man seinen Namen nicht kennt.»

«Wirklich? Und Sie erinnern sich an Herostrats Namen? Sehen Sie, daß er gar keine so schlechte Überlegung angestellt hat?»

Die Unterhaltung endete mit diesen Worten, aber ich war ganz unbesorgt; sie würden sich im richtigen Moment daran erinnern. Mich, der ich bis dahin noch nie etwas von Herostrat gehört hatte, mich ermutigte seine Geschichte. Er war seit zweitausend Jahren tot, und seine Tat strahlte noch immer, wie ein schwarzer Diamant. Ich begann zu glauben, daß mein Schicksal kurz und tragisch sein würde. Das machte mir zuerst angst, und dann gewöhnte ich mich daran. Wenn man das auf eine bestimmte Weise sieht, ist es gräßlich, aber andererseits gibt das dem Augenblick, der vergeht, eine bemerkenswerte Kraft und Schönheit. Wenn ich auf die Straße hinunterging, fühlte ich in meinem Körper eine sonderbare Macht. Ich hatte meinen Revolver bei mir, dieses Ding, das explodiert und knallt. Aber nicht mehr aus ihm schöpfte ich meine Sicherheit, sondern aus mir: ich war ein Wesen von der Art der Revolver, der Petarden und der Bomben. Auch ich würde eines Tages, am Ende meines düsteren Lebens explodieren und die Welt mit einer Flamme beleuchten, grell und kurz wie ein Magnesiumblitz. In dieser Zeit kam es vor, daß ich in mehreren Nächten dasselbe träumte. Ich war ein Anarchist, ich hatte mich am Weg des Zaren aufgestellt und trug eine Höllenmaschine bei mir. Zur angesagten Stunde kam der Zug vorbei, die Bombe explodierte, und wir flogen in die Luft, ich, der Zar und drei mit Gold behängte Offiziere, vor den Augen der Menge.

Ich blieb jetzt wochenlang dem Büro fern. Ich ging auf den Boulevards spazieren, mitten unter meinen künftigen Opfern, oder ich schloß mich in meinem Zimmer ein und schmiedete Pläne. Anfang Oktober wurde mir gekündigt.Ich verbrachte nun meine Zeit damit, folgenden Brief aufzusetzen, den ich in hundertundzwei Exemplaren kopierte:

«*Sehr geehrter Herr,*

*Sie sind berühmt, und Ihre Werke haben eine Auflage von dreißigtausend. Ich will Ihnen sagen, warum: weil Sie die Menschen lieben. Sie haben den Humanismus im Blut: das ist ein Glück. Sie blühen auf, wenn Sie in Gesellschaft sind; sobald Sie einen Ihresgleichen sehen, empfinden Sie, sogar ohne ihn zu kennen, Sympathie für ihn. Sie finden Gefallen an seinem Körper, an der Art, wie er gegliedert ist, an seinen Beinen, die sich nach Wunsch öffnen und schließen, an seinen Händen vor allem: es gefällt Ihnen, daß er fünf Finger an jeder Hand hat und daß er den Daumen den anderen Fingern gegenüberstellen kann. Sie genießen es, wenn Ihr Nachbar eine Tasse vom Tisch nimmt, weil er eine Art zu nehmen hat, die völlig menschlich ist und die Sie oft in Ihren Werken beschrieben haben, weniger gelenkig, weniger schnell als die des Affen, aber, nicht wahr, so viel intelligenter. Sie lieben auch das Fleisch des Menschen, seinen Gang eines Heilgymnastik machenden Schwerverletzten, sein Gehabe, als erfinde er bei jedem Schritt das Gehen neu, und seinen berühmten Blick, den die wilden Tiere nicht ertragen können. Es ist Ihnen folglich ein leichtes gewesen, den treffenden Ton zu finden, um dem Menschen von ihm selbst zu erzählen: einen keuschen, aber glühenden Ton. Die Leute stürzen sich gierig auf Ihre Bücher, sie lesen sie in einem gemütlichen Sessel, sie denken an die unglückliche und besonnene große Liebe, die Sie ihnen entgegenbringen, und das tröstet sie über vieles hinweg, darüber, häßlich zu sein, feige zu sein, ein Hahnrei zu sein, am ersten Januar keine Gehaltserhöhung bekommen zu haben. Und man sagt gerne von Ihrem jüngsten Roman: das ist eine gute Tat.*

*Sie werden neugierig sein, nehme ich an, zu erfahren, wie ein Mensch sein kann, der die Menschen nicht liebt. Nun, ich bin so einer, und ich liebe sie so wenig, daß ich gleich ein halbes Dutzend davon töten werde: vielleicht werden Sie sich fragen: warum* nur *ein halbes Dutzend? Weil mein Revolver nur sechs Patronen hat. Das ist eine Ungeheuerlichkeit, nicht wahr? Und noch dazu eine eigentlich unpolitische Tat? Aber ich sage Ihnen, daß ich sie nicht lieben kann. Ich verstehe sehr gut, was Sie empfinden. Aber was Sie an ihnen anzieht, widert mich an. Ich habe wie Sie Menschen maßvoll kauen sehen, wobei sie einen sachkundigen Blick behielten* und mit der linken Hand in einem Wirtschaftsmagazin blätterten. Ist es meine Schuld, wenn ich lieber der Mahlzeit von Seehunden beiwohne? Der Mensch kann nichts mit seinem Gesicht machen, ohne daß das zum Mienenspiel wird. Wenn er mit geschlossenem Mund kaut, gehen seine Mundwinkel auf und ab, er sieht aus, als würde er pausenlos von Heiterkeit in weinerliches Erstaunen verfallen. Sie lieben das, ich weiß es, Sie nennen das die Wachsamkeit des Geistes. Mich aber, mich ekelt das an: ich weiß nicht, warum; das ist angeboren.

Gäbe es zwischen uns nur einen Geschmacksunterschied, würde ich Sie nicht belästigen. Aber alles verläuft so, als hätten Sie die Gnade und als hätte ich sie überhaupt nicht. Es steht mir frei, den Hummer à l'américaine zu lieben oder nicht, aber wenn ich die Menschen nicht liebe, bin ich ein Schuft und kann keinen Platz an der Sonne finden. Sie haben den Sinn des Lebens mit Beschlag belegt. Ich hoffe, Sie verstehen, was ich sagen will. Seit nunmehr dreiunddreißig Jahren stoße ich auf verschlossene Türen, über denen steht: ‹Niemand kommt hier herein, wenn er nicht Humanist ist.› Alles, was ich unternommen habe, mußte ich aufgeben; man mußte wählen: entweder war es ein absurder und untauglicher Versuch, oder er mußte sich früher oder später zu ihrem Nutzen wenden. Es gelang mir nicht, die Gedanken, die ich nicht ausdrücklich ihnen widmete, von mir loszulösen, zu formulieren: sie blieben in mir wie leise organische Bewegungen. Ich fühlte, daß sogar die Werkzeuge, deren ich mich bediente, ihnen gehörten; die Wörter zum Beispiel: ich hätte mir Wörter gewünscht, die mir gehörten. Aber die, über die ich verfüge, sind durch wer weiß wie viele Bewußtseine gegangen; sie fügen sich in meinem Kopf ganz von selbst zusammen auf Grund von Gewohnheiten, die sie bei den anderen angenommen haben, und ich benutze sie nicht ohne Widerwillen, um Ihnen zu schreiben. Aber es ist das letzte Mal. Ich sage es Ihnen: man muß die Menschen lieben, oder sie erlauben einem allenfalls gerade, Gelegenheitsarbeiten zu verrichten. Ich werde gleich meinen Revolver nehmen, werde auf die Straße hinuntergehen und sehen, ob man etwas gegen sie ausrichten kann. Leben Sie wohl, mein Herr, vielleicht sind Sie es, dem ich begegnen werde. Dann werden Sie nie erfahren, mit welcher Lust ich Ihnen eine Kugel durch den Kopf jagen werde. Wenn nicht – und *das ist der wahrscheinlichere Fall –, lesen Sie die morgigen Zeitungen. Sie werden sehen, daß ein Individuum namens Paul Hilbert in einem Anfall von Raserei auf dem Boulevard Edgar-Quinet fünf Passanten niedergeschossen hat. Sie wissen besser als jeder andere, was die Prosa der großen Tageszeitungen taugt. Sie werden also verstehen, daß ich nicht ‹rasend› bin. Ich bin im Gegenteil sehr ruhig und grüße Sie hochachtungsvoll.*

*Paul Hilbert.*»

Ich steckte die hundertundzwei Briefe in hundertundzwei Umschläge und schrieb auf die Umschläge die Adressen von hundertundzwei französischen Schriftstellern. Dann legte ich das Ganze mit sechs Briefmarkenheftchen in eine Schublade meines Schreibtisches.

Während der folgenden vierzehn Tage ging ich sehr wenig aus, ich ließ mich langsam von meinem Verbrechen in Besitz nehmen. Im Spiegel, in dem ich mich manchmal anschaute, stellte ich mit Vergnügen die Veränderungen in meinem Gesicht fest. Die Augen hatten sich vergrößert, sie verschlangen das ganze Gesicht. Sie waren schwarz und zärtlich hinter dem Kneifer, und ich ließ sie wie Planeten rollen. Schöne Künstler- und Mörderaugen. Aber ich rechnete damit, mich nach der Durchführung des Massakers noch viel tiefgreifender zu verändern. Ich habe die Fotos jener beiden schönen Mädchen gesehen, jener Dienstmädchen, die ihre Herrinnen töteten und ausplünderten. Ich habe ihre Fotos von *vorher* und von *nachher* gesehen. *Vorher* wiegten sich ihre Gesichter wie sittsame Blumen über Pikeekragen. Sie atmeten Hygiene und appetitliche Ehrbarkeit. Eine diskrete Brennschere hatte ihre Haare in gleicher Weise onduliert. Und beruhigender noch als ihre gekräuselten Haare, ihre Kragen und ihr Aussehen, als seien sie beim Fotografen, war ihre schwesterliche Ähnlichkeit, ihre so grundanständige Ähnlichkeit, die sofort die Blutsbande und die natürlichen Wurzeln der Familienzelle unterstrich. *Nachher* leuchteten ihre Gesichter wie Feuersbrünste. Sie hatten den nackten Hals künftiger Enthaupteter. Überall Falten, häßliche Falten der Angst und des Hasses, Runzeln, Löcher im Fleisch, als wäre ein Tier mit Krallen auf ihren Gesichtern im Kreis herumgelaufen. Und diese Augen, immer noch diese großen, bodenlosen und schwarzen Augen – wie meine. Doch sie ähnelten sich nicht mehr. Jede trug auf ihre Weise die Erinnerung an ihr gemeinsames Verbrechen. «Wenn eine Untat», sagte ich mir, «die zum größten Teil auf dem Zufall beruht, ausreicht, um diese Waisenhausköpfe so zu verwandeln, was kann ich dann von einem ganz und gar von mir ausgedachten und organisierten Verbrechen erhoffen?» Es würde sich meiner bemächtigen, würde meine allzu menschliche Häßlichkeit umkrempeln ... ein Verbrechen, das schneidet das Leben dessen, der es begeht, entzwei. Es dürfte dabei Momente geben, in denen man wünschte, es rückgängig zu machen, aber es ist da, hinter einem, es versperrt einem den Weg, dieses funkelnde Mineral. Ich verlangte nur eine Stunde, um mich an meinem zu ergötzen, um sein überwältigendes Gewicht zu spüren. Diese Stunde, ich werde alles vorbereiten, um sie für mich zu haben: ich beschloß, die Exekution im oberen Teil der Rue d'Odessa durchzuführen. Ich würde die Verwirrung nützen, um zu fliehen, während sie ihre Toten aufsammelten. Ich würde rennen, würde den Boulevard Edgar-Quinet überqueren und schnell in die Rue Delambre einbiegen. Ich würde nur dreißig Sekunden brauchen, um die Tür des Hauses, in dem ich wohne, zu erreichen. In diesem Moment wären meine Verfolger noch auf dem Boulevard Edgar-Quinet, sie würden meine Spur verlieren und würden bestimmt länger als eine Stunde brauchen, um sie wiederzufinden. Ich würde sie zu Hause erwarten, und wenn ich sie an meine Tür würde klopfen hören, würde ich meinen Revolver neu laden und mir in den Mund schießen.

Ich lebte üppiger; ich hatte mich mit einem Wirt in der Rue Vavin verständigt, der mir morgens und abends gute kleine Gerichte bringen ließ. Der Angestellte klingelte, ich machte nicht auf, ich wartete ein paar Minuten, dann öffnete ich meine Tür einen Spalt und sah in einem langen Korb, der auf dem Boden stand, volle Teller, die dampften.

Am 27. Oktober, um sechs Uhr abends, hatte ich noch siebzehn Francs fünfzig. Ich nahm meinen Revolver und den Stoß Briefe, ich ging hinunter. Ich vermied sorgfältig, die Tür zu schließen, um schneller wieder hineinzukönnen, wenn ich meine Tat ausgeführt haben würde. Ich fühlte mich nicht wohl, ich hatte kalte Hände, und das Blut war mir zu Kopf gestiegen, meine Augen juckten. Ich schaute mir die Geschäfte an, das Hôtel des Écoles, die Schreibwarenhandlung, in der ich meine Bleistifte kaufte, und ich erkannte sie nicht wieder. Ich sagte mir: «Was ist das für eine Straße?» Der Boulevard du Montparnasse war voller Leute. Sie rempelten mich an, schoben mich zurück, stießen mich mit ihren Ellbogen oder ihren Schultern. Ich ließ mich hin- und herwerfen, mir fehlte die Kraft, zwischen ihnen hindurchzuschlüpfen. Ich sah mich plötzlich mitten in dieser Menge, gräßlich allein und winzig. Wie weh sie mir hätten tun können, wenn sie gewollt hätten! Ich hatte Angst wegen der Waffe in meiner Tasche. Mir schien, sie würden erraten, daß sie da war. Sie würden mich mit ihren harten Augen ansehen, sie würden sagen: «Heh, aber ... aber ...» mit freudiger Entrüstung, mich mit ihren Menschentatzen harpunierend. Gelyncht! Sie würden mich hochwerfen, und ich würde wieder in ihre Arme fallen wie eine Marionette. Ich hielt es für klüger, die Ausführung meines Plans auf den nächsten Tag zu verschieben. Ich aß in der Coupole für sechzehn Francs achtzig zu Abend. Mir blieben noch siebzig Centimes, die ich in den Rinnstein warf.

Ich bin drei Tage in meinem Zimmer geblieben. Ohne zu essen, ohne zu schlafen. Ich hatte die Jalousien geschlossen und wagte weder mich dem Fenster zu nähern noch Licht zu machen. Am Montag läutete jemand an meiner Tür Sturm. Ich hielt den Atem an und wartete. Nach einer Minute wurde wieder geklingelt. Ich ging auf Zehenspitzen hin und hielt mein Auge ans

Schlüsselloch. Ich sah nur ein Stück schwarzen Stoff und einen Knopf. Der Typ klingelte nochmals, ging dann wieder hinunter: ich weiß nicht, wer es war. In der Nacht hatte ich kühle Visionen, Palmen, dahinfließendes Wasser, ein violetter Himmel über einer Kuppel. Ich hatte keinen Durst, weil ich alle Augenblicke an den Wasserhahn des Spülbeckens ging und trank. Aber ich hatte Hunger. Ich habe auch die dunkelhaarige Nutte wiedergesehen. Es war in einem Schloß, das ich auf den Causses Noires, zwanzig Meilen von jedem Dorf entfernt, hatte bauen lassen. Sie war nackt und allein mit mir. Ich habe sie mit meinem Revolver gezwungen, sich hinzuknien und auf allen vieren zu kriechen; dann habe ich sie an eine Säule gebunden, und nachdem ich ihr lang und breit erklärt habe, was ich machen würde, habe ich sie mit Kugeln durchsiebt. Diese Bilder haben mich dermaßen aufgewühlt, daß ich mich befriedigen mußte. Danach bin ich regungslos im Dunkeln liegengeblieben, mit völlig leerem Kopf. Die Möbel haben angefangen zu knacken. Es war fünf Uhr morgens. Ich hätte alles mögliche dafür gegeben, mein Zimmer zu verlassen, aber ich konnte nicht hinuntergehen, wegen der Leute, die auf den Straßen herumliefen.

Der Tag ist gekommen. Ich fühlte meinen Hunger nicht mehr, aber ich habe angefangen zu schwitzen: ich habe mein Hemd durchnäßt. Draußen schien die Sonne. Da habe ich gedacht: «In einem verschlossenen Zimmer, im Dunkeln, kauert Er. Seit drei Tagen hat Er weder gegessen noch geschlafen. Man hat geklingelt, und Er hat nicht aufgemacht. Gleich wird Er auf die Straße hinuntergehen und wird töten.» Ich machte mir angst. Um sechs Uhr abends hat der Hunger mich wieder gepackt. Ich war verrückt vor Wut. Ich habe mich eine Weile an den Möbeln gestoßen, dann habe ich das Licht in den Zimmern, in der Küche, auf der Toilette angemacht. Ich habe angefangen, lauthals zu singen, habe mir die Hände gewaschen und bin aus dem Haus gegangen. Ich habe gut zwei Minuten gebraucht, um alle meine Briefe in den Kasten zu werfen. Ich stopfte sie in Zehnerpacken hinein. Ich habe bestimmt einige Umschläge zerknittert. Dann bin ich den Boulevard du Montparnasse entlanggegangen bis zur Rue d'Odessa. Ich bin vor dem Spiegel eines Hemdengeschäfts stehengeblieben, und als ich mein Gesicht sah, habe ich gedacht: «Heute abend.»

Ich stellte mich im oberen Teil der Rue d'Odessa auf, unweit einer Gaslaterne, und wartete. Zwei Frauen gingen vorbei. Sie hatten sich eingehakt, die Blonde sagte:

«Sie hatten Teppiche an alle Fenster gehängt, und die Adligen der Gegend spielten die Statisten.»

«Sind sie denn pleite?» fragte die andere.

«Man braucht nicht pleite zu sein, um eine Arbeit anzunehmen, die fünf Louis am Tag einbringt.»

«Fünf Louis!» sagte die Dunkelhaarige tief beeindruckt. An mir vorbeigehend fügte sie hinzu: «Und dann stelle ich mir vor, daß ihnen das bestimmt Spaß gemacht hat, die Kostüme ihrer Vorfahren anzuziehen.»

Sie entfernten sich. Ich fror, aber ich schwitzte stark. Nach einer Weile sah ich drei Männer kommen; ich ließ sie vorbeigehen: ich brauchte sechs. Der linke sah mich an und schnalzte mit der Zunge. Ich wandte die Augen ab.

Um fünf nach sieben kamen zwei Gruppen, die dicht hintereinander gingen, aus dem Boulevard Edgar-Quinet. Da waren ein Mann und eine Frau mit zwei Kindern. Hinter ihnen kamen drei alte Frauen. Ich trat einen Schritt vor. Die Frau sah aus, als wäre sie wütend und schüttelte den kleinen Jungen am Arm. Der Mann sagte mit schleppender Stimme:

«Er ist aber auch unausstehlich, dieser Lausejunge.»

Mein Herz schlug so stark, daß mir die Arme davon weh taten. Ich näherte mich und stellte mich vor sie, regungslos. Meine Finger in meiner Tasche lagen ganz weich um den Abzug.

«Pardon», sagte der Mann mich anrempelnd.

Mir fiel ein, daß ich meine Wohnungstür geschlossen hatte, und das störte mich: ich würde kostbare Zeit damit verlieren müssen, sie zu öffnen. Die Leute entfernten sich. Ich machte kehrt und folgte ihnen automatisch. Aber ich hatte keine Lust mehr, auf sie zu schießen. Sie verloren sich in der Menge des Boulevards. Ich lehnte mich gegen die Wand. Ich hörte es acht Uhr und neun Uhr schlagen. Ich sagte mir wiederholt: «Warum muß man alle diese Leute töten, die schon *tot* sind», und ich hatte Lust zu lachen. Ein Hund schnupperte an meinen Füßen.

Als der dicke Mann an mir vorbeiging, fuhr ich auf und heftete mich an seine Fersen. Ich sah die Falte in seinem roten Nakken zwischen seiner Melone und dem Kragen seines Überziehers. Er ging ein bißchen schlenkernd und atmete schwer, er sah robust aus. Ich zog meinen Revolver: er war glänzend und kalt, er ekelte mich an, ich erinnerte mich nicht so recht, was ich mit ihm machen sollte. Mal sah ich ihn an, und mal sah ich den Nacken des Typs an. Die Falte im Nacken lächelte mir zu wie ein lächelnder liebenswürdiger Mund. Ich fragte mich, ob ich meinen Revolver nicht in den Rinnstein werfen sollte.

Plötzlich drehte der Typ sich um und sah mich ärgerlich an. Ich wich einen Schritt zurück.

«Ich wollte Sie ... fragen ...»

Er schien nicht zuzuhören, er schaute auf meine Hände. Ich redete mühsam weiter:

«Können Sie mir sagen, wo die Rue de la Gaîté ist?»

Sein Gesicht war dick, und seine Lippen zitterten. Er sagte nichts, er streckte die Hand aus. Ich wich noch weiter zurück und sagte:

«Ich möchte ...»

In diesem Moment *wußte* ich, daß ich anfangen würde zu brüllen. Ich wollte nicht: ich verpaßte ihm drei Kugeln in den Bauch. Er fiel mit blödem Ausdruck auf die Knie, und sein Kopf rollte auf die linke Schulter.

«Du Schwein», sagte ich zu ihm, «du verdammtes Schwein!»

Ich floh. Ich hörte ihn husten. Ich hörte auch Schreie und Fußgetrappel hinter mir. Jemand fragte: «Was ist denn los, prügeln sie sich?» Dann, gleich darauf, wurde geschrien: «Mörder! Mörder!» Ich dachte nicht, daß diese Schreie mir gälten. Aber sie erschienen mir unheilvoll wie die Feuerwehrsirene, als ich klein war. Unheilvoll und ein bißchen lächerlich. Ich lief, so schnell meine Beine mich trugen.

Aber ich hatte einen unverzeihlichen Fehler begangen: anstatt die Rue d'Odessa in Richtung Boulevard Edgar-Quinet hinaufzulaufen, *lief ich sie zum Boulevard du Montparnasse hinunter.* Als ich es merkte, war es zu spät: ich war schon mitten in der Menge, erstaunte Gesichter wandten sich mir zu (ich erinnere mich an das einer stark geschminkten Frau, die einen grünen Hut mit einer Brosche trug), und ich hörte die Trottel aus der Rue d'Odessa hinter meinem Rücken Zeter und Mordio schreien. Eine Hand legte sich auf meine Schulter. Da verlor ich den Kopf: ich wollte nicht von dieser Menge erstickt sterben. Ich schoß noch zweimal. Die Leute fingen an zu kreischen und liefen auseinander. Ich rannte in ein Café. Die Gäste, an denen ich vorbeilief, sprangen auf, aber sie versuchten nicht, mich aufzuhalten, ich durchquerte das Café in seiner ganzen Länge und schloß mich auf der Toilette ein. Es war noch eine Kugel in meinem Revolver.

Ein Moment verrann. Ich war außer Atem und keuchte. Alles war außergewöhnlich still, als ob die Leute absichtlich schwiegen. Ich hob meine Waffe an die Augen und sah ihr schwarzes und rundes kleines Loch: da würde die Kugel herauskommen; das Pulver würde mir das Gesicht versengen. Ich ließ den Arm wieder fallen und wartete. Nach einer Weile kamen sie auf Zehenspitzen an; sie mußten eine ganze Truppe sein nach dem Schlurfen der Füße auf dem Fußboden. Sie flüsterten ein bißchen, dann verstummten sie. Ich schnaufte immer noch und meinte, daß sie mich auf der anderen Seite der Trennwand schnaufen hörten. Jemand kam leise heran und rüttelte an der Türklinke. Er hatte sich bestimmt seitlich an die Wand gedrückt, um meinen Kugeln auszuweichen. Ich hatte trotzdem Lust zu schießen – aber die letzte Kugel war für mich.

«Worauf warten sie?» fragte ich mich. «Wenn sie sich gegen die Tür werfen und sie *sofort* eindrückten, hätte ich keine Zeit, mich zu töten, und sie würden mich lebend fassen.» Aber sie beeilten sich nicht, sie ließen mir genügend Zeit, um zu sterben. Die Schweine, sie hatten Angst.

Nach einer Weile erklang eine Stimme.

«Los, öffnen Sie, es wird Ihnen nichts geschehen.»

Es folgte Stille, und dieselbe Stimme sagte wieder:

«Sie wissen doch, daß Sie nicht entkommen können.»

Ich antwortete nicht, ich keuchte immer noch. Um mich zum Schießen zu ermutigen, sagte ich mir: «Wenn sie mich fassen, werden sie mich verprügeln, mir die Zähne einschlagen, vielleicht werden sie mir ein Auge ausstechen.» Ich hätte gern gewußt, ob der dicke Typ tot war. Vielleicht hatte ich ihn nur verwundet ... und die beiden anderen Kugeln hatten vielleicht niemanden getroffen ... Sie bereiteten irgend etwas vor, zerrten einen schweren Gegenstand über den Fußboden? Ich beeilte mich, den Lauf meiner Waffe in den Mund zu stecken, und biß ganz fest darauf. Aber ich konnte nicht schießen, nicht einmal den Finger um den Abzug legen. Alles war wieder still geworden.

Da habe ich den Revolver weggeworfen und habe ihnen die Tür geöffnet.

# Vladimir Nabokov

## FRÜHLING IN FIALTA

**D**er Frühling in Fialta ist wolkig und trüb. Alles ist feucht: die scheckigen Stämme der Platanen, die Wacholdersträucher, die Geländer, der Kies. Weit entfernt erblickt man zwischen den gezackten Kanten bläulich-fahler Häuser, die sich wankend von den Knien erheben, um den Hang zu erklimmen (eine Zypresse weist ihnen den Weg), verschwommen den wässerig-verschleierten Mt. Sankt Georg, der seinem Abbild auf jenen Ansichtskarten unähnlicher denn je sieht, die seit etwa 1910 (diese Strohhüte, diese jugendlichen Droschkenkutscher!) den Touristen von ihrem traurigen Ständerkarussell aus umwerben, umgeben von Steinbrocken mit Amethystzähnen und den Konsolenträumen von Seemuscheln. Ein schwacher Geruch nach Verbranntem hängt in der Luft, die windstill ist und warm. Das Meer, dessen Salz von einer Regenlösung überspült wird, ist eher grau als bläulich-grün, und seine Wellen sind zu schwerfällig, um schäumend zu brechen.

An einem solchen Tag in den frühen dreißiger Jahren fand ich mich, alle meine Sinne weit geöffnet, in einer der steilen kleinen Straßen Fialtas und nahm alles gleichzeitig in mich auf – das maritime Rokoko in der Bude, die Korallenkruzifixe in einem Schaufenster, den verzagten Anschlag eines Wanderzirkus (eine Ecke des durchnässten Papiers hatte sich von der Mauer gelöst) und ein gelbes Stück unreifer Apfelsinenschale auf dem alten, schieferblauen Gehsteig, der sich hier und da eine schwindende Erinnerung an ein uraltes Mosaikmuster bewahrt hatte. Ich liebe Fialta; ich liebe es, weil ich in der Höhlung dieser veilchenblauen Silben die süße, dunkle Feuchtigkeit der krumpeligsten aller kleinen Blumen spüre und weil seine Viola den Alt des Namens einer wunderschönen Stadt auf der Krim nachbildet; und auch darum liebe ich es, weil gerade in der Schlaftrunkenheit seiner feuchten Vorosterzeit etwas liegt, das der Seele besonders wohl tut. So war ich denn glücklich, wieder dort zu sein, dem kleinen Bach im Rinnstein entgegen bergan zu steigen, ohne Hut, mit nassem Kopf, die Haut schon von Wärme durchtränkt, obwohl ich über dem Hemd nur einen leichten Regenmantel trug.

Ich war mit dem Capparabella-Express gekommen, der mit jenem leichtfertigen Schwung, welcher Eisenbahnzügen in gebirgiger Gegend eigen ist, sich donnernd Mühe gegeben hatte, während der Nacht so viele Tunnel wie möglich zu bewältigen. Einen oder zwei Tage, gerade so lange, wie es mir eine Atempause während einer Geschäftsreise erlaubte – länger gedachte ich nicht zu bleiben. Frau und Kinder hatte ich zu Hause gelassen, und sie bildeten eine Insel des Glücks, die im klaren Norden meines Wesens immerfort gegenwärtig war, die mich ständig begleitete, ja die, möchte ich sagen, durch mich hindurchtrieb, sich aber dennoch meist an der Außenseite meiner selbst hielt.

Ein Kind männlichen Geschlechts, ohne Hosen und mit einem prallen, schlammgrauen kleinen Bauch, trat unsicher von einer Türstufe und tappelte O-beinig davon; es versuchte, drei Apfelsinen auf einmal zu tragen, doch dauernd ließ es die jeweils andere dritte fallen, bis es selber hinfiel, worauf ein etwa zwölfjähriges Mädchen mit einer schweren Perlenkette um den dunklen Hals und einem Rock, der so lang war wie der einer Zigeunerin, prompt alle drei mit ihren geschickteren und zahlreicheren Händen fortnahm. In der Nähe, auf der nassen Terrasse eines Cafés, wischte ein Kellner die Tischplatten ab; ein melancholischer Brigant, der die Bonbon-Spezialitäten des Ortes feilbot, kunstvoll aussehende Dinger mit mondartigem

Glanz, hatte einen hoffnungslos vollen Korb auf die geborstene Balustrade gestellt, über die hinweg sich die beiden unterhielten. Der Nieselregen hatte entweder aufgehört, oder Fialta hatte sich so daran gewöhnt, dass es selber nicht mehr wusste, ob es feuchte Luft oder warmen Regen atmete. Ein Engländer in Knickerbockern, einer von der soliden, exportfähigen Sorte, der sich im Gehen aus einem Gummibeutel mit dem Daumen die Pfeife stopfte, kam unter einem Bogen hervor und betrat eine Apotheke, wo große bleiche Schwämme in einem blauen Gefäß hinter dem Glas verdursteten. Wie köstlich das Wohlgefühl, das ich durch meine Adern rieseln spürte, wie dankbar antwortete alles in mir auf die Vibrationen und Emanationen dieses grauen Tages, der mit einer Frühlingsessenz gesättigt war, welcher er selber anscheinend nur langsam gewahr wurde! Meine Nerven waren nach einer schlaflosen Nacht ungewöhnlich empfänglich; ich sog alles in mich ein: den Gesang einer Drossel in den Mandelbäumen jenseits der Kapelle, den Frieden der verfallenden Häuser, den Puls der entfernten See, die im Nebel keuchte, all das und dazu das eifersüchtige Grün des Flaschenglases, welches eine Mauerkrone stachelig bewehrte, und die haltbaren Farben eines Zirkusplakats, auf dem ein federgeschmückter Indianer auf dem Rücken eines aufgebäumten Pferdes zu sehen war, der mit einem Lasso gerade ein kühnermaßen endemisches Zebra einfing, während einige gründlich genarrte Elefanten brütend auf ihren sternenübersäten Thronen saßen.

Nach kurzer Zeit überholte mich derselbe Engländer. Während ich ihn mit dem Übrigen zusammen in mich aufnahm, bemerkte ich zufällig, wie sich sein großes blaues Auge plötzlich seitwärts bewegte, den geröteten Lidwinkel zu verziehen suchte und wie er schnell die Lippen befeuchtete – wegen der Trockenheit jener Schwämme, nahm ich an; doch dann folgte ich der Richtung seines Blickes und sah Nina.

Jedes Mal, wenn ich ihr im Laufe der fünfzehn Jahre unserer – nun, das genaue Wort für unsere Art der Beziehung will mir nicht einfallen – begegnet war, hatte sie mich offenbar nicht sogleich erkannt; und auch dieses Mal verharrte sie auf dem Gehsteig gegenüber einen Augenblick lang ganz still, in sympathischer Ungewissheit, in die sich Neugier mischte, halb mir zugewandt, und nur ihr gelber Schal hatte sich schon in Bewegung gesetzt, wie jene Hunde, die einen noch vor ihren Herren erkennen – und dann stieß sie einen Schrei aus, ihre Hände flogen hoch, alle ihre zehn Finger vollführten einen Tanz, und mitten auf der Straße küsste sie mich dreimal mit mehr Mund als Gefühl, allein dank der freimütigen Impulsivität alter Freundschaft (genau wie sie jedes Mal, wenn wir uns trennten, schnell ein Kreuz über mir schlug), und dann ging sie neben mir her, hängte sich ein, passte ihren Schritt dem meinen an, von ihrem engen braunen, unten an der Seite sportlich geschlitzten Rock behindert.

«Aber ja, Ferdie ist auch hier», erwiderte sie und erkundigte sich ihrerseits sofort höflich nach Elena.

«Er muss mit Segur irgendwo herumbummeln», fuhr sie fort und meinte wieder ihren Mann. «Und ich muss noch etwas einkaufen; wir fahren nach dem Mittagessen. Warte mal, wo bringst du mich eigentlich hin, Victor, mein Guter?»

Zurück in die Vergangenheit, zurück in die Vergangenheit, wie jedes Mal, wenn ich sie traf und alles wiederholte, was sich an Handlung angesammelt hatte, von den Anfängen an bis zu dem letzten Zuwachs – genau wie in russischen Märchen das bereits Erzählte bei jeder neuen Wendung der Geschichte noch einmal zusammengefasst wird. Dieses Mal hatten wir uns im warmen und nebligen Fialta getroffen, und ich hätte die Gelegenheit nicht mit größerer Kunst feiern, hätte die Liste der früheren Dienste des Schicksals nicht mit leuchtenderen Vignetten ausschmücken können, selbst wenn ich gewusst hätte, dass dies sein letzter Dienst war; doch, der letzte – denn ich kann mir kein himmlisches Vermittlungsbüro vorstellen, das bereit wäre, dafür zu sorgen, dass ich ihr jenseits des Grabes noch einmal begegne.

Meine Eingangsszene mit Nina hatte sich vor ziemlich langer Zeit in Russland abgespielt, um 1917, würde ich sagen, nach gewissem linken Theatergepolter hinter der Bühne zu urteilen. Es war während einer Geburtstagsfeier auf dem Landsitz meiner Tante bei Luga, in den tiefsten Falten des Winters (wie gut erinnere ich mich an das erste Anzeichen dafür, dass wir uns dem Ort näherten: eine rote Scheune in einer weißen Wildnis). Ich hatte soeben die Abschlussprüfung am Kaiserlichen Lyzeum bestanden; Nina war bereits verlobt: Obwohl sie genauso alt war wie ich und das Jahrhundert, sah sie mindestens wie zwanzig aus, und das trotz oder gerade wegen ihrer zierlichen, schlanken Figur, während sie dank ebendieser Zierlichkeit mit zweiunddreißig jünger wirkte. Ihr Verlobter war bei der Garde und hatte gerade Fronturlaub – ein gut aussehender, schwerer Mensch, unglaublich wohlerzogen und phlegmatisch, der jedes Wort auf die Waagschale des allergenauesten gesunden Menschenverstands legte und in einem samtenen Bariton sprach, der noch weicher wurde, wenn sich seine Worte an sie richteten; seine Anständigkeit und Ergebenheit gingen ihr schließlich wohl auf die Nerven; und heute ist er ein erfolgreicher, wenngleich etwas einsamer Ingenieur in einem weit entlegenen tropischen Land.

Fenster werden hell und strecken ihre leuchtende Länge über den dunklen, buckligen Schnee; zwischen ihnen bleibt Raum für den Widerschein des fächerartigen Lichtes über der Haustür. Jede der beiden Säulen zur Seite ist mit einem flaumigen Weiß überzogen, was die Linien des Bildes einigermaßen verdirbt, das sonst ein vollkommenes Exlibris für das Buch unserer beider Lebensläufe abgegeben hätte. Ich kann mich nicht entsinnen, warum wir alle aus dem hallenden Flur in die stille Dunkelheit hinausgetreten waren, die von Tannen bevölkert war, welche der Schnee zu ihrer doppelten Größe hatte anwachsen lassen; hatte der Wächter uns nahe gelegt, einen düsteren roten Schein am Himmel zu besichtigen, ein schlimmes Vorzeichen kommender Brandstiftung? Möglich. Waren wir hinausgegangen, um einer Pferdestatue aus Eis Bewunderung zu zollen, die der Schweizer Hauslehrer meiner Cousins in der Nähe des Teiches geschaffen hatte? Auch das ist möglich. Mein Gedächtnis erwacht erst auf dem Rückweg zum symmetrisch erleuchteten Herrenhaus wieder zum Leben: Wir gingen im Gänsemarsch eine enge Furche zwischen Schneebänken entlang, und nur das Knirschen unserer Schritte war zu hören – der einzige Kommentar, den eine schweigsame Winternacht über menschliche Wesen abgibt. Ich war der Letzte; drei knirschende Schritte vor mir ging eine kleine, gebeugte Gestalt; ernst wiesen die Tannen ihre beladenen Pfoten. Ich rutschte aus und ließ die tote Taschenlampe fallen, die mir jemand aufgezwungen hatte; sie wieder zu finden, erwies sich als verteufelt schwer; und von meinem Geschimpf sogleich angelockt, drehte sich Nina, eines Spaßes gewärtig, mit einem begierigen, tiefen Lachen undeutlich nach mir um. Ich nenne sie Nina, aber noch konnte ich ihren Namen kaum wissen, noch hatten wir beide keine Zeit für irgendwelche Präliminarien gehabt. «Wer ist denn das?», fragte sie interessiert – und schon küsste ich ihren Hals, der glatt war und brennend heiß von dem langen Fuchspelz ihres Mantelkragens, welcher mir in den Weg kam, bis sie mir die Hand auf die Schulter legte und mit der ihr eigenen Freimütigkeit sanft ihre großzügigen, pflichteifrigen Lippen auf die meinen presste.

Doch als plötzlich wie mit einer Heiterkeitsexplosion im Dunkel das Thema «Schneeballschlacht» seinen Anfang nahm, trennten wir uns, und jemand klomm – fliehend, fallend, knirschend, lachend und keuchend – auf eine Schneewehe, versuchte zu rennen und stöhnte schrecklich auf: Tiefer Schnee hatte die Amputation eines Filzstiefels bewirkt. Und bald darauf trennten wir uns alle, und jeder fuhr nach Hause, ohne dass ich mit Nina gesprochen oder irgendwelche Zukunftspläne gemacht hätte, Pläne für jene fünfzehn Jahre der Wanderschaft, die bereits auf den trüben Horizont zu gezogen waren, beladen mit den Einzelteilen unserer niemals zusammengefügten Wiedersehen. Während ich sie in dem Durcheinander der Gebärden und der Schatten von Gebärden beobachtete, aus dem der Rest des Abends bestand (wahrscheinlich Gesellschaftsspiele – und Nina beharrlich auf der gegnerischen Seite), staunte ich, wie ich mich entsinne, nicht so sehr darüber, dass sie mir nach jener Wärme im Schnee keinerlei Aufmerksamkeit schenkte, sondern vielmehr über die naive Natürlichkeit dieser Unaufmerksamkeit, denn ich wusste noch nicht, dass es nur eines Wortes von mir bedurft hätte, und schon hätte sich ihre Gleichgültigkeit in eine wundervoll aufleuchtende Freundlichkeit verwandelt, wäre sie munter und anteilnehmend zu jeglicher Mitwirkung aufgelegt gewesen, ganz als wäre die Liebe einer Frau ein Quellwasser voller gesunder Salze, von dem sie jedermann auf den leisesten Wink bereitwilligst zu trinken gab.

«Warte, wo haben wir uns zuletzt gesehen?», begann ich (zu Ninas Fialta-Version gewandt), um auf ihr kleines Gesicht mit den vorstehenden Backenknochen und den dunkelroten Lippen einen bestimmten, wohl bekannten Ausdruck zurückkehren zu sehen; und wirklich, wie sie den Kopf schüttelte und die Stirn runzelte, das schien nicht so sehr auf Vergesslichkeit zu deuten, wie die Plattheit eines alten Scherzes zu beklagen; oder um genauer zu sein, so war es, als seien all die Städte, in denen das Schicksal unsere verschiedenen Rendezvous arrangiert hatte, ohne ihnen jemals persönlich beizuwohnen, als seien all die Bahnsteige und Treppen und dreiwändigen Zimmer und dunklen Seitenstraßen banale Szenerien, Überbleibsel irgendwelcher anderen, längst abgeschlossenen Lebensläufe, und als hätten sie so wenig mit der weiteren Darstellung unseres eigenen, ziellosen Schicksals zu tun, dass es fast schlechter Geschmack war, sie überhaupt zu erwähnen.

Ich begleitete sie in einen Laden unter den Arkaden; dort, im Zwielicht hinter einem Perlenvorhang, betastete sie ein paar Geldbeutel aus rotem Leder, die mit Seidenpapier ausgestopft waren, und spähte auf die Preisschilder, als wolle sie ihre Museumsnamen lernen. Sie wünsche, sagte sie, genau diese Form, aber in Rehbraun, und als der alte Dalmatiner nach zehn Minuten fieberhafter Raschelei durch ein Wunder, das mir immer noch ein Rätsel ist, eben solch eine Rarität ausfindig gemacht hatte, da besann sich Nina, die schon drauf und dran gewesen war, mir etwas Geld aus der Hand zu nehmen, eines anderen und verließ den Laden durch die wehenden Perlen, ohne etwas gekauft zu haben.

Draußen war es so milchig trübe wie zuvor; der gleiche Geruch nach Verbranntem, der tatarische Erinnerungen weckte, kam aus den bloßen Fenstern der bleichen Häuser; ein kleiner Mückenschwarm war damit beschäftigt, über einer Mimose, die lustlos blühte und ihre Ärmel bis auf den Boden sinken ließ, die Luft zu stopfen; zwei Arbeiter mit breitkrempigen Hüten aßen Käse und Knoblauch zu Mittag; ihre Rücken ruhten an einem Zirkusplakat, auf dem ein roter Husar und eine Art orangefarbener Tiger abgebildet waren; komisch – in der Absicht, das Tier so wild wie möglich zu machen, war der Künstler so weit gegangen, dass er schließlich von der anderen Seite zurückkam, denn das Gesicht des Tigers hatte geradezu menschliche Züge.

«*Au fond* wollte ich einen Kamm», sagte Nina in verspäteter Reue.

Wie vertraut waren mir ihr Zögern, ihre Nachgedanken, ihre Nachgedanken zu den Nachgedanken, die die frühesten widerspiegelten, ihre kurzlebigen Kümmernisse zwischen zwei Zügen. Immer war sie gerade eingetroffen oder im Aufbruch, und es fällt mir schwer, daran zu denken, ohne dass mich die Vielzahl komplizierter Reiserouten demütigt, denen man fieberhaft folgt, nur um jene abschließende Verabredung einzuhalten, um deren Unvermeidbarkeit selbst der eingeschworenste Weltenbummler weiß. Wäre ich gezwungen, Richtern unseres irdischen Daseins ein Musterbeispiel ihrer durchschnittlichen Haltung zu unterbreiten, so würde ich sie sich vielleicht auf einen

Ladentisch in Cook's Reisebüro lehnen lassen, die linke Wade über dem rechten Schienbein, während der linke Zeh auf den Fußboden trommelt, ihre spitz angewinkelten Ellbogen zusammen mit einer Handtasche, aus der die Geldstücke quellen, auf dem Ladentisch ruhen und der Angestellte, einen Bleistift in der Hand, mit ihr über den Plan eines ewigen Schlafwagens berät.

Nach dem Exodus aus Russland sah ich sie – und das war das zweite Mal – im Haus einiger Bekannter in Berlin. Es war kurz vor meiner Hochzeit; sie hatte sich gerade von ihrem Verlobten getrennt. Als ich das Zimmer betrat, erblickte ich sie sofort, und nach einem Blick auf die anderen Gäste war mir instinktiv klar, welche der anwesenden Männer mehr von ihr wussten als ich. Sie saß in der Ecke einer Couch, die Füße angezogen, den kleinen Körper bequem zu einem Z gefaltet; neben ihren Absätzen stand schräg auf der Couch ein Aschenbecher; sie schielte zu mir herüber, hörte sich meinen Namen an, dann nahm sie ihre langstielige Zigarettenspitze aus dem Mund und sagte langsam und voller Freude: «Also dass ich gerade dich treffe ...» – und sofort wurde es allen klar, bei ihr angefangen, dass wir seit langem innig miteinander befreundet waren: Zweifellos hatte sie den tatsächlichen Kuss völlig vergessen, doch dank jenem trivialen Vorkommnis erinnerte sie sich undeutlich an ein Stück warmer, wohltuender Freundschaft, die es in Wahrheit zwischen uns niemals gegeben hatte. So beruhte die ganze Form unserer Beziehung fälschlich auf einer eingebildeten Freundschaft – die nichts mit ihrem blindlings bewiesenen guten Willen zu tun hatte. Was die Worte anbetraf, die wir einander sagten, so erwies sich unsere Wiederbegegnung als völlig bedeutungslos; aber es gab keine Schranken mehr zwischen uns; und als ich an jenem Abend beim Essen zufällig neben sie zu sitzen kam, erprobte ich schamlos das Ausmaß ihrer geheimen Geduld.

Dann verschwand sie wieder; und als meine Frau und ich ein Jahr darauf meinen Bruder an den Zug nach Posen gebracht hatten und auf der anderen Seite des Bahnsteigs dem Ausgang zustrebten, erblickte ich neben einem Wagen des D-Zugs nach Paris plötzlich Nina, das Gesicht in einen Blumenstrauß gesteckt, den sie in der Hand hielt; im Kreis um sie herum stand eine Gruppe von Menschen, mit denen sie sich ohne mein Wissen angefreundet hatte und die sie anstarrten wie müßige Passanten eine Rauferei auf der Straße, ein Kind, das sich verlaufen hat, oder das Opfer eines Verkehrsunfalls. Strahlend winkte sie mir mit ihren Blumen zu; ich stellte sie Elena vor, und in der belebenden Atmosphäre eines großen Bahnhofs, wo alles bebend am Rand einer Veränderung steht und daher festgehalten und mit Liebe umgeben werden muss, genügten ein paar Worte, um zwei völlig verschiedene Frauen dahin zu bringen, sich bei ihrem nächsten Zusammentreffen bei ihren Kosenamen zu nennen. An jenem Tage wurde im blauen Schatten des Wagens nach Paris Ferdinand zum ersten Mal erwähnt: Es verursachte mir einen lächerlichen Schmerz, zu erfahren, dass sie im Begriff stand, ihn zu heiraten. Schon wurden die Türen zugeschlagen; hastig, aber andächtig küsste sie ihre Freunde, kletterte in den Gang, verschwand; und dann sah ich durch das Glas, wie sie sich in ihrem Abteil einrichtete – wir waren plötzlich vergessen, oder sie war in eine andere Welt eingegangen –, und wir alle, die Hände in den Taschen, schienen ein völlig ahnungsloses Leben zu bespitzeln, das sich dort in jenem Aquariumsdämmer bewegte, bis sie unser gewahr wurde, erst an die Fensterscheibe trommelte, dann die Augen hob und sich an dem Fensterrahmen zu schaffen machte, als wolle sie ein Bild aufhängen; doch nichts geschah; ein Mitreisender half ihr, und sie lehnte sich heraus, hörbar und wirklich, strahlend vor Freude; neben dem unmerklich anfahrenden Wagen einherlaufend, reichte ihr einer von uns eine Zeitschrift und einen Tauchnitz-Band (sie las nur auf Reisen englische Bücher); alles entglitt mit wunderschöner Leichtigkeit, und ich hielt eine bis zur Unkenntlichkeit zerknüllte Bahnsteigkarte in der Hand, während ein Lied aus dem vergangenen Jahrhundert (wie Gerüchte behaupten, hing es mit irgendeinem Pariser Liebesdrama zusammen) mir unablässig durch den Kopf ging, Gott weiß warum aus der Musikbox des Gedächtnisses aufgetaucht, eine rührselige Romanze, die eine alte, unverheiratete Tante von mir einstmals zu singen pflegte, eine Frau mit einem Gesicht so gelb wie russisches Kirchenwachs, der die Natur indessen eine so mächtige, so hinreißend volle Stimme gegeben hatte, dass sie in der Pracht einer feurigen Wolke aufzugehen schien, sobald sie anhob:

*On dit que tu te maries,*
*tu sais que j'en vais mourir,*

und diese Melodie, der Schmerz, das Unrecht, die vom Rhythmus hergestellte Verbindung zwischen Hymen und Tod und die Stimme der toten Sängerin selbst, welche als alleinige Eigentümerin des Liedes die Erinnerung begleitete, ließen mich für einige Stunden nach Ninas Abreise nicht zur Ruhe kommen und stiegen sogar später noch in immer größer werdenden Abständen in mir auf, wie die letzten niedrigen kleinen Wellen, die ein vorüberfahrendes Schiff an den Strand schickt und deren Anschlag immer seltener und verträumter wird, oder wie die bronzene Agonie eines vibrierenden Glockenstuhls, nachdem sich der Glöckner bereits wieder im frohen Kreis seiner Familie niedergesetzt hat. Und wiederum nach ein oder zwei Jahren hielt ich mich geschäftlich in Paris auf; und eines Morgens, auf dem Treppenabsatz eines Hotels, in dem ich einen Filmschauspieler aufgesucht hatte, sah ich sie wieder – sie trug ein graues Kostüm, wartete auf den Fahrstuhl, der sie hinunterbringen sollte, ein Schlüssel hing an ihrer Hand. «Ferdinand ist fechten gegangen», sagte sie gesprächsweise; ihr Blick ruhte auf der unteren Hälfte meines Gesichts, als wollte sie mir etwas von den Lippen ablesen, und nach kurzem Nachdenken (ihr erotisches Verständnis hatte nicht seinesgleichen) drehte sie sich um und führte mich wiegenden Ganges auf schmalen Fußgelenken schnell den mit meerblauen Teppichen ausgelegten Flur entlang. Ein Stuhl an der Tür ihres Zimmers trug ein Tablett mit den Überresten des Frühstücks – ein honigbeschmiertes Messer, Krümel auf grauem Porzellan; doch das Zimmer war bereits aufgeräumt, und in dem plötzlichen Luftzug, den wir verursachten, wurde eine Welle mit weißen Dahlien bestickten Musselins flatternd und knatternd zwischen die empfindlichen Hälften eines französischen Fensters gesaugt, und erst als die Tür verriegelt war, ließen sie mit einer Art wollüstigem Seufzer den Vorhang wieder los; eine Weile später trat ich auf den winzigen Gusseisenbalkon jenseits des Vorhangs hinaus und atmete einen aus welkem Ahornlaub und Benzin gemischten Geruch – der Abhub der dunstigen, blauen, morgendlichen Straße; und da ich von der wachsenden krankhaften Rührung, die meine folgenden Begegnungen mit Nina so vergällen sollte, noch nichts merkte, war ich wahrscheinlich ebenso gefasst und unbekümmert wie sie, als ich sie vom Hotel zu irgendeinem Büro begleitete, um einen Koffer, der ihr abhanden gekommen war, wieder zu finden, und von dort aus zu dem Café, wo ihr Mann eine Sitzung mit seinem augenblicklichen Hofstaat abhielt.

Ich werde den Namen dieses Mannes, dieses französisch-ungarischen Schriftstellers, nicht nennen (und die Bestandteile, die ich hier dennoch preisgebe, erscheinen in geziemender Verkleidung) ... Lieber wäre es mir, mich gar nicht mit ihm zu befassen, aber ich kann nicht anders – mit Gewalt bringt er sich unter meinem Federhalter zur Geltung. Heutzutage macht er nicht mehr viel von sich reden; und das ist gut so, denn es beweist, dass ich recht tat, seinem bösen Zauber zu widerstehen, ein Frösteln mein Rückgrat entlangkriechen zu spüren, wenn dieses oder jenes neue Buch von ihm meine Hand berührte. Der Ruhm von seinesgleichen breitet sich geschwind aus, doch bald wirkt er schwer und abgestanden; und was die Literaturhistorie angeht, so wird dieser Umstand seinen Lebenslauf auf den Bindestrich zwischen zwei Daten beschränken. Hager und arrogant, jederzeit bereit, mit einem giftigen Wortspiel nach einem zu züngeln, und einen seltsam erwartungsvollen Blick in seinen mattbraunen verschleierten Augen, hatte dieser falsche Witzbold allerdings eine unwiderstehliche Wirkung auf kleine Nagetiere. Da er es in der Kunst verbaler Erfindung zur Meisterschaft gebracht hatte, war es sein besonderer Stolz, ein Wörterdrechsler zu sein, ein Titel, der ihm mehr galt als der eines Schriftstellers; ich für mein Teil konnte niemals einsehen, wozu es gut sein sollte, sich Bücher auszudenken und Dinge niederzuschreiben, die sich nicht in der einen oder anderen Form tatsächlich ereignet haben; und ich entsinne mich, wie ich einmal dem Hohn seines ermutigenden Nickens die Stirn bot und ihm sagte, dass ich, wäre ich ein Schriftsteller, allein meinem Herzen Phantasie zubilligen und mich für alles Übrige auf mein Gedächtnis verlassen würde, diesen langen Sonnenuntergangsschatten der ureigenen Wahrheit.

Ich kannte seine Bücher, bevor ich ihn selbst kennen lernte; ein leichter Ekel trat bereits an die Stelle des ästhetischen Vergnügens, das ich mir noch von seinem ersten Roman bereiten ließ. Zu Beginn seiner Laufbahn war es vielleicht noch möglich gewesen, durch die Glasfenster seiner erstaunlichen Prosa irgendeine menschliche Landschaft, einen alten Garten, eine wie aus einem Traum her vertraute Baumgruppe zu erkennen ... doch mit jedem neuen Buch wurden die Farben noch dichter, das Rot und das Purpur noch unheildrohender; heute kann man durch dieses heraldisch bemalte, grässlich bunte Glas überhaupt nichts mehr sehen, und es hat den Anschein, als müsste sich die schaudernde Seele einer völligen schwarzen Leere gegenüber finden, wenn man es zerschlüge. Indessen, wie gefährlich war er in seinen besten Jahren, was verspritzte er für Gift, was für Peitschenschläge teilte er aus, sobald er provoziert wurde! Der Tornado seines vorüberziehenden Spottes ließ kahle Verwüstung zurück, eine Reihe gefällter Eichen – noch wirbelte der Staub, und der unglückselige Verfasser irgendeiner unfreundlichen Besprechung drehte sich brüllend vor Schmerz wie ein Kreisel im Sand.

Zu der Zeit, als wir uns kennen lernten, erregte sein «Passage à niveau» gerade in Paris Aufsehen; er hatte, wie man so sagt, ein Gefolge, und Nina (deren Anpassungsfähigkeit ein erstaunlicher Ersatz für die Bildung war, die ihr abging) hatte bereits die Rolle wenn nicht einer Muse, so doch wenigstens einer Seelengefährtin und klugen und feinfühligen Ratgeberin übernommen, die Ferdinands schöpferischen Konvolutionen folgte und seinen künstlerischen Geschmack getreulich teilte; denn obwohl es mehr als unwahrscheinlich ist, dass sie sich auch nur durch ein einziges seiner Bücher hindurchgequält hatte, so besaß sie doch ein übernatürliches Geschick dafür, sich die besten Stellen aus der Fachsimpelei seiner literarischen Freunde zusammenzustoppeln.

Eine Damenkapelle spielte, als wir das Café betraten; als Erstes bemerkte ich in einer der Spiegelsäulen die Straußenkeule einer Harfe, dann sah ich den zusammengesetzten Tisch (bestehend aus mehreren kleinen Tischen, die man aneinander geschoben hatte, um einen langen zu bilden), an dem, den Rücken zur Plüschwand, Ferdinand den Vorsitz führte; und seine ganze Haltung, die Stellung seiner ausgebreiteten Hände, die sämtlich ihm zugewandten Gesichter seiner Tischgenossen erinnerten mich einen Augenblick lang auf groteske, albtraumhafte Art an etwas, das mir nicht sogleich ganz klar wurde, aber als es mir nachträglich einfiel, schien mir der angedeutete Vergleich kaum weniger blasphemisch als das Wesen seiner Kunst. Er trug einen weißen Rollkragenpullover unter einer Tweedjacke; sein glänzendes Haar war von den Schläfen aus zurückgekämmt, und darüber hing Zigarettenrauch wie ein Heiligenschein; sein knochiges, pharaohaftes Gesicht verzog sich nicht: Nur die Augen wanderten bald hier-, bald dorthin, voll von trüber Genugtuung. Die zwei oder drei wahrscheinlichsten Lokale, wo naive Liebhaber montparnassischen Lebens ihn anzutreffen erwartet hätten, hatte er aufgegeben und dafür dieses durch und durch bürgerliche Etablissement zu frequentieren begonnen, seinem eigenartigen Sinn für Humor zuliebe, auf Grund dessen er auch der erbärmlichen *spécialité de la maison* ein teuflisches Vergnügen abgewann – dieser Kapelle aus einem halben Dutzend müde wirkender, verlegener Damen, die auf einem überfüllten Podium milde Harmonien ineinander verwoben und (wie er sagte) nicht wussten, wohin mit ihren mütterlichen Busen, welche in der Welt der Musik durchaus überflüssig waren. Nach jeder Nummer schüttelte ihn ein Anfall von epileptischem Applaus, von dem die Damen keine Notiz mehr nahmen und der, glaubte ich, bereits einige Zweifel bei dem Inhaber und den Stammkunden des Cafés wachgerufen hatte, Ferdinands Freunden indessen höchst amüsant vorkam. Unter diesen erinnere ich mich an einen Maler mit einem makellos kahlen, obwohl leicht abgeplatzt aussehenden Schädel, den er unter den verschiedensten Vorwänden immer wieder in seine Augen-und-Gitarre-Bilder hineinmalte; an einen Dichter, dessen besonderer Gag in seiner Fähigkeit bestand, auf Verlangen mit Hilfe von fünf Streichhölzern Adams Sündenfall darzustellen; an einen bescheidenen Geschäftsmann, der surrealistische Veröffentlichungen finanzierte (und die Apéritifs bezahlte), wenn ihm gestattet wurde, in einer Ecke Elogen auf die von ihm ausgehaltene Schauspielerin anzubringen; an einen Pianisten, der, was sein Gesicht anging, ganz präsentabel war, dessen Finger jedoch einen grässlichen Ausdruck hatten; an einen forschen, aber sprachlich impotenten sowjetischen Schriftsteller frisch aus Moskau mit einer alten Pfeife und einer neuen Armbanduhr, der lächerlicherweise nicht die mindeste Ahnung hatte, in was für einer Gesellschaft er sich da befand; es waren noch mehrere andere Herren anwesend, die in meiner Erinnerung durcheinander geraten sind, und zwei oder drei aus der Schar hatten ohne Zweifel intime Beziehungen zu Nina gehabt. Sie war die einzige Frau am Tisch; gebückt saß sie da, saugte eifrig an einem Strohhalm, der Spiegel ihrer Limonade sank mit einer Art kindlicher Schnelligkeit, und erst als der letzte Tropfen gurgelnd und glucksend verschwunden war und sie den Halm mit der Zunge fortgeschoben hatte, erst dann fing ich ihren Blick auf, den ich beharrlich gesucht hatte, immer noch dem Umstand nicht ganz gewachsen, dass sie Zeit gehabt hatte, zu vergessen, was am Morgen geschehen war – es so gründlich zu vergessen, dass sie meinen Blick mit einem ausdruckslosen, fragenden Lächeln erwiderte und sich erst nach genauerem Hinsehen plötzlich besann, was für ein Lächeln ich zur Antwort erwartete. Da die Damen ihre Instrumente wie gleichgültige Möbelstücke beiseite geschoben und das Podium zeitweise verlassen hatten, machte Ferdinand inzwischen seine Kumpane hämisch auf einen ältlichen Esser in einer entfernten Ecke des Lokals aufmerksam, der an seinem Revers wie viele Franzosen aus irgendeinem Grund ein kleines rotes Band oder etwas Ähnliches trug und dessen grauer Vollbart zusammen mit einem schmatzenden Mund ein gemütliches gelbliches Nest bildete. Die Attribute des Alters pflegten Ferdie zu erheitern.

Ich blieb nicht lange in Paris, doch diese eine Woche reichte, um zwischen ihm und mir jene falsche Vertraulichkeit einreißen zu lassen, die er einem mit so viel Talent aufzudrängen wusste. In der Folge erwies ich mich ihm sogar nützlich: Meine Firma erwarb die Filmrechte an einer seiner verständlicheren Geschichten, und er hatte seinen Spaß daran, mich mit Telegrammen zu behelligen. Die Jahre vergingen, und hin und wieder ergab es sich, dass wir uns irgendwo anstrahlten, doch ich fühlte mich nie wohl in seiner Gegenwart, und auch an jenem Tag in Fialta empfand ich dasselbe wohl bekannte Missvergnügen, als ich erfuhr, dass er in der Nähe herumstrich; etwas jedoch heiterte mich beträchtlich auf: der Durchfall seines neuen Stückes.

Und da kam er uns auch schon entgegen, in einem absolut wasserdichten Mantel mit Gürtel und Taschenklappen, einen

Fotoapparat über der Schulter, doppelte Gummisohlen an seinen Schuhen, und mit einer Unerschütterlichkeit, die komisch wirken sollte, lutschte er an einer langen Stange zuckrigen Mondgesteins, dieser Spezialität von Fialta. Neben ihm ging der schmucke, puppenhafte, rosige Segur, ein Kunstfreund und ein Dummkopf obendrein; ich habe niemals herausbekommen, wozu Ferdinand ihn benötigte; und immer noch höre ich Nina mit einer stöhnenden Zärtlichkeit, die sie auf nichts festlegte, ausrufen: «Ach, Segur, der ist so ein lieber Kerl!» Sie kamen näher; Ferdinand und ich begrüßten uns herzlich, indem wir versuchten, in unser Händeschütteln und Auf-den-Rücken-Klopfen so viel Wärme wie möglich zu legen – aus Erfahrung wussten wir, dass dies alles war, doch wir taten, als sei es nur der Auftakt; und so war es jedes Mal: Nach jeder Trennung wurden beim Wiedersehen in geschäftiger Herzlichkeit und einem Durcheinander Platz nehmender Gefühle aufgeregt die Saiten gestimmt; doch dann schlossen die Platzanweiser die Türen, und niemand wurde eingelassen.

Segur beklagte sich bei mir über das Wetter, und zuerst verstand ich gar nicht, wovon er eigentlich redete; selbst wenn das feuchte, graue Gewächshausklima Fialtas «Wetter» genannt werden konnte, so lag es allem, was uns als Gesprächsgegenstand dienen konnte, ebenso fern wie etwa Ninas schlanker Ellbogen, den ich zwischen Zeigefinger und Daumen hielt, oder ein Stückchen Stanniolpapier, das jemand fallen gelassen hatte und das in einiger Entfernung in der Mitte der kopfsteingepflasterten Straße glitzerte.

Zu viert gingen wir weiter, vage Einkäufe vor uns. «Meine Güte, was für ein Indianer!», rief Ferdinand plötzlich mit stürmischer Befriedigung, indem er mir einen kräftigen Rippenstoß versetzte und auf ein Plakat deutete. Ein Stück weiter, an einem Brunnen, gab er seine Zuckerstange einem einheimischen Kind, einem dunkelhäutigen Mädchen mit Perlen um den hübschen Hals; wir blieben stehen, um auf ihn zu warten: Er hatte sich hingekauert und redete auf ihre rußschwarzen gesenkten Wimpern hinab, dann holte er uns grinsend ein und machte eine jener Bemerkungen, mit denen er seine Reden zu würzen liebte. Darauf zog ein unglückseliger Gegenstand in einem Andenkenladen seine Aufmerksamkeit auf sich: eine fürchterliche Marmorimitation des Mt. Sankt Georg mit einem schwarzen Tunnel in seinem Fuß, der sich als die Öffnung eines Tintenfasses erwies, und mit einer Rinne für Federhalter, die Geleise vorstellen sollte. Mit offenem Mund, bereit herauszuprusten und ganz aus dem Häuschen vor höhnischem Triumph wendete er das staubige, hinderliche und völlig schuldlose Ding in den Händen hin und her, bezahlte ohne zu feilschen und kam immer noch offenen Munds mit dem Monstrum in der Hand heraus. Wie ein Herrscher, der sich mit Buckligen und Zwergen umgibt, wandte er seine Zuneigung diesem oder jenem gräulichen Gegenstand zu; seine Huld währte von fünf Minuten bis zu mehreren Tagen, oder sogar noch länger, wenn das Ding zufällig lebendig war.

Nina deutete sehnsüchtig an, dass es Mittagessenszeit sei, und als Ferdinand und Segur in ein Postamt gingen, ergriff ich die Gelegenheit und führte sie eilig hinweg. Immer noch frage ich mich, was sie mir eigentlich bedeutete, diese kleine dunkle Frau mit den schmalen Schultern und den «lyrischen Gliedmaßen» (um den Ausdruck zu gebrauchen, den ein gezierter Emigrantendichter geprägt hatte, einer der wenigen Männer, die ihr platonisch nachgesetzt hatten), und noch weniger verstehe ich, welchen Zweck das Schicksal damit verfolgte, dass es uns immer wieder zusammenführte. Nach meinem Aufenthalt in Paris hatte ich sie eine ganze Zeit lang nicht gesehen, und als ich eines Tages aus dem Büro nach Hause kam, saß sie da, trank Tee mit meiner Frau und prüfte auf ihrer seidenbespannten Hand – der Ehering glänzte durch die Seide hindurch – das Gewebe irgendwelcher auf der Tauentzienstraße billig erstandenen Strümpfe. Einmal zeigte man mir ihr Bild in einer Modezeitschrift voller Herbstblätter und Handschuhe und windiger Golfplätze. An einem bestimmten Weihnachtsfest schickte sie mir eine Ansichtskarte mit Schnee und Sternen. An einem Rivierastrand entging sie hinter ihrer Sonnenbrille und ihrem Terrakotta-Teint beinahe meiner Aufmerksamkeit. Als mich ein andermal eine Besorgung zur Unzeit in das Haus unbekannter Leute führte, wo gerade eine Gesellschaft gegeben wurde, erblickte ich ihren Schal und ihren Pelzmantel unter fremden Vogelscheuchen auf einem Garderobenständer. In einem Buchladen nickte sie mir aus einer Seite in einer der Geschichten ihres Mannes entgegen, aus einer Seite, auf der von einem episodischen Dienstmädchen die Rede ist und Nina gegen den Willen des Verfassers hereingeschmuggelt wird: «Ihr Gesicht», schrieb er, «war eher ein Schnappschuss der Natur als ein genaues Porträt, sodass er ... als er es sich vorzustellen versuchte, nur flüchtige Eindrücke zusammenhangloser Gesichtszüge vor Augen hatte: den flaumigen Umriss ihrer *pommettes* in der Sonne, die bernsteinbraune Dunkelheit munterer Augen, ihre Lippen, zu einem freundlichen Lächeln verzogen, das immer bereit war, sich in einen feurigen Kuss zu verwandeln.»

Immer wieder tauchte sie flüchtig am Rand meines Lebens auf, ohne seinen eigentlichen Text auch nur im mindesten zu beeinflussen. An einem Sommermorgen (einem Freitag – denn die Dienstmädchen klopften im sonnenstaubigen Hof Teppiche), meine Familie war auf dem Land, döste und rauchte ich im Bett, als es wie wild klingelte – und dann stand sie in der Diele, ein unerwarteter Besuch, der (nebenbei) eine Haarnadel und (hauptsächlich) einen großen, mit Hotelschildern illustrierten Reisekoffer zurückließ, den ein netter österreichischer Junge vierzehn Tage später für sie abholte – nach ungreifbaren, aber sicheren Symptomen zu schließen, gehörte er zu der gleichen, recht kosmopolitischen Genossenschaft wie ich. Gelegentlich fiel mitten in einer Unterhaltung ihr Name, und ohne den Kopf zu wenden, lief sie die Stufen eines zufälligen Satzes hinab. Auf einer Reise in die Pyrenäen verbrachte ich eine Woche in einem Château, das Leuten gehörte, bei denen sie und Ferdinand sich gerade aufhielten, und nie werde ich meine erste Nacht dort vergessen: wie ich wartete, wie ich sicher war, dass sie aus eigenem Antrieb in mein Zimmer schleichen würde, wie sie nicht kam, und den Lärm, den Tausende von Grillen in der delirierenden Tiefe des felsigen, von Mondschein triefenden Gartens vollführten, die tollen murmelnden Bäche und meinen Kampf zwischen wohltuender südlicher Müdigkeit nach einem langen Tag der Jagd auf den Geröllhängen und dem wilden Verlangen nach ihrem heimlichen Kommen, ihrem tiefen Lachen, ihren rosa Fußgelenken über dem Schwanendaunenbesatz hochhackiger Pantoffeln; die Nacht indessen tobte weiter, ohne dass sie kam, und als ich ihr am Tag darauf im Laufe einer gemeinschaftlichen Bergwanderung von meinem Warten erzählte, faltete sie bestürzt die Hände – und taxierte sofort mit schnellem Blick, ob die Rücken Ferdinands (er gestikulierte) und seines Freundes weit genug entfernt waren. Ich erinnere mich, über halb Europa hinweg (in einer geschäftlichen Angelegenheit ihres Mannes) mit ihr telefoniert und ihre eifrige, bellende Stimme anfangs gar nicht erkannt zu haben; und ich erinnere mich, wie ich einmal von ihr träumte: Ich träumte, meine älteste Tochter käme hereingelaufen, um mir zu sagen, dass der Hausmeister in arger Bedrängnis sei – und als ich zu ihm hinunterging, sah ich Nina in tiefem Schlaf auf einem Koffer liegen, eine Rolle grober Leinwand unter dem Kopf, mit bleichen Lippen und in ein wollenes Tuch gehüllt, so wie elende Flüchtlinge auf gottverlassenen Bahnhöfen schlafen. Und was mir oder ihr in der Zwischenzeit auch zustieß, es kam nie zu irgendwelchen Aussprachen zwischen uns, da wir in den Pausen unseres Schicksals niemals aneinander dachten, sodass sich bei jedem Wiedersehen das Tempo des Lebens auf der Stelle änderte, alle seine Atome neu kombiniert wurden und wir in einem anderen, leichteren Zeitmedium lebten, dessen Maß nicht die langwierigen Trennungen, sondern die wenigen Begegnungen waren, aus denen auf diese Weise künstlich ein kurzes, vermeintlich leichtfertiges Leben entstand. Und mit jeder neuen Begegnung wurde ich besorgter; nein, meine Gefühle wurden nicht aus der Bahn geworfen, nicht geisterte der Schatten der Tragödie durch unsere Freuden, meine Ehe wurde nicht in Mitleidenschaft gezogen, während auf der anderen Seite ihr in erotischer Hinsicht eklektischer Ehegatte ihre beiläufigen Affären übersah, obwohl er aus ihnen einigen Vorteil in Form angenehmer und nützlicher Beziehungen schlug. Ich wurde besorgt, weil etwas Wunderschönes, Zartes und Unwiederholbares vergeudet wurde: etwas, das ich missbrauchte, wenn ich mir in großer Eile armselige helle Stückchen davon abbrach und dabei den bescheidenen, aber wahren Kern verschmähte, den es mir möglicherweise in einem Mitleid heischenden Wispern darbot. Ich war besorgt, weil ich schließlich Ninas Leben irgendwie doch akzeptierte, die Lügen, die Vergeblichkeit, das Kauderwelsch dieses Lebens. Obwohl es keinerlei Gefühlsdissonanz gab, fühlte ich mich verpflichtet, nach einer vernünftigen, wenn schon nicht moralischen Erklärung meines Daseins zu suchen, und das hieß, zwischen der Welt zu wählen, in der ich Modell saß für mein Porträt, mit meiner Frau, meinen kleinen Töchtern, dem Dobermannpinscher (idyllische Girlanden, ein Siegelring, ein dünner Spazierstock), zwischen dieser glücklichen, weisen und guten Welt ... und was? Bestand irgendeine praktische Chance, ein Leben gemeinsam mit Nina zu führen, ein Leben, das ich mir schwer auch nur vorzustellen vermochte, denn ich wusste, es wäre mit einer leidenschaftlichen, unerträglichen Bitterkeit durchtränkt und jeder seiner Augenblicke wäre sich einer Vergangenheit bewusst, in der es von proteischen Partnern wimmelte. Nein, das Ganze war absurd. Und war sie darüber hinaus nicht durch etwas Stärkeres als Liebe an ihren Gatten gekettet – die unerschütterliche Freundschaft zwischen zwei Strafgefangenen? Absurd! Doch was denn hätte ich mit dir anfangen sollen, Nina, wie hätte ich mich dieser aufgespeicherten Traurigkeit entledigen können, die sich als Ergebnis unserer scheinbar unbekümmerten, in Wahrheit jedoch hoffnungslosen Begegnungen angesammelt hatte?

Fialta besteht aus einer Alt- und einer Neustadt; hier und da sind Vergangenheit und Gegenwart miteinander verflochten und liegen im Kampf, um sich entweder voneinander freizumachen oder gegenseitig vollends auszustoßen; jede hat ihre eigenen Methoden: Die Neue liefert einen ehrlichen Kampf – sie importiert Palmen, richtet schmucke Reisebüros ein und bemalt die rote Fläche der Tennisplätze mit hellgelben Linien; wohingegen die heimtückische Stadt von dazumal hinter einer Ecke in Gestalt einer auf Krücken gehenden Gasse hervorkommt oder in der von Treppenstufen, die nirgendwo hinführen. Auf unserem Weg zum Hotel kamen wir an einer halb fertigen, weißen, innen mit Abfällen übersäten Villa vorbei, an deren einer Wand wieder die gleichen Elefanten auf gewaltigen, bunt bemalten Trommeln saßen, ihre ungetümen Babyknie weit gespreizt; eine (bereits mit einem Bleistiftschnurrbart versehene) Kunstreiterin in ätherischem Ballettröckchen ruhte auf der breiten Kruppe eines Pferdes; und ein Clown mit Tomatennase lief über ein Drahtseil, einen Schirm balancierend, der mit jenen immer wiederkehrenden Sternen geschmückt war – eine auf vage Weise sinnbildhafte Erinnerung an die himmlische Heimat der Zirkuskünstler. Hier, in Fialtas Rivierateil, knirschte der nasse Kies luxuriöser, deutlicher war das träge Aufseufzen der See zu vernehmen. Im Hinterhof des Hotels jagte ein mit einem Messer bewaffneter Küchenjunge hinter einem Huhn her, das wild gluckend um sein Leben lief. Ein Schuhputzer bot mir mit zahnlosem Lächeln seinen uralten Thron. Unter den Platanen standen ein Motorrad deutscher Herkunft, eine schlammbespritzte Limousine und ein gelber, langrumpfiger Icarus, der wie ein gigantischer Skarabäus aussah («Das ist unser – Segurs, meine ich», sagte Nina und fügte hinzu: «Warum kommst du nicht mit, Victor?» – obwohl sie sehr wohl wusste, dass ich nicht mitkommen konnte). In den Lack seiner Flügeldecken war ein Guaschbild mit Himmel und Gezweig versenkt; das Metall eines seiner bombenförmigen Scheinwerfer spiegelte einen Augenblick lang uns selbst, hagere Fußgänger aus dem Land des Films, die über die konvexe Oberfläche glitten; und dann, nach einigen Schritten, warf ich einen Blick zurück und sah sozusagen beinahe optisch voraus, was in Wirklichkeit erst etwa eine Stunde später geschah: wie die drei in Sturzhelmen einstiegen, lächelten und mir zuwinkten, durchsichtig für mich wie Gespenster, durch welche die Farbe der Welt hindurchleuchtet, und sich dann in Bewegung setzten, sich entfernten, kleiner wurden (Ninas letzter zehnfingriger Abschied); in Wirklichkeit jedoch rührte sich das Automobil, glatt und heil wie ein Ei, noch nicht von der Stelle, und Nina schritt unter meinem ausgestreckten Arm durch einen von Lorbeer flankierten Eingang, und als wir uns setzten, konnten wir durch das Fenster Ferdinand und Segur, die einen anderen Weg genommen hatten, langsam näher kommen sehen.

Auf der Veranda, wo wir unsere Mittagsmahlzeit einnahmen, befand sich niemand außer dem Engländer, der mir unlängst aufgefallen war; vor ihm warf ein hohes Glas mit einem knallroten Drink ein ovales Lichtmuster auf das Tischtuch. In seinen Augen nahm ich das gleiche blutunterlaufene Verlangen wahr, aber jetzt stand es mit Nina in keinem Zusammenhang; der gierige Blick galt nicht ihr, er war unverwandt auf die obere rechte Ecke des breiten Fensters gerichtet, neben dem er saß.

Nina hatte die Handschuhe von den kleinen, dünnen Händen gestreift und aß zum letzten Mal in ihrem Leben jene Krustentiere, für die sie eine solche Vorliebe hatte. Auch Ferdinand beschäftigte sich mit dem Essen, und ich nutzte seinen Hunger aus, ein Gespräch anzufangen, das mir einen Anschein von Macht über ihn gab: Genauer gesagt, ich erwähnte den Misserfolg seines neuen Stückes. Nach einer kurzen Periode religiösen Umgangs, wie er gerade in Mode war, in deren Verlauf er der

Gnade teilhaftig wurde und mehrere reichlich zweideutige Pilgerfahrten unternahm, die in einem entschieden skandalösen Abenteuer endeten, hatte er seinen matten Blick gen Moskau gewandt, das barbarische Moskau. Nun habe ich mich, offen gesagt, immer über die selbstgefällige Überzeugung geärgert, dass ein kleines Wellchen Bewusstseinsstrom, ein paar gesunde Obszönitäten und eine Prise Kommunismus in irgendeinem alten Spüleimer auf alchimistische Weise und ganz von allein ultramoderne Literatur ergäben; und bis man mich erschießt, werde ich darauf beharren, dass Kunst, sobald sie mit Politik in Berührung gebracht wird, unvermeidlich auf das Niveau beliebigen ideologischen Plunders herabsinkt. In Ferdinands Fall allerdings war all dies unerheblich: Die Muskeln seiner Muse waren außergewöhnlich kräftig, ganz zu schweigen von dem Umstand, dass ihm das Elend der Unterdrückten völlig egal war; doch wegen gewisser, auf dunkle Weise bösartiger Unterströmungen dieser Art war seine Kunst noch widerwärtiger geworden. Bis auf ein paar Snobs hatte kein Mensch das Stück verstanden; selber hatte ich es nicht gesehen, aber jene komplizierte kremleske Nacht, an deren unmöglichen Spiralen entlang er verschiedene Räder zerstückelter Symbole kreisen ließ, konnte ich mir gut vorstellen; und jetzt fragte ich ihn nicht ohne Schadenfreude, ob er kürzlich eine bestimmte kleine Kritik gelesen hätte.

«Kritik!», rief er. «Schöne Kritik! Jeder geleckte Affe hält es für angebracht, mir Lehren zu erteilen. Keine Ahnung zu haben von meinem Werk ist ihr Stolz. Meine Bücher werden behutsam angefasst, wie etwas, das in die Luft gehen könnte. Kritik! Man untersucht sie unter jedem Aspekt, nur unter dem wesentlichen nicht. Es ist, als ob ein Naturforscher, der das *genus equus* beschreiben will, anfinge, über Sättel oder Mme de V. zu quasseln (er nannte eine bekannte literarische Salondame, die in der Tat große Ähnlichkeit mit einem grinsenden Pferd hatte). Ich möchte auch etwas von diesem Taubenblut», fuhr er im gleichen scharfen Ton fort, jetzt an den Kellner gewandt, der seinen

Wunsch erst begriff, als er in die Richtung des Fingers mit dem langen Nagel blickte, der unmanierlich auf das Glas des Engländers deutete. Aus irgendeinem Grund erwähnte Segur Ruby Rose, die Dame, die Blumen auf ihren Busen malte, und die Unterhaltung nahm einen weniger beleidigenden Charakter an. Inzwischen kam der große Engländer plötzlich zu einem Entschluss, stieg auf einen Stuhl, trat von da auf das Fensterbrett und reckte sich, bis er die erstrebte Ecke des Fensterrahmens erreichte, wo ein kompakter, pelziger Nachtfalter saß, den er behände in eine kleine Schachtel steckte.

«... etwa wie Wouwermans Schimmel», sagte Ferdinand in Zusammenhang mit dem, worüber er gerade mit Segur sprach.

*«Tu es très hippique ce matin»*, bemerkte Letzterer.

Bald gingen sie beide telefonieren. Ferdinand hatte eine besondere Vorliebe für Ferngespräche und dazu ein besonderes Geschick, sie – egal, über welche Entfernung hin – mit freundlicher Wärme auszustatten, wenn es galt, wie zum Beispiel jetzt, eine kostenlose Übernachtung zu ergattern.

Von weit her kamen Musikgeräusche – eine Trompete, eine Zither. Nina und ich begaben uns wieder nach draußen und bummelten durch die Straßen. Offenbar hatte der Zirkus auf seinem Weg nach Fialta eine Vorausabteilung vorgeschickt: Eine Reklameprozession zog vorüber. Ihr Anfang allerdings entging uns, da sie bergauf in eine Nebenallee abgebogen war: Die vergoldete Rückwand irgendeines Gefährts entschwand, ein Mann im Burnus führte ein Kamel, vier hintereinander gehende mittelmäßige Indianer trugen an Stangen Plakate, und hinter ihnen saß dank einer Sondererlaubnis der kleine Sohn eines Touristen im Matrosenanzug andächtig auf einem winzigen Pony.

Wir kamen an einem Café vorbei, wo die Tische jetzt fast trocken, aber immer noch leer waren; der Kellner begutachtete einen grässlichen Findling (hoffentlich adoptierte er ihn später), das absurde Tintenfassungeheuer, das Ferdinand im Vorübergehen auf der Balustrade ausgesetzt hatte. An der nächsten Ecke zog uns eine alte steinerne Treppe an, wir stiegen hinauf, und ich blickte unverwandt auf den spitzen Winkel, den Ninas Schritt beim Hinaufsteigen bildete – sie hob ihren Rock, und seine Enge erforderte die gleiche Geste wie früher die Rocklänge; eine mir vertraute Wärme ging von ihr aus, und während ich neben ihr hinaufstieg, kam mir unser letztes Wiedersehen in den Sinn. Es war in einem Haus in Paris gewesen, viele Leute waren anwesend, und mein guter Freund Jules Darboux, im Wunsch, mir einen erlesenen ästhetischen Gefallen zu erweisen, hatte mich am Ärmel berührt und gesagt: «Darf ich dich vorstellen ...», und mich dann zu Nina geführt, die in der Ecke einer Couch saß, ihre Gestalt zu einem Z gefaltet, einen Aschenbecher neben dem Schuhabsatz; sie hatte eine lange Türkiszigarettenspitze von den Lippen genommen und freudig und langsam gerufen: «Also dass ich gerade dich treffe ...» – und dann, den ganzen Abend lang, war mir, als wolle mir das Herz zerspringen, während ich mit einem klebrigen Glas in der Faust von Gruppe zu Gruppe ging, hin und wieder aus der Ferne nach ihr Ausschau hielt (ihre Augen suchten mich nicht), einzelne Gesprächsbrocken erhaschte und mithörte, wie ein Mann zu einem anderen sagte: «Komisch, dass sie alle gleich riechen, durch jedes Parfum hindurch nach verbranntem Laub, diese dunkelhaarigen Mädchen mit den scharfen Gelenken», und wie es oft geschieht, klammerte sich eine triviale Bemerkung über irgendeinen unbekannten Gegenstand an die eigene vertraute Erinnerung, hielt sich daran fest und krümmte sich, ein Parasit ihrer Traurigkeit.

Oben auf der Treppe angekommen, fanden wir uns auf einer Art Terrasse. Von hier aus war der zarte Umriss des taubengrauen Mt. Sankt Georg mit einem Haufen knochenweißer Flecken (irgendein kleines Dorf) auf einem seiner Hänge zu sehen; der Rauch eines unsichtbaren Zuges wellte sich um seinen runden Fuß – und verschwand plötzlich; noch weiter unten, über dem Dächergewirr, konnte man eine einsame Zypresse erkennen, die Ähnlichkeit hatte mit der feuchten, gezwirbelten schwarzen Spitze eines Tuschpinsels; zur Rechten sah man einen kleinen Teil des Meeres, das grau war und silbrige Falten warf. Zu unseren Füßen lag ein rostiger alter Schlüssel, und an der Wand des halb verfallenen Hauses neben der Terrasse hingen immer noch irgendwelche Drahtenden ... Es kam mir in den Sinn, dass es hier einst Leben gegeben, eine Familie die Kühle der Abenddämmerung genossen hätte, dass ungeschickte Kinder im Licht einer Lampe mit Malbüchern beschäftigt gewesen wären ... Wir verweilten dort oben, als horchten wir auf irgendetwas; Nina, die höher stand als ich, legte mir eine Hand auf die Schulter und lächelte, und mit Sorgfalt, auf dass ihr Lächeln nicht knitterte, küsste sie mich. Mit unerträglicher Heftigkeit erlebte ich noch einmal (so scheint es mir wenigstens) alles, was, angefangen mit einem ähnlichen Kuss, je zwischen uns gewesen war; und ich sagte (anstelle unseres billigen, förmlichen «Du» jenes seltsam volle und bedeutungsschwere «Sie» verwendend, zu dem der Weltumsegler in jeder Hinsicht bereichert zurückkehrt): «Schauen Sie – was wäre, wenn ich Sie liebe?» Nina sah mich kurz an, ich wiederholte die Worte, ich wollte hinzusetzen ... aber etwas wie eine Fledermaus strich kurz über ihr Gesicht, ein schneller, sonderbarer, fast hässlicher Ausdruck, und sie, die in völliger Unschuld grobe Worte in den Mund nehmen konnte, wurde verlegen; auch ich war verlegen ... «Keine Sorge, ich habe nur Spaß gemacht», sagte ich rasch und legte leicht den Arm um ihre Taille. Von irgendwoher erschien ein fester Strauß kleiner, dunkler, selbstlos duftender Veilchen in ihren Händen, und bevor sie zu ihrem Gatten und Auto zurückkehrte, standen wir noch eine kurze Weile an der Steinbrüstung, und unsere Affäre war hoffnungsloser denn je. Doch der Stein war warm wie Menschenhaut, und plötzlich verstand ich etwas, das ich gesehen hatte, ohne es zu begreifen – warum ein Stückchen Stanniolpapier auf dem Pflaster so geglitzert, warum auf einem Tischtuch der Abglanz eines Glases gezittert hatte, warum die See ein einziger Lichtschimmer war: Irgendwie hatte sich allmählich der weiße Himmel über Fialta unmerklich mit Sonnenschein gesättigt, und nun war er ganz und gar von Sonne durchdrungen, und das überströmende weiße Leuchten wurde weiter und weiter, alles löste sich darin auf, alles verschwand, alles verging, und ich stand auf dem Bahnsteig von Mlech, in der Hand eine soeben gekaufte Zeitung, aus der ich erfuhr, dass der gelbe Wagen, den ich unter den Platanen gesehen hatte, hinter Fialta einen Unfall gehabt hatte, als er in voller Geschwindigkeit in den Lastwagen eines Wanderzirkus auf dem Weg in die Stadt gerast war, einen Unfall, aus dem Ferdinand und sein Freund, diese unverwundbaren Schurken, diese Salamander des Schicksals, die glücklichen Basilisken, mit örtlichen und heilbaren Verletzungen ihrer Schuppenhaut hervorgegangen waren, während Nina trotz ihrer anhaltenden und getreulichen Versuche, es ihnen gleichzutun, sich am Ende doch als sterblich erwiesen hatte.

# John Cheever

## DER SCHWIMMER

Es war einer jener Sonntage im Hochsommer, an denen alle Leute herumsitzen und sagen: «Ich hab gestern Abend zu viel getrunken.» Von den heimkehrenden Kirchgängern hätte man es hören können wie von den Lippen des Geistlichen, der sich im *vestiarium* mit seiner Soutane abquälte, auf den Golf- und Tennisplätzen ebenso wie in dem Naturschutzgebiet, wo der Leiter des Audubon-Vereins einen scheußlichen Kater hatte. «Ich hab zu viel getrunken», sagte Donald Westerhazy. «Wir haben alle zu viel getrunken», sagt Lucinda Merrill. «Es muss am Wein liegen», sagte Helen Westerhazy. «Ich hab zu viel von dem Rotwein getrunken.»

Man saß am Rande des Westerhazy'schen Schwimmbassins. Das Becken wurde aus einem stark eisenhaltigen artesischen Brunnen gespeist und war von blassgrüner Farbe. Es war ein schöner Tag. Im Westen stand eine schwere Wolkenwand, die einer Hafenstadt – wie man sie vom Bug eines Schiffes in der Ferne liegen sieht – so täuschend ähnlich sah, dass man ihr einen Namen hätte geben mögen. Lissabon. Hackensack. Die Sonne schien heiß. Neddy Merrill saß neben dem grünen Wasser und ließ eine Hand hineinhängen. In der anderen hielt sie ein Glas Gin. Er war ein schlanker Mann – von ausgesprochen jugendlicher Schlankheit, schien es –, und wenn er auch weit davon entfernt war, jung zu sein, so war er doch heute Morgen noch das Treppengeländer heruntergerutscht und hatte der bronzenen Kehrseite der Aphrodite auf dem Hallentisch einen Klaps gegeben, als er auf sein nach Kaffee duftendes Esszimmer zuschlenderte. Man hätte ihn mit einem Sommertag vergleichen können, besonders mit den letzten Stunden eines solchen Tages, und wenn er auch weder einen Tennisschläger noch einen Segeltuchsack dabeihatte, so hatte man doch ganz entschieden den Eindruck von Jugend, Sport und gutem Wetter. Er war eben noch geschwommen und holte nun tief und geräuschvoll Luft, als könnte seine Lunge alle Elemente dieses Augenblicks in sich aufnehmen. Die Sonnenhitze, sein tiefes Glücksgefühl, alles schien in seinen Brustkasten einzuströmen. Sein eigenes Haus lag in Bullet Park, acht Meilen weiter südlich, und seine vier hübschen Töchter hatten dort wahrscheinlich schon zu Mittag gegessen und spielten Tennis. Da fiel ihm ein, dass er einen Bogen nach Südwesten schlagen und so sein Haus auf dem Wasserwege erreichen könne.

Er fühlte sich in seinem Leben nicht beengt, und seine Freude an diesem Einfall hatte nichts mit den Fluchtvorstellungen zu tun, die sich dabei aufdrängten. Ihm war, als sähe er mit dem Auge eines Kartographen die Kette von Schwimmbassins vor sich: ein gleichsam unterirdischer Strom, der sich durch den ganzen Bezirk zog. Er hatte eine Entdeckung gemacht, einen Beitrag zur modernen Geographie geleistet; er würde den Strom nach seiner Frau Lucinda nennen. Er war weder ein Spaßvogel noch ein Narr, aber er wollte um jeden Preis originell sein und hatte eine vage und gar nicht anmaßende Vorstellung von sich selbst als einer legendären Heldengestalt. Der Tag war schön, und seine Schwimmtour schien ihm wie geschaffen, ihn noch zu verschönern und zu verherrlichen.

Er legte den Sweater ab, der über seinen Schultern gehangen hatte, und machte einen Kopfsprung. Für Männer, die sich nicht kopfüber in Schwimmbassins warfen, hatte er eine unsägliche Verachtung. Er schwamm mit kurzen Kraulstößen, holte entweder nach jedem Stoß oder nach jedem vierten Stoß Luft und zählte im hintersten Winkel seines Bewusstseins das zum Kraul-Beinschlag gehörende eins-zwei, eins-zwei. Dieser Stil war für große Entfernungen nicht sehr geeignet, aber mit der allgemeinen Verbreitung des Schwimmsports hatten sich bestimmte Gepflogenheiten herausgebildet, und in dieser Gegend der Welt pflegte man nun einmal zu kraulen. Von dem hellgrünen Wasser umarmt und getragen zu werden schien weniger ein Vergnügen als die Rückkehr in einen Naturzustand zu sein, und er wäre gern ohne Badehose geschwommen, aber das ließ sich mit seinem Vorhaben nicht vereinen. Er zog sich am hinteren Rand in die Höhe – die Leiter benutzte er nie – und machte sich auf den Weg über den Rasen. Als Lucinda fragte, wohin er gehe, sagte er, er wolle nach Hause schwimmen.

Die einzigen Land- und Seekarten, nach denen er sich richten konnte, existierten nur in seiner Phantasie oder in seinem Gedächtnis, aber sie waren klar genug. Zuerst kamen die Grahams, die Hammers, die Lears, die Howlands und die Crosscups. Er würde die Ditmar Street überqueren, um zu den Bunkers und, ein kleines Stück weiter, zu den Levys, den Welchers und der öffentlichen Badeanstalt in Lancaster zu gelangen. Dann kamen noch die Hallorans, die Sachs, die Biswangers, Shirley Adams, die Gilmartins und die Clydes. Der Tag war herrlich, und er empfand es als eine Wohltat, eine Gnade, in einer Welt zu leben, die so reichlich mit Wasser versehen war. Sein Herz schlug höher, und er lief über den Rasen. Die neue Route, die er sich für den Heimweg ausgedacht hatte, gab ihm die Gewissheit, ein Pilger, ein Forscher, ja, ein Mann mit einem Schicksal zu sein, und er wusste, dass er überall am Wege Freunde finden würde. Freunde würden an den Ufern des Lucinda-Flusses Spalier stehen.

Er durchquerte eine Hecke, die das Westerhazy'sche Grundstück von dem der Grahams trennte, ging unter einigen blühenden Apfelbäumen hindurch und an dem Schuppen vorbei, der ihre Pumpe und den Filter beherbergte, und kam am Graham'schen Schwimmbassin heraus. «Ach, Neddy», sagte Mrs. Graham, «das ist aber eine Überraschung. Ich hab schon den ganzen Morgen versucht, dich zu erreichen. Komm, ich hol dir einen Drink.» An dieser Stelle merkte er, wie jeder Forscher, dass gegenüber den gastfreundlichen Bräuchen und Gepflogenheiten der Eingeborenen diplomatische Zurückhaltung geboten war, wenn er sein Reiseziel jemals erreichen wollte. Er mochte die Grahams nicht vor den Kopf stoßen noch unhöflich erscheinen, aber er hatte nicht die Zeit, sich länger bei ihnen aufzuhalten. Er schwamm einmal von einem Ende zum anderen durch ihren Pool, leistete ihnen in der Sonne Gesellschaft und wurde ein paar Minuten später durch zwei Wagenladungen von Freunden aus Connecticut erlöst. Während der stürmischen Begrüßungsszenen konnte er sich unbemerkt wegstehlen. Er ging an der Vorderfront des Graham'schen Hauses vorbei, stieg über eine Dornenhecke und gelangte über ein unbebautes Stück Land zu den Hammers. Mrs. Hammer blickte von ihren Rosen auf und sah ihn vorbeischwimmen, wusste aber nicht genau, wer es war. Die Lears hörten ihn an ihren offenen Wohnzimmerfenstern vorbeiplätschern. Die Howlands und die Crosscups waren nicht zu Hause. Als er das Howland'sche Grundstück hinter sich hatte, überquerte er die Ditmar Street und machte sich auf den Weg zu den Bunkers, von wo ihm schon auf diese Entfernung der Lärm einer Party entgegenschlug.

Stimmen und Gelächter wurden vom Wasser reflektiert und schienen mitten in der Luft zu schweben. Der Swimmingpool der Bunkers lag auf einer Anhöhe, und er stieg ein paar Stufen zu einer Terrasse hinauf, wo fünfundzwanzig bis dreißig Männer und Frauen trinkend herumstanden. Der einzige Mensch im Wasser war Rusty Towers, der sich auf einer Luftmatratze treiben ließ. Oh, wie üppig und saftig waren die Ufer des Lucinda-Flusses! Vom Glück begünstigte Menschen versammelten sich an den saphirfarbenen Wassern, während die weiß bekittelten Angestellten der Lieferfirma ihnen kalten Gin reichten. Oben am Himmel zog eine rote De-Haviland-Übungsmaschine mit der Ausgelassenheit eines schaukelnden Kindes einen Kreis nach dem anderen. Ned spürte eine flüchtige Anteilnahme an der

Szene, eine zärtliche Regung für die Versammlung, als wäre sie etwas, was er gern berührt hätte. In der Ferne hörte er es donnern. Als Enid Bunker ihn sah, fing sie sofort an zu kreischen: «Sieh mal an, wer kommt denn da! Das ist aber eine Überraschung! Als Lucinda sagte, du könntest nicht kommen, wär ich beinahe *gestorben*!» Sie bahnte sich einen Weg durch die Menge zu ihm hin, und als sie mit Küssen fertig waren, führte sie ihn zur Bar. Sie drangen nur langsam vor, da er mehrmals stehen bleiben musste, um acht oder zehn weitere Frauen zu küssen und zahlreichen Männern die Hand zu schütteln. Ein lächelnder Barkeeper, den er schon auf hundert Partys gesehen hatte, gab ihm einen Gin Tonic, und er stand einen Augenblick an der Bar, bemüht, sich in kein Gespräch verwickeln zu lassen, das seine Reise verzögern konnte. Als er eingekreist zu werden drohte, machte er einen Kopfsprung und schwamm dicht am Rand entlang, um nicht mit Rustys Luftmatratze zusammenzustoßen. Am hintersten Ende des Beckens machte er mit einem breiten Lächeln einen Bogen um die Temlinsons und schlenderte den Gartenweg hinauf. Der Kies schnitt in seine Fußsohlen, aber das war auch die einzige Unannehmlichkeit. Die Party spielte sich nur am Swimmingpool ab, und als er auf das Haus zuging, verebbte das sprühende wässrige Stimmengewirr, und er hörte Radiogeräusche aus der Bunker'schen Küche, die Übertragung eines Baseballspiels. Sonntagnachmittag. Er ging zwischen den parkenden Wagen hindurch und an der Raseneinfassung der Einfahrt entlang zur Alewives' Lane. Er wollte sich nicht gern in der Badehose auf der Straße zeigen, aber es war kein Verkehr, und er legte rasch die kurze Strecke zur Einfahrt der Levys zurück, die an einem Schild mit der Aufschrift «Privat» und an einer grünen Röhre für die *New York Times* zu erkennen war. Alle Türen und Fenster des großen Hauses standen offen, aber da war keinerlei Lebenszeichen; nicht einmal ein Hund bellte. Er ging seitlich an dem Haus vorbei zum Schwimmbassin und sah, dass die Levys erst vor kurzem weggefahren sein mussten. Auf einem Tisch am tiefen Ende, neben einem Umkleidehäuschen oder Pavillon, an dem japanische Lampions hingen, standen Gläser, Flaschen und Schalen mit Nüssen. Nachdem er durch das Bassin geschwommen war, nahm er sich ein Glas und machte sich einen Drink. Es war der vierte oder fünfte, und er hatte den Lucinda-Fluss schon fast zur Hälfte durchschwommen. Er fühlte sich müde, sauber und war im Augenblick froh, allein zu sein, froh über alles.

Ein Unwetter zog herauf. Die Wolkenwand – die Hafenstraße von vorhin – war höher gestiegen und hatte sich verfinstert, und während er noch dasaß, hörte er wieder das Grollen des Donners. Die De-Haviland-Übungsmaschine zog immer noch ihre Kreise, und Ned meinte fast, den Piloten vor Freude über den Nachmittag lachen zu hören, aber nach dem nächsten Donnerschlag setzte er den Heimweg fort. Ein Zug pfiff und er überlegte, wie spät es inzwischen sein mochte. Vier? Fünf? Er dachte an den kleinen Bahnhof, wo um diese Zeit ein Kellner, der seinen Smoking unter dem Regenmantel versteckte, ein Zwerg mit ein paar in Zeitungspapier gewickelten Blumen und eine verweinte Frau auf die Vorortbahn zu warten pflegten.

Plötzlich wurde es dunkel: Es war der Augenblick, in dem die winzigen Vögel so etwas wie eine schrille und deutliche Vorahnung des herannahenden Gewitters in ihren Gesang hineinzulegen scheinen. Dann kam von der Krone einer Eiche hinter ihm ein feines Rauschen, als hätte jemand einen Wasserhahn aufgedreht. Und schon kamen die Springbrunnengeräusche aus den Kronen aller hohen Bäume. Warum liebte er Gewitter, was hatte die Erregung zu bedeuten, die er spürte, wenn die Tür aufsprang und die Regenböen die Treppe hinauffegten, warum kam ihm die einfache Vorsichtsmaßnahme, die Fenster eines alten Hauses zu schließen, so sinnvoll und notwendig vor, und warum hatten die ersten nassen Ankündigungen eines Gewittersturms für ihn diesen unmissverständlichen Klang guter Nachrichten, heiterer, froher Botschaften? Jetzt gab es eine Explosion, es roch nach Pulver, und der Regen peitschte gegen die japanischen Lampions, die Mrs. Levy im vorletzten Jahr in Kioto gekauft hatte, oder war es das Jahr davor?

Er blieb im Pavillon der Levys, bis das Gewitter vorüber war. Die Luft hatte sich nach dem Regen stark abgekühlt und er fröstelte. Der heftige Wind hatte die gelbroten Blätter eines Ahorns abgestreift und sie über das Gras und das Wasser verstreut. Da es Hochsommer war, musste der Baum von Mehltau befallen sein. Trotzdem empfand er bei diesem herbstlichen Zeichen eine eigentümliche Traurigkeit. Er riss die Schultern zurück, leerte sein Glas und brach zum Pool der Welchers auf. Unterwegs musste er den Reitparcours der Lindleys überqueren, und er war nicht wenig erstaunt, als er sah, dass er mit Gras überwuchert war und dass man alle Hindernisse abgebrochen hatte. Er überlegte, ob die Lindleys ihre Pferde verkauft oder ob sie sie irgendwo in Pflege gegeben hatten, um den Sommer über verreisen zu können. Er glaubte, irgendetwas über die Lindleys und ihre Pferde gehört zu haben, aber er konnte sich nicht genau erinnern. Er ging weiter, barfuß durch das nasse Gras, zu den Welchers, wo er das Schwimmbassin leer fand.

Diese Lücke in seiner Wasserkette enttäuschte ihn maßlos, und er kam sich vor wie ein Forscher, der einen reißenden Gebirgsquell sucht und stattdessen ein totes Gewässer findet. Er war enttäuscht und verblüfft. Es war durchaus üblich, den Sommer über zu verreisen, aber niemand legte deswegen seinen Swimmingpool trocken. Die Welchers mussten endgültig weggezogen sein. Die Terrassenmöbel waren zusammengeklappt, aufeinander gelegt und mit einer Zeltplane zugedeckt. Das Umkleidehäuschen war verschlossen. Alle Fenster des Hauses waren geschlossen, und als er außen herum zur Einfahrt ging, sah er das an einen Baum genagelte Schild «Zu verkaufen». Wann hatte er zuletzt etwas von den Welchers gehört – das heißt, wann hatten Lucinda und er zuletzt eine ihrer Einladungen zum Abendessen abgelehnt? Es kam ihm vor, als wäre es erst vor einer

Woche gewesen. Versagte sein Gedächtnis, oder hatte er es so darauf gedrillt, unerfreuliche Tatsachen zu verdrängen, dass sein Wirklichkeitssinn darunter gelitten hatte? Aus der Ferne hörte er die Geräusche eines Tennisspiels. Das munterte ihn auf, vertrieb alle Befürchtungen und half ihm, sich mit dem bedeckten Himmel und der kalten Luft abzufinden. Dies war der Tag, an dem Neddy Merrill durch den ganzen Bezirk schwamm! Dies war der Tag! Er nahm die schwierigste Strecke in Angriff.

Wäre man an diesem Sonntagnachmittag mit dem Wagen unterwegs gewesen, hätte man ihn sehen können, wie er fast nackt an der Biegung der Route 424 stand und auf eine Gelegenheit wartete, sie zu überqueren. Vielleicht hätte man sich überlegt, ob er eine Panne habe, ob er einem Verbrechen zum Opfer gefallen oder einfach nur verrückt geworden sei. Wie er dort barfuß zwischen den Abfällen am Rande des Highways stand – zwischen Bierdosen, Lappen und Reifenflicken – und Hohn und Spott über sich ergehen lassen musste, machte er einen Mitleid erregenden Eindruck. Als er aufbrach, hatte er gewusst, dass dies zu seiner Reise gehörte – es war auf seinen Landkarten eingetragen –, aber als er sich nun den Autokolonnen gegenübersah, die sich durch das Sommerlicht wälzten, merkte er, dass er darauf nicht vorbereitet war. Man lachte ihn aus, machte sich über ihn lustig, warf eine Bierdose nach ihm, und er hatte dieser Situation keine Würde und keinen Humor entgegenzusetzen. Er hätte umkehren können, zurück zu den Westerhazys, wo Lucinda wohl noch immer in der Sonne saß. Er hatte nichts unterschrieben, nichts versprochen und sich zu nichts verpflichtet, nicht einmal sich selbst gegenüber. Warum war er nicht imstande umzukehren, da er doch fest daran glaubte, dass auch der halsstarrigste Mensch Vernunftgründen zugänglich war? Warum war er entschlossen, die Reise durchzustehen, selbst wenn er dabei sein Leben aufs Spiel setzte? Zu welchem Zeitpunkt war aus dieser Posse, diesem Scherz, diesem groben Unfug bitterer Ernst geworden? Er konnte nicht umkehren, er konnte nicht einmal das grüne Wasser bei den Westerhazys mit einiger Deutlichkeit ins Gedächtnis zurückrufen, geschweige denn das Gefühl, all die Elemente des Tages in sich einströmen zu lassen, oder die freundlich-schläfrigen Stimmen, die sagten, sie hätten zu viel getrunken. Innerhalb einer Stunde hatte er eine Entfernung zurückgelegt, die ihm die Rückkehr unmöglich machte.

Ein alter Mann, der mit fünfzehn Meilen pro Stunde den Highway entlangjuckelte, ließ ihn bis zum Grünstreifen auf der Straßenmitte gelangen. Hier musste er den Spott der nordwärts rollenden Verkehrsteilnehmer über sich ergehen lassen, aber nach zehn oder fünfzehn Minuten konnte er die Fahrbahn überqueren. Jetzt waren es nur noch wenige Schritte bis zum Sportplatz am Ende von Lancaster, einem Dorf, wo es ein paar Handballfelder und eine öffentliche Badeanstalt gab.

Die Wirkung des Wassers auf die Stimmen, die Illusion des Sprühens und Schwebens war hier die gleiche wie bei den Bunkers, aber die Geräusche waren lauter, greller und schriller, und er hatte kaum das überfüllte Gelände betreten, als er sich auch schon behördlichen Vorschriften gegenübersah. «ALLE SCHWIMMER MÜSSEN SICH DUSCHEN, BEVOR SIE DAS SCHWIMMBAD BETRETEN. ALLE SCHWIMMER MÜSSEN DAS FUSSBAD BENÜTZEN. ALLE SCHWIMMER MÜSSEN IHRE ERKENNUNGSMARKE TRAGEN.» Er duschte sich, wusch sich in einer trüben, scharfen Lauge die Füße und trat an den Rand des Beckens. Das Wasser stank nach Chlor und kam ihm wie eine Kloake vor. Zwei Bademeister auf zwei Beobachtungsständen ließen in offenbar regelmäßigen Abständen ihre Signalpfeifen gellen und beschimpften die Schwimmer über eine Lautsprecheranlage. Neddy dachte sehnsüchtig an das saphirne Wasser der Bunkers zurück und fürchtete, sich anzustecken und seinem Charme und Wohlbefinden zu schaden, wenn er durch diese Brühe schwamm, aber er vergegenwärtigte sich, dass er ein Forscher war, ein Pilger, und dass dies nur ein toter Arm des Lucinda-Flusses war. Zähneknirschend vor Ekel machte er einen Kopfsprung in das Chlorwasser. Er musste mit dem Kopf über Wasser schwimmen, um Kollisionen zu vermeiden, aber selbst so wurde er noch gestoßen, bespritzt und angerempelt. Als er den Nichtschwimmerteil erreichte, brüllten beide Bademeister auf ihn ein: «He, Sie da, Sie ohne Erkennungsmarke, machen Sie, dass Sie aus dem Wasser kommen.» Er tat es, aber sie hatten keine Möglichkeit, ihn zu verfolgen, und er ging durch die sonnenöl- und chlorgeschwängerte Luft und durch den Windschutz nach draußen und dann an den Handballplätzen entlang. Er überquerte die Straße und betrat das Waldstück des Halloran'schen Besitztums. Zwischen den Bäumen wucherte Gestrüpp, und der Boden war schlüpfrig und unangenehm, bis er den Rasen erreichte und die beschnittene Buchenhecke, die den Swimmingpool umgab.

Die Hallorans waren gute Freunde von ihnen, ein älteres Ehepaar von märchenhaftem Reichtum, das sich darin zu sonnen schien, dass man sie kommunistischer Neigungen verdächtigte. Sie waren eifrige Weltverbesserer, aber sie waren keine Kommunisten. Trotzdem nahmen sie es gern und mit freudiger Erregung zur Kenntnis, wenn ihnen, wie es mitunter vorkam, subversive Tätigkeit vorgeworfen wurde. Ihre Buchenhecke war gelb, und er vermutete, dass sie ebenso von Mehltau befallen war wie der Ahornbaum der Levys. Er rief «hallo, hallo», um die Hallorans darauf vorzubereiten, dass er sich näherte, und seinem Eindringen in ihre Privatsphäre einen harmlosen Anstrich zu geben. Denn die Hallorans trugen aus irgendwelchen, ihm nicht näher bekannten Gründen keine Badeanzüge. Begründungen waren auch gar nicht erforderlich. Ihre Nacktheit war nur eine Begleiterscheinung ihres kompromisslosen Reformeifers, und er legte höflich seine Badehose ab, bevor er durch die Öffnung der Hecke trat.

Mrs. Halloran, eine beleibte Frau mit weißem Haar und

einem heiter-gelassenen Gesicht, las in der *Times.* Mr. Halloran holte mit einer Schöpfkelle Buchenblätter aus dem Wasser. Offenbar waren sie weder erstaunt noch unangenehm berührt, ihn zu sehen. Ihr Pool war vielleicht der älteste im Bezirk, ein Rechteck aus Feldsteinen, das von einem Bach gespeist wurde. Es gab weder Filter noch Pumpe, und das Wasser hatte den gleichen undurchsichtigen Goldton wie der Bach.

«Ich schwimme durch den Bezirk», sagte Ned.

«Nanu, das hab ich ja noch gar nicht gewusst, dass man das kann», rief Mrs. Halloran aus.

«Na ja, von den Westerhazys bis hierher hab ich's geschafft», sagte Ned, «das sind ungefähr vier Meilen.»

Er ließ seine Badehose am tiefen Teil, ging zum flachen Teil und schwamm die Strecke zurück. Als er sich aus dem Wasser zog, hörte er Mrs. Halloran sagen: «Es hat uns schrecklich Leid getan, als wir von all deinem Unglück hörten, Neddy.»

«Mein Unglück?», fragte Ned. «Ich weiß nicht, was du meinst.»

«Na ja, wir haben gehört, dass du das Haus verkauft hast und dass deine armen Kinder ...»

«Ich kann mich nicht erinnern, das Haus verkauft zu haben», sagte Ned, «und die Mädchen sind zu Hause.»

«Ja», seufzte Mrs. Halloran. «Ja ...» Ihre Stimme verbreitete eine unangebrachte Melancholie, und Ned sagte aufmunternd: «Danke fürs Schwimmen.»

«Bitte, und gute Reise», sagte Mrs. Halloran.

Hinter der Hecke zog er seine Badehose an und machte sie fest. Sie saß locker, und er überlegte, ob er im Laufe eines Nachmittags so viel abgenommen haben könne. Ihn fror und er war müde, und die nackten Hallorans und ihr dunkles Wasser hatten deprimierend auf ihn gewirkt. Die Schwimmtour ging über seine Kräfte, aber wie hätte er das ahnen sollen, als er heute Morgen das Geländer herunterrutschte und bei den Westerhazys in der Sonne saß? Seine Arme waren lahm. Seine Beine fühlten sich wie

Gummi an und schmerzten in den Gelenken. Das Schlimmste war die Kälte, die ihm in den Knochen saß, und das Gefühl, nie wieder warm zu werden. Um ihn herum fielen die Blätter, und der Wind trug den Geruch brennenden Holzes zu ihm herüber. Wer in aller Welt verbrannte um diese Jahreszeit Holz? Er brauchte einen Drink. Whiskey würde ihn wärmen, ihm Auftrieb geben, ihm über die letzte Strecke seiner Reise hinweghelfen und die Gewissheit wieder aufleben lassen, dass es originell und mutig war, den Bezirk zu durchschwimmen. Kanalschwimmer tranken Brandy. Er brauchte ein Stimulans. Er überquerte den Rasen vor dem Halloran'schen Haus und ging einen schmalen Pfad hinunter auf das Haus zu, das sie für ihre einzige Tochter Helen und deren Mann Eric Sachs gebaut hatten. Der Pool der Sachs war klein, und er fand Helen und ihren Mann dort.

«Ach, *Neddy*», sagte Helen, «hast du bei Mutter zu Mittag gegessen?»

«*Eigentlich* nicht», sagte Ned. «Ich hab allerdings kurz bei deinen Eltern hereingeschaut.» Diese Erklärung schien zu genügen. «Es tut mir schrecklich Leid, dass ich euch so überfalle, aber ich hab mich erkältet und wollte euch um einen Drink bitten.»

«Sonst *liebend* gern», sagte Helen, «aber leider haben wir seit Erics Operation nichts mehr im Hause. Das ist nun schon drei Jahre her.»

Hatte er das Gedächtnis verloren, sollte ihm etwa entfallen sein – dank seiner Gewohnheit, schmerzliche Tatsachen einfach zu verdrängen –, dass er sein Haus verkauft hatte, dass seine Kinder Not litten und sein Freund krank gewesen war? Er ließ den Blick von Erics Gesicht zu seinem Bauch hinuntergleiten, wo er drei blasse, verwachsene Narben sah, von denen zwei mindestens einen Fuß lang waren. Sein Nabel war verschwunden, und Ned überlegte, was die Hand wohl mit einem Bauch ohne Nabel anfangen sollte, wenn sie um drei Uhr morgens im Schlaf kontrollierte, was die Natur einem mitgegeben hatte, ohne Bindeglied zur Geburt, mit dieser Lücke in der Erbfolge?

«Du kannst bestimmt bei Biswangers einen Drink bekommen», sagte Helen. «Da ist gerade ein Riesenfest im Gange. Man hört es bis hier. Horch mal.»

Sie hob den Kopf, und über die Straße, die Rasenflächen, die Gärten, die Wälder und die Felder hörte er wieder das sprühende Stimmengewirr über dem Wasser. «Schön, ich feuchte mich mal eben an», sagte er, immer noch aus dem Gefühl heraus, dass er unter den verschiedenen Mitteln zur Fortbewegung keine freie Wahl hatte. Er sprang in das kalte Wasser der Sachs und legte keuchend und fast ertrinkend den Weg vom einen Ende des Bassins zum andern zurück. «Lucinda und ich würden euch *furchtbar* gern mal sehen», sagte er im Gehen über die Schulter hinweg, das Gesicht schon den Biswangers zugewandt. «Es tut uns Leid, dass wir so lange nichts voneinander gehört haben, wir werden uns bald bei euch melden.»

Auf dem Weg zu den Biswangers und ihrer geräuschvollen Lustbarkeit musste er einige Felder überqueren. Es würde ihnen eine Ehre sein, ihm einen Drink anzubieten, sie würden sich freuen, ihm einen Drink anbieten zu können, ja, sie würden geradezu glücklich sein, ihm einen Drink anbieten zu dürfen. Die Biswangers luden Lucinda und ihn viermal im Jahr zum Abendessen ein, und zwar sechs Wochen vorher. Sie erhielten nur Absagen, und doch schickten sie immer wieder ihre Einladungen, als wollten sie die strengen und undemokratischen Gesetze ihrer gesellschaftlichen Wirklichkeit nicht zur Kenntnis nehmen. Sie gehörten zu jenen Leuten, die beim Cocktail über Preise diskutieren, beim Essen Börsentipps austauschen und nach dem Essen in Anwesenheit der Damen schmutzige Geschichten erzählen. Sie zählten nicht zu Neddys Freundeskreis – sie standen nicht einmal auf Lucindas Weihnachtskartenliste. Er ging mit aus Gleichgültigkeit und Barmherzigkeit gemischten Gefühlen auf ihren Pool zu, nicht ohne ein gewisses Unbehagen, denn es schien schon dunkel zu werden, und dabei waren dies doch die längsten Tage des Jahres. Die Gesellschaft, unter die er sich mischte, war groß und geräuschvoll. Grace Biswanger gehörte zu der Art von Gastgeberinnen, die den Optiker, den Tierarzt, den Immobilienhändler und den Zahnarzt einluden. Niemand schwamm, und das im Wasser gespiegelte Zwielicht hatte einen winterlichen Schimmer. Es gab eine Bar und er ging darauf zu. Als Grace Biswanger ihn sah, kam sie ihm entgegen, aber nicht herzlich, wie er mit Recht erwarten durfte, sondern feindselig.

«Ha, auf dieser Party gibt es aber auch alles», sagte sie laut und vernehmlich, «sogar einen ungebetenen Gast.»

Sie konnte ihn nicht in aller Öffentlichkeit vor den Kopf stoßen, das kam gar nicht in Frage, und er zuckte kein bisschen zusammen. «Ist dir ein ungebetener Gast», fragte er höflich, «einen Drink wert?»

«Tu dir keinen Zwang an», sagte sie. «Du scheinst ja auf Einladungen keinen großen Wert zu legen.»

Sie kehrte ihm den Rücken, um sich irgendwelchen Gästen zu widmen, und er ging zur Bar hinüber und verlangte einen Whiskey. Der Barkeeper bediente ihn, aber er bediente ihn unhöflich. Neddys Welt war eine Welt, in der die Angestellten der Lieferfirma gesellschaftliche Zensuren verteilten, und eine Zurücksetzung durch einen Halbtagsbarkeeper bedeutete, dass er in der allgemeinen Wertschätzung gesunken war. Oder vielleicht war der Mann nur neu und wusste nicht Bescheid. Dann hörte er Grace hinter seinem Rücken sagen: «Sie haben von einem Tag auf den andern Bankrott gemacht – nur Einkommen –, und eines Sonntags tauchte er hier betrunken auf und wollte uns um fünftausend Dollar anpumpen!» Sie sprach ständig über Geld. Es war schlimmer, als Erbsen mit dem Messer zu essen. Er sprang ins Bassin, schwamm von einem Ende zum andern und machte, dass er wegkam.

Der nächste Swimmingpool auf seiner Liste, der vorvorletzte, gehörte seiner ehemaligen Geliebten, Shirley Adams. Wenn ihm bei den Biswangers irgendeine Kränkung widerfahren war

– hier würde er davon geheilt werden. Die Liebe – in diesem Fall eher ein sexuelles Gerangel – war das entscheidende Elixier, der Sorgenbrecher, die bunte Pille, die seinem Schritt die frühlingshafte Beschwingtheit, seinem Herzen die Lebensfreude wiedergeben würde. Sie hatten noch vor einer Woche, einem Monat, einem Jahr eine Liebesaffäre gehabt. Er konnte sich nicht mehr genau erinnern, wann. Jedenfalls hatte er selbst Schluss gemacht, er hatte die Oberhand, und er schritt durch das Tor in der Mauer, die ihren Swimmingpool umgab, mit absolutem Selbstvertrauen. Irgendwie schien der Pool ihm zu gehören, da ja der Liebhaber, insbesondere der heimliche Liebhaber, über den Besitz seiner Geliebten mit einer Autorität verfügt, die dem heiligen Ehestand fremd ist. Sie war da mit ihrem messingfarbenen Haar, aber ihre Gestalt am Rande des erleuchteten, himmelblauen Wassers ließ keine tieferen Erinnerungen in ihm wach werden. Es war doch, dachte er, eine recht oberflächliche Affäre gewesen, obwohl sie geweint hatte, als er mit ihr brach. Sie schien bestürzt, ihn hier zu sehen, und er fragte sich, ob sie womöglich noch immer gekränkt war. Gottbewahre, wollte sie etwa wieder anfangen zu weinen?

«Was willst du?», fragte sie.
«Ich schwimme durch den Bezirk.»
«Lieber Gott. Willst du denn nie erwachsen werden?»
«Was ist denn?»
«Wenn du wegen Geld kommst», sagte sie, «ich geb dir keinen Cent mehr.»
«Du könntest mir einen Drink geben.»
«Ich könnte, aber ich will nicht. Ich bin nicht allein.»
«Schön, ich muss weiter.»

Er sprang in den Pool und schwamm hindurch, aber als er versuchte, sich am Beckenrand hochzuziehen, merkte er, dass er in den Armen und Schultern keine Kraft mehr hatte, und er paddelte zur Leiter und kletterte hinaus. Als er über die Schulter einen Blick zurückwarf, sah er in dem erleuchteten Umkleidehäuschen einen jungen Mann. Er ging über den dunklen Rasen, und mit der Nachtluft schlug ihm irgendein hartnäckiger herbstlicher Geruch wie von Chrysanthemen oder Ringelblumen entgegen, stark wie Gas. Als er aufblickte, sah er, dass schon die Sterne am Himmel standen, aber warum kam es ihm so vor, als sähe er Andromeda, Kepheus und Kassiopeia? Was war aus den sommerlichen Sternbildern geworden? Er fing an zu weinen.

Es war wahrscheinlich das erste Mal in seinem Leben, seit er erwachsen war, dass er weinte, und ganz gewiss das erste Mal überhaupt, dass er sich so elend, kalt, müde und benommen fühlte. Er konnte weder die Unverschämtheit des Barkeepers noch die abweisende Kälte seiner Geliebten begreifen, die vor ihm auf den Knien gelegen und seine Hose mit Tränen genetzt hatte. Er war zu lange geschwommen, er war zu lange im Wasser gewesen, und Hals und Nase taten ihm weh. Er brauchte unbedingt einen Drink, etwas Gesellschaft und ein paar saubere, trockene Sachen, aber obwohl er auch direkt über die Straße zu seinem Haus gelangen konnte, ging er doch noch weiter zum Swimmingpool der Gilmartins. Hier machte er zum ersten Mal in seinem Leben keinen Kopfsprung, sondern ging die Stufen hinunter in das eisige Wasser und schwamm mit schlingernden seitlichen Stößen, die aussahen, als hätte er sie als Junge gelernt. Auf dem Weg zu den Clydes taumelte er vor Müdigkeit. Er paddelte von einem Ende ihres Pools zum andern und hielt immer wieder an, um mit der Hand auf dem Beckenrand zu verschnaufen. Er kletterte die Leiter hinauf und fragte sich, ob er noch die Kraft hatte, nach Hause zu gelangen. Er hatte sein Vorhaben in die Tat umgesetzt, er hatte den Bezirk durchschwommen, aber die Erschöpfung hatte ihn so abgestumpft, dass er nur ein flüchtiges Triumphgefühl empfand. Gebückt und an den Torpfosten Halt suchend, bog er in die Einfahrt seines eigenen Hauses ein.

Alles war dunkel. War es schon so spät, dass sie alle zu Bett gegangen waren? War Lucinda bei den Westerhazys zum Abendessen geblieben? Hatten sich die Mädchen dort mit ihr getroffen, oder waren sie noch woandershin gefahren? Hatten sie denn nicht wie sonst am Sonntag verabredet, alle Einladungen abzulehnen und zu Hause zu bleiben? Er versuchte, die Garagentüren zu öffnen, um zu sehen, welche Wagen drinnen standen, aber sie waren verschlossen, und von den Türgriffen blieb Rost an seinen Händen haften. Als er auf das Haus zuging, sah er, dass der heftige Gewittersturm eine der Regenrinnen losgerissen hatte. Sie hing wie eine abgebrochene Schirmstange über der Haustür, aber man konnte sie ja morgen früh wieder festmachen. Das Haus war verschlossen, und er dachte, dass die blöde Köchin oder das blöde Mädchen alles abgeschlossen haben mussten, bis ihm einfiel, dass sie schon seit einiger Zeit kein Mädchen und keine Köchin mehr hatten. Er schrie, er hämmerte auf die Tür ein, er versuchte sie mit der Schulter einzudrücken, und dann, als er durch die Fenster hineinblickte, sah er auf einmal, dass das Haus leer war.

# Henry Miller

## DER DRITTE ODER VIERTE FRÜHLINGSTAG

*Warm pissen und kalt trinken, wie Trimalchio sagt,*
*weil unsere Mutter, die Erde, in der Mitte ist, rund,*
*rundlich wie ein Ei, und alle guten Sachen in sich hat,*
*gleich einer Honigwabe.*

Das Haus, in dem ich die wichtigsten Jahre meines Lebens verbracht habe, hatte nur drei Zimmer. Eines war das Zimmer, in dem mein Großvater starb. Bei der Beerdigung empfand meine Mutter einen so heftigen Kummer, dass sie meinen Großvater fast aus dem Sarg zerrte. Er sah lächerlich aus, mein Großvater, wie er mit den Tränen seiner Tochter weinte. Er sah aus, als weine er über sein eigenes Leichenbegängnis.

In einem anderen Zimmer gebar meine Tante Zwillinge. Als ich hörte, dass es Zwillinge waren, obgleich sie doch so mager und dürr war, fragte ich mich: Warum Zwillinge? Warum nicht Drillinge? Warum nicht Vierlinge? Warum überhaupt aufhören? So mager und abgezehrt war sie und das Zimmer so klein – mit grünen Wänden und einem schmutzigen eisernen Ausguss in der Ecke. Und doch war es das einzige Zimmer im Haus, in dem Zwillinge zur Welt kommen konnten – oder Drillinge oder Esel.

Das dritte Zimmer war eine Kammer, wo ich mir die Masern holte, die Windpocken, Scharlach, Diphtherie und so weiter, alle die lieblichen Kinderkrankheiten, welche die Zeit so schön lange machen in ewig dauernder Seligkeit und Angst, besonders wenn die Vorsehung für ein Gitterfenster über dem Bett gesorgt hat, an dem sich Menschenfresser hochziehen, und für Schweißtropfen so dick wie Karbunkel, Schweiß, der dahinströmt wie ein reißender Fluss, üppig wuchernde Schweißperlen, als wenn immer tropischer Frühling wäre, mit Händen, dick wie Lendenfilets, und Füßen, schwerer als Blei oder leichter als Schnee, Füße und Hände getrennt durch Zeitozeane oder unberechenbare Lichtbreitengrade, der kleine Gehirnpickel in der Masse verborgen wie ein Sandkorn, während die Zehennägel selig unter den Ruinen Athens vermodern. In diesem Zimmer habe ich nur fade Redensarten gehört. Bei jeder neuen liebenswerten Krankheit wurden meine Eltern immer idotischer. («Denk dir nur, als du ein ganz kleines Kindchen warst, habe ich dich zu dem Ausguss getragen und zu dir gesagt: ‹Du willst doch jetzt sicher nicht mehr aus der Flasche trinken, mein Liebling, nicht wahr?› Da hast du nein gesagt, und da habe ich die Flasche im Ausguss zerschlagen.») In dieses Zimmer trat mit Engelsschritten («mit Engelsschritten», sagte General Smerdiakow) Fräulein Sonowska, eine Jungfrau unbestimmten Alters in einem grün-schwarzen Kleid. Sie führte den Geruch alten Käses mit sich – ihr Geschlecht war unter dem Kleid ranzig geworden. Aber Fräulein Sonowska brachte auch die bei der Plünderung Jerusalems angefallene Beute mit, vor allem die Nägel, die Christi Hände so durchbohrten, dass die Löcher nie wieder verschwanden. Nach den Kreuzzügen der schwarze Tod, nach Kolumbus die Syphilis, nach Fräulein Sonowska die Schizophrenie.

Schizophrenie! Niemand denkt sich mehr, wie wunderbar es ist, dass die ganze Welt krank ist. Man hat keinen Vergleichspunkt, keinen Gesundheitsmaßstab mehr. Gott könnte auch der Typhus sein. Nichts Absolutes mehr. Nur Lichtjahre verzögerten Fortschritts. Wenn ich an all die Jahrhunderte denke, in denen Europa sich mit dem schwarzen Tod herumgeschlagen hat, begreife ich, wie herrlich das Leben sein kann, wenn wir nur an der richtigen Stelle gebissen werden. Tanz und Fieber inmitten jenes Verderbens! So ekstatisch wird Europa vielleicht nie wieder tanzen. Und erst die Syphilis! Das Erscheinen der Syphilis! Wie ein Morgenstern ging sie auf, der über dem Saum der Welt hängt.

Im Jahre 1927 saß ich in der Bronx und hörte einem Mann zu, der aus dem Tagebuch eines Rauschgiftsüchtigen vorlas. Der Mann brachte kaum ein Wort heraus, so lachte er. Zwei gänzlich verschiedene Phänomene: ein Mann, der in Luminal liegt, so gestreckt, dass seine Füße zum Fenster herausragen, während sein Oberkörper in Ekstase ist, und der andere (der derselbe Mensch ist) sitzt in der Bronx und hält sich vor Lachen den Bauch, weil er nicht begreift.

Ah, der große Stern der Syphilis ist im Untergehen. *Schlechte Sicht:* Wetterbericht für die Bronx, für Amerika, für die ganze moderne Welt. Schlechte Sicht, begleitet von Lachstürmen. Keine neuen Sterne am Horizont. Katastrophen – nichts als Katastrophen.

Ich denke an jene kommende Zeit, wenn Gott wieder geboren wird, wenn die Menschen für Gott kämpfen und töten werden, wie sie jetzt und noch lange um Nahrung kämpfen. Ich denke an diese zukünftige Zeit, wenn die Arbeit vergessen sein wird und die Bücher den ihnen zukommenden Platz im Leben einnehmen, wo es dann vielleicht keine Bücher mehr geben wird, sondern nur ein großes Buch – eine Bibel. Für mich ist das Buch der Mensch, und mein Buch ist der Mensch, der ich bin, der verstörte, nachlässige, unbesonnene, wollüstige, obszöne, lärmende, nachdenkliche, gewissenhafte, lügnerische, teuflisch aufrichtige Mensch, der ich bin. Ich glaube, dass ich in jener kommenden Zeit nicht übersehen werde. Dann wird meine Geschichte wichtig werden, und die Narbe, die ich im Gesicht der Welt zurücklasse, wird dann ihren Sinn erhalten. Ich kann nicht vergessen, dass ich Geschichte mache, eine Geschichte ganz auf der Seite, die wie ein venerisches Geschwür die andere sinnlose Geschichte wegfressen wird. Ich betrachte mich nicht als Buch, als Schallplatte, als Dokument, sondern als eine Geschichte unserer Zeit – *aller* Zeiten. Wenn ich unglücklich in Amerika war, wenn ich mich nach mehr Raum, mehr Abenteuern, mehr Ausdrucksfreiheit sehnte, so deshalb, weil ich diese Dinge brauchte. Ich bin Amerika dankbar, dass es mir meine Bedürfnisse zum Bewusstsein gebracht hat. Ich habe dort meine Strafe abgebüßt. Gegenwärtig habe ich keine Bedürfnisse, ich bin ein Mensch ohne Vergangenheit und ohne Zukunft. *Ich bin –* das ist alles. Ich pfeife auf das, was euch gefällt oder nicht gefällt. Es macht mir wenig aus, ob ihr überzeugt oder nicht überzeugt seid, dass das, was ich sage, so ist oder nicht so ist. Es ist mir vollständig gleichgültig, ob ihr mich gegenwärtig fallen lasst. Ich bin kein Zerstäubungsapparat, aus dem ihr ein dünnes Hoffnungsstrählchen herausdrücken könnt. Ich sehe, wie Amerika Unheil ausstreut. Ich sehe Amerika als schwarzen Fluch über der Welt. Ich sehe, wie sich eine lange Nacht über die Welt niedersenkt und wie dieser Pilz, der sie vergiftet hat, an den Wurzeln abstirbt.

Und so schreibe ich mit einer Vorahnung des Endes – ob es nun morgen oder erst in dreihundert Jahren eintritt – fieberhaft dieses Buch. So kommt es auch, dass ich meine Gedanken dann und wann stoßweise ausspucke, dass ich die Flamme immer wieder anzünden muss, nicht allein mit Mut, sondern auch mit Verzweiflung – weil es keinen gibt, der diese Dinge für mich sagen könnte. Ich schwanke und taste, mein Suchen nach allen möglichen Ausdrucksmitteln ist so etwas wie göttliches Stottern. *Ich bin von dem prächtigen Zusammenbruch der Welt geblendet.*

Jeden Abend nach dem Essen bringe ich den Abfall in den Hof. Wenn ich wieder nach oben komme, bleibe ich mit leerem Eimer an dem Treppenfenster stehen und schaue mir Sacré-Cœur an, hoch auf dem Montmartre-Hügel gelegen. Jeden Abend, wenn ich den Abfall nach unten bringe, stelle ich mir vor, wie ich selbst in blendender Weiße auf einem hohen Hügel stehe. Kein heiliges Herz inspiriert mich, ebenso wenig denke ich an Christus. Ich denke an etwas Besseres als Christus, an etwas Größeres als ein

Herz, an etwas, das noch über Gott den Allmächtigen geht – *an mich selbst*. *Ich bin ein Mensch.* Das scheint mir genug.

Ich bin ein Gottmensch und ein Teufelsmensch. Jedem, was ihm gebührt. Nichts Ewiges, nichts Absolutes. Vor mir immer das Bild des Körpers, unser dreieiniger Gott, *Penis* und *Hoden*. Auf der Rechten Gott Vater, auf der Linken und ein wenig tiefer Gott Sohn, inmitten und über ihnen der Heilige Geist. Nie kann ich vergessen, dass diese heilige Dreieinigkeit Menschenwerk ist, dass sie unendlichen Veränderungen unterliegt – aber solange wir mit Armen und Beinen aus der Gebärmutter kommen, solange Sterne über uns sind, uns rasend zu machen, und Gras unter unseren Füßen wächst, um die Wunder in uns mit weichem Polster zu empfangen, so lange wird dieser Körper zu allen Melodien tanzen, die wir pfeifen mögen.

Es ist heute der dritte oder vierte Frühlingstag, und ich sitze im vollen Sonnenschein an der place Clichy. Heute, wo ich so in der Sonne sitze, sage ich euch, dass es einen Dreck ausmacht, ob die Welt vor die Hunde geht oder nicht, dass es gar nichts bedeutet, ob die Welt Recht oder Unrecht hat, ob sie gut oder schlecht ist. Sie ist – und das genügt. Die Welt ist, was sie ist, und ich bin, was ich bin. Ich sage das nicht mit gekreuzten Beinen wie ein dahockender Buddha, sondern aus einer fröhlichen und gut fundierten Weisheit heraus, aus einer inneren Sicherheit. Dieses Äußere dort und dieses Innere in mir, all dieses, *alles*, ist das Ergebnis unerklärlicher Kräfte. Ein Chaos, dessen Ordnung über unser Fassungsvermögen geht – über das *menschliche* Fassungsvermögen.

Als menschliches Wesen, das im abendlichen Zwielicht, in der Morgendämmerung, zu sonderbaren unirdischen Stunden einherwandelt, stärkt mich das Gefühl, allein und einzigartig zu sein, in einem solchen Maße, dass, wenn ich mit der Menge gehe und kein menschliches Wesen mehr zu sein scheine, sondern nur noch ein Staubkörnchen, ein Fleckchen Spucke – dass ich mir vorstelle, ich wäre allein im Raum, ein einzelnes Wesen, umgeben von den prächtigsten leeren Straßen, ein menschlicher Zweifüßler zwischen Wolkenkratzern, aus denen alle Bewohner geflohen sind, während ich allein singend einherschreite und der Erde Befehle erteile. Ich brauche nicht in der Westentasche zu suchen, um meine Seele zu finden, ich spüre sie die ganze Zeit, wie sie gegen meine Rippen hämmert, anschwillt und sich aufbläht, weil sie voll von Liedern ist. Wenn ich gerade eine Versammlung verließe, wo man sich darüber geeinigt hätte, dass alles, wenn ich jetzt allein und Gott gleich durch die Straßen gehe, tot ist, wüsste ich, dass das eine Lüge ist. Die Tatsache des Todes steht mir beständig vor Augen, aber dieser Tod der Welt, der ununterbrochen weitergeht, bewegt sich nicht von der Peripherie her auf mich zu, um mich zu verschlucken, dieser Tod ist mir direkt vor den Füßen, er bewegt sich von mir weg nach außen hin, mein eigener Tod ist mir stets um einen Schritt voraus. Die Welt ist der Spiegel meines eigenen Todes, wobei die Welt nicht mehr stirbt als ich, denn ich werde in tausend Jahren lebendiger sein als in diesem Augenblick, und die Welt, in der ich jetzt meinen Geist aushauche, dann ebenfalls lebendiger als jetzt, obschon sie tausend Jahre tot ist. Wenn jedes Ding bis zum Ende durchlebt wird, gibt es keinen Tod, kein Bedauern, ebenso wie es keinen falschen Frühling gibt. Jeder gelebte Augenblick öffnet einen größeren, weiteren Horizont, dessen einziger Ausweg das Leben ist.

Die Träumer träumen nur vom Hals ab, während ihr übriger Körper fest an den elektrischen Stuhl geschnallt ist. Eine neue Welt erdenken heißt, sie täglich leben, jeder Gedanke, jeder Blick, jeder Schritt, jede Gebärde tötet und schafft neu, wobei der Tod immer einen Schritt voraus ist. Auf die Vergangenheit zu spucken genügt nicht. Die Zukunft zu verkünden genügt nicht. Man muss handeln, als ob der nächste Schritt der letzte wäre, was er ja ist. Jeder Schritt vorwärts ist der letzte, mit ihm stirbt eine Welt, das eigene Selbst eingeschlossen. Wir sind hier auf einer Erde, die niemals enden wird, die Vergangenheit hört nie auf, die Zukunft wird nie beginnen, die Gegenwart nie enden. Diese Welt des Niemals – Niemals, die wir in unseren Händen halten und sehen und die doch nicht wir selbst ist. Wir sind das, was nie ein Ende findet, nie zu erkennbarer Form gestaltet wird, alles ist darin und doch nicht das Ganze, die Teile so viel größer als das Ganze, dass nur der Mathematiker Gott sich dabei auskennt.

Lachen!, riet Rabelais. Für alle deine Leiden – Lachen! Aber bei Jesus, es ist schwer, nach all den Quacksalbereien, die wir haben hinunterschlucken müssen, sich diese Weisheit der heiligen Heiterkeit anzueignen! Wie kann man lachen, wenn die innere Magenhaut zerfressen ist? Wie kann man lachen nach all dem Jammer, mit dem uns die teiggesichtigen, hohlwangigen, traurigen, schmerzlich dreinblickenden, feierlichen, ernsten, seraphinischen Geister vergiftet haben? Ich verstehe die Perfidie, mit der sie zu Werke gegangen sind. Ich verzeihe ihnen ihr Genie. Aber es ist schwer, sich von all der Trauer zu befreien, die sie geschaffen haben.

Wenn ich an all die Fanatiker denke, die gekreuzigt wurden, und an jene, die keine Fanatiker, sondern reine Idioten waren, und die alle um einer Idee willen hingemetzelt wurden, so stiehlt sich ein Lächeln auf mein Gesicht. Versperrt jeden Fluchtweg, sage ich. Schlag mir den Sargdeckel über das neue Jerusalem fest zu! Lasst uns hart gegen sie losgehen, Bauch gegen Bauch, *ohne Hoffnung*. Gewaschen oder ungewaschen, Mörder und Evangelisten, die Teig- und die Dreiviertelmondgesichter, die Wetterfahnen und die Ohrfeigengesichter – treibt sie nur nahe zusammen, lasst sie für ein paar Jahrhunderte in dieser Sackgasse schmoren!

Entweder ist die Welt zu schlaff oder ich bin nicht hart genug. Wenn ich unverständlich würde, würde man mich sofort verstehen. Der Unterschied zwischen Verstehen und Nichtverstehen ist haarfein, *noch feiner*, ein Unterschied von einem Millimeter, ein Raumfaden zwischen China und dem Neptun. Wie sehr ich auch aus dem Gleichgewicht gerate, das Verhältnis bleibt dasselbe, es hat nichts mit Klarheit, Genauigkeit und so weiter zu tun – das *Und-so-weiter* ist wichtig! Der Geist macht Schnitzer, weil er ein zu genaues Instrument ist. Die Fäden brechen an den Mahagoniastknoten, an dem Zeder- und Ebenholz fremder Materie. Wir sprechen von der Wirklichkeit, als wäre sie mit unseren Maßstäben messbar, eine Klavierübung oder eine Physikstunde. Der schwarze Tod kam mit der Rückkehr der Kreuzfahrer, die Syphilis kam mit der Rückkehr des Kolumbus. *Auch die Wirklichkeit wird kommen. In erster Linie Wirklichkeit*, sagt mein Freund Cronstadt. Das stammt aus einem Gedicht, das auf dem Meeresboden geschrieben wurde.

Wenn man diese Wirklichkeit vorherbestimmen will, kann man um einen Millimeter, aber auch um eine Million Lichtjahre vorbeiraten. Der Unterschied ist eine durch den Winkel sich schneidender Straßen gebildete Größe. Eine Größe ist eine Funktionsstörung, die dadurch geschaffen wird, dass man versucht, sich in einen bestimmten Beziehungsrahmen hineinzuquetschen. Eine Beziehung ist ein Entlassungsschreiben eines ehemaligen Arbeitgebers, das heißt von einem alten Leiden abgesonderter Eiterschleim.

Diese Gedanken stammen von der Straße, genus epileptoid. Man geht mit der Gitarre aus, und die Saiten reißen – weil die Idee kein morphologisch geeignetes Aufnahmegefäß findet. Um den Traum zurückzurufen, muss man die Augen geschlossen halten und darf sich nicht rühren, die geringste Bewegung, und der ganze Aufbau fällt zusammen. Auf der Straße setze ich mich den zerstörenden, auflösenden Elementen aus, die mich umgeben. Ich lasse jedes Ding Raubbau an mir treiben. Ich lehne mich vor, um die geheimen Vorgänge zu erspähen, nicht um zu befehlen, sondern um zu gehorchen.

Große Blöcke meines Lebens sind für immer verschwunden, gewaltige Strecken zerstört, verschwendet in Unterhaltung, in Tätigkeit, Erinnerung und Träumen. Es gab nie eine Zeit, wo ich nur *ein* Leben lebte, das Leben eines Ehemannes, eines Verliebten, eines Freundes. Wo ich auch war, womit ich mich auch beschäftigte, ich lebte *vielfache* Leben. So ist alles, was ich gern als meine eigene Geschichte betrachten möchte, verloren, ertränkt, unauflöslich verwoben mit dem Dasein, der Tragödie, den Geschichten anderer.

Ich bin ein Mensch der Alten Welt, ein vom Wind vertragenes Samenkorn, das auf dem Treibhausboden Amerikas nicht zur Blüte kam. Ich gehöre zu dem dicken alten Baum der Vergangenheit. Körperlich und geistig bin ich mit europäischen Menschen verwandt, mit jenen, die einst Franken, Gallier, Wikinger, Hunnen, Tataren und wer weiß noch was waren. Das für meinen Körper und meine Seele geeignete Klima ist hier, wo Vitalität und Korruption blühen. Ich bin stolz, *nicht* diesem Jahrhundert anzugehören.

Für jene Sterngucker, die dem Akt der Offenbarung nicht folgen können, füge ich hier einige horoskopische Pinselstriche zur Illustrierung meines *Universums des Todes* bei.

Ich bin der Krebs *Schanker*, der sich beliebig seitwärts, rückwärts und vorwärts bewegen kann. Ich bewege mich in sonderbaren Wendekreisen und handle mit hochgradig explosiven Stoffen, flüssigen Salben, Jaspis, Myrrhe, Smaragden, gerilltem Rotz und Stachelschweinzehen. Weil Uranus meinen Längengrad kreuzt, bin ich unmäßig versessen auf geschlechtliche Dinge, heißes Schweinsgekröse und Wasserflaschen. Neptun beherrscht meinen Aszendenten. Das bedeutet, dass ich aus einer wässerigen Flüssigkeit bestehe, wankelmütig, abenteuerlustig, unzuverlässig, ungebunden und flüchtig bin. Auch streitsüchtig. Wenn ich Feuer unter dem Hintern habe, kann ich den Prahlhans oder den Spaßmacher spielen und nehme es darin mit jedem auf, unter welchem Zeichen er auch geboren sei. Dies ist ein Selbstporträt, das nur die fehlenden Teile zeigt – einen Anker, eine Speisesaalglocke, die Reste meines Bartes, das Hinterteil einer Kuh. Kurz, ich bin ein fauler Bursche, der seine Zeit verschwendet. Ich habe trotz meiner Bemühungen gar nichts herzuzeigen außer meinem Genie. Aber selbst im Leben eines müßigen Genies kommt eine Zeit, wo es zum Fenster gehen und das überflüssige Gepäck hinauskotzen muss. Wenn man ein Genie ist, muss man das tun, wäre es auch nur, um sich selbst eine kleine, begreifliche Welt aufzubauen, die nicht wie eine Wanduhr ewig zu laufen scheint und doch nach acht Tagen stillsteht. Und je mehr Ballast man über Bord wirft, desto höher steigt man in der Achtung seiner Nachbarn, bis man sich ganz allein in der Stratosphäre befindet. Dann bindet man sich einen Stein um den Hals und springt mit den Füßen zuerst. Das führt die vollständige Zerstörung jeder mystischen Traumdeutung sowie der durch Salben entstandenen merkurialischen Wundentzündung herbei. Man spart dann den Traum für die Nacht auf und hält sich bei Tage den Bauch vor Lachen.

Wenn ich daher in der Bar des Märchendäumlings stehe und die Menschen mit grinsenden Gesichtern aus den Falltüren der Hölle kommen sehe, wie sie mit Flaschenzügen und Hosenträgern Lokomotiven, Klaviere und Spucknäpfe ziehen, sage ich mir: Großartig! Großartig! Dieser ganze Plunder, diese ganze Maschinerie kommt zu mir auf einem silbernen Tablett! Großartig, einfach wunderbar! Ein Gedicht, das entstand, während ich im Schlafe lag.

Das wenige, was ich über Schreiben gelernt habe, läuft hierauf hinaus: *Es ist nicht das, was die Leute sich vorstellen*. Es ist jedes Mal, mit jedem Einzelnen eine völlig neue Sache. Valparaiso zum Beispiel. Wenn ich Valparaiso sage, bedeutet das durchaus nicht mehr, was es früher bedeutet hat. Es kann eine *englische Hure* bedeuten, der alle Vorderzähne fehlen, während der Schankwirt mitten auf der Straße steht und nach Kunden sucht. Es kann einen Engel im seidenen Hemd bedeuten, der seine behänden Finger über eine schwarze Harfe gleiten lässt. Es kann auch eine Odaliske bedeuten, die ein Moskitonetz um ihre Hinterbacken geschlungen hat. Es kann alles dies bedeuten oder nichts von allem, aber auf jeden Fall kann man sicher sein, dass es etwas anderes, etwas Neues bedeutet. Valparaiso ist immer fünf Minuten vor dem Ende, ein wenig diesseits von Peru oder vielleicht drei Zoll näher. Es ist der perspektivische Quadratzoll, den man fieberhaft abmisst, weil man Feuer unter dem Hintern hat und der Heilige Geist einem die Eingeweide benagt – die orthopädischen Fehler eingeschlossen. Es bedeutet «warm pissen und kalt trinken», wie Trimalchio sagt, «weil unsere Mutter, die Erde, in der Mitte ist, rund, rundlich wie ein Ei, und alle guten Sachen in sich hat, gleich einer Honigwabe».

Und nun, meine Damen und Herren, mit diesem kleinen Universalbüchsenöffner, den ich in der Hand halte, werde ich nun eine Büchse Sardinen öffnen. Mit diesem kleinen Büchsenöffner, den ich in der Hand halte, kann ich sowohl eine Büchse Sardinen wie auch eine Drogerie öffnen. Es ist der dritte oder vierte Frühlingstag, wie ich bereits mehrmals gesagt habe, und wenn es auch ein armer, schäbiger Frühling ist mit lauter Erinnerungen, macht mich das Thermometer wild wie eine Bettwanze. Sie haben sich sicher gedacht, ich hätte die ganze Zeit auf der place Clichy gesessen und vielleicht einen Aperitif getrunken. Gesessen habe ich freilich dort, aber das war vor zwei oder drei Jahren. Und ich war auch tatsächlich in der Däumlingsbar, aber das war vor langer Zeit, und seitdem hat mir ein Krebs die Eingeweide benagt. All dies begann in der Untergrundbahn mit dem Satz: «*L'homme que j'étais, je ne le suis plus.*»

Als ich am Güterbahnhof vorbeiging, wurde ich von zwei Ängsten geplagt – die eine war, dass mir die Augen, wenn ich sie ein bisschen höher erhöbe, aus dem Kopf springen würden, die andere, ich könnte meinen After verlieren. Eine so starke Spannung, dass jede Begriffsbildung sofort rhomboidisch wurde. Ich stellte mir vor, es würde ein Weltfeiertag eingeführt, damit die Menschen über die Statik nachdenken könnten. An diesem Tage gäbe es so viele Selbstmorde, dass man nicht genug Eisenbahnwaggons herbeischaffen könnte, um die Toten zu sammeln. Am

Eingang zum Güterbahnhof steigt mir der Ekel erregende Gestank aus den Viehzügen in die Nase. Heute den ganzen Tag – vor drei oder vier Jahren natürlich – stand das Vieh Leib an Leib in Angst und Schweiß. Ihre Körper sind mit Untergangsstimmung gesättigt. Als ich an ihnen vorübergehe, ist mein Geist schrecklich wach, meine Gedanken sind kristallklar. Ich habe es so eilig, meine Gedanken zu entladen, dass ich an ihnen im Dunkeln vorüberlaufe. Auch ich habe große Angst. Auch ich schwitze und keuche, bin am Verdursten, bin mit Untergangsstimmung gesättigt. Ich gehe an ihnen vorüber wie ein Eilbrief durch die Post. Oder auch nicht ich, sondern gewisse Ideen sind bereits etikettiert, eingeschrieben, versiegelt, abgestempelt und mit Wasserzeichen versehen. Sie entrollen sich reihenweise, meine Ideen, wie elektrische Spulen. Jenseits der Illusion oder mit ihr leben, das ist die Frage. In mir trage ich einen Angst erregenden Edelstein, der sich nicht abnutzt, der die Fensterscheiben ankratzt, während ich durch die Nacht fliehe. Das Vieh brüllt und blökt. Es steht da in dem warmen Gestank seines Dungs. Ich höre wieder die Musik des Quartetts in a-Moll, das schmerzliche Zittern der Saiten. Es steckt so etwas wie ein Wahnsinniger in mir, und er hackt nur so drauflos bis zur Enddissonanz. *Reine Vernichtung*, zum Unterschied von geringeren, unklareren Vernichtungen. Eine Vernichtung, bei der nachher nichts mehr aufzuwischen ist. Ein Lichtrad, das zum Abgrund rollt und hinein in die bodenlose Tiefe. Ich, Beethoven, habe es geschaffen. Ich, Beethoven, zerstöre es.

Und jetzt, meine Damen und Herren, kommen Sie nach Mexiko. Von nun an wird alles wundervoll und schön sein, wunderbar schön, wunderbar wundervoll. Immer noch wundervoll schöner und wundervoller. Von nun an gibt es keine Waschleinen, keine Hosenträger, keine Flanellunterwäsche mehr. Ewiger Sommer und alles so, wie es sich gehört. Wenn es ein Pferd ist, so ist es für immer ein Pferd. Wenn es ein Schlaganfall ist, so ist es eben ein Schlaganfall und kein Veitstanz. Keine Huren im

Morgengrauen, keine Gardenien. Keine toten Katzen in der Gosse, kein Schweiß und kein Schweißgeruch. Wenn es eine Lippe ist, so muss es eine sein, die in alle Ewigkeit zittert. Denn in Mexiko, meine Damen und Herren, ist immer hoher Mittag, und was glüht, sind Fuchsien, und was tot ist, ist tot und kein Federstaubwedel. Man liegt auf einem Zementbett und schläft wie eine Azetylenlampe. Wenn man reich ist, lässt man sich's gut gehen. Wenn man ein armer Teufel ist, so ist man eben elend dran, *schlimmer als elend*. Keine Arpeggien, keine Koloraturen, keine Kadenzen. Entweder hat man den Pfiff weg oder nicht. Entweder fängt man mit reiner Melodie an oder gleich mit einer antiseptischen Lösung. Aber kein Fegefeuer und kein Elixier. Es ist die vierte Ekloge oder das dreizehnte Arrondissement!

# Harry Mulisch

## SYMMETRIE

I

Es ist nicht auszuschließen, dass an einem Tag im Winter 1871 (während in Paris die Kommune ausgerufen wird) auf der Karlsbrücke in Prag an den Figuren der Heiligen ein Schneegestöber entlangfegte. Unten führt die Moldau Eisschollen mit sich, darüber der Mond und die Sterne, unsichtbar hinter grauen Wolken, und um die Brücke herum die alte, alchimistische und noch lange nicht kommunistische Stadt: verwachsen und verschlungen wie die Wurzeln eines Baumes. Und es ist, als ob ich meinen Großvater nun vor mir sehe: den neunzehnjährigen Studenten in seinem Hinterhofzimmer in der Innenstadt, am Fuße des Hradschin.

Der hohe, gekachelte Ofen ist heiß, und vor dem Spiegel bindet er seine schwarze Krawatte. Er schaut in ein bleiches, glatt rasiertes Gesicht mit schmalen Lippen und leicht schrägen Augen, das braune Haar glatt und lang. Hinter ihm sein Tisch mit Büchern und Papieren; Mengers ‹Grundsätze der Volkswirtschaftslehre›, gerade erschienen, liegt aufgeschlagen. (Marx' ‹Kapital›, dessen erster Teil schon seit ein paar Jahren veröffentlicht ist, ist nirgends zu sehen.) Er knöpft seine Weste zu und befestigt seine silberne Uhrkette am obersten Knopf. Bei diesem Wetter würde er viel lieber zu Hause bleiben, aber er hält es für Verschwendung, seine Karte verfallen zu lassen. (Später wird er Bankdirektor werden.)

Auf einer Tafel in der Halle des Carolinums wurde der Vortrag angekündigt

*Im deutschen Casino spricht*
*Prof. Dr. Ernst Mach*
*über Symmetrie*
*Anfang 20 Uhr*

Freunde behaupteten, dass Mach ein Genie sei, nicht nur auf dem Gebiet der Physik, sondern auch auf dem der Philosophie. Vor sieben Jahren, im Alter von sechsundzwanzig Jahren, wurde er Hochschullehrer. Solche Berichte von neidischen Freunden pflegt mein Großvater gelassen anzuhören. Er selbst hat diese Ambitionen nicht; das Einzige, was er sich wünscht, ist eine gute Anstellung, ein schönes Haus, eine liebe Frau und drei gehorsame Kinder. Aber ein einziges Mal dann will auch er ein Genie in Aktion sehen, denn so jemanden hat er noch nie erlebt.

Vornübergebeugt, die eine Hand in der Tasche seines Mantels, mit der anderen Hand den Hut auf dem Kopf festhaltend, läuft mein Großvater über die Karlsbrücke zum deutschen Casino. Eine bösartige Kälte, anders als die zwischen den Häusern, kommt über den Fluss auf ihn zu. Kann ich behaupten, dass mindestens ein Viertel von mir bereits tief unter diesem schwarzen Wintermantel schlummert, dessen Vorderseite und Schultern schon bald weiß geworden sind? Natürlich kann ich das behaupten, wer will mich daran hindern – auch wenn ein Mensch nur nach Meinung der Mörder im Nachhinein noch zu vierteilen ist. Unter seinen hohen Schuhen kracht der Schnee, der das Licht der Gaslaternen in einen traumhaften Schimmer verwandelt. Auch die schwarzen Statuen sind auf einer Seite weiß geworden. In der Tiefe hört er die Schollen dumpf gegen die Pfeiler schlagen. Einsam läuft er dort zwischen beiden Ufern, gefangen im neunzehnten Jahrhundert, seine Nase rot von der Kälte.

Durch ein niedriges Tor gelangt er auf einen trapezförmigen Platz. Hier fällt der Schnee plötzlich leise herab; vor dem Casino liegt ein großer Fleck gelben Lichts. Aus den Zufahrtsstraßen kommen Menschen zu Fuß und in Fahrzeugen in eine wollige Stille, die Pferde haben Dampfwolken vor den Nüstern, als ob sie nicht hinter den Maschinen zurückbleiben wollen, die sie binnen kurzer Zeit aus der Welt vertreiben werden. Hohe Hüte, Spazierstöcke, verzierte Röcke. Er schaut sich kaum um, aber solche Szenen sind es, die Jahre später unerwartet aus der Erinnerung auftauchen – auf seinem Sterbebett vielleicht: das erleuchtete Gebäude und die Menschen im stillen Schnee; Szenen, die dann zu sagen scheinen, wie gut das Leben war, wie es nie mehr sein wird. Vielleicht wird er sich dann fragen, wann das war, dieser Winterabend; aber der Vortrag Machs wird aus seinem Gedächtnis verschwunden sein. (1915 wird er schon sterben; im Nachhinein ist es, als ob eigentlich alles sinnlos war, die gute Stelle, das schöne Haus, die liebe Frau und die drei gehorsamen Kinder – weil es nicht jetzt ist.)

Die Symmetrie ist kein Thema, worüber sich mein Großvater den Kopf zerbricht. In seinem Studium kommt sie nicht vor, höchstens die Symmetrie von Aktiva und Passiva links und rechts in der Bilanz, aber das ist doch mehr eine Sache der Buchhalter. Im Gegensatz zu Paris (wo das Volk sich nun bewaffnet) kommt sie in Prag überhaupt nicht vor: Hier ist alles asymmetrisch, krumm, wie die Karlsbrücke, kurvenreich, schief, geschwungen. Da herrscht nicht Descartes mit seinem Geist in der Maschine, sondern Rabbi Löw, der den Golem gemacht hat. Und vielleicht ist gerade das der Grund, warum es so voll wird in dem viel zu warmen Saal. Man will etwas hören über das exotische Phänomen der Symmetrie, sowie man auch an Berichten über die Gegebenheiten auf dem Mond interessiert ist.

## II

Der populärwissenschaftliche Vortrag, den der junge Professor an diesem Abend in Prag hielt, ist im Nachhinein veröffentlicht worden, sodass wir also wissen, dass er in der Tat mit einer Bemerkung über den Mond begann.

«Ein alter Philosoph», so hob er an, nachdem er den Willkommensapplaus mit einer fast rücksichtslosen Handbewegung unterdrückt hatte, «meinte, die Leute, welche über die Natur des Mondes sich den Kopf zerbrechen, kämen ihm vor wie Menschen, welche die Verfassung und Einrichtung einer fernen Stadt besprächen, von der sie doch kaum mehr als den bloßen Namen gehört haben.» Der wahre Philosoph, sagte er, müsse seinen Blick nach innen wenden, sich und seine Begriffe von Moral studieren, daraus würde er wirklichen Nutzen ziehen. «Wenn nun dieser Philosoph aufstehen und wieder unter uns wandeln könnte, meine Damen und Herren, so würde er sich wundern, wie ganz anders die Dinge heute liegen.»

Der Sprecher hatte glattes, nach hinten gekämmtes Haar und einen großen Bart – zwar nicht mehr so groß wie die Bärte der Professoren, die älter waren als er und von denen einige im Saal saßen, aber doch so, dass sein sprechender Mund unter dem Haar unsichtbar war. Über dem Schnurrbart stand das rechtwinklige Dreieck einer schmalen, spitzen Nase, eine metallene Brille auf der Spitze der Hypotenuse. So sah also ein Genie aus. Außer einem Pult und einer Staffelei mit einer Tafel stand noch ein Stativ mit einem großen Spiegel auf dem Podium: Dieser würde natürlich bald zu Demonstrationszwecken gebraucht werden. Der Flügel stand dort vermutlich noch vom vorherigen Abend, ein Konzert wahrscheinlich, von Liszt, oder eine Hochzeitsgesellschaft.

Während Mach eine Manschette aus dem Ärmel seines langen Mantels zum Vorschein brachte, sagte er, dass wir mehr über den Mond als über uns selbst wüssten. Die ‹mécanique céleste› war aufgestellt, aber eine ‹mécanique sociale› oder eine ‹mécanique morale› müsse erst noch geschrieben werden: «Die Menschen sind von der ihnen entschieden widerratenen Reise in den Weltraum etwas klüger zurückgekehrt. Nachdem sie die einfachen großen Verhältnisse dort draußen im Reich kennen gelernt, fangen sie an, ihr kleines, verzwacktes Ich mit kritischem Auge zu mustern. Es klingt absurd, ist aber wahr: Nachdem wir über den Mond spekuliert, können wir an die Psychologie gehen.» Und als kleines Beispiel dafür wolle er nun über die Tatsache sprechen, dass einige Dinge uns angenehm sind und andere nicht.

Mein Großvater schlug die Beine übereinander und setzte sich zum Zuhören zurecht. Dann und wann schaute er verstohlen in den Spiegel auf dem Podium: Darin sah er das hübsche Gesicht eines Mädchens in der ersten Reihe. In ihrem hochgesteckten Haar saß an der Seite eine rote Blume; bewundernd schaute sie zu dem 33-jährigen Genie auf, sodass sich nun doch so etwas wie Eifersucht in meinem Großvater regte.

Die Wiederholung. Die Symmetrie. Mach zeigte auf den Spiegel und sagte, dass darin eine rechte Hand zu einer linken Hand werde, ein rechtes Ohr zu einem linken Ohr, dass aber an unserem Körper niemals eine linke Hand eine rechte Hand ersetzen könne oder ein linkes Ohr ein rechtes Ohr, ungeachtet aller Gleichheit der Form. Ein Spiegelbild eines Gegenstandes könne niemals den Platz des Gegenstandes einnehmen. Eine Uhr in einem Spiegel sei keine Uhr mehr. Bei dieser Bemerkung hob er den Zeigefinger und flocht eine viel sagende Stille ein, in der meinen Großvater ein merkwürdiges Gefühl einer in die Vergangenheit zurücklaufenden Zeit beschlich. Dadurch verpasste er ein paar Sätze, bekam den Faden aber wieder zu fassen, als der Gelehrte sagte, dass unser Körper wie ein gotischer Dom vertikal symmetrisch sei: Der imaginäre Spiegel verläuft vertikal durch uns hindurch. Eine Landschaft an einem Meer mit einem Spiegelbild ist dagegen horizontal symmetrisch. – Wie komme es nun, dass uns vertikale Symmetrien sofort auffielen, während wir horizontale selten bemerken würden? Nachdem er kurz fragend in den Saal geschaut hatte, kam er hinter seinem Pult hervor und schrieb vier Buchstaben an die Tafel:

d b

q p

Kleine Kinder, sagte er, pflegen regelmäßig das d und das b zu verwechseln, ebenso das q und das p; aber niemals das d und das q oder das b und das p. Bei diesen Worten erhob sich ein von Müttern und Schullehrern verursachtes zustimmendes Gemurmel im Saal. Er lächelte und sagte, das komme dadurch, dass die Paare d-b und q-p vertikal symmetrisch seien und für das Kind zueinander gehörten, während es zwischen den horizontal-symmetrischen Paaren d-q und b-p keinen Zusammenhang sehe. Mein Großvater bemerkte, dass verschiedene Herren nun in ihren Taschen nach Papieren suchten, um Notizen zu machen, während sie kurz an der Spitze ihres Bleistiftes leckten. Mach sah es auch, und um ihnen Zeit zu geben, gab er noch ein Beispiel: Zwei Porzellanbildchen von Mädchen mit einer roten Blume im Haar, die eine links, die andere rechts, könnten leicht verwechselt werden, aber ein umgekehrtes Gesicht sei nicht zu erkennen, auch das wussten wir aus der Kinderstube. Das Mädchen! Im Spiegel sah mein Großvater sie erröten, und er wurde immer eifersüchtiger auf die Macht des Sprechers.

Was war nun die Ursache des Ganzen? Die Ursache des Ganzen war, dass unsere Augen selbst ein vertikal-symmetrisches System bilden. Sie sind nicht gleich. Vertauscht man sie – mit Hilfe eines einfachen Prismenapparates –, befindet man sich sofort in einer anderen Welt. Er bückte sich und holte ein fremdartiges hölzernes Fernrohr aus einem Futteral, das neben dem Pult stand.

«Hierin», sagte er, während er das Instrument hochhielt, «ist alles Hohle gewölbt, alles Gewölbte hohl, all das Nahe fern und alles Ferne nah. Wer daran interessiert ist, kann gleich einmal einen Blick hindurchwerfen.»

In diesem Moment beugte sich der Student, der vor meinem Großvater saß, zur Seite und flüsterte seinem Nachbarn zu:

«So 'n Ding sollte man für die Zeit erfinden.»

«Wie meinst du das?»

«Worin die entfernteste Vergangenheit am nahesten herankommt. Das wär doch was.»

«Ssst», sagte mein Großvater.

Mach sprach sehr deutlich und langsam. Nach einer etwas schwierigeren Feststellung – zum Beispiel, als er sagte, dass eine gerade Linie sowohl horizontal als auch vertikal symmetrisch zu sich selbst sein könne – hielt er kurz inne und ließ seine Augen mit einem schalkhaften Seitenblick über seine Zuhörer schweifen, wie ein Zauberer, der schon wieder das Karo-Ass aus dem Kragen hervorgeholt hat. Ein einziges Mal sagte er plötzlich sehr schnell etwas, das niemand begriff, etwa: «Dass man den ersten und zweiten Differentialquotienten einer Kurve sofort sieht, die höheren aber nicht, kommt natürlich dadurch, dass der erste die Lage der Tangente angibt, also die Abweichung der Geraden von der Symmetrielage, der zweite die Abweichung der Kurve von der Geraden.» Bei solchen Bemerkungen schaute er stets zu einem bestimmten Platz im Publikum, wo mein Großvater dann einen kahl werdenden Hinterkopf nicken sah.

Plötzlich rief er:

«Betrachten Sie einmal ein Klavier im Spiegel!»

Er rief es laut, wie einen Befehl, sodass hier und da nun Köpfe, die eingedöst waren, mit einem Ruck in die Höhe schossen. (Vielleicht war das der Augenblick, in dem weit weg, in Simbirks, der kleine Wladimir Iljitsch, noch kein Jahr alt, zu heulen anfing, weil er seinen Bären, mit dem er immer schlief, verloren hatte; später würde er über Mach schreiben, dass dessen Philosophie sich zu den Naturwissenschaften verhalte wie der Kuss des Judas zu Christus.)

Er stellte sich wieder hinter das Pult und rollte nun das Stativ mit dem Spiegel hinter den Flügel, sodass das Mädchen plötzlich daraus verschwand und das Manual darin sichtbar wurde.

So ein Klavier wie dieses hier, sagte er, während er in den Spiegel zeigte, hätte man noch nie gebaut. Die tiefen Töne lägen auf der rechten Seite, die hohen links. Wenn man einen Lauf in Moll ausführte, wäre er in Dur hörbar, und umgekehrt. Wahrscheinlich hätten wohl schon viele einmal einen Pianisten ein Konzert in einem Spiegelsaal geben sehen, aber hatte sich jemand auch nur einmal gefragt, was dieser Pianist in dem Spiegel eigentlich spielte? Fragend schaute er in den Saal. Töne spiegelten sich ja nun mal nicht in Spiegeln, sie würden durch sie ausschließlich zurückgeworfen; die Musik des Spiegelpianisten bliebe ihrerseits im Spiegel verborgen. (Diese Bemerkung steht nicht in seinem Text, er improvisierte sie an diesem Abend.) So ein kostbares Spiegelklavier bauen zu lassen kam natürlich nicht in Frage, aber es war auch nicht nötig, denn man konnte auch auf eine andere Art experimentieren.

«Ich werde nun», sagte Mach, «etwas spielen, währenddessen in den Spiegel sehen und dann auf dem Klavier nachspielen, was ich gesehen habe.»

Während er in den Spiegel sah, spielte er eine Anzahl von Takten aus ‹Für Elise› und imitierte dann das Wahrgenommene. Herzliches Gelächter machte sich im Saal breit: Das war in der Tat äußerst, äußerst merkwürdig!

«Von Elise!», rief der Student, der vor meinem Großvater saß, und das Gelächter nahm noch zu, während viele Menschen einander ansahen und es lachend wiederholten.

Lachend strich auch Mach über seinen Bart, die Bemerkung schien ihm zu gefallen. Etwas Hilfloses erschien in dem intelligenten, untragischen Gesicht des Positivisten. Daraufhin nahm er die Partitur von ‹Für Elise› vom Flügel und zeigte diese dem Publikum, was wiederum Gelächter zur Folge hatte. Aber das geschah ausschließlich deshalb, weil man gerade einmal lachte;

etwas Witziges war nicht zu erkennen, und es war dann auch der Beginn eines neuen Experimentes.

Es stellte sich heraus, dass auf dem Flügel noch ein flacher Spiegel lag, über dem er die Partitur aufstellte.

«Und nun werde ich», sagte er, nachdem er wieder mit dieser rücksichtslosen Handbewegung zur Stille gemahnt hatte, «von dem Notenblatt spielen, das ich im Spiegel sehe.»

Er streckte seinen Rücken und spielte die gespiegelten Noten, und man hörte dieselbe merkwürdige Zukunftsmusik, die auch der Spiegel-Mach schon gespielt hatte. Ja, in der Tat, äußerst, äußerst, äußerst merkwürdig.

III

Mein Großvater hat seine Beine wieder nebeneinander gestellt und hört gespannt zu. Aber obwohl der Professor mit seinen seltsamen Demonstrationen noch nicht am Ende ist, nehme ich nun Abschied von ihm und von dem Herrn mit dem kahlen Hinterkopf, und von dem Studenten, der vielleicht auch ein Genie ist, und von dem Mädchen mit der roten Blume in ihrem hochgesteckten Haar (die vielleicht meine Großmutter werden wird, sodass sich mein Großvater doch für immer an diesen Abend erinnern wird). Wir werden sie niemals wieder sehen. Das alles muss unvollendet bleiben – auch wenn es schon lange vollendet und vergessen ist –, ich lasse sie dort zurück in diesem deutschen Casino, weit weg im Jahre 1871.

Das vorletzte Mal, dass ich selbst in Prag war, Freitag, den 27. Dezember 1968 (nachdem auch mein Vater inzwischen gestorben war), hatte ich nur ein paar Stunden Zeit. Ich war auf der Durchreise nach Kuba – legitimer Erbe der Pariser Kommune –, und da ich auf das Flugzeug warten musste, ging ich in die Stadt. Es war düster und kalt. Die Tage zwischen Weihnachten und Neujahr sind ein Niemandsland, mit dem kein Mensch etwas anzufangen weiß. In einen grauen Nebel, in dem eilige Gestalten durch die dunklen, gewundenen Straßen liefen, fielen große Schneeflocken auf die trostlosen Weihnachtsbäume, die hier und da noch auf dem Bürgersteig standen. Von den öffentlichen Gebäuden strahlten rote Sterne mit goldenen Hämmern und Sicheln eine ungeheure Macht aus. In meiner leichten Sommerkleidung, die für die Tropen gedacht war, aus denen ich erst im Frühjahr zurückkehren würde, und nur durch meinen holländischen Regenschirm geschützt, lief ich über die Karlsbrücke. Tschechen in großen Mänteln und mit dicken Fellmützen warfen dann und wann einen Blick zu mir herüber, aus dem deutlich wurde, dass sie es aufgegeben hatten, alles im Leben begreifen zu wollen. Zu Hause in Amsterdam hatte ich in den vergangenen Tagen den Flug der Apollo 8 verfolgt, mit der die ersten Menschen die Anziehungskraft der Erde verlassen hatten, um den Mond zu umkreisen. Ich schaute auf meine Uhr. Zu meiner Überraschung sah ich, dass es noch genau drei Minuten dauern würde, bis die Kapsel über dem Stillen Ozean in die Atmosphäre zurückkehren würde. Ich beschloss, dies auf der Brücke zu erleben.

Bei der Figur des heiligen Nepomuk, der an dieser Stelle ins Wasser gestoßen worden war und nun eine Schneemütze trug, blieb ich stehen und wartete. Ich zitterte vor Kälte, ich hätte ebensogut nackt sein können, und doch wusste ich sicher, dass ich nicht krank werden würde. In der Tiefe wurden die dicken Flocken plötzlich ein Teil der Moldau, sodass es war, als hätte es sie nie gegeben. Still lag rundum die Stadt unter den Wolken auf der Erde, mit ihren Kirchtürmen, in der Höhe der reglose Hradschin mit der ummauerten Kathedrale.

Als die drei Minuten verstrichen waren, lief ich weiter – gleichzeitig wusste ich, dass auf der anderen Seite des Planeten, irgendwo im Sommer, die Kapsel nun über dem blauen Ozean in die Luft eingetaucht war wie der Kopf eines Streichholzes an der Schachtel, mit einer Geschwindigkeit von 33 Mach.

# John Updike

## DIE ANDERE FRAU

**N**achts wachte Ed Marston auf, weil er zur Toilette musste, und als er sich seinen Weg zurück zum Bett ertastete, ließ das Mondlicht im obersten Schubfach der Kommode seiner Frau, das sie nicht ganz geschlossen hatte, ein befremdliches, strahlend weißes Stück Papier aufleuchten. Jenes Schubfach, wusste er aus zwanzig Jahren Zusammensein, war Carols Unterzeug gewidmet sowie einem Stapel gefalteter Kopftücher auf der linken Seite. Papier gehörte in ihren Schreibtisch im Parterre oder auf den Tisch im Hausflur, wo sie jeden Tag die Post ablegte. Sie atmete gleichmäßig, selbstvergessen, wie ein unsichtbares Meer in der Dunkelheit, keine drei Meter entfernt. Ed formte mit zwei Fingern eine Zange und zog, sorgsam darauf bedacht, nicht zu rascheln, das Papier unter dem obersten Kopftuch hervor. Dann schlich er zurück ins Badezimmer. Er schloss die Tür, knipste das Licht an und setzte sich auf den Toilettendeckel. Als er das verheimlichte Dokument auseinander faltete, zitterten seine Hände nicht nur, sie zuckten.

Es war ein selbst gebastelter Gruß zum Valentinstag vom Ehemann eines Paares aus ihrer Bekanntschaft, angenehme, freundliche Leute, die ihm nie weiter aufgefallen waren, an den höflicheren äußeren Rändern ihres Bekanntenkreises. Doch der Valentinsgruß war leuchtend-auffällig geschrieben und mit zeremonieller Glut formuliert. Sein kurzer Text war mit roter Tinte in ein großes Herz eingefasst, ein Herz, das, wie der Schreiber der Adressatin versicherte, «dieses Jahr noch größer als letztes Jahr» sei.

Ed war eine Waffe in die Hände gegeben worden. Mehr als einmal überflog er das Sendschreiben, und in einer nervösen Erregung musste er den Klodeckel hochklappen und noch einmal urinieren. Er knipste das Badezimmerlicht aus. Der mondbeglänzte Schnee jenseits des Fensters schien bläulich auf ihn einzuspringen, in ihn hinein, mit seinen glatten, sich ausdehnenden Kältekurven, seinen Schatten und Glitzerflecken. Er fühlte sich turmhoch, als stünden seine Füße nicht auf dem Boden des Badezimmers, der von ihm abgefallen schien, sondern auf dem Erdreich selbst. Seine arglos schlafende Frau und ihr Liebhaber, ebenfalls schlafend in seinem Haus weiter oben an der Straße, und auch die Frau jenes Mannes und sämtliche Kinder waren in seiner Hand.

Noch immer zitternd faltete er den Valentinsgruß wieder zusammen. Er glitt am Bett vorbei auf die Kommode zu, die von den schrägen Streifen des Mondlichts erhellt wurde, und geräuschlos schob er ihn in die Schublade zurück, unter das oberste Seidentuch. Morgen sollte Carol dann ruhig seine leicht exponierte Lage entdecken und sich Vorwürfe machen und Gott danken, dass Ed nichts gemerkt hatte. Obwohl sie kaum dazu neigte, sich etwas vorzuwerfen oder Gott zu danken.

Plötzlich tönte ihre scharfe fragende Stimme aus der Dunkelheit des Bettes herüber: «Was machst du da?»

«Ich versuche, zu dir zu finden, Süßes, ich war gerade auf der Toilette.»

Sie gab keine Antwort, als hätte sie im Schlaf gesprochen. Als er zurück in das warme Bett schlüpfte, neben sie, schien ihr Atem so tief und selbstvergessen wie vorher. Milde schwappte der Duft schlafenden Fleisches, jenes weiche Schnaufen und Raspeln über seine Sinne. Ihr Leben war wie eine Quelle in einem dunklen Wald, unter stetem Gemurmel fließend und fließend. In der Ferne bellte ein Hund, den das Mondlicht auf dem Schnee verstörte.

In einem Anfall von Hellsichtigkeit sah er nun: Carols wechselnde Launen in letzter Zeit, ihre Schübe von Liebesbezeigungen und Depression, ihr zunehmendes Trinken, ihre unerklärlichen Verspätungen, wenn sie von gewissen Fahrten nach New York und von abendlichen Treffen in ihrem Vorort zurückkam – Zusammenkünfte einer Bebauungskommission, fiel ihm jetzt auf, deren Vorsitz der andere Mann, Jason Reynolds, innehatte. Tatsächlich war er es gewesen, der Carol für die Mitgliedschaft vorgeschlagen hatte. Eines Abends war er nach einem ominösen Telefonanruf ins Haus gekommen, und während Ed bereitwillig das Geschirr abwusch und das jüngste Kind ins Bett brachte, sprach er unten am Esszimmertisch mit leiser Stimme über die Krise, der sich ihr Vorort gegenübersah, über Bauspekulanten und ihre korrupten Schwäger in der Planungsbehörde, und wie dringlich es sei, eine Frau in der Kommission zu haben, die auch an Werktagen dabei wäre und den Hausfrauenstandpunkt einbringen könnte, und so weiter. Carol hatte Ed dies hinterher alles berichtet, da sie sich nicht sicher war, ob sie einwilligen sollte. Es würde sie von zu Haus fern halten, fürchtete sie; Ed sagte ihr, sie hätte schon genug Zeit auf ihr Heim verwendet. Sie hätte keine Ahnung von Stadtplanung oder vom Bauen; er sagte ihr, als Ingenieur wisse er, dass man da nicht allzu viel zu wissen brauche.

Nun fragte er sich, ob nicht schon damals, vor mehr als zwei Jahren, die Affäre ihren Anfang genommen und sie ihre Unschlüssigkeit und ihr Zögern nur vorgetäuscht hatte. Wenn ja, war es ein hübsches Stück Schauspielerei gewesen. Ed lächelte anerkennend in der Finsternis. Er hatte sie gedrängt, einzuwilligen, denn er sah sie schon in der Gefahr, eine jener Frauen mit Vororts-Agoraphobie zu werden, die am Ende nicht einmal mehr wagen, zum Einkaufen aus dem Haus zu gehen, sondern sich, während sie hinter zugezogenen Vorhängen ihren Sherry schlürfen, alles anliefern lassen. Zweiundzwanzig Jahre und fünf Kinder hatten die unternehmungslustige U-Bahn-Fahrerin und Beinahe-Vagabundin ihrer gemeinsamen Großstadttage in

Turnschuhen und Kopftuch ziemlich verbraucht. Während der letzten Jahre war sie kaum zu überreden gewesen, in die Stadt zu kommen und mit ihm zu Abend zu essen und ins Theater zu gehen. Als die Kinder das Collegealter erreicht hatten und hierhin und dorthin flogen, wuchs sich ihre Angst vor dem Fliegen zu einer Phobie aus. Sie fühlte sich den Reisen in die Karibik, die sie und Ed im Winter zu unternehmen pflegten, nicht mehr gewachsen. «Neuerdings», argumentierte sie, «heißt es sowieso, dass die Sonne der Haut schadet.» Carol hatte blaue Augen und welliges aschblondes Haar.

«Die Sonne war schon immer schädlich. Deine Haut soll ja auch nicht ewig halten. Du kannst doch im Zimmer bleiben und lesen. Du kannst auch was mit Sonnenschutzfaktor 15 benutzen.»

«Dann braucht man ja gar nicht erst hinzufahren, oder? Warum nicht hier bleiben und das Geld für die Flugtickets sparen?»

«Weißt du was, Liebling? Du wirst allmählich zu einem regelrechten Bremsklotz.» Ed hatte sie gedrängt, der Mitarbeit in der Kommission zuzustimmen, weil er sie aus dem Haus haben wollte. Um ehrlich zu sein, wollte er sie aus seinem Leben haben.

Doch sie hatte ihm nichts Böses getan – hatte im Gegenteil alles getan, was er von ihr wollte. Hatte ihm gesunde Kinder geboren, ein Heim geschaffen, das man Kollegen und Freunden getrost vorführen konnte, hatte als Erweiterung seines Egos gedient. Und dennoch hatte er, Nacht für Nacht neben ihr liegend, ein- oder zweimal aufstehend, um zur Toilette zu gehen, je nach Grad seiner Schlaflosigkeit, die wie ein Wutanfall in Spiralen wuchs, die Überzeugung gewonnen, dass es noch ein besseres Leben geben müsste als dieses. Ein besseres Leben für sie beide. Carol besaß immer noch ihre Qualitäten – eine bewegliche Grazie, obwohl sie über die Jahre ein paar Pfunde zugenommen hatte, und eine gutwillige Intuition, jener reinen blauen Pilotflamme gleich, die in altmodischen Gasöfen brennt – aber nie hatte Ed den Gedanken zugelassen, dass irgendein anderer Mann sie begehren könnte. Jason Reynolds' Botschaft hatte, von ihrer festlichen roten Kontur umgeben, einen Ton getroffen, in dem sich Freundlichkeit und Leidenschaft geschickt mischten, einen Ton männlicher Bewunderung. Carol wurde irgendwie geliebt. Diese Erkenntnis gab auch Ed das Gefühl, geliebt zu werden, und wie ein Kind in den Armen seiner Mutter fiel er alsbald in Schlaf.

Über Tage und Wochen machte Ed nichts aus seinem Wissen, sondern beobachtete nur. Wie konnte es angehen, dass er vorher nichts bemerkt hatte? Auf Parties umkreisten sich die Liebenden in einem gedehnten Tanz des Vermeidens, waren ausgesucht höflich und freundlich zu fast allen übrigen Anwesenden, und erst nach dem Nachtessen, wenn die Straßenschuhe ausgezogen und die Platten aufgelegt und vom müden Gastgeber frische Holzscheite aus dem Keller geholt werden, erlaubten sich Carol und Jason, zueinander hinzutreiben und sich leise zu unterhalten, in der feierlichen Art von Leuten, bei denen die trivialsten Alltäglichkeiten ihrer beider Leben die Bedeutung des Sexuellen angenommen haben, um schließlich mit einer erprobten Zärtlichkeit, von der sie meinten, sie würde von jenen um sie herum nicht bemerkt, weil sie zu schläfrig oder zu betrunken waren, miteinander zu tanzen.

Jason war ein schlanker und ernster Mann, Kreditbeauftragter bei einer Bank in der Innenstadt, der ein rigoroses Gesundheitsprogramm von Leibesübungen und Diät einhielt; er besaß ein Trockenrudergerät, spielte zur Mittagszeit in der City Squash und joggte nach dem Abendbrot auf Landstraßen mit einem reflektierenden, orangefarbenen Leibchen an. Bei solchen Menschen geschieht es manchmal, dass ihr Körper ihrem Gesicht den Preis des Alterns abverlangt, und so war es auch mit ihm: in seinem Gesicht mittleren Alters fehlte Fleisch. Seine mageren, straffen, wettergegerbten Gesichtszüge, die tiefen

Augenhöhlen und zerfurchten Wangen und sein trockenes graues Haar schienen einem Mann zu gehören, der eher am Ende denn am Anfang der Vierziger war. Jason war 42, wie Carol. In seinen Armen wirkte sie jung, und ihre breiten Hüften deuteten mehr auf eine ausgeruhte, runde Fruchtbarkeit hin als auf das Aufquellen der mittleren Jahre. Während Jasons Lider in die tiefen Höhlen gesenkt waren und im Licht des Kaminfeuers zu zittern schienen, waren die blauen Augen Carols wach und rund, und jedes Mal, wenn die langsame Musik sie zu Ed herumdrehte, war ihr Gesicht so rein und unbeschrieben wie das einer Porzellanfigur. Nicht ihre Gesichter verrieten sie, es waren die Hände, ihre knochenlos ineinander schmelzenden Hände und Jasons andere Hand, die zwei, drei Zentimeter zu tief auf Carols Kreuz ruhte.

Ed beobachtete sie nicht allein, nahm er nun wahr. Der flackernde, halbdunkle Raum, Kissen und Stühle und lockige Häupter und bestrumpfte Beine bildeten ein Spalier aus Schatten, die Jason und Carol beobachteten, oder bemüht fortsahen. Die Leute wussten es – hatten es mit der beiläufigen Genauigkeit unvoreingenommenen Zuschauens längst gewusst, bevor es ihm klar wurde, in der Valentinsnacht. Bis dahin hatte er in einer Art Luftblase existiert, in einem höflichen Leerraum des gemeinsamen Wissens. Mit einem blinden Lächeln war er durch die Gesellschaft gestolpert, während die Wahrheit sich seinen tastenden Fingerspitzen kichernd entzog. Dies war im Rückblick schwer zu vergeben. Lebte auch sein Pendant, Patricia Reynolds, in solch einer Blase? Was wusste, vermutete oder fühlte sie?

Sie war klein von Gestalt und von beispielhafter Körperhaltung, die Ed aber hölzern vorkam. Sogar noch das Hübscheste an ihr, ihr dichtes Haselnusshaar, schimmernd glatt gebürstet, helmartig kurz geschnitten und mit einem Pony versehen, schien einen Holzton zu haben. Sie joggte mit Jason und machte Leibesübungen, aber dieselbe Lebensweise, die sein Gesicht verwüstet hatte, verlieh dem ihren eine freundliche athletische

Festigkeit. Ihr Kinn war eckig, ihre braunen Augen waren stumpf. Sie stammte aus einer wohlhabenden, aber unbedeutenden Familie, hatte die richtigen zweitbesten Schulen besucht und war durch und durch das Produkt ihrer Herkunft. Durch ihren männischen Oberklassenakzent, der kehliger war, als man erwartete, wirkte Pat wie ein braver Soldat, als hätte die Aufgabe, die Familie in die nächste Generation fortzuführen, sie starr werden lassen. Die Reynolds hatten zwei Kinder – einen Sohn und eine Tochter. Pat war ein wenig jünger als Jason, so wie Carol jünger war als Ed. Ed hatte Pat nie etwas Unangenehmes oder Unkonventionelles sagen hören; allerdings hatte er ihr auch kaum je zugehört. Auf Partys gingen sie sich lieber aus dem Weg. Er hatte das Gefühl, dass er sie mit seinem zerknautschten, unausgeschlafenen Aussehen, seiner unvermeidlichen Zigarette und dem aufdringlichen, clownischen, wenn nicht groben Benehmen ziemlich erschreckte. Sobald er ihr nahe kam, wurde sie besonders höflich. Nun jedoch wanderten seine Augen im Raum herum auf der Suche nach ihrem markanten Profil, um herauszufinden, ob sie, wie er, beobachtete.

Tatsächlich saß sie nicht weit entfernt auf dem Fußboden. Sie hatte das Gesicht ganz von den Tänzern abgewandt und redete mit einer anderen Frau über jenes der Frau des Kommissionsvorsitzenden höchst angemessenes Thema, Bebauung – die tragische Zerstückelung örtlicher Anwesen, die skandalösen Raubzüge der Baulöwen. Ed schob sich aus seinem Sessel auf den Fußboden neben sie und sagte: «Aber, meine Süße – du hast doch nichts dagegen, Pat, wenn ich dich ‹meine Süße› nenne? – niemand möchte mehr in den alten Häusern *leben*. Die dritte Generation sitzt doch sämtlich in Soho und malt Graffiti an die Wand. Sie können die Kosten und die Steuern nicht aufbringen, niemand kann sich noch Diener leisten, und sie wollen ihr Geld da *raus* und in der *Hand* haben.»

«Gewiss, das sagt jeder», sagte Pat, «und vermutlich ist ja auch was Wahres daran.»

«*Was* Wahres! Es ist die ganze Wahrheit, Liebling.» Sechs Bourbons sprachen aus ihm, nicht ganz synchron. «Du gibst diesen armen, hart arbeitenden italienischen Bauunternehmern die Schuld, die die Bulldozer bereitstellen und ihre 400 000-Dollar-Reihenhäuser hochziehen. Aber es sind die Reichen, die *Reichen*, die so gierig sind, die es nicht abwarten können zu verkaufen und jemand anderes das neue Schieferdach auf Daddys alten Stall decken zu lassen. Anteilige Eigentumswohnungen» – er war so stolz, die beiden Wörter heil herausgebracht zu haben, dass sogar Pat lächelte und dabei kurz eine makellose Zahnreihe sehen ließ –, «das ist das einzige Rezept, diese alten Gemäuer vor der Abrissbirne zu bewahren.»

Die Frau neben Pat, Georgene Fuller, versuchte ihr zu Hilfe zu kommen. Sie war schmal und träge und quengelig, mit langem gebleichtem Haar, das ihr über die Schultern herabhing. Ed hatte vor Jahren sechs Monate lang mit ihr geschlafen. «Trotzdem, Ed, du musst zugeben ...»

«Gar nichts muss ich zugeben», sagte er schnell. «Aber wie steht es mit dir, Pat? Was musst du zugeben?»

Ein leichtes Erstaunen huschte über die ebenen Züge dieser anderen Frau. Georgene gab Ed einen Stoß ins Kreuz. Aber sie brauchte keine Angst zu haben. Es passte ihm ins Konzept, Pat im Dunkeln zu lassen, in ihrer Luftblase.

«Die Abrissbirne», begann er von neuem. «Wäre ein guter Schlagertitel. Wir tanzen uns die Schuhe durch», begann er zu singen. Noch einmal erhielt er einen Knuff in den Rücken, und ihm kam die Idee, dass er Georgene zum Tanzen auffordern sollte. Wie lange es auch her sein mag: einmal mit ihnen geschlafen, und sie liegen dir geschmeidig in den Armen.

Doch auch andere wünschten die Unterhaltung zwischen Ed und Pat zu unterbrechen; Jason und Carol beugten sich plötzlich über sie wie Eltern über ihre spielenden Kinder. «Wir finden, ihr beiden solltet mit uns tanzen», verkündete Carol affektiert. Gehorsam stieß Ed sich vom Boden ab, dem der Bourbon ein elastisches Eigenleben eingehaucht zu haben schien, sodass er unter seinen Füßen federte. Wunderlicherweise fühlte sich Carol in seinen Armen immer ein wenig fremd an, als hätte es die vielen Jahre ihrer Ehe nie gegeben. Sie hatten die Schritte nie richtig gelernt, und diese Unbeholfenheit machte sie interessant, besonders nun, da er wusste, dass sie irgendwo, gemeinsam mit einem anderen, damit beschäftigt war, die Schritte zu lernen. Ihr Geheimnis machte ihren rundlichen Körper fest und ungewöhnlich beweglich; indem sie anmutig hinter sich griff, rückte sie die Position seiner Hand in ihrem Kreuz zurecht. Ed hatte sie probeweise zwei oder drei Zentimeter niedriger als gewöhnlich platziert. «Jason sieht wie ein guter Tänzer aus», sagte er.

«Nicht, dass ich wüsste», antwortete sie.

«Er tanzt mit Pat. Sieh nur, wie sie loslegen, richtige Drehungen und alles.»

«Sie haben eben dieselben Gesellschaftstänze geübt.»

«Aber das Leben ist mehr als Gesellschaftstänze, oder?»

«Ed, du solltest wirklich nicht so viel trinken. Daher kommt nämlich auch deine Schlaflosigkeit – all dieser Zucker im Blut.»

«Nächstens sagst du mir noch, ich sollte anfangen zu joggen.»

«Oder sonst irgendwas, ja. Und nicht nur du. Wir sind *beide* schrecklich außer Form.»

Er ließ die Hand wieder ihren Rücken hinabgleiten und tätschelte ihren festen Hintern. Noch besaß er die Vorrechte eines Ehemannes. «Für mich fühlst du dich gerade richtig an», sagte er.

Ed war von Beruf Ingenieur, spezialisiert auf Belastungsanalysen hoher Gebäude in Stahlrahmenkonstruktion. Sein Plan für den Abriss seiner Ehe erforderte aus statischen Gründen, dass die Affäre seiner Frau als zeitweise Stütze unangetastet blieb; sonst wäre seine Last an Schuld und Entfremdung im Augenblick seines Abgangs zu groß. Die Kinder waren das Schwerste, aber auch das Haus, die Stadt und all die alten Ehegewohnheiten würden im Moment der Flucht auf ihm lasten. Er fürchtete, dass Jason und Carol aus eigenem Antrieb miteinander brechen könnten, oder auch als Antwort auf die Entdeckung durch die andere Seite; trotzdem wollte er sich ein paar Monate einräumen, um sich angesichts der Situation zu stählen. Wenn er an rauen Frühlingsabenden den hoch gewachsenen Jason mit seinen staksigen Joggerschritten die schattigen Straßen entlangtrotten sah, erschreckte ihn die Vorstellung, dass der kostbare Mann von einem Auto überfahren werden könnte; das brächte die ganze Konstruktion zum Einsturz.

    Das Wetter wurde wärmer und beschleunigte das Blut, und dann kam der Sommer mit seiner lockeren Promiskuität, seinem luftigen Gewebe aus Kommen und Gehen, aus verharrendem Licht und warmer Dunkelheit, aus abgeschirmten Veranden, reaktivierten Swimmingpools und Drinks zum Mitnehmen auf der Terrasse. Jeder wurde brauner im Sommer, lustiger und lauter. Die Vorortfrauen in ihren Badeanzügen und Sommerkleidern nahmen die schwüle Herbheit hochklassiger Huren an – die Augen verborgen hinter der Sonnenbrille, die Fußnägel lackiert. Jason und Carol wurden dreister. Mehr als einmal erwischte sie Ed, wie sie am Rande einer Cocktailparty Händchen hielten, und als er Carol frage, wo sie während dieser oder jener unerklärlichen Abwesenheit gewesen sei, antwortete sie in der lahmen, ausweichenden Art eines Teenagers: «Oh, draußen.» Vielleicht fügte sie auch hinzu: «Es war so heiß drinnen, da musste ich mal zum Fluss hinunter», oder sie zeigte zwei Liter abgepackte Magermilch und ein Paket Weizenkeimcracker vor, als ob für diesen Kauf ganz selbstverständlich zwei Stunden nötig gewesen wären. Und Jason kam immer wieder mit mehr oder weniger plausiblen Botschaften ins Haus, die mit Bauplanung oder Tennis oder dem Ausleihen von Gartengerät zu tun hatten. Als Ed vor zehn Jahren seinen Tennisplatz einzäunte, hatte er zum Erwerb eines jener zweischäftigen Lochspaten für

Zaunpfähle 40 Dollar investiert, und es war überraschend, wie viele Pfähle Jason in seinem bescheidenen Garten aufzurichten hatte oder wie oft er sich als jemand, dessen Grundstück nur 2000 Quadratmeter groß war, Eds Motorsäge ausborgen musste. Natürlich wurde er bei jedem dieser beiläufigen Besuche von Carol gastfreundlich zum Kaffee oder Tee oder auf einen Drink eingeladen, je nach Tageszeit.

Manchmal kam Pat auch bei diesen fadenscheinigen Besuchen mit und übte sich in makellosem, hölzernem Smalltalk mit Ed draußen auf der abgeschirmten Veranda, während die beiden anderen wie zufällig zugleich im Haus verschwanden: Carol musste in die Küche laufen, Jason musste dringend zur Toilette oder telefonieren. In jenem Sommer schien das Haus sehr benötigt zu werden. Rund um die Ausreden Tennisplatz und Swimmingpool herum arrangierte Carol kleine informelle Partys, zu denen fast immer auch die Reynolds geladen waren. Eines Tages, Anfang August, als Ed einem Getränkenotstand mit einer Fahrt in die Innenstadt abgeholfen hatte und wieder in die Einfahrt einbog, begrüßten Carol und Jason gerade ein anderes Paar. Sie sahen so natürlich aus, wie sie dort Seite an Seite in dem goldenen Spätnachmittagslicht standen, so *gebietend* auf ihrem Sockel einen Bordstein breit über der Einfahrt, er mit dem Grauhaar und der hageren gebeugten Haltung, sie mit ihren runden Matronenarmen und -schultern, dass Ed sich wie abgeschafft, wie längst verdrängt vorkam. Insgeheim teilte er ihre Freude aneinander, aber dennoch schwang primitive Eifersucht mit, als er mit klirrenden Getränketaschen energisch auf sie zuschritt. Carol sah zu ihm hin; sie schien ohne Falsch glücklich, ihn zu sehen, oder war sie nur glücklich über den Anblick der Getränke? Sie trug nur einen Jeans-Wickelrock über ihrem schwarzen Badeanzug und hielt in der Kühle des näher rückenden Abends die Arme um sich geschlungen. Die Heimeligkeit dieser alterslosen Geste und der vertraute Anblick der kleinen Härchen, die aufrecht auf der Gänsehaut ihrer bloßen Unterarme standen, als sie nun einen Schritt nach unten tat und sich zu ihm hinbeugte, um ihm eine der Taschen abzunehmen, verletzte ihn unerwartet – eine plötzlich auftretende Zufallsbelastung innerhalb einer Situation, die er für gründlich analysiert erachtet hatte.

Die Saison ging zur Neige, Ed war am Zug. Die Kinder waren bequem auf Sommerjobs und die Ferienhäuser von Freunden verteilt, mit Ausnahme des Jüngsten, der sich nach dem Abendessen in seinem Zimmer im ersten Stock vom Gemurmel des Fernsehers einwickeln ließ. Ed lud Carol zu einem Spaziergang ein. Ihre Augen weiteten sich, nahmen ihren Porzellanpuppen-Ausdruck an, und sie lief eilig zum Wandschrank, um eine Jacke zu holen. Sein Tonfall hatte, ohne dass er es wollte, ihre Schuld angesprochen. Sie gingen den breiten Wiesenpfad entlang, der von Joggern und Schneemobilfahrern bevorzugt wurde, oberhalb des Croton-Aquädukts, der parallel zum Fluss und den Eisenbahnschienen Wasser nach Süden transportierte. Die Schwerkraft der City zog alles auf sich. Die beiden Marstons wanderten bergan, zwischen Gruppen und Hainen aus Ahorn und Buchen, vorbei an Schulhöfen, auf die man durch Drahtzäune blickte. Hinterhöfe grenzten an den öffentlichen Weg, und Ed und Carol fühlten sich wie Geister, die sich durch familiäre Grillfeuer und Federballspiele, durch die Hausmusik stotternder Geschirrspüler und die Abendnachrichten hindurchbewegten.

Er beschrieb ihr die Nacht, in der er den Valentinsgruß entdeckt und was er seither beobachtet hatte. Sie hörte zu, ohne zu unterbrechen. Aus den Augenwinkeln betrachtet, erschien ihr bleiches Gesicht wie ein regloses Bild vor dem beweglichen Hintergrund der Blätter und Zaunlatten, wie von einem Diapositiv auf eine schräge, flackernde Leinwand projiziert. Er schlug ihr dies vor: Er würde gehen, in der Stadt ein Apartment mieten und ihr Geheimnis mit sich nehmen. Als Gegenleistung für sein Schweigen würde sie die Trennung gegenüber Kindern und

Freunden als gemeinsame Entscheidung darstellen. Er würde sie finanziell unterstützen, und in einem Jahr würden sie sehen, wie die Dinge standen.

Endlich sprach sie. «Ich werde ihn aufgeben.»

«Oh, tu das nicht.»

«Warum nicht?» Ihre Blicke trafen sich und er sah, dass ihre Augen feucht geworden waren.

«Du liebst ihn.»

«Vielleicht liebe ich dich auch.»

«Das meinst du jetzt, aber auf die Dauer...» Der Rest des Satzes blieb in der Luft hängen. Er mobilisierte ein bisschen Entrüstung. «Überhaupt, ich möchte nicht *auch* geliebt werden! Lass nur, Carol», sagte er. «Wir haben es versucht, haben nette Kinder und schöne Tage zusammen gehabt. Du hättest doch mit Jason nichts angefangen, wenn alles so wäre, wie es sein sollte. Du und er, ihr scheint die Richtigen füreinander zu sein.»

Sie hätte es leugnen können. Aber sie sagte nur einfach: «Er hat Pat.»

Ed seufzte. «Je nun, ich kann mich nicht um jeden kümmern.»

Das war am Sonnabend. Am nächsten Tag, während der krank machende neue Zustand ihrer Ehe überall wie eine unsichtbare Paste trocknete und die Kinder und Haustiere und Möbel allesamt noch unwissend waren, überraschte Carol Ed mit dem Wunsch, mit ihm ein Sonntagnachmittagskonzert in einer nahe gelegenen Kirche zu besuchen. Auch die Reynolds waren dort, in einem Gestühl am anderen Ende des Kirchenschiffs. Nachher traf man sich zu einem Punsch im Damensalon. Für einen Fachmann für Belastungen war es spannend, Carol zuzusehen, wie sie mit Jason gutmütig spottete und mit Pat tapfer Smalltalk betrieb. Auf der Heimfahrt fing sie an zu weinen, und Ed fragte sie, warum sie denn nur hatte hingehen wollen.

«Es war die einzige Möglichkeit, Jason zu sehen», gab sie zu, so unumwunden, als wäre er ein Anwalt, und hielt sich gar nicht erst damit auf, die Verehrung in ihrer Stimme zu verbergen, als sie den Namen ihres Liebhabers aussprach. So rasch war Ed zu ihrem Komplizen geworden. Er fühlte sein Herz zucken und starr werden. «Weiß er, dass ich es weiß?»

«Nicht die Details, nur die Sache selbst.»

«Wie hast du es ihm beibringen können?»

«Ich hab ihm einen Zettel zugeschoben. Hast du das nicht gesehen?»

Ed fühlte sich getäuscht und verraten. Nun, da der andere es wusste, war die Chance geringer, sich herauszuwinden. «Nein.»

«Ich dachte, du wärst inzwischen ein großer Beobachter!»

Er fragte sie genauso sarkastisch: «Habt ihr beiden keine Angst, dass Pat euch erwischt, bei einer dieser Schwindeltouren?»

«Sie will uns gar nicht erwischen», sagte Carol. Er blickte zu ihr hinüber, und ihre Augen blinkten, obwohl sie rote Ränder hatten. Sie schien sich rascher auf sein Weggehen einzustellen als er.

In jenem Herbst trat Ed in den fremden neuen Status des Halb-Ehemanns ein. Er fand ein kleines Apartment in den West Eighties und fuhr an den Wochenenden heim, um Laub zu harken, die Winterfenster einzuhängen und die Kinder zu hüten. Manche Nächte schlief er im Gästezimmer, wo die Kinder ihn nicht gerne sahen. Sie wollten ihn wieder in Mammis Bett. Dieser kriecherische Mr. Reynolds kam dauernd zu Besuch, rotgesichtig und schnaufend in seinen Joggingschuhen. Sie nannten ihn Häuptling Großer Fuß. «Großer Fuß kommt gerade angetrottet!», rief dann eins der Kinder von unten herauf, und Ed, verstrickt in eine Partie Trivial Pursuit im Zimmer seiner ältesten Tochter, sah Carol alsbald an der Tür vorbeisegeln, mit leisen schnellen Schritten, ihr ganzer Körper federnd vor Erwartung.

In dieser gemütlichen Atmosphäre, da ihr Komplott nun auch

die Kinder schon mit einschloss, fragte Ed Carol gleichermaßen aus Neugier wie aus Neid, was Jason denn für sie tat, das er unterlassen hatte. «Es ist schon recht merkwürdig», gab sie zu, die Wörter einzeln aussprechend. «Er findet, ich sei einfach wunderbar, mehr nicht.» Und sie hatte die Anmut, angesichts dieser offenkundig hochgegriffenen Bewertung in ihr Glas zu blicken und zu erröten.

«Nun, wer findet das nicht?», fragte er, selbst errötend. Seit er sie verlassen hatte, war er ganz der Schmeichler.

Sie warf ihm einen scharfen Blick zu. Bildete er es sich nur ein, oder waren ihre blauen Augen dunkler, bissiger geworden in den Monaten ihres Alleinlebens, ihres Sie-selbst-Seins? Bestimmt war ihr Haar, dessen Aschblond von Grau durchsetzt war, welliger geworden. *«Du nicht»*, sagte sie zu ihm. «Du hast das nie gefunden. Ich war für dich nur einfach *da*, wie ein Doppel-T-Träger. Jeder andere Eisenträger hätte es genauso getan. Ich bin sicher, du hast dir auch schon einen neuen zugelegt.»

«Nein», sagte er langsam, fast wahrheitsgemäß. Denn tatsächlich gefiel Ed die schäbige Strenge, die bescheidene Reinheit des Junggesellenlebens. Er hatte so früh geheiratet, dass er vorher nie für sich hatte kochen oder sein Bett machen müssen. Solche Fähigkeiten waren ihm wie eine Geheimwissenschaft erschienen, und nun erwiesen sie sich als erlernbar, und er begriff, warum Frauen gesünder waren, wenn sie dauernd hinaufreichen und umrühren und auf die Beschaffenheit der Dinge bedacht sein mussten. Sein überlaufendes, geräuschvolles, nicht sonderlich gefährliches Viertel nahe dem oberen Broadway informierte ihn nun intimer über kleine Entscheidungen und Dienstleistungen, die Kaufläden und den Waschsalon, als die Vororte je es getan hatten. Sich selbst zu ernähren und sauber zu halten und außerdem noch zur Hälfte Carols Haushalt mitzuerledigen, der vierzig Minuten weiter nördlich lag, nahm fast seine ganze Energie in Anspruch. Alleinleben macht methodisch; er trank weniger, und die Wochenendportionen seines alten gesellschaftlichen Lebens schmeckten sauer und flach.

Da er ihre Freunde auch vorher kaum getroffen hatte, außer an Wochenenden, wurden in jenen Tagen häuslicher Konfusion sein Abfall und zeitweises Wiedererscheinen lässig akzeptiert. Von allen Paaren, die sie gemeinsam gekannt hatten, waren die Reynolds die freundlichsten. Sie waren gegenüber Carol in ihrem Single-Dasein besonders rücksichtsvoll, und sie kamen auch am häufigsten auf einen Sprung ins Haus. Pat und sie machten gemeinsame Ausflüge mit dem Gartenclub, nahmen Aerobic-Stunden und besuchten den Abendkurs über Dichter der englischen Romantik im örtlichen College. Die Kinder der Marstons gaben Pat den logischen Spitznamen Kleiner Fuß, als wollten sie die Reynolds durch verbale Magie enger zusammenknüpfen. «Die Füße sind wieder da», rief zum Beispiel eines, und manchmal musste dann Ed, wenn man ihn im Haus antraf, den vierten Mann beim Tennis abgeben.

Stets bestand er darauf, dass er und Pat Partner waren. Auf diese Weise waren beide Seiten einander ebenbürtig. Jason war ein gut trainierter, aber schwerfälliger Spieler, und Carols Sorglosigkeit, ihre gutmütige Gleichgültigkeit gegenüber dem, was dabei herauskam, untergrub die natürliche Grazie ihres Spiels. Ed hatte eine schwache Rückhand, aber am Netz besaß er einen Killerinstinkt, und die kleine Pat spielte nach seinem Empfinden wie ein nur halb aufgezogenes Maschinchen. Wie auf Zehenspitzen lief sie vor und zurück, und ihre Bewegungen schnitten seitlich in sein Gesichtsfeld. Hätte er auf der anderen Seite des Netzes gestanden, er hätte sich auf ihre damenhaften Vorhandschläge gestürzt und sie zurückgedonnert. Doch so grummelte er nur: «Komm, wir schnappen sie uns, Pat», und zählte auf sie an der Grundlinie, während er von einer Seite zur anderen rannte, immer auf der Jagd nach dem entscheidenden Volley. Die Spiele machten Spaß, besonders wenn der aufgeregte, Kein-Gramm-Fett-zuviel-Jason anfing, anklägerische Selbstgespräche zu führen, und Carol vor Eifer ganz rot im Gesicht wurde bei dem Versuch, mit ihrem Spiel dem Liebhaber zu gefallen und dennoch wegen Pat ihre gleichgültige Miene zu wahren, während beide Eds ironische Blicke zur Kenntnis nahmen.

In gewisser Hinsicht waren sie alle drei Pats Gegner. Oder wiegten sie sie nur in der Sicherheit der Unwissenheitsblase? Ed hatte das Gefühl, als wären sie bald eine Täuschungsmaschine, die sie zugrunde richtete, bald eine Art Wiege, die sie über dem Abgrund in der Schwebe hielt. Denn was sonst, fragte er sich, würde das Ausplaudern der Wahrheit bewirken, als sie zum Handeln zu zwingen und dazu, sie womöglich allesamt ins Unglück zu stürzen? Wie viel argwöhnte Pat? Nichts, schien es, was Ed ganz unglaublich anmutete. Jason und Carol auf der anderen Seite des Netzes auch nur zu sehen und ihre wechselseitigen Ermutigungen mit anzuhören, die selbstverständliche Wärme, die ihre Partnerschaft ausstrahlte, mitzufühlen, hätte Pat die Augen öffnen müssen. Einmal witzelte er ihr gegenüber: «Weißt du, wie sie mir vorkommen, diese beiden? Wie Herr und Frau Sprotte.» Es traf zu: Durch die Belastung ihrer langen Affäre war Jason noch dünner und Carol noch plumper geworden. Pat lachte höflich, aber leer, konzentriert auf ihren Aufschlag. Wenn auch ihre Schläge des Feuers ermangelten, so gewann sie doch gern; so viel immerhin war menschlich an ihr, und verständlich und liebenswert.

Sie war die Jüngste, ihr Baby, noch nicht ganz 40. Ed fühlte sich mit 45 wie der Papa, der nur spielte, dass er spielte. Nach seinem Verständnis sah ihre räumliche Beziehung draußen auf dem Platz so aus, dass er die drei anderen umschloss und sie durch unsichtbare Kraftfelder getrennt hielt, als ob unter seiner Anleitung eines jener Gleichgewichte von Schwerkraft und Bewegungslosigkeit, Starre und Masse entstanden sei, die innerhalb des Universums Inseln der Stabilität bilden. Pats Unwissenheit, entschied er, war eine Funktion ihrer gesellschaftlichen Selbstzufriedenheit und von daher eher ärgerlich als zu bedauern. Aus Snobismus hatte sie sich dazu gebracht, sexuell blind zu sein.

Nur einmal im Laufe jenes langen sonnigen Herbstes, den sie miteinander teilten, ging so etwas wie körperliche Erregung von ihr aus. Nach drei Sätzen klagte sie über eine Blase und zog auf der Bank am Rand des Spielfelds einen Tennisschuh und die Socke aus. Kleiner Fuß. Die Zierlichkeit, die an ihrem übrigen Körper ziemlich hölzern und mechanisch wirkte, war hier, an ihrem blanken, blassen Fuß, exquisit; hier, in den langen Strahlen der niedrigen Spätnachmittagssonne, die schräg hereindrangen und auf ihre schwitzenden Körper und Tennishemden die Schattenrauten der Umzäunung druckten, weckten Pats scharf umrissene kleine Enkelknochen und Mittelfußsehnen und unbemalten Zehennägel in Ed den Wunsch, in sabbernder Selbsterniedrigung niederzuknien und dieses adrette weiße Stück Frau zu küssen, an dessen goldener Sohle ein paar zimtrote Körner der Tennisplatzasche hafteten. Pat spürte, wie seine Augen sich an ihrem Fuß weideten, und blickte auf, als wäre er ein Schuhverkäufer, der es unterlassen hatte, eine absolut vernünftige Frage zu beantworten. Der Augenblick verstrich.

«Findet sie es denn nicht sonderbar, Carol», fragte Ed, «dass sie dauernd bei uns steckt, dauernd hier mit herausgeschleppt wird?»

«Sie mag mich», sagte Carol in ihrer liebenswerten Leichtfertigkeit. «Ich tue ihr Leid.»

«Fragt sie nie, warum ich weggegangen bin?»

«Nein. Eigentlich nicht. Wir sprechen gar nicht über solche Dinge. Ich glaube, sie hält dich für einen ziemlich wilden, unberechenbaren Menschen, und man weiß nie, was Leute deines Schlages unternehmen.»

«Im Gegensatz zu Leuten wie Jason.»

«Mm-hm.» Nur der Gedanke an Jason ließ Carol die Lippen einsaugen, als lutsche sie auf einem Bonbon.

«Was wird sie anstellen, wenn sie es erfährt?»

«Weiß nicht. Würdest du mich bitten, ihn aufzugeben, müsste ich es wohl tun.»

«Hast du nie daran gedacht, ihn auf der Stelle aufzugeben, noch bevor eine hässliche Krise daraus wird?»

Carol nippte an ihrem Drink und erinnerte ihn: «Ich hab's dir ja angeboten, aber du hast nein gesagt.»

«Das bezog sich auf uns. Jetzt meine ich, deinetwegen. Fühlst du dich ihr gegenüber nicht manchmal schrecklich schuldig?»

«Die ganze Zeit», gestand Carol – ziemlich fröhlich, fand Ed.

«Und du hast auch keine Angst, dass ich es ihr sage?»

«Nein, das wär das Letzte, was du je tätest.»

«Warum nicht?»

«Weil du ein Feigling bist», sagte sie prompt und leichthin. Dann milderte sie es zu der Erklärung: «Ebenso, wie niemand sonst es ihr erzählt, nicht einmal ihre eigenen Kinder. Die unterhalten sich darüber mit meinen. Unseren. Wir sind allesamt Feiglinge. Außerdem, was hättest du davon? Du hast ja dein Ausreisevisum, dich kümmert es doch gar nicht, was mit uns geschieht, hier in der alten Heimat.»

«Oh, das kümmert mich sehr. Sehr. Offenbar war ich kein allzu befriedigender Mann für dich. Also versuche ich gerade, dir einen zu besorgen.»

«Das ist sehr nett von dir, mein Lieber», sagte Carol. Ed hätte nicht sagen können, ob es ironisch gemeint war. Seine Täuschungen enthielten auch diese Zweideutigkeit gegenüber Carol. Zielte er wirklich darauf, sie los zu sein, oder wollte er sie auf irgendeinem Umweg zurückgewinnen, um ihr zu zeigen, wer schließlich und endlich dennoch der Boss war?

Immer wenn er den Zug zurück nach Süden nahm, zurück in sein Apartment, in sein Viertel, spürte er Erleichterung, diesem Vorort-Fadenspiel, das er mit hatte ausspannen helfen, entronnen zu sein. Doch sein Leben, sein Leben, wie sein Reptilienhirn es erfasste, war immer noch dort oben, wo er Zeuge wurde, wie seine Ehefrau Carol auf der Gegenseite errötete und wie die andere Frau ihren nackten Fuß dem warmen Licht des Sonnenuntergangs aussetzte wie die hilflose kalte Pfote eines toten Tiers. Sonntag nachts, im Bett, konnte er dann nicht damit aufhören, das Tennismatch noch einmal zu spielen, mit all seinen Diagonalen und den beweglichen, wechselnden Distanzen. Runde Zuschauergesichter, Kindergesichter auf der Haupttribüne – obwohl in Wahrheit die Kinder kaum je zuschauten, sie ließen alles von sich abprallen – vermengten sich verwirrend mit dem Hin und Her der flockigen Bälle. Endlich fiel er in Schlaf, ohne Grenze zwischen Schlaflosigkeit und Traum, ohne das Gefühl der Heilung, wenn er aufwachte, jenes Gefühl, gut geschlafen zu haben. Allein im Bett zu liegen ließ sogar ein kleines Zimmer groß erscheinen, widerhallend wie eine riesige Trommel mit der Zimmerdecke als Fell.

Schließlich hatte das Wetter ein Einsehen. Es wurde zu kalt für Tennis. Er wollte sich auch dem Anblick Pats nicht mehr aussetzen, wie sicher diese Frau auch von ihrer Blase der Unwissenheit umhüllt sein mochte. Die Liebenden hatten ihre ungeklärte Situation als endgültig akzeptiert und nahmen Eds Komplizenschaft als ihr Recht in Anspruch. Seine Rolle des Vertrauten erweiterte sich unter der Hand zu der eines Kupplers. Carol fragte ab und an, in jener unwiderstehlichen, wie zufälligen Art, die sie an sich hatte, ob sie sein Apartment tagsüber, wenn er zur Arbeit sei, benutzen dürften. Kehrte er dann durch die winterliche Dunkelheit zurück, fand er sein Bett mit fremder Korrektheit gemacht, und manchmal fand er auch eine Weinflasche im Kühlschrank, oder sein Martini-Krug diente als Vase für einen leuchtenden Blumenstrauß von jener Art, wie er, in Papier eingeschlagen, an den Ausgängen der Untergrundbahn oder auf trübseligen Verkehrsinseln feilgeboten wird.

Langsam wurde Ed von der Stadt aufgesogen. Er hatte ein paar Freunde gewonnen, war vielmehr ein paar Verpflichtungen eingegangen, und bat Carol, die Kinder an den Wochenenden in den Zug zu setzen und in die Stadt zu schicken, jene jedenfalls, die noch jung genug waren, um Interesse zu zeigen. Das Echo in den Sälen des Naturkundemuseums hieß ihn noch aus der eigenen Kindheit willkommen; viele der Ausstellungsstücke waren raffinierter, und pädagogische Stimmen tönten von den Wänden herab, aber die ausgestorbenen Lebewesen waren nicht gealtert, und die afrikanischen Schauvitrinen boten immer noch dieselbe luftleere, zauberische Spannung von einst, gleich den weihnachtlichen Schaufenstern entlang der Fifth Avenue. Ein trockenes Grasbüschel im Vordergrund oder wenige, geologisch vermutlich akkurate Kiesel, verstreut herumliegend, um dem Arrangement Wirklichkeitsnähe zu verleihen, faszinierten ihn, als ob solche bescheidenen Einzelheiten, nur Zentimeter von der großflächigen Glasscheibe entfernt, ein geheimes Leben besaßen, das den steifen, ausgestopften Kreaturen im Mittelpunkt verweigert wurde. Als gegen Ende des Winters Pats Blase schließlich platzte, fühlte sich Ed genügend weit fort von der Krise, die ohnehin durch einen Schneesturm gedämpft wurde. Carol rief ihn wieder und wieder an, doch etliche Male überdeckten Störungen ihre Stimme, und die Verbindung brach ab.

Augenscheinlich hatte eine jungfräuliche Tante von Pat, die in der nächsten Stadt Richtung Süden lebte – in einem jener großen Häuser am Hudson River, die noch nicht in Eigentumswohnungen umgewandelt waren –, Jason und Carol zusammen im Auto gesehen, morgens um acht Uhr dreißig, an einem Wochentag. Ed wusste, dass sie sich angewöhnt hatten, Jason den Zug, zu dem ihn Pat gebracht hatte, verpassen zu lassen, woraufhin er zwei oder drei Blocks zu Fuß ging, bis Carol ihn auflas. Dann nahm er eine Station weiter unten den nächsten Zug. Auf diese Weise stahlen sie sich eine halbe Stunde füreinander. Eine gefährliche Angewohnheit und kaum der Mühe wert, hatte Ed schon vor langer Zeit zu bedenken gegeben. Doch der kleine Ehefrauenritus, Jason zur Bahn zu bringen, war ihr kostbar gewesen. Als die Tante sie mit trüben Augen aus ihrem eigenen fahrenden Auto erblickte, hatte sie gedacht, Carol müsste Pat sein, nur dicker, als sie sie in Erinnerung hatte, und mit buschigerem Haar, und auch das Auto schien nicht ganz das gewohnte; doch Jason war nicht zu verwechseln gewesen – dieser lange Kopf, schmal wie ein Messer. Beunruhigt, dass sie womöglich schon senil würde und Halluzinationen hätte, rief die unschuldige alte Dame bei Pat an, um das Geschehene bestätigt zu bekommen.

«Offenbar hat Pat ganz kalt gelogen», meinte Carol zu Ed. «Ja, hat sie gesagt, sie hätte Jason zu einer anderen Station gebracht, weil sie ihr zweites Auto bei einer Tankstelle in der Nähe der Stadtbahnlinie gelassen hätten.»

«Besser wäre es gewesen», sinnierte Ed, «wenn sie behauptet hätte, Jason hätte an dem besagten Morgen eine Mitfahrgelegenheit bei einer Frau wahrgenommen, die sie beide kennen und die ebenfalls pendelt. Das geschieht doch ständig. Ich nehme an, du hast den Honda benutzt?»

«Übrigens braucht er die Winterreifen. Ich hab ganz vergessen, sie aufziehen zu lassen. Ich hätte mich fast zu Tode gefahren.»

«Was geschah dann?»

«Nun, ich nehme an, sie hat den ganzen Tag lang daran rumgekaut, aber immer noch gehofft, Jason hätte bei seiner Rückkehr eine Erklärung. Doch die Vorstellung von einer dicken Frau mit unordentlichem Haar hat sie sofort mit mir verknüpft. Wie findest du das, als Beleidigung?»

Ed hatte Carols Gesichtsausdruck vor Augen, während sie so sprach, ihre selbstironische Miene, die Augen rund, Mundwinkel herabgezogen. Ihm kam in den Sinn, dass Pat die ganze Zeit zu hochnäsig gewesen war, um zu vermuten, er und Carol könnten, unordentlich und tölpelhaft wie sie waren, je irgendetwas tun, das sie und ihren Mann im Ernst beträfe. «Nun, er ist hier. Ich meine, er war hier. Er musste zurück, denn sie war nicht *dort*, wie sich herausstellte.» In einem Schneegestöber von Störungen schaltete sich die verärgerte Stimme der Telefonvermittlung ein, um ihnen mitzuteilen, die Verbindung würde jetzt unterbrochen für einen Notruf. In der erzwungenen Stille häufte sich mehr und mehr Schnee in parallelen Graten auf der Feuerleiter. Die Lichter des oberen Broadway brannten einen gelbrosa Fleck in den strömenden Himmel. Gelegentlich war eine Sirene zu hören, die sich einen Weg bahnen wollte, doch die Stadt wurde unerbittlich von einem dämpfenden, erstickenden Schnee eingedeckt. Ed ging auf und ab; die Hände zuckten ihm, als er sich einen Drink mixte. Viele Meilen entfernt gingen seine alten Berechnungen auf.

Nach einer Stunde kam Carol wieder durch und setzte ihre Geschichte fort. «Also, sie hat anscheinend das Haus verlassen. Ohne die beiden Kinder. Mitten in diesem Blizzard. Verrückt. Jason hat einigermaßen die Fassung verloren, aber ich denke, hauptsächlich wegen ihrer rigiden Art und Weise. Sie hat nicht die Fähigkeit», sagte sie mit der pädagogischen Stimme einer erfahrenen Frau, «mit Rückschlägen fertig zu werden.»

«Was war ihre Reaktion: Wut, Verzweiflung, oder was?»

Carol machte eine Pause, um das richtige Wort zu wählen. «Entrüstung. Sie war erst einmal entrüstet, weil ihre Tante irgendwie in den Schmutz gezogen worden war. Sie hält ihre idiotische Familie für etwas Heiliges. Dann war sie vermutlich deshalb entrüstet, weil Jason nicht in der Lage war, eine Alibigeschichte zu servieren, die uns alle aus der Gefahrenzone gebracht hätte; er sagt, er sei gerade erst aus dem Zug gestiegen, nach einem miesen Arbeitstag bei der Bank, und wäre zu müde gewesen zum Nachdenken. Stattdessen hatte er wohl eine Art Zusammenbruch und hat ihr alles erzählt. Worüber sie am wenigsten hinwegkam und was sie wirklich gekränkt hat, war eigentlich nur, dass jeder außer ihr jahrelang davon gewusst oder zumindest etwas vermutet hatte. Sie hat alles nochmal durchlebt, all die kleinen Momente, die ihr wieder ins Gedächtnis kamen. Anscheinend hatte sie uns sogar ein paar Mal Händchen halten sehen, aber ihren Augen nicht getraut.»

«War sie besonders sauer auf mich? Es muss doch rausgekommen sein, dass ich es auch wusste.»

Wieder legte Carol eine Pause ein; Ed spürte, sie war jetzt taktvoll. «Nicht besonders. Ich glaube nicht, dass sie viel von dir gesprochen haben. Ich möchte ja deine Gefühle nicht verletzen, aber du spielst in dieser Sache wirklich nur eine untergeordnete Rolle. Es war mehr eine Frage der Nachbarschaft insgesamt und dass sie für jedermann so lange Zeit wie eine Idiotin ausgesehen hatte.»

«In ihrer hübschen Luftblase», sagte Ed. Carol hatte Recht gehabt: Er war ein Feigling. Ein Jahr lang hatte er sich nun schon vor dem Anruf von Pat gefürchtet, in dem sie ihn um ein Gespräch bitten, in dem sie ihn fragen würde, was er wusste. Der Anruf war nie gekommen; in ihrer tapferen Unschuld hatte sie nie gefragt, und er war ihr dafür fast unterwürfig dankbar. Vielleicht hatte auch sie ein wenig Belastungsanalyse betrieben. Nun jedoch war sie offenkundig aus dem Haus gestürmt, auf dem Höhepunkt eines Blizzards. Sie hatte dem Druck nicht standgehalten. Triumphierend und aufgeregt wanderte er im Zimmer herum. Die ganze Nacht lang, während die Schneepflüge auf der Straße Löcher in seinen Schlaf kratzten, stellte er sich vor, dass die verschollene Pat an seine Tür klopfen würde. Das Geheimnis, so lange bewahrt, war ihm aus der Hand geglitten und wirbelte nun in der Welt herum. Die Stimme des Windes gehörte ihr, ihr, der so kalt und so vielfältig Unrecht geschehen war. Er würde sie trösten, sie würde ihre durchnässten Stiefel ausziehen und barfüßig dastehen, noch einmal jenen kleinen Fuß enthüllend, so sorgsam geformt und dennoch im Grunde unreif, Fuß eines Kindes, unwissend, leuchtend ... Er wachte auf. Es war Morgen, und vor dem Fenster stand ein heller Glanz wie von einem beleidigten Engel. Der Himmel war blank und blau, und über allem lag Stille, wie von Schuld. Mit kratzenden Schaufeln und wimmernden Reifen begann die Stadt, sich wieder zusammenzusetzen.

Wie sich erwies, hatte Pat das Übliche getan: Sie war zu ihrer Mutter nach Long Island geflohen. «Quer durch die Außenbezirke New Yorks ist sie gefahren», erläuterte Carol, «all die verstopften Bundesstraßen entlang, quer durch diesen blind machenden Sturm.»

«Was für ein Epos», sagte er und war erleichtert, dass Pat noch lebte.

«Ich habe mit Jason darüber gesprochen», sagte Carol in lockerem Plauderton, als spräche sie mit ihrem Psychotherapeuten, «und hab ihm gesagt, dass ich es typisch fände. Für sie ist alles entweder schwarz oder weiß. Für Grauzonen hat sie keinerlei Gespür.»

Pat kehrte weder zu ihrem Mann zurück noch auch nur in die Stadt, die sie so hintergangen hatte. Die Teenager unter den Kindern wollten in ihren Schulen und bei ihren Freunden bleiben, was bedeutete, dass sie bei ihrem Vater blieben, was wiederum bedeutete, dass Carol mit ihnen fertig werden musste. Allmählich verschmolzen die beiden Haushalte zu einem. Die verletzten und feindseligen Reynolds-Kinder zu bemuttern entsprach Carols Talent besser als die Bebauungskommission. Im Sommer zog Jason zu ihr – schon immer hatte er ihren größeren Garten begehrt, dachte Ed, und den Tennisplatz, und das kleine Gehölz im Hintergrund, und das Spalier aus hoch gewachsenem Lebensbaum vorn zwischen Haus und Straße. Die Marston-Kinder fanden einen Spitznamen für ihre Mutter: Sie nannten sie Glücklicher Fuß. Aus der Entfernung schätzte Pat die neuen Realitäten ebenso gering wie die alten; obwohl sie anfangs die Sympathie und das Rechtsempfinden der gesamten Nachbarschaft auf ihrer Seite hatte, raffte ihr strenges, rachsüchtiges Benehmen, besonders gegenüber den eigenen Kindern (auch sie hatten ja gewusst, beharrte sie, und hatten sie im Dunkeln gelassen), ihre Vorteile hinweg, und bei Anbruch des nächsten Herbstes sah Jasons Anwalt keine unüberwindlichen Hindernisse mehr, eine Scheidung und das Sorgerecht durchzusetzen, obwohl Pat sich geschworen hatte, ihm beides zu verweigern.

Von all diesem wurde Ed nicht nur von Carol, deren Anrufe allmählich spärlicher und weniger zutraulich wurden, sondern auch von den Kindern und ihren Besuchen auf dem Laufenden gehalten, ebenso von Georgene Fuller, seiner schlanken Freundin aus alten Tagen, die ihn gleichfalls besuchte. Sein Interesse an der Episode nahm ab, wie an jedem anderen zu Ende gebrachten Job. Seine Exfrau war glücklich, seine Kinder waren nahezu erwachsen, und das neue Ehepaar Reynolds (das seine Flitterwochen auf St. Thomas verbrachte) sandte ihm, als wieder einmal der Februar ins Land trudelte, eine selbst gebastelte Valentinskarte.

Dann, eines schönen Apriltages – von jener Art, die einen blinzeln und zusammenfahren lässt, wenn der Streusand des Winters in den Straßen herumwirbelt und grüne, von Hunden zerrissene Mülltüten die Bürgersteige entlangschleifen – erblickte Ed einen halben Block entfernt Pat Reynolds. Die Gegend um die West Thirties war schwerlich der Ort, wo man auf irgendwelche Bekannte stieß. Er war unterwegs zu einem der gefürchteten Termine bei seinem Zahnarzt und hatte es eilig; er war einem Team junger Spezialisten in die Hände gefallen, die sich anschickten, ihm einen in ihren Worten «neuen Mund» zu verpassen. Das hieß Wurzelkanäle ausbohren, Kronen und Brücken neu justieren – aber das Schlimmste war die Arbeit am Zahnfleisch mit winzigen schnellen Messern und Sicheln und Kratzern, vollbracht von einem summenden jungen Mann, der eine schwere Goldkette um den Hals trug.

Wenn Ed an Pat dachte, so war auch dies eine Art Wundheit, ein Schmerz, als wäre vor langer Zeit eine Rippe entfernt worden oder als wäre die dem Fenster zugewandte Seite von ihm, an jenem gleißenden Morgen nach dem Schneesturm, einer Strahlung ausgesetzt gewesen. Von allen Menschen auf der Welt war sie die Letzte, die er sehen wollte. Er überlegte, ob er sich im

Eingang eines Juweliergeschäfts in Deckung bringen oder in dem kleinen Laden verstecken sollte, wo an Touristen, die aus dem Empire State Building zurückschlenderten, Souvenirs verkauft wurden. Aber seine Verabredung duldete keinen Aufschub, und Pat hielt gerade das Gesicht zur anderen Seite gewandt. Sie hatte ein helles rotes Tuch um den Kopf gebunden und trug eine Einkaufstasche, die ihr, zusammen mit den Turnschuhen und dem schwarzen Regenmantel, ein Aussehen von Verlorenheit und Ziellosigkeit verliehen. Er hatte das Gefühl, als wäre auch sie wegen irgendeiner ärztlichen Angelegenheit in dieser Gegend; genau vor dem Torweg, durch den er hindurch musste, um sein Zahnfleisch schneiden zu lassen, einem großen, senffarbenen Bogen, hielt sie zögernd inne. Fast war er an ihr vorbei, die Augen vor dem sandigen Wind zusammenkneifend, da wandte sie den Kopf und erkannte ihn.

«Ed! Ed Marston.» Ihre Stimme hatte sich verändert; die vorortliche Kleine-Leute-Kehligkeit war wärmer geworden, als lebte auch sie nun in der City, als wäre sie dabei, mit dem überhitzten, halbeuropäischen Stil der Stadt umgehen zu lernen. «Komm her», befahl sie, als sie sah, dass er seinen Weg durch den Toreingang fortsetzen wollte.

Er ging zu ihr hin, und sie hob sich auf die Zehenspitzen, um ihn zu küssen. Ihr einst scharfkantiges Gesicht war weicher geworden. Ihre Züge waren in jener subtilen Weise aufgedunsen, wie man es auf den Gesichtern von Süchtigen sieht, selbst dann noch, wenn sie geheilt sind. Ihr Haar unter dem Kopftuch hatte dieselbe reiche Haselnussfarbe, war aber nicht mehr wie ein glatter Helm geschnitten, sondern in unschöne Dauerwellen gelegt. Er versuchte, sie auf die Wange zu küssen, doch sie zielte mitten auf seinen Mund. Sie hielt die Lippen auf seinen Mundwinkel gepresst und hing einen langen Moment lang, das Gesicht an seine Schulter gelehnt, an ihm. Sein Kopf war wie betäubt. Er fragte: «Wie ist es dir ergangen?»

«*Gut.*» Das Wort kam kursiv, es musste eine Lüge sein, doch es wurde mit solcher Verve hervorgebracht, dass es wie Wahrheit wirkte. Sie sah in sein Gesicht, in Erwartung der nächsten Frage, aber da keine von ihm kam, fragte sie ihn: «Und dir?»

«Schrecklich», sagte er, was auch so etwas wie eine Lüge war. «Ich bin grad auf dem Weg zur Wurzelbehandlung – sie treiben da schreckliche Dinge mit deinem armen Gaumen.» In seiner Verwirrung den Clown spielend, schnitt er eine Grimasse, so dass sein Zahnfleisch sichtbar wurde.

Pats Augen waren ernsthaft und leuchtend. Sie nickte. Ihr eigenes Zahnfleisch wäre natürlich noch immer makellos. Mit großer Erleichterung nahm Ed zur Kenntnis, dass keine Anklage, kein Verhör folgen würden; in dieser Hinsicht war die Blase noch immer heil. Noch ein bisschen Geplauder, ein hilfloses Auf-die-Armbanduhr-Blicken, und er konnte sich davonmachen. Er hatte Pat nie viel zu sagen gehabt. Als er den Aufzugsknopf drückte, zeigte ihm ein rascher Blick zurück das Rot ihres untypischen Kopftuchs (sie war stets barhäuptig gewesen, noch im schlimmsten Winter, wenn sie neben Jason herjoggte), wie es von der anderen Seite der Drehtür zerschlagen und zerschnitten wurde.

Ihr so unerwartet heftiger Kuss lag wie eine sichtbare Hypothek auf seinem Mund. Was hatte er zu bedeuten? Dass sie in einem Anfall von Verrücktheit vergessen hatte, wer er war und wie er sie verraten hatte? Oder dass sie ihm vergab? Oder dass sie ihn als ein Stück Vergangenheit betrachtete und nur noch für einen Moment an ihm gehangen hatte, wie wir alle gern an Vergangenem hängen? Oder dass – und dies passte am besten, während Ed seinen Namen ausrufen hörte und aufstand, um seine Strafe anzutreten – sie mit ihrer Umarmung ihre Nähe anerkannte, an jenem Abend, da auch er sie einen jauchzenden, zitternden Augenblick lang in seinen Händen gehalten hatte?

# Toni Morrison

## WAS DANN?

**A**manuensis. Das war das Wort, welches sie wählte, und da es geradewegs aus dem 19. Jahrhundert kam, fand es die Billigung ihrer Mutter, die das sprachlose Glotzen ihrer Besucherinnen genoss, als sie ihnen erzählte, welche Position ihre Tochter bei dem Poeta laureatus des Staates erlangt hatte. «Sie ist Michael-Mary Grahams Amanuensis.» Das rachitische lateinische Wort ließ die Arbeit, die ihre Tochter tat (sie hatte es schließlich nicht nötig zu arbeiten), kompliziert, anspruchsvoll und gänzlich in Einklang mit ihrer Bildung erscheinen. Und die Frauen wagten nicht, nach weiteren Einzelheiten zu fragen (sie bemühten sich, seinen Klang im Gedächtnis zu behalten, konnten es aber dennoch nicht im Wörterbuch finden), denn sie waren von dem Namen Michael-Mary Graham geziemend beeindruckt. Es war natürlich eine Lüge, wie selbst das schlichtere Wort «Sekretärin» eine Lüge gewesen wäre, aber Ruth wiederholte es mit Selbstvertrauen, denn sie glaubte, es sei wahr. Sie wusste zu jener Zeit nicht und fand nie heraus, dass Corinthians Miss Grahams Hausmädchen war.

Untauglich zu jeder anderen Arbeit als der Herstellung roter Samtrosen, stieß sie auf große Schwierigkeiten bei der Suche nach einer ihrem akademischen Grad angemessenen Stelle. Die drei Jahre, die sie auf dem College verbracht hatte, ein Studienjahr in Frankreich und ihre Abkunft von dem bedeutenden Dr. Foster hätten in etwas Eleganterem gipfeln sollen als den beiden Uniformen, die an Miss Grahams Kellertür hingen. Dass all diese Vorzüge nichts nützten, war für sie noch immer unglaublich. Man hatte angenommen, dass sie und Magdalene, genannt Lena, sich gut verheiraten würden, aber in Corinthians wurden besonders hohe Erwartungen gesetzt, da sie auf dem College gewesen war. Ihre Erziehung hatte sie gelehrt, eine aufgeklärte Gattin und Mutter zu sein, fähig, einen Beitrag zur Kultur – oder in ihrem Falle, zur Kultivierung – ihrer sozialen Umwelt zu leisten. Und wenn die Ehe nicht zu erreichen war, dann gab es andere mögliche Rollen: Lehrerin, Bibliothekarin oder ... nun, etwas Intelligentes und dem Gemeinwohl Dienendes. Als keines dieser Geschicke ihr sogleich auf die Stirn tippte, wartete sie einfach ab. Hochnäsig und hellhäutig, glaubte sie an das, wovon auch ihre Mutter überzeugt war: dass sie einem farbigen Akademiker als Preis bestimmt sei. Also gab es Ferien und Wochenenden in anderen Städten sowie Visiten und Teepartys in der eigenen Stadt – wo immer und wann immer solche Männer in Erscheinung traten. Der erste der schwarzen Ärzte, der in den vierziger Jahren, als sie das College absolviert hatte, in die Stadt zog, hatte einen Sohn, der fünf Jahre jünger war als sie. Der zweite, ein Zahnarzt, hatte zwei kleine Mädchen; der dritte war ein sehr alter Internist (Gerüchten nach Alkoholiker), dessen beide Söhne bereits Familien gründeten. Dann gab es Lehrer, zwei Rechtsanwälte, einen Bestattungsunternehmer – aber die wenigen Male, wo sich akzeptable Junggesellen unter ihnen befanden, fiel ihre Wahl nicht auf Corinthians. Sie war hübsch genug, liebenswürdig genug und ihr Vater hatte Geld, auf das sie zählen konnten, wenn sie es brauchten, aber es fehlte ihr an Energie. Diese Männer wünschten sich tüchtige Frauen, die an das Leben der Mittelschicht noch nicht so gewöhnt waren, dass sie keinen Ehrgeiz, keinen Hunger, keinen Schwung mehr in sich hatten. Sie wollten, dass ihre Frauen Gefallen fänden am Aufsteigen, am Erwerben und an der Arbeit, deren es bedurfte, um den einmal errungenen Status aufrechtzuerhalten. Sie wollten Frauen, die sich aufopfern würden und die harte Arbeit und die Opfer ihrer Ehemänner zu schätzen wussten. Corinthians war eine Spur zu elegant. Bryn-Mawr-Absolventin 1940. Frankreich 1939. Das war ein bisschen viel. Fisk, Howard, Talledega, Tougaloo – das war ihr Jagdgebiet. Eine Frau, die Französisch sprach und auf der ‹Queen Mary› gereist war, hätte vielleicht nicht die richtige Einstellung zu künftigen Patienten oder Klienten, und wenn der Mann Lehrer war, dann machte er einen Bogen um eine Frau, die eine bessere Ausbildung besaß als er. Zu einem gewissen Zeitpunkt wurden selbst Postangestellte als passend für Lena und Corinthians erachtet, aber das war lange nachdem sie die fünfunddreißig überschritten hatten und nachdem Ruth sich mit der grausamen Tatsache abgefunden hatte, dass ihre Töchter keine Doktoren heiraten würden. Es war ein Schock für sie alle, dem sie zu widerstehen suchten, indem sie eine umfassendere Wahrheit nicht akzeptierten: dass sie vermutlich niemanden heiraten würden.

Magdalene, genannt Lena, schien sich in ihr Leben zu fügen, aber als Corinthians eines Tages erwachte und in sich eine zweiundvierzigjährige Näherin von Rosenblüten erkannte, fiel sie in eine schwere Depression, die andauerte, bis sie sich entschloss, aus dem Haus zu gehen. So war ihre Suche nach Arbeit – Schock Nummer zwei – intensiv. Die zweiundzwanzig Jahre, die seit ihrer College-Zeit vergangen waren, wirkten sich gegen sie aus, jetzt, da es um eine Stelle als Lehrerin ging. Sie besaß keinen der «neuen» Scheine, die von der Schulbehörde nun verlangt wurden. Sie erwog, an die staatliche pädagogische Hochschule zu gehen und die erforderlichen Kurse zu belegen, ging sogar zum Verwaltungsgebäude, um sich einzuschreiben. Doch der Anblick dieser Torpedobrüste unter flauschigen blauen Pullovern, die absolute Nacktheit dieser jungen Gesichter trieb sie aus dem Gebäude und vom Campus wie ein Blatt vor einem Hagelwetter. Was allerdings schade war, denn sie verfügte über keine wirklichen Fertigkeiten. Bryn Mawr hatte erreicht, was eine vierjährige Dosis an Allgemeinbildung erreichen soll: sie für achtzig Prozent der nützlichen Arbeit in dieser Welt untauglich zu machen. Erstens, indem es sie zu Müßiggang, Schnörkeln und häuslicher Rücksichtslosigkeit erzog. Zweitens durch klare Hinweise, dass sie für solche Arbeit zu fein sei. Nach dem Abschluss kehrte sie in eine Arbeitswelt zurück, in der farbige Mädchen, ungeachtet ihres Hintergrunds, nur für eine und eine einzige Art von Arbeit gefragt waren. Und im Jahre 1963 war die hauptsächliche Sorge für Corinthians schlicht die, ihre Familie möge nicht erfahren, dass sie diese Arbeit seit zwei Jahren tat.

Sie mied die anderen Hausmädchen der Straße, und diejenigen, denen sie regelmäßig im Bus begegnete, nahmen an, sie habe eine höhere Position im Haushalt inne als sie, da sie in Schuhen mit hohen Absätzen zur Arbeit kam und nur eine Frau, die nicht den ganzen Tag auf den Beinen sein musste, den Druck von Absätzen auf der langen Fahrt nach Hause ertragen konnte. Corinthians war vorsichtig; sie trug keine Einkaufstasche mit Schuhen, Schürzen oder Uniformen bei sich. Stattdessen hatte sie ein Buch mit. Ein kleines graues Buch, auf dessen Umschlag in goldenen Lettern *Contes de Daudet* gedruckt stand. Sobald sie in Miss Grahams Haus war, zog sie ihre Uniform an (eine dezent blaue übrigens, keine weiße) und Mokassins, bevor sie sich neben dem Eimer Seifenwasser auf die Knie fallen ließ.

Miss Graham war entzückt von Corinthians' Kleidung und leicht hochmütigen Manieren. Es verlieh ihrem Haus die fremdländische Atmosphäre, die sie zur Schau zu tragen liebte, denn sie war in der Stadt der Mittelpunkt, ja das schlagende Herz der literarischen Welt. Michael-Mary Graham verhielt sich Corinthians gegenüber höchst taktvoll. Wenn sie große Diners gab, wurde ein schwedischer Koch angeheuert, und die schwere Arbeit wurde von der alten weißen Säuferin getan, die sie sich mit der Firma Goodwill teilte. Auch war sie nicht ungeduldig mit Corinthians' anspruchsloser Alltagsküche, denn Michael-Mary nahm mehrere kleine, einfache Mahlzeiten zu sich. Es bedeutete für sie zudem eine Freude und Erleichterung, ein Hausmädchen zu haben, das las und mit einigen der großen literarischen

Meister vertraut zu sein schien. Wie nett, einem Hausmädchen zu Weihnachten eine Ausgabe von *Walden* statt eines trübseligen Umschlags zu geben und dies seinen Freunden sagen zu können. In der Welt, die Michael-Mary Graham bewohnte, gingen ihr milder Liberalismus, Überbleibsel ihrer Jugend in der Boheme, und ihre sensible Dichterinnenpose als Anarchismus durch.

Corinthians war naiv, aber sie war keine totale Närrin. Sie ließ ihre Herrin niemals wissen, dass sie einmal auf dem College und in Europa gewesen war oder ein einziges französisches Wort wieder erkannte, das Miss Graham ihr nicht beigebracht hatte (*entrez* zum Beispiel). Tatsächlich tat die Arbeit, die Corinthians leistete, ihr gut. In jenem Haus besaß sie, was sie in ihrem eigenen nie gehabt hatte: Verantwortung. In gewisser Weise blühte sie auf und tauschte Arroganz gelegentlich gegen Selbstvertrauen ein. Die Demütigung, eine Uniform zu tragen, und sei es ein blaue, und Menschen täuschen zu müssen, wurde gemildert durch den echten Auftrieb, den es ihr gab, über eigenes Geld zu verfügen, statt Taschengeld zu empfangen wie ein Kind. Und zu ihrem Erstaunen entdeckte sie, dass der Betrag, den ihr Michael-Mary jeden Samstag in ordentlich gefalteten Noten aushändigte, kaum zwei Dollar unter dem lag, was wirkliche Sekretärinnen jede Woche nach Hause trugen.

Abgesehen davon, dass sie die Küchenfliesen zu schrubben und die Holzböden auf Hochglanz zu halten hatte, war die Arbeit nicht hart. Die Dichterin lebte allein und gestaltete ihre Zeit und Aktivität sorgsam, um den starken Anforderungen künstlerischer Verantwortung gewachsen zu sein. Als Dichterin konnte sie natürlich sonst kaum etwas tun. Ehe, Kinder – alles war dem großen Ringen geopfert worden, und ihr Heim war eine Huldigung an die Überempfindlichkeit ihrer Schaffenskraft (und an die Großzügigkeit des Testaments ihres Vaters). Farben, Mobiliar und Ausstattung waren nach ihrem Inspirationswert ausgesucht. Und wenn sie ein Objekt verwarf, so tat sie dies gern mit den Worten: «*Damit* im Haus könnte ich keine Zeile schreiben.» Das konnte eine Vase sein, die neue Toilettenschüssel, die von den Installateuren hereingeschleppt wurde, eine Pflanze oder sogar der Weihnachtskranz, den die Drittklässler von St. John ihr aus Dankbarkeit für die bewegende Lesung im Rahmen ihrer Schulfeier überreichten. Jeden Vormittag zwischen zehn und zwölf schrieb sie, und jeden Nachmittag zwischen drei und Viertel nach vier. Die Abende waren oft Diskussionen und Begegnungen mit ortsansässigen Dichtern, Malern, Musikern und Schriftstellern gewidmet, bei denen sie andere Künstler priesen oder verdammten, den Marktplatz schmähten und umwarben. In dieser Gruppe war Michael-Mary Graham die Königin, denn ihre Gedichte waren veröffentlicht worden – erstmals 1938 in einem Band mit dem Titel *Seasons of My Soul*; eine zweite Sammlung, *Farther Shores*, kam 1941 heraus. Mehr noch, ihre Gedichte waren in wenigstens zwanzig kleinen literarischen Zeitschriften erschienen, in zwei «wichtigen», sechs College-Blättern und in den Sonntagsbeilagen zahlloser Tageszeitungen. Zudem wurde ihr zwischen 1938 und 1958 neunmal der Preis eines Dichters des Jahres verliehen, gipfelnd in der heiß begehrten Würde eines Poeta laureatus ihres Heimatstaates. Bei der Zeremonie führte die Sprechchor-Gesellschaft der St.-John-Schule ihr berühmtestes Gedicht *Losung* auf. Nichts von alldem hatte jedoch den Widerstand ihres Verlegers zu brechen vermocht, ihre vollständigen gesammelten Werke (vorläufiger Titel: *The Farthest Shore*) herauszubringen. Aber ihrer Meinung nach stand es außer Zweifel, dass er einlenken würde.

Als Miss Graham Corinthians zum ersten Mal sah, war sie mitnichten von ihr beeindruckt. Einmal, weil die künftige Angestellte zehn Minuten zu früh zur Vorstellung kam und Michael-Mary, die ihren Zeitplan auf die Minute genau einhielt, sich gezwungen sah, im bedruckten Negligé an die Tür zu gehen. Durch diesen Fauxpas bereits gereizt, wurde sie durch die zarte Gestalt der Frau weiter desillusioniert. Augenscheinlich konnte sie die Fliegengitter nicht einsetzen, die Doppelfenster nicht abnehmen und auf Dauer keine schwere Putzarbeit leisten. Aber als sie ihren Namen erfuhr, entzückte sie der Klang von «Corinthians Dead» so sehr, dass sie die Frau auf der Stelle engagierte. Wie sie Freunden später erzählte, trug ihre poetische Sensibilität den Sieg über ihr gesundes Urteil davon.

Sie kamen gut miteinander aus, Herrin und Hausmädchen, und als sie sechs Monate da war, schlug Michael-Mary vor, sie solle Schreibmaschine schreiben lernen. So war Corinthians fast auf dem Wege, doch noch Amanuensis zu werden.

Kurz nachdem Miss Graham sie ermutigt hatte, mit Maschineschreiben zu beginnen, damit sie ihrer Herrin bei einigen Arbeiten behilflich sein könne, setzte sich im Bus ein Schwarzer neben Corinthians. Sie schenkte ihm kaum Beachtung – registrierte nur, dass er schlecht gekleidet war und ältlich wirkte. Doch bald wurde ihr bewusst, dass er sie anstarrte. Ein rascher, klärender Blick zur Seite traf auf sein strahlendes Lächeln. Corinthians wandte den Kopf ab und hielt ihn so, bis er ausstieg.

Am nächsten Tag war er wieder da. Noch einmal machte sie ihre Verachtung deutlich. Die übrige Woche verstrich ohne seine wachsamen Augen. Aber am folgenden Montag war er wieder da, sah sie an mit einem Blick, der sich Lüsternheit knapp versagte. Diese gelegentlichen Begegnungen hielten ungefähr einen Monat an. Corinthians fand, sie sollte Angst vor ihm haben, denn in seinem Benehmen lag etwas Abwartendes – selbstgewiss, Vertrauen einflößend wartete er ab. Eines Morgens dann ließ er einen weißen Umschlag auf den Sitz neben ihr fallen, kurz bevor er aus dem Bus stieg. Sie ließ ihn die ganze Zeit, bis ihre eigene Haltestelle kam, liegen; konnte aber nicht widerstehen, ihn so verstohlen wie möglich einzustecken, als sie aufstand, um an der Leine zu ziehen.

Während sie am Herd stand und darauf wartete, dass Michael-Marys Milch zu schäumen begann, öffnete sie den Umschlag und zog eine Grußkarte hervor. In gehämmerten Lettern schwebte das Wort «Freundschaft» über einem blaugelben Blumenbukett und wiederholte sich auf der Innenseite über einem Vers.

> *Freundschaft – eine ausgestreckte Hand*
> *Eines warmen Lächelns Band*
> *Beides trug ich heut dir an*
> *Folgend der Gefühle Bann*

Eine weiße Hand unbestimmten Geschlechts hielt ein weiteres blaugelbes Bukett. Eine Unterschrift fehlte.

Corinthians warf sie in die braune Papiertüte, die für den Abfall des Tages offen bereitstand. Dort blieb sie den Tag über, aber sie blieb auch in ihren Gedanken. Als der Abend kam, griff sie durch die Grapefruitschalen, Teeblätter und Salamipelle hindurch, fand sie, wischte sie sauber und legte sie in ihre Tasche. Sie konnte sich selbst nicht erklären warum. Der Mann war nichts als lästig und sein Flirtversuch eine Beleidigung. Aber niemand, nicht ein einziger Mann, hatte seit langer Zeit irgendeinen Versuch (irgendeinen ernstlichen Versuch) unternommen, mit ihr zu flirten. Zuallermindest taugte die Karte als Konversationsgegenstand. Sie wünschte, er hätte sie unterschrieben, nicht weil sie gern seinen Namen gewusst hätte, sondern weil sie dann echter aussehen würde – so konnte man denken, sie habe sie selbst gekauft.

Zwei Wochen lang war der Mann danach nicht im Bus. Als er auftauchte, fiel es Corinthians schwer, nicht zu sprechen oder seine Gegenwart sichtbar zur Kenntnis zu nehmen. Als sie sich der Stelle näherte, an der er gewöhnlich ausstieg, beugte er sich herüber und sagte: «Ich hoffe wirklich, Sie waren mir nicht böse.» Sie blickte auf, schenkte ihm ein kleines Lächeln und schüttelte den Kopf. Mehr sagte er nicht.

Doch in den folgenden Tagen tauschten sie Grüße, und schließlich begannen sie, miteinander zu reden. Nach einer Weile plauderten sie bereits (vorsichtig, behutsam), und sie wenigstens freute sich auf seine Anwesenheit. Als sie dann wusste, dass er Henry Porter hieß und in jenem Teil der Stadt gelegentlich Gartenarbeiten erledigte, war sie froh, dass sie weder die Karte noch den Mann jemandem gezeigt oder irgendwie erwähnt hatte.

Angenehm waren ihre Gespräche, aber auch seltsam. Jeder achtete darauf, dem anderen gewisse Fragen nicht zu stellen – aus Angst, er oder sie müsse mit den gleichen Informationen herausrücken. In welchem Stadtteil wohnen Sie? Kennen Sie Mr. Soundso?

Endlich erbot sich Mr. Porter, Corinthians nach der Arbeit abzuholen. Er besitze keinen Wagen, sagte er, leihe sich aber manchmal den eines Freundes. Corinthians erklärte sich einverstanden, und das Ergebnis war ein Liebespaar mittleren Alters, das sich verhielt wie Teenager – voller Angst, von den Eltern bei einer Liebesbeziehung ertappt zu werden, für die man zu jung ist. Er fuhr mit ihr in einem alten grauen Oldsmobile aus – aufs Land, in Autokinos –, und sie saßen bei schlechtem Kaffee in bestimmten billigen Kaufhäusern, wo es unwahrscheinlich war, dass sie erkannt wurden.

Corinthians wusste, dass sie sich seiner schämte, dass sie ihn mit ihrem anderen Geheimnis, der Natur ihrer Arbeit, in eine Reihe würde stellen müssen, dass er nie den Fuß in ihr Haus setzen konnte. Und sie hasste ihn nicht wenig für die Scham, die sie empfand. Hasste ihn manchmal just inmitten seiner offenkundigen Verehrung, seiner häufigen Komplimente für ihr Aussehen, ihre Manieren, ihre Stimme. Aber solche flüchtigen Gefühle der Verachtung hielten nie lang genug an, als dass sie jene Stunden im Autokino verweigert hätte, in denen sie für einen Menschen das einzige Objekt seines Hungers und seiner Befriedigung war.

Von einem gewissen Zeitpunkt an begann Corinthians zu ahnen, dass Porter nicht nur aus Ehrerbietung für das, was sie war (ihre Position und derlei), Diskretion bewies, sondern auch, weil er ebenfalls nicht entdeckt werden wollte. Ihr erster Gedanke war, er sei verheiratet. Sein Leugnen, begleitet von einem wehmütigen Lächeln, das sie als verschmitzt interpretierte, bestärkte sie nur in ihrem Verdacht. Um seinen Junggesellenstatus zu beweisen wie um sich mit einem richtigen Bett zu verwöhnen, lud er sie schließlich in sein Zimmer ein. Sie lehnte dies sofort und an den folgenden Tagen wiederholt ab, bis er sie des Einzigen beschuldigte, was absolut stimmte: dass sie sich seiner schäme.

«Mich schämen?» Ihre Augen und ihr Mund weiteten sich vor Erstaunen (echtem Erstaunen, denn sie hätte nie gedacht, dass er es erraten würde). «Wenn ich mich schämte, würde ich mich überhaupt nicht mit dir treffen, schon gar nicht auf *diese* Weise.» Mit der Hand verwies sie auf die Welt außerhalb des Wagens, in dem sie saßen: auf die Reihen von Fahrzeugen, die in dem heißen Autokino parkten.

Porter strich ihr mit den Knöcheln über die Wangenlinie. «Gut, was dann? Die Dinge, die du mir erzählst, können nicht gleichzeitig wahr und unwahr sein.»

«Ich hab dir nie etwas erzählt, das nicht wahr war. Ich dachte, wir kennen … verstehen … beide das Problem.»

«Mag sein», sagte er. «Lass mal hören, Corrie.» Seine Knöchel streichelten ihr Kinn. «Lass uns das Problem mal hören.»

«Mein Vater. Es liegt nur an meinem Vater … an der Art, wie er ist.»

«Wie ist er?»

Corinthians zuckte mit den Achseln. «Das weißt du so gut wie ich. Er hat nie gewollt, dass wir mit … Leuten Umgang haben. Er ist sehr streng.»

«Und das ist der Grund, warum du nicht mit mir nach Hause kommen willst?»

«Tut mir Leid. Ich muss dort leben. Ich muss sehen, dass er nichts über uns erfährt. Noch nicht.» Aber wann?, dachte sie. Wenn nicht mit vierundvierzig, wann dann? Wenn nicht jetzt, wo sogar mein Schamhaar grau wird und meine Brüste sich von selbst gesenkt haben – wann dann?

Porter sprach ihre Frage laut aus. «Wann dann?» Und sie konnte ihm nicht gleich antworten. Sie legte sich die Finger auf die Stirn und sagte: «Ich weiß nicht. Ich weiß es ehrlich nicht.»

Die Geste war so unecht, so passend zu ihren unechten, moralisierenden Tochtergefühlen, dass sie sofort wusste, wie töricht sie wirkte. Die Dinge, die sie in diesem alten Auto taten, die Dinge, die sie ihre Zunge vor kaum fünf Minuten hatte sagen lassen ... und sich dann die Schläfen zu massieren und in Michael-Marys Lesestimme «ich weiß nicht» zu sagen – es war ihr selbst peinlich, und Porter musste es abgestoßen haben, denn er nahm die Hand von ihrem Gesicht und legte sie auf das Lenkrad. In dem Augenblick, als der zweite Film begann, startete er den Wagen und steuerte ihn langsam die kiesbestreute Ausfahrt hinunter.

Keiner von ihnen sprach, bevor der Wagen in den Verkehr der Innenstadt tauchte. Es war halb elf. Sie hatte ihrer Mutter gesagt, sie würde bis spät in die Nacht für Miss Graham Manuskripte tippen. «Bei dieser Hitze?», hatte ihre Mutter nur geantwortet. Corinthians saß still da und verspürte Scham, ohne das Wort zu denken, bis sie begriff, dass er sie zu der Bushaltestelle fuhr, an der er sie immer absetzte und von wo sie dann zu Fuß nach Hause ging wie alle Tage. Plötzlich wurde ihr bewusst, dass er sich nie wieder mit ihr treffen würde, und die Tage entrollten sich vor ihr wie der schäbige graue Läufer in einem unmöblierten, menschenleeren Mietsaal.

«Bringst du mich heim?» Es gelang ihr, die Angst aus ihrer Stimme herauszuhalten – gelang ihr zu gut, denn ihre Worte klangen arrogant und gleichgültig.

Er nickte und sagte: «Ich will keine Babypuppe. Ich will eine Frau. Eine erwachsene Frau, die keine Angst vor ihrem Daddy hat. Ich glaub, du willst keine erwachsene Frau sein, Corrie.»

Sie starrte durch die Windschutzscheibe. Eine erwachsene

Frau? Sie versuchte, sich auf eine zu besinnen. Ihre Mutter? Lena? Die Dekanin für Frauenfragen in Bryn Mawr? Michael-Mary? Die Damen, die ihre Mutter besuchten und Kuchen aßen? Irgendwie passte es auf keine. Sie kannte keine erwachsenen Frauen. Jede Frau, die sie kannte, war eine Babypuppe. Meinte er die Frauen, die im Bus fuhren? Die anderen Hausmädchen, die nicht versteckten, was sie waren? Oder die schwarzen Frauen, die nachts durch die Straßen schlenderten?

«Wie die Frauen im Bus, meinst du? Von *denen* kannst du eine haben, weißt du. Warum lässt du nicht einer von *denen* eine Grußkarte in den Schoß fallen?» Seine Worte hatten ins Schwarze getroffen; sie war verglichen worden – unvorteilhaft verglichen, wie sie glaubte – mit den einzigen Leuten, denen sie sich ganz sicher überlegen wusste. «Die wären hingerissen, wenn sie eine Grußkarte in den Schoß geworfen bekämen. Einfach hingerissen. Aber oh, das habe ich vergessen. Das könntest du ja nicht machen, nicht wahr, weil sie nicht imstande wären, sie auch zu lesen. Sie müssten sie mit heim nehmen und bis Sonntag warten und sie sich vom Prediger vorlesen lassen. Wenn sie es hören würden, könnte es natürlich immer noch sein, dass sie nicht wüssten, was es bedeutet. Aber das wäre egal – sie würden die Blümchen und die Schnörkel rings um die Wörter sehen und wären glücklich. Es wäre völlig egal, dass es sich um das lächerlichste, klischeehafteste, trivialste Stück Kitsch handelt, das die Kaufhauswelt zu bieten hat. Sie würden Mittelmaß nicht mal erkennen, wenn sie es mitten in ihre fetten Gesichter geklatscht bekämen. Lachen würden sie und sich auf die fetten Schenkel hauen und dich gleich mit in ihre Küchen schleppen. Direkt auf den Frühstückstisch. Aber denen würdest du keine Fünfzehn-Cent-Grußkarte schenken, nicht? – egal, wie albern und dümmlich sie wäre –, denn das sind erwachsene Frauen und *die* brauchst du nicht zu hofieren. Du kannst gleich rausrücken und sagen: ‹He da, komm heut Nacht mit auf mein Zimmer.› Nicht? Ist das nicht so? Ist das nicht so?» Sie war fast am Schreien. «Aber nein. Du wolltest eine Dame. Eine, die weiß, wie man sich setzt, sich kleidet, mit Messer und Gabel isst. Nun, es gibt eben einen Unterschied zwischen einer Frau und einer Dame, und du weißt genau, was ich bin, das weiß ich.»

Porter fuhr den Wagen an den Randstein, und ohne den Motor abzustellen, beugte er sich vor ihr hinüber und öffnete die Tür. Corinthians stieg aus und bemühte sich nach Kräften, sie zuzuschlagen, aber die rostigen Scharniere des geborgten Oldsmobile taten ihr den Gefallen nicht. So musste sie es bei der Geste bewenden lassen.

Bis sie die Not Doctor Street Nummer 12 erreicht hatte, war ihr Zittern unkontrollierbar geworden. Plötzlich hörte das Schütteln auf und sie erstarrte auf den Stufen. Zwei Sekunden später machte sie auf dem Absatz kehrt und rannte die Straße zurück, dorthin, wo Porter angehalten hatte. In dem Augenblick, als sie den Fuß auf die Treppe gesetzt hatte, die zur Veranda hinaufführte, sah sie ihre eigene Reife vor einem Berg roter Samtfetzen auf einem runden Eichentisch dahinschmelzen und verwesen. Das Auto stand noch da, mit summendem Motor. Corinthians rannte schneller, als sie mit fünf Jahren durch das Gras auf Honoré Island geschossen war, wo die ganze Familie einen Feiertag verbracht hatte. Schneller sogar, als sie damals die Treppe hinuntergeflogen war, nachdem sie zum ersten Mal gesehen hatte, was die Krankheit ihrem Großvater antat. Sie legte die Hand auf den Türgriff und fand ihn verriegelt. Porter saß ungefähr genau so da, wie in dem Moment, als sie versucht hatte, die Tür zuzuschlagen. Herabgebeugt pochte sie ans Fenster. Porters Profil bewegte sich nicht. Sie pochte erneut, lauter, ohne Rücksicht darauf, wer sie unter der grauen Buche gleich um die Ecke von zu Hause sehen könnte. So nah und doch so fern, fühlte sie sich wie im Traum; da und auch nicht da, keine Haaresbreite entfernt, ohne *es* erreichen zu können.

Sie war First Corinthians Dead, Tochter eines wohlhabenden Grundbesitzers und der eleganten Ruth Foster, Enkelin des großartigen und vergötterten Dr. Foster, der als zweiter Mann in der Stadt eine zweispännige Kutsche besessen hatte, und eine Frau, nach der sich auf jedem Deck der ‹Queen Mary› die Köpfe umgedreht und in ganz Paris Franzosen gelechzt hatten. Corinthians Dead, die sich in all diesen Jahren rein gehalten hatte (nun, in fast allen und fast rein), hämmerte nun gegen das Wagentürfenster eines Gärtnerburschen. Aber sie würde ewig hämmern, um dem Samt zu entkommen. Dem roten Samt, der überall im Schnee herumgeflogen war an dem Tag, als sie und Lena und ihre Mutter auf dem Weg zum Kaufhaus am Hospital vorbeigingen. Ihre Mutter war schwanger – ein Umstand, der Corinthians in Verlegenheit versetzt hatte, als sie es erfuhr. Sie konnte an nichts denken als an das Gelächter, das ihre Freundinnen anstimmen würden, wenn sie herausbekämen, dass sie eine schwangere Mutter hatte. Süß war ihre Erleichterung gewesen, als sie entdeckte, dass man es noch nicht sah. Aber bis Februar war ihre Mutter schwer und musste aus dem Haus, um etwas Bewegung zu bekommen. Langsam waren sie durch den Schnee gewandert, sorgsam auf vereiste Stellen achtend. Dann, als sie am Mercy vorbeikamen, war da eine Ansammlung von Menschen gewesen, die einen Mann auf dem Dach beobachteten. Corinthians hatte ihn vor ihrer Mutter gesehen, aber als Ruth hinaufblickte, war sie so überrascht, dass sie den Korb fallen ließ und die Rosen überall verstreute. Eifrig lasen Corinthians und Lena sie auf, wischten an ihren Mänteln den Schnee vom Stoff und spähten dabei ständig nach dem Mann mit blauen Schwingen auf dem Hospitaldach. Sie lachten, Lena und sie; sammelten die Rosen ein, blickten zu dem Mann hinauf und lachten aus Angst, Verlegenheit und Schwindelgefühl. Alles war vermischt – der rote Samt, die Aufschreie und der aufs Pflaster herabstürzende Mann. Sie hatte seinen Körper ganz deutlich gesehen, und zu ihrem Erstaunen gab es kein Blut. Das einzige Rot weit und breit war das in ihren Händen und im Korb. Das Stöhnen ihrer Mutter wurde lauter und sie schien in die Erde zu versinken. Endlich kam eine Bahre für den kaputten Puppenkörper (der durch das Fehlen von Blut noch puppenartiger wirkte) und dann auch noch ein Rollstuhl für ihre Mutter, die geradewegs auf die Wehen zuging.

Corinthians stellte weiter Rosen her, aber sie hasste diese stumpfsinnige Beschäftigung und brachte Lena gegenüber alle möglichen Entschuldigungen vor, um ihr zu entgehen. Sie sprachen zu ihr von Tod. Zunächst vom Tod des Mannes mit den blauen Schwingen. Nun von ihrem eigenen. Denn wenn Porter nicht den Kopf umdrehte und sich zur Tür hinüberlehnte, um sie ihr zu öffnen, dann, glaubte Corinthians, war ihr der Tod gewiss. Sie hämmerte mit den Knöcheln so lange, bis sie wehtaten, um die Aufmerksamkeit des lebendigen Leibes hinter dem Glas zu erringen, und hätte ihre Faust durch das Fenster geschmettert, nur um ihn zu berühren, seine Hitze zu fühlen, das Einzige, was sie vor dem Ersticken unter dürren Rosen bewahren konnte.

Er rührte sich nicht. In panischer Angst, er könne den Gang einlegen, davonfahren und sie allein auf der Straße zurücklassen, stieg Corinthians auf die Stoßstange und legte sich in ganzer Länge auf die Motorhaube des Wagens. Sie blickte nicht durch die Windschutzscheibe nach ihm. Lag einfach auf dem Wagen ausgestreckt und suchte mit den Fingern auf dem Metall nach Halt. Sie dachte an nichts. An nichts außer dem, was ihr Körper brauchte, um sich festzuklammern, um niemals loszulassen. Nicht einmal, wenn er mit hundert Stundenmeilen davonfuhr, würde sie loslassen. Die Augen hielt sie fest geschlossen in der Anstrengung, sich an der Motorhaube festzuklammern, und sie hörte weder, wie die Tür sich öffnete und schloss, noch die Schritte von Porter, der um den Wagen herum nach vorn ging. Sie schrie zuerst auf, als er ihr die Hand auf die Schulter legte und sie sanft in seine Arme zu ziehen begann. Er trug sie zur Beifahrerseite des Wagens, stellte sie, während er die Tür öffnete, auf die Füße und half ihr, in den Sitz zu gleiten. Im Wagen drückte er ihren Kopf an seine Schulter und wartete, bis ihr leises Weinen nachließ, bevor er vom Fahrersitz ausstieg, um die Handtasche aufzuheben, die sie auf den Gehweg hatte fallen lassen. Dann fuhr er davon zum Haus Nummer 3 an der Fünfzehnten Straße, einem Haus, das Macon Dead gehörte, von sechzehn Mietern bewohnt wurde und in dem es ein Mansardenfenster gab, aus dem ebenderselbe Henry Porter geschrien, geweint, mit einem Gewehr herumgefuchtelt und über die Köpfe der Frauen im Hof uriniert hatte.

Es war noch nicht Mitternacht und heiß – heiß genug, um Menschen wütend zu machen, hätte nicht ein angenehmer Duft in der Luft gelegen, wie von süßem Ingwer. Corinthians und Porter betraten den Flur, der hinter der Haustür lag. Außer einem Lichtsaum unter der Tür zur Küche, wo ein Kartenspiel in Gang war, wies nichts auf die anderen Mieter hin.

Corinthians sah nur das Bett, ein krankenhausweiß gestrichenes Eisenbett. Sie sank darauf nieder, sobald sie ins Zimmer kam; fühlte sich gebadet, gereinigt, mit dem Staubsauger gesaugt – und zum ersten Mal einfach. Porter zog sich nach ihr aus und legte sich neben sie nieder. Sie blieben eine Minute still, dann wandte er sich herum und spreizte ihre Beine mit den seinen.

Corinthians sah an ihm herunter. «Ist das für mich?», fragte sie.

«Ja», sagte er. «Ja, das ist für dich.»

«Porter.»

«Das ist ... für dich. Statt Rosen. Und seidener Unterwäsche und Parfumflaschen.»

«Porter.»

«Statt Pralinen in einer herzförmigen Schachtel. Statt einem großen Haus und einem schönen großen Wagen. Statt langen Reisen ...»

«Porter.»

«... auf einem sauberen weißen Schiff.»

«Nein.»
«Statt Picknicks …»
«Nein.»
«… und Angeln …»
«Nein.»
«… und auf einer Veranda zusammen alt sein.»
«Nein.»
«Das ist für dich. Mädchen. O ja. Das ist für dich.»

# Peter Rühmkorf

## DER HÜTER DES MISTHAUFENS

Ein König war in Tellurien, der hatte drei Söhne, die wollte er auszahlen, als es zum Sterben ging, einen jeden nach seinen Eigenheiten. Zuerst kam der Älteste an die Reihe, der hatte Zeit gehabt, in die Länge und Breite zu wachsen, und er hatte ein bedächtiges Wesen, zu dem sprach der König: Weil ich glaube, daß du hofhalten kannst, sollst du alles bekommen was niet- und nagelfest ist in meinem Reiche, das Schloß und die Stadtmauer, die Höfe und Stallungen, Äcker und Weiden, aber auch die Wälder dazu, damit soll es sein Recht haben. Der Zweite war dessen unzufrieden, und er zog einen Mund wie einen Apfelbiß, so sauer, so verkniffen, denn er dachte: damit ist das Reich vergeben. Der König, der es sich alles reiflich überlegt hatte in seinem grauen Kopf, sprach aber ganz ruhig zu ihm: Und du, mein Sohn, sollst das Bewegliche in deine Obhut nehmen, denn du bist ein beweglicher Geist und hast flinke Füße und eine gewandte Art. Daher soll dein sein alles, was sich bewegt in unseren Landen als da sind Pferde und Kühe, Schafe und Ziegen, Schweine und Gänse, Hühner und Enten, aber auch das Wild, das in den Wäldern herumspringt und die Hirsche und Hasen auf der Heide. Ja, selbst die Fische in den Bächen und die Vögel in der Luft sollen füglich dein Eigen sein, so kannst du dich wohl zufrieden geben. Da war der Zweite froh in seinem Herzen, denn, wie er es sich gleich ausrechnete, gebot er somit auch über die Wagen und Kutschen und alles fahrbare Kriegsgerät, das war, wie er meinte, das Reich. Als die Reihe nun an den Dritten kam, schien des Königs Tasche allerdings leergeschenkt.

Der Sohn wollte auch schon gerade seine dreckige, fleckige Kappe nehmen und sagen, dann ade, mein Herr Vater, dann lebt wohl, teure Brüder, so werde ich mein Glück wohl in anderen Landen machen müssen, aber der König zog ihn liebreich an die Brust und sprach: Vor den Toren der Stadt, ganz nah an der Grenze des Reiches liegt mein königlicher Misthaufen, der ist so beweglich wie unbeweglich, denn wo er aufragt wie ein gewachsener Berg, will er doch auch wieder abgetragen und übers Land verteilt werden, den nimm von mir als dein Erbe und hüte ihn wie einen Schatz. Und um dem Sohn zu zeigen, daß er es wirklich ernst meinte, fügte er noch bedeutsam hinzu: Hiermit ernenne ich dich zum *Hüter des Misthaufens* – so sei fortan dein Titel. Als das die beiden anderen Brüder hörten, begannen sie zu lachen, jeder auf seine Weise, der eine schallend, der andere keckernd, aber um nicht noch schadenfroher zu erscheinen, als sie waren, versicherten sie den nach ihrer Meinung Geprellten sogleich ihrer herzlichen Anteilnahme. Den wollen wir dir nicht streitig machen, lieber Bruder, sprach großmundig der Zweite, im Gegenteil, den wollen wir dir mehren und zusammenkehren helfen, denn Mist erzeugen wir beide gewaltig in unseren riesigen Stallungen und mit dem ganzen rasenden Betrieb. Und der älteste Bruder erbot sich sogar, ihm einen langen Streifen Ödland abzutreten oben an der Nordgrenze, und der Zweite zog augenblicklich nach und trug ihm seine ausgedienten Rollwagen und eine stattliche Anzahl altersschwacher Rösser und Zugochsen an: damit magst du das Land bereisen und die Straßen und Stallungen Telluriens von allem Unrat freihalten.

Nun geschah es aber, daß sich der erste und der zweite Sohn nicht recht einig werden konnten, was beweglich und was unbeweglich zu nennen war auf der Welt, was man fest oder flüssig, laufend oder stehend, auf den Boden gegründet oder schwankend im Winde heißen sollte, darüber gab es Streitereien die Fülle. Wo der Erste einen Wald gefällt und die Stämme, zu Flößen verbunden, in ein vorüberströmendes Wasser gelassen hatte, hielt es der Zweite für ein bewegliches Eigentum und machte sein Recht geltend. Wo der Zweite einen wildreichen Landstrich leergejagt und die Beute dem Bruder zur Aufbewahrung gegeben, legte dieser auf einmal die Hand darauf. Oder es wollte der eine sein Korn einfahren und mußte untertänig erst um Rosse und Wagen bitten und der andere hatte gar überhaupt kein eigenes Dach mehr über dem Kopf oder mußte für sein Vieh um Unterkunft vorsprechen. Kurz, alles was eine ungeteilte Wirtschaft wie von ungefähr vereint, wurde bei diesen Hanseln plötzlich zum Zweifelsfall und beide wurden des Zusammenlebens zunehmend unfroh.

Der greise Vater, der es gutgemeint hatte mit seinen Söhnen, starb schließlich hin über dem nicht enden wollenden Hader. Hatte er wohl gedacht, daß die streitbaren Brüder durch sein Testament zur Einigkeit verpflichtet und zu einem brüderlichen Zusammenleben veranlaßt werden müßten, lieferte das falsch geteilte Reich nur immer neue Streitanlässe her. Schließlich rückte der Zweite gar mit Reitern und Feldschlangen gegen die Landeshauptstadt vor, um sich Wohnrecht und Weiderecht mit Gewalt zu erschießen, und der Erste richtete seine schweren Verteidigungsgeschütze gegen den Andringling, ein Streit aus nichtigem Anlaß, der sich bald zu einem Bruderkrieg auswuchs, der den Reichtum des Landes erschöpfte und die Güter vernichtete, egal, ob bewegliche oder unbewegliche. Als sie irgendwann beide merkten, daß sie auf dem falschen Weg waren, war es für die Wohlfahrt des Landes leider schon zu spät. Ja, wenn sich die törichten Brüder doch nur einmal nach dem minder ausgestatteten Dritten umgesehen hätten! Der bereiste zwar immer noch das Land mit seinen klapprigen Gefährten und karrte den Unrat fort und fuhr die Kadaver ab, aber das merkten sie gar nicht bei ihrem großmächtigen Hin-und-Hergewese.

Statt dessen kamen sie auf eine neue und, wie es schien, für beide Teile nützliche Idee. Da jeder dem anderen seine Habe neidete, ob sie nun mit dem Boden verwachsen oder frei beweglich war, beschlossen sie, ihre Rollen zu vertauschen, der Älteste trat also in die Rechte des Zweiten ein und dieser kam dafür in Besitz des Schlosses und des Ackers und des Weidegrundes, so ging es denn eine Weile. Bis sie sich am Ende wieder gefoppt und benachteiligt fühlten, jeder auf seine Art, und abermals begannen sie sich zu bekriegen, zuerst mit der Hilfe von Advokaten und Rechtsgelehrten und dann auch bald mit groberem Geschütz, bis das von den endlosen Streitereien erschöpfte Land vollkommen zu verderben drohte und die Bürger und Bauern und Bergarbeiter unmutig zu ächzen begannen. Es ist eine ungeratene Herrschaft, so oder so, sagten sie, wir sollten uns ihrer entledigen und uns einen neuen König suchen. Nun waren die Brüder nicht dumm. Als sie gewahr wurden, daß das Volk als ganzes gegen sie stand und die bis hin zu allem und jedem verwendlichen Untertanen jetzt an allem und jedem zu zweifeln begannen, kamen sie überein, hinfort den Landesfrieden zu wahren und den Zorn und den Hunger der Menschen gegen andere Ziele zu lenken. Er reicht eben nicht hin und nicht her, unser kleiner Besitz, sprachen sie zueinander, egal, wie wir unsern Schnitt machen; aber oben, jenseits der Grenze, gibt es Ländereien genug für unsere gewachsenen Ansprüche, mit fetten Weizenstrichen und Flüssen randvoll mit Fischen, die werden wir unserem zu kurz geratenen Reich hinzuschlagen und dann noch einmal teilen.

Als die törichten Leute hörten, daß der Krieg diesmal gegen andere gehe, waren sie wieder zufrieden mit ihren alten Herrschaften. Das ist endlich einmal eine neue Idee, sagten sie, mit einem wirklichen Feind und der Aussicht auf richtige Beute, da kann man sich als einfaches Volk doch gar nicht heraushalten. Und wer weiß, vielleicht kommt dieser ganze Unfriede überhaupt nur von unseren schmalen Feldern her. Als sie nun aber gegen die Grenze zogen und sich schon ihre Zuwächse ausrechneten, lag dort erstmal dick und fett und mit seinen Dampfschwaden bis an die Wolken reichend: der vergessene Misthaufen. Tragt ihn ab, daß wir unbehindert zu unseren Landesfeinden gelangen können, sagte herrisch der erste Bruder. Schaff uns umgehend eine Schneise zum Durchmarschieren, sagte listig der Zweite, denn er war in der Kriegskunst nun einmal der wendigere von beiden. Aber der dritte Bruder schüttelte nur bedauernd den Kopf mit der dreckigen, speckigen Mütze darauf: Ich bin eingesetzt als Hüter des Misthaufens; und wer immer ihn anrührt, bekommt es mit unseren Forken und Kotprügeln zu tun. Das erboste die streitlustigen Herren bis aufs Blut, und sie wollten schon gegen den Dämelack und Gernegroß zu Felde ziehen, nur da war gar kein Feld, in das man hätte ziehen können, bloß ein stinkender Morast so weit das Auge reichte, und ehe eine Vorhut noch den Mistberg selbst berennen konnte, war sie bereits in einem Sumpf von schierem Dreck versunken. Da ließen die Brüder, knirschend, ab von dieser Grenze – unsere kostbaren Kräfte noch an solchen Mist verschwenden, soweit kommt's! – und wandten sich anderen Zielen, weiter östlich gelegenen zu, da war noch mehr Land zu erobern und noch mehr Gut zu gewinnen, aber der Kotkönig soll es uns büßen!

Die Wendung gen Osten schien ihnen leicht gemacht, kein Berg verstellte den Blick, kein Fluß behinderte den Marsch, und dann war auch der Feind bald zur Stelle. Mit unerahnten Heeresmassen stellte er sich dem Eindringling in die Quere und trieb ihn zurück in das Land, woher er gekommen war; und obwohl die Tellurier nichts gelernt hatten außer Kriegmachen, und obwohl jeder einzelne von ihnen kämpfte wie ein Gladiator, wie ein Wolf, war doch letztlich kein Aufkommen gegen solche Übermacht, daran hätte man eigentlich denken müssen. Daß die beiden unklugen Brüder so schnell aus dem Weg geräumt waren, wie sie sich auf den Marsch gemacht hatten, sagt nichts für und nichts wider die Geschichte – diese Erde hat keinen Platz für was wir Gerechtigkeit nennen. Daß der Herrscher des Ostreiches nun das Land Tellurien in Anspruch nahm und von seinen Truppen besetzen ließ, erscheint billig – nur daß sich auch daraus keine rechte Lehre saugen läßt. Viel zu holen gab es auf tellurischem Staatsgebiet ohnehin nicht mehr, grad noch zu schleifen, flachzumachen und zu Grus und Mus zu mahlen, das tat der selbstgewählte Feind zur Genüge, dann hatte er sein Mütchen gekühlt, seinen Rachehunger gestillt, und seine emsigen Aufsichtsbeamten schickten sich an, das ihnen zugewachsene Land nach ihrem eigenen Gesetz zu vermessen: von Ost nach West, von Süd nach Nord, dabei stießen sie unversehens auf eine Provinz, die ihnen den Atem verschlug und den Rotz in den Nasen gerinnen ließ.

Obwohl hier vor lauter Dampf und Qualm und Gestank zunächst überhaupt nichts zu erkennen war, machten sie dann doch eine Art von Gebirge aus, eine mächtige Unrathalde, die rechts kein Ende mehr absehen ließ und links nach St. Nirgendwo führte, mit einem Riesenschweinesumpf aus Piß und Gülle vorgelagert, mochte der Teufel wissen, wer hier noch das Sagen hatte. Nur wo der Kotbuckel oben gegen den Himmel stand, war noch etwas wie Leben im Gange, Strichmännchen oder auch Lemuren, die besinnungslos in dem Dreck herumzustochern schienen, denen rief man durch Sprechtüten zu: Gut Freund, und ob hier etwa das Land Tellurien zu Ende sei oder gar die Erde als ganze? – Ich bin der Hüter des Misthaufens, scholl es ihnen so dumpf wie verdächtig entgegen, und dann schon gänzlich wie vom letzten Abtritt der Welt: Wer hier den Frieden stört, der wird in Jauche ersaufen! Es bedurfte – wir können es ahnen – schon einiger feierlicher Schwüre und eidesstattlicher Versicherungen, um den Mistkönig von seinem Berg herabzubewegen. Dann erkannten die Fremden aber in der ihnen gegebenen Einsicht, daß es sich nur um einen einzelstehenden Häuptling handeln könne, einen unbotmäßigen Stammesfürsten oder kläglich Verbannten, und um ihn für sich zu gewinnen und dabei doch nichts wegzugeben, hefteten sie ihm ein braungelbes Ordensband an den Hut, auf dem stand mit schwarzer Ausziehtusche geschrieben: *Wo Mistus – da Christus*. Oh, du goldenes Latein, dachte jener, da braucht man sich nur aus den Dingen der Welt herauszuhalten und bekommt am Ende sogar noch einen Orden dafür. Die Fremden aber, während sie sich seifig höflich verabschiedeten, dachten dieses und jenes Unbestimmte, vor allem aber: Nichts wie weg aus diesem Modder!

Es taugten freilich die Befreier auch nicht sehr viel, und die sie zunächst für einen Segen von oben gehalten, begannen aufzustöhnen unter ihrem Joch. Das sind keine guten Herrschaften, sagten sie, und wo wir mit ihrer Hilfe der dauernden Kriege ledig geworden sind, so bleibt uns doch nicht mehr, als jetzt in Frieden zu verhungern. Weil ihnen das allerdings keine Aussicht schien, schickten sie eine Abordnung von entschlossenen Bürgern zu dem dritten Bruder, die sollten ihm ihre Sache als die seine deutlich machen. Der hörte sie nach seiner Art erst einmal ruhig und mit unbewegten Ohren an. Wie das Land vollkommen leergesogen und auch die Flüsse ausgefischt seien, die Wälder abgeholzt und die Herden fortgetrieben, die Erzgruben ausgekratzt und selbst die Lüfte leergeschossen, aber wie sie ihn dann so schräg von der Seite her ansahen: ob er unter solchen Umständen ihr Anführer werden wolle, da entgegnete er nur: Wenn es Zeit ist. – Und wann ist es Zeit, lieber Herr? – Wenn alles vollkommen aufgebraucht und heruntergewirtschaftet ist, und das Herz der Fremden nach fetterer Weide verlangt.

Und wie er es ihnen vorausgesagt hatte, so geschah es. Als es nichts mehr im Lande gab, was des Aussaugens, Abtragens, Auffressens verlohnt hätte, und die Schlangen auf der Heide und die Fledermäuse unter den Dachböden schmeckten ihnen nicht, zogen die Fremden ab, um anderweitig ihr Glück zu machen, das wiederum anderer Leute Unglück war. Nur daß sich diesmal *diese* gewaltig in der Kraft ihres Gegners vermessen hatten und auf unabsehbare Zeiten an ihren Feind gefesselt waren – da ließ der dritte Bruder Kunde ausgehen von seinem Misthaufen: Jetzt ist Zeit. – Zeit zu was? fragten wie aus dem Schlaf gerissen die bohnenstrohdummen Tellurier, Zeit zur Rache? Zum Eingreifen? Ausfallen? Denn sie konnten sich allen Ernstes nicht vorstellen, daß es außer in Kriegen noch etwas für sie zu holen gäbe. Jetzt ist Zeit zum Abmisten, sagte aber ganz unbeirrt der dritte Bruder, und um sie in der rechten Weise zu ermuntern, steckte er auch gleich seine Forke tief in den Berg – ein Beispiel so ansteckend, daß die Tellurier von allen Seiten her angeeilt kamen, um ihm abtragen und austeilen zu helfen. So verteilten sie Wagen für Wagen und Zug um Zug den satten garen Mist über das ganze Land bis in die äußersten Süd- und Ost- und Westprovinzen, den Abfall der Kriege und den Ausschuß der Mißwirtschaft, aber während sie noch meinten, daß die Arbeit kein Ende absehen ließe, fing das Land im Westen schon wieder an zu blühen und im Süden Frucht zu tragen, es war eine Lust, eine Wüstenei wie das niedergewalzte Tellurien so munter wieder in Gang geraten zu sehen.

Das ist nun sicher eine erbauliche Geschichte. Aber wie ging sie wirklich aus? Sie ging gar nicht aus, denn der Hüter des Misthaufens hat immerhin noch drei quieklebendige Töchter, die eine heißt Libera, die andere Justine und die dritte Suselmusel, und wenn sie nicht von Pappe sind …

# Helmut Krausser

## SPIELGELD

Berlin, Hotel Interconti, Schachturnier, dritter Tag, dritte Runde, August, Spätnachmittag.

Im größten Saal des glitzernden Bonzentempels ticken 300 Uhren. Sechshundert Schachspieler sitzen über die Bretter gebeugt. Sehr prominente. Weniger prominente. Fußvolk, Amateure, Sonntagskrieger. Es fasziniert mich jedesmal neu, wie so viele Menschen so leise sein können. Ein stilles Gemetzel. Ein langsames, lautloses Erwürgen. Wer verloren hat, schleicht ohne Murren hinaus.

Plötzlich, an Brett 252 – weit hinten also, beim Fußvolk, muß der Schiedsrichter einschreiten. Einer der Kontrahenten weigert sich beharrlich, die Partie auf dem dafür vorgesehenen Formular mitzuschreiben. Das ist Pflicht. Der weißhaarige Stoppelbart mit Jesuslatschen nimmt davon keine Notiz. Nach dreimaliger Aufforderung hält der Schiedsrichter die Schachuhr an und erklärt den Gegner des zirka Fünfzigjährigen zum Sieger. Der Sieger ist peinlich berührt. So will er nicht gewinnen, vor allem, da er doch sowieso schon sehr gut steht. Aber die Regeln sind klar. Der Schiedsrichter wendet sich ab. Stille.

Stille.

Dann dreht ein Mann durch.

«BANDITEN!» gellt es durch den Saal, und noch mal: «BANDITEN!» Alle horchen auf. Es ist der Stoppelbart, der schreit. Erst zögernd, dann immer sicherer und lauter. Er steigt auf den Tisch und brüllt es hinaus: «VERBRECHER! CIA! BETRÜGER!» Man sammelt sich um ihn. Man fragt einander, was los ist. Manche fordern Ruhe. Er schreit und schreit. Drei Schiedsrichter zerren ihn vor die Saaltür. Dort brüllt er weiter. Ein großer Pulk sammelt sich um ihn. Der Mann macht eine kurze Pause. Ihm scheint nach Heulen zumute. Dann bemerkt er, wie gierig der Pulk auf das nächste Schimpfwort wartet. Er grinst flüchtig und brüllt: «GESTAPO! GESTAPO! HEIL HITLER!»

Im Saal wird nur noch wenig gedacht. Fast alle haben beschlossen, einen Teil ihrer Bedenkzeit diesem Schauspiel zu opfern. Nur die Profis bleiben sitzen. Und der Mann, der in Gestik und Mimik immer wilder, entschlossener wirkt, holt aus seinen Stimmbändern das Äußerste raus. Jetzt traut sich keiner mehr an ihn ran. Die Hotelpagen und ihr Manager glotzen ungläubig. Die Vorhalle ist mit Ledersesseln, Glastischen, großflächiger Malerei und zierlichen Tischlampen gefüllt. Der Mann reißt ein Bild von der Wand. Danach schmeißt er die Tischlampen auf den Boden. Trampelt auf ihnen rum, bis die Glühbirnen zersplittern. Vor jeder Aktion grinst er kurz in die Menge. Viele entrüsten sich. Manche grinsen amüsiert zurück.

«GULAG! GULAG!»

Ich verstehe den Mann. Ich finde ihn sehr mutig. Man hat ihn vom Spiel ausgeschlossen.

«NIEMAND KANN MICH ZWINGEN ZU SCHREIBEN!» brüllt er, «NIEMAND!» Und dann nimmt er Anlauf, springt in die Höhe und läßt sich in einen der Glastische fallen. Das Glas birst unter entsetztem Zuschauergeschrei. Der Pulk stöhnt auf. Der Mann blutet aus mehreren kleinen Wunden, aber er grinst; zugleich stehen ihm Tränen in den Augen. Der Hotelmanager hat nach der Funkstreife geschickt ... Starke Arme schleppen ihn jetzt weg. Er versucht, Widerstand zu leisten. Seine Sandalen rutschen hilflos über das Parkett. Der Pulk löst sich auf. Man geht an sein Brett zurück. Man muß verlorene Bedenkzeit aufholen.

Wieder herrscht Totenstille. Nur das Ticken der 300 Uhren ...

Während der Taxifahrt, die mich vom Flughafen ins Zentrum brachte, zu meiner billigen Pension in der Pariser Straße, zeigte ich Berlin das Victoryzeichen mit der rechten und den Mittelfinger mit der linken Hand. Ich kam als Sieger in diese Stadt zurück, in dieses miese Dreckstück, dessen Rinnsteine damals nicht sehr nett zu mir gewesen waren. Ah – das ist eine andere Geschichte ... In Berlin findet, einmal jährlich im August, das größte Schach-Open Europas statt. Fast hundert Großmeister streunen da rum. An die fetten Geldpreise war für einen wie mich kaum zu denken. Mein Ziel war, den Einstieg in die Weltrangliste zu schaffen, die allerdings – anders als beim Tennis – ein paar tausend Namen umfaßt. Es ist das Turnier, an dem ich jedes Jahr teilnehme. Es bietet die beste Möglichkeit, besseren Spielern, als ich es bin, eins reinzuwürgen.

Im Taxi dachte ich auch an den letzten August. Ich hatte mir von vielen Freunden kleine Beträge leihen müssen, denn einen großen Betrag wollte keiner mehr mit mir riskieren. Es war sogar ein Vorschuß auf eine Lesung im November dabei. Damals Mitfahrzentrale statt Flugzeug, U-Bahn statt Taxi, Essen aus dem Supermarkt, Bierdosen für 42 Pfennig das Stück. Nun aber schien es mir mal wieder vergönnt, das Existenzminimum von oben zu betrachten. Ich hatte Geld. Ich fühlte mich ungeheuer reich. Der erste Spaziergang führte mich am Café Kranzler vorbei. 1981 haben wir da Pflastersteine hinaufgeworfen. Jetzt, so überlegte ich, könnte ich eigentlich hinaufgehn und die Passanten mit Kaffeetassen beschmeißen.

Ich schrieb seit zehn Jahren. Erst Gedichte, dann Erzählungen. Und 21 Theaterstücke, die alle Scheiße waren. Dann schrieb ich einen Roman. Für den bekam ich mühelos einen Vertrag. Aus lauter Begeisterung setzte ich mich hin und schrieb in vier Wochen den zweiten Roman. Auch den nahmen sie unter Vertrag. Alle Depressionen zermörsert. Und schließlich rief im Mai Thomas Strittmatter an. Ich würde das Münchner Literaturstipendium bekommen. Mir fiel der Hörer aus der Hand. Zwölftausend Eier. Als ich den Hörer wieder aufgelegt hatte, klingelte es noch mal. Einer, dem ich Geld schuldete, fragte, ob ich mich noch an ihn erinnere. Plötzlich war ich ein gefragter Mann.

Nach der Runde treffen sich Schaulustige und Zocker aller Klassen im Café Belmont, das 24 Stunden, sieben Tage in der Woche offen hat. Es herrscht eine sehr familiäre Atmosphäre – scheinbar. Hier wird fast alles gespielt, was man um Geld spielen kann, hauptsächlich Schach. Bekannte Großmeister sind sich nicht zu schade, um zwei Mark zu spielen pro Blitzpartie, mit Zeitvorgaben von bis zu eins gegen fünf Minuten.

Das Licht ist schlecht, das Spielmaterial auch, doch beides gibt's umsonst. Eben habe ich einen ungarischen Meister über die Klinge springen lassen, nach nur 23 Zügen. Jetzt will ich feiern. Der Sprung in die Weltrangliste ist geschafft – nach nur sechs Runden. Mein Gürtel wiegt schwer von imaginären Skalps. Der Ungar hat einen Fehler gemacht und bekam das Messer rein. So läuft das. Schach ist Kunstkill. Wissenschaftlicher Kill. Philosophischer Kill.

Das Universum – allegorisiert in 64 Feldern; auf ihnen schleichen ein weißer und ein schwarzer Mörder, und sie streiten sich darum, wer nun Gott und wer der Teufel ist. Es ist weiserweise der einzige Sport, bei dem man ein Unentschieden *vereinbaren* darf.

Ich schau mir die Spieler an. Ich entdecke den österreichischen Großmeister Dingler. Vor kurzem gewann er das Turnier von Bad Wörishofen. Ein Zocker der besessensten Sorte. Noch nie hat man ihn ohne Zigarette gesehn. Mit 23 Jahren hat er nur noch wenige Haare auf dem Kopf. Um seine Augen spielt ein chronisch-nervöses Zucken. Man hält ihn für vierzig. Ich besitze

Informationen. Münchner Spieler haben mich über ihn unterrichtet. Schach okay – aber beim Backgammon soll er eine Bratwurscht sein, ein Freier, ohne Selbstkontrolle. Liegt er ein bißchen hinten, läuft er heiß, versucht mit aller unvernünftiger Gewalt, sein Geld zurückzuholen. Dann kann man ihn gefahrlos ausbluten lassen. Gerade spielt er mit zwei Jugoslawen Kniffel. Was denen nicht noch alles einfällt ...

Ich warte ab, spiele ein paar Blitzpartien mit Anfängern. Es macht keinen Spaß, zwei Mark zu gewinnen, mit soviel Geld in der Tasche. Jetzt löst sich Dinglers Runde auf. Ich mach mich ran. Bin wieder im Spiel. Es ist ein toller Zustand.

«He, Dingler! Lust auf ein kleines Match?»

«Kleines Match – was denn?»

«Backgammon.»

«Na immer ... Kennen wir uns?»

«Nein, bisher sind wir uns noch nicht begegnet.»

«Und woher kennst' meinen Namen?»

Aha, anscheinend will er hören, daß er prominent ist. Ich sag ihm daß er prominent ist. Die Bratwurscht behalt ich für mich. Wir verziehen uns in eine Ecke.

Das Board, das uns das Lokal zur Verfügung stellt, sieht nicht sehr schön aus. Zu klein, die Steine weiß-rosa, was sich im schlechten Licht nicht gut voneinander abhebt. Und nur ein Würfelbecher. Beide bestellen wir Wein. Es soll gemütlich abgehn. Moderater Einsatz. Zwanzig Mark pro Punkt.

Für meine momentanen Besitzverhältnisse ist das durchaus gemäßigt. Dingler ist einer der Geier, die von Turnier zu Turnier ziehn und auf einen Geldpreis hoffen, damit es für die nächste Zugkarte langt.

Er kennt mich nicht. Er spielt vorsichtig. Und recht gut. Mir fallen kaum Fehler auf. Nur hin und wieder zieht er seine Zahlen riskant und hyperaggressiv. Doch das hat seine Rechtfertigung darin, daß man doppelte psychologische Vorteile sammelt, wenn es zum Erfolg führt. Ich geb mir Mühe. Meine Konzentrationsfähigkeit hat schon stark eingebüßt. Berlin, der sechste Tag.

Nach einer Stunde liegt Dingler 18 Punkte hinten. Die Frequenz seines Augenzuckens steigt. Er wirkt verunsichert. Beim Schach gibt es klare Ranglisten, deren Autorität man dann doch zähneknirschend anerkennt. Beim Backgammon hält sich fast jeder für den Besten. Es ist kein Glücksspiel, aber kurzfristig kann einem der Massel Siege über starke Berufsspieler bescheren. Die Dinge laufen zu meinen Gunsten. Bald bestätigen sich meine Informationen.

Dingler läuft heiß, heißer die Bratwurscht nie schmorte. Er nimmt jeden Doppler an, gibt ihn sogar oft prompt zurück, obwohl er schlechter steht. Was bedeutet, daß es in kaum einer Partie beim einfachen Einsatz bleibt. Der Würfel geht auf vier und acht hoch, manchmal auf sechzehn.

Dingler stürzt in die Ekstase. Er fordert das Schicksal heraus. Wir sitzen uns nun drei Stunden gegenüber. Dingler ist wahnsinnig geworden.

Tollkühn oder waghalsig ist kein Ausdruck mehr für das, was er auf dem Board fabriziert. Ich gewinne noch, aber er blutet nicht mehr so stark wie vorher. Jetzt ist der Moment gekommen, da man ihn ausweiden müßte. Er ist nur noch rohes Fleisch vor dem Beil. Dann geht mir eine Partie in die Hose. Der Würfel war auf sechzehn, ich habe sie Gammon verloren. Was heißt, er macht 32 Punkte gut. Noch besitze ich ein Polster. Doch der Moment des Degens ist vorüber, jetzt muß man wieder mit Banderillas operieren. Dinglers Selbstvertrauen ist gestiegen. Er redet viel, versucht mich abzulenken. Weist mich mit leisem Hohn auf einen Fehler hin. Tatsächlich: Fehler haben sich in mein Spiel eingeschlichen. Ermüdung? Die 32 Punkte haben mich geärgert. Das ist der größte Fehler. Dinglers Selbstvertrauen wächst in den Himmel. Er vertraut auf sein Glück. Und plötzlich hat er auch Glück. Unglaublich, welche Stellungen er noch rumreißt.

So war das nicht geplant. Dingler zittert im Fieber. Gott, das Glück, weilt bei ihm, er erkennt die Stunde. Trotz aller Geierroutine ist ihm die Ekstase nicht langweilig geworden. Ich suche mich selbst nach Ekstase ab. Nichts. Und ich spüre, daß ich nicht fähig bin, mich gegen die Energie aufzulehnen, die sich in jedem seiner Züge entlädt. Er findet verrückt anmutende Varianten, aber sie haben Erfolg. Ich kann Pech nicht ertragen. Hier ist das Gesetz aus den Angeln gehoben, das Backgammon trägt: die Wahrscheinlichkeit. Nun ja, ich hab auch schon gegen den Weltmeister gewonnen. Der wird sich dasselbe gedacht haben. Nach sechs Stunden liegt Dingler mit 80 Punkten vorn und hat mich im Griff. Ich gesteh's. Er sieht sehr zufrieden aus. Für heute habe ich versagt. So muß es wohl sein. Eine Sache der Energie. Ich brauch frische Luft. 80 PUNKTE! Wenn das in München einer erfährt, bin ich blamiert bis auf die Knochen. Ich zahl ihm die Tausendsechshundert und mache eine Revanche für den morgigen Abend aus. Ich tu unbetroffen.

So was passiert eben. Morgen wird man weitersehn. Dingler macht keinen Moment Pause und sucht sich den nächsten Gegner. Im Zweifelsfall bewundere ich so was eher, als daß ich es bemitleide. Draußen auf der Straße versuche ich der ganzen Sache eine Logik abzugewinnen, die weiterhilft. Hmm. Wenn man beim Denkspiel Pech hat, hat man beim Glücksspiel vielleicht Glück.

■

In der Lietzenburgerstraße schimmerten die Lampen von einem seltsamen Biergarten, mit Riesenrad, Marmorstatuetten und Palmgewächsen. Viele Kneipen und Striplokale. Und ein privater Spielsalon, mit Kis-Roulette. Kis bedeutet, daß es zwei Nullen gibt, bedeutet Beschiß. Aber das ist nicht das Entscheidende. Entweder hat man Glück oder nicht, daran kann eine Null mehr oder weniger nichts ändern. Ich ging hinein. Schmuckvolles Lokal. Es war nicht viel los. Am Spieltisch drehte ein stark behaarter Mann im kurzen, offenen Hemd den Roulettekessel. Ein anderer Mann setzte Fünfmarkjetons à cheval. Gegenüber vom Spieltisch glitzerte eine Bar. Eine Frau stand dahinter, lächelte mich an und fragte, was ich zu trinken wünsche. Sie wirkte grazil, schüchtern, irgendwie putzig. Wasserstoffblond, aber darunter eben nicht das Gesicht, das man dazu immer assoziiert. Eher ein Zug ins Slawische. Ich sah eine Flasche Retsina im Regal stehn und verlangte davon. Die Getränke waren erstaunlich billig.

Ich setzte mich auf einen der freien Stühle und wechselte 500 Ems in Jetons à zwanzig. Die Frau brachte mir den Wein, und ich habe in meinem Leben noch nie einen so winzigen Hintern gesehn wie den ihren.

Der Croupier war ein Grieche, der einen kräftigen, aber auch gelangweilt-gutmütigen Eindruck machte. Er setzte den Kessel in Bewegung, warf die Kugel hinein. Der Retsina schmeckte hervorragend. Mit Seitenblicken auf die schöne Frau hinter der Bar setzte ich gleichmäßig Summen von vierzig bis sechzig Mark irgendwohin. Noch ein Retsina. Immer noch wurmte mich mein Versagen gegen Dingler, und ich analysierte ein paar Partien aus dem Gedächtnis, kam zum Schluß, daß er viel besser als sein Ruf gewesen war. Manches, was haarsträubend scheint, wird durch die Konsequenz aufgewertet, in der man es tut.

Noch ein Retsina. Nach einer Stunde lag ich mit Zweieinhalbtausend hinten, aber das machte mir keine Angst. Nach der Ebbe kommt die Flut, auf lange Sicht verliert man ja nur wegen der zwei Nullen ... ich trug noch 6000 mit mir rum – keine Gefahr also, die Dürre nicht durchzuhalten. Inzwischen war ich soweit, mich mit einer kleinen Niederlage zufriedenzugeben.

Ab drei Uhr morgens war ich der einzige Kunde. Der Grieche und ich, wir kamen ins Reden. Er schimpfte darüber, daß zu viele Ausländer in Berlin seien. Er fragte, was ich arbeite. Journalist, sagte ich. Schriftsteller klingt immer so angeberisch, und man wird viel zu sehr ausgefragt.

Der Grieche war sehr spendabel. Pro verlorenem Tausender ließ er mir ein Glas Retsina auf seine Rechnung bringen. Er erzählte, daß er diesen Laden ganz allein betreibe, von abends sechs bis morgens um acht. Kompagnon fände er keinen, weil es keine ehrlichen Menschen mehr gäbe. Und das Geschäft ginge schlecht.

Zwischen unseren Sätzen setzte ich auf irgendwas, und er warf die Kugel. Alles ging sehr mechanisch vor sich. Manchmal gewann ich, meistens nicht. Ich gab der schönen Frau einen Schnaps aus. Sie war Polin und sprach gebrochenes Deutsch. Beide waren nette Menschen.

Gegen fünf Uhr sagte ich, daß es für heute genug wäre, bedankte mich für den Wein, die Polin lächelte mir noch einmal zu.

«Morgen ist auch noch ein Tag!»

Der Grieche antwortete, er freue sich schon sehr auf mich. Ich ging auf die andere Straßenseite. Dort war eine Pizzeria, 24 Stunden offen und vorzüglich. Es war warm genug, draußen zu sitzen. Ich besaß noch zwanzig Mark.

Auf der Straße standen die fünf Geschäftsführer der benachbarten Animierschuppen beieinander. Alle entsprachen gängigen Zuhälterklischees. Sie stritten laut und gestenreich, wer der Geizigste unter ihnen sei.

Ich war raus aus dem Spiel.

# Elke Heidenreich

## DAS DÖÖFCHEN

Jeden Abend um dieselbe Zeit kommt das Dööfchen die Straße herunter, die wir von unserm Balkon aus sehen. Es ist eine stille Wohnstraße mit alten Häusern, die noch nie oder nur sehr sparsam renoviert wurden. An der Ecke, uns gegenüber, verfällt das Altersheim. Es hält sich zwischen den hohen, morschen Bäumen nur so gerade noch aufrecht, und die meisten der kleinen Balkone dürfen nicht mehr betreten werden – mit rotweißen Plastikbändern hat das Stadtbauamt sie gesperrt. Die Fensterläden sind abgeblättert und klappern im Wind, einige sind immer geschlossen, andere mit Paketkordel an den Halterungen festgebunden. In den Fenstern sehen wir kleine weiße Köpfe, ganz still, und nachts hören wir manchmal Schreie. Wir starren dann im Dunkeln nach drüben und denken daran, wie es sein wird, wenn wir alt sind – die Liebesgeschichten werden vorbei sein, und wir werden jedes mögliche Ende kennen. Uns wird nichts mehr erschrecken, denn wir haben jeden Schmerz schon gespürt, jeden schon zugefügt. Kein Warten mehr auf Briefträger: was sie bringen könnten, wissen wir – die albernen Karten, die verwegenen Briefe, die brennenden Telegramme. Kein Telefon mehr, niemand, der noch anrufen könnte. Musik? Wir haben die Musik im Kopf und hören sie hinter den geschlossenen Augen. Wir kennen die Bücher und erzählen uns stumm die Geschichten zu Ende. Niemand wird wissen, daß wir auf einem Zwirnsfaden über einen Abgrund gehen. Wir haben dafür gesorgt, daß wir im Alter in einen Garten sehen können, in dem die Katze geduldig auf Vögel lauert und sie vor unseren Augen zerreißt. Als wir jung waren, glaubten wir, Grausamkeiten nicht zu ertragen. Jetzt sind wir selbst grausam, kein Lächeln mehr, keine Freundlichkeiten, nur Schreie im Traum. Wir werden der Katze zusehen und die Erinnerung an uns selbst verlieren, und wenn uns jemand besuchen will, werden wir hinter der geschlossenen Tür böse sagen: Wir sind nicht zu Hause.

Jeden Abend um dieselbe Zeit kommt der dicke alte Mann in dem rosa Hemd mit den kurzen Ärmeln aus dem Heim, tappt mit dem Stock an der Hecke entlang und ruft: «Ei, ei, ei! Peterle!» Die vergilbte Katze mit dem grauen Punkt taucht dann auf, tänzelt vor ihm mit steilem Schwanz, läßt sich nicht fangen, nicht streicheln – nie.

Das Dööfchen hat jetzt die Mülltonne von Rechtsanwalt Wrobel erreicht. Krachend fliegt der Deckel nach hinten, Hundefutterdosen, Küchenabfälle, Plastikreste landen in der Vorgartenbegrünung. Nur Zeitschriften sucht das Dööfchen, sie verschwinden in prallen Tüten, und wenn das Dööfchen sicher ist, daß keine Zeitschriften mehr in der Tonne sind, knurrt es und trollt sich weiter zu den Mülltonnen des Sternkönig-Verlags unten an der Ecke. Da finden sich immer Druckfahnen, Korrekturbögen, Papierreste. Wir warten, bis die alte Wrobel mit der Kaminzange erscheint und die tägliche Schweinerei in ihrem Vorgarten fluchend beseitigt.

Das Dööfchen ist älter geworden in letzter Zeit. Lange schien es uns zeitlos unförmig mit seinem leeren runden Kindergesicht, aber auf einmal wird der Körper schwer und das Haar grau. Noch immer trägt es grellbunte Strickjacken, die ihm die Mutter aus Wollresten strickt. Das Dööfchen wohnt mit seiner Mutter in einem großen dunklen Haus in der Nachbarstraße, und wir diskutieren oft, was schlimmer wäre: wenn zuerst das Dööfchen stürbe oder zuerst die Mutter? Wir setzen sogar Wetten aus: einer ist für die Mutter, damit das Dööfchen endlich in ein Heim kommt, einer ist für das Dööfchen, damit die Mutter noch ein paar schöne Jahre hat. Weihnachten leuchtet in ihrem Erker immer der größte Baum weit und breit, und mich erfüllt mit Ingrimm, daß das Dööfchen so geliebt wird – um mich wurde nie Aufhebens gemacht, und ich war kein so plumpes, heiser bellendes Kind. Einmal wurde unsere Katze überfahren, wir fanden sie direkt unter dem Erkerfenster, und das Dööfchen stand hinter der Gardine und sah unbewegt zu.

Der alte Mann gibt die Jagd nach Peterle auf und geht ins Altersheim zurück. Jetzt ist es ganz still in unserer Straße, aber dann erscheint die alte Wrobel mit der Kaminzange, und fast gleichzeitig kommt der Kinderverderber mit dem dicken Hintern auf seinem Hollandrad und pfeift vor sich hin. Er fährt im Zickzack, weil er lüstern nach allen Seiten auspäht, ob es noch irgendwo Kinder zu verderben gibt. Oft wundern wir uns, daß er noch nie über das Dööfchen hergefallen ist. Jetzt lehnt er sein Hollandrad an den Zaun des Hauses Nr. 16, in dem er wohnt, schließt es mit zwei Ketten ab und dreht sich noch einmal unschlüssig um – nichts, schade. In einigen Minuten wird in seiner Mansarde kaltes Deckenlicht aufleuchten, und dann werden wir aus dem geöffneten Fenster Marschmusik hören. Kurz darauf wird Frau Rechtsanwalt Wrobel mit ihrem Basset Elsie auf die Straße treten und grußlos an der Schwiegermutter mit der Kaminzange vorbei in Richtung Grünanlage gehen. Elsie ist fett, hängt in der Mitte durch, hat entzündete Augen und krumme Füße mit zu langen Krallen. Sie kackt kleine weiße Kalkbälle vor das Haus, in dem der Kinderverderber verschwunden ist. Elsie will nicht gehen und schleift ihren Bauch mühsam über den Gehsteig. Um so drahtiger schreitet Frau Rechtsanwalt Wrobel in ihrem kurzen weißen Tennisröckchen aus, denn sie wird gleich eine Trainerstunde bei dem braungebrannten Tennislehrer aus der Kreisstadt nehmen. Sie raucht im Gehen und wartet, bis Elsie ihre Kalkbälle losgeworden ist.

Die alte Wrobel schaut erbittert hinter ihr her, das Flittchen, die Schmarotzerin, die ihr den Sohn weggenommen hat, der etwas Besseres verdient hätte. Der Sohn ist gutverdienender Scheidungsanwalt und hat eine Geliebte in Bielefeld, weshalb er in Bielefeld oft «Termine wahrnehmen muß». Die alte Wrobel schaut zu uns hoch, grüßt, droht mit der Kaminzange hinter der Schwiegertochter her und äfft ihren aufreizenden Gang nach. Jetzt kommt Kowalski auf dem Rennrad den Berg von der Grünanlage heruntergefahren. Kowalski malt wilde Bilder in schreienden Farben und radelt täglich gegen seine sexuellen Obsessionen an. Er trägt enge Radfahrerhosen, in denen man «alle Teile» sieht, wie die alte Wrobel einmal voll Abscheu bemerkt hat: «Ekelhaft, so eine Hose, man sieht alle Teile, aber das gefällt dem Flittchen!»

Kowalskis Gesicht ist rot und schweißglänzend, das Haar verklebt, als er jetzt anhält und vom Rad steigt, um mit Frau Rechtsanwalt Wrobel eine zu rauchen und ihr von dem Fuchs zu erzählen, den er auf der Hochstraße gesehen hat, von der Weinlese, die in vollem Gange ist, von den Bauarbeiten an der Trasse der Schnellbahn. Sie lacht laut und wirft den Kopf jungmädchenhaft in den Nacken, ach, Kowalski, Sie sind mir einer! Else rutscht mit dem Hintern über den Kies, weil sie einen Abszeß an den Analdrüsen hat.

Seit Kowalski sich endgültig von Martha, seiner Frau, getrennt hat, wohnt er in unserer Straße. Martha hat ein Verhältnis mit einem ehemaligen Boxer, der Kowalski in der Stadt kumpelhaft zuzwinkert. Kowalski findet diese Affäre unerträglich und nicht zu vergleichen mit seinen Geschichten, etwa mit der italienischen Eisverkäuferin, der älteren Schauspielerin oder der Bedienung in den Rheinterrassen.

Kowalski will nicht abends heimkommen und sehen, wie der ehemalige Boxer in seiner Küche Weizenbier trinkt, also hat er sich eine kleine Dachwohnung gemietet, und wir können nachts lange das Licht brennen sehen. Dann malt er oder schreibt für Kunstzeitschriften verwegene Artikel mit Titeln wie «Was soll uns Schönheit?» oder «Im Schlaf erwacht die Schwermut» oder «Vom Überflüssigen». Manchmal geht Kowalskis Freund Werner unter den Fenstern auf und ab, hustet überdeutlich, schaut zu den erleuchteten Vierecken hoch, traut sich aber nicht zu klingeln und trabt wieder zurück in Marthas Küche, wo er oft Zuflucht sucht und mit dem ehemaligen Boxer ein Weizenbier nach dem anderen trinkt. Werner ist acht Jahre zur See gefahren und dann in Wien bei einer Restaurateurin namens Elsbeth gestrandet, von deren erotischen Extravaganzen er oft in hocherregtem Frageton erzählt: «Immer nur im Stehen, stundenlang, rein raus, rein raus, und dabei raucht sie, ist das denn normal, sagt doch mal?» Werner ist vor Elsbeth in unsere Kleinstadt geflohen, weil hier sein einziger Freund lebt, Kowalski, und nun hat sich Kowalski so zurückgezogen, und Werners letzte Anlaufstelle ist Marthas Küche. Wenn er betrunken ist, tritt er ans Fenster, ballt die Faust und ruft in die Nacht hinaus: «Kowalski, du Schuft!», und dann sagt Martha: «Mal du erst mal solche Bilder», und der Boxer sagt: «Was, du nimmst das Arschloch noch in Schutz?» Manchmal haut der Boxer Martha dann eine rein, nicht fest, nur gerade so, daß es ein dickes Auge und ein paar Schrammen gibt, die Martha am nächsten Tag stolz zum Einkaufen auf den Marktplatz trägt. Ganymed, Marthas und Kowalskis halbwüchsiger Sohn, der seinen Vater so glühend haßt wie er seine Mutter liebt, will den ehemaligen Boxer dafür ermorden und schmiedet finstere Pläne. Er, der nach dem schönen Mundschenk des Zeus heißt, der in unvergänglicher Jugend Dienst an der Tafel der Götter tut, ahnt nichts von den Jahren der Langeweile, die für Martha die Ehe mit Kowalski bedeutet haben. Sie genießt die kleinen Handgreiflichkeiten des ehemaligen Boxers durchaus, nachdem Kowalski sie jahrelang überhaupt nicht angerührt hatte.

Es ist dunkler geworden, und Frau Rechtsanwalt Wrobel zerrt Elsie hinter sich her in Richtung Tennisplatz. Kowalski schultert sein leichtes Rad und trägt es in den dritten Stock hoch, und währenddessen hält unten vor seinem Haus ein kleines weißes Auto. Heraus steigt in einem leuchtendblauen Kleid, das korngelbe Haar lang und offen, Erdmute. Sie ist Querflötistin im Kurorchester und hat ein Verhältnis mit dem Dirigenten, hätte aber lieber eins mit Kowalski, jetzt, wo er frei von Martha ist. Erdmute und Martha sind zusammen zur Schule gegangen und haben sich immer gehaßt, zwei böse Sägeblätter, zwischen denen Kowalski seit Jahren zerrieben wird. Er öffnet nicht auf Erdmutes Klingeln, macht auch kein Licht. Sie versucht es noch einmal, fährt dann ab, hupt wütend. Als das Auto weg ist, öffnet Kowalski oben weit die Fenster. Jetzt wird er den Fuchs malen, den er überfahren auf der Hochstraße gesehen hat. Die vergilbte Katze schlüpft durch einen Spalt des Küchenfensters ins Altersheim, und der Kinderverderber stellt die Marschmusik ab und geht zu Bett.

Werner sitzt in Marthas Küche, sie flüstern, um den ehemaligen Boxer nicht aufzuwecken, dem der Kopf schwer auf den Tisch gesunken ist. Anita, Marthas und Kowalskis häßliche Tochter, die im Garten Marihuana züchtet und selbstgedrehte Zigaretten auf dem Schulhof verkauft, spießt lebende Schmetterlinge auf. Das Dööfchen schlurft mit drei vollen Tüten gähnend nach Hause. Uns wird kühl auf dem Balkon, wir räumen die Stühle nach innen, schließen die Tür, waschen uns flüchtig und legen uns schlafen.

Am nächsten Morgen gehen wir auf den Markt und sehen Martha mit ihrer Freundin Irene in der Fußgängerzone vor «Claire's Bistro» sitzen und Chardonnay trinken. Mit zusammengekniffenen Augen sehen beide hinter Irenes ehemaligem Mann Wilhelm her, der grußlos vorbeigeht. Es ist halb zwölf, da macht er Mittagspause und ißt beim Chinesen süßsaure Suppe und Hühnerfleisch mit Bambus, wie immer. Wilhelm führt eine Musikalienhandlung, und Irene hat ihn kennengelernt, als sie vor Jahren für ihre kleine Nichte ein Akkordeon bei ihm kaufte. Viel zu schnell hatten sie geheiratet, die Ehe hielt nur anderthalb Jahre, und die kleine Nichte ist inzwischen am Gehirntumor gestorben – das Akkordeon steht ungenutzt herum. Als die kleine Nichte damals schon im Sterben lag, hatte man noch Wilhelms Mutter hinzugezogen, eine alte Frau mit schrill blondiertem Haar und Kenntnis der homöopathischen Medizin, aber es war schon zu spät gewesen. Die Ärzte, schimpfte sie, allesamt Scharlatane, hätten bereits alles gründlich verdorben, vor allem der Doktor Jungblut, man wisse ja, was von dem zu halten sei. Doktor Jungblut genießt in der Stadt eine gewisse Berühmtheit als brillanter Tänzer. Unsere drei Homosexuellen schwören auf ihn, weil er noch immer Aids für Schnickschnack und eine Erfindung der katholischen Kirche hält. Er erzählt gern kleine obszöne Witze und gibt nichts auf das Arztgeheimnis. Laut teilt er in Gesellschaft mit, wer eine Schrumpfleber, wer Colitis ulcerosa, wer Toxoplasmose hat. «Na, Frau Wrobel», ruft er auf dem Sommerfest des Tennisclubs, «was machen denn die Hämorrhoiden?» Er wird auf alle Feste eingeladen, denn Krankheiten sind immer ein wichtiges und beliebtes Thema. Auch Marthas Mutter ist bei ihm in Behandlung, weil sie nur dort ab und zu etwas über ihre Tochter erfährt, die seit Jahren nicht mehr mit ihr spricht. Das Dööfchen ist seit seiner Geburt Doktor Jungbluts Patientin. Mit starken Medikamenten hat er es während der Pubertät ruhig gehalten, nur das heisere Bellen konnte er leider nicht eindämmen. Und auch bei der kleinen Nichte hat er damals nichts mehr machen können, aber den Redakteur des *Tageblatts* hat er von seinem unerträglichen Mundgeruch befreit, indem er faulige Restmandeln entfernte.

Der ehemalige Boxer schläft seinen Rausch aus, während Irene und Martha die zweite Flasche Chardonnay trinken. Werner ist dazugekommen und erzählt, daß er Wilhelm, Irenes Ehemaligen, mit Sicherheit mal in Düsseldorf in der Fußgängerzone gesehen habe, wo er auf einer Gitarre Tango spielte. Wilhelm hatte als junger Mann sein Musikstudium abgebrochen, um den väterlichen Musikalienhandel zu leiten, aber anscheinend steckte ihm die Liebe zur Musik doch noch in den Knochen. Irene kann sich nicht einmal mehr daran erinnern, ob Wilhelm zum Frühstück Tee oder Kaffee trank, so unwichtig ist er ihr gewesen oder geworden.

Auf dem Schulhof läßt Anita Sechsjährige an ihren Marihuana-Zigaretten ziehen und freut sich, wenn sie das Schulklo vollkotzen. Niemand prüft, was in diesen Zigaretten drin ist, und bei Vorwürfen dreht Anita die blassen Augen gen Himmel und sagt: «Kann ich dafür, wenn sie so früh schon rauchen wollen?» Wenn Anita aus der Schule kommt, ist ihre Mutter schon so betrunken, daß sie sich auf dem Heimweg bei der Tochter einhaken muß. Mutter und Tochter verabscheuen sich, wie sich Martha und ihre Mutter verabscheuen. Sie zischen sich Gemeinheiten zu, und Anita geht in festem Schritt, mit zusammengepreßten schmalen Lippen und zieht die Mutter rücksichtslos hinter sich her. Sie ist ein häßliches und böses Kind, groß und hager wie die Mutter – kein Hund, der nicht im Vorübergehen von ihr getreten würde, kein Kind, dem sie nicht rasch und fest auf den Kopf schlüge, wenn die Eltern gerade wegschauen. Anita liebt nur einen einzigen Menschen, das ist Kowalski, ihr Vater, aber diese Liebe wird nicht erwidert. Irene bleibt allein vor «Claire's Bistro» bei ihrem Wein sitzen, bis auch Ganymed aus der Schule kommt, zusammen mit dem schönen Bertram. Der schöne Bertram ist sechzehn, hat langes blondes Haar, zum Zopf gebunden, und immer eine Zigarette im Mund. Er schaut den Frauen auf die Brüste, die Beine und den Hintern, und man sagt, daß der ehemalige Boxer ihn schon als Zuhälter anlernt. Ganymed ist hoffnungslos verliebt in den schönen Bertram, der jetzt aus Irenes Glas einen Schluck trinkt und ihr so in den Nacken faßt, daß sie eine Gänsehaut bekommt. «Na», sagt er, und sonst nichts. Im Schaufenster der Buchhandlung Löwinger studieren er und Ganymed

Reiseprospekte, dann verabreden sie sich zum Pferderennen am Nachmittag und trennen sich. Der schöne Bertram holt jetzt seine Mutter ab, die beim Bridgespielen verloren hat, und manchmal zieht er einen Hunderter aus der Tasche und zahlt ihre Schulden. Buchhändler Löwinger schließt über Mittag sein Geschäft und geht mit seinen beiden dicken Töchtern nach Hause zum Essen. Sandra, die Jüngere, hat neuerdings einen Freund, und zwar Patrick, den Sohn des Leiters dieses großen Einkaufszentrums draußen am Bahnhof. Vor Jahren hatte Patrick einen Autounfall, da dachten wir alle: das wird nichts mehr. Aber nun geht er mit Sandra, die aussieht wie eine Lehmgrube nach einem schweren Gewitter, und er ist doch eigentlich ganz hübsch, wenn auch so unauffällig, daß man sein Gesicht sofort vergißt. Er muß das wissen, denn im Sommer fährt er mehrmals täglich in einem offenen Auto an «Claire's Bistro» vorbei, damit wir uns an ihn erinnern. Wenn Sandra den kriegt, sagen wir, hat sie ausgesorgt, und dann kann ihre kloßförmige Schwester Judith den Buchladen erben.

Judith hätte gern damals Wilhelm geheiratet, aber da war ihr Irene dazwischengekommen. Seither grüßt sie Irene nicht mehr, und wann immer Irene ein Buch kaufen möchte, sagt Judith: «Das muß ich erst bestellen, und das läßt sie dann tagelang dauern. Wilhelm sitzt beim Chinesen und trinkt Rotwein zum Essen. Doktor Jungblut hat vor Jahren Darmkrebs bei ihm festgestellt, und dann war herausgekommen: er hatte sich geirrt, nur ein Magengeschwür! Ab sofort kein Rotwein mehr! Nun trinkt Wilhelm den Beaujolais schon mittags.

Am Nebentisch schlürft die Brühwürfelerbin ihre Wan-Tan-Suppe. Sie ist fast neunzig Jahre alt und steinreich und wird alles der katholischen Kirche vermachen, denn sie haßt ihre Familie. Täglich geht sie schwimmen im städtischen Bad und schlägt am Beckenrand mit dem Stock nach Kindern, die spritzen oder herumtoben. Nie weicht sie einem Schwimmer aus, der ihre Bahn kreuzt. Stur schwimmt sie mit energischen Zügen geradeaus, und einmal ist ihretwegen fast ein Kind ertrunken, sie ist einfach drüberweg geschwommen.

Sie nickt Wilhelm zu, der zweimal im Jahr – vor und nach der Heizperiode – ihren Flügel stimmen kommt, auf dem sie nie spielt. Heute wird sie nach dem Essen auf den Friedhof gehen, wo ihr letzter Freund beerdigt wird, ein alter Französischlehrer, mit dem sie manchmal Patiencen gelegt hat. Statt Blumen wird sie ihm die Patiencekarten ins Grab werfen. Sie überlegt, mit wem sie nun in Zukunft ab und zu ein Schwätzchen halten könnte, aber es fällt ihr niemand ein. Frau Rechtsanwalt Wrobel kommt mit schnellem Schritt vom Einkaufen, sie wird von Erdmute gegrüßt, die soeben eine Kurorchesterprobe hatte. Beide denken an diesem leichtsinnig-warmen Tag an Kowalski. Kowalski aber liegt genau zu dieser Stunde mit der Aushilfspostbotin im Bett. Sie hatte ihm schon lange gefallen, und morgen sind die drei Wochen um, in denen sie unsern alten dämlichen Briefträger vertreten hat, der immer Heinrich, Henrici und Heiders verwechselt und Nr. 14 nicht von Nr. 24 unterscheiden kann. Heute morgen, als die junge Aushilfspostbotin die drei Treppen zu Kowalski hochstieg, um Nachgebühr zu kassieren, hat er ihr auf dem Treppenabsatz ein Gedicht von Ferlinghetti aufgesagt, das mit den Worten begann:

> «An der Küste von Chile
> wo Neruda lebte
> ist es wohlbekannt daß
> Seevögel oftmals
> aus Briefkästen Briefe stehlen
> die sie aus verschiedenen Gründen
> gerne lesen würden.»

Dieses Gedicht hat die Aushilfspostbotin überzeugt, und so schläft sie nun gern mit Kowalski und trägt den Rest der Post erst anderthalb Stunden später aus. Martha liegt jetzt überwach in einem verdunkelten Zimmer und wird von Bildern gepeinigt, die mit ihrer Mutter zu tun haben. Anita hat im Garten einen kleinen Vogel gefangen, ihn in ein Marmeladenglas gesperrt, und nun sieht sie zu, wie er erstickt.

An diesem Abend warten wir vergebens auf das Dööfchen. Es kommt nicht die Straße herunter, und die alte Wrobel lauert ratlos mit der Kaminzange hinter der Wohnzimmergardine. Das Dööfchen kommt auch in den nächsten Tagen nicht, und wir fangen an, uns Sorgen zu machen. Die Nachricht, daß Doktor Jungblut sich bei Wilhelm abermals geirrt hat – es ist Krebs der Bauchspeicheldrüse und wird nun sehr schnell gehen –, läßt uns kalt. Wo ist das Dööfchen? Ob man einfach einmal klingelt und die Mutter fragt, entschuldigen Sie bitte, aber Ihre Tochter ...? Judith will sich für Wilhelm aufopfern und ihn pflegen bis zum Schluß. Martha hat den Boxer nun doch aus dem Haus geworfen, und Kowalski überlegt, ob er wieder zu ihr und den Kindern zurückziehen soll. Werner wird nach Wien fahren und es noch einmal mit Elsbeth versuchen, und Rechtsanwalt Wrobel ist zum erstenmal ein ganzes Wochenende in Bielefeld geblieben. Jetzt erwägt seine Frau ernsthaft, mit dem Tennislehrer noch einmal ganz von vorn anzufangen. Sie weiß nicht, daß Erdmute Kowalski endgültig aufgegeben hat und nun private Trainerstunden nimmt.

Die Brühwürfelerbin räumt auf dem Heimweg vom Schwimmbad mit ihrem Stock die vergilbte Katze beiseite, die überfahren vor dem Altersheim liegt. Da wird sie der alte Mann in dem rosa Hemd mit den kurzen Ärmeln am Abend finden, wird sie weinend in den Arm nehmen und endlich lange streicheln.

In der Zeitung lesen wir, daß Alexis von Bredow den Tod ihrer Mutter betrauert. Die Adresse ist die des Dööfchens, von dem wir nun wissen, daß es Alexis heißt. Wenige Tage später sehen wir seinen dicken runden Kopf an einem der Fenster des Altersheims. Er schaut dem Kinderverderber nach, der vom Rad steigt und sich mißmutig umsieht, weil nichts los ist.

Ganymed und der schöne Bertram gehen die Straße hinauf zur Grünanlage. Ganymed legt vorsichtig seinen Arm um den Freund. Weiter passiert heute nichts. Aber wir sind gewohnt zu warten. Alles ereignet sich, irgendwann.

# Harold Brodkey

## UNSCHULD

*I Orra in Harvard*

Orra Perkins war Studentin im letzten Semester. Ihre Blicke waren wie eine Gewalt, die einen jäh traf. Wahrhaftig, Leute, die sie kennen lernten, hoben oft unwillkürlich die Arme, als müssten sie sich abschirmen gegen den Glanz ihrer Erscheinung. Sie war ein etwas mageres, tulpengleiches Mädchen von mittlerer Größe. Sah man sie im Sonnenlicht, sah man den Marxismus sterben. Ich bin nicht der Einzige, der das sagte. Es lag einfach daran, dass man, wenn man eine Wertarbeit von derart hoher Qualität plötzlich leibhaftig vor sich sah, eine Entscheidung zu treffen hatte, ob eine solche Qualität Recht auf persönliches Existieren besaß oder ob sie dem Staat gehörte und unter Bewachung gestellt werden sollte, im Maßstab verkleinert, überhaupt kleiner gemacht, ausgelacht.

Hinzu kam noch faktisch, dass man reich sein musste und berühmt, wenn man Hand an sie legen wollte; sie stellte ja fraglos eine Trophäe dar, und die Frage erhob sich, ob diese Trophäe nun unbedingt nur aus ökonomischen und politischen Gründen zu verleihen war oder ob auch der Zufall dabei mitspielen konnte.

Ich war ebenfalls Student im letzten Semester und ein Spötter. Ich hatte kein Geld. Ich war ohne Stammbaum. Orra kam mir vor wie der leibhaftige Beweis dafür, dass das Leben ein erschreckendes Phänomen der Bewusstseinsoberflächlichkeit war. An ihr wurde jeder Begriff, den ich von psychologischer Normalität oder von Gerechtigkeit hatte, zuschanden, weil die Normalität nicht so bewunderns- oder begehrenswert war wie Orra; oder vielmehr war sie die Normalität selbst, und alles andere fiel dagegen ab, war Abweichung, Ausnahme; und Gerechtigkeit war unvorstellbar, wenn sie, oder jemand ihresgleichen, sofern es überhaupt noch ihresgleichen geben konnte, wenn man sie einmal gesehen hatte, nicht mit einem schlafen wollte. Ich rief in meinem Zimmer regelmäßig allgemeine Heiterkeit dadurch hervor, dass ich in Gegenwart meiner Freunde laut ihren Namen brüllte, dann in Gelächter ausbrach und schließlich seufzte: «Mein Gott, wir haben ja so wenig Gelegenheit!» Es war bitter, dass es sie gab und ich sie nicht gehabt hatte. Man konnte immer noch einem gewöhnlichen Mädchen den Vorzug geben, aber nicht aus einfachen Gründen.

Sehr viele Leute mieden sie, liefen vor ihr weg. Sie war, bis zu einem bestimmten Grad, wissender als wir andern alle, weil die Erfahrungen, die sich ihr geboten hatten, so extrem gewesen waren und so extreme Reaktionen bei ihr hervorgerufen hatten – Szenen auf dem Harvard Square mit einem englischen Marquis, der auf einer Party im Lowell House den Sohn eines Milliardärs so heftig geschlagen hatte, dass er rücklings zu Boden ging, worauf sie sagte und später wiederholte: «Ich schlafe grundsätzlich mit keinem, der einen fetten Arsch hat.» Extrem in den Demütigungen, die sie erlitten und zugefügt hatte, in der krassen Derbheit der Publizität ihres Lebens, das mit solchen Abenteuern definiert wurde, extrem in den Gefahren, die sie heil oder auch nicht vollkommen heil überstanden hatte, in der ganzen erlebten Billigkeit, sodass sie sich jetzt auf einer Höhe befand, die einem Angst machen konnte, einer Höhe der Erfahrung und des Andersseins, die sie über jedermann sonst erhob. Sie hatte an allem teilgenommen und alles ausgekostet, Intrigen, größere und kleinere, die Dramen der im Rampenlicht der Politik stehenden Familien, Leidenschaft, Betrug und Torheiten großen und teuren Stils, Versprechungen, Gewalttätigkeit, den echten Schmerz der Niederlage, wenn Niederlagen bis zu einem gewissen Grad das Ergebnis von Eigenschaften und nicht von Defekten sind, und sie wusste, wie faul ein Sieg war, den man nicht endgültig errungen hatte. Sie war derb und schönheitsgeschädigt. Sie war wie ein riesiger Vogel, sie war so exzentrisch wie ein Straußenweibchen, wenn sie auf dem Yard herumschritt, in ihrer absurden Pracht, sie war so anders in ihrer Art als wir, als sei sie einer anderen Form der Fortbewegung fähig durch das willfährige Medium der Luft, durch die fremdartigen Räume unserer Minuten auf dieser Erde, durch die düsteren Umstände unseres Lebens in jenen Jahren.

Die Leute sagten, es lohne sich, dies oder das zu tun, bloß um sie zu sehen – der bloße Umstand, dass man sie sah, gab einem so etwas wie Antrieb, war so etwas wie ein Zeugnis dafür, dass das Leben interessant war. Aber nicht vielen lag derart viel daran, sie zu kennen. Die meisten zogen es vor, auf Distanz zu bleiben. Ich weiß nicht, ob die Tatsache, dass sie sich selbst zu dem gemacht hatte, was sie darstellte, ihr dienlich gewesen war. Sie hätte ganz gewöhnlich sein können, wäre das ihr Wunsch gewesen.

Sie hatte unauffälliges Haar, eine ganz und gar nicht eindrucksvolle Stirn und außerordentliche Augen, tief liegend, sehnsüchtig, hoffnungsvoll, ärgerlich gelangweilt hinter weichen, schweren Lidern, die flatterten, wenn sie interessiert war und wenn sie überhaupt nicht interessiert war. Sie hatte ein starkes Verlangen, Randfiguren und Fremde nicht zu behelligen und auch von ihnen nicht behelligt zu werden. Sie hat eine stolze, zu große Nase, die ihr das Aussehen eines edlen, störrischen Hundes gibt. Ihr Mund ist von bestürzend schöner Harmonie – er zeigt viel mehr unmittelbaren Ausdruck als ihre Augen, und er zeigt ihre Unerbittlichkeit: es ist die Unerbittlichkeit der Lebenserfahrung, die sie in sich trägt. Die Leute starrten sie unentwegt an. Manche kicherten nervös. *Magst du mich, Orra?*

*Magst du mich ein bisschen?* Sie starrten die großen Hände der Aztekenpriesterin an, die sie alle dem Fühlen und dem Grauen erschloss, die ihre Herzen freilegte, die furchtbare Ängstlichkeit ihres Lebens. Sie starrten in die unglaublichen Symmetrien ihres manchmal qualvoll leidenschaftlichen Gesichts, in den regellosen Schmerz der Schönheit, der sich darauf abzeichnete, in die gelegentlich unbändige Fröhlichkeit, die sie empfand, weil sie schön war. Ich mag schöne Menschen. Die Symmetrien ihres Gesichts wurden oft durchkreuzt von ihren tastenden Versuchen nach Ausdruckskraft – die Schönheit war ein Stein, unter dem sie sich hervorkämpfte. Eine komische Schönheit. Ein grausamer Clown von einem Mädchen. Manchmal war ihr Gesicht absolut teilnahmslos, wie maskiert von Dumpfheit, und sie versuchte, inkognito unter uns zu wandeln. Ich stellte fest, dass jeder ihrer Zusammenbrüche sie näher in den Bereich des Möglichen für mich rückte. Ich hatte nie einen Zweifel daran, dass sie privat eine ganz prosaische, scheißende und pissende Person war. Sooft ich Gelegenheit fand, sie längere Zeit zu beobachten, in einem Klassenzimmer zum Beispiel, kam mir der Gedanke, *ich verstehe sie.* Sooft ich mich ihr näherte, kam sie mir bis zu einem gewissen Punkt entgegen, und dann passierte es plötzlich, dass ich, oft sogar mitten im Gespräch mit ihr, als Persönlichkeit, als sexuelle Gegenwärtigkeit, als jemand, der greifbar für sie war und ein wichtiges Gegenüber, zu immer größerer Unsichtbarkeit verblasste. Das war so, als sie aufs College kam, als sie einige Semester hinter sich hatte, als das Examen näher rückte. Als wir ins letzte Semester gingen, hatte ich mittlerweile gelernt, wie ich es umgehen konnte, unsichtbar zu sein, sogar in Orras Gegenwart. Orra war, das war mir aufgegangen, im Grunde nicht mehr als eben ein tolles College-Mädchen, viel umschwärmt und viel gepriesen, aber doch nicht mehr als das. Aber mein Gott, mein Gott, vor meinem Blick, in meinen Gedanken schritt sie wie eine *Nike,* trat sie auf wie ein Sturm aus Licht, und das Denken an sie war so grenzenlos weit wie die

Wüste. Manchmal, in früher Winterdämmerung auf dem Yard, sah ich sie in ihrem Mantel, aufgeknöpft sogar bei kaltem Wetter, ganz als glühe sie immerfort irgendwie, sah sie unförmig einen Weg entlangstapfen, wie eine dürre Hockeyspielerin, eine große Sportlerin, die nach dem Abpfiff halb stolpernd, in sich zusammengesackt vom Rasen geht, doch immer noch Kraftreserven hat, verstehn Sie? Und ihr Gesicht konnte, während sie so dahinging, rucken und zucken wie das eines Hundes im Schlaf, je nachdem, was in ihrem Kopf vorging, ein Gespräch oder ein Abenteuer oder ein Tagtraum. Oder sie konnte durch die frühe Dunkelheit schreiten, mit eisigem Gesicht, hochmütig, wütend, sämtliche Körbe, die man je bekommen würde, gebündelt in einem einzigen lächerlich schönen Mädchen. Man sagte ständig: *Ich möchte wohl wissen, was einmal aus ihr wird.* Dass sie mich ignorierte, brandmarkte mich als ein sexuelles Nichts. Sie war der Beweis für ein Niveau des sexuellen Abenteuers, das ich trotz aller Anstrengung bisher noch nicht erreicht hatte: Dieses Niveau gab es, weil es Orra gab.

Was hat man nur davon, derart verliebt zu sein?

### *II Orra bei mir*

Ich misstraue allen Zusammenfassungen, jedem raffenden Durchgleiten der Zeit, jedem zu hoch gegriffenen Anspruch, unter Kontrolle zu haben, was man erzählt; ich glaube, wer zu verstehen behauptet, dabei aber ersichtlich gelassen bleibt, wer mit Emotion zu schreiben behauptet, diese Emotion aber nur gemächlich aus der Erinnerung holt, der ist einfach ein Narr und ein Lügner. Verstehen heißt zittern. Sich wirklich erinnern heißt wieder eintauchen und zerrissen werden. Ein Akrobat, der mit spöttischer Eleganz durch die Luft geflogen ist, steht anschließend aufrecht auf seiner Plattform und macht seine spöttische Verbeugung, als wäre das, wofür er Applaus erhält, ganz leicht für ihn und koste ihn rein nichts, obwohl er mittlerweile mit Schweiß bedeckt und sein Lächeln geschliffen ist von einer Erleichterung, die ihn nicht weiter darüber nachdenken lässt; er hat sich dem Stil des Showbusiness ergeben; er tut so, als wäre er ein Übermensch. Mich ödet das an, wie alles, wohin es uns gebracht hat. Ich bewundere die Glaubwürdigkeit der Kraft, die erforderlich ist, um vor einem Ereignis in die Knie zu gehen.

Im letzten Frühjahr vor unserem Examen bekam ich sie schließlich. Wir hatten vereinbart, uns zum Essen zu treffen und uns vorher auf meinem Zimmer noch einen kleinen billigen Schwips anzutrinken, bevor wir dann zum Essen ausgingen. Ich ließ die Tür unverschlossen; und ich lag nackt auf meinem Bett unter einem Laken. Als sie an die Tür klopfte, sagte ich «Herein!», und sie kam herein. Sie fing sofort an zu schnattern, beschwerte sich, dass ich noch im Bett lag; sie schien zu glauben, ich hätte ein Nickerchen gemacht und nur vergessen, rechtzeitig aufzustehen und mich für ihre Ankunft herzurichten. Ich sagte: «Ich bin nackt unter diesem Laken, Orra. Ich habe auf dich gewartet. Ich hab nicht geschlafen.»

Ihr Gesicht wurde leer. Sie sagte: «Du verdammter – warum konntest du nicht warten?» Aber noch während sie das sagte, legte sie schon ihre Bluse ab.

Ich war ziemlich perplex darüber, dass sie so fügsam war; und dann sah ich, es lag vielleicht zum Teil daran, dass sie nicht das Risiko eingehen wollte, nein zu mir zu sagen – sie wollte nicht, dass ich verletzt war und schwierig wurde, sie wollte nicht, dass ich explodierte; sie hatte irgendwie die Hoffnung, mich glücklich zu machen, damit ich wirklich Gefallen an ihr fand und glücklich mit ihr wurde und mich ihr aufschloss: ich drücke das alles ziemlich schlecht aus. Doch dass sie nicht imstande war, nein zu sagen, bewahrte mich davor, so große Angst vor sexuellem Versagen zu haben, dass ich meinerseits nicht mehr imstande gewesen wäre, auf ihr Vergnügen bedacht zu sein oder mir überhaupt darüber Gedanken zu machen, wie sie im Bett reagierte. Sie reagierte nämlich sehr dilettantisch und unerfahren im Bett, und irgendwie rührte mich das. Sexuell war das Ganze eine ziemlich armselige Angelegenheit; sie konnte nicht kommen, ja sie spürte nicht einmal besonders viel, soweit ich sah. Hinterher, als ich neben ihr lag, dachte ich an ihre acht oder zehn oder fünfzehn Liebhaber, die alle Angst vor ihr hatten, Angst, sie könnten etwas falsch machen, wenn sie ihr etwas über Sex erzählten. Ich stellte sie mir bildlich vor, wie sie alle ihr eigenes Ego schützten, wie sie die Arme um ihr Ego schlangen und Orra nicht an sich heranließen. Es war wie eine Zärtlichkeit, eingebettet in das Ergebnis, dass sie, in ganz augenfälliger Weise, bei nur ein bisschen kritischer Interpretation Jungfrau war. Und beeinträchtigt, ja verkrüppelt dadurch, dass sie schön war, ganz wie ich gedacht hatte. Natürlich, sagte ich mir, musste ich damit rechnen, dass ich mir lauter Illusionen machte. Aber was ich für den Rest dieser Nacht tat – wir blieben die ganze Nacht wach; wir redeten, wir stritten eine Weile, wir gestanden uns verschiedene Sachen, wir diskutierten über Sex, wir fickten wieder (das zweite Mal war ein bisschen besser) –, ich behandelte sie mit der Gerechtigkeit, mit der ich einen Jungen meines Alters behandeln würde, einen jungen Mann, und mit einer ziemlich exakt eingesetzten beziehungsweise bemessenen Geduld und Toleranz, so als wäre sie querschnittsgelähmt und hätte ihr Leben im Rollstuhl verbracht und wäre allen Gefühls müde. Ich zeigte ihr überhaupt kein Gefühl. Ich hatte den Eindruck, sie war erstickt unter den Gefühlen und der Gefühlsseligkeit von Leuten, auf die ihr Äußeres Eindruck gemacht hatte. Sie war schön und verängstigt und leer und scheu und allein und unverwundet und verwundbar (wie ein Krüppel: Was kann man einem Krüppel noch weiter antun?). Sie war Cäsar und beherrschte die ganze bekannte Welt und war zugleich auch Cäsar wieder nicht und überhaupt niemand.

Was ich zu tun hatte, war eine ziemlich komplizierte, zum Teil amüsante Geschichte. Ich durfte nicht empfänglich sein für ihre Schönheit, sondern musste ihre Schönheit ignorieren. Sie war eine sonderbare Sorte von Mädchen; sie war innerlich schon isoliert, isoliert als Frau. Das bedeutete: Wenn sie mir mit Sachen kam wie etwa: «Du bist sehr defensiv», dann musste ich debattieren, auf gleicher Ebene mit ihr, musste sie ernst nehmen und sagen: «Wie meinst du das?», und dann darüber reden und wechselweise einen Schlag austeilen («Über Defensivität kannst du gar nicht urteilen, in dir steckt die verrückte Unzurechnungsfähigkeit der Frauen, diese ganze irre Zusammenhanglosigkeit: Ich *muss* einfach defensiv sein!») und mich ihr beugen: «Du hast ja Recht: du denkst sehr klar. Na schön, ich werde das als Prämisse annehmen.» Natürlich war vieles von dem, was wir redeten, zusammenhanglos und unsinnig, wenn man es näher betrachtete, aber wir arbeiteten im Gespräch sozusagen aus, was wir meinten oder zu meinen glaubten. Ich reagierte nicht emotional auf sie. Sie war gar kein richtiges Mädchen, ja eigentlich gar kein menschliches Wesen: Wie konnte sie das auch sein? Sie war eine Position, ein Pracht- und Prunkstück völlig eigener Art, eine Trophäe, die Pseudo-Kleopatra unserer hiesigen oberen Mittelschicht. Oder auch nicht Pseudo. Ich konnte nicht schwelgen in meinem Glück oder ganz unwillkürlich eitel sein. Ich konnte nicht mit stolzgeschwellter Brust wie auf Wolken gehen oder liegen, ein Halbgott mit einer Göttin, obwohl es keinen Zweifel gab, dass wir sehr glücklich waren, trotz allem, trotz der Armseligkeit des Sexuellen, trotz der Unterschiede unserer Einstellung, die alles waren, was wir gemeinsam zu haben schienen, trotz der Spannungen und Missgriffe. Wenn ich mehr Freude von ihr empfing, als sie an mir hatte, wenn ich sie auch nur für einen Augenblick aus dem Bewusstsein verlor, würde sie sofort wieder in ihre Isolation eingeschlossen sein. Ich konnte sie nicht lieben und zugleich besitzen. Ich konnte sie lieben und besitzen, wenn ich mir weder Liebe noch die Symptome des Gefühls, sie besessen zu haben, anmerken ließ. Es war Lüge, eine Hochglanzlüge gewissermaßen, wenn ich ihr die Möglichkeit des Fühlens erschloss, indem ich es ihr in den gelassenen Lügen meines Verhaltens bequem machte, ihr die Minuten mit falschen Botschaften beschriftete. Es war wie die Erfüllung einer Forderung im griechischen Mythos, etwa sich nicht nach Eurydike umzusehen. Die Nacht kroch dahin, schlich dahin, späte Minuten, bestäubt von Dunkelheit, inmitten einer schlafenden Stadt, unter einem Frühling, der kribbelte und krabbelte wie eine Plage von grünen Schlangen, Bissen von Wärme in der Luft, früh um vier dann Blätterdüfte, als der Gestank der Autos erstarb. Die Dämmerung kam, so rosig, pastellen, so absolut irre: Wir redeten über die Möglichkeit angeborener grammatischer Strukturen; ich sagte, es wäre eine unwahrscheinliche Vorstellung, dass die Juden wirklich «von Gott heimgesucht» seien (der Gedanke war von einem Juden zur Sprache gebracht worden), und die große Schwierigkeit wäre eben gewesen, einen gerechten Gott zu erfinden, und wenn Gott zu einem bestimmten Zeitpunkt selbst erschienen sei oder sich auf Propheten verlassen habe, dann habe es Gradunterschiede in der Möglichkeit seiner Erkenntnis geben müssen, weshalb er bereits per definitionem ungerecht gewesen sei; gerecht wäre ein Gott überhaupt nur dann, wenn er aus dem bestünde, was jedermann zu allen Zeiten bewusst und bekannt war; und man könne einen im Grunde messianischen, einen tief religiösen, betrügerischen Denker am besten daran erkennen, inwieweit er versuche, seine Lehre in der Aussage zu verankern, sie sei schon immer wahr gewesen, sei selbst dem Wilden eingeboren, während ein ehrlicher Denker, ein Nicht-Lügner, durchdrungen sei von der Wahrheitserkenntnis des Fortschritts und Wechsels und begriffen habe, dass es im tiefsten Grunde keine Gerechtigkeit gibt, es sei denn als Erfindung, als Versuchskonstruktion des Willens, mit einem anderen zusammenzuleben, oder mit vielen anderen, ohne sie zu zerstören. In diesem Augenblick sagte Orra: «Ich glaube, wir sind dabei, uns ineinander zu verlieben.»

Ich dachte, ich hätte sie davor bewahrt, allzu deprimiert zu sein nach dem Ficken – es ist ja doch bitter für ein Mädchen, das auch nur ein bisschen Kraft und Grips besitzt, den ganzen Vorgang zu akzeptieren, sich ficken zu lassen, ohne zu versuchen, sozusagen den Spieß am Ende herumzudrehen, das heißt, selber ein bisschen zu ficken, oder die Sache zu verderben; ich meine, die bloße Kraft, einen Mann hochzubringen, ist einfach nicht genug: Das Mädchen will ihn so weit haben, dass er bereit ist zu sterben, um zu ficken. Es gibt so etwas wie eine Kraftanstrengung oder Leistungsfähigkeit, zu der Frauen geboren sind, wie Tiere, zum Kindergebären, wo doch die Geburt ihnen den Tod bringen könnte, zur Aufzucht des Kindes, wo doch das Kind jeden Augenblick sterben kann: Es liegt in der Natur der Frauen, dass sie unter dieser Gefahr leben, mit diesem Risiko, mit dieser Nähe zur Tragödie, mit diesem gleichbleibend angespannten oder zwanglosen Mut. Sie brauchen Tod und Adel des Handelns zugleich. Sich ficken lassen, wenn nicht unzertrennlich ein Drama dazu gehört, wenn man das Männliche dabei nicht auf ein ewig geleugnetes Niveau des Adels und des Mutes erheben kann, heißt abgeschnitten werden von dem, was unzertrennlich weiblich ist, brutal gesprochen. Ich wollte ihr ein halbwegs anständiger Partner sein. Ich wusste nicht, dass mir das lag. Ich bin psychologisch, dem Wesen nach, eine flüchtige Übergangsnatur. Durchaus so etwas wie ein Lump. Ich bin unfähig zu jeglicher beständigen Treue und jeglichem Stillhalten; ich bin ein Gestalter, Belehrer. Aber ich machte alles richtig bei ihr.

Es dämmerte, wie ich schon sagte. Wir standen nackt am Fenster und sahen still zu, wie das Licht sich veränderte. Endlich sagte sie: «Hast du Hunger? Willst du was zum Frühstück?»

«Klar. Ziehn wir uns an und gehn wir –»

Sie schnitt mir das Wort ab; sie sagte mit einer lustigen Art von Bestimmtheit: «Nein! Lass mich allein gehen und uns was zu essen holen.»

«Orra, du sollst mich nicht bedienen. Warum machst du das? Sei nicht so.»

Aber sie hatte es furchtbar eilig, verliebt zu sein. Nach diesen paar Stunden, nach derart kurzer Zeit.

Sie sagte: «Ich bin nicht so schlau und munter wie du, Wiley. Lass mich dich bedienen. Dann ist alles im Lot.»

«Es ist doch alles im Lot, Orra.»

«Nein. Ich bin schal und langweilig. Du glaubst das bloß nicht, weil du in mich verliebt bist. Lass mich gehen.»

Ich kniff die Augen halb zu. Nach einer Weile sagte ich: «Also gut.»

Sie zog sich an und ging und kam wieder. Während wir aßen, war sie still; ich sagte ein paar Sachen, aber sie hatte keinen Kommentar abzugeben; sie aß sehr wenig; sie faltete die Hände und lächelte mild wie das Porträt einer hübschen jungen Mutter aus dem neunzehnten Jahrhundert. Jedes Mal wenn ich sie ansah und sie merkte, dass ich sie ansah, wechselte der Ausdruck auf ihrem Gesicht, und ich blickte in Augen, die auf eine absolute und stetige Weise alles willkommen hießen, was ich war und sagen mochte.

So, es hatte begonnen.

### III Orra

Sie war nicht gekommen. Sie sagte, sie sei noch nie gekommen, bei niemandem. Sie sagte, es mache ihr nichts aus.

Nach unserem ersten Mal beklagte sie sich: «Bei dir geht das zack, zick, zack – wie bei einer Heuschrecke.» Also hatte sie mehr Lust erwartet, als sie gehabt hatte. Aber nach dem zweiten Fick und nach Anbruch der Dämmerung beklagte sie sich nie wieder – höchstens wenn ich versuchte, sie zum Kommen zu bringen, und dann beklagte sie sich *darüber*. Sie zeigte beim Sex keinerlei Abneigung gegen irgendwelche meiner sexuellen

Eigenheiten oder gegen die Rhythmen und Stellungen, in die ich verfiel, wenn ich fickte. Aber es brachte keine Freude oder Befriedigung; es ärgerte, beunruhigte mich, dass sie nicht kam. Die Freude oder Befriedigung blieb auch im Hinblick auf mich selber aus. Den Grund dafür sah ich darin, dass sie mich stärker anzog, als sie mich befriedigen konnte, stärker vielleicht, als Ficken mich überhaupt je befriedigen konnte, dass umso mehr Sog entstand, je mehr man Acht gab, sodass das Sexuelle selbst darin versank und ertrank – ich meine, die schärfsten Nervensensationen, und doch auch die dumpfesten, ödesten zugleich, hat man beim Masturbieren –, aber wenn man auf niedrige, schmutzige Weise mit jemandem verbunden ist, gibt es Geräusche, Ablenkungen, die alle Sensationen des Fickens ersticken. Lange Zeit war die Art, wie sie ihren Wunsch äußerte, sich ficken zu lassen, wie sie sich auszog, war das sanfte horizontale Hüpfen ihrer Brüste, wenn sie dalag, und das sanfte Beben, das sozusagen sehnenlose Hingestrecktsein ihrer Beine und ihres Unterleibs, mit dem sie mir mehr oder weniger zeige, dass sie bereit war, für mich bewegender, unendlich viel wichtiger als jede bloße Ejakulation später, jeder Zielstoß in ihre Dunkelheit, jedes Hineinwirbeln künftiger Generationen in das geballte Universum, in die so strenge Verweigerung in ihrem Innern: Ich klammerte mich an sie, ich grunzte, ich verankerte mich in der denkbar flüchtigsten Erleichterung von dem Verlangen, das ich nach ihr empfand; ich war jedes Mal nach zwanzig Minuten wieder hungrig und wieder fickwütig; es war schon ein rechtes Elend, dieses Durcheinander. Es kam mir so vor, als könnten wir in den riesigen Räumen der erregten Erwartung, willkommen geheißen zu werden voneinander, nur blind und bestenfalls halb unsere Körper organisieren. Aber was sollte das? Wir würden vermutlich sterben in diesen untergründigen Höhlen; ein Teil von unser beider Leben würde sterben; eine gewisse Unschuld und Hoffnung würde das nie und nimmer überleben: wir waren zu offen, zu unbeholfen, und wir waren die falschen

Leute: Was also sollte ein Fick schon bedeuten? Es machte mir nichts aus, wenn Sex immer ein bisschen kratzig war, ein bisschen Fehlschlag mit enthielt, wenn er nur zugleich Vorbereitung war für weiteren Sex in einer halben Stunde, wenn das Kommen nur weiteres Vorspiel war. Wenn dies alles war, was uns ins Haus stand, na schön. Aber allmählich kam es mir wie Betrug an ihr vor, dass sie so viel für mich empfand, dass sie abhängig war und großzügig war und dass sie doch nicht kam, wenn wir fickten.

Sie sagte, sie sei noch nie gekommen, nicht ein einziges Mal, und sie brauche das auch nicht. Und ich dürfe mir darüber keine Gedanken machen. «Ich bin eine Tigerin im Bett», erklärte sie, «und ich vögle gern, aber ich habe zu viel Sex, um zu kommen: ich bin nicht zimperlich genug dazu. In *der* Beziehung bin ich nicht selbstsüchtig.»

Ich konnte sehen, wie es mit ihr stand: Sie hatte sich gewissermaßen umgetan, sie hatte sich Männer ausgesucht und sie aufgefordert, ihre Liebhaber zu werden, wie sie es bei mir getan hatte, statt auf sie zu warten oder sich einen Plan zu machen, wie sie ihre Aufmerksamkeit in irgendeiner subtilen Weise auf sich ziehen könnte; und im Bett war sie sexuell sehr aufgekratzt und ein bisschen draufgängerischer und weniger ängstlich als die meisten Mädchen; aber nur aus der Perspektive der oberen Mittelschicht war sie *eine Tigerin im Bett*.

Ich hatte den Eindruck – und mein ganzes Selbst war darauf ausgerichtet –, dass ihr Nicht-Kommen etwas aussagte über das, was zwischen uns war, dass ihr Nicht-Kommen eine unleugbare Tatsache war, ein Grenzmaß dessen, was zwischen uns war. Ich war nicht der Ansicht, dass wir uns einbilden sollten, wir wären großartige Liebende, wenn wir es nicht waren.

Orra sagte, wir seien es durchaus, und ich hätte keine Ahnung, wie lausig schlecht der Sex bei andern Leuten sei. Ich teilte ihr mit, das entspreche nicht meiner Erfahrung. Wir waren, so kam es mir vor, zwei Einundzwanzigjährige, verbildet und verzogen, unwiderruflich schüchtern unter der glatten Politur unserer sexuellen Zielstrebigkeit und unseres sexuellen Hungers, und psychologisch sozusagen etwas abgerissen und nur dazu fähig, einander auf Teilgebieten nützlich zu sein. Wir waren noch nicht König und Königin von Schwanzundfotzenland.

Orra sagte, die Frage, ob man kommen könnte, sei für Frauen beim Sex von geringerer Bedeutung und ein entwürdigender Maßstab der Sexualität. Sie sagte, als Maßstab sei das von Leuten gesetzt worden, die nichts von Sex verstünden und Frauen einfach kindisch beurteilten.

Mir kam es vor, als verwandle sie da etwas Faktisches, das Kommen, in eine Public-Relations-Angelegenheit. Aber Mädchen standen in diesen Dingen unter schrecklichem öffentlichem Druck.

Wenn sie darüber sprach, über diese Dinge, stellte sie einen ganz eigenartigen Gesichtsausdruck zur Schau, verächtlich, überlegen, verkniffen, einen Pass-auf-dass-ich-nicht-Hackfleisch-aus-dir-mache-Blick – in meinen Gedanken war es der Orra-wie-sie-ist-Blick, Orra allein, Orra-ohne-Wiley, ohne mich, Orra isoliert und deprimiert, eine Orra, die einschüchternde Männer hasste.

Sie verwies auf Romane, auf Romane von weiblichen Autoren, auf spezielle Szenen und Bemerkungen über Sex und das Kommen für Frauen, aber ich hatte ein paar von diesen Büchern gelesen, aus reiner Neugier, und keins von ihnen war Literatur, und die Heldinnen darin waren unterschiedslos unschuldig in jeder Beziehung; aber sehr stark und sehr erfahren, und sie hatten ein beängstigend gutes Urteil; und die Männer, die sie liebten, wurden in einer Weise beschrieben, dass sie einem eher wie Demonstrationsbeispiele der sexuellen oder intellektuellen Bandbreite ihrer Partnerinnen vorkamen als wie echte Sexualpartner oder Sexualobjekte; die Frauen verkehrten sehr reichlich mit Männern, die ihnen physisch offenbar langweilig waren; ich hielt die Bücher und ihre Charaktere wie ihre Verfasserinnen einfach für sexuell naiv.

Sehr wenige Frauen nur, so kam es mir vor, hatten wirkliches Verständnis, wirkliche Verständnisfähigkeit für die physische Realität. Immerhin, oft waren sehr sonderbare Sachen wahr, und die Vorstellung des Mannes vom Orgasmus blieb notwendigerweise auf ein spezielles Gebiet beschränkt.

Wenn ich irgendetwas im Bett machte, um sie zu erregen, mit dem Ziel, sie damit vielleicht zum Orgasmus zu bringen, bat sie mich, es nicht zu tun, und das irritierte mich auf die Dauer höllisch. Aber egal, was sie sagte, es musste in jedem Fall schlimm für sie sein, nach sechs Jahren Fickpraxis noch immer nicht zum Höhepunkt zu kommen. Es musste daran liegen, dass es ein Ansturm auf ihr nervliches Durchhaltevermögen war. Wie stark konnte sie sein?

Ich überlegte mir, ob Frauen, die kommen konnten, sich vielleicht derartig gehen ließen, dass sie grundsätzlich einen sturen Bock als Liebhaber vorzogen, also jemanden, der ganz anders war als ich: Ich hatte den Typ des starken, stummen Schwachkopfs schon oft gespielt. Manche Mädchen wurden die reinsten Schmeichelkätzchen, wenn sie gekommen waren, sogar Schwachköpfen gegenüber. Andere sprangen auf und gaben sich jäh wieder stark und robust, stolz auf sich selbst, als ob das Kommen samt und sonders *ihr* Verdienst wäre und ich mich eigentlich geschmeichelt fühlen müsste. Gott, es war schon eine seltsame Welt für sich. Mädchen mit Grips hatten die Tendenz, ihren Orgasmus zu kontrollieren und immer nur einen pro Fick zu spendieren, ganz wie ein Mann; und oft versuchten sie auch noch diesen einen unter Kontrolle zu behalten, sie begrenzten ihn auf einen einzelnen naserümpfenden Spritzer Erregung. Und selbst das machte sie dann manchmal noch restlos fertig, machte sie leer und sonderbar schwach und zerbrechlich und verwirrt und anfällig und faul. Oder sie gaben sich forsch und frech und sagten: «Gott, das hab ich aber nötig gehabt!»

Ich fragte mich, wie Orra wohl aussehen würde dabei, wie sie es machen würde, so ein Mädchen wie sie, wenn es losging, wie sie sich halten würde, ihre Augen, wie sie sich mir gegenüber verhalten würde hinterher, wenn es vorbei war.

Um sie überhaupt dazu zu bringen, dass sie über Sex sprach, über ihren Sex, kam ich ihr mit dem Argument, die Analyse einer Sache sei natürlich deren Zerstörung, aber Blätter faulten auf dem Boden und bereiteten dort den Weg für das, was als Nächstes darauf wachsen würde. So fing sie an zu reden.

Sie sagte, ich hätte Unrecht mit dem, was ich ihr als meine Beobachtung mitgeteilt hatte, und es sei kein Unterschied bei ihr zwischen geistiger und physischer Erregung; es sei nicht wahr, dass ihr Geist schnell zu erregen sei und ihr Körper nur langsam, wenn überhaupt. Ich konnte nicht sicher sein, dass ich Recht hatte, aber wenn ich auf einen Augenblick hinwies, in dem ein tiefes körperliches Gefühl in ihr gewesen zu sein schien, dann stimmte sie manchmal zu, das sei ein guter Moment gewesen nach ihren Begriffen; aber manchmal sagte sie auch, nein, es sei nur ein bisschen irritierend gewesen, wie ein besonders lästiges Kitzeln. Obwohl sie meinen Verstand durchaus schätzte, gestand sie mir doch keinerlei Autorität über das zu, was ich wusste – ich meine, wenn sich herausstellte, dass ich Recht hatte. Sie behielt die Autorität über ihre Reaktionen in den eigenen Händen. Ihre Selbstverleugnung war ihr eigenes Werk. Mir gefiel das: Manche Leute geben sich einem ganz einfach vollständig in die Hände, und dann steht man da und kann sie nicht halten, weil das zu viel für diese Hände ist: Die eigenen Fähigkeiten reichen nicht aus dafür. Ich beschloss, mich an das zu halten, was ich beobachtete, und von ihr schlicht anzunehmen, dass sie im Irrtum war, und im Übrigen kein Wort mehr über Sex mit ihr zu reden.

Ich beobachtete sie im Bett; ihr Körper war unschlüssig, widerwillig, träge, unduldsam – und unerträglich hungrig, fand ich. In ihrem Stolz, ihrem Selbstbewusstsein und ihrer Unwissenheit hasste sie das alles an sich selbst. Sie zog es vor, sich für lebhaft und gefühlsstark zu halten, Lust zu empfinden, wenn sie selbst es bestimmte, und nicht, wenn ihr tatsächlich Lust bereitet wurde, Lust nach eigenem Wollen, nach eigenem Rezept, und sich mir, so kam es mir vor, eigentlich fast nur aus Höflichkeit hinzugeben, mir Lust zu schenken, nicht an sich selbst zu denken, ein braves Mädchen zu sein, weil sie verliebt war. Sie bestand darauf, aber das war zu sentimental, und so bestand sie zugleich auch darauf, überredete sich dazu, gab sich den Anschein, eine feurige Liebhaberin zu sein.

Sie war in gewisser Hinsicht, sexuell, eine zwanghafte Lügnerin. Ich nahm mir vor, jede noch so kleine Fehleinschätzung auszuräumen, die ich hinsichtlich Orras im Bett hatte, jedes romantische Gedusel, jede rosig gefärbte Hoffnung. Ich hatte den Eindruck, dass sie mit anderen Jungen immer das Gleiche erlebt hatte: Sie war gehemmt, den Anfang zu machen, und sie hatten sie überschätzt, und sie waren übererregt gewesen und aus dem Gleichgewicht und beklommen bei dem Gedanken, wie sie wohl von ihr beurteilt würden, und sie hatten sich ihr Vergnügen geholt und das Weite gesucht.

Und dann war sie in ihrer Entschlossenheit, Sex zu haben, mehr und mehr zu einer sexuellen Närrin geworden. (Ich war in jeder nur möglichen Beziehung ein Narr: Es machte mir nichts aus, dass sie eine sexuelle Närrin war.) Das erste Mal, als ich mit ihr ins Bett gegangen war, hatte sie geschrien und sich herumgeworfen, gut einen halben Meter nach jeder Seite, ganz wie sie meinte, dass es sich für eine Tigerin im Bett gehörte, nahm ich an. Ich hatte ihr hinterher entgegengehalten, dass kein Mensch derart erregt wäre, schon gar nicht, wenn er nicht kommen könnte; sie sagte aber, sie sei ja gekommen, in gewissem Sinne jedenfalls. Sie sagte, sie sei einfach zu sexuell für die meisten Männer. Sie sagte, ihre Reaktionen seien nicht gespielt, sondern stellten wirkliche Sexualität dar, wirklich und wahrhaftig. So ein stolzes, störrisches, dummes Mädchen!

Aber ich wies sie darauf hin, dass ein Mann, mit dem sie Geschlechtsverkehr hatte, nur mit Verwirrung reagieren werde, wenn sie sich dabei derart aufführte und sich herumwarf, nach rechts oder links oder womöglich auch noch hochauf nach vorn; und wenn ihr Verhalten derart unberechenbar und regellos sei, könne man ganz leicht seine Erektion verlieren; wenn sie sich derart herumwürfe, bestünde die beste Aussicht, dass sie damit den Verkehr überhaupt unterbräche, es sei denn, der Mann wäre sehr agil und balgte entsprechend mit, aber dieses Mitbalgen wäre dann kaum ein sexuelles Agieren für ihn: Es wäre eher eine Art Fangspiel. Der Mann würde in einer Art Belagerungszustand ficken müssen, fortwährend bestürmt und zermürbt; ohne jede Ahnung, was wohl als Nächstes von ihr käme, würde er ficken und sich beeilen, damit über die Runden zu kommen und wieder aus ihr raus.

Orra hatte bei dieser ersten Gelegenheit gesagt: «Das klingt alles einleuchtend. Kein Mensch hat mir das bis jetzt erklärt. Kein Mensch hat mir das bis jetzt richtig klar gemacht. Ich werd es mal ein Weilchen auf deine Art versuchen.»

Danach war sie meist schüchtern und ehrlich gewesen und echt geil im Bett, aber unfähig, sich selbst zu erregen oder mehr für mich zu tun, als sie eben dadurch tat, dass sie da war und bereit für mich. Wie wenn ihre Hände in einem Netz gefangen wären und ihre Geisteskräfte wie verleimt und gelähmt, wie wenn ich einfach nicht mehr verdiente, oder wie wenn sie eine glatte Anfängerin wäre und so schüchtern, dass sie einfach nicht damit anfangen konnte, irgendetwas *Sexuelles* zu tun. Ich verstand das nicht: Ich hatte immer gefunden, dass jemand, der Lust geben *wollte*, das auch konnte: Man brauchte dazu keine besondere Geschicklichkeit, nur eben das Verlangen danach und so etwas wie eine, ich weiß nicht, blinde Fähigkeit, sich bis zu einem gewissen Grad seinen Weg zu erfühlen, zu ertasten im lichtlosen Labyrinth der Lust. Aber Mädchen aus der oberen Mittelschicht mochten mehr Angst davor haben, Männer mit den

Banden exzessiver Lust an sich zu binden; solche Mädchen waren verhalten und schüchtern.

Ich stellte mich darauf ein, dass sie schroff und schwierig sein würde, obwohl sie beides mir gegenüber lange nicht gewesen war; aber diese Züge waren in ihr wie ein Schatten, und sie eigentlich gaben ihr die Dimensionalität, die sie mir wertvoll machte, die ihrer Freundlichkeit mir gegenüber erst Gewicht verlieh. Sie hatte das rührseligste und unsicherste, das einfältigste und doch tapferste und freigebigste Ego, das ich je bei einem Menschen kennen gelernt hatte; und ihr Verhalten wechselte denkbar stupide zwischen dem Vornehmen, Sensitiven, Intelligenten, verbunden mit einer kläglichen, sicheren, fast hochnäsigen Zartheit, Freundlichkeit und Fürsorge dem Partner gegenüber, und dem ausgesprochen Selbstsüchtigen und Verletzenden. Der wichtige Punkt war, sie daran zu hindern, falsch zu reagieren, etwa wie in einem Film beziehungsweise in Nachahmung der Filme, die sie gesehen, und der Bücher, die sie gelesen hatte – sie hatte ein ganz sonderbares Vertrauen zu Filmen und Büchern; sie bewunderte alles, was Gefühl in ihr wachrief und trotzdem keine Verantwortung von ihr forderte, weil sie dann für sich und andere Glück produzierte wie Seide. Sie mochte ausgesprochen dunkle Philosophen, wie zum Beispiel Hegel, wo sie den Gedanken bewundern konnte, der Gedanke aber nichts von ihr verlangte. Trotzdem war sie Realistin und würde vermutlich alles erlernen, was auch ich wusste, und mich womöglich noch übertreffen. Sie hatte große Möglichkeiten. Aber sie war auch bloß ein gut aussehendes, pseudoreiches Mädchen, eine Paranoikerin, eine Perkins. Andererseits war sie über große Zeitstrecken wieder ein schlechthin phantastisches Mädchen, ein Glanzstück, eine Augenweide, und ein einziges leicht bebendes, anerkennendes, geistreiches, romantisches Heldinnenlächeln genügte, um mir das Herz aufgehen zu lassen. Der romantische Schimmer ihres Gesichts. Bis jetzt hatte sie in ihrem Leben noch jedermann enttäuscht. Ich musste all dies im Gedächtnis behalten, überlegte ich mir. Sie war phantastisch lebendig und unheimlich tot zugleich. Ich hatte aus meinen verschiedenen Beweggründen den Wunsch, sie von den Toten zu erwecken.

## IV Orra: Dieselbe Welt, eine andere Zeitebene

Eines Nachmittags lief es gut für uns. Wir machten einen Spaziergang, die Luft war erfüllt von Geräuschen, in uns war diese verwunderte und höfliche Freude, die wir manchmal einfach darüber empfanden, dass wir zusammen waren. Orra passte ihren Gang hin und wieder meinem an; die meiste Zeit über passte ich meinen ihrem an. Wenn wir einander ansahen, erhoben sich kleine, weiche Gefühlswölkchen, wie Spielzeugexplosionen oder Spatzen, die ein Staubbad nehmen. Ihre gewollte Sanftheit, ihre innere Ernstheit oder Ernsthaftigkeit, ihre Stärke, ihre Schönheit, die nun, in ihrer Angst, sie könnte mich jetzt schon verlieren, gedämpft und vorsichtig war, verlieh dem Vergnügen, mit ihr zusammenzusein, etwas Edles, Kontrapunktisches und Schwieriges, und zwar insofern, als man seiner würdig sein und es verstehen und vor meiner Unbeholfenheit und ihrer Falschheit, so wohlmeinend diese Falschheit auch sein mochte, beschützen musste; andernfalls führte dieser Tag lediglich zur Ausnutzung einer starken Frau, die das früher oder später durchschauen und Rache nehmen würde. Aber es lief gut; und eingehüllt in diese sorgfältige und sorglose Lauterkeit gingen wir nach Hause; wir fickten; ich kam – um meine Erregung aus dem Weg zu schaffen; sie wusste nicht, dass ich das tat; sie war enorm höflich; angespannt; und sehr bewundernd. «Wie schön du bist», sagte sie. Es standen Tränen in ihren Augen. Ich hatte kühl und ohne viel Mätzchen gefickt, damit uns ein großes Reservoir sexueller Unruhe blieb, das Summen der unmittelbaren körperlichen Unruhe in mir dagegen zum Schweigen gebracht wurde:

Ich begehrte sie noch immer; ich begehrte Orra dauernd; und mein Orgasmus war lasch gewesen; aber mein Körper drängte sich nicht in den Vordergrund, war mehr wie ein Handschuh für meinen Verstand, für meinen Willen, für meine Liebe zu ihr, für meinen Wunsch, sie solle mehr fühlen.

Sie war, wie gesagt, den Tränen nahe und zärtlich, und nachdem ich gekommen war, hielt sie mich in ihren Armen, und ich sagte so etwas wie: «Entspann dich nicht. Ich will nochmal kommen», und sie stieß einen Laut aus, der halb Lachen, halb Seufzen war, und war geschmeichelt und sagte: «Nochmal? Das ist nett.» Zwischen uns bestand eine phantastische Nähe, fast wie die zwischen einem Mann und seiner Sekretärin – ich war frei und mächtig, und sie war mir ergeben; die Wahrscheinlichkeit, dass Orra jemals eine Sekretärin sein würde, war gering – man hatte ihr bereits Positionen als leitende Angestellte angeboten, sie brauchte nur noch ihren Abschluss zu machen –, aber Orra fand es romantisch, so zu tun, als sei sie eine Sekretärin, die kein eigenes Leben hatte. Ich spürte eine gewisse Spannung, wie vor einem Tennisspiel, das ich gewinnen wollte, oder wie in dem Augenblick, bevor ich in einem Laden etwas direkt von der Theke klaute: Es war einerseits eine zerrende Verzagtheit, eine Angst und Stille, und andererseits ein erhebendes Gefühl, eine Vorbereitung, eine gewollte und dann nicht gewollte, in sich geschlossene Zielgerichtetheit; es war eine klare Sache; es würde geschehen.

Nach etwa zehn Minuten, es können auch zwanzig gewesen sein, bewegte ich mich in ihr. Ich sollte noch sagen, dass ich, während ich ausruhte, in ihr geblieben war (und sie mich dort gehalten hatte). Wie ich erwartet hatte – und mit Befriedigung und Stolz darüber, dass alles klappte, dass meine Talente einander ergänzten –, spürte ich, dass mein Schwanz hochkam, und zwar sofort, mit einer komischen Hurtigkeit, aber er war wund – Herrgott, war er wund. Er, das heißt die Spitze, tat höllisch weh, und es war ein trockener, brennender, rötlicher Schmerz.

Der Schmerz machte mich vorsichtig und bewahrte mich davor, in Erregung zu geraten, es sei denn auf eine abstrakte Art; mein Kopf war klar; ich lächelte vor mich hin, als ich anfing, und bewegte mich ganz langsam, bewegte mich kaum, ich war wund vom Zustoßen in ihr, ich schlenderte, bummelte dahin, erkundete tastend das Terrain da drinnen, ich gliederte den Raum in ihr, wie um ihre inneren, geschmeidig weichen Schatten zu ordnen; oder wie wenn man im Dunkeln den Arm ausstreckt und so lange über die Wölbung einer Bettdecke streicht, bis sie einem vertraut ist; oder wie man sich im Halbschlaf, mit geschlossenen Augen, zu orientieren sucht. Und wirklich schloss ich die Augen und lauschte sorgfältig ihren Atemzügen, konzentrierte mich auf sie, versuchte aber zugleich, Orra nicht merken zu lassen, dass ich das tat, denn das hätte sie befangen gemacht.

Ihre Reaktion war so minimal, dass ich daran zweifelte, ob Ficken dazu geeignet war, sie in Schwung zu bringen, und zu dem Schluss kam, es sei besser, mich mit der Zunge über sie herzumachen; ich zog meinen Schwanz raus, was nicht besonders schlau war, aber meine Gedanken folgten nicht so logisch aufeinander; bei anderen Gelegenheiten hatte sie mir gesagt, sie möge «dieses exotische Zeug» nicht, es mache sie nicht an, aber ich hatte immer angenommen, das liege daran, dass sie sich schämte, weil sie nicht kam, und deshalb sei es für sie so problematisch, sich lecken zu lassen. Ich machte mich ans Werk; sie protestierte; ich achtete nicht weiter auf ihre Einwände und tat es trotzdem; ich war angespannt vor Erregung, vor unterdrückter Belustigung über all diese Lügen und Spannungen. Ich sagte ihr, dass ich sie zu meinem eigenen Vergnügen lecken wolle; ich war so angespannt, dass es mich durchfuhr, als ich sie mit der Zunge berührte, aber das zeigte ich ihr nicht. Es kam mir so vor, als wären ihre sexuelle Unerfülltheit und Bereitschaft in ihrer Haut zu spüren – Lippen und Zunge trugen mir die Strömungen einer zerklüfteten Unerfülltheit und Bereitschaft zu;

Echos ihrer Verspanntheit und Unzufriedenheit hallten in meinem Mund, meinem Kopf, meinen Füßen wider; mein ganzer müder Körper war ein Stethoskop. Ich war zu einem Stethoskop geworden; ich lauschte ihr mit meinen *Knochen*; das schwache Glimmen ihrer Erregung wanderte bis in mein *Rückgrat*; ich spürte ihre knirschende sexuelle Gehemmtheit, die wie ein kaputter Anlasser in ihr mahlte, in meinem *Magen*, in meinen *Knien*. Alles in mir lauschte auf sie; auf jedes verdammte Muskelzucken, das ich registrierte oder das sie hätte spüren sollen, weil ich ja schließlich an ihrer Klitoris leckte, das sie aber nicht spürte, auf jedes Anzeichen von Erregung oder Nicht-Erregung; ich lauschte so angestrengt, dass es ein Wunder war, dass sie nicht vor lauter Befangenheit aus dem Bett sprang; aber vermutlich merkte sie nicht, was ich tat, denn sie konnte mich nicht sehen, ich war unten, in den Schatten, im Keller ihres Blickfelds, im Keller, bei ihren sexuellen Gefühlen, die dort verstreut herumlagen.

Als sie sagte: «Nein ... Nein, Wiley ... Bitte nicht. Nein ...», und sich wand, obwohl das nicht das übliche gezierte Gehabe war, mit dem einem manche Mädchen kamen – ihr Widerstreben war echt, sie wollte wirklich, dass ich es bleiben ließ –, hörte ich gar nicht hin, denn ich spürte, dass sie auf meine Zunge besser ansprach als eben noch auf das Ficken. Ich spürte, wie in ihr Perlen glitten und flüsterten und klickend aufgefädelt wurden; die Unordnung, die verstreuten oder versprengten sexuellen Teilchen wurden, jedenfalls in ganz geringem Umfang, geordnet. Sie erschauerte. Vor Widerwillen. Sie erzeugte unberechenbare Resonanzen, denen sie aber zugleich unterworfen war. Und sie stieß eigenartige kleine Schreie aus, hauptsächlich Protestschreie, leise Ausrufe, die geheimnisvollerweise Proteste waren, obwohl sie auch wieder keine Proteste waren – Schreie, die irgendwie den Verdacht nahe legten, dass sich die Gründe für ihren Widerwillen ständig veränderten.

Ich versuchte, ein paar von diesen Schreien aneinander zu

reihen, sie in immer schnellerer Folge ertönen zu lassen. Es war ein eigenartiger Versuch; es hatte den Anschein, als bewegten wir uns, als bewegte ich mich mit ihr auf dunklem Wasser, zwischen zwei Reihen von Bojen – auf der einen Seite war es finster, dort war ein Nichts, und auf der anderen waren Lichter, rote und grüne, die Lichter des Körpers, der sich der sexuellen Erhitzung näherte, oder jedenfalls die Anzeichen dafür: Brustwarzen wie erhitzte Kieselsteine, leicht zuckende Beine, leise *Ohs* – eine körperliche Sache; man macht weiter: man kommt voran.

Wenn wir zu weit vom Weg abkamen, tauchten wir ins Nichts; es blieb nur ein entferntes Flackern, nur ein ganz schwach erkennbarer Orientierungspunkt. Manchmal waren wir umgeben von den Lichtern ihrer Reaktionen, die weit auseinander lagen und wild auf irgendeiner Finsternis auf und ab hüpften, auf einer Unwissenheit über die Reaktionen ihres Körpers, deren Opfer wir beide, Orra und ich, waren. Sie reagierte auf das, was ich mit ihrem Körper tat, und auf die Atmosphäre, in der ich es tat, auf meine Autorität, auf mein Argument, dies sei für sie etwas Sexuelles, und auf die Art, wie ich sie berührte und mich auf sie und dieses teilweise traumgesättigte dunkle Wasser- oder Unterwasserding konzentrierte; sie ruhte sich darauf aus, sie warf sich schwer darauf hin und her. Alles, was ich tat, war Sprache; es waren Hieroglyphen, Bilder, die ich auf ihre Nervenenden projizierte; es war das, wofür männliche Autorität da ist, es war die Qualität, von der Mut und bestimmtes Auftreten und starke Muskeln angeblich vermuten lassen, dass ein Mann sie mit ins Bett bringt. Oder hervorragendes Tanzen oder Musikalität oder melancholische Klugheit. Ich leckte sie, ich hielt ihren Bauch, ich streichelte ihren Bauch mit ziemlich planlosen Bewegungen: Manchmal legte ich bloß die Finger aneinander und spreizte sie wieder, um ihr zu zeigen, wie viel Spaß mir das machte, wie befriedigend ich das fand; ich berührte nicht ihre Brüste, ich tat nichts, das so intensiv war, dass sie hätte argwöhnen können, ich sei darauf aus, sie kommen zu lassen – ich tat das alles, aber es schien, als ließe ich sie in Ruhe und sei mit meiner Lust allein. Sie fühlte sich unbeobachtet in ihren Empfindungen, sie erfuhr sie, ohne für sie verantwortlich zu sein, sie griff nach ihnen wie nach etwas Rundem und Schlüpfrigem, das im Wasser herumschwimmt, und sie rutschte ab und keuchte gelegentlich über den Verlust ihres inneren Gleichgewichts und auch über den Verlust ihrer Selbstbeherrschung.

Ich stupste mit der Zunge fast beiläufig ihre kleine Nudel an, dann noch einmal, doppelt so beiläufig, dann drei-, vier- oder fünfmal hintereinander, dann rieb ich sie oder ließ sie immer gewissenhafter zwischen Lippe und Zunge hin- und hergleiten, bis mein Kopf, mein Denken und Empfinden, meine Lippen und meine Zunge im Dunkel eines sich steigernden und konzentrierten Rhythmus begraben waren, so wie ein bekiffter Tänzer sich von der Bewegung packen und herumwirbeln lässt und sich ihr ganz hingibt, bis sie zu einer Reise wird und nicht mehr eine Ansammlung von Wiederholungen ist.

Dann fing ein lästiges, fadenähnliches Ding, eine Sehne an der Zungenwurzel, an zu schmerzen, und ich brach diese Bewegung ab und leckte sie verträumt oder spielte, wenn das für die Zunge zu unbequem war, mit ihrer Klitoris herum und saugte mit gespitzten Lippen an ihr, bis auch die Muskeln, die meine Lippen gespitzt hielten, ermüdeten; und ich begann wieder von vorn und stupste ihre winzige Klitoris mit der Zunge an und machte weiter wie zuvor, bis die Dunkelheit sich herabsenkte; sie spürte die Dunkelheit, die Ungestörtheit, die sie ihr bot, und sie schien wie jemand, der unbeobachtet in einem Flur steht und die Arme bewegt, und sie erlaubte ihren Gedanken, sie zu streicheln, und machte einen Schritt in diese Dunkelheit hinein.

Aber alles, was sie fühlte, war kurz und stockend; und wenn es schien, als hinge sie fest oder als wären ihre Empfindungen abgestorben oder zerrissen, vermittelte ich ihr durch mein Verhalten mit meiner ganzen Autorität, dass dies ein Teil dessen sei, was mir Lust brachte, und ließ es nicht als Anzeichen oder Vorgeschmack eines Fehlschlags stehen; ich stieß Lustseufzer, ja sogar kleine Lustschreie aus – und nicht alle davon waren unecht – und wühlte mich in ihre Wärme und liebkoste sie, um ihr zu zeigen, wie dankbar ich war. Ich streichelte sie dankbar; ich verwandelte Momente, die asexuell waren und in denen man hätte meinen können, die sexuelle Spannung sei erloschen, in sexuelle Lust.

Und sie konnte mir nicht widersprechen, denn sie dachte, dass ich auf meinen eigenen Orgasmus hinarbeitete, und sie liebte mich und wollte mir dabei helfen.

Was ich tat, erforderte Mut, denn dadurch gab ich ihr die gewaltige, die unumschränkte Macht, mich auszulachen, auch wenn unser Werben umeinander bislang dazu gedient hatte, zu zeigen, dass sie kein Feind war, dass sie die Hysterie der Angst oder der Eifersucht ebenso im Griff hatte wie die kalten Urteile, die sie innerlich über mich fällen könnte und die sie dazu verleiten könnten, Dinge zu sagen oder zu tun, die mich dazu bringen könnten, sie zu hassen oder zu fürchten; auf dem Spiel stand unter anderem, dass ich in meinen eigenen Augen wie ein Idiot dastünde – und ihr dann vorwürfe, dass sie nicht kam – und dass sie dann nicht imstande wäre, der inneren Überzeugung zu widerstehen, dass ich tatsächlich ein Idiot war. Jeder Versuch macht einen verletzlich, aber etwas, das ihrer Lust dienen sollte, barg eine doppelte Möglichkeit der Verletzung, da nur sie beurteilen konnte, ob es auch wirklich ihrer Lust diente; ich war nur sicher, solange ich nicht offen, nicht empfänglich für sie war; aber wenn ich nicht offen und empfänglich für sie war, konnte ich nicht hoffen, ihr dabei zu helfen, dass sie kam; indem ich mich verletzbar machte, war ich in gewisser Weise ein Schlappschwanz, denn Orra war nicht bereit, nicht darauf vorbereitet, nicht in der Lage, Verantwortung dafür zu übernehmen, wie ich mich fühlte: Sie war eine Frau, die in Ruhe gelassen werden wollte; sie hatte ständig Angst vor den Übergriffen auf ihr Leben, die sich die Männer in ihrer Ich-Bezogenheit leisteten: In dem, was ich tat, lag ein gefährlicher Masochismus, eine gefährliche Hybris, ein gefährlicher Optimismus und eine Art von Liebe: Ich vergrub mich nackt in der Möse der Tigerin im Bett; die kleinste Schwäche ihres Egos oder ihrer Urteilskraft, und sie ginge auf *mich* los; und bei dem, was ich tat, war der Grat zwischen Liebe und Übergriff, Ausnutzung und idiotischer Angeberei sehr schmal. Ich konnte mir nicht einmal annähernd vorstellen, welche seelischen – oder auch körperlichen – Schmerzen sie erleiden würde, wenn ich versagte und mich obendrein wegen meines Versagens und ihrer und unserer Schmerzen auch noch emotional von ihr zurückzöge – oder auch bloß deshalb, weil mein Versagen mir so unerträglich wäre, dass ich nicht weiter mit ihr zusammen sein könnte, es sei denn, sie richtete mein Ego wieder auf, und das konnte sie nicht – sie wusste gar nicht, wie sie das hätte machen sollen, und war wahrscheinlich zu gehemmt dazu.

Manchmal umfasste ich mit meinen Fingern ihre Schenkel, und zwar nicht nur mit den Spitzen, sondern mit der ganzen Innenseite der Finger und mit den Handflächen, oder ich ertastete die Wölbung ihres Bauches, oder meine Finger streichelten ihre Lippen, die Schamlippen oder wie das heißt, oder drangen sogar ein bisschen in sie ein oder strichen mit den Nägeln oder den Fingerspitzen leicht über ihre Klitoris, allerdings immer innerhalb jenes fiktionalen Rahmens: dass dies meiner eigenen absoluten Lust diente, dass ich diese Art von Sex genoss und dass darin keine Gefahr für uns beide lag. Ich meinte: Keine Zungen, keine Gehirne waren zur Stelle, um etwas Unschönes zu sagen. Herrje, wie nackt und bloß und edel ich mich fühlte. Es war eine große Anstrengung, die ich ihretwegen unternahm.

Vielleicht deutet das nur auf das Ausmaß meines Egoismus hin. Es machte mir nichts aus, mich weiblich zu machen, nur hatte ich das Gefühl, Orra würde nie verstehen, was ich da tat, sondern es der Kraft meiner oder unserer Sexualität zuschreiben. Es machte mir etwas aus, meiner und ihrer so bewusst zu sein; ich war von meiner eigenen, von jeder echten Sexualität abgeschnitten; eine minderwertige sexuelle Erfahrung, selbst wenn sie sich auf Liebe gründete, würde die Selbstverständlichkeit, mit der sich meine Männlichkeit bei ihr entfaltete, zumindest für eine Weile untergraben; und Orra würde das nicht verstehen. Vielleicht würde sie auf sexuellem Gebiet erheblich subtiler und trickreicher werden und wissen, wie sie mich behandeln musste, aber das war unwahrscheinlich. Und wenn ich mich in jener problematischen Zukunft entschuldigte oder mich beklagte oder erklärte, warum ich im Bett mit ihr ein bisschen langsam oder widerwillig war, dann würde sie die Schuld darauf schieben, dass ich versucht hatte, ihr zu einem Orgasmus zu verhelfen, und sie würde darauf bestehen, dass ich nie mehr gelangweilt sein dürfe, sodass ich, wenn ich in dieser problematischen Zukunft wollte, dass sie käme, würde lügen müssen, indem ich sagte, ich empfände mehr Lust, als ich in Wirklichkeit empfand, und auch das würde meine Lust vermindern. Selbst die Möglichkeit, ehrlich zu sein, würde mir verwehrt sein. All dies ging mir durch den Kopf, während ich mich mit der Zunge über sie hermachte. Ich kleidete das nicht in Worte, sondern dachte es in jenen großen, nebligen Blöcken, in denen das verpackt ist, was man weiß oder fühlt. Ich machte weiter, trotz der inneren Müdigkeit, die ich spürte. Diese Außerachtlassung meiner selbst erfüllte mich mit einem eigenartigen Gefühl des Ausgehungertseins, einer Mischung aus Qual und Hilflosigkeit. Ich wollte mich nicht so fühlen. Plötzlich fragte ich mich, warum die Lichtgeschwindigkeit in der Relativitätstheorie als Konstante vorausgesetzt wird: War das ein weiterer jüdischer Absolutismus? Angesichts der Mannigfaltigkeit der Erfahrungen musste die Lichtgeschwindigkeit in einem so wandelbaren und seltsamen Universum wie diesem doch gewiss variieren; es musste einen Ort geben, an dem man sehen konnte, wie ein

Lichtstrahl sich abmühte, in Bewegung zu kommen. Ich fühlte mich albern und egoistisch; es war nicht zu vermeiden, dass ich mich so fühlte – ich meine: *Ich* konnte es nicht vermeiden.

Wenn sie sich, als ich sie leckte, überhaupt bewegte, wenn in ihrem Schenkel ein Muskel zuckte, dann zuckte auch in meinem Schenkel ein Muskel: Mein Körper imitierte ihren, als wollte ich ermessen, was sie fühlte, oder vielleicht geschah das auch nur, weil die Sympathie so groß war. Jeder von uns erlebte dieselben Dinge, allerdings in einem erstaunlich unterschiedlichen Zusammenhang: als stünden wir an zwei gegenüberliegenden Enden des Raums und streckten die Arme aus, um uns zu berühren und identische Botschaften zu empfangen, die dann, beim Eindringen in zwei so weit entfernte Gefühlswelten und so unterschiedliche und unvollständige Ekstasen, voneinander abwichen. Der Film, den wir uns ansahen, handelte davon, dass sie entdeckte, wie ihre sexuellen Reaktionen funktionierten: Wir saßen weit voneinander entfernt. Meine Zunge glitt stoßend über die ausradierte Stelle an ihr, über ihre geschändete und bislang kaum vorhandene Fähigkeit zur Sexualität. Ich weckte sie mit Küssen, die weit von ihrem Gesicht entfernt waren. Ein seltsamer Strom floss langsam dahin, trug uns davon, Schilf verbarg die Ufer, Weiden umarmten sich und lösten sich wieder voneinander, stöhnten und flüsterten, verwirrten sich und schnalzten leise. Orra stöhnte, seufzte, erschauerte, erschauerte hart oder fließend; manchmal zuckte sie zusammen, wenn ich den Druck oder die Lage meiner Hände veränderte oder wenn ich kurz innehielt und dann fortfuhr. Es war interessant, wie ihr Körper zuckte und sich hin und her warf, aber es war nicht sehr ausgeprägt, und wenn es einem Muster folgte, so verstand ich es nicht. Mein Geist wurde müde. Die Erfindungsgabe, meine jedenfalls, hat Grenzen: Ich sah mich (idiotischerweise) als eine römische Trireme, meine Zunge war der Rammdorn, ein *bronzener*, der nach ihr stieß; sie war das Mittelmeer. Reihen von Sklaven – mein Gott, wie ohnmächtig sie waren – zogen an den Rudern, an diesen langen Stangen, die an der Wasseroberfläche metaphorisch und rhythmisch fließende Büschel kurzlebiger Lilien erblühen ließen. Das pompöse und überproportionierte Schiff, mein ganzer Körper, der sich über Orras kleinem Meer krümmte – nein, eigentlich nicht krümmte; ich lag flach auf dem Bauch, das Fußende des Bettes war an meiner Taille oder ungefähr da, meine Beine hingen hinaus, meine Füße stemmten sich irgendwo weit entfernt gegen den Fußboden, alles in mir konzentrierte sich auf die weiche, bebende, pelzige Köstlichkeit von Orras Möse –, dieses pompöse Schiff näherte sich leckend und hinterließ eine plitschende, gurgelnde Spur halbherziger Reaktion, und mein stockendes Wollen und Tun versank im dunklen Wasser der Passivität, der gefesselten Leidenschaft und der Unwissenheit dieser Frau.

Das weißliche Blubbern, das Platschen ihrer unregelmäßigen körperlichen Reaktion: Diese Wellen, nein, diese Kielwelle hob sich, schäumte auswärts, warf Blasen und fiel in sich zusammen. Die weiße Haut einer Najade. In der gewaltigen, sich herabsenkenden Dunkelheit und Stille des Meeres. Es gab nur noch diese Kielwelle. Als der Rhythmus mich erfasste (sodass ich aus meinem Bewusstsein verschwand, sodass ich aufgesaugt wurde, sodass ich ein Tintenfleck war, ein verborgener Tintenfisch, der Orra streichelte), ließ mich die Finsternis meiner Sinne in Dämmerung oder Nacht versinken; und mein Horchen auf ihre Lust, auf unsere Spur in jenem weglosen Ozean, gab mir das Gefühl, dass wir uns in einem erleuchteten, großen, unscharf umrissenen Oval aus Nachtluft und Meer und opalisierendem Nebel befanden, der sich dort, wo das Licht aus den Bullaugen eines riesigen Schiffes von den Nebeltröpfchen prismatisch gebrochen wurde, in einen Regenbogen auflöste – wie in einem Film aus den dreißiger Jahren, wie in einem Traum. Ich war oft außer Atem; ich sah Flecken, Farben, ozeanische Tiefen. Und ihre Proteste, ihre Zweifel! Ach Gott, ihre Zweifel! Ihr *Nein, Wiley, nicht*, und ihr *Ich mag das nicht*, und ihr *Nein, Wiley*, und ihr

*Wiley, ich kann nicht kommen – lass das – ich mag das nicht.* Die meiste Zeit hörte ich gar nicht hin. Manchmal brachte ich sie zum Schweigen, indem ich meine Wange auf ihren Bauch legte und meiner Hand zusah, die ihren Bauch streichelte, und mit vor Erregung tiefer Stimme sagte: «Mir gefällt das, Orra – ich tue das nur für mich.»

Und dann machte ich mich wieder mit schwungvoller, echter Lust über sie her, als errege und erfrische es mich, an meine eigene Lust zu denken, und es wartete noch mehr Lust auf mich, als sie – beruhigt oder gestärkt durch meinen putativen Egoismus, durch die Überzeugung, dass dies alles nur für mich geschah, dass von ihr nichts erwartet wurde – aufschrie. Eine Sekunde später *grunzte* sie. Ein Beben lief durch ihren ganzen Körper. Lieber Himmel, es war herrlich, wie sie auf mich reagierte. Es war, als hätte ich einen ganzen Kontinent – Asien, Südamerika – dazu gebracht, sich lustvoll zu winden. Ich fühlte mich gewaltig und unermüdlich.

In ihrer Erregung warf sie sich in die Luft, aber meine Hände lagen gerade auf ihrem Bauch; ich drückte sie aufs Bett, mein Mund klebte an ihrer Möse, und ich zwang diesen Teil von ihr, einigermaßen stillzuhalten, und leckte sie, während sie sich aufbäumte; und sie schrie; ich ließ meinen Mund, wo er war, als tränke ich aus ihr; ich machte weiter, bis ihr Oberkörper auf das Bett zurückfiel und hochfederte und das ganze Bett wackelte; dann schnellte mein Kopf zurück; aber mit den Händen hielt ich sie immer noch fest; ich drückte mich, meinen Kopf, wieder an diese Möse; und sie schrie mit tiefer Stimme: «*Wiley, was tust du da?*»

Ihre Stimme war tief, als wären ihre Impulse in diesem Augenblick maskuliner Natur gewesen – nicht aus einer Neurose heraus, sondern aus Hochherzigkeit, in einem Versuch, der Kränklichkeit, deren sie Frauen beschuldigte, entgegenzuwirken; sie wollte mir auf halbem Weg entgegenkommen, mit mir teilen; sie wollte meine Männlichkeit teilen: Sie fand Männer schön. Sie rief: «*Ich will nicht, dass du dich um mich bemühst! Ich will, dass du einen guten Fick hast!*»

Ihre Stimme war tief und verzweifelt – vielleicht war das die Verzweiflung, die mit dem Aufwallen der Sexualität einhergeht, aber vielleicht dachte sie auch, ich würde mich dafür an ihr rächen. Ich sagte: «Orra, ich mag das so, das macht mich sehr an.» Sie wehrte sich, kaum spürbar, einen unendlich kleinen Teil einer Sekunde lang, und dann begann ihr Körper zu beben; er zitterte, als wären in ihm die Saiten eines Musikinstrumentes verborgen, die man zum Schwingen gebracht hatte. Sie sagte – etwas dumm, aber so lieb: «Wie peinlich, Wiley, das ist mir so peinlich ... Bitte hör auf ... Nein ... Nein ... Nein ... Oh ... Oh ... Oh ... Ich bin sehr sinnlich, ich bin viel zu sinnlich, um einen Orgasmus zu haben. Wiley, bitte, hör auf ... Oh ... Oh... Oh...»

Und dann durchlief sie ein stärkeres Beben; sie keuchte; es trat eine Stille ein; dann keuchte sie wieder; sie rief mit einer außergewöhnlichen Stimme: «ICH SPÜRE ETWAS!» Die Haare auf meinem Hinterkopf richteten sich auf; ich konnte nicht aufhören; ich beeilte mich weiterzumachen; ich hörte sie leise stöhnen. Was hatte sie vorher gespürt? Eilig leckte ich weiter. Wie unangenehm, wie unwirklich und lästig waren die Gefühle gewesen, die ich sie vorher hatte spüren lassen? Inwiefern waren sie jetzt anders? Ich fragte mich, ob sie ein plötzliches Strömen in ihren Nerven verspürte, eine warme Überzeugung, dass sexuelle Lust eine Realität ist. Sie hob und senkte sich wie ein Wal – nein, nicht so stark. Aber es war, als strömte ein halber Ozean von ihren jungen Flanken; irgendein Element der Finsternis floh aus dem Raum; irgendeine leichte Tönung körperlicher Erfülltheit legte sich über ihren Körper und den dünnen Schweißfilm; ich spürte, wie es mich durchpulste; sie trieb auf einem hellblauen, einem rosigen und blauen Meer; sie war dunkel und glänzend und riesig und nass. Und warm.

Sie rief: «*Wiley, ich spüre so viel!*»

Mein Gott, war sie glücklich.

Ich sagte: «Warum auch nicht?» Ich wollte die Dramatik herausnehmen; ich hielt dieses Übermaß an Dramatik für falsch und glaubte, dass es sie zu sehr belasten würde. Aber ich wollte auch, dass sie sich mir unterwarf, ich wollte jetzt die Befehlsgewalt über ihren Körper, ich wollte sie dazu bringen, einen Orgasmus zu haben.

Aber ihre Erregung steigerte sich nicht mehr: Nach ein paar Sekunden wurde sie steif, fast wie ein Brett. Ich leckte sie so gut ich konnte, aber das Meer war ausgetrocknet; das Brett brach. Ich tat, als wäre ich sehr erregt; in Wirklichkeit war ich so damit beschäftigt, Sicherheit auszustrahlen, dass ich gar nicht wusste, was ich wirklich fühlte. Als sei ich viel jünger, als ich tatsächlich war, dachte ich: Mein lieber Mann, wenn das hier nicht hinhaut, bin ich am Arsch. Als sie, weil ihr Gefühl nachgelassen und sich die Empfindung, die ihr so angenehm gewesen war, verflüchtigt hatte, sagte: «Wiley, ich kann nicht ... Das ist alles so blöd», antwortete ich aus purer Angeberei und um das Risiko zu vergrößern und anstatt einfach so zu handeln, als sei ich meiner selbst sicher – und beim Sex ist alles, was unausgesprochen bleibt und stattdessen durch Gesten ausgedrückt wird, doppelt so wirkungsvoll –: «Halt den Mund, Orra, ich weiß, was ich tue.» Aber ich wusste es eben nicht.

Und für ein sexuelles Zwischenspiel gefiel mir auch der Ton nicht, es sei denn als Witz oder als Rollenspiel, denn Autorität in Reinform hat Unterwürfigkeit in Reinform zur Folge, und eine solche Unterwürfigkeit kann nur überleben, wer sklavisch, besitzergreifend, rachlüstern liebt. Die, die so lieben, können einem nichts anderes *geben* als Auflehnung und Unterwürfigkeit, Zickigkeit und Unterwürfigkeit; die Beziehung ist durch und durch verfault: Außerhalb des Bettes kriegt man von ihnen nichts, was von irgendwelchem Wert wäre; im Bett kriegt man eine zähneknirschende Unterwürfigkeit, denn eine Sklavin muss unablässig beaufsichtigt werden, sonst fängt sie an, es einem heimzuzahlen; ich würde sagen, das Vorbild für diese Versklavung ist die Kindheit. Wie auch immer, mir gefällt das nicht. Bei Orra aber spielte ich damit, es war ein Glücksspiel.

Alles war ein Glücksspiel. Ich wusste nicht, was ich tat; ich legte es mir zurecht, während ich es tat; und wie viel Zeit hatte ich da, mir etwas zurechtzulegen? Ich war angespannt wie beim Poker oder beim Roulette, verschwitzt und ein bisschen benebelt, ich machte Einsätze – mit meiner Zunge – und wartete, wie das Rad entscheiden würde, ich riskierte mein Geld, obwohl mich niemand dazu zwang, und hoffte, dass es gut laufen würde und ich, wenn das hier vorbei war, nicht als einer dastehen würde, der ein Idiot gewesen ist.

Außerdem überfielen mich jetzt plötzliche, flüchtige Zuckungen der Lust, im Anklang an ihre stärkeren, aber weiter verstreuten Impulse, eine Art unmittelbarer und automatischer Erregung – innerlich stellte ich mich der Erregung in ihr und konnte nicht anders, konnte sie nicht zurückhalten und den Enttäuschungen ausweichen, der körperlichen Ungeduld, der Ungeduld meiner Haut und meines Schwanzes, der Ungeduld des gewaltigen Verlangens, das die Liebe unmissverständlich begleitet, einer primitiven Sehnsucht nach dem, was ihr als Glück erschien, nach einer Nähe zu ihr als jemandem, den ich erforscht hatte und immer noch erforschte und in dem ich einen immer größeren Schatz entdeckt hatte – der Schatz bestand darin, dass sie mich schätzte, in einer tiefen und zweifellos begrenzten Freizügigkeit, die sie mir gewährte (die im Sexuellen allerdings unbegrenzt schien), in einem Risiko, das sie einging, einer Einwilligung, die sie mir gab, als wäre sie einverstanden, wenn ich sie verletzte und gemein zu ihr wäre.

Was mich weitermachen ließ, war zum Teil Hartnäckigkeit, denn ich hatte mir, bevor wir angefangen hatten, in den Kopf gesetzt, dass ich nicht aufgeben würde; zum Teil war es aber auch ein Gefühl, das sie in mir weckte, ein Gefühl, das, um ehrlich zu sein, aus Zärtlichkeit und Anteilnahme und einer Art bloßer Zuneigung bestand, einer Brüderlichkeit, als wäre sie mein Bruder und gar nicht so anders als ich.

Eigentlich wurde das, während wir weitermachten, durch das zunehmende Verschwinden einer bestimmten Art von Raffinement – einem weltlichen Raffinement – ausgelöst, indes in mir gleichzeitig eine andere Art von Raffinement, ein kindliches Raffinement, eine Unschuld wuchs: Orra klammerte sich beglückt an mich und sagte oder vielmehr rief voller Bewunderung und Dankbarkeit mit halb gebrochener, halb erstaunter Stimme: «Wiley, so etwas hab ich noch nie gefühlt!»

Wissen Sie, wie es ist, der Erste zu sein, der solche Gefühle auslöst? Es ist, als wäre man ein Sammler, der etwas sehr Wertvolles entdeckt hat, und zwar an einem Ort, wo es versteckt gewesen ist und wo man es nicht vermutet hätte, oder als würde man mit einer Ehrung ausgezeichnet; dieser Teilerfolg, diese Ermutigung ließen jenen Stolz, jene innere Unschuld wachsen.

Natürlich verringerte das für diesmal das Risiko; auch wenn ich jetzt versagte, konnte ich sagen: *Es hat sich gelohnt*, und sie würde mir zustimmen; auf etwas längere Sicht aber vergrößerte es das Risiko, denn eines Tages würde ich mir vielleicht wie ein dreifacher Idiot vorkommen. Außerdem bedeutete es, dass unser Sex vielleicht noch monatelang so aussehen konnte – ich würde impotent werden, wenn auch vielleicht nicht in Bezug auf meine Erektion, aber jedenfalls würde ich mich nicht darauf freuen, mit ihr ins Bett zu gehen –, und dennoch fand ich es in gewisser Weise auch schön und erregend. Ich wusste wirklich nicht, was ich dachte: Was es auch war, es war Teil des Sex.

Ich machte weiter; ich wollte jetzt alles. Und dann rief Orra: «*Da!* Es ist DA!» Ich hielt inne, denn ich dachte, sie meinte einen bestimmten Punkt, eine bestimmte Bewegung, die ich gerade mit meiner erschöpften Zunge und meinem Unterkiefer gemacht hatte; ich hob den Kopf – ich konnte nichts sagen: Irgendwie war der Druck der Erregung so groß, dass ich kein Wort herausbrachte; wie auch immer, ich brauchte gar nichts zu sagen; sie hatte, in einer Art offenkundiger Zwillingsschaft, ebenfalls den Kopf gehoben und blickte mich an ihrem ausgestreckten Körper hinab an; ihr Gesicht war schief und jungenhaft – alle Gesichtszüge hatten Falten; sie sah wütend und doch naiv und arglos aus; wütend, naiv sagte sie: «*Wiley, es ist da!*»

Aber noch bevor sie diesmal etwas sagte, wusste ich, dass sie es meinte, es sei in ihr; der Fuchs war wieder aus seinem Versteck aufgescheucht worden; sie hatte ihn gesehen, hatte gespürt, dass er wieder in ihr rannte. Sie hatte sich überzeugen lassen, dass er für immer in ihr bleiben würde.

Ich begann sie sanft mit der Hand zu streicheln; und in meiner Erregung und weil ich dachte, sie sei bereit, schob ich mich wieder hoch und deckte sie mit meinem Körper zu, und während ich weiter mit ihr spielte, führte ich mein anderes Selbst, mein unteres Bewusstsein, in sie ein. Herrgott, war sie warm und ruhelos; es war heiß da drinnen und weich, irrwitzig weich, und cremig und voller Bewegung. Aber ich wusste gleich, dass ich einen Fehler gemacht hatte. Ich hätte sie weiter lecken sollen; sie hatte keine regelmäßigen Kontraktionen; sie war gierig auf meinen Schwanz, sie bog sich ihm entgegen, umschloss ihn, aber auf eine steife, dumpfe, entrückte Weise; und ihre Zuckungen spielten auf ihm, durchdrangen ihn, drangen durch seine Haut und in mich ein; und sie waren unkontrolliert und nicht erregend, sondern leer: Sie wusste nicht, was sie tun sollte, wie sie sich ficken lassen und kommen sollte. Ich konnte meinen Schwanz nicht rausziehen, ich wollte, ich konnte meinen Schwanz nicht rausziehen; aber wenn es keine Kontraktionen gab, auf die ich reagieren konnte, wie zum Teufel sollte ich dann den richtigen Rhythmus für sie finden? Ich fing langsam an, mit einer, wie mir schien, unendlichen Schlüpfrigkeit, mit einer gewaltigen Unanständigkeit, einer wirklich erwachsenen Art zu ficken – nur für den Fall, dass sie so weit mitkam –, und sie stieß einen abgrundtiefen, bebenden, endlos langen Seufzer aus und rief meinen Namen und sagte dann mit schluchzender, erschöpfter Stimme: «Es ist weg ... Oh, Wiley, es ist weg ... Lass uns aufhören ...» Mein Gesicht war über ihrem; ihr Gesicht war nass von Tränen; warum weinte sie? Sie hatte ihre Meinung geändert; jetzt wollte sie kommen; sie warf den Kopf hin und her; sie sagte: «Ich tauge nichts ... Ich tauge einfach nichts ... Mach dir um mich keine Gedanken ... Hauptsache, du kommst ...»

Ganz gleich, was ich murmelte – «Psst» und «Sei nicht albern» und flüsternd: «Orra, ich liebe dich» –, sie hörte nicht auf, diese Sachen zu sagen, bis ich sie schließlich leicht ins Gesicht schlug und sagte: *Halt den Mund, Orra.*

Da war sie wieder still.

Der springende Punkt war offenbar, dass sie arhythmisch war: jedenfalls dachte ich das; und das bedeutete, dass sie keine regelmäßigen Kontraktionen haben würde; es würde keinen Rhythmus geben, dem ich mich hingeben konnte; und jeden Rhythmus, den ich vorgab, durchbrach sie mit ihren Bewegungen, sodass sie, wenn sie sich bewegte, ihre Erregung vertrieb. Am besten wäre es gewesen, wenn sie nur ganz kleine Bewegungen gemacht hätte, aber ich wollte ihr das nicht sagen oder gar versuchen, ihre Hüften festzuhalten und zu führen und ihr auf diese Art etwas zu zeigen, und zwar aus Angst, dass sie dann befangen werden und den Schwung, den sie hatte, verlieren würde. Und außerdem schämte ich mich, dass ich aufgehört hatte, sie zu lecken. Um das, was ich getan hatte, wieder gutzumachen, experimentierte ich verbissen und verschwitzt damit, auf verschiedene Arten zu ficken, und stellte mir vor, wir wären in Mexiko, an einem warmen Ort mit satten Farben, wo wir leicht und schmutzig und lebhaft vögeln konnten. Diese Vorstellung hielt mich bei der Stange. Das heißt, sie erhielt mir meine Erektion. Ich spiegelte ihr eine Atmosphäre sexueller Lust vor – ich meine: die Atmosphäre meiner sexuellen Lust –, damit sie sich darauf ausruhen, damit sie sich darauf verlassen konnte. Ich entdeckte, dass nicht besonders langsame Eins-eins-eins-Stöße oder Fick-fick-fick-Orra-jetzt-jetzt-jetzt-Sachen sie mächtig anmachten; sie wurde hitziger; und sie schaffte es, mit mir in einen Eins-zwei-eins-zwei-eins-zwei-Rhythmus einzusteigen, wobei ihre Erregung zunahm; aber wenn sie oder ich dann versuchte, einen Schritt weiter in einen Eins-zwei-drei-Rhythmus zu machen, war sie wieder draußen. Das war zu kompliziert für sie, mein Liebchen, meine weißhäutige Amerikanerin. Aber ihre Gefühle waren, wenn sie da waren, sehr stark; sie kamen in Stößen, wie gewaltige Hitzewellen aus einem Brennofen, dessen Tür achtlos auf- und zuschwingt, und sie erregten und lockten uns beide. Diese Erregung und das Pick-pick-pick drangen schließlich zu ihr durch; sie begann, ganz und gar und dauerhaft erregt zu sein. Der Vergleich zwischen sexueller und religiöser Erregung ist fast ein Gemeinplatz; also: Nach einer Weile kam religiöse Erregung über sie, sie sprach in Zungen, sie legte Zeugnis ab. Sie zitterte am ganzen Körper; sie war zeitweise und sporadisch errettet, soll heißen: Die Erregung entglitt ihr immer wieder. Aber sie kam wieder. Orras Hände flatterten, ihr Gesicht war erst bleich, dann rot und dann sehr, sehr rot; sie starrte ins Nichts und rief meinen Namen. Ich stieß eins-eins-eins, dann eins-zwei, eins-zwei und dann wieder eins-eins-eins; wie zuvor. In der gewaltigen Lust, die ich trotz all dieser Mühe spürte, konnte ich sehen, warum eine Frau stolz auf das war, was sie empfand, und warum ein Mann so weit gehen könnte, sie umzubringen, um diese Zeichen der Lust in ihr zu stimulieren (auch wenn er wahrscheinlich nicht wüsste, dass dies der Grund wäre, warum er es täte). Die Orra, die ich kannte, war verschwunden; sie sagte: «Gottogottogott»; es war eine Zeit für Sünde und Erlösung und Heiligkeit und Visionen. Ihr pulsierendes Erbeben war sehr unmittelbar und leicht zu verstehen, aber ohne jedes Muster; es gab keine regelmäßigen Sequenzen; dennoch erregte es mich, vielleicht umso mehr, weil es Mitleid erregend war, dass sie es nicht steuern konnte, und weil es schien, als stammte es von den Schlägen eines inneren Feindes, den sie nicht einmal halbwegs zu zähmen oder sich gewogen zu machen vermochte und mit dem sie nicht sprechen konnte. Von allen Frauen, mit denen ich ins Bett gegangen bin, war sie diejenige, die sich am wenigsten unter Kontrolle hatte. Manchmal stieß sie zu wie eine Frau, die ihre Sexualität parat hat und sich letztlich gut damit auskennt, und dann fing ich an, mit riesiger Vorfreude und Stolz und Erleichterung darauf einzusteigen; aber nach zwei – oder vier oder sechs – Stößen war sie dann zu erregt und zitterte und stieß linkisch und ohne Rhythmus, und die Bewegung brach in sich zusammen; oder sie zuckte plötzlich ohne jede Vorwarnung mitten in der Bewegung zusammen und warf sich mit so großer und sinnloser Gewalt herum, dass sie das Gefühl für die Sache verlor; und dann fing sie an zu weinen. Sie flüsterte unter Tränen: «Jetzt ist es weg», also sagte ich: «Nein, ist es nicht», und dann begann ich wieder von vorn, eins-eins-eins; und natürlich kehrte die Erregung zurück; manchmal kehrte sie sofort zurück; aber Orra bekam immer mehr Angst vor sich selbst, bekam Angst, ihren Unterleib zu bewegen; sie versuchte, stillzuhalten und die Erregung einfach nur zu *empfangen*; sie ließ sie sich in ihr sammeln, aber auch dann begann sie immer stärker zu zittern; sie schwappte über in krampfartige und eigenartig traurige, zu große Bewegungen, und sie wimmerte, weil sie, wie ich annehme, wusste, dass diese Bewegungen ihr den Schwung nahmen; immer wieder rannen ihr Tränen über die Wangen; sie sagte mit einer nicht wirklich heiseren, eher mit einer zarten, nur beinahe heiseren Flüsterstimme: «Ich will ja gar nicht kommen, Wiley – nimm keine Rücksicht auf mich. Hauptsache, du wirst fertig.»

Mein Kopf hatte ziemlich abgeschaltet; er war erschöpft; und ich sah keine Möglichkeit, wie wir diese Sache zum Erfolg führen könnten; sie sagte: «Ist schon gut, Wiley, ist schon gut – macht nichts – ich will gar nicht kommen.»

Ich fragte mich, ob ich etwas sagen oder versuchen sollte, irgendeine Phantasie in ihr zu wecken, aber ich wollte nicht das Risiko eingehen, etwas zu sagen, das sie unangenehm fände oder hinter dem sie einen Tadel oder eine Andeutung, sie könne ruhig etwas sexyer sein, vermutete. Ich dachte, wenn ich einfach weitermachte mit meinem Pick-pick-pick, würde sie früher oder später schon darauf kommen, wie sie sich von ihren Gefühlen tragen lassen konnte, wie sie sie veranlassen konnte, sich aufzuschwingen, hinabzuschießen und zuzuschlagen. Ich hielt sie fest, aus Mitgefühl und Zuneigung, und vielleicht auch aus Angst und Bewunderung: sie war so unhysterisch; sie hatte mich nicht angeschrien oder irgendetwas zerbrochen; sie hatte mich nicht herumkommandiert: Sie lag einfach zitternd und allein inmitten eines neuralen Sturms, der in ihr tobte und den zu beherrschen ihr das Talent zu fehlen schien. Ich sagte: «Mach dir keine Gedanken, Orra – mir sind lange Ficks sowieso lieber», machte weiter – pick-pick-pick – und wechselte dann über zu pick-pock, pick-pock, pick-pock ... Der Rücken tat mir weh, in den Beinen hatte ich bald keine Kraft mehr; wenn Schweiß Sperma gewesen wäre, hätten wir ausgesehen wie schmelzende Schneefelder.

Orra machte Geräusche, immer schneller und immer lauter; dann ließen die Geräusche nach. Dann kam ich nach und nach, mit immer kürzeren Stößen, schließlich unbeholfen und ohne bewusste Kontrolle, zur Ruhe – ich richtete mich lediglich in diesem neuen Denkansatz ein – und fickte langsamer. Mein Schwanz steckte tief in ihr; ich regte mich kaum; die Dramatik der sexuellen Bewegung erstarb, der Vorhang schwang aus; auf der Bühne war nur noch Empfindung.

Ich stolperte gegen die Steinblöcke und versteckten Haken, die mich zwickend und schubsend in die faulige Weichheit, die eigenartige, glühende, zerbrechliche Härte des Orgasmus trieben, in die Empfindungen, die den Orgasmus ankündigen.

Ich keuchte und drehte ihn halb hinein, ich stieß und schob, und dann zog ich ihn verschwitzt wieder zurück – ich war ein halber Experte, ich war zielgerichtet, zielstrebig. Sex kann eine Wildnis sein, die einen zum Sklaven macht: Die Geister dieser

Örtlichkeit schwingen sich zu Herren auf. Schmerzhafte Empfindungen setzten mir zu; mein Schwanz war eben noch ein bisschen schlaffer gewesen, aber jetzt schwoll er zu einer an der Spitze wunden, aber kraftvollen Härte an; Orra erschauerte und hielt mich hilfsbereit in sich fest; ich begann sie zu vergessen.

Ich dachte, sie brächte sich mit diesem langsamen Fick zum Kommen, mit diesem Schwanz, der, wenn er so wie jetzt in ihr steckte und ich ihn kaum bewegte, ihr ebenso zu gehören schien wie mir; er schien auch *in mir* zu stecken: Es fühlte sich an, als glitten wir beide an ihm auf und ab. Das war das Gefühl, aber es kam der Augenblick, da ich mir ihrer, des Fleisches, des Blutes, der Knochen in meinen Armen und unter mir plötzlich wieder bewusst wurde. Ich hatte das Gefühl, dass wir uns knirschend aneinander rieben. Zunächst merkte ich gar nicht, dass das unangenehm war. Ich weiß nicht, wie lange das so ging, aber dann spürte ich, dass das ein Rückzug von ihr war, ein Rückzug, den sie gemacht hatte, ein geduldiger und beherrschter Horror in ihr und eine Ungeduld in mir: Wir standen vor einem sexuellen Scherbenhaufen.

Mit einem Mal füllte sich mein Herz – es füllte sich, und dann lief alles Gefühl heraus: es lief aus.

Ich fuhr fort, mich langsam, stumpf in ihr zu bewegen, mit einem armseligen Tumult aus ausdruckslosem Erschauern und Verschiebungen des Unterleibs und Bewegungen, die halb Stoßen, halb Zucken waren; wir hielten uns immer noch schweigend in den Armen, ohne dass die Intensität, mit der wir uns umarmten, nachließ; unsere Bewegungen, dieses Auf-der-Stelle-Hüpfen, dieses knirschende Reiben, ging weiter; keiner von uns wehrte sich in irgendeiner Weise dagegen. Schlechter Sex kann manchmal vehementer und mitreißender sein als guter Sex. Sie gab schluchzende Laute von sich – und hielt mich umarmt. Nach einer Weile schien Sex ganz normal und vertraut und unromantisch zu sein. Ich fing wieder an, pick-pick-pick zu machen.

Ihre Hüften stießen ein halbes Dutzend Mal hoch, bevor ich wieder auf den Gedanken kam, dass es ihr vielleicht gefiel, zuzustoßen wie ein Mann, dass sie zustoßen wollte; und dann kam ich auf den Gedanken, dass sie wollte, dass ich zustieß.

Ich hob meinen Hintern ein bisschen und schob mich tastend vor, oder vielmehr: Ich schob meinen Schwanz gebieterisch, aber nicht sehr weit hinein – es war eher eine Erkundung; Orra seufzte, vor Erleichterung, schien mir, und stieß ermunternd zu – zu spät, denn ich zog schon wieder zurück. Als ich mit einem zweiten Stoß eindrang, mit einem etwas offensichtlicheren, einem amüsierteren, fast jungenhaften Stoß – ich war wie ein Junge, der beim Baseball einen ziemlich schnellen Ball in Richtung des Fängers an der First Base wirft –, zuckte sie so gierig wie eine Wölfin und verschlang die extravagante Kraft dieser Geste, dieses Stoßes; mit einem seltsamen Schauer der Lust, der Verantwortungslosigkeit, der Jungenhaftigkeit, wurde mir plötzlich bewusst, wie stark Orra war, wie gut sie gebaut und wie groß die Kraft, die Ausdauer ihres Körpers war; ein Ausdruck – ein absurder und gemeiner Ausdruck, den ich damals aber erregend fand – schoss mir durch den Kopf: *einen Fick hinlegen*. Ich ließ mich auf sie sinken, stützte mich mit Zehen und Knien, mit Ellbogen und Händen auf das Bett und schob *ihn* – *er* war ganz klar meiner, aber er gehörte Orra – halb kriechend mit einem leidenschaftlichen, gebogenen Stoß, der etwa ein Drittel so lang war wie ein ganzer, hinein; aber dieser Stoß war sanft und amateurhaft, das heißt: immer noch tastend; und Orra schrie; ja, wie sie schrie: Sie verkündete ihre Bereitschaft; beim nächsten Mal grunzte sie: «Ohhhhjaahh …» – ein Laut, der anfangs klobig war und dann in Feinheit, in Sanftheit, in einer nachklingenden Sanftheit ausklang.

Mir schien, dass ich in Wirklichkeit schon immer so hatte ficken wollen, dass *ich* derjenige gewesen war, der sein ganzes Leben lang darauf gewartet hatte. Aber eigentlich entsprach diese Art von Vögeln nicht so ganz meinem Geschmack: Ich legte lieber einen Fick hin, der weniger ein echter Kraftakt war und eher Abstufungen von Kraftanwendung sowie Anspielungen darauf beinhaltete als ihre tatsächliche Anwendung, mehr unmittelbaren Kontakt zwischen den beiden Lüsten und mehr Eingeständnisse von Niederlage und Triumph; meine Lust lag darin, die Lust der Frau zu reflektieren und ihren Geist in mich aufzunehmen; vielleicht war ich auch im Irrtum, wenn ich das dachte, aber es schien schändlich und automatisch, naiv und tierhaft, meinen Schwanz einfach so in sie hineinzustecken.

Sie nahm meinen Stoß in sich auf, sie wand sich ein bisschen, sie zitterte am ganzen Körper: Es zuckte in ihr, in dem Aufruhr, der das phallische Eindringen in ihr begleitete. Nach zwei Stößen ließ sie los und wurde schlaff, nahm dann wieder ihre Kraft zusammen und machte sich bereit, bog sich ein Stück vom Bett hoch, zielte mit dem abgeflachten, mysteriöserweise trichterförmigen Behälter in ihrem Unterleib auf mich, zu hoch, sodass ich sie mit den Händen an ihrem Hintern oder auf ihren Hüften nach unten drücken musste; und wenn ich mit halb geschlossenen Lidern ihr Gesicht betrachtete, war es phantastisch schön anzusehen: entschlossen, konzentriert, in Anspruch genommen, gequält; ihr Körper war stark, war aus Stein, aus glattem Stein und Papiertüten mit nassem Satin und sich schlängelnden, dünnen und lebendigen Netzen aus lebenden, miteinander verwobenen Schlangen, die über den Stein geworfen worden waren; sie streckte mir die große Steinkonstruktion mit der durchschlängelten Haut entgegen, dieses knochige Wunderwerk, diese von Knochen gebildete flache Schüssel mit ihrem versteckten, klebrig-glatten Eingang, *den Ort, an dem ich war* – er war nicht weiter definiert, es sei denn durch dies: es war *der Ort, an dem ich war*; sie nahm jeden Stoß in sich auf, entgegnete ihn und erschauerte und ließ los und kam wieder hoch: sie schien sich darum zu bemühen; ich dachte, sie befinde sich ein wenig in einem kindischen Irrtum, wenn sie meinte, die Hauptsache beim Sex sei es, sich dem Schwanz jetzt, da sie erregt war, entgegenzuwerfen und ihn so hart wie nur irgendwie möglich in sich hineinstoßen zu lassen; aber es war eine verrückte Wildheit, eine wilde Freiheit – wie die von Kindern, die unbeaufsichtigt, befreit umhertollen –, doch sie war nicht hysterisch, sondern bloß hemmungslos; der seltsame, dicke, knotige Stab sprang vor und zurück, als wäre er an einem Netz langer Gummibänder befestigt: Es war eine naive und vollständige Befreiung. Ich jagte ihn hinein, und sie machte: «оннн!», und eine Millisekunde später, als ich ganz in ihr drin war, ruckte ich ihn noch ein winziges Stück weiter hinein und machte ebenfalls: «оннн!» Sie zitterte am ganzen Körper. Sie machte: «онн!» Ich machte: «онн!»

Als mir dann ihr lauter werdendes Stöhnen und ihre schnelleren und heftigeren Bewegungen das Gefühl gaben, sie nähere sich dem Rand des Orgasmus, begann ich die Stöße geordneter und entschlossener zu machen, in einem erkennbaren Rhythmus, sachlicher, verlockender, mit einer Pause am Ende eines jeden Stoßes; und das erregte sie bis zu einem gewissen Grad, aber dann ließ diese Erregung wieder nach und schwappte nicht über den Rand. Also wurde ich schneller: Ich stieß stärker und noch stärker und dann stärker und schneller; sie stöhnte und stieß schwach zurück. Sie biss sich auf die Unterlippe; sie grub ihre Zähne in die Unterlippe; es erschien Blut. Ich wurde noch schneller, aber mit kürzeren Stößen, ich trommelte fast auf ihr und schob meinen Unterleib vor in der Hoffnung, mit jedem Trommelschlag auch ihre Klitoris zu treffen; manchmal wurde ihr Körper schlaff; aber ihre Schreie kamen immer schneller, ein Vogel nach dem anderen flog aus ihrem Mund, während sie so reglos dalag, als wäre ich ein Boxer, der sie besinnungslos geschlagen hatte; als die Schreie über einen bestimmten Punkt nicht hinausgingen, als sie nicht kam, wurde ich langsamer und fing von vorn an. Ich wünschte mir, ein berühmter Sportler zu sein, ein Meister der Bewegung, eine Frau, eine Lesbierin, ein Mann mit einem gigantischen Schwanz, der in ihren Orgasmus hinein explodieren würde. Ich schob die Hände bis zu den Ecken der Matratze hoch und spreizte die Beine; ich stemmte mich mit Händen und Füßen fest, und so, gewissermaßen freihändig, schob ich mich in sie hinein; und die neue Stellung, das Gefühl des Zugedecktseins, das sie gehabt haben muss, und vielleicht die Andersartigkeit des Stoßens packten sie; ihr Körper verfiel in ein Gebrabbel, ein Gebrabbel von Reaktionen – ich glaube, die Stellung brachte sie auf erregende Gedanken.

Aber sie kam nicht.

Ich legte meine Hände auf die Schüssel ihrer Hüften, sodass sie nicht wegzucken oder den Stoß ablenken oder sich ihm entziehen konnte; sie begann wieder zu stöhnen: «Ahhh!», aber dazwischen stieß sie kleine Schreie aus: Wir waren wie Kinder, die Fangen spielten (ihre arme, übel zugerichtete Klitoris), wie Kinder, die sich auf die Hände schlugen: So, glaubte sie, musste Sex sein; es war erregend, sowie es erregend ist, einen Ball schwungvoll zu werfen; irgendwie waren wir auch wie Akrobaten, die aufeinander zustürzen, sich in der Luft treffen und umschlungen ins Netz fallen. So war es.

Ihr Mund stand offen, ihre Augen waren zur Seite gerollt und blieben starr – ich hatte ein Gefühl, als bräche die Dämmerung herein. Ich wusste, wie weit sie war, jedenfalls glaubte ich es zu wissen. Sie drängte, sie trieb uns an. Es bestand keine Gefahr, sie auf diese Weise zu zerbrechen. Orra. Ich fragte mich, ob sie wusste – das gefiel mir an ihr –, wie naiv das war, dieser amerikanische Fick, dieser Teenager-albern-in-der-Dämmerung-auf-der-Straße-herum-Fick. Nachdem ich meinen Schwanz zurechtgerückt und ein bisschen hin und her bewegt und den Unterleib auf ihre Klitoris gepresst hatte, zog ich ihn ein Stück heraus, allerdings nicht gerade, sondern in einem Bogen, sodass er gegen die Wand ihrer Möse drückte und sie verfolgen konnte, wo er gerade war; und dann hielt ich ganz kurz inne, bevor ich wieder zustieß, damit sie sich auf den Stoß gefasst machen und ihn erwarten konnte; ich hämmerte ihn hinein und verstand sie, während ich auf absurde und wahrscheinlich ganz unbegründete Weise meine sexuelle Virtuosität genoss; und sie wurde plötzlich still und begann dann laut zu atmen, und dann stürzte etwas in ihr ein oder brach. Mit einem Mal erschauerte sie anders. Es war wirklich, als läge sie auf einem Bett aus Flügeln, als hätte sie unter sich ein halbes Dutzend zusammengelegter Flügel, sechs gewaltige Schwingen, große, geäderte, pulsierende, lebendige Schwingen, echte Schwingen mit fleischigen Rändern, aus deren Rückseite schimmernde Federn wuchsen; und sie alle regten sich unter ihr.

Sie richtete sich halb auf, und ich hielt sie, damit sie sich nicht herumwarf und ihren Halt oder ihre gerade erst gewonnene Höhe verlor auf diesem unzugänglichen Glasberg, den sie begonnen hatte zu ersteigen, auf dieser zerbrechlichen Durchsichtigkeit, die unter ihr entstand und größer wurde und für mich von Licht und Dunkelheit zu schäumen schien, als glitten wir über einer Landschaft aus Hecken und Mondlicht und Schatten durch die Luft: ein Berg, ein Meer, das entstand und größer wurde; es wurde größer und größer; und sie sagte: «OH!» und «OHHH!», fast als hätte sie Höhenangst, als hätte sie sich in die Luft geschwungen und fühlte sich noch immer unsicher auf ihren Schwingen und als wäre ich dabei, zwar ohne Flügel, aber dank irgendeines Zauberwortes und einer Gnade der Verbundenheit; ich hämmerte weiter, und sie sah hinunter und bekam Angst: Die Spannung in ihrem Körper nahm gewaltig zu; und plötzlich durchlief sie eine große, eine wirklich massive Welle der Gewalt, aber jetzt war es, als begänne, aus Angst vor der Höhe oder infolge irgendeines Automatismus, das erste ihrer drei Flügelpaare zu schlagen: Große Fächer wedelten durch die Luft, große Schwingen aus Fleisch und Blut, aus denen Federn wuchsen, bewegten sich auf und nieder, gaben ihr Halt und hoben sie noch weiter hinauf – sie zischte und raschelte, sie war still und zugleich heftig; die großen Schwingen und ihre Bewegungen erzeugten Muster aus angespannten und sich überkreuzenden Muskeln: Ihre Arme, Beine und Brüste waren ein Echo dieser Anstrengung oder unterwarfen sich der Anstrengung oder mühten sich, die Last der schlagenden, peitschenden Flügel zu bewegen. Ihre Atemzüge waren wild, aber nicht laut, und kippten in alle möglichen Richtungen; unregelmäßig waren sie und neu in diesem besonderen Traum, und sie erzeugten den Eindruck, als sähe sie auf einen großen Luftraum hinab; sie packte mich bei den Schultern, aber sie hatte vergessen, wie sie die Hände zu bewegen hatte, denn diese führten nur die Geste des Zupackens aus, die Geste eines wohlmeinenden, dunklen, aber immer heller leuchtenden, verrückten, an Gedächtnisschwund leidenden Engels. Sie rief: «Wiley! Wiley!», aber sie rief es *flüsternd*, im Flüsterton eines Menschen, der an einem Nachthimmel dahinglitt, der sich wahnwitzig in die Luft schwang, eines Menschen, der verrückt wurde, der die verrückte Reinheit und Gemütsart eines Engels annahm, eines Menschen, für den dies alles eine unerträgliche Qual darstellte und der eine unerträgliche Angst litt, dessen Lust gewaltig, nur zur Hälfte menschlich, wahnsinnig war. Dann rief sie zurechtweisend: «Wiley!» Sie schrie meinen Namen: *«Wiley!»* – es war lediglich ein Ausruf, sie schrie ihn heiser und irr, sie bat um Hilfe, gab aber mir die Schuld; es war ein hässliches Geräusch, das ein wenig wie aus der Gosse klang; die Hässlichkeit zerstörte nichts, vielleicht besaß sie auch einen eigenen Impetus, aber sie zerriss eine andere Hülle, eine Membran der Gewöhnlichkeit – ich weiß es nicht –, und Orras zweites Flügelpaar begann zu schlagen; ihr ganzer Körper flatterte auf dem Bett. Ich war so nass wie ... ein Fisch und stampfte weiter, verschwitzt, mahlend. Ich sagte: «Das ist gut, Orra, das ist gut.» Und stieß weiter zu. Hing in der Luft. Sie rief: *«Was ist das?»* Sie schrie es, wie eine riesige Frau, die sich ihrer Haut zu wehren weiß, jemanden anschreien könnte, der sie unklugerweise mit Schlägen traktiert. Sie schrie – wütend, es schien wie eine Ankündigung eines Wutausbruchs zu sein: *«Oh, mein Gott!»* Wie: *«Wer hat diese Tasse kaputtgemacht?»* Ich machte weiter. Sie richtete sich auf, hob den Kopf und sah mir gerade in die Augen; ihre Augen waren riesig, sie quollen vor. Sie sagte: *«Wiley, es passiert!»* Dann ließ sie sich zurückfallen und schrie ein paar Sekunden lang. Ich mahlte und sagte ein bisschen dumpf: «Das ist gut, Orra, das ist gut.» Ich wollte nicht *Lass los* oder irgendetwas Eindeutiges sagen, denn schließlich hatte ich keinen blassen Dunst vom weiblichen Orgasmus und wollte ihr nicht einen Ratschlag geben und damit alles verderben; außerdem wollte ich mich nicht festlegen, denn es war ja möglich, dass das hier blinder Alarm war und wir weitermachen mussten. Ich stieß zu, hielt inne und zog ihn wieder raus und stieß wieder zu, allerdings nicht ganz im Takt – eins-bums-eins-bums, und dann eins-eins-eins –, und sagte: «Das ist scharf, das macht mich an, Orra, das macht mich sehr an», und dann: «Gut, Orra», und darauf zitterte sie auf eine ganz neue Art. «*Gut*, Orra», sagte ich, *«gut ... Orra»*, und dann, mit einem Mal, geschah es. Irgendetwas zog sie über den Rand, und irgendetwas gab nach; und alle drei Flügelpaare begannen zu schlagen: Sie war das Zentrum und der Ursprung und das Opfer eines Sturms von Flügelschlägen; wir schwebten über der Welt; Gottes Körper in uns glitt als riesiger Vogel dahin; das große Wunder peitschte ihren Rücken, peitschte rings um uns her auf das Bett; es zerrte an ihr, sie war gequält und außer sich, sie war sich fremd in diesem körperlich-unkörperlichen Ding, in dieser engelsgleichen anderen Verkörperung Gottes, diesem anderen Element ihrer selbst: Die Flügel waren ausgebreitet; sie donnerten und galoppierten keuchend mit ihr davon; fast rissen sie sie auseinander; und sie schrie: *«Wiley!»*, und *«Meingott-meingottmeingott!»*, und «ES HÖRT GAR NICHT MEHR AUF, WILEY, ES HÖRT GAR NICHT MEHR AUF!» Sie war bleich und gerötet zugleich; die Haare hingen ihr ins Gesicht; sie war schweißnass und schlug um sich. Es war, als würde sie von einer unglaublich seltsamen und wilden Kraft – etwas wie ein heiliger Zorn – in eine Höhe gehoben, in der sie nicht atmen oder gehen konnte:

Der Äther würgte sie, sie war ein kriechender Seraph – taumelnd und flammend und fremd, mit einer Kraft, die das Vorstellungsvermögen überstieg, schrecklich und beängstigend und schöner, als ein Mensch je sein kann. Ein schreiendes Kind, ein heulender Engel in göttlichen Gefilden: Sie schüttelte sich, ohne an sich zu halten, wie ein Engel, der Drohungen ausstößt; ihr Körper bäumte sich auf, fiel zurück, bäumte sich abermals auf; ihre Hände schlugen auf das Bett; sie stieß sehr laute, heisere, zerrissene Laute aus – ich hatte Angst um sie: Es war ihr erster Orgasmus in den sechs Jahren, in denen sie mit ihrem Körper herumgespielt hatte. Es tat ihr weh; ihr Gesicht sah aus wie ein Stein, wie eine monströse Schnitzerei; nur ihr Körper war lebendig; ihre Arme und Beine waren ausgestreckt und angespannt und schlugen um sich oder waren schwach und zuckten kraftlos. Sie war ein Engel, so funkelnd wie ein wunderschönes, zigmal vergrößertes und unwiderruflich exotisches Insekt: Sie war nicht wie ich – sie war eine Frau, die rasselnde, erstaunte, unkontrollierte, unglückliche Laute ausstieß, eine Frau, die aussah, als sei sie erschreckt und vertieft und von der Vielfalt und der Bösartigkeit der Empfindungen – einschließlich ihrer Erleichterung – zermürbt, die auf sie einstürzten. Ich kniete mich hin und bewegte mich ein bisschen in ihr und streichelte ihre Brüste mit sanften, flügelartigen Auswärtsbewegungen. Und sie schrie: *«Wiley, ich komme!»*, und stürzte mit einer gewissen Dumpfheit in ihren zweiten oder vielleicht auch dritten Orgasmus, seit sie vor ein paar Minuten angefangen hatte zu kommen; wir hätten noch stundenlang weitermachen können, aber sie sagte: «Es tut weh, Wiley, es tut weh, mach, dass es aufhört ...» Also bewegte ich mich nicht; ich hielt bloß ihre Oberschenkel mit den Händen fest; und ihre Zuckungen begannen auszulaufen und vertröpfelten in kleinen Schauern; der versteinerte Ausdruck wich aus ihrem Gesicht; sie beruhigte sich, bis sie nur noch ein wenig zitterte, und dann sagte sie – sie wollte es voll Verwunderung sagen, aber es wurde ein Ausruf daraus, der mit einem Nachklang endete, einer Einleitung zu einem kleinen Schrei –, sie sagte: «Es ist *passiert* ...» Oder: «Es ist pas-sieeeert ...» Bei dem Gedanken an den ersten Orgasmus ihres Lebens hatte sie gleich noch einen gehabt.

Dieser hier glich mehr drei kleinen Orgasmen, die an Intensität nachließen. Als sie ruhiger geworden war, sagte sie keuchend: «Oh, du *liebst* mich ...»

Auch das erregte sie, und als diese Erregung abgeklungen war, sagte sie – wütend –: «Ich hab immer schon gewusst, dass sie etwas falsch gemacht haben. Ich hab immer schon gewusst, dass mit mir alles in Ordnung war ...» Und das wiederum bewirkte, dass leichte Schauer sie überliefen. Etwas früher hatte ich, ohne es zu bemerken, angefangen zu weinen. Als ich mich an ihr hinaufschob, um mich auf sie zu legen, fielen meine Tränen auf ihre Oberschenkel, ihren Bauch, ihre Brüste. Ich wollte sie umarmen, mein Gesicht an das ihre schmiegen. Ich wollte sie in den Armen halten. Ich schob die Arme unter ihr hindurch, und sie sagte: «Oh, Wiley», und wollte ihre Arme heben, aber wieder begann sie zu zittern; und dann, obwohl sie zitterte, hob sie die Arme und drückte mich mit bebender, unverkennbarer Strenge an sich; dann fing auch sie an zu weinen.

# Herta Müller

## DORFCHRONIK

Seitdem es im Dorf nur noch elf Schüler und vier Lehrer, die alle zusammen Grundschule genannt werden, gibt, unterrichtet der Turnlehrer auch Landwirtschaftslehre. Seither wird in den Landwirtschaftslehrestunden der Weitsprung über eine ewig nasse Sandgrube geübt und Völkerball gespielt, im Sommer mit Bällen und im Winter mit Schneebällen. Bei diesem Spiel teilen sich die Schüler in Völker ein. Wen der Ball getroffen hat, der muß hinter die Schußlinie zurücktreten und, weil er tot ist, zusehen, bis alle anderen aus seinem Volk erschossen sind, was im Dorf gefallen genannt wird. Der Turnlehrer hat seine Schwierigkeiten beim Einteilen der Schüler. Daher schreibt er sich nach jeder Stunde auf, welchem Volk jeder Schüler angehörte. Wer in der vergangenen Stunde ein Deutscher sein durfte, muß in der kommenden ein Russe sein, und wer in der vergangenen Stunde ein Russe war, der darf in der kommenden ein Deutscher sein. Es kommt vor, daß es dem Lehrer nicht gelingt, die nötige Schüleranzahl zu überzeugen, Russen zu sein. Wenn der Lehrer nicht mehr weiter weiß, sagt er, seid eben alle Deutsche und los. Weil die Schüler in diesem Fall jedoch nicht begreifen, weshalb man da noch kämpfen sollte, teilen sie sich in Sachsen und in Schwaben ein.

Im Sommer haben die Schüler auch rote Tinte bei sich und malen sich, nachdem sie erschossen worden sind, rote Flecken auf die Haut und auf die Hemden.

Der Turnlehrer, also der Schuldirektor, der auch Musik- und Deutschlehrer ist, hat vor einigen Tagen auch die Geschichtsstunden übernommen, weil dieses Spiel auch für den Geschichtsunterricht geeignet ist.

Neben der Schule ist der Kindergarten. Die Kinder singen Lieder und sagen Gedichte auf. In den Liedern geht es ums Wandern und Jagen und in den Gedichten um die Liebe zur Mutter und zum Vaterland. Manchmal lehrt die Kindergärtnerin, die noch sehr jung, was im Dorf blutjung genannt wird, und eine gute Akkordeonspielerin ist, die Kinder sogar Schlager, in denen auch englische Wörter wie darling und love vorkommen. Es passiert manchmal, daß die Jungen den Mädchen unter den Rock greifen oder durch die fingerbreite Türspalte des Mädchenklos schauen, was die Kindergärtnerin eine Schande nennt. Weil das von Zeit zu Zeit vorkommt, werden auch im Kindergarten Elternsitzungen, die im Dorf Elternbesprechungen genannt werden, abgehalten. In den Elternsitzungen gibt die Kindergärtnerin den Eltern Anleitungen, die im Dorf Ratschläge genannt werden, wie sie ihre Kinder bestrafen sollen. Die meist empfohlene Strafe, die sich für jedes Vergehen eignet, ist der Hausarrest. Eine bis zwei Wochen dürfen die Kinder, nachdem sie aus dem Kindergarten nach Hause gekommen sind, nicht mehr auf die Straße gehen.

Neben dem Kindergarten ist der Marktplatz. Auf dem Marktplatz wurden vor Jahren Schafe, Ziegen, Kühe und Pferde verkauft und gekauft. Jetzt kommen einmal im Frühjahr ein paar vermummte Männer aus den Nachbardörfern her, die Holzkisten mit Ferkeln auf den Wagen führen. Die Ferkel werden nur paarweise verkauft und gekauft. Die Preise hängen weniger vom Gewicht und mehr von der Rasse, die im Dorf Art genannt wird, ab. Die Käufer bringen einen Nachbarn oder jemanden aus der Verwandtschaft mit und begutachten den Körperbau der Ferkel, der im Dorf Statur genannt wird: ob sie kurze oder lange Beine, Ohren, Schnauzen, Borsten, ob sie geringelte oder gestreckte Schwänze haben. Die schwarzgefleckten Ferkel und die Ferkel mit verschiedenfarbigen Augen, die im Dorf Unglücksferkel genannt werden, muß der Verkäufer, falls er sie nicht um den halben Preis verkaufen will, wieder in die Holzkiste sperren und zurückfahren.

Außer Schweinen züchten die Dorfleute auch Hasen, Bienen und Geflügel. Das Geflügel und die Hasen werden in den Zeitungen Kleintiere genannt, und die Leute, die das Geflügel und die Hasen züchten, Kleintierzüchter.

Die Leute im Dorf haben außer Schweinen und Kleintieren auch Hunde und Katzen, die man, weil sie sich seit Jahrzehnten untereinander kreuzen, nicht mehr voneinander unterscheiden kann. Die Katzen sind noch gefährlicher als die Hunde, sie kreuzen sich, was im Dorf paaren genannt wird, auch mit den Hasen.

Der Dorfälteste, der zwei Weltkriege und noch manches andere und manchen anderen überlebt hat, hatte einen großen roten Kater. Seine Häsin brachte dreimal nacheinander rot und grau gefleckte Junge zur Welt, was im Dorf werfen genannt wird, die miauten und die der Dorfälteste jedesmal ertränkte. Nach dem dritten Mal erhängte der Dorfälteste seinen Kater. Seither hat seine Häsin zweimal gestreifte Jungen zur Welt gebracht, und der Nachbar erhängte nach dem zweiten Mal seinen gestreiften Kater. Letztes Mal hatte die Häsin langhaarige krause Jungen im Nest, da ein Kater aus der Nachbargasse oder aus dem Nachbardorf, der eine Kreuzung zwischen einem Dorfhund und einer Dorfkatze ist, solches Haar hat. Da der Dorfälteste nun weder aus noch ein wusste, schlachtete er seine Häsin und vergrub sie, da er das Fleisch nicht essen wollte, weil sie seit Jahren nur noch Katzen im Bauch gehabt hatte. In Italien, das weiß das ganze Dorf, hat der Dorfälteste während seiner Kriegsgefangenschaft Katzenfleisch gegessen. Das heiße aber noch lange nicht, meint der Dorfälteste, daß er die Unzucht seiner Häsin werde ertragen müssen, weil ein schwäbisches Dorf ja gottseidank, betont er, nicht in Italien liege, obwohl er manchmal den Eindruck habe, daß es auch in Sardinien liegen könnte. Diesen Eindruck schreiben die Dorfleute aber seiner Arterienverkalkung zu und sagen, er habe schon dickes Blut im Kopf.

Neben dem Marktplatz ist der Volksrat, der im Dorf Gemeindehaus genannt wird. Das Volksratsgebäude ist eine Kombination zwischen einem Bauernhaus und einer Dorfkirche. Von einem Bauernhaus hat es die offene Veranda, die von einer mit Pfosten gestützten Brüstung umgeben ist, die kleinen schummrigen Fenster, die braunen Rolläden, die rosa getünchten Wände und den grün getünchten Sockel. Von einer Dorfkirche hat es die vier Treppen am Eingang, die Wölbung über der Tür, die blinde zweiteilige Holztür mit dem Sehgitter, die Stille in den Zimmern und die Eulen und Fledermäuse auf dem Dachboden, die im Dorf Ungeziefer genannt werden.

Der Bürgermeister, der im Dorf Richter genannt wird, hält im Gemeindehaus seine Sitzungen. Unter den Anwesenden gibt es Raucher, die abwesend rauchen, Nichtraucher, die nicht rauchen und schlafen. Alkoholiker, die im Dorf Säufer genannt werden und die Flaschen unter den Stühlen stehen haben, sowie Nichtalkoholiker und Nichtraucher, die schwachsinnig sind, was im Dorf anständig genannt wird, die so tun, als würden sie zuhören, die aber an etwas ganz anderes denken, falls es ihnen überhaupt gelingt, zu denken.

Auch die Fremden, die ins Dorf kommen, suchen den Volksrat auf, weil sie, wenn es sie bedrängt, in den Hinterhof gehen und pissen, was im Dorf das Wasser abschlagen genannt wird. Das Klo, das im Hinterhof des Volksrats steht, ist ein öffentliches Klo, da es weder eine Tür noch ein Dach besitzt. Trotz der vielen Ähnlichkeiten zwischen dem Volksrat und der Kirche ist es noch nie passiert, daß ein Fremder statt zum Volksrat in die Kirche gegangen wäre, da ja die Kirche an ihrem Kreuz zu erkennen ist und der Volksrat an seiner Ehrentafel, die im Dorf Ehrenkasten genannt wird. Im Ehrenkasten sind Zeitungen ausgehängt, die, wenn sie völlig vergilbt und unleserlich geworden sind, ausgetauscht werden.

Neben dem Volksrat befindet sich der Friseurladen, der im Dorf Frisierstube genannt wird. In der Frisierstube steht ein Stuhl vor einem Spiegel, ein Kohlenofen in einer Ecke und eine Holzbank an einer Wand, auf der die Kunden, die im Dorf Rasiergäste genannt werden, sitzen und schlafen, was im Dorf warten genannt wird.

Von den Rasiergästen ist keiner älter als hundert. Außer rasieren lassen sich alle Gäste auch die Haare schneiden, selbst jene, die keine Haare mehr haben. Der Friseur, der im Dorf Rasierer genannt wird, wetzt das Rasiermesser nach jeder Rasur an einem Lederriemen, der schwingt und zu summen beginnt, und reibt den jüngeren Rasiergästen, denen, die unter siebzig sind, das Gesicht mit Parfüm und den älteren mit Spiritus ein, weil es sich nicht schickt, was im Dorf sich nicht steht genannt wird, daß ein alter Mann nach Parfüm riecht, was im Dorf nach Parfüm stinken genannt wird.

Neben dem Friseurladen und vor dem Volksrat ist eine Betonplatte gegossen worden, die im Dorf Kerweihplatz genannt wird. Auf dieser Betonplatte tanzen die Kerweihpaare.

Seitdem das Dorf immer kleiner wird, weil die Leute, wenn nicht woandershin, dann wenigstens in die Stadt abwandern, werden die Kerweihfeste immer größer und die Trachten immer festlicher, so daß die Zeitungen nicht umhin können, jede Kerweih aus jedem Dorf, das in den Zeitungen wenn nicht Großgemeinde, so doch wenigstens Gemeinde genannt wird, ausführlich zu beschreiben. Da jede Kerweih in jedem Dorf an einem anderen Sonntag stattfindet, gehen alle Kerweihpaare aus einem Dorf vor oder nach ihrer eigenen Kerweih, die im Dorf Kerweihfest genannt wird, auch zur Kerweih ins Nachbardorf, was im Dorf mithalten genannt wird. Da aber im Banat alle Dörfer Nachbardörfer sind, beteiligten sich an allen Kerweihfesten dieselben Paare, dieselben Zuschauer und dieselbe Musikkapelle. Dank der Kerweihfeste kennt sich die Jugend aus dem ganzen Banat, und so kommt es öfter zu zwischendörflichen

Ehen, falls sich die Eltern davon überzeugen lassen, daß die beiden zwar nicht aus demselben Dorf, aber immerhin Deutsche sind.

Neben dem Friseurladen liegt die Konsumgenossenschaft, die im Dorf Geschäft genannt wird, die fünf Quadratmeter groß ist und Kochtöpfe, Kopftücher, Marmelade, Salz, Barchent, Hausschuhe und einen Stapel Bücher aus den frühen sechziger Jahren führt. Die Verkäuferin ist zuckerkrank und sicherlich aus dem Nachbardorf, weil es dort eine Kondi und den Namen Franziska gibt.

In unserem Dorf heißen die Frauen Magdalena, was im Dorf Leni, oder Theresia, was im Dorf Resi genannt wird. Die Männer aus unserem Dorf heißen Matthias, was im Dorf Matz, oder Johann, was im Dorf Hans genannt wird. Die Familiennamen in unserem Dorf sind Berufsnamen: Schuster, Schneider, Wagner, und Tiernamen: Wolf, Bär, Fuchs. Außer diesen Namen gibt es in unserem Dorf noch zwei andere Namen: Schauder und Stumper, von denen niemand weiß, woher sie kommen. Einige sogenannte Sprachforscher aus dem Banat haben durch sogenannte Sprachforschungen bewiesen, daß diese Namen durch Verformungen anderer Namen entstanden sind. Außer diesen Namen gibt es im Dorf noch Spottnamen, die im Dorf Spitznamen genannt werden: Schmalzbauer, Geizhals.

Neben der Konsumgenossenschaft ist das Kulturheim. Im Kulturheim hält man, wenn es regnet, Kerweih, und Hochzeiten, wenn es regnet, hagelt, schneit oder Schönwetter ist. Auch das Kulturheim hat vier Treppen, eine blinde, dicke Holztür mit einem Sehgitter, einen gewölbten Eingang, kleine schummrige Fenster, braune Rolläden und Ungeziefer auf dem Dachboden. In einem kleinen sackdunklen Raum, in dem früher der Projektionsapparat für das Kino stand, ist, seitdem niemand mehr ins Kino geht, die Hochzeiten aber immer häufiger werden, ein großer Herd, der im Dorf Sparherd genannt wird, mit einem großen eingebauten Kessel installiert worden. Seitdem der faule

Fußboden durch Parkett ersetzt worden ist, tanzen auch die alten Hochzeitsgäste, die im Dorf Hochzeitspaare genannt werden, statt Walzer und Foxtrott wieder Polka.

Neben dem Kulturheim ist die Post. Die Post hat zwei Angestellte: den Postmann, der im Dorf Postträger genannt wird, und die Telefonistin, die im Dorf Postfrau genannt wird und die Frau des Postmanns ist. Die Postfrau stempelt, da sie mit Telefonieren äußerst selten beschäftigt ist, die angekommene und, nachdem abends der Briefkasten geleert worden ist, die abzuschickende Post. Die Postfrau kennt alle Briefe inwendig und auswendig und weiß daher Bescheid über die geheimsten Gedanken der Dorfleute.

Neben der Post ist die Miliz. Der Milizmann, der im Dorf der Blaue genannt wird, kommt von Zeit zu Zeit in einen kleinen Raum, der im Dorf Büro genannt wird, in dem ein leerer Schreibtisch und ein Stuhl stehen, geht zum Fenster und lüftet, bis er seine ausländische Zigarette geraucht hat, den Raum, schließt dann wieder das Fenster, hängt wieder das Schloß an die Tür und geht zur Post. Mit der Postfrau sitzt er dann stundenlang hinter dem hohen Pult und erzählt.

Das Dorf hat drei Seitengassen, die im Dorf Hintergassen genannt werden, da eine hinter der Schule liegt und mit der LPG endet, eine zweite hinter der Konsumgenossenschaft liegt und mit der Staatsfarm endet und eine dritte hinter der Post liegt und mit dem Friedhof endet.

Die Seitengassen sind Häuserreihen. Die Häuser der Häuserreihen sind alle gleich rosa getüncht, haben die gleichen grünen Sockel und die gleichen braunen Rolläden. Sie unterscheiden sich nur durch die Hausnummernschilder voneinander. In den Seitengassen hört man am frühen Morgen, wenn es noch dämmert, die Hühner gackern und die Gänse schnattern und zischeln. Wenn es draußen ganz hell ist, was im Dorf taghell genannt wird, wird das Gackern, Schnattern und Zischeln von den Stimmen der Frauen, die im Dorf Hausfrauen genannt werden, die über Zäune und Gärten hin miteinander reden, was im Dorf plauschen genannt wird, übertönt. Die Gärten sind immer frisch gehackt und gejätet, was im Dorf gepflegt genannt wird.

Die Häuser im Dorf sind sauber. Die Hausfrauen putzen, wischen, kehren und bürsten den ganzen Tag, was im Dorf häuslich und wirtschaftlich sein genannt wird. Samstags hängen die Perserteppiche, die so groß wie der halbe Hof sind und im Dorf Perser genannt werden, auf den Zäunen. Sie werden geklopft, gebürstet, gekämmt und nachher wieder ins Paradezimmer, das im Dorf Extrazimmer genannt wird, zurückgelegt. Im Extrazimmer stehen dunkle polierte Möbel aus Kirsch- oder Lindenholz mit Nuß- oder Rosenfurnier.

Auf den Möbeln stehen Nippsachen, die im Dorf Figuren genannt werden und verschiedene Tiere, von Käfern und Schmetterlingen bis zu Pferden, darstellen. Sehr beliebt sind Löwen, Giraffen, Elefanten und Eisbären, da es diese Tiere in der Banater Gegend, die in den Zeitungen Banater Land und im Dorf Inland genannt wird, nicht gibt, die aber in anderen Ländern, die im Dorf Ausland genannt werden, leben.

Der Dorfälteste wünscht sich seit Jahren, ins Ausland, das im Dorf der Westen genannt wird, zu einem guten Freund aus der Kriegsgefangenschaft zu Besuch zu fahren, um einen richtigen Löwen zu sehen.

An den Fenstern hängen weiße Nylonvorhänge, die im Dorf Spitzenvorhänge genannt werden. Viele Hausfrauen lassen sich die Spitzenvorhänge von den Verwandten aus dem Ausland bringen und begleichen das schöne Geschenk mit einigen Kilo Hauswurst oder mit einem geräucherten Schweineschinken. Die Vorhänge sind es schon wert, sagen sie, da sie, weil die Zimmer nicht bewohnt sind, was im Dorf geschont werden genannt wird, auch noch für ihre Kinder und Enkelkinder, die im Dorf Kindeskinder genannt werden, erhalten bleiben.

Die Häuser haben in zwei Teile geteilte Höfe, die im Dorf Vorderhöfe und Hinterhöfe genannt werden. In den Vorderhöfen, unter dem haushohen Weintraubenspalier und zwischen den gestutzten Samtrosensträuchern, stehen die bunten Gartenzwerge und die großen grünen Laubfrösche, die im Dorf Gartenfrösche genannt werden. Im Hinterhof sind das Geflügel und die dunklen dampfenden Räumlichkeiten, in denen gekocht, gegessen, gewaschen, gebügelt und geschlafen wird, die im Dorf Sommerküche genannt werden. Die Dorfleute teilen die Woche nach dem Kochprogramm in Fleischtage und Mehltage ein. Die Dorfleute essen gefettet, gesalzen und gepfeffert. Wenn der Dorfarzt ihnen aber das Fetten, Salzen und Pfeffern verbietet, essen sie ungefettet, ungesalzen und ungepfeffert und sagen während des Essens, daß nichts über die Gesundheit geht und daß das Leben nicht mehr schön ist, wenn man nicht mehr alles essen darf, und: Gutes Essen macht Sorgen vergessen.

Hinter den Seitengassen liegen die Felder der LPG und der Staatsfarm. Die Felder sind groß und flach. Die Pflanzen leiden im Winter am Frost, was im Dorf ausfrieren, im Frühjahr an der Feuchtigkeit, was im Dorf ausfaulen, im Sommer an der Hitze, was im Dorf ausdorren genannt wird. Und im Herbst ist die Erntezeit eine Regenzeit, die in den Zeitungen Erntekampagne genannt wird, die in den Zeitungen im Oktober abgeschlossen und im Dorf im Dezember noch nicht beendet ist. Die tiefen Löcher, die man im Winter auf den Feldern sieht, sind nicht die Furchen der Pflüge, sondern die Fußstapfen der Bauern, die bei der Ernte bis über die Stiefel in den Boden sinken. Manche Bauern sagen, daß es seit der Verstaatlichung, die im Dorf Enteignung genannt wird, keine richtige Ernte mehr gegeben habe. Seit der Enteignung, sagen die Bauern, ist auch der beste Boden nichts wert, und der Dorfälteste behauptet, daß zwischen dem Boden des Hausgartens und dem des Feldes ein sehr großer Unterschied ist, so ein großer Unterschied, als ob's nie derselbe Boden gewesen wär.

Der Boden, der um das Dorf liegt, ist der Boden der LPG und der Staatsfarm. Der Boden der LPG liegt hinter der ersten Hintergasse, und der Boden der Staatsfarm hinter der zweiten Hintergasse.

Die LPG besteht aus einem Vorsitzenden, der der Bruder des Bürgermeisters ist, aus vier Ingenieuren, von denen einer für das Unkraut, einer für die sieben Kühe und elf Schweine, einer für die drei Hektar Gurken und zwei Hektar Tomaten und einer für die drei Traktoren verantwortlich ist, und aus sieben LPG-Bauern, die über fünfzig sind, im Dorf Mitglieder genannt und von den Ingenieuren mit Mädels und Buben angeredet werden. In den Sitzungen führen die Ingenieure die Mißernten und die Schulden der LPG auf den Boden zurück, der für das Getreide zu sandig und für das Gemüse nicht sandig genug ist. Der Boden ist für die Disteln und Ackerwinden gut, die das Getreide und Gemüse, die von den Ingenieuren Kulturen genannt werden, ersticken. Der Ingenieur, der für das Unkraut verantwortlich ist, sagt, daß der Boden der LPG zu sauer und zu klebrig sei.

Die Staatsfarm besteht aus einem Vorsitzenden, der im Dorf Direktor genannt wird, der der Schwager des Bürgermeisters und der Bruder des LPG-Vorsitzenden ist, aus fünf Ingenieuren, von denen einer für die neun Kühe und fünfzehn Schweine, einer für die sechs Hektar Möhren und zehn Hektar Kartoffeln, einer für das Getreide und einer für den Obstgarten, der im Dorf Baumschule genannt wird, verantwortlich ist, und aus hundert Arbeitern, die in den aufgelassenen Hühnerställen der Staatsfarm wohnen. Die Ingenieure führen die Mißernten der Staatsfarm auf den Boden zurück, der für das Getreide zu salzig und für das Gemüse und die Obstbäume nicht salzig genug ist. Gut ist der Boden für den Klatschmohn und die Kornblumen, die bunt im Feld leuchten und, wie die Ingenieure sagen, auch auf den Fotos sehr grell leuchten. Der gewesene Ingenieur, der für das Unkraut verantwortlich war, hat im vergangenen Jahr dank dieser grellen Farben des Klatschmohns und der Kornblumen bei einer Freundschaftsausstellung rumänischer und bulgarischer Fotografen in Craiova für ein Farbfoto den ersten Preis erhalten, was im Dorf gewonnen genannt wird. Der Preis bestand aus einer Italienreise. Seit dieser Reise ist der Brigadier, der der Cousin des Bürgermeisters, des LPG-Vorsitzenden und des Staatsfarmdirektors ist, für das Unkraut verantwortlich.

Hinter der dritten Hintergasse liegt der Friedhof. Der Friedhof hat einen Schlehdornzaun und ein schweres schwarzes Eisentor. Am Ende des Hauptweges steht die Kapelle, die eine Miniatur der Dorfkirche ist und wie eine etwas höhere Sommerküche aussieht.

Die Kapelle wurde vor dem ersten Weltkrieg vom damaligen Metzger, der, nachdem er den Krieg überlebt hatte, nach Rom gefahren war, wo er den Papst, der im Dorf der heilige Vater genannt wird, gesehen hatte, gebaut, was im Dorf gestiftet genannt wird. Seine Frau, die im Dorf, obwohl sie Schneiderin gewesen ist, Metzgerin genannt wurde, starb ein paar Tage nachdem die Kapelle fertig war, und wurde in der Familiengruft unter der Kapelle begraben, was im Dorf beigesetzt genannt wird.

Unter der Kapelle gibt es außer Würmern und Maulwürfen, die es im ganzen Friedhof gibt, auch Schlangen. Aus Ekel vor diesen Schlangen ist der Metzger heute noch am Leben und zum Dorfältesten geworden.

Alle Toten außer der Metzgerin liegen, was im Dorf ruhen genannt wird, in Gräbern. Die Toten des Dorfes haben sich zu Tode gegessen, zu Tode getrunken, was im Dorf zu Tode gearbeitet genannt wird. Ausnahmen bilden die Helden, von denen man annimmt, daß sie sich zu Tode gekämpft haben. Selbstmörder gibt es im Dorf keine, da alle Dorfbewohner einen gesunden Menschenverstand haben, den sie auch im hohen Alter nicht verlieren.

Die Helden, die im Dorf Gefallene genannt werden, sind, um zu beweisen, daß sie nicht vergebens gestorben sind, was im Dorf den Heldentod gefunden haben genannt wird, weil man wahrscheinlich annimmt, daß sie ihn gesucht haben, auf demselben Friedhof gleich zweimal begraben: einmal im Grab der jeweiligen Familie und einmal unter dem Heldenkreuz. In Wirklichkeit liegen sie aber irgendwo in einem Massengrab, was im Dorf im Krieg geblieben genannt wird. Die Gefallenen haben meist weiße oder graue Obeliske auf den Grabhügeln. Die Toten, die vor Jahren Feld hatten, haben jetzt weiße Marmorkreuze über den Köpfen. Ihre Taglöhner, die im Dorf Knechte genannt wurden, verzinnte Blechkreuze und die jung verstorbenen alleinstehenden Mägde, die im Dorf Dienerinnen genannt wurden, haben schwarze gebeizte Holzkreuze über den toten Köpfen. So sieht man auf dem Friedhof, wenn ein Toter begraben wird, ob seine Vorfahren, die im Dorf Ahnen genannt werden, Herren oder Knechte waren.

Das größte Kreuz ist das Heldenkreuz. Es ist höher als die Kapelle. Darauf sind die Namen aller Helden aller Fronten aller Kriege, selbst die der Vermißten, die im Dorf Verschleppte genannt werden, verzeichnet.

Ich schließe das schwarze Friedhofstor hinter mir. Hinter dem Friedhof liegt die Wiese, die Dorf Hutweide genannt wird. Auf der Hutweide stehen vereinzelte Bäume.

Ich klettere auf einen Baum, der am Rand der Wiese steht, der aber ebensogut in der Dorfmitte stehen könnte, falls er nicht gar in der Dorfmitte steht. Ich halte mich mit beiden Händen an einem Ast fest und sehe die Kirche des Nachbardorfes, auf deren dritter Treppe sich ein Marienkäfer den rechten Flügel putzt.

# Rosamunde Pilcher

## DAS BLAUE ZIMMER

Als die Sonne am Himmel sank und sich lange Schatten über die Dünen erstreckten, leerte sich der Strand allmählich. Mütter riefen unwillige Kinder, lockten sie aus den warmen Ausläufern der sommerlichen Flut. Müde, sonnenverbrannte Kleinkinder wurden in Sportwagen verfrachtet, Picknickkörbe wieder eingepackt, vermisste Sandalen und Handtücher endlich aufgestöbert. Um sieben Uhr war der Strand fast verlassen, bis auf den Bademeister, der vor der Strandhütte in seinem Campingstuhl saß, ein paar unermüdliche Surfer und eine Frau mit einem übermütigen Hund.

Und Emily und Portia.

Emily war vierzehn, Portia war ein Jahr älter. Emily wohnte im Dorf – sie war hier geboren und hatte ihr ganzes Leben in dem weitläufigen alten Haus gleich hinter der Kirche verbracht. Portia aber kam aus London. Solange Emily zurückdenken konnte, hatten Portias Eltern für den August das Haus der Luscombes gemietet, während die Luscombes ihre Tochter besuchten, die in einer abgelegenen Gegend von Schottland mit einem unaussprechlichen Namen wohnte.

Als kleine Kinder hatten Emily und Portia jeden Sommer zusammen gespielt. Normalerweise hätten sie einander vermutlich kaum beachtet, denn sie hatten wenig miteinander gemein. Aber Portias Geschwister waren alle älter als sie, und Emily war ein Einzelkind. Von ihren Eltern ermuntert, hatten sie eine Gemeinschaft gebildet, die für beide ganz befriedigend war. Sie vertrauten sich gegenseitig.

Portia war es gewesen, die den heutigen Ausflug an den Strand vorgeschlagen hatte. Sie hatte Emily nach dem Mittagessen angerufen.

«... ich bin mutterseelenallein. Giles und seine Freunde sehen sich das Stock-Car-Rennen an ...» Giles war ihr Bruder, er studierte in Cambridge und war schrecklich geistreich und gebildet. «... und ich wollte nicht mit. Es ist zu heiß und dort stinkt es so.» Emily antwortete nicht gleich, und Portia bemerkte ihr Zögern. «Du hast doch nichts anderes vor, oder?»

Den Telefonhörer in der Hand, lauschte Emily der Stille im Haus, das in der Nachmittagshitze döste. Als Mrs. Wattis nach dem Mittagessen aufgeräumt hatte, war sie nach Fourbourne zu ihrer Schwester gefahren, wo sie über Nacht zu bleiben gedachte. Emilys Vater war in Bristol. Er hatte heute Morgen eine Geschäftsreise angetreten und würde erst in zwei Tagen zurück sein. Stephanie ruhte sich oben in ihrem Schlafzimmer aus.

«Nein, ich hab nichts weiter vor», sagte Emily. «Ich komm gerne mit.»

«Nimm ein paar Kekse oder belegte Brote mit. Ich hab eine Flasche Limonade. Wir treffen uns an der Kirche.»

Emily hatte Portia ein Jahr nicht gesehen, und kaum erblickte sie sie, wurde ihr beklommen zumute. Immer das Gleiche. Alle ihre Schulfreundinnen schienen erwachsen zu werden und Emily zu überflügeln, sie wurden versetzt, schafften ihre Zwischenprüfungen, während Emily hinterdrein stolperte, sich an die Geborgenheit der Kindheit klammerte, an das Bekannte, Vertraute. Sie sehnte sich danach, mit den anderen voranzukommen, hatte aber nicht den Mut, den ersten, entschlossenen Schritt zu tun.

Und jetzt Portia. Portia wurde erwachsen. Sie hatte eine gute Figur. In nur zwölf Monaten hatte sie sich vom Kind in eine junge Frau verwandelt. Ihre knappen Shorts und das eng anliegende T-Shirt zeigten eine schmale Taille, schlanke Hüften, lange, braune Beine. Sie hatte die dunklen Locken schulterlang wachsen lassen, sie hatte sich Ohrlöcher stechen lassen und trug goldene Ohrringe. Sie glitzerten, wenn sie die Haare zurückwarf, verfingen sich in den glänzenden Locken. Sie hatte sich die Zehennägel rosa lackiert und die Beine rasiert.

Als sie über den Golfplatz zum Meer schlenderten, kamen sie an einigen jungen Männern vorbei, Golfspielern auf dem Weg zum nächsten Abschlag. Letztes Jahr hätten die jungen Männer Portia und Emily gar nicht beachtet, aber heute sah Emily deren Augen auf Portia ruhen, und sie beobachtete Portias Reaktion: die Pantomime, die bewundernden Blicke nicht zu bemerken, ihren plötzlich selbstbewussten Gang, das Zurückwerfen des Kopfes, als ein Windstoß ihr die Haare in die Augen wehte. Die jungen Männer sahen Emily nicht an, und Emily erwartete es auch nicht. Denn wer mochte schon eine sehnige Vierzehnjährige beachten, ohne Formen und Kurven, mit strohblonden Haaren und einer grässlichen Brille?

«Du trägst immer noch eine Brille», bemerkte Portia. «Warum lässt du dir keine Kontaktlinsen verpassen?»

«Vielleicht später, es geht erst, wenn ich älter bin.»

«Ein Mädchen in meiner Schule hat welche, aber sie sagt, am Anfang ist es eine Tortur.»

Emily wurde übel. Sie konnte den Gedanken nicht ertragen, sich Kontaktlinsen in die Augen zu stecken, sowenig wie sie es ertrug, sich die Fingernägel schneiden zu lassen (ihre Mutter hatte ihr die Handhabung einer kleinen Pappnagelfeile gezeigt) oder Brote zu essen, in die Sand geraten war.

Weil sie nicht über Kontaktlinsen sprechen wollte, fragte sie: «Hast du diesen Sommer die mittlere Reife gemacht?»

Portia zog ein gelangweiltes Gesicht. «Ja, aber ich hab die Ergebnisse noch nicht. Ich glaube, es ist ganz gut gelaufen, aber jetzt wollen meine Eltern, dass ich Abi mache. Noch ein paar Jahre Schule, das halte ich nicht aus. Ich versuche sie zu überreden, dass ich nächsten Sommer abgehen und das Abi in einem Paukstudio machen kann oder so was. Die Schule macht mich krank.» Emily bemerkte nichts dazu. «Und du? Hast du die mittlere Reife?»

Emily sah fort von Portia, denn manchmal kamen ihr die Tränen, und sie hatte das Gefühl, dass es jetzt passieren würde.

«Ich mach sie nächstes Jahr.» Auf der anderen Seite der Bucht kroch ein Auto die Straße zum fernen Strand hinunter. Sonnenlicht blinkte auf den Fenstern, als sende es Signale. Sie sah angestrengt hin, und kurz darauf verflüchtigten sich die Tränen, unvergossen. Sie sagte: «Ich sollte sie diesen Sommer machen. Aber Miss Myles, die Rektorin, meinte, es wäre besser, noch ein Jahr zu warten.»

Das Gespräch war ein Albtraum gewesen. Miss Myles war so gütig, so mitfühlend, und Emily hatte nichts anderes tun können, als dazusitzen und sie anzusehen, wie betäubt von Jammer, kaum imstande, ihr zuzuhören, kaum imstande, die vernünftigen Worte wahrzunehmen. *Keiner erwartet von dir, dass du die Prüfung machst, Emily, ausgerechnet jetzt. Es hat doch keine Eile, oder? Warum lässt du dir nicht noch ein Jahr Zeit? Die Zeit heilt alle Wunden. In einem Jahr wirst du es nicht vergessen haben, weil du deine Mutter niemals vergessen wirst, aber bis dahin sieht sicher vieles anders aus.*

Sie gingen über die Eisenbahnbrücke, eine Holzbrücke für Fußgänger, die den Golfplatz von den Dünen trennte. Auf halbem Wege blieben sie stehen und beugten sich über das Geländer, um auf die Schienen hinunterzusehen, die heute in der prallen Sonne blinkten. Portia sagte: «Meine Mutter hat mir erzählt, dass dein Vater wieder geheiratet hat.»

«Ja.»

«Ist sie nett?»

«Ja.» Die Stille, die auf dieses einzige Wort folgte, schien eine Anklage gegen Stephanie, deswegen setzte sie hinzu: «Sie ist sehr jung. Erst neunundzwanzig.»

«Ich weiß. Mutter hat es mir erzählt. Sie hat mir auch erzählt, dass ein Baby unterwegs ist. Ist es schlimm für dich?»

«Nein», log Emily.

«Es muss komisch sein, ein Geschwisterchen zu kriegen. Jetzt, meine ich. In deinem Alter.»

«Ist schon in Ordnung.»

Sie hatten eine neue Wiege für das Baby gekauft, aber Emilys Vater hatte Emilys alten Kinderwagen vom Speicher geholt, und Stephanie hatte ihn sauber gemacht, geölt und blank geputzt, und nun wartete er in einer Ecke der Waschküche auf den neuen Insassen.

«Ich meine», fuhr Portia fort, «du hattest nie Geschwister. Es muss komisch für dich sein.»

«Es wird schon gut gehen.» Das hölzerne Brückengeländer fühlte sich warm an; es war splitterig und roch nach Kresol. «Es wird schon gut gehen.» Sie warf einen Holzsplitter auf die Eisenbahnschienen. «Komm weiter. Mir ist heiß, ich will schwimmen», und sie überquerten die Brücke, und ihre Schritte klangen hohl auf den Planken, und dann gingen sie weiter, den Sandweg entlang, der zu den Dünen führte.

Sie schwammen und lagen in der Sonne, die Köpfe im Sand und einander zugewandt. Portia plapperte unaufhörlich, von den nächsten Ferien, wenn sie vielleicht zum Skilaufen gehen würde, von dem Jungen, den sie kennen gelernt und der ihr versprochen hatte, mit ihr in die Roller-Disco zu gehen, von der Wildlederjacke, die ihr Vater ihr zum Geburtstag versprochen hatte. Sie sprach nicht mehr von Stephanie und dem Baby, und Emily war ihr im Stillen dankbar dafür.

Und nun, als der Nachmittag vorüber war, wurde es Zeit, nach Hause zu gehen. Die Flut zog sich zurück, ein dunkler, nasser Sandstreifen lag gerade außer Reichweite der Brecher. Die See war ein Geflirre aus glitzerndem Licht, der Himmel noch wolkenlos und tiefblau.

Portia sah auf ihre Uhr. Sie sagte: «Es ist kurz vor sieben. Ich muss gehen.» Sie wischte den feuchten Sand von ihrem Bikini. «Bei uns findet heute Abend eine Party statt. Giles bringt seine Freunde zum Essen mit, und ich habe Mutter versprochen, ihr zu helfen.» Emily stellte sich das Haus voller junger Leute vor, die sich alle gut kannten, enorme Mengen verspeisten, Bier tranken, die neuesten Platten spielten. Es war eine zugleich beneidenswerte und erschreckende Vorstellung. Sie zog ihr T-Shirt über den Badeanzug. «Ich muss auch gehen», sagte sie.

Portia fragte mit ungewohnter Höflichkeit: «Bekommt ihr Besuch?»

«Nein, aber mein Vater ist weg, und Stephanie ist ganz allein.»

«Dann seid ihr bloß zu zweit, du und die böse Stiefmutter.»

Emily sagte rasch: «Sie ist nicht böse.»

«Ist bloß so eine Redensart», sagte Portia. Sie sammelte Handtücher und Sonnenöl ein und stopfte alles in eine Leinentasche, auf der in großen und roten Buchstaben ST-TROPEZ stand.

An der Kirche trennten sie sich.

«War nett», sagte Portia. «Machen wir bald mal wieder», und sie winkte lässig und schlenderte davon. Das Schlendern wurde schneller, sie verfiel in Laufschritt. Portia eilte nach Hause, um sich die Haare zu waschen und für das abendliche Vergnügen zurechtzumachen.

Sie hatte Emily nicht zu der Party eingeladen, und Emily hatte es nicht erwartet. Ihr lag nichts daran, auf eine Party zu gehen. Ihr lag auch nicht viel daran, nach Hause zu gehen und den Abend in Stephanies Gesellschaft zu verbringen.

Stephanie und Emilys Vater waren jetzt fast ein Jahr verheiratet, aber heute waren Stephanie und Emily zum ersten Mal sich selbst überlassen. Ohne ihren Vater als Puffer, der das Gespräch in Gang hielt, bangte Emily vor dem, was ihr bevorstand. Worüber sollten sie sich unterhalten?

Sie schlug die Richtung nach Hause ein. Über den Dorfanger,

im Schatten der Eichen, den ausgefahrenen Feldweg entlang, an dessen Ende der Blick aufs Meer fiel. Durch das offene weiße Tor und hinter der Kurve der Zufahrt war das Haus zu sehen.

Von einer seltsamen Vorahnung erfüllt, zögerte Emily. Sie blieb stehen und betrachtete das Haus. Ihr Zuhause. Doch seit dem Tod ihrer Mutter war es nicht mehr ihr Zuhause gewesen. Schlimmer noch, seit ihr Vater Stephanie geheiratet hatte, war es das Zuhause einer Fremden geworden.

Was hatte sich verändert? Geringfügige Kleinigkeiten. Die Zimmer waren aufgeräumter. Es lagen kein Strick- und Nähzeug, keine Bücher und alten Zeitschriften mehr herum. Kissen waren aufgeschüttelt, die Teppiche lagen glatt und gerade.

Die Blumen im Haus sahen anders aus. Emilys Mutter hatte Blumen geliebt, aber kein großes Geschick in ihrer Zusammenstellung bewiesen. Dicke Sträuße wurden in Krüge gestopft, so wie sie gepflückt worden waren. Aber Stephanie konnte mit Blumen zaubern. Kunstvolle Arrangements in riesigen cremefarbenen Vasen standen auf Gestellen, Sträuße aus Rittersporn und Gladiolen, durchsetzt mit Rosen und Wicken und seltsam geformten Blättern, die zu pflücken keinem Menschen außer Stephanie eingefallen wäre.

Dies alles war unvermeidlich und einigermaßen erträglich. Was aber beinahe unerträglich war und Emilys Welt regelrecht auf den Kopf gestellt hatte, war die vollkommene Verwandlung des Schlafzimmers ihrer Mutter. Sonst war nichts im Haus verändert, umgestellt oder anders gestrichen worden, aber das große Doppelzimmer, das auf den Garten und den blauen Bach hinausging, hatten sie leer geräumt und vollkommen neu eingerichtet.

Sie musste ihrem Vater zugute halten, dass er es Emily mitgeteilt hatte.

Er hatte ihr einen Brief ins Internat geschickt. «Ein Schlafzimmer ist etwas Persönliches», schrieb er. «Es wäre nicht fair, von Stephanie zu erwarten, im Schlafzimmer deiner Mutter zu schlafen, und mehr noch, es wäre nicht fair gegenüber deiner Mutter, wenn Stephanie die Sachen, an denen sie am meisten hing, einfach übernehmen würde. Deshalb werden wir alles umkrempeln, und wenn du in den Ferien nach Hause kommst, wirst du es nicht wieder erkennen. Rege dich deswegen nicht auf. Versuche es zu verstehen. Es ist das Einzige, was wir verändern. Der Rest des Hauses bleibt, wie du es immer gekannt hast.»

Sie dachte an das Zimmer. Früher, als ihre Mutter noch lebte, war es schäbig und gemütlich gewesen, nichts hatte zueinander gepasst, aber alles fügte sich fröhlich zusammen, wie die willkürliche Aussaat von Blumen in einer Rabatte. Vorhänge und Teppiche waren ausgeblichen. Auf dem riesigen Messingbett, das Emilys Großmutter gehört hatte, lag eine Tagesdecke aus weißer Häkelspitze, und das ganze Zimmer war voll von Fotografien und altmodischen Aquarellen an den Wänden.

Aber all das gab es nicht mehr. Jetzt war alles eierschalenblau, mit einem passenden hellblauen Teppich und schönen, blassgelb eingefassten Satinvorhängen. Das alte Messingbett war verschwunden, ersetzt durch ein luxuriöses französisches Polsterbett mit Rüschen aus demselben Stoff wie die Vorhänge, und das Bett hatte einen weißen Musselinhimmel, der in einer vergoldeten Krone hoch oben an der Wand zusammengefasst war. Jede Menge weiße Fellteppiche lagen auf dem Boden, und das Badezimmer war ringsum verspiegelt, und es glitzerte von verlockenden Flaschen und Tiegeln. Und alles duftete nach Maiglöckchen. Aber Emilys Mutter hatte stets nach Eau de Cologne und Gesichtspuder gerochen.

Wie sie so in der Abendsonne stand, die Haare nass vom Schwimmen und die bloßen braunen Beine mit Sand überkrustet, sehnte sich Emily plötzlich danach, dass alles so sei wie früher. Zur Haustür hineinlaufen und nach ihrer Mutter rufen zu können, und die Stimme ihrer Mutter würde von oben antworten. Zu ihr zu gehen, sich auf das große einladende Bett zu kuscheln und ihrer Mutter zuzusehen, wie sie am Toilettentisch ihre kurzen, widerspenstigen Haare bürstete oder sich mit einer Quaste aus Schwanendaunen, die sie in den Kristalltiegel mit duftendem Gesichtspuder getaucht hatte, die Nase puderte.

Sie konnte keine innige Beziehung zu Stephanie finden. Nicht, dass sie sie nicht mochte. Stephanie war schön, jugendlich und liebevoll und hatte sich nach Kräften bemüht, einen Platz in Emilys Herz zu erobern. Aber sie waren beide von Natur aus schüchtern. Eine jede hütete sich davor, in die Privatsphäre der anderen einzudringen. Vielleicht wäre es für beide leichter gewesen, wenn kein Baby unterwegs wäre. In einem Monat würde es da sein und in der neuen Wiege in Emilys altem Kinderzimmer schlafen. Ein Wesen, mit dem man rechnen musste und das neue Ansprüche an die Zuneigung von Emilys Vater stellte.

Emily wollte das Baby nicht. Sie mochte Babys nicht besonders. Einmal hatte sie im Fernsehen gesehen, wie ein Neugeborenes gebadet wurde, und sie war entsetzt gewesen. Es sah aus, als würde jemand eine Kaulquappe baden.

Sie wünschte sich, die Zeit zurückdrehen zu können. Wieder zwölf Jahre alt zu sein und nichts mit diesen verstörenden Vorgängen zu tun zu haben. Sie wünschte sich immer, die Zeit zurückdrehen zu können, deswegen war sie so schlecht in der Schule, deswegen hatte sie bei Wettspielen so kläglich versagt, deswegen war sie sitzen geblieben. Das nächste Schuljahr musste sie in Gesellschaft von einer Bande jüngerer Mädchen zubringen, mit denen sie nichts gemein hatte. Ihr Selbstvertrauen war hoffnungslos ausgehöhlt wie die Steilwand einer Klippe, die zu lange der See und dem Wind ausgesetzt gewesen war, sodass Emily zuweilen das Gefühl hatte, nie wieder eine Entscheidung fällen oder eine Leistung vollbringen zu können.

Aber Grübeln tat nicht gut. Sie musste dem bevorstehenden Abend entgegensehen. Sie ging die Zufahrt hinauf, und als sie ihre Badesachen draußen auf der Wäscheleine aufgehängt hatte, ging sie durch die Hintertür ins Haus. Die Küche war makellos sauber und aufgeräumt. Die runde, holzgerahmte Uhr über dem Geschirrschrank machte beim Ticken ein Geräusch wie eine Blechschere. Emily warf die Reste ihres Picknicks auf den Tisch und ging in die Diele. Die Abendsonne warf einen langen gelben Streifen durch die offene Haustür. Emily blieb in dem warmen Strahl stehen und lauschte. Kein Laut war zu hören. Sie spähte ins Wohnzimmer, aber da war niemand.

«Stephanie?»

Sie war vermutlich spazieren gegangen. Sie ging gern abends spazieren, wenn es kühler war. Emily stieg die Treppe hinauf. Auf dem Podest sah sie die Tür zu dem großen, hellblauen Schlafzimmer offen stehen. Sie zögerte. Drinnen sagte eine Stimme ihren Namen.

«Emily. Emily, bist du's?»

«Ja.» Sie überquerte den Treppenabsatz und ging hinein.

«Emily.»

Stephanie lag auf dem schönen Bett. Sie hatte noch ihr baumwollenes Umstandskleid an, aber die Sandalen hatte sie ausgezogen und ihre Füße waren nackt. Ihr rotgoldenes Haar lag wirr über das weiße Kissen gebreitet, und ihr Gesicht, ungeschminkt und voll kindlicher Sommersprossen, war sehr blass und glänzte von Schweiß.

Sie streckte eine Hand aus. «Ich bin so froh, dass du da bist.»

«Ich war mit Portia am Strand. Ich dachte, du bist spazieren gegangen.» Emily trat ans Bett, aber Stephanies ausgestreckte Hand nahm sie nicht. Stephanie schloss die Augen. Sie drehte den Kopf von Emily weg, und ihr Atem ging plötzlich langsam und schwer.

«Was hast du?»

Aber sie wusste, was es war. Noch bevor Stephanie sich endlich entspannte und die Augen wieder aufmachte. Sie sahen sich an. Stephanie sagte: «Das Baby kommt.»

«Aber es soll doch erst nächsten Monat kommen.»

«Ich glaube, es kommt jetzt. Ich weiß es. Mir war den ganzen Tag so komisch, und ich wollte nach dem Tee ein bisschen raus, an die Luft, und da kamen die Schmerzen. Da bin ich nach Hause gegangen und hab mich hingelegt. Ich dachte, es geht vielleicht vorüber. Aber es ist schlimmer geworden.»

Emily schluckte. Sie versuchte sich auf alles zu besinnen, was sie jemals übers Kinderkriegen gehört hatte. Viel war es nicht. Sie sagte: «Wie oft kommen die Wehen?»

Stephanie langte nach ihrer goldenen Armbanduhr, die auf dem Nachttisch lag. «Diesmal waren es nur fünf Minuten.»

Fünf Minuten. Emilys Herz klopfte heftig. Sie blickte auf die absurde Schwellung, die Stephanies Bauch war, straff gespannt von einem beginnenden Leben unter dem geblümten, weiten Baumwollkleid. Ohne zu überlegen, legte sie sachte ihre Hand darauf.

Sie sagte: «Ich dachte, beim ersten Kind dauert es ewig, bis es da ist.»

«Ich glaube nicht, dass es da eine feste Regel gibt.»

«Hast du im Krankenhaus angerufen? Hast du den Doktor angerufen?»

«Ich habe gar nichts gemacht. Ich hatte Angst, mich zu bewegen, falls etwas passiert.»

«Ich rufe an», sagte Emily. «Jetzt gleich.» Sie versuchte sich zu erinnern, wie das war, als Mrs. Wattis' Daphne ihr Baby bekam. «Sie schicken einen Krankenwagen.» Mrs. Wattis' Daphne hatte etwas zu lange gewartet und hätte ihr Kind beinahe auf dem Weg ins Krankenhaus bekommen.

«Gerald wollte mich hinbringen», sagte Stephanie. Gerald war Emilys Vater. «Ich möchte es nicht bekommen, wenn er nicht da ist...» Ihre Stimme versagte und sie hatte Tränen in den Augen.

«Du wirst es vielleicht müssen», sagte Emily. Da fing Stephanie richtig zu weinen an und hörte ganz plötzlich wieder auf.

«Oh … da ist die nächste!» Sie langte nach Emilys Hand, und ungefähr eine Minute lang existierte nichts als der panische Griff ihrer Finger, das langsame, heftige Atmen, das Stöhnen vor Schmerz. Es schien eine Ewigkeit zu dauern, aber schließlich ließ es nach. Es war vorüber. Stephanie lag erschöpft da. Ihr Griff um Emilys Hand lockerte sich. Emily zog ihre Hand fort. Sie ging in Stephanies Badezimmer, fand einen sauberen Waschlappen, wrang ihn in kaltem Wasser aus und ging damit ans Bett. Sie wischte Stephanie das Gesicht ab, dann rollte sie den Lappen zu einem Wulst und legte ihn ihr auf die Stirn.

Sie sagte: «Ich muss dich einen Moment allein lassen. Ich geh nach unten, telefonieren. Aber ich horche, du brauchst nur zu rufen…»

Im Arbeitszimmer ihres Vaters stand ein Telefon auf dem Schreibtisch. Sie telefonierte nicht gerne, und sie setzte sich in seinen großen Sessel, um sich Mut zu machen, und auch, weil sie ihm hier so nahe war, wie es ging. Die Telefonnummer des Krankenhauses stand im Verzeichnis ihres Vaters. Sie wählte behutsam und wartete. Als sich eine Männerstimme meldete, bat sie, so ruhig sie konnte, mit der Entbindungsstation verbunden zu werden. Es schien eine Ewigkeit zu dauern. Emily war übel vor Angst und Ungeduld.

«Entbindungsstation.»

Vor lauter Erleichterung fing sie an zu stottern. «Oh … hier … ich meine …» Sie schluckte und fing noch einmal an, langsamer. «Hier spricht Stephanie Bradley. Meine Stiefmutter sollte ihr Baby erst nächsten Monat bekommen, aber es kommt jetzt. Ich meine, sie hat Wehen.»

«O ja», sagte die Stimme kühl und geschäftsmäßig. Emily stellte sich eine Frau vor, adrett in gestärkter Tracht, die einen Notizblock zu sich heranzog, ihren Stift aufschraubte, um eine Liste von Routinefragen durchzugehen. «Wie heißt Ihre Stiefmutter?»

«Stephanie Bradley. Mrs. Gerald Bradley. Sie hat sich für nächsten Monat im Krankenhaus angemeldet, aber ich glaube, das Baby kommt heute. Jetzt.»

«Hat sie gemessen, wie oft ihre Wehen kommen?»

«Ja. Alle fünf Minuten.»

«Dann bringen Sie sie besser her.»

«Das kann ich nicht. Ich habe kein Auto, und ich kann nicht fahren, und mein Vater ist nicht zu Hause, und hier ist niemand, nur ich.»

Die akute Dringlichkeit der Situation kam endlich am anderen Ende der Leitung an. «In diesem Fall», sagte die Stimme, ohne noch weitere Zeit zu verlieren, «schicken wir einen Krankenwagen.»

«Ich denke», sagte Emily, an Mrs. Wattis' Daphne denkend, «Sie schicken am besten eine Schwester mit.»

«Wie ist die Adresse?»

«Haus Wheal, Carnton. An der Kirche vorbei den Feldweg entlang.»

«Und wer ist Mrs. Bradleys Hausarzt?»

«Dr. Meredith. Ich rufe ihn an, während Sie den Krankenwagen schicken und ein Bett im Krankenhaus bereithalten.»

«Der Krankenwagen wird in ungefähr fünfzehn Minuten bei Ihnen sein.»

«Danke. Vielen Dank.»

Sie legte auf. Blieb einen Augenblick sitzen, biss sich auf die Lippe. Dachte daran, den Doktor anzurufen, dann besann sie sich auf Stephanie und ging wieder nach oben, nahm zwei Stufen auf einmal; Dringlichkeit, Verantwortungsgefühl und Bedeutsamkeit verliehen ihren Füßen Flügel.

Stephanie lag noch mit geschlossenen Augen. Sie schien sich nicht gerührt zu haben. Emily sagte ihren Namen, und sie schlug die Augen auf. Emily lächelte, bemüht, sie zu beruhigen. «Na?»

«Ich hatte wieder eine Wehe. Diesmal waren es nur vier Minuten. O Emily, ich habe solche Angst.»

«Du darfst keine Angst haben. Ich hab im Krankenhaus angerufen, sie schicken einen Krankenwagen und eine Schwester ... sie werden in etwa einer Viertelstunde hier sein.»

«Mir ist so heiß. Ich fühle mich so verklebt.»

«Ich kann dir aus deinem Kleid helfen. Ich zieh dir ein frisches Nachthemd an. Dann fühlst du dich wohler.»

«Oh, könntest du das tun? In der Schublade ist eins.»

Sie zog die Schublade auf und fand das weiße Batistnachthemd, duftend und mit Spitzenbesatz. Sachte half sie Stephanie aus dem zerknitterten Umstandskleid, aus BH und Schlüpfer. Nackt lag ihr enormer weißer Bauch da. Emily hatte dergleichen noch nie gesehen, aber zu ihrer Verwunderung fand sie es nicht abstoßend. Es schien ihr vielmehr wie ein Wunder, ein sicheres, dunkles Nest mit einem lebendigen Kind darin, das sich bereits bemerkbar machte und der Welt verkündete, es sei Zeit für es, in Erscheinung zu treten. Mit einem Mal war es nicht mehr beängstigend, sondern aufregend. Sie zog Stephanie das Nachthemd über den Kopf, half ihr, die Arme durch die Spitzenärmel zu stecken. Sie holte eine Haarbürste und ein Samtband vom Toilettentisch, und Stephanie nahm die Bürste, strich ihre wirren Haare nach hinten und wand das Band darum, dann legte sie sich zurück und wartete auf die nächste Wehenattacke. Sie ließ nicht lange auf sich warten. Als sie vorüber war, schaute Emily, die sich so erschöpft fühlte, wie Stephanie aussah, auf die Uhr. Wieder vier Minuten.

Vier Minuten. Emily stellte panisch ein paar Berechnungen an. Es sah ganz danach aus, dass das Baby nicht bis zur Fahrt ins Krankenhaus warten würde. In diesem Fall würde es hier geboren werden, in diesem Haus, in dem blauen Schlafzimmer, in dem makellosen Bett. Die Geburt eines Kindes war eine unsaubere Angelegenheit, so viel wusste Emily aus Büchern; außerdem hatte sie einmal einer getigerten Hauskatze zugesehen, als diese einen Wurf Kätzchen hervorbrachte. Man musste Vorkehrungen treffen, und Emily wusste, welche. Sie ging an den Wäscheschrank, entnahm ihm eine Gummiunterlage, die jüngst für das Baby gekauft worden war, und einen Stapel dicke, weiße Badetücher.

«Du bist großartig», sagte Stephanie, als Emily mit einiger Mühe das Bett machte, während ihre Stiefmutter darin lag. «Du denkst an alles.»

«Deine Fruchtblase könnte platzen.»

Stephanie brachte trotz allem ein mattes Lachen zustande. «Woher weißt du das alles?»

«Keine Ahnung. Ich weiß es eben. Mami hat mir alles übers Kinderkriegen erzählt, als sie mich aufgeklärt hat. Sie putzte gerade Rosenkohl, und ich stand am Spülbecken und sah ihr zu und dachte, es müsste eine leichtere Art geben, Kinder zu kriegen.» Sie fügte hinzu: «Aber es geht natürlich nicht leichter.»

«Nein.»

«Meine Muter hatte nur mich, aber ich weiß, andere Frauen sagen, wenn erst mal alles vorbei ist, dann vergisst man die Schmerzen und findet, dass es wunderbar war, das Baby zu kriegen. Und wenn wieder eins unterwegs ist, fallen einem die Schmerzen wieder ein, und man denkt: ‹Ich muss verrückt gewesen sein, dass ich das noch einmal durchmache›, bloß, dann ist es natürlich zu spät. So, wenn's dir recht ist, rufe ich jetzt den Doktor an.»

Mrs. Meredith war am Apparat und sagte, der Doktor mache gerade Patientenbesuche, aber sie werde in der Praxis eine Nachricht hinterlassen, denn dort würde er immer wieder anrufen, um zu hören, ob noch weitere Besuche zu machen seien.

«Es ist furchtbar dringend», sagte Emily und sie schilderte, was los war, und Mrs. Meredith sagte, in diesem Fall werde sie ihn selbst suchen. «Hast du im Krankenhaus angerufen, Emily?»

«Ja, sie schicken einen Krankenwagen und eine Schwester. Er müsste gleich hier sein.»

«Ist Mrs. Wattis bei euch?»

«Nein, sie ist in Fourbourne.»

«Und dein Vater?»

«Der ist in Bristol. Er weiß nicht, was hier passiert. Stephanie und ich sind ganz allein.»

Es entstand eine kleine Pause. «Ich gehe den Doktor suchen», sagte Mrs. Meredith und legte auf.

«So», sagte Emily, «jetzt müssen wir Daddy erreichen.»

«Nein», sagte Stephanie, «lass uns warten, bis alles vorbei ist. Sonst gerät er in Panik, und er kann sowieso nichts tun. Wir warten, bis das Baby da ist, dann sagen wir's ihm.»

Sie lächelten sich an, eine Verschwörung zweier Frauen, die beide denselben Mann liebten und beschützen wollten. Gleich darauf wurden Stephanies Augen weit, ihr Mund öffnete sich zu einem gequälten Stöhnen. «Oh, Emily...»

«Ist ja gut...» Emily nahm ihre Hand. «Ist ja gut. Ich bin da. Ich geh nicht weg. Ich bin da. Ich bleib bei dir...»

Fünf Minuten später wunderte sich das Dorf über heulende Sirenen. Der Krankenwagen kam mit Tatütata den ausgefahrenen Feldweg entlanggebraust, bog in das Tor ein und raste die Zufahrt hinauf. Emily hatte kaum Zeit, die Treppe hinunterzugehen, da waren sie schon im Haus, zwei stämmige Männer mit einer Trage und eine Krankenschwester mit einer Tasche. Emily traf sie in der Diele. «Ich glaube, es ist keine Zeit mehr, sie ins Krankenhaus zu bringen.»

«Wir werden sehen», sagte die Schwester. «Wo ist sie?»

«Oben. Erste Tür links. Auf dem Bett sind Handtücher und eine Gummiunterlage.»

«Braves Mädchen», sagte die Schwester forsch und verschwand die Treppe hinauf, die Sanitäter hinterdrein. Gleich nach dem Krankenwagen erschien noch ein Auto, hielt mit quietschenden Bremsen auf dem Kies, und wie eine Gewehrkugel schoss der Doktor heraus.

Doktor Meredith war ein alter Freund von Emily. Er fragte: «Was gibt's?»

Sie sagte es ihm. «Es ist einen Monat zu früh. Ich glaube, das muss an der Hitze liegen.» Er gestattete sich ein kleines, vertrauliches Lächeln. «Ist das schlimm, oder wird es gut gehen?», fragte Emily.

«Wir werden sehen.» Er steuerte auf die Treppe zu.

«Was soll ich jetzt tun?», wollte Emily von ihm wissen.

Er blieb stehen und drehte sich nach ihr um. Er hatte einen Ausdruck im Gesicht, den Emily noch nie gesehen hatte. Er sagte: «Mir scheint, du hast schon alles getan. Deine Mutter wäre stolz auf dich. Willst du dich nicht ein bisschen ausruhen? Geh in den Garten und setz dich in die Sonne. Ich sag dir Bescheid, sobald es so weit ist.»

*Deine Mutter wäre stolz auf dich.* Sie durchquerte das Wohnzimmer, trat durch die offene Glastür auf die Terrasse. Sie setzte sich auf die oberste Stufe der kleinen Treppe, die auf den Rasen hinunterführte. Mit einem Mal war sie sehr müde. Sie stemmte die Ellbogen auf die Knie und stützte das Kinn in die Hände. *Deine Mutter wäre stolz auf dich.* Sie dachte an ihre Mutter. Merkwürdig, sie fühlte sich nicht mehr elend dabei. Das quälende Verlangen nach einem Menschen, den es nicht mehr gab, war verschwunden. Sie sann darüber nach. Vielleicht brauchte man Menschen nur, wenn andere einen nicht brauchten.

Sie saß noch grübelnd da, als Dr. Meredith eine halbe Stunde später durch die Glastür zu ihr hinauskam. Sie hörte seine Schritte auf den Steinplatten und drehte sich nach ihm um. Er hatte seine Jacke ausgezogen und die Hemdsärmel aufgekrempelt. Er kam langsam heran und setzte sich zu ihr. Er sagte: «Du hast ein Schwesterchen. Sechseinhalb Pfund und kerngesund.»

«Und Stephanie?»

«Ein bisschen matt, aber sie strahlt. Eine Bilderbuch-Mutter.»

Ein Lächeln breitete sich auf Emilys Gesicht aus, und gleichzeitig bildete sich ein Kloß in ihrer Kehle, und ihre Augen füllten sich mit Tränen. Dr. Meredith reichte ihr wortlos ein großes weißes Stofftaschentuch, und Emily setzte ihre Brille ab, wischte sich die Augen und putzte sich die Nase.

«Weiß Daddy es schon?»

«Ja. Ich habe eben mit ihm telefoniert. Er kommt sofort nach Hause. Er wird gegen Mitternacht hier sein. Der Krankenwagen ist wieder weggefahren, aber die Schwester bleibt über Nacht hier.»

«Wann darf ich das Baby sehen?»

«Du kannst es jetzt sehen, wenn du willst. Aber nur kurz.»

Emily stand auf. «Ich will's sehen», sagte sie.

Sie gingen ins Haus. Oben gab die Schwester, geschäftig und tüchtig, Emily eine Mullmaske, die sie sich vors Gesicht binden musste. «Nur für alle Fälle», sagte sie. «Das Baby ist eine Frühgeburt, und wir wollen kein Risiko eingehen.»

Emily band sich folgsam die Maske um. Sie ging mit Dr. Meredith in das blaue Schlafzimmer. Und in dem schönen Bett lag Stephanie, auf Kissen gestützt. Und in ihren Armen, in ein Tuch gehüllt, auf dem Köpfchen einen Haarflaum von derselben Farbe wie Stephanies Haare, lag das neugeborene Baby. Emily sagte verwundert: «Ist die süß.»

«Wir haben sie zusammen auf die Welt gebracht», sagte Stephanie schläfrig zu ihr. «Ich habe das Gefühl, sie ist dein Kind so gut wie meins.»

«Du gibst eine prima kleine Krankenschwester ab, Emily», warf die Schwester ein. «Ich hätte es selbst nicht besser machen können.»

Stephanie sagte: «Jetzt sind wir eine Familie.»

«Hast du dir das gewünscht?», fragte Emily.

«Ich habe es mir mehr gewünscht als alles andere.»

Eine Familie. Alles hatte sich verändert, alles war anders geworden, aber das bedeutete nicht, dass es nicht gut sein konnte. Als sie den Doktor hinausgeführt hatte und sein Auto um die Kurve der Zufahrt verschwunden war, ging Emily nicht gleich wieder ins Haus. Es dunkelte jetzt, der Garten war dämmerig und roch lieblich. Es war ein langer, heißer Tag gewesen. Der erste Stern leuchtete am saphirblauen Himmel. Ein schöner Abend. Genau der richtige Abend für einen Menschen, um mit dem Leben zu beginnen. Genau der richtige Abend für einen Menschen, um mit dem Erwachsenwerden zu beginnen.

Sie war sehr müde. Sie setzte ihre Brille ab und rieb sich die Augen. Nachdenklich betrachtete sie die Brille. Kontaktlinsen wären vielleicht gar nicht so schlecht. Wenn Stephanie es ertragen konnte, ein Baby zu bekommen, dann konnte Emily gewiss lernen, Haftschalen zu tragen.

Sie wollte es probieren. Sobald sie alt genug wäre, wollte sie es probieren.

# Paul Auster

## AUGGIE WRENS WEIHNACHTSGESCHICHTE

Ich habe diese Geschichte von Auggie Wren gehört. Da Auggie darin keine allzu gute Figur macht, jedenfalls keine so gute, wie er es gerne hätte, hat er mich gebeten, seinen richtigen Namen zu verschweigen. Im Übrigen aber entspricht die ganze Sache mit der verlorenen Brieftasche und der blinden Frau und dem Weihnachtsessen genau dem, was er mir erzählt hat.

Auggie und ich kennen uns jetzt seit fast elf Jahren. Er arbeitet als Verkäufer in einem Zigarrengeschäft an der Court Street in Brooklyn, und da dies der einzige Laden ist, der die kleinen holländischen Zigarren führt, die ich so gerne rauche, komme ich ziemlich oft dort vorbei. Lange Zeit habe ich kaum einen Gedanken an Auggie Wren verschwendet. Für mich war er nur der seltsame kleine Mann im blauen Sweatshirt mit Kapuze, der mir Zigarren und Zeitschriften verkaufte, der schelmische, witzelnde Typ, der immer etwas Komisches über das Wetter, die Mets oder die Politiker in Washington zu sagen hatte, und das war auch schon alles.

Aber dann blätterte er vor einigen Jahren eines Tages in seinem Laden eine Zeitschrift durch und stieß dabei zufällig auf eine Rezension eines meiner Bücher. Dass ich es war, sagte ihm ein Foto neben der Rezension, und danach änderten sich die Dinge zwischen uns. Ich war für Auggie nicht mehr nur ein Kunde unter anderen, ich war zu einem Mann von Rang geworden. Die meisten Leuten hatten keinerlei Interesse an Büchern und Schriftstellern, aber wie sich herausstellte, hielt Auggie sich selbst für einen Künstler. Nahdem er das Rätsel um meine

Person geknackt hatte, begrüßte er mich wie einen Verbündeten, einen Vertrauten, einen Kampfgenossen. Mir war das, ehrlich gesagt, ziemlich peinlich. Und dann kam fast unvermeidlich der Augenblick, da er mich fragte, ob ich bereit sei, mir seine Fotografien anzusehen. In Anbetracht seiner Begeisterung und seines guten Willens brachte ich es einfach nicht übers Herz, nein zu sagen.

Weiß Gott, was ich erwartet habe. Auf alle Fälle nicht das, was Auggie mir dann am nächsten Tag gezeigt hat. In einem kleinen fensterlosen Hinterzimmer des Ladens öffnete er eine Pappschachtel und zog zwölf völlig gleich aussehende schwarze Fotoalben daraus hervor. Dies sei sein Lebenswerk, sagte er, und er brauchte nicht mehr als fünf Minuten am Tag dafür. In den letzten zwölf Jahren habe er jeden Morgen um Punkt 7 an der Ecke Atlantic Avenue und Clinton Street gestanden und jeweils aus genau demselben Blickwinkel ein Farbfoto aufgenommen. Das Projekt umfasste inzwischen über viertausend Fotografien. Jedes Album repräsentierte ein anderes Jahr, und sämtliche Bilder waren der Reihe nach eingeklebt, vom 1. Januar bis zum 31. Dezember, und unter jedes einzelne war sorgfältig das Datum eingetragen.

Als ich in den Alben herumblätterte und Auggies Werk zu studieren begann, wusste ich gar nicht, was ich denken sollte. Anfangs hatte ich den Eindruck, dies sei das Seltsamste, das Verblüffendste, was ich je gesehen hatte. Die Bilder glichen sich aufs Haar. Das ganze Projekt war ein betäubender Angriff von Wiederholungen, wieder und wieder dieselbe Straße und dieselben Gebäude, ein anhaltendes Delirium redundanter Bilder. Da mir nichts dazu einfiel, schlug ich erst einmal weiter die Seiten um und nickte voll geheuchelter Anerkennung. Auggie schien ungerührt, er sah mir mit breitem Lächeln zu, aber nachdem ich ein paar Minuten so herumgeblättert hatte, unterbrach er mich plötzlich und sagte: «Sie sind zu schnell. Wenn Sie nicht langsamer machen, werden Sie nie dahinter kommen.»

Er hatte natürlich Recht. Wer sich keine Zeit zum Hinsehen nimmt, wird niemals etwas sehen. Ich nahm ein anderes Album und zwang mich, bedächtiger vorzugehen. Ich achtete genauer auf Einzelheiten, bemerkte den Wechsel des Wetters, registrierte die mit dem Fortschreiten der Jahreszeiten sich ändernden Einfallswinkel des Lichts. Schließlich vermochte ich subtile Unterschiede im Verkehrsfluss zu erkennen, den Rhythmus der einzelnen Tage vorauszuahnen (das Gewühl an Werktagen, die relative Ruhe der Wochenenden, den Kontrast zwischen Samstagen und Sonntagen). Und dann begann ich ganz allmählich die Gesichter der Leute im Hintergrund zu erkennen, die Passanten auf dem Weg zur Arbeit, jeden Morgen dieselben Leute an derselben Stelle, wie sie einen Augenblick ihres Lebens im Blickfeld von Auggies Kamera verbrachten.

Sobald ich sie wieder erkannte, begann ich zu erforschen, wie ihre Haltungen von einem Morgen zum anderen wechselten; ich versuchte aus diesen oberflächlichen Anzeichen auf ihre Stimmungen zu schließen, als ob ich mir Geschichten für sie ausdenken könnte, als ob ich in die unsichtbaren, in ihren Körpern eingeschlossenen Dramen eindringen könnte. Ich nahm mir ein anderes Album vor. Jetzt war ich nicht mehr gelangweilt, nicht mehr verwirrt wie am Anfang. Auggie fotografierte die Zeit, wurde mir klar, sowohl die natürliche Zeit als auch die menschliche Zeit, und dies bewerkstelligte er, indem er sich in einem winzigen Winkel der Welt postierte und ihn in Besitz nahm, einfach indem er an der Stelle, die er sich erwählt hatte, Wache hielt. Auggie sah mir zu, wie ich mich in sein Werk vertiefte, und lächelte vergnügt in sich hinein. Und dann zitierte er, schier als hätte er meine Gedanken gelesen, eine Zeile aus Shakespeare: «Morgen, morgen und dann wieder morgen», murmelte er leise, «kriecht so mit kleinem Schritt die Zeit von Tag zu Tag.» Und da begriff ich, dass er ganz genau wusste, was er da tat.

Das war vor mehr als zweitausend Bildern. Seit jenem Tag haben Auggie und ich oft über sein Werk diskutiert, aber erst letzte Woche habe ich erfahren, wie er überhaupt an seine Kamera gekommen ist und mit dem Fotografieren angefangen hat. Darum ging es in der Geschichte, die er mir erzählte, und ich versuche mir noch immer einen Reim darauf zu machen.

Etwas früher in derselben Woche rief mich jemand von der «New York Times» an und fragte, ob ich bereit sei, für die Weihnachtsausgabe dieser Zeitung eine Shortstory zu schreiben. Spontan sagte ich nein, aber der Mann war sehr charmant und hartnäckig, und am Ende des Gesprächs sagte ich ihm zu, dass ich es versuchen würde. Kaum hatte ich jedoch den Hörer aufgelegt, geriet ich in helle Panik. Was wusste ich schon von Weihnachten?, fragte ich mich. Was wusste ich von auf Bestellung geschriebenen Kurzgeschichten?

Die nächsten Tage verbrachte ich in Verzweiflung, rang mit den Geistern von Dickens, O'Henry und anderen Meistern der weihnachtlichen Stimmung. Schon der Ausdruck «Weihnachtsgeschichte» war für mich mit unangenehmen Assoziationen verknüpft, ich konnte dabei nur an grässliche Ergüsse von heuchlerischem Schmalz und süßlichem Kitsch denken. Selbst die besten Weihnachtsgeschichten waren nicht mehr als Wunscherfüllungsträume, Märchen für Erwachsene, und ich wollte mich hängen lassen, wenn ich mir jemals erlaubte, etwas Derartiges zu Papier zu bringen. Und doch, wie konnte sich irgendwer vornehmen, eine unsentimentale Weihnachtsgeschichte zu schreiben? Das war doch ein Widerspruch in sich, ein Ding der Unmöglichkeit, ein unlösbares Rätsel. Ebenso gut konnte man sich ein Rennpferd ohne Beine vorstellen oder einen Spatz ohne Flügel.

Ich kam nicht weiter. Am Donnerstag machte ich einen langen Spaziergang, ich hoffte, an der frischen Luft einen klaren Kopf zu bekommen. Kurz nach Mittag trat ich in das Zigarrengeschäft, um meinen Vorrat wieder aufzufüllen, und Auggie stand wie immer hinter dem Ladentisch. Er erkundigte sich nach meinem Befinden. Ohne es eigentlich zu wollen, schüttete ich ihm plötzlich mein Herz aus. «Eine Weihnachtsgeschichte?», fragte er, nachdem ich fertig war. «Ist das alles? Wenn Sie mir ein Essen spendieren, mein Freund, erzähle ich Ihnen die beste Weihnachtsgeschichte, die Sie je gehört haben. Und ich garantiere, dass jedes Wort davon die reine Wahrheit ist.»

Wir gingen den Block runter zu Jack's, einem engen und lärmenden Imbiss, wo es gute Pastrami-Sandwiches gab und alte Mannschaftsfotos von den Dodgers an den Wänden. Wir fanden hinten einen freien Tisch, bestellten unser Essen, und Auggie begann seine Geschichte.

«Es war im Sommer '72», sagte er. «Eines Morgens kam ein junger Bursche in den Laden und fing an zu stehlen. Er wird neunzehn oder zwanzig gewesen sein, und ich habe wohl in meinem ganzen Leben noch keinen so erbärmlichen Ladendieb gesehen. Er stand vor dem Taschenbuchregal an der hinteren Wand und stopfte sich Bücher in die Taschen seines Regenmantels. Da gerade mehrere Leute an der Kasse standen, konnte ich ihn zunächst gar nicht sehen. Aber sobald ich merkte, was er da trieb, fing ich an zu schreien. Er nahm Reißaus wie ein Karnickel, und als ich endlich hinterm Ladentisch hervorkonnte, stürmte er bereits die Atlantic Avenue hinunter. Ich habe ihn etwa einen halben Block weit verfolgt und es dann aufgegeben. Ich hatte keine Lust mehr, ihm nachzurennen, und da er unterwegs etwas hatte fallen lassen, bückte ich mich danach.

Es war seine Brieftasche. Geld war keins drin, dafür aber sein Führerschein und drei oder vier Schnappschüsse. Ich nehme an, ich hätte die Polizei holen und ihn verhaften lassen können. Sein Name und seine Adresse standen auf dem Führerschein, aber irgendwie tat er mir Leid. Er war doch bloß ein mickriger kleiner Anfänger, und als ich mir die Bilder in seiner Brieftasche ansah, konnte ich einfach keine Wut auf ihn empfinden. Robert Goodwin. So hieß er. Auf einem der Bilder, erinnere ich mich noch, hatte er seine Mutter oder Großmutter im Arm. Auf einem anderen war er als Neun- oder Zehnjähriger zu sehen, er saß in einem Baseballdress und grinste breit vor sich hin. Ich habe es einfach nicht übers Herz gebracht. Jetzt war er vermutlich drogensüchtig, dachte ich mir. Ein armer, chancenloser Junge aus Brooklyn, und wen kümmerten schon ein paar läppische Taschenbücher?

Die Brieftasche habe ich jedenfalls behalten. Ab und zu hatte ich ein leises Bedürfnis, sie ihm zurückzuschicken, aber das habe ich immer wieder aufgeschoben und nie etwas unternommen. Dann wird es Weihnachten, und ich sitze rum und habe nichts zu tun. Normalerweise lädt mich der Chef an diesem Tag zu sich nach Hause ein, aber in dem Jahr war er mit seiner Familie zu Besuch bei Verwandten in Florida. Da sitze ich also an diesem Morgen in meiner Wohnung und bemitleide mich ein bisschen, und plötzlich sehe ich Robert Goodwins Brieftasche auf einem Regal in der Küche liegen. Ich denke, was zum Teufel, warum nicht ausnahmsweise mal was Nettes tun, ziehe meinen Mantel an und mache mich auf den Weg, die Brieftasche persönlich zurückzugeben.

Die Adresse war in Boerum Hill, in irgendeiner der Siedlungen da. Es fror an diesem Tag, und ich weiß noch, dass ich mich auf der Suche nach dem richtigen Gebäude ein paar Mal verlaufen habe. In dieser Gegend sieht alles gleich aus, man läuft immer durch dieselbe Straße und denkt, man wäre ganz woanders. Jedenfalls komme ich endlich zu der Wohnung, die ich suche, und drücke auf die Klingel. Tut sich nichts. Ich nehme an, es ist niemand zu Hause, versuche es aber zur Sicherheit noch einmal. Ich warte ein bisschen länger, und gerade als ich es aufgeben will, höre ich wen zur Tür schlurfen. Eine alte Frauenstimme fragt, wer da ist, und ich sage, ich möchte zu Robert Goodwin. ‹Bist du das, Robert?›, fragt die alte Frau, und dann schließt sie ungefähr fünfzehn Schlösser auf und öffnet die Tür.

Sie muss mindestens achtzig Jahre alt sein, vielleicht sogar neunzig, und als Erstes fällt mir an ihr auf, dass sie blind ist. ‹Robert›, sagt sie. ‹Ich wusste, du würdest deine Oma Ethel zu Weihnachten nicht vergessen.› Und dann breitet sie die Arme aus, als ob sie mich an sich drücken will.

Sie verstehen, ich hatte nicht viel Zeit zum Denken. Ich musste ganz schnell etwas sagen, und ehe ich wusste, wie mir geschah, hörte ich die Worte aus meinem Mund kommen. ‹Ja, Oma Ethel›, sage ich. ‹Ich bin zurückgekommen, um dich an Weihnachten zu besuchen.› Fragen Sie mich nicht, warum ich das getan habe. Ich habe keine Ahnung. Vielleicht wollte ich sie nicht enttäuschen oder so, was weiß ich. Es ist mir einfach so rausgerutscht, und plötzlich hat diese alte Frau mich vor ihrer Tür in die Arme genommen, und ich habe sie an mich gedrückt.

Dass ich ihr Enkel sei, habe ich nicht direkt gesagt. Jedenfalls nicht mit diesen Worten, aber sie hat es so aufgefasst. Ich wollte sie bestimmt nicht reinlegen. Das war wie ein Spiel, für das wir uns beide entschieden hatten – ohne erst über die Regeln zu diskutieren. Ich meine, diese Frau hat gewusst, dass ich nicht ihr Enkel Robert war. Sie war alt und klapprig, aber sie war nicht so weit weggetreten, dass sie den Unterschied zwischen einem Fremden und ihrem eigenen Fleisch und Blut nicht gemerkt hätte. Aber es hat sie glücklich gemacht, so zu tun als ob, und da ich sowieso nichts Besseres zu tun hatte, habe ich gerne mitgespielt.

Wir sind dann also rein und haben den Tag zusammen verbracht. Die Wohnung war ein richtiges Dreckloch, sollte ich vielleicht sagen, aber was kann man sonst auch von einer blinden Frau erwarten, die ihren Haushalt ganz alleine macht? Immer wenn sie mich gefragt hat, wie es mir geht, hab ich gelogen und ihr erzählt, ich hätte einen guten Job in einem Zigarrenladen gefunden, ich würde demnächst heiraten und hundert andere nette Geschichten, und sie hat so getan, als ob sie mir jedes Wort glauben würde. ‹Wie schön, Robert›, hat sie gesagt und lächelnd genickt. ‹Ich habe ja immer gewusst, dass du es zu etwas bringen würdest.›

Nach einer Weile bekam ich ordentlich Hunger. Da nicht viel Essen im Haus zu sein schien, bin ich zu einem Laden in der Nähe gegangen und habe einen Haufen Zeug gekauft. Ein gekochtes Huhn, Gemüsesuppe, ein Eimerchen Kartoffelsalat, Schokoladenkuchen, alles Mögliche. Ethel hatte im Schlafzimmer ein paar Flaschen Wein versteckt, und so konnten wir ein ganz ordentliches Weihnachtsessen auf die Beine stellen. Der Wein hat uns ein bisschen angeheitert, das weiß ich noch, und nach dem Essen haben wir uns ins Wohnzimmer gesetzt, weil die Sessel da bequemer waren. Ich musste mal pinkeln, also entschuldigte ich mich und ging durch den Flur zum Badezimmer. Und da nahmen die Dinge plötzlich eine andere Wendung. Meine kleine Nummer als Ethels Enkel war ja schon reichlich absurd, aber was ich dann als Nächstes tat, war absolut verrückt, und ich habe mir das nie verziehen.

Ich komme also ins Bad, und an der Wand gleich neben der Dusche sehe ich sechs oder sieben Kameras aufgestapelt. Nagelneue 35-Millimeter-Kameras, noch in der Verpackung, allerbeste Ware. Ich denke, das ist das Werk des echten Robert, ein Lagerplatz für seine letzte Beute. Ich habe noch nie in meinem Leben ein Foto gemacht, und gestohlen habe ich auch noch nie etwas, aber kaum sehe ich diese Kameras im Badezimmer, beschließe ich, dass eine davon mir gehören soll. Einfach so. Und ohne eine Sekunde nachzudenken, klemme ich mir eine der Schachteln unter den Arm und gehe ins Wohnzimmer zurück.

Ich kann höchstens drei oder vier Minuten weg gewesen sein, aber in dieser Zeit war Oma Ethel in ihrem Sessel eingeschlafen. Zu viel Chianti, nehme ich an. Ich habe dann in der Küche den Abwasch gemacht, und sie hat bei dem ganzen Lärm weitergeschlafen und geschnarcht wie ein Baby. Sie zu stören schien mir vollkommen überflüssig, also beschloss ich zu gehen. Ich konnte ihr noch nicht einmal einen Brief zum Abschied schreiben, schließlich war sie ja blind, und so bin ich einfach gegangen. Die Brieftasche ihres Enkels ließ ich auf dem Tisch liegen, dann nahm ich die Kamera und ging aus der Wohnung. Und damit ist die Geschichte aus.»

«Haben Sie die Frau nochmal besucht?», fragte ich.
«Einmal», sagte er. «Etwa drei oder vier Monate danach. Ich hatte ein so schlechtes Gewissen wegen der Kamera, dass ich sie noch gar nicht benutzt hatte. Am Ende beschloss ich, sie ihr zurückzugeben, aber Ethel war nicht mehr da. Ich weiß nicht, was aus ihr geworden ist, aber es war jemand anders in die Wohnung eingezogen, und der konnte mir nicht sagen, wo sie steckte.»
«Wahrscheinlich ist sie gestorben.»
«Tja, wahrscheinlich.»
«Das heißt, sie hat ihr letztes Weihnachtsfest mit Ihnen verbracht.»
«Anzunehmen. So habe ich das noch nie gesehen.»
«Es war eine gute Tat, Auggie. Das war nett von Ihnen, ihr die Freude zu machen.»
«Ich habe sie angelogen, und dann habe ich sie bestohlen. Ich verstehe nicht, wie Sie das eine gute Tat nennen können.»
«Sie haben sie glücklich gemacht. Und die Kamera war sowieso gestohlen. Sie haben sie jedenfalls nicht demjenigen weggenommen, dem sie wirklich gehört hat.»
«Alles für die Kunst, Paul, wie?»
«So würde ich das nicht ausdrücken. Aber zumindest haben Sie die Kamera für einen guten Zweck verwendet.»
«Und Sie haben jetzt Ihre Weihnachtsgeschichte, stimmt's?»
«Ja», sagte ich. «Ich glaube schon.»

Ich unterbrach mich kurz und sah, dass Auggies Lippen sich zu einem boshaften Lächeln verzogen. Ich konnte nicht sicher sein, aber sein Blick war in diesem Moment so rätselhaft, leuchtete so hell von irgendeinem innerlichen Vergnügen, dass mir plötzlich der Gedanke kam, er könnte die ganze Geschichte erfunden haben. Ich wollte ihn schon fragen, ob er mich auf den Arm genommen habe, erkannte dann aber, dass er mir das nie verraten würde. Er hatte mich dazu gebracht, ihm zu glauben, und das war das Einzige, was zählte. Solange auch nur ein Mensch daran glaubt, gibt es keine Geschichte, die nicht wahr sein kann.

«Sie sind ein Ass, Auggie», sagte ich. «Danke, dass Sie mir geholfen haben.»

«Gern geschehen», antwortete er und sah mich noch immer mit diesem irren Leuchten in den Augen an. «Was für Freunde sind das denn, wenn man seine Geheimnisse nicht mit ihnen teilen kann?»

«Dann stehe ich jetzt in Ihrer Schuld.»

«Aber nein. Schreiben Sie es einfach so auf, wie ich es Ihnen erzählt habe, und damit sind wir quitt.»

«Bis auf das Essen.»

«Stimmt. Bis auf das Essen.»

Ich erwiderte Auggies Lächeln, rief dann nach dem Kellner und bat um die Rechnung.

# Alissa Walser

## GESCHENKT

Neben mir atmet mein Vater, wir sind im Hotel, heute ist sein Geburtstag, morgen ist meiner, vielleicht ist jetzt morgen, vielleicht habe ich schon Geburtstag, vielleicht bin ich bereits acht, ich weiß es nicht, es ist dunkel. Mein Vater schläft nicht, er liegt nur da. So soll er die ganze Nacht liegen bleiben – kaum schläft er, ängstigt mich sein Atem. Wahrscheinlich denkt er, ich schlafe. Jetzt bewegt er die Hände, vielleicht hat er ein Geschenk für mich, das er unter der Decke versteckt, damit ich es gleich auspacken kann, wenn ich aufwache. Oder er sucht, wie ich, einen Platz für die Hände vor dem Einschlafen. Meine Augen sind zu. Er glaubt, ich schlafe, aber ich belausche ihn. Ich habe Angst, er könnte weinen. Doch jetzt steht er vorsichtig auf, öffnet die Tür zum Bad und schließt sie ganz leise, ganz sachte, bevor er Licht macht. Er wäscht sich die Hände, warum schläft er nicht einfach?

Heute ist sein Zweiundsechzigster, mein Einunddreißigster ist morgen, und wieder ist meine Mutter nicht dabei, keiner konnte ahnen, daß plötzlich eine Freundin stirbt. Heute und morgen, das sollen wieder Tage werden, an denen mein Vater das restliche Jahr messen will. Alle Zimmer voller Blumen, es riecht wie in einer Kapelle. Mein Vater steht am hellerleuchteten Buffet. In seinem Haus gibt es keine dunklen Ecken, seine Frau schläft neben ihm, mit mir spielt er Tennis. Manchmal glaube ich, er hat mich markiert, wie der Hund einen Baum. Sein Hals und Gesicht sind gleichmäßig naß vom Schweiß, sein

Haar, eine schöne weiße Landzunge in der Mitte des Kopfes, reicht vorn bis an die Stirn. Das Telefon – kabellos – steckt in seiner Jackettasche. Es läutet ständig und macht meinen Vater zum Kirchturm. Im Nebenzimmer zirpt das neue Faxgerät – Grüße von irgendeinem medizinischen Institut, Geschenk folgt. Sicher etwas, was mein Vater schon hat. Wahrscheinlich eine Klassik-CD, dann gehört die mit dem weniger berühmten Orchester mir.

Seit mir ein Busen gewachsen ist, schenkt mir mein Vater Geld zum Geburtstag. An meinem dreizehnten sagte er, jetzt siehst du aus wie die Frauen auf Cranach-Bildern, und ich wußte nicht, was er meinte, nahm mir aber vor nachzusehen; er meinte die kleinen Brüste, für die ich mich schämte, doch dann drückte er mir ein paar Scheine in die Hand. Ein Jahr lang überlegte ich, was ich mir kaufen sollte, so wurde ich vierzehn. Frische Scheine vom Vater. Ich kaufte mir ein Fahrrad, es wurde gestohlen. Die Anzahl der Scheine nahm jedes Jahr zu. In den folgenden Jahren floß mir das Geburtstagsgeld davon. 6000 Zigaretten, 700 Tassen Kaffee, 19 Lippenstifte, Markenkondome, ungezählt, Fromms Gesammelte Werke. Mit zwanzig entwarf ich Glückwunschkarten, und prompt reichten Vaters Gaben für einen graphikfähigen Computer.

Dieses Jahr sind es zehn große Scheine. Für ein Auto reicht es nicht, ich falte das Bündel zusammen, stecke es in die Tasche. Warum willst du schon fort? sagt mein Vater. Ich weiß es nicht, sage ich.

Besser samstags in einer Großstadt ankommen als sonntags. Die Leute schimmern schon ein bißchen vor Hoffnung auf eine lange Nacht. Am Bahnhof kaufe ich das Annoncenblättchen. Im Taxi finde ich unter Kontakte zwei Anzeigen, die nicht für Männer bestimmt sind, und schreibe mir die Nummern auf den Handrücken. So tauche ich in die Stadt, in der mich keiner erwartet. Im Treppenhaus höre ich mein Telefon klingeln. Zwei Stufen auf einmal, bis unters Dach; vielleicht ist das Sportstudio doch der einzige Ort, an dem man was Brauchbares lernt.

Wie war's, sagt mein Vater. Der Zug überfüllt, sage ich, Sitzplatz im Großraumwagen, neben mir ein junger Mann. Nett? fragt er. Ich sage, ich weiß es nicht, ich hatte keinen Kontakt, nicht mal mit den Augen. Mein Vater holt tief Luft, er glaubt es nicht, er glaubt mir nie, wenn es um Männer geht.

Weiter, sagt er. Ich werde nicht verhungern, sage ich, was im Kühlschrank liegt, reicht bis Montag. Und: die zehn Scheine alle unversehrt in meiner Tasche. Du hättest noch bleiben können, das weißt du. Dann wärst du jetzt nicht allein in der Wohnung, sagt er und meint sich selbst. Was machst du heute noch? Komm, ich geb dir Glückszahlen, sage ich und lese eine der Telefonnummern von meiner Hand ab, 46 92 52 38 – sechs Richtige in der Samstagsziehung, das könnte mich ersetzen, und mein Vater traut es mir zu. Mit fünfzehn nahm er mich zum ersten Mal mit ins Casino. Zu jung zum Spielen, hieß es am Eingang, als mein Paß kontrolliert wurde. Das verfolgte mich. Als Glücksfee meines Vaters ließ man mich ein, auf hohen Hacken stand ich hinter ihm, flüsterte ihm Zahlen ins Ohr, bis ich nicht mehr stehen konnte. Hatte er genug verloren, verließ er das Gebäude hastig, dann sprang das Auto nicht an, dann waren die Ampeln rot, Papa raste, Papa bremste, Papa raste. Ich legte mich auf den Rücksitz, schaute in den Himmel, betete zur Muttergottes, an die ich nicht glaubte, Zweige, Lichter, Zweige, ich blieb liegen, im Sitzen wollte ich nicht sterben.

Mein Vater notiert die Zahlen, dann legen wir auf. Später wähle ich die erste Nummer. Einer nimmt ab. Bitte beschreib dich, sage ich. Ich meine es ernst. Er zählt mir seine Einzelteile auf. Ziemlich schnell weiß ich, daß ich ihn nicht sehen will. Ich wähle die Zahlen, die ich meinem Vater gab. Einer nimmt ab. Wellensittiche zwitschern. Groß, sagt er, dunkel, 23, Südländer. Wieviel? sage ich. Wieviel hast du? fragt er, und schon lieb ich ihn. Endlich einer, mit dem ich sprechen kann. Ich könnte auch still sein. Belehrt er mich, schick ich ihn weg. Er muß mich hinnehmen. Ich kann ihn berühren, wo ich will. Seine Brust soll mir dieser Junge zeigen, und er soll mich bitten, ihm die meine zu zeigen. So werde ich den Abend bezwingen, den Sonntag und vielleicht das März-Wetter.

Am Abend ruft mein Vater an, er braucht nur zu atmen, und ich weiß, wer dran ist. Hör auf zu rauchen, sage ich. Was hast du alles gemacht, sagt er. Das will er immer wissen. Immer will er wissen, wo ich gewesen bin, wer mit mir war, was wir gemacht haben, und was noch. Je munterer ich klinge, desto mehr bohrt er. Was würde er sagen, wenn ihm einmal die Fragen ausgingen? Aber sie gehen ihm nicht aus. Er könnte höchstens auf die Fragen aus seinem Vorrat stoßen, die er mir nie gestellt hat: Wer liebt dich, wieviel ist er wert, wer glaubt an dich, wer ist reingefallen, wer hängt an deinem Haken, wer zahlt für dich, wie reich ist er, wie stark ist er, wer holt uns aus unserer Scheiße, was hast du getan, bist du wie ich, warum bist du wie ich, wer rettet uns jetzt, wie geht es deiner Fotze, lohnt es sich, wird sie gut bezahlt, warum machst du keine Kinder, wo bleibt dein Messias? Ich möchte ihm etwas antworten, das keine weiteren Fragen zuläßt.

Es ist schon gut gewesen, daß ich gestern gekommen bin, sage ich, Pläne hatte ich keine, aber mit dem Geld in der Tasche war das halb so schlimm. Es beunruhigt meinen Vater, daß ich nur noch acht Scheine besitze. In der Spielbank war ich nicht, sage ich. Ich habe mir einen Jungen gekauft, und schnell spreche ich weiter, mein Vater soll nicht nach dem Gesicht des Jungen fragen. Es war ein unfertiges Gesicht, ich dachte, der Junge wird noch allerhand probieren müssen, bevor sein Gesicht sich festigt. Ich hätte zum Beispiel sagen können, ein italienisches Gesicht, aber lieber hätte mein Vater gehört: ein Mauerstürmergesicht, eines aus der Ex-DDR, da hätte mein Vater geklatscht über den Mut, über das bißchen historische Wahrhaftigkeit, diesen Gutschein, den der Junge dann besessen hätte, einfach so, ohne was dafür zu können. Ich sage also nur, daß sein Haar dunkel war, schwarz, aber nicht bläulich, ungekämmt. Früher, sage ich meinem Vater, nach dem Baden, hast du mich immer mit einer frisch geschälten Frucht verglichen. So ein Junge war das, und ich frage meinen Vater, ob er das verstehe. Nein, sagt er, fax ihn mir. Im Stehen beginne ich zu zeichnen.

Der Atem meines Vaters wird übertönt vom Geräusch einer Tür, mein Vater tritt in den Garten. Vielleicht holt er nur Luft, aber er liebt es auch, einfach mit seinem Telefon umherzuspazieren, selbst Sonntag morgens, zu einer Zeit, zu der kein Mensch anruft, hat er das Telefon dabei. Frau und Tochter schlafen noch, und er geht im Pyjama über den Rasen, hebt einzelne Zweige auf, die über Nacht vom Wald in den Garten herübergeweht worden sind. Ich sehe was, was du nicht siehst, sagt er. Weißt du, was? Ich sehe den Wald. Der Wald ist dunkler als die Nacht. Heute war der Himmel blendend grau. Ein Tag wie von Armani. Gestern sah ich eine junge Frau hinter einem Kinderwagen, früher ging sie mit dir zur Schule, saß neben dir. Wir haben keinen Kontakt mehr, sage ich. Deine Generation, sagt er. Was machen die anderen in deinem Alter? Ich weiß nicht, wen du meinst, sage ich. Kinder kriegen. Ausreden suchen. Weiße Hemden tragen. Reisen. Du kaufst dir also einen Mann, sagt er plötzlich. Ausnahmsweise, sage ich. Erzähl – er zündet sich eine an.

Bevor es dämmerte, aßen wir in einem Restaurant, das war mein Wunsch, und ich durfte bestimmen. Allein wäre ich nie dorthin gegangen. Schwere Tische, alle von der Brauerei gestellt. War das Essen wenigstens gut? unterbricht mich mein Vater. Seine Stimme klingt wie Bitten um ein Ende ohne Schmerzen. Wie unwichtig das Essen war, begreift er nicht. Gehe ich mit meinem Vater essen, bestellt er mir den bunten Teller, von allem ein bißchen, zu verspielt für Erwachsene, zu ernst für einen Kinderteller. Oder Meereszeugs, das er selbst nie bestellt. Er will, daß ich für ihn die Austern esse.

Ich saß vor einem Glas Wasser, sage ich. Der Junge bestellte sich ein Stück Fleisch, danach einen Kaffee, danach noch einen. Er war ganz anders als am Telefon, er schien zu wissen, was er wollte. Erstaunlich, wie gut er sein Gesicht beherrschte. Ein Lächeln kam so schlagartig, wie es verschwand. Sein Teller war leer, da fragte er mich nach meinen Wünschen. Mir war klar, sage ich, er dachte schon ans Ende. Ich wollte nicht darüber reden. Ich wollte nichts festlegen. Mein Vater saugt an seiner Zigarre, ein Kind, das einen Fisch nachahmt; ich kann seine Zigarren nicht leiden, meine Mutter auch nicht, wir sind doch keine Wespen, sagt sie, wenn er den Raum vollräuchert. Der Junge streichelte mich hinterm Ohr und flüsterte mir etwas zu. Er hielt mich für scheu. Dann sprachen wir nicht mehr viel, was ich bedauerte. Es gab keinen Grund zum Schweigen. Ich bat ihn, mir etwas zu erzählen. Am liebsten wäre mir gewesen, er hätte mir von Tiefseefischen erzählt, von Wesen, die dort leben, wohin man selbst nie kommt. In seinen Händen die Fransen des Schals, der um seinen Nacken lag, wie das Handtuch eines Boxers, fühl mal, sagte er, und während ich den Stoff prüfte, fing er vom Geld an. Eine Firma wolle er aufbauen, irgendein Mittel vertreiben, das gesünder macht. Plötzlich merkte ich, daß er verzweifelt war. In diesem Moment, sage ich zu meinem Vater, habe ich mir überlegt, ob ich den Mittag nicht lieber im Kino verbringen sollte. Kannst du dir vorstellen, einen verzweifelten Menschen anzufassen? frage ich ihn. Du hast Übung darin, sagt mein Vater, mein Gott, ich höre ihn kaum, so leise spricht er. Mein Vater meidet nichts so sehr wie Unglückliche, schon den Anblick eines Menschen, der ein Leben führt, das er selbst nicht führen möchte, erträgt er kaum. Er wünscht sich Helden für mich, wie die von der Leinwand. Im Kino waren wir nie zusammen, Filme nach 1958 interessieren meinen Vater nicht, das Jahr, in dem Doris Day vermutlich die Dreißig überschritt. Manchmal gucken wir gemeinsam alte amerikanische Filme im Fernsehen. Zuerst wartet mein Vater auf das Erscheinen der Stars, dann auf das Ende. Zwischen den Höhepunkten stellt er sich tot. Letzte Woche gab es fast einen Streit, Judy Garland stand im Cast und ließ auf sich warten, einige junge Sängerinnen waren schon aufgetreten, und mein Vater hatte bei jedem neuen Gesicht gerufen, da ist sie! – ich behauptete das Gegenteil, sein Zorn wuchs. Dann erschien sie und sang ihr Lied. Ein bißchen sieht sie aus wie du, sagte mein Vater. Egal, wer gerade auftritt, mein Vater entdeckt immer eine Ähnlichkeit zwischen mir und den Stars. Beim letzten Film war es die Loren, davor die Bergman. Liz Taylors Name fällt auch, wenn der Kasten nicht läuft. Bloß Marilyn sagt er nie, sie ist eine Muttergottes für ihn, und die gibt es nur einmal.

Dem Geräusch nach – das leise Krachen des Parketts – ist er jetzt im Wohnzimmer. Wo bleibt die Zeichnung, sagt er. Ich sehe meine Skizze im alten Fax meines Vaters verschwinden, ich höre Wein ins Glas stürzen, ich lasse meinem Vater Zeit für den ersten langen Schluck, es piept, dann trommelt sein Gerät meine Zeichnung aufs Papier.

Aha, sagt mein Vater. Dann einen Moment lang Schweigen, dann fragt er, was das sei. Lassen wir's, sage ich und erzähle weiter. Ich will jetzt nur für dich dasein, sagte der Junge. Er bat mich, ihm zu vertrauen. Bestimmt wäre es auch für ihn besser gewesen, wenn ich von mir erzählt hätte. Aber ich sagte nichts. Er sprach wieder vom Geld, und zum ersten Mal mißlang ihm sein Lächeln. Ich tat, was ich immer tue. Ich tröstete ihn. Er sollte gerne für mich dasein. Sag mal, unterbricht mich mein Vater, wolltest du den Jungen? Geduld, sage ich. Nach dem Essen gab es keinen Ort mehr für uns. Er wollte sein Geld, ich dachte, die Hauptsache stehe noch aus. Ich wollte kein Hotel bezahlen. Ich wollte auch nicht zu mir. Er bot seine Wohnung an. Ich wollte den Wellensittichen nicht begegnen. Also schlug ich ihm vor, die Dunkelheit abzuwarten. In der Dunkelheit, dachte ich, wird sich schon ein Platz finden. Ich werde jede Minute bezahlen, sagte ich ihm, doch sein Blick verriet mir, daß er Vorschuß wollte. Nur: Was hatte er schon geleistet? Er hatte mich angesehen, als sei ich schön, er hatte mit dem Zeigefinger meine Nase gestreichelt und die Gegend hinterm Ohr, aber, weißt du, das war bloß der Anlauf zum entscheidenden Augenblick des Tages.

Von meinem Vater nichts, nicht einmal Atmen, ich frage, ob er noch dran sei. Er sagt ja, und dann? Er hört mir wirklich aufmerksam zu, vielleicht findet er das Ganze so bemerkenswert, daß er es auf einem Ärzte-Kongreß zum besten gibt; dann werde ich gleich alles wiederholen müssen; gefällt ihm das Ende einer Geschichte, möchte er sie am liebsten hundertmal hören, und dann glaubt er meistens, ich unterschlage seine Lieblingsmomente. Vielleicht bleibt er jetzt aber auch einfach stumm, und schließlich werde ich von seinem Mitleid überrollt, ich fürchte es mehr als seinen Zorn. Mein Vater geht noch immer herum, seine Schritte hallen, bestimmt geht er die Treppe hinauf, in der Leitung rauscht es, oben in den Schlafzimmern klingt es jedesmal, als tobe draußen ein Sturm. Zu früh zum Schlafengehen, oder? sage ich, er sagt, er wolle in mein Zimmer. Vermutlich, sagt er, fällt es mir hier leichter, dich zu verstehen. Ich kenne die Scherze meines Vaters, was sollte er in meinem Zimmer? Viel wichtiger ist, wie ich die Geschichte zu Ende bringe. Ich muß mich genau erinnern. Mir kam vor, als seien wir lange durch die Stadt gelaufen. Der Junge nannte mich einen wertvollen Menschen, einen Menschen, wie er sich immer einen gewünscht habe. Mein Vater hüstelt, er spült das Hüsteln mit einem Schluck Wein hinunter. Der Junge versuchte, mich zu küssen, sage ich, aber ich ließ es nicht zu. Von meiner Angst sage ich meinem Vater nichts; was er mir erklären würde, kann ich mir denken: Wer zahlt, hat keine Angst. Aber der Junge hätte sich plötzlich weigern können weiterzulaufen. Für einen Moment kam mir die Idee, es in einem Hauseingang zu tun. Doch die Haustüren waren verschlossen; wo ich klingelte, spähte jemand aus dem Fenster, öffnete aber nicht, wenn er uns sah. Sogar die Mauernischen, derentwegen ich nachts immer in der Straßenmitte gehe, waren plötzlich nicht mehr tief genug. Hoffentlich hattest du was Warmes an, sagt mein Vater. Ja, sage ich, den Mantel. Und drunter, will er wissen, ich erzähl's ihm, und drunter, will er wissen, ich erzähl's ihm. Der Junge wartete auf ein Wort von mir. Daß ich das falsche Wort sagte, verschweige ich. Park – da blieb er kopfschüttelnd stehen. Er führte mich zu seinem Auto. Später, sagte er, als er die Tür öffnete, werde ich einen Hubschrauber besitzen. Also haben wir uns in sein Auto gesetzt, das aussah wie alle Autos. Er saß neben mir auf dem Fahrersitz. Wahrscheinlich fragt sich auch mein Vater, warum der Junge sich nicht nach hinten gesetzt hat.

Zum Schauen war es zu dunkel, sage ich. Ich wußte, der Junge wartete. Ich wurde plötzlich diesen Satz nicht mehr los: Ich will dein privates Fleisch. Ich sagte es so leise, daß er es nicht verstehen konnte. Mein Vater schweigt. Ich höre ihn atmen. Ich habe den Körper meines Vaters nie als alt empfunden. Als Kind wollte ich werden wie er. Ich wollte riechen wie er, abends nach Alkohol und Zigaretten, morgens, wenn ich ihn im Bett besuchte, nach Schweiß und Schlaf. Er war massiger als ich, formloser, plump; trotzdem wollte ich erwachsen werden. Bat ich ihn zu mir auf den Boden, ächzte er. Mir kam daran nichts gebrechlich vor. Ekel empfand ich auch nicht vor seinen Schuppen, höchstens vor dem Mittel, mit dem er sie bekämpfte. Jetzt klingt sein Atem nicht wie sonst, und er trifft in eine Art Stille, die neu ist zwischen meinem Vater und mir. Vielleicht wird sein Atem von jetzt an immer schwerer werden, um vorzeitig dem Atem eines alten Mannes zu gleichen, ich muß ihm das sagen, er darf nicht so viel mit Menschen zusammenkommen, die ihm das Sterben nahebringen. Der Junge, erzähle ich ihm, ergriff meine Hand, ich hatte ihm die Hand völlig übergeben, und er streichelte sich damit die Schenkel. In der warmen Beuge, wo die Schenkel auf das Geschlecht treffen, ließ er meine Hand allein, und seine Hoden an meinem Handrücken, rieb ich die lose Haut zwischen den Fingern. Ich glaube, mein Vater wartet auf etwas, stumm wie eine Katze vor dem Mauseloch. Er wartet auf einen Höhepunkt, aber von dem hätte ich ihm nie berichtet. Ich spreche von der Farbe dieser Haut, die ich in Wirklichkeit nicht gesehen habe. Ich sage, sie war dunkler als an anderen Stellen. Der Junge suchte die gleiche Stelle an meinem Körper, dann nahmen wir, mit einer Bewegung, mit der man die Hand aus einer fremden Tasche zieht, unsere Hände wieder zu uns. Ich zahlte, was er verlangte, stieg aus und lief nach Hause. Ruf mich wieder an, sagte er, bevor ich seine Autotür zuschlug, ich will immer für dich dasein. Und jetzt, sage ich meinem Vater, bin ich gerade heimgekommen, packe die restlichen Gaben aus. Chanel No. 19 und Mozarts Konzert No. 3 in G-Dur, eine Aufnahme der Bamberger Symphoniker, geschenkt. Nachher koche ich Nudeln und dazu eine Soße, Tomaten und irgend etwas Grünes, morgen ist Montag, und was ich montags mache, weißt du.

Mein Vater antwortete nicht mehr, warum, ich weiß es noch immer nicht. Hallo, sagte ich, ich sehe was, was du nicht siehst – nichts. Nur ein leicht verändertes Geräusch in der Leitung, ein Nagen am Sturmton. Mein Vater lag wohl einfach da. Ich hörte noch ein kurzes Schleifen der Bettdecke, vielleicht suchte er einen Platz für die Hände vor dem Einschlafen, ich hatte Angst, er könnte weinen, ich hatte Angst, er könnte wichsen, ich wollte nur noch stumm sein. Ganz leise, ganz sachte, so sachte, wie man die Tür zu einem Kinderzimmer schließt, wenn es dort endlich still geworden ist, legte ich den Hörer auf.

# José Saramago

## EMBARGO

Er erwachte mit dem quälenden Gefühl von abgewürgtem Traum und sah vor sich die graue eisige Fensterscheibe, das rechteckige Auge der Morgenfrühe, das da bleich und kreuzweise geschnitten durch den triefenden kondensierten Atem hereinschaute. Er meinte, seine Frau hätte beim Schlafengehen vergessen, die Stores zuzuziehen, und ärgerte sich: Wenn er nun nicht mehr einschlafen könnte, wäre sein ganzer Tag verdorben. Doch er brachte es nicht über sich, aufzustehen und das Fenster zu verdunkeln; lieber zerrte er die Bettdecke über das Gesicht und wandte sich der schlafenden Frau zu, flüchtete in ihre Wärme und in den Duft ihres offenen Haars. Unruhig verharrte er noch einige Minuten, fürchtete, den frühen Morgen durchwachen zu müssen. Doch dann half ihm die Vorstellung vom wohligen Kokon seines Lagers und von der labyrinthischen Gegenwart dieses Körpers, an den er sich schmiegte, und gewissermaßen in einem trägen Bogenschlag aus sinnlichen Bildern glitt er in den Schlaf zurück. Das graue Auge der Scheibe wurde bald blau, betrachtete starr die beiden Häupter, die da in den Kissen lagen wie vergessene Stücke eines Umzugs in ein anderes Haus oder eine andere Welt. Als der Wecker zwei Stunden später klingelte, war es im Zimmer hell.

Zur Frau sagte er, sie solle liegen bleiben, solle den Morgen ein bisschen länger genießen. Er schlüpfte hervor in die Kälte, heraus in die diffuse Feuchtigkeit der Wände, der Klinken, der Handtücher im Bad. Beim Rasieren rauchte er die erste Zigarette und die zweite beim inzwischen aufgebrühten Kaffee. Er hustete wie jeden Morgen. Dann kleidete er sich an, tastend, ohne Licht im Schlafzimmer zu machen. Er wollte die Frau nicht aufwecken. Ein frischer Duft nach Kölnischwasser belebte das Halbdunkel. Sodass die Frau wohlig seufzte, als ihr Mann sich über das Bett beugte, zu einem Kuss auf ihre geschlossenen Lider. Er flüsterte, zum Mittagessen komme ich nicht heim.

Er schloss die Tür und eilte die Treppe hinab. Das Haus wirkte stiller als sonst. Vielleicht war es neblig, überlegte er. Ihm war aufgefallen, dass Nebel wie eine Glocke die Laute dämpft und sie verwandelt, sie gleichsam auflöst wie Bilder. Wahrscheinlich herrschte Nebel. Auf dem letzten Treppenabsatz hätte er die Straße bereits im Blick und wüsste dann, ob seine Vermutung richtig war. Nun, da herrschte ein noch aschiges Licht, aber ein hartes, quarzgrelles. Am Rande des Bürgersteigs lag eine große tote Ratte. Als er sich vor der Haustür die dritte Zigarette anzündete, kam ein eingemummelter Junge mit Mütze vorbei; er spuckte auf das Tier, wie man es ihn gelehrt und wie er es andere hatte tun sehen.

Das Auto stand fünf Häuser weiter. Ein großes Glück, dass er es dort hatte parken können. Er hegte den Aberglauben, je weiter fort er es über Nacht abstellte, desto größer die Gefahr, dass es gestohlen wurde. Zwar hatte er es nie laut gesagt, doch er war sicher, sein Auto nicht wieder zu sehen, wenn er es etwa in einem Außenbezirk der Stadt abstellte. Hier, so nahe, da hatte er keine Bange. Er fand das Auto von Tröpfchen übersät, die Scheiben beschlagen. Wäre es nicht so kalt, man könnte meinen, der Wagen schwitzte wie ein lebender Körper. Er prüfte wie immer die Reifen, überzeugte sich nebenher, dass die Antenne heil war, und öffnete die Tür. Innen war es eiskalt. So, mit den beschlagenen Fenstern, wirkte das Auto wie eine in Sintflut versunkene Höhle aus durchscheinenden Wänden. Er hätte es vielleicht lieber auf einem Gefälle abstellen sollen, überlegte er, dann könnte er schwungvoller anfahren. Er drehte den Zündschlüssel, und schon heulte der Motor auf, mit einem tiefen, drängenden Fauchen. Er lächelte überrascht und zufrieden. Der Tag nahm einen guten Anfang.

Weiter vorn auf der Straße kam der Wagen in Fahrt, er scharrte den Asphalt wie ein Huftier, zermalmte den verstreuten Abfall. Der Zeiger des Tachos sprang auf 90, eine selbstmörderische Geschwindigkeit in dieser engen, von parkenden Autos gesäumten Straße. Nanu! Er nahm den Fuß vom Gas, beunruhigt. Es war, als hätte ihm jemand den Motor gegen einen weitaus stärkeren ausgetauscht. Behutsam trat er das Gaspedal und hatte den Wagen nun wieder in der Gewalt. Alles in Ordnung. Manchmal hat man den Fußdruck nicht recht unter Kontrolle. Es genügt schon, dass der Schuhabsatz leicht verrutscht, und schon sind Bewegung und Druck verändert. So einfach ist das.

Von dem Zwischenfall abgelenkt, schaute er jetzt erst auf die Tankanzeige. Hatte man ihn – es wäre ja nicht das erste Mal – über Nacht bestohlen? Nein. Der Tank war unverändert zur Hälfte gefüllt. Er hielt an einer Ampel, fühlte den Wagen unter seinen Händen hartnäckig vibrieren. Merkwürdig. Noch nie war ihm dieses animalische Zittern aufgefallen, das in Wellen durch die Karosserie flutete und ihm den Bauch beben ließ. Als Grün wurde, schien sich das Auto dann zu schlängeln, sich auszudehnen wie eine dünne Flüssigkeit, darauf versessen, alles vor ihm zu überholen. Merkwürdig. Umso mehr, als er sich immer für einen überdurchschnittlich guten Fahrer gehalten hatte. Eine Frage der Veranlagung, diese heutzutage wohl seltene Sicherheit der Reflexe. Halb voll. Sollte er an einer geöffneten Tankstelle vorbeikommen, würde er die Gelegenheit nutzen. Genau, in Anbetracht der vielen Besorgungen, die er vor dem Büro noch zu erledigen hatte, lieber mehr als weniger im Tank haben. Dieses dämliche Embargo. Panik, stundenlanges Warten, eine Schlange Dutzender und Dutzender von Wagen. Es heißt, die Wirtschaft wird die Folgen zu spüren bekommen. Der Tank halb voll. Andere fahren mit viel weniger, aber wenn möglich, dann lieber auffüllen. Der Wagen bog schlingernd in eine Kurve und schoss im selben Schwung mühelos eine steile Straße hinauf. In der Nähe gab es eine weniger bekannte Tankstelle, vielleicht hatte er Glück. Wie ein Spürhund auf der Fährte wand der Wagen sich durch den Verkehr, bog um zwei Ecken und stellte sich hinter den bereits wartenden Autos an. In der Tat eine gute Idee.

Er schaute auf die Uhr. Vor ihm an die zwanzig Autos. Nicht übermäßig viel. Er überlegte, ob er vielleicht doch zuerst ins Büro fahren und die Besorgungen am Nachmittag erledigen sollte, dann sorglos, weil mit vollem Tank. Er kurbelte das Fenster herunter und rief nach einem gerade vorbeigehenden Zeitungsverkäufer. Draußen war es sehr kalt. Hier drinnen aber, im Wagen, die Zeitung über dem Lenkrad aufgeschlagen und eine Zigarette rauchend, während man wartete, hier drin herrschte angenehme Wärme, wie unter dem Deckbett. Beim Gedanken an seine Frau, die zu dieser Stunde noch im Bett kuschelte, dehnte er die Rückenmuskulatur wie ein wollüstig buckelnder Kater und setzte sich besser zurecht. Die Zeitung verhieß nichts Gutes. Das Embargo dauerte an. Eine der Schlagzeilen kündigte ein finsteres, kaltes Weihnachten an. Doch sein Tank war noch halb voll und würde bald randvoll sein. Das Auto vor ihm rückte ein bisschen vor. Na bitte.

Anderthalb Stunden später tankte er voll und nach weiteren drei Minuten fuhr er ab. Ein bisschen besorgt, denn der Tankwart hatte ihn – mit gelangweilter Stimme, weil er es so oft wiederholen musste – wissen lassen, dass es hier in den nächsten vierzehn Tagen kein Benzin geben werde. Auf dem Beifahrersitz verkündete das Blatt rigorose Einschränkungen. Nun ja, wenigstens war sein Tank voll. Und nun? Sollte er stracks ins Büro oder erst bei einem Kunden vorbei, um einen Auftrag zu besiegeln? Er entschied sich für den Kunden. Besser, das Zuspätkommen mit diesem Termin zu begründen als einzugestehen, dass er bei noch halb vollem Tank anderthalb Stunden in der Schlange vor der Zapfsäule gestanden hatte. Der Wagen fuhr bestens. Er hatte sich am Steuer noch nie so wohl gefühlt. Er stellte das Radio an und hörte die Nachrichten. Die Meldungen wurden von Mal zu Mal schlimmer. Diese Araber. Dieses dämliche Embargo.

Unversehens machte der Wagen einen Schlenker, bog rechts in eine Seitenstraße ein und hielt am Ende einer Autoschlange, die kürzer war als die vorige. Was denn, was denn? Sein Tank war voll, ja, praktisch voll, es war wie verhext. Er griff nach dem Schalthebel, wollte den Rückwärtsgang einlegen, aber es gelang ihm nicht. Er versuchte es mit Gewalt, aber das Getriebe schien blockiert zu sein. So was Dummes. Jetzt auch noch eine Panne. Der Wagen vor ihm rückte weiter. Vorsichtig und mit dem Schlimmsten rechnend, legte er den ersten Gang ein. Alles bestens. Er atmete erleichtert auf. Aber was würde geschehen, wenn er später wieder den Rückwärtsgang brauchte?

Etwa eine halbe Stunde später füllte er einen halben Liter Benzin auf, peinlich berührt vom abschätzigen Blick des Tankwarts. Er gab ein närrisch hohes Trinkgeld und brauste mit quietschenden Reifen eiligst davon. Teufel, es war nicht zu fassen. Nun zum Kunden, oder es ist ein verlorener Vormittag. Jetzt fuhr der Wagen besser als je zuvor, er gehorchte seinen Bewegungen so unmittelbar, als wäre er ein mechanischer Fortsatz seines Körpers. Doch der Rückwärtsgang, das gab ihm zu denken. Und da hatte er dann auch schon die Bescherung. Ein riesiger liegen gebliebener Laster versperrte die gesamte Fahrbahn. Einen Umweg zu nehmen war schon nicht mehr möglich, er stand ganz nah dahinter. Ängstlich schaltete er wieder, und mit einem sanften Saugegeräusch rastete der Rückwärtsgang ein. Er konnte sich nicht entsinnen, dass die Kupplung jemals so reagiert hatte. Er drehte das Lenkrad nach links, gab Gas, machte einen Satz auf den Bürgersteig, raste behände wie ein entfesseltes Tier am Lieferwagen vorbei und landete dann dahinter. Diese Teufelskiste hielt wirklich einiges aus. Vielleicht waren in der durch das Embargo ausgelösten Verwirrung, in der Panik, die Tankstellen mit kräftigerem Treibstoff beliefert worden. Er jedenfalls profitierte davon.

Er schaute auf die Uhr. Lohnte es noch, zu dem Kunden zu fahren? Vielleicht hatte er ja Glück und das Geschäft war noch geöffnet. Sofern der Verkehr erlaubte, jawohl, sofern der Verkehr es erlaubte, würde es noch zu schaffen sein. Doch der Verkehr erlaubte es nicht. Es war Vorweihnachtszeit, und trotz des Benzinmangels tummelte sich alle Welt auf den Straßen und war denen im Weg, die arbeiten mussten. Und als er eine wenig befahrene Seitenstraße sah, strich er den Kundenbesuch. Besser, er brachte im Büro irgendeine Ausrede vor und verschob die Sache auf den Nachmittag. Über seinem Zögern hatte er sich vom Zentrum weit entfernt. Hatte nutzlos Benzin verbraucht. Aber im Grunde war der Tank ja voll. Die Straße mündete auf einen Platz, wo er eine weitere Autoschlange warten sah. Er lächelte erheitert und beschleunigte, wollte an den vor Kälte erstarrten Fahrern vorbeibrausen. Doch zwanzig Meter davor bog der Wagen von selbst nach links und hielt ganz saft, gleichsam mit einem Seufzer, am Ende der Schlange an. Was war das? Er wollte doch gar nicht tanken. Was war das nur? Der Tank war doch voll. Er prüfte die verschiedenen Anzeigen, betastete das Lenkrad, es kostete ihn Mühe, den Wagen wieder zu erkennen, und bei seiner Untersuchung verstellte er auch den Rückspiegel und musterte sich darin. Er sah ein perplexes Gesicht und fand, dazu gab es allen Grund. Im Rückspiegel sah er außerdem ein Auto herannahen, das sich offenbar ans Ende der Schlange stellen wollte. Dann würde er hier festsitzen, mit vollem Tank. Hastig schaltete er, um den Rückwärtsgang einzulegen. Der Wagen bockte, der Hebel entwand sich der Hand. Und schon war er zwischen Vorder- und Hintermann eingekeilt. Zum Teufel! Was war bloß mit diesem Wagen los? Er würde ihn in die Werkstatt bringen müssen. Ein Rückwärtsgang, der nach eigenem Belieben funktioniert oder nicht funktioniert, ist eine Gefahr.

Nach mehr als zwanzig Minuten fuhr er an der Zapfsäule vor. Er sah den Tankwart herantreten, und fast versagte ihm die Stimme, als er ihn bat, voll zu tanken. Im selben Augenblick, um der Peinlichkeit zu entfliehen, legte er jäh den ersten Gang ein und gab Gas. Vergeblich. Der Wagen rührte sich nicht vom Fleck. Der Mann musterte ihn argwöhnisch und öffnete den Tankverschluss. Nach wenigen Sekunden kam er wieder und verlangte die Summe für einen Liter, die er knurrend fortsteckte. Daraufhin ließ sich der erste Gang problemlos einlegen, der Wagen fuhr geschmeidig, ruhig atmend. Irgendetwas an diesem Wagen war kaputt, die Kupplung, der Motor, irgendwas, verflixt nochmal. Oder konnte er einfach nicht mehr fahren? Oder war er krank? Er hatte doch gut geschlafen und hatte im Grunde nicht mehr Sorgen als sonst. Besser, er scherte sich jetzt und für den Rest des Tages nicht mehr um die Kunden, sondern bliebe im Büro. Er war beunruhigt. Rings um ihn vibrierte heftig die Karosserie, nicht an der Oberfläche, sondern im Metall, und der Motor arbeitete mit jenem unerträglichen Geräusch von Lungen, einatmend, ausatmend, einatmend, ausatmend. Zunächst dachte er, dieses Rätsel geschähe, weil er sich eine Route überlegte, die ihn von anderen Zapfsäulen fern hielt, und als er sich bei diesem Gedanken ertappte, erschrak er: War er nicht mehr ganz bei Trost? Er fuhr umher, wählte Umwege und Abkürzungen, bis er endlich zu seiner Firma gelangte. Es gelang ihm ohne Schwierigkeiten, einzuparken, und er seufzte erleichtert. Er stellte den Motor ab, zog den Schlüssel und öffnete die Tür. Aber er konnte nicht aussteigen.

Er dachte, sein Mantel sei irgendwo eingeklemmt, oder das Bein unter dem Lenkrad, und versuchte es abermals. Oder hatte er sich versehentlich wieder angeschnallt? Nein, da an der Seite hing der Gurt, gleichsam ein weicher schwarzer Darm. Das ist doch verrückt, dachte er. Ich muss krank sein; wenn ich hier nicht hinauskomme, dann weil ich krank bin. Arme und Beine konnte er frei bewegen, den Rumpf leicht zum Armaturenbrett vorbeugen, konnte nach hinten schauen, sich auch etwas nach rechts neigen, zum Handschuhfach hin, doch das Kreuz klebte an der Sitzlehne. Nicht starr und fest, sondern wie ein Glied am

Körper. Er zündete sich eine Zigarette an, und plötzlich war da die Sorge, was er zu seinem Chef sagen sollte, falls der aus einem Fenster schaute und ihn da hocken sähe im Wagen, rauchend, ohne Anstalten, auszusteigen. Ein lautes Hupen veranlasste ihn, die nach der Straße hin aufgestoßene Tür zu schließen. Als der andere vorbei war, drückte er die Tür sacht wieder auf, warf die Zigarette hinaus, dann umklammerte er mit beiden Händen das Lenkrad und versuchte es mit einem gewaltsamen Ruck. Vergeblich. Und er verspürte noch nicht einmal einen Schmerz. Die Lehne hielt ihn sanft fest, hielt ihn gefangen. Was ging hier vor? Er drehte den Rückspiegel und betrachtete sich darin. Auf seinem Gesicht keine Veränderung. Nur eine diffuse, schlecht bezähmte Besorgtheit. Als er nach rechts schaute, zum Gehsteig, sah er ein kleines Mädchen, das ihn anstarrte, verwundert und belustigt. Dann kam eine Frau, in der Hand eine Strickjacke, die das Mädchen anzog, ohne dabei den Blick abzuwenden. Und dann entfernten sich die zwei, wobei die Frau dem Mädchen Kragen und Haare ordnete.

Wieder schaute er in den Spiegel, und da wurde ihm klar, was er tun musste. Allerdings nicht hier. Hier konnte er gesehen werden, von Leuten, die ihn kannten. Er drehte den Wagen schnell in Richtung Straße, griff nach der Tür, schloss sie und fuhr los, so schnell es nur ging. Er hatte ein Ziel, hatte einen sehr klaren Vorsatz, der beruhigend wirkte, in einem Maße, dass der Kummer bald verflogen war und er schon wieder lächelte.

Die Tankstelle bemerkte er erst, als er sie fast schon erreicht hatte. Auf einem Schild stand «Ausverkauft», und der Wagen fuhr weiter, ohne die geringste Abweichung und ohne langsamer zu werden. Um das Auto musste er sich offenbar keine Sorgen machen. Umso freudiger war sein Lächeln. Er fuhr aus der Stadt heraus, nun schon durch die Vororte, dem angestrebten Ziel ganz nahe. Er bog in eine noch nicht fertig gebaute Straße ein, dann nach links und wieder nach rechts und schließlich in eine verlassene Schlucht. Als er anhielt, begann es zu regnen.

Seine Idee war ganz einfach. Es galt, sich mit den Armen und dem Körper dem Mantel zu entwinden, ihm zu entschlüpfen, nicht anders als die Schlange ihrer alten Haut. Umringt von Menschen konnte er das nicht wagen, aber hier, allein, mitten in dieser Wüste und weit weg von der Stadt, die sich in der Ferne hinter dem Regen verbarg – nichts einfacher als das. Aber er irrte sich. Der Mantel klebte an der Lehne so fest wie am Anzug, an der Wollweste, am Hemd, am Unterhemd, an der Haut, an den Muskeln, an den Knochen. So dachte er, aber zehn Minuten später wand er sich nur noch im Wagen, schreiend, weinend, außer sich vor Verzweiflung. Er war gefangen. Wie sehr er auch ins Freie drängte, bei offener Autotür, durch die in jähen Böen der kalte Regen hereinplatzte, wie heftig er sich auch mit den Füßen hochzustemmen versuchte, er kam nicht vom Sitz weg. Beide Hände ins offene Schiebedach geklammert, versuchte er sich aufzurichten. Als sollte er die Welt aus den Angeln reißen. Er warf sich über das Lenkrad und stöhnte vor Entsetzen. Vor seinen Augen bewegten sich kratzend und metronomartig die versehentlich angeschalteten Scheibenwischer hin und her. Von fern war das Heulen einer Fabriksirene zu hören. Und nun tauchte in der Wegbiegung ein Fahrradfahrer auf; er hatte ein großes schwarzes Stück Plastikfolie übergeworfen, von dem der Regen herabrann wie von einer Robbenhaut. Der Fahrradfahrer schaute neugierig herüber und in den Wagen, vielleicht enttäuscht oder verwundert, dass er einen einzelnen Mann sah und nicht, wie es von fern hatte scheinen mögen, ein Pärchen.

Hier waren absurde Dinge im Gange! Noch nie hatte einer auf solche Weise im Auto gefangen gesessen, gefangen gehalten vom eigenen Wagen. Irgendeine Möglichkeit freizukommen musste es doch geben. Gewalt half nicht. Vielleicht eine Werkstatt? Nein. Wie sollte er dies erklären? Oder die Polizei rufen. Und dann? Neugierige würden zusammenlaufen, alles würde gaffen, während der Beamte ihn gewiss am Arm zerren und die

Leute zum Mithelfen auffordern würde, aber es wäre zwecklos, weil die Lehne ihn sanft festhielt. Und es käme die Presse, samt Fotografen, tags darauf erschiene sein Bild in allen Zeitungen, er sähe sich, beschämt wie ein geschorenes Tier, bei Regen im offenen Wagen sitzen. Es musste eine andere Lösung geben. Er stellte den Motor ab und versuchte, sich nach draußen zu werfen, wie bei einem Überraschungsangriff. Umsonst. Er verletzte sich am Kopf und am linken Arm, und der Schmerz bereitete ihm einen anhaltenden Schwindel, wobei ihn ein unaufhaltsamer Drang zum Urinieren überkam. Er ließ der warmen Flüssigkeit freien Lauf, die sich in einem endlosen Schwall zwischen seinen Beinen auf den Boden des Wagens ergoss. Als er dies alles spürte, begann er sanft zu weinen, ein jämmerliches Winseln, und so saß er da, bis ein Hund aus dem Regen auftauchte und ihn vor der offenen Wagentür kraftlos und mit leiser Stimme ankläffte.

Er schaltete langsam, schwer und wie in einem Albtraum und fuhr weiter die Schlucht entlang, möglichst an nichts denkend, damit ihm seine Lage nur ja nicht voll bewusst würde. Vage fühlte er, dass er Hilfe brauchte. Aber an wen konnte er sich wenden? Seine Frau wollte er nicht erschrecken, doch ihm blieb keine Wahl. Vielleicht würde sie die Lösung finden. Wenigstens würde er sich nicht so hoffnungslos allein fühlen.

Er fuhr in die Stadt zurück, achtete auf die Verkehrszeichen, ruckte nicht in seinem Sitz, wie um die Mächte, die ihn gefangen hielten, versöhnlich zu stimmen. Es war schon nach vierzehn Uhr und der Tag düster. Er sah drei Tankstellen, doch der Wagen reagierte nicht. Alle verkündeten «Ausverkauft». Unterwegs sah er mitten auf der Straße abgestellte Autos, das rote Warndreieck hinter der Heckscheibe, üblicherweise der Hinweis auf eine Panne, bedeutete jetzt durchweg «kein Benzin mehr». Zweimal sah er, wie Männer im strömenden Regen ein Auto auf den Gehsteig wuchteten.

Als er in seine Straße einbog, überlegte er, wie er seine Frau rufen konnte. Er hielt vor dem Hauseingang, verwirrt, einer zweiten Nervenkrise nahe. Er hoffte, sein stummer Hilferuf brächte es zuwege, dass die Frau wie durch ein Wunder herunterkäme. Viele Minuten wartete er, bis ein Junge aus der Nachbarschaft neugierig herantrat. Er lockte ihn mit einer Münze, bat ihn, in den dritten Stock hinaufzueilen und der dort wohnenden Senhora zu sagen, ihr Mann warte hier unten auf sie, im Wagen. Sie solle schleunigst kommen, es sei dringend. Der Junge verschwand und kam wieder. Die Senhora käme gleich, meldete er und rannte mit seiner Tagesausbeute davon. Die Frau erschien im Hauskleid, sie hatte nicht einmal einen Regenschirm mit. Da stand sie, unentschieden auf der Hausschwelle, unwillkürlich wanderte ihr Blick zu einer toten Ratte am Rande des Gehsteigs, der schlaff daliegenden Ratte mit dem borstigen Fell. Sie zögerte, mochte nicht durch den Regen gehen, war etwas ungehalten, dass ihr Mann sie ohne Grund herunterbestellte, anstatt gefälligst selber hinaufzukommen und sich zu erklären. Doch der Mann im Wagen winkte sie zu sich. Sie erschrak, eilte hin. Sie fasste nach dem Türgriff, wollte bloß schnell dem Regen entfliehen, doch als sie die Tür aufriss, hatte sie vor ihrem Gesicht die abwehrend gespreizte Hand ihres Mannes, die sie, ohne sie zu berühren, zurückstieß. Sie beharrte, wollte einsteigen, aber er schrie: Ja nicht, es sei gefährlich. Und er berichtete ihr, was passiert war, während sie vorgebeugt dastand und ihr der Regen auf den Rücken prasselte, ihr die Haare durcheinander gerieten und das Entsetzen ihr das ganze Gesicht verzerrte. Sie sah, wie ihr Mann sich qualvoll in dieser armen trüben Kapsel wand, die ihn von der Welt schied, wie er vom Sitz loskommen und den Wagen verlassen wollte, es aber nicht schaffte. Sie wagte es, ihn an einem Arm zu packen, sie zerrte, wollte es einfach nicht glauben, aber auch sie bekam ihn nicht frei. Und da dies alles zu entsetzlich war, als dass man es hätte glauben mögen, starrten sie einander wortlos an, bis ihr der Gedanke kam, er sei übergeschnappt und spiele hier bloß den Festgeklebten. Sie müsste jemanden rufen, der ihn kurierte, ihn dorthin mitnahm, wo Verrücktheiten behandelt wurden. Behutsam redete sie auf ihn ein, wortreich, er solle ein klein bisschen warten, sie sei bald zurück, sie wolle Hilfe holen und ihn befreien, dann könnten sie sogar noch zusammen Mittag essen, und er könnte im Büro anrufen und sagen, er sei erkältet. Und er würde an diesem Nachmittag nicht zur Arbeit gehen. Nur ruhig Blut, die Sache sei halb so schlimm und bald behoben.

Doch als sie ins Haus verschwand, sah er sich im Geiste wieder von Gaffern umringt, sah sein Bild in den Zeitungen, war voller Scham, weil er schmählich in die Hose gepinkelt hatte. Er wartete noch ein paar Minuten. Und während die Frau oben herumtelefonierte, die Polizei anrief, das Krankenhaus, mühsam darum kämpfte, dass man ihr und nicht ihrer Stimme glaubte, während sie ihren Namen angab und den des Mannes und die Farbe des Wagens und die Autonummer, konnte er das Warten und diese Vorstellungen nicht mehr ertragen. Er startete. Als die Frau hinunterkam, war das Auto verschwunden, und die Ratte war vom Rand des Gehsteigs geglitten, endlich, sie trieb die abschüssige Straße fort, weggespült vom Schwall aus den Traufen. Die Frau schrie, doch es dauerte eine Weile, bis Leute kamen, und es war schwer, ihnen zu erklären.

Bis zum Einbruch der Dunkelheit fuhr der Mann in der Stadt umher, kam an geschlossenen Tankstellen vorbei, reihte sich ungewollt in Warteschlangen ein, und er hatte Angst, weil ihm das Geld ausging und er nicht wusste, was geschehen würde, wenn er ohne einen Heller mit seinem Auto an einer Zapfsäule anhielt und nach mehr Benzin verlangte. Letzteres blieb ihm nur deshalb erspart, weil die Tankstellen nacheinander schlossen und die Autos, sofern noch vorhanden, sich halt bis zum nächsten Morgen anstellten; weshalb er noch geöffnete Tankstellen besser mied, damit er da nicht in die Falle geriet. Auf einer sehr langen und sehr breiten Hauptstraße, die kaum befahren war, überholte ihn blitzschnell ein Streifenwagen, und ein Polizist bedeutete ihm anzuhalten. Erneut überkam ihn die Angst, und er ignorierte die Aufforderung einfach. Hinter ihm ertönte eine Polizeisirene, und dann sah er einen Polizisten auf einem Motorrad, der wer weiß woher aufgetaucht war und ihn schon fast eingeholt hatte. Doch das Auto, sein Auto, tat einen Schnaufer – ein trockenes Röcheln –, machte einen gewaltigen Ruck und schoss einer Autobahnauffahrt entgegen. Die Polizei blieb immer weiter zurück – als es finstere Nacht wurde, war nichts mehr von ihr zu sehen, und sein Wagen rollte auf einer anderen Straße.

Er bekam Hunger. Ein zweites Mal hatte er uriniert, so gedemütigt, dass er sich nicht einmal mehr schämte. Er delirierte etwas: gedemütigt, degemütigt. Er variierte, tauschte unablässig die Konsonanten und die Vokale aus, eine unbewusste, besessene Übung, die ihn gegen die Wirklichkeit abschirmte. Er hielt nicht an, weil er nicht wusste, welche Folgen das haben könnte. In der Morgendämmerung aber fuhr er zweimal an den Straßenrand und versuchte ganz vorsichtig auszusteigen; als hätten der Wagen und er sich vielleicht inzwischen versöhnt und es gälte, den guten Willen des jeweils anderen zu erproben. Zweimal redete er leise auf die ihn festhaltende Lehne ein, zweimal bat er darum, gnädigerweise freigelassen zu werden, zweimal, auf nächtlicher eisiger Feldflur bei unvermindertem Regen, brach er in Schreie aus, in Geheul, in Tränen, in blinde Verzweiflung. Die Wunden an Kopf und Hand bluteten wieder. Und er, schluchzend, erstickt, stöhnend wie ein grässlich gepeinigtes Tier, fuhr weiter. Ließ sich vom Auto fahren.

Die ganze Nacht fuhr er umher und wusste nicht wohin. Er fuhr durch Ortschaften, deren Namen er nirgends sah, fuhr lange Geraden, bergauf, bergab, in Kurven hinein und wieder heraus. Im Morgengrauen befand er sich irgendwo auf einer Straße in schlimmstem Zustand, voller Schlaglöcher mit darin sich kräuselndem Regenwasser. Der Motor fauchte kräftig, riss die Räder aus dem Schlamm, die ganze Karosserie vibrierte unter beängstigendem Dröhnen. Schon war es heller Morgen, ohne Sonne, doch der Regen hörte plötzlich auf. Die Straße wurde zu einem schlichten Weg, der sich weiter vorn, so meinte man, jäh zwischen Steinen verlor. Wo war bloß die Welt? Vor seinen Augen ein Gebirge und ein beängstigend tief hängender Himmel. Er schrie auf, hämmerte mit den Fäusten gegen das Lenkrad. Just da sah er, dass die Benzinanzeige auf null stand. Der Motor lief offenbar von selber weiter und zerrte den Wagen noch weitere zwanzig Meter fort. Und dann war da wieder eine Straße, aber der Tank leer.

Kalter Schweiß stand ihm auf der Stirn. Übelkeit packte ihn, schüttelte ihn vom Kopf bis in die Füße, und dreimal legte sich ihm ein Schleier über die Augen. Tastend stieß er die Tür auf, denn er glaubte zu ersticken, und bei dieser Bewegung, sei es weil er starb oder weil der Motor erstorben war, kippte er nach links und glitt aus dem Wagen. Glitt noch ein bisschen weiter fort, und da lag er auf den Steinen. Der Regen hatte wieder eingesetzt.

# Felicitas Hoppe

## AM SAUM

Seit unser Vater begonnen hat, das Buch über den Feldhasen zu schreiben, ist in unserem Haus eine große Ruhe eingekehrt. Auf Strümpfen schleichen wir hinter unserer Mutter durch die Flure. Wenn wir an der Tür zum Arbeitszimmer unseres Vaters vorbeikommen, hebt sie warnend den Finger an die Lippen. Früher schrie sie den ganzen Tag und bewarf uns mit Töpfen und Tellern, wenn wir vergaßen, Holzschuhe über die Strümpfe zu ziehen, die zu waschen und zu stopfen sie die Lust verloren hatte. Wir lieben das Laufen auf schweren Schuhen nicht, und seit unser Vater begonnen hat, an seinem Buch über den Feldhasen zu arbeiten, dürfen wir endlich beiläufig durchs Haus flattern von Tür zu Tür, die Mutter streicht uns mit rissiger Hand über die kurzgeschnittenen Köpfe, stillstill, haucht sie, als stünde Weihnachten vor der Tür und als habe man sich darauf verständigt, nur noch Blicke statt Worte zu wechseln.

Plötzlich schwimmen Fleischklößchen in der Suppe wie muntere Fischchen, die eingefallenen Wangen unseres Vaters blasen sich auf wie rosige Luftkissen. Unser Vater ist auf dem Weg, ein großer Mann zu werden, und unsere Mutter wird die Frau sein an der Seite eines großen Mannes. Abends näht sie an einem Kleid, das sie instand setzen soll, die Hände des Försters zu schütteln und die Hände des Oberförsters und vielleicht die Hände des Regierungsrats oder des Direktors der städtischen Volkshochschule.

Abends legen wir unsere Ohren an die Schlafzimmertür der Eltern, andächtig und voller Entzücken lauschen wir ihren Reden über den Feldhasen, barfüßig erschauern wir auf unserem Posten, denn wir haben begriffen, dass das in unserem Vater befindliche Wissen über den Feldhasen groß ist.

Unsere Mutter hat recht behalten. Der triumphierende Zug um ihre zu Bitterkeit neigenden Mundwinkel auf dem Hochzeitsfoto über der Ankleidekommode hat ihr Gesicht zurückerobert seit jenem Tag, an dem unser Vater mit einer für seinen zierlichen Körper übertrieben großen Geste das hölzerne Lineal auf das Lehrerpult warf und verkündete, er sei zu Höherem ausersehen, als die Namen von Wiesen- und Feldblumen in die Köpfe unbegabter Dorfkinder zu pflanzen. Härtere Worte sind nie aus dem Mund unseres Vaters vernommen worden. Am selben Tag ließ er sich vom Dienst befreien auf unbestimmte Zeit und machte sich ans Werk.

Weit öffnen sich die Türen unseres kleinen Hauses. Unsere Mutter bindet sich die Schürze los, schiebt mit dem Pantoffel Scherben von Töpfen und Tellern unter die Anrichte, und herein treten Assessoren, Oberförster und Volkshochschulvorsteher, lauter große Männer, die jahrelang unseren Vater vor der Kirchentür nur mit einem beiläufigen Zucken der Augenbraue grüßten. Jetzt stehen sie verlegen in unserem engen Hausflur und halten Flaschen mit selbstgebrannten Schnäpsen in der Hand. Unsere Mutter holt die Gläser aus dem Küchenschrank, stellt sie auf ein Tablett und trägt sie hinauf in das Arbeitszimmer unseres Vaters. Bevor sie die Tür öffnet, hebt sie den Finger an die Lippen und bedeutet den Herren zu schweigen, er ist sehr beschäftigt, sagt sie, aber ich werde mich für Sie verwenden.

Demütig neigen die Herren die Köpfe, schielen nach den Schnapsgläsern und betreten das Arbeitszimmer unseres Vaters. Wenn sich die Tür hinter ihnen geschlossen hat, kauern wir atemlos unter dem Treppenabsatz und ziehen uns vor Aufregung gegenseitig an den Haaren. Später kommen die Herren wieder die Treppe hinunter, unsere Mutter begleitet sie, den Kopf hoch, zur Tür, leise klirren die leeren Schnapsgläser auf dem Tablett. Am Rock wischt sie sich die Hände ab, und wir fliegen ins Bett ohne Schläge und Gebet.

Der Regierungsrat hat unserem Vater einen Bücherträger bewilligt. Jeden Morgen Punkt acht klingelt er an unserer Haustür und reißt unter tiefer Verbeugung die Mütze vom Kopf, wenn wir ihm öffnen. Hinter ihm auf dem Gehweg steht ein riesiger Bücherkarren, beladen mit den Büchern der letzten dreißig Generationen über den Feldhasen. Aus den Nachbarhäusern hängen die Nachbarköpfe mit aufgerissenen Augen, aus denen der Neid tropft wie Regen von Blättern. Er schreibt ein Buch über den Feldhasen, flüstern sie einander zu, und ihr erregtes Flüstern schwillt an zu einem breiten Strom und ergießt sich wie ein gewaltiger Wasserfall hinunter auf die Straße.

Unsere Mutter wächst vor Stolz und bittet den Bücherträger herein. Wir dürfen uns weiße Handschuhe anziehen und fliegen die Bücher einander zureichend von Stufe zu Stufe bis hinauf zu unserem Vater, der hinter einem Schreibtisch sitzt und eine Brille trägt. Auf einem großen Blatt Papier notiert er die Namen der eingehenden Bücher. Wir haben Mühe, die Gestalt unseres Vaters hinter den Büchertürmen ausfindig zu machen, aber das eine oder andere Ohr des Feldhasen sehen wir von ferne zwischen den Seiten der Bücher, erhaschen hier und da sein Barthaar oder das Zittern seines Schwanzes zwischen den Buchdeckeln. Ganz sehen wir ihn nie, denn unser Vater macht uns ein Zeichen, das Zimmer sofort wieder zu verlassen. Wir gleiten die Stufen hinunter und hocken unter dem Treppenabsatz, von wo wir dem unermüdlichen Wenden der Blätter und dem Kratzen der Feder lauschen.

Nachts träumen wir vom Feldhasen, der Besitz von unserem Haus ergriffen hat. Er sitzt auf dem Sonntagskanapee und in der Besteckschublade, wir finden ihn in der Badewanne und bleiben schmutzig. In den Zimmern, auf den Tischen und in den Dielenritzen finden wir Reste geriebener Mohrrüben. Die karottengelben Finger unserer Mutter auf unseren Köpfen sagen uns, daß die mageren Jahre vorbei sind. Unsere Ohren werden lang und weich unter dem Streicheln unserer Mutter, unser Gang flink und geschmeidig, unsere Augen sanft und wäßrig vom ungewohnten Glück. Wir beginnen zu beten, unser Vater möge das Buch über den Feldhasen nie beenden, denn man hat uns für die Dauer seiner Arbeit vom Schulbesuch befreit, damit wir ihm jetzt auf leisen Sohlen das Wasser und die Suppe reichen können.

Morgens putzen wir seine Brille und tragen stündlich stärkende Getränke hinauf in sein Zimmer, während unsere Mutter an der Nähmaschine singend das Kleid säumt, das sie instand setzen wird, die Hände des Regierungsrats zu schütteln unter den Augen der Nachbarn. Schön wird unsere Mutter aussehen, wenn der Regierungsrat aus dem Wagen steigt, und verlegen wird der Fahrer des Regierungsrats sich zur Seite wenden vor dem Angesicht unserer Mutter, die einen triumphierenden Zug im Gesicht trägt, so daß sogar der Regierungsrat den Kopf senken und verstummen muß.

Wir halten das Tablett mit den Schnapsgläsern, die Flasche zittert nicht in unserer Hand, denn wir sind den Besuch von auswärts gewöhnt. Wir tragen Kappen und Kragen aus weichem Fell, pelzbesetzte Jackenaufschläge und Schulterklappen und lassen unsere Ohren liebkosen vom Wind, der hereinweht zur Tür. Der Regierungsrat hustet leise, der Fahrer wischt ihm mit einem Tuch die Mundwinkel aus, und unser Vater setzt die Brille ab: ein Mann an der Seite einer großen Frau mit karottengelben Fingern.

Unser Vater trug wie immer die abgewetzte Lodenjacke, die ihm vor Jahren der Förster vererbt hatte, nachdem dieser aus der Form gegangen war. So bestieg er den Turm von Feldhasenbüchern. Groß macht ihn die Tat und festlich. Er lächelte ernst und beugte sich leicht nach vorne, damit der Regierungsrat ihm den Orden am Aufschlag der Jacke des Försters befestigen konnte, den der Bücherträger aus einer blankpolierten Blechschachtel geholt hatte. Bevor er ihn dem Regierungsrat reichte, hielt er ihn prüfend gegen das Licht, das durch das kleine Fenster des Arbeitszimmers schräg von hinten auf den spärlichen Haarwuchs unseres Vaters fiel und ihn freundlich bekränzte.

Die Augenbraue des Regierungsrats zuckte, als er das vergoldete Lorbeerblatt am Aufschlag der Försterjacke befestigte, und unser Vater, der nicht wußte, wohin mit den Händen, begann auf dem Feldhasenbücherturm gefährlich zu schwanken. Wir streckten ihm unsere Hände in den weißen Handschuhen entgegen und halfen ihm herunter auf den Fußboden. Dort blieb er stehen und starrte auf die Hände unserer Mutter, die die Gläser auffüllte und uns Zeichen gab, die Herren zu bedienen. Als der Regierungsrat das Schnapsglas an die Lippen hob, schob er seine Zunge zwischen den Lippen heraus und zwinkerte unserer Mutter zu, die herausfordernd das spitze Kinn ins Nachmittagslicht stieß.

Da hielt es die Nachbarn nicht mehr länger unter dem Treppenabsatz. Sie drängten die Stufen herauf zur Tür herein, hinweg über den Bücherträger, der umfiel wie ein Stück Holz, vorbei am Fahrer des Regierungsrats, der in der Ecke neben der Tür seiner Pflicht nachkam und keinen Tropfen trank. Sie renkten sich die Arme aus nach den Feldhasenbüchern, mit heraushängenden Zungen begannen sie, den Hasen zu jagen, rissen an seinen langen weichen Ohren und seinen fellbesetzten Schultern und griffen nach dem vergoldeten Lorbeerblatt, das auf dem Försterjackenaufschlag zitterte vor Glück und Angst. Die Augen unseres Vaters wurden so durchsichtig, daß man hinuntersehen konnte bis auf den Grund seines schlecht vernähten Herzens, das am Rocksaum des Kleides unserer Mutter hing, die, ihre schweren Hüften schwingend, in die Mitte des Zimmers getreten war, um die Hand des Regierungsrats zu schütteln, der sich fortwährend mit der Zunge über die Lippen fuhr.

Die Nachbarn begannen, zu klatschen und zu toben. Sie hatten jetzt ein Spalier gebildet, wie man es auf Hochzeitsfotos von

Paaren, die durch Kirchentüren treten, bewundern kann. So standen sie und johlten, dann rannten sie hinter unserer Mutter und dem Regierungsrat die Treppe hinunter und bewarfen sie vor Begeisterung mit Töpfen und Tellern, bis unsere Mutter endlich in den Wagen des Regierungsrats eingestiegen war. Der Wagen setzte sich in Bewegung. Arme und Beine schwenkten sie, bis er in einer Staubwolke am Ende der Straße verschwunden war.

Aus dem Staub erhob sich der Bücherträger. Wir griffen ihm unter die Arme, als er unseren Vater die Stufen hinunterzog und auf den Karren lud. Wir standen in der Tür und winkten ihnen nach, bis wir sie nicht mehr erkennen konnten.

# Péter Nádas

## MINOTAUROS

«Sollten wir ihm nicht lieber ein Zicklein geben, József?» Auch wenn es nicht klingelte, bei Vollmond schreckte József auf, als hätte es geklingelt. Auch wenn sie nicht fragte, József hörte ihre Frage selbst noch im Schlaf. Er wartete, ob es ein zweites Mal klingelte. War er seiner Sache nicht sicher, wartete er immer aufs zweite Mal. Obwohl ihn weder ihre Frage noch das Klingeln geweckt hatten. Leise atmete Mária im Schlaf, ein zweites Mal klingelte es nicht. Das Mondlicht. Er setzte sich auf im Bett. «Hast du das Hühnchen hinuntergebracht, József? Nimmt er es noch, das Hühnchen, József? Sollten wir ihm nicht lieber ein Zicklein bringen, József?» Vorsichtig, um sich keine Fragen anhören zu müssen, stahl er sich aus dem Bett. Im Zimmer der Schlafdunst Márias. Zum Fenster. Schleichend, damit der Fußboden nicht knarrte. Setzte sich hinter den Vorhang. Hier, unter dem Fenster, zwischen Wand und Vorhang, war ihm wohl. Aus der Höhe von sechs Stockwerken blickte der Vollmond in das blaue Rund des Innenhofes hinab. Es war, als säße József auf dem Grund eines Brunnenschachts. Er konnte dort beten. Und auf das Klingeln warten. Könnte es doch in jedem Augenblick klingeln; als wäre es möglich, das vorauszuberechnen. «Gütiger Gott, ich danke dir, dass du mich zu dieser nächtlichen Stunde geweckt hast. Allmächtiger, gib mir Ruhe und Frieden, gib sie allen, die in diesem Hause ..., und gib mir die Kraft, mich zu erheben, wenn es klingelt. Und beschütze sie, die nach Hause zurückkehren und klingeln, und gib mir die Kraft, die heimgekehrten Lämmer liebevoll zu empfangen. Lamm Gottes, erbarme dich meiner. Mein Herr und Vater, erlöse mich von dem Bösen. Und vergib mir meine Schuld.» Wenn es jetzt klingelte, ob er dann aufstehen dürfte, obwohl er gerade mit Gott redete? *Ja.* Wenn es aber der Böse wäre, der Ja sagte? *Nein.* Und wenn ich es selber bin, der sich dieses Nein und Ja einredet, wie es mir gerade passt? *Wie es geschrieben steht.* Er neigte den Kopf. Auf dass es erfüllt werde. Anstelle des Mondes war jetzt ein stechender Fleck im Dunkel hinter seinen Lidern. Und aus der Tiefe des von Márias Schlafdunst erfüllten Zimmers: «Hast du das Hühnchen hinuntergebracht, József?» «Natürlich hab ich's hinuntergebracht, natürlich!», antwortete József hastig und gequält hinter dem Vorhang. Márias leises Atmen im Schlaf. «Schläfst du?», fragte József hinter dem Vorhang. Der Geruch des von Márias Schlafdunst erfüllten Zimmers und ihr sanftes Atmen im Schlaf. «Sie schläft», sagte József leise. Auch jetzt klingelte es nicht. Er wartete. Auch wenn es klingelte, bei Vollmond machte József kein Licht. Sobald die Zeit des Vollmonds gekommen war, schreckte er auf, als wäre er gefragt worden, als hätte es geklingelt. Er schreckte auf, auch wenn er nicht gefragt wurde, auch wenn es nicht klingelte. Anlässe aufzuschrecken. Er konnte sich unters Fenster setzen, in die Nische zwischen Vorhang und Wand. Konnte das blaue Licht in den sechs Außengalerien betrachten, seine scharfen Schatten. Konnte beten. Nach einem Weg suchen. Den sich mit Sicherheit einstellenden, schrillen Ton heraushören, der ihm unablässig in den Ohren klang. Die erste Schwingung des Tons. Die Gewissheit haben, dass er ihn hört. Den Hals recken, sein Ohr der Quelle nähern, wenn auch nur um wenige Zentimeter. Wenn er schlief, wartete er im Traum darauf. Wenn er schlief, schreckte er auf. Wenn er aufgeschreckt war, war die Klingel verstummt. Nur in seinen Ohren war ein Nachhall davon geblieben. Hatte jemand geklingelt? Klingelte es? Wenn er seiner Sache nicht sicher war, wartete er auf das zweite Klingeln. Sobald es ertönte, stand er auf. Er schlich nicht, stahl sich nicht davon vor den Fragen. Mária atmete nicht leise im Schlaf. Er schlurfte hinaus in die Küche, nahm den Schlüssel vom Brett. Bei Vollmond machte er kein Licht. Wenn Vollmond war, blieb er am Fenster stehen und blickte hinauf. Die schwarzen Schatten der Außengalerien, der blinde Glanz der Fenster. Als wäre er tief unten auf dem Grund eines Brunnenschachts. Der Vollmond zwischen den gedrungenen Blöcken der Schornsteine, hinter ihnen, über ihnen. Wenn es klingelte, achtete er nicht darauf, ob er Lärm machte. Sobald er zurück war, erwarteten ihn bereits die Fragen. Er wusste, dass er weder von den Fragen noch vom Klingeln geweckt worden war. «Hast du nach der Eisentür gesehen, József? Wer war es, József? Warum antwortest du nicht, wenn ich einmal danach frage?» Bei Vollmond, auch wenn es nicht klingelte, schreckte er auf, als hätte es geklingelt. «Sollten wir ihm nicht ein Zicklein geben, József?» Vorsichtig, um keine Fragen anhören zu müssen, stahl er sich aus dem Bett. Setzte sich hinter den Vorhang. Dort konnte er beten. Sich den Schatten vorstellen, wie er vor dem Tor Halt macht. Um die Ecke biegt. Das Geräusch der Schritte, ihr Aufklopfen, das Flattern der Mäntel. Das Aufklopfen der männlichen, das Trippeln weiblicher Schritte. Trippeln, Aufklopfen vor dem Schaufenster des Schirmmachers. Sich den Schatten vorstellen, wie er vor dem Tor Halt macht, wie er die Hand hebt, den Finger dem Klingelknopf nähert. Den Finger, wie er den Klingelknopf drückt. Er konnte sich auch vorstellen, wie er selber da sitzt. Den Stromkreis, der sich durch den Druck auf den Klingelknopf schließt. Von hier aus konnte er, ohne darauf achten zu müssen, ob er Lärm machte, in die Küche gehen. Vom Brett den Schlüssel abnehmen. Die Tür öffnen. Einen Blick auf die Eisentür werfen, ob sie geschlossen war. Bei Vollmond aber machte er kein Licht. Über die Holztreppe hinunterknarren, über das gelbe Pflaster des Hofs schlurfen. In seinem Rund, als schlurfe er über den Grund eines Brunnenschachts. Das große Tor öffnen, die Hand ausstrecken, seine Finger über dem Geldstück schließen. «Wer war das, József? Warum antwortest du nicht, wenn ich einmal danach frage, József? Hast du nach der Eisentür gesehen, József? Sag, József, warum quälst du mich mit deinem Schweigen? Sag, womit habe ich verdient, dass du mich so quälst, selbst nachts, zur Ruhezeit? Warum machst du das mit mir, József, lebst du überhaupt noch? Manchmal denke ich, dass du gar nicht mehr lebst, József. Dass ich mit einem Schatten zusammengesperrt bin.» Er konnte antworten. Oder nicht. «Es war eine Frau vom sechsten Stock, eine Frau war es, Mária. Siehst du, ich antworte doch. Wenn ich die Antwort weiß, Mária, dann antworte ich auch. Ich habe nach der Eisentür gesehen, sie ist geschlossen. Beruhige dich, Mária, die Eisentür ist genauso geschlossen wie sonst. Es steht nicht in meiner Absicht, Mária, es liegt mir fern, ich will dich nicht quälen mit meinem Schweigen, Mária, keineswegs. Aber was soll ich mit meinem Schweigen machen, Mária, was? Was soll ich machen mit meinem Schweigen zur Schlafenszeit, Mária, was in der Nacht, wenn wir mit meinem Schweigen allein bleiben? Warum quälst du mich mit deinen Fragen, Mária? Sag mir, warum du überhaupt noch lebst? Da ich doch schon seit zwanzig Jahren nicht mehr lebe. Warum muss ich mit einer Lebenden zusammengesperrt sein, Mária, warum?» Es konnte eine Antwort kommen. Oder nicht. «Wie viel hast du von der Frau bekommen, József? Bist du sicher, dass die Frau oben im sechsten Stock wohnt und nicht eine Diebin ist, die sich eingeschlichen und sich deine schlechten Augen zunutze gemacht hat?» «Ich habe von der Frau zwei Forint bekommen, Mária.» «Gib sie her, József.» «Ich hab sie auf den Tisch gelegt.» «Das hätte ich hören müssen.» «Ich habe sie auf den Tisch gelegt, das heißt nicht auf den Tisch. Ich habe sie in die Sparbüchse geworfen, Mária.» «Ich habe es nicht scheppern gehört. Du lügst, ich habe kein Scheppern gehört. Gott verzeihe mir, wenn ich so etwas sage, aber du lügst, ich habe kein Scheppern gehört, József. Gib sie her, die Büchse, József! Warum rührst du dich nicht, József? Wenn du sie in die Büchse geworfen hast, József, dann gib mir die Büchse.

Los, József, rühr dich! Denkst du, du kannst mich hinters Licht führen? Denkst du, du kannst ihm auch noch diesen Happen wegnehmen? Ihm!» «Die Frau ist zum sechsten Stock hinaufgegangen, Mária, zur sechsten Galerie. Ich habe gehört, wie sie den Schlüssel aus ihrer Handtasche nahm. Ich habe gehört, wie sie die Tür aufmachte. Ich habe gehört, wie sie die Tür zumachte.» «Richtig! Sie hat ihren Schlüssel herausgeholt, sagst du. Ihren Nachschlüssel! Du hast dich in Widersprüche verwickelt, József, in Widersprüche, bist, wie immer, in die Falle getappt. Ich komme der Sache auf den Grund, József, diese Frau ist nichts anderes als eine verkappte Diebin! Darüber gibt es nicht den geringsten Zweifel. Wo lebst du eigentlich? Dass sie ihren Nachschlüssel hervorgeholt hat! Du hast es gehört, sagst du. Schön! Sie ist hinaufgegangen zum sechsten Stock, sagst du, na ja. Und inzwischen hat sie die zwei Forint wieder weggeklaut. Wo findest du heutzutage eine Frau, die dir zwei Forint gibt und nicht eine verkappte Diebin wäre, die das Geld sofort wieder wegstibitzt? Hast du einen Beweis, József? Nur das Geld wäre ein Beweis, József.» «Ich finde es nicht.» «Du findest es also nicht.» «Ich habe es hier auf den Tisch gelegt. Ich finde es nicht.» «Das ist ja schön. Vorher hast du gesagt, du hättest es in die Büchse getan, József. Davor hast du gesagt, du hättest es auf den Tisch gelegt, József. Weil du es verleugnen wolltest. Gestohlen hast du es. Es ist nie eine Frau gekommen, sie hat dir nie zwei Forint gegeben. Wenn sie dir das Geld aber gegeben hat, dann hat sie es auch wieder weggenommen. Wenn sie es dir gegeben hat, dann hast du es geklaut. Mein Gott, wovon sollen wir ihm denn Hühnchen, Zicklein kaufen, wenn du das Geld stiehlst, wenn du, ohne mit der Wimper zu zucken, abstreitest, dass du dir in deiner Einfalt das Geld hast aus der Hand stibitzen lassen? Mörder!» Er konnte schweigen. Oder nicht. Er konnte antworten: «Es war eine Frau, Mária. Sie hat mir ein Zwei-Forint-Stück gegeben. Diese Frau. Sie ging zum sechsten Stock hinauf. Ich konnte nicht sicher sein, ob sie mir zwei Forint gegeben hat, fühlte es aber in meiner Hand, ich fühlte es. Ich kann doch eine Zwei-Forint-Münze von einer anderen unterscheiden. Ich bin dazu in der Lage. Allenfalls, wenn wir Unfehlbarkeit ausschließen, hätte ich noch denken können, dass sie mir einen Fünfer gegeben hat, einen Fünfer. Aber das heutzutage von einer Frau, von dieser Frau, die sich zum sechsten Stock hinaufbegibt und ihren Schlüssel hervorholt, ich habe es doch gehört, Mária, ich habe das Klicken ihrer Handtasche gehört, du weißt doch, Mária, diese Art Frauen haben manchmal Handtaschen, die mit einem Metallschloss schließen. Aus so einer Tasche holte sie ihren Schlüssel hervor, ich habe es deutlich gehört. Auch jeden ihrer Schritte habe ich gehört, von Stufe zu Stufe, unverwechselbar mit meinen eigenen Schritten, Mária. Aber das ist unmöglich. Dass sie mir einen Fünfer gegeben hätte, Mária, das ist ganz unmöglich, Mária. Ich bin weggegangen, und während ich wegging, die Holztreppe knarrte, habe ich ihre Schritte gehört, jeden einzelnen ihrer Schritte, oben auf der Galerie im sechsten Stock, trotz meiner eigenen Schritte, Mária. Obwohl von da oben, von der sechsten Galerie, die Schritte kaum noch zu hören sind, es sei denn von Schuhen, wie diese Frau sie trägt. Sie sind kaum noch zu hören von dort oben, gleich unter dem Schornstein, und außerdem knarrt es ja auch unter mir, sosehr ich auch aufpasse, mich anstrenge, alle meine Energie aufbiete, Mária, unsere Holztreppe knarrt und poltert trotzdem bei jedem Schritt von mir, und auf die Eisentür habe ich auch noch zu achten, auf die Eisentür, Mária, aber ich habe es gehört, trotz des Treppenknarrens, so laut das alte Holz auch in seinen ausgetrockneten Fugen geknarrt hat, ich habe gehört, wie sie ihren Schlüssel, jenen bereits erwähnten Schlüssel, Mária, wie sie ihren aus der Handtasche hervorgeholten Schlüssel, den aus der bereits erwähnten Handtasche hervorgeholten Schlüssel, Mária, ins Schloss steckt, aufschließt, wie sie ihn abzieht, eintritt, zumacht, ihn wieder ins Schloss steckt, zuschließt, und da stand ich schon vor der Eisentür, tastete sie ab, sie war geschlossen, wie immer.» «Wenn du sie einmal nicht schließen würdest, József! Wenn du sie einmal offen ließest, József! Warum antwortest du nicht, József, warum antwortest du nicht?» «Du hast nicht gefragt, Mária, es war mir, als habest du gar nicht gefragt, Mária.» «Was wäre, József, habe ich gefragt. Was wäre, habe ich gefragt, wenn du es einmal nicht vergessen würdest, wenn du einmal vergessen würdest, die Tür abzuschließen, habe ich gefragt. Wenn du den Schlüssel einmal nicht umdrehen würdest, so wie diese Frau, von der ich eben gesprochen habe. Wenn du einmal das machen würdest, was ich will. Nur einmal, ein einziges Mal. Wenn du das Geld hergäbest. Wenn du es in die Sparbüchse tätest. Wenn du es auf den Tisch legen, es herausgeben würdest, damit wir Hühnchen, Zicklein kaufen können. Hast du ihm das Hühnchen hinuntergebracht, József? Nimmt er es überhaupt noch, das Hühnchen, József?» Es klingelt. «Es hat geklingelt, József. Hast du's nicht gehört? Es hat geklingelt. Warum rührst du dich nicht? Wo bist du, József, warum quälst du mich, wo bist du, József? Es hat geklingelt. Hörst du nicht, dass es geklingelt hat? Los, József, rühr dich. Hörst du nicht?» «Ich kann nicht.» Es klingelt zum zweiten Mal. «Hörst du, József, es klingelt. Hörst du es nicht? Ich frage dich. Hörst du es?» «Ich höre es, Mária.» «Warum rührst du dich nicht? Willst du das Schicksal herausfordern? Geh schon! Hörst du nicht?» Er konnte sich auf den Weg machen. «Pass auf! Das Geld!» Den Schlüssel vom Brett nehmen. «Mörder!» Bei Vollmond machte er nie Licht. Nur einmal hatte er es angemacht. Er konnte die Tür öffnen, nach der Eisentür sehen: Hast du nach der Eisentür gesehen? Konnte über die in allen Fugen knarrende Holztreppe hinunterstolpern, über das gelbe Pflaster des Hofes schlurfen. Im Rund, als schlurfe er über den Grund eines Brunnenschachts. Konnte die Hand ausstrecken, die Finger um das Geldstück schließen. «Wer war es, József? Hast du nachgeschaut, wie viel? Warum antwortest du nicht? Warum quälst du mich mit deinem Schweigen? Sag, József, womit hab ich das verdient? Selbst noch nachts, zur

Ruhezeit, József? Antwortest du nicht?» «Doch, du siehst, ich antworte, Mária.» «Wer war es, József? War es diese Frau? Wie viel hast du von dieser Frau gekriegt? Kannst du nicht antworten?» «Worauf ich antworten kann, darauf antworte ich auch, Mária.» «Hast du das Geld in die Sparbüchse getan?» «Nein.» «Auf den Tisch? Wieso auf den Tisch? Warum antwortest du nicht? Auf den Tisch? Gib mir das Geld, József. Los. Gib mir die Büchse, József. Hörst du nicht? Wo bist du? Antworte!» «Hinter dem Vorhang, unter dem Fenster, in der Nische, wo mir wohl ist. Wo man hinaufschauen kann, über die Schornsteine hinweg, wo man beten, wo man warten kann.» Noch ist der Mond nicht zu sehen. Fetzen grauer Schatten füllen den Grund des Hofes. Niemand klingelt. Márias Atmen im Schlaf. «Schläfst du?» Der Geruch des von Márias Schlafdunst erfüllten Zimmers, ihr leises Atmen im Traum. «Sie schläft.» Ein violetter Strahl kriecht zwischen den Schornsteinen die Dachschräge hinab. Noch bevor er das Geländer der sechsten Galerie erreicht, wird er rot sein. Gelb. Dann das Licht. Trennt mit einem scharfen Schnitt, schneidet mit hartem Strich das gelbe Pflaster des Hofs in zwei Hälften. In zwei Hälften, Licht und Schatten, quer durch. Mária atmet im schlafdunstigen Zimmer leise im Traum. Im Rund des Hofes gleitet ein Kind auf dem Fahrrad dahin, immer rundherum. Taucht auf im Licht, taucht unter im Schatten. Manchmal klingelt es. Taucht unter im Schatten, taucht wieder auf im Licht, im Rund, immer rundherum auf dem Fahrrad. Das weiche Gleiten der Gummireifen auf den glatten Fliesen. Es klingelt. Mária atmet nicht mehr leise im Schlaf. «Wo bist du?», fragt sie. «Hier, hinter dem Vorhang, unter dem Fenster, in der Nische, wo mir wohl ist.» «Na schön. Aber dass du mir dabei den Vorhang beschmierst, daran denkst du wohl nicht? Den gestärkten Vorhang. Das kümmert dich nicht. Wer geht da auf dem Hof?» «Niemand.» «Wer geht da auf dem Hof, habe ich gefragt. Warum antwortest du nicht? Wer geht da auf dem Hof? Glaubst du, dass du es abstreiten kannst? Ich seh es, sehe seinen Schatten an der

Zimmerdecke, da ist jemand auf dem Hof. Er klingelt, hörst du's nicht? Es hat geklingelt. Ich höre es doch, dass jemand auf dem Hof ist. Wer ist es, der auf dem Hof herumstreicht? Wessen Schatten fährt da oben an der Zimmerdecke rundherum? Du antwortest nicht? Hörst du mich überhaupt? Wo bist du?» «Unter dem Fenster, zwischen Vorhang und Wand.» «Willst du immer noch, willst du auch jetzt noch behaupten, dass da niemand ist? Und dass du den gestärkten Vorhang beschmutzt, das kümmert dich nicht. Es hat geklingelt, hörst du? Begreifst du nicht, dass du es ganz umsonst abstreitest. Begreifst du das nicht? Sag, warum sollte ich, József. József, sag, warum sollte ich nicht, József.» Er konnte antworten. «Nein, Mária, warum sollte ich auch abstreiten, wenn jemand auf dem Hof wäre. Das sei fern von mir. Auf dem Hof ist niemand. Ich werde dir erzählen, was auf dem Hof vorgeht.» «Ein Märchen erzählen wirst du.» «Auf dem Hof stehen drei Bäume. Ein Ahorn, eine Eiche und eine Platane.» «Was für Bäume, József? Auf dem Hof waren noch nie Bäume.» «Sie sind inzwischen gewachsen. Auf dem Hof sind ein Ahornbaum, eine Platane und eine Eiche gewachsen. Sie sind inzwischen herangewachsen.» «Gott, József, warum streitest du ab, dass jemand auf dem Hof zwischen den Bäumen herumstreicht, ich sehe doch seinen Schatten an der Decke, wie er sich rundherum zwischen den Bäumen bewegt.» «Warum sollte ich abstreiten, Mária, wenn sich jemand zwischen den Bäumen bewegt?» «Ja, warum?» «Niemand bewegt sich zwischen den Bäumen, Mária, zwischen den Bäumen streicht niemand herum, nur der Wind streicht durch die Kronen, durchs Laub, nur ein Hauch bewegt die Blätter der Bäume, das ist es, was du an der Decke siehst.» «Du lügst.» «Ich will dir erzählen, was zwischen den Bäumen vorgeht.» «Erzählen? Ja, ein Märchen!» «Auf dem Ahorn sitzen Spatzen. Sie zwitschern, so wie Spatzen eben zwitschern. Hörst du's?» «Ich werde dich überführen, József, ich werde deine Lügen aufdecken, József, hörst du, József?» «Auf der Platane sitzen Tauben, sie turteln, hörst du's?

Aber jetzt geht gerade etwas oben in der Luft zwischen Platane und Ahorn vor.» «Und die Eiche, du hast die Eiche weggelassen, József.» «Jetzt passiert gerade etwas zwischen Ahorn und Platane droben in der reglosen Luft.» «Du hast von Wind gesprochen, József! Ich werde dich überführen.» «In der reglosen Luft erscheint ein winziger Vogel. Die Spatzen bemerken ihn und verstummen. Von einem der Zweige fliegt einer der Spatzen auf. Ach, könnte ich dir doch beschreiben, Mária, welcher Spatz und von welchem Zweig. Er verfolgt den winzigen Vogel. Jetzt erkenne ich es. Ja! Nein. Ich kann es nicht richtig erkennen. Es ist gar kein Vogel, es ist ein Maikäfer. Ein Maikäfer, wie ungeschickt er doch fliegt. Wie ein Flugzeug kommt er in der reglosen Luft zwischen den beiden Bäumen daher. Mária, dieser Spatz, dieser bestimmte Spatz, wenn ich dir nur genauer sagen könnte, welcher, er verfolgt ihn. Stürzt sich auf ihn. Verfehlt ihn. Der Maikäfer flieht. Wie ungeschickt. Mária! Er flieht. Der Spatz kommt jetzt von unten. Oh, Mária! Jetzt sind es schon zwei Spatzen, die ihn verfolgen, nein, sogar drei!» «Was geht da vor, mein Gott, was geht da zwischen den drei Bäumen vor, József? Warum antwortest du nicht, József, wenn ich gerade am meisten darauf angewiesen bin?» «Das ist alles.» «Großer Gott! Was ist da passiert, József? Was ist da vorgegangen, warum redest du nicht weiter, József?» «Ich kann nichts sehen.» «Schön, du kannst nichts sehen, sagst du, das ist alles, sagst du. Und das antwortest du, wenn ich so in Not um eine Antwort bin. Schön. Wenn du bis jetzt alles so deutlich gesehen hast, József, warum solltest du dann gerade das Ende nicht sehen können? Es ist genug, József. Schluss! Spar dir die Antwort. Besser, wir schweigen. Glaubst du, József, du könntest mich noch immer betäuben mit deinen Märchen? Du brauchst nicht zu antworten, József. Du kannst nicht weiter erzählen, sagst du, das sei alles, sagst du. Du verwickelst dich ganz schön in Widersprüche, József, in Widersprüche, József, so wie immer. Bist schön hineingetappt in die Falle. Ich werde dich der Lüge überführen. Nehmen wir diese drei Bäume, József! Du sagst, es seien eine Akazie, eine Pappel und ein Nussbaum, du sagst, diese drei Bäume seien inzwischen herangewachsen, du sagst, dass durch ihr Laub, ihre Kronen der Wind streiche, dass der Wind die Blätter dieser Bäume in der reglosen Luft bewege. Aber wie kann der Wind die Blätter bewegen, wenn die Luft doch unbewegt ist? Darauf wirst du wohl keine Antwort haben. Wenn der Wind weht oder sich auch nur ein Lüftchen regt, spar dir die Antwort, József, ist die Luft dann noch unbewegt? Genug. Besser, wir schweigen, József. Spürst du es? Ist es nicht besser, wenn wir schweigen, findest du nicht auch? Spürst du's? Antworte! Ich habe dich überführt. Antworte! Ich weiß, warum du schweigst. Das Kind. Rede ihn an, den Jungen. Den Jungen, József.» Er verschwindet im Licht, taucht auf aus dem Schatten, gleitet in dem Rund herum. «Was soll ich ihm sagen?» «Zuerst die Anrede, József, man beginnt immer mit der Anrede.» «Erinnerst du dich, Mária?» «Vergeude die Zeit nicht, József, woran soll ich mich erinnern, József? Mit der Anrede musst du beginnen, so wie im Brief. Hörst du?» «Hallo, Junge!» «Nicht so, József. Du musst ihn anreden wie in einem Brief. Wenn du so beginnst, verscheuchst du ihn bloß. Hast du verstanden?» «Liebes Kind!» Der Junge dreht seine Runden, die Gummiräder gleiten weich über die glatten gelben Fliesen, manchmal quietscht es. «Antwortet er? Warum antwortet er nicht?» «Er antwortet nicht, Mária, der Junge antwortet nicht.» «Lauter! Du musst die Anrede lauter wiederholen, József. Mein Kind, lass es uns lauter sagen. Mein lieber Junge, sag es lauter, hörst du?» «Mein Kind! Mein lieber Junge!» «Herrgott nochmal, József! Lauter!» «Mein kleiner Sohn, mein lieber Junge!» «Herrgott nochmal, József! Schweig endlich. Ich kann's nicht mehr hören!» «Mein Junge! Mein lieber Sohn!» «Nicht doch, József! O Gott! Warum quälst du mich, József?» «Mein Junge, mein lieber Sohn! – Umsonst rede ich ihn an, Mária! Ich habe mit der Anrede begonnen, Mária, so wie im Brief. Er will es nicht hören. Ich habe mit der Anrede begonnen, Mária, mit der Anrede, so wie es üblich ist!» «Nicht doch, warum quälst du mich, József. Was geht hier vor, József? Erzähl mir lieber, was passiert mit den Vögeln? József, warum antwortest du nicht?» «Er antwortet mir nicht, Mária, er antwortet nicht. Sonst geschieht nichts, Mária, aber der Junge antwortet nicht, mein kleiner Sohn, mein lieber Junge! Er gleitet im Rund auf dem Hof herum, sonst passiert nichts. Mal gleiten die Gummiräder lautlos dahin, mal quietschen sie. Hörst du's? Jetzt verschwindet er im Schatten. Jetzt taucht er auf im Licht. Er klingelt. Hörst du's?» «Genug! Hast du verstanden, József, ich will es nicht. Hörst du? Wir sollten schweigen von ihm. So ist es besser. Schweigen. Hörst du? Ich hasse ihn. Er hat uns verlassen. Besser, wir schweigen, József.» Er konnte antworten. Oder nicht. «Er hat uns nicht verlassen, Mária.» «Ist er gegangen? Ich sehe ihn nicht mehr an der Decke. Ist er fort?» «Er ist fort, Mária, er gleitet nicht mehr im Kreis herum.» «Zugrunde gegangen ist er, József. Kein Wunder. Warum antwortest du nicht? Ich habe dich überführt. Antwortest du deshalb nicht? Mit den Schächern hat er geendet. Was hast du dazu zu sagen, József? Wenn er doch nur nicht mit den Schächern geendet hätte! Du antwortest nicht, du kannst nicht antworten, weil du darauf nichts zu antworten hast, nicht wahr, József?» «Er ist fort, Mária. Er ist verschwunden. Er taucht nicht mehr auf im Licht und verschwindet nicht mehr im Schatten. Mich hat er nicht verlassen, Mária. Mit den Schächern hat er angefangen.» «Mit den Schächern hat er geendet, József. Was sagst du dazu? Nichts? Warum antwortest du nicht, wenn ich dich frage, József?» Fetzen grauer Schatten füllen den Grund des Hofes. Mária atmet leise im Schlaf. Der Mond. Zwischen den Schornsteinen kriecht ein violetter Strahl über die Dachschräge hinab. Ohne den Grund des Hofs zu erreichen. Dann das Licht. Trennt mit einem scharfen Schnitt das Pflaster in zwei Hälften, in Licht und Schatten, quer durch. Márias Stimme aus der Tiefe des schlafdunstigen Zimmers. «Hast du das Hühnchen hintergebracht, József?» Auch wenn es nicht klingelte, schreckte

József auf, als hätte es geklingelt. Wenn er sich seiner Sache nicht sicher war, wartete er auf das zweite Mal. Leise atmete Mária im Schlaf. Ein zweites Mal klingelte es nicht. József setzte sich auf. Vorsichtig, um keine Fragen hören zu müssen, stahl er sich aus dem Bett. Schleichend, damit der Boden nicht knarrte. Blieb vor dem Fenster stehen, schaute hinauf. Aus der Höhe von sieben Stockwerken blickte der Vollmond in das Rund der Außengalerien herab. Als stünde József auf dem Grund eines Brunnenschachts. Von hier konnte er sich auf den Weg machen. Die eiserne Tür öffnen. Hinabsteigen. «Hast du die Eisentür geschmiert, József? Fürchtest du nicht, dass sich eines Tages irgendjemand, vielleicht ausgerechnet diese Frau, dafür interessieren könnte, welche Tür nachts, zur Ruhezeit, so laut quietscht?» Die Stiege. Zwei Stufen abwärts. Die Eisentür hinter sich zuziehen. «Hast du sie geschmiert, die Tür, József? Was tun wir nur, wie stellst du dir das vor, was sollen wir tun, wenn sich eines Tages jemand dafür interessiert, was sich hinter dieser Eisentür befindet, die mitten in der Nacht so aufdringlich quietscht? Selbst zur Ruhezeit, József? Warum antwortest du nicht?» Sechzehn Stufen hinab. Die ausgestreckte Hand stößt gegen die Wand. «Meine rechte Hand ist die, in der ich den Bleistift halte. Meine linke die, in der ich keinen Bleistift halte. Also linker Hand.» Die Hand ertastet die Wand auf der linken Seite, tastet sich links voran. Drei Schritte. Er kannte den Weg. Die ausgestreckte Hand stößt gegen die Wand. «Die rechte Hand ist die, in der ich den Bleistift halte, also in Richtung der rechten vorwärts.» Die Hand tastet sich rechts voran. Vier Schritte. Trifft dort auf den Spalt. Mit Leichtigkeit presst er sich hindurch. In gähnende schwarze Leere. Deren Grenzen er noch niemals gesehen hat. Es hätte ein Saal sein können. Oder ein offener Platz. Ein Hof, gelb gepflastert, von dem die Mauern abgetragen waren. Er war sich nie sicher, ob er, wenn er den Rückzug antrat, den Spalt wieder fände, durch den er sich so leicht hindurchgezwängt hatte. Jetzt nichts als vorwärts, wohin auch immer. Nur keine Bewegung. Sobald er sich bewegt, verletzen Geräusche die Stille, und er kann ihn nicht hören. Er hört nur Atemzüge. Seine eigenen. In den kurzen Pausen zwischen den Atemzügen Stille. Bewegte er sich, so würde in den Atempausen die Stille aufbrausen. Es ist keine Finsternis, es ist, als wäre im Dunkel Licht. Nicht auszumachen, wo. In den kurzen Pausen zwischen den Atemzügen den Ton heraushören. In Richtung des Tons losgehen, dem nicht wahrnehmbaren Licht im Dunkel entgegen. Nur vorwärts. Wohin auch immer. Stille. In Richtung des Tons. Losgehen. Die Hände ausstrecken, gleichsam zur Abwehr. Nichts. Vorwärts, mit seinem schutzlosen, blinden Körper, wohin auch immer, nur voran. Noch immer nichts, lange nichts. Als spürten seine Hände die Nähe einer Wand, begrenzten Raum. Nichts. Als könnte ihm jederzeit etwas ins Gesicht klatschen. Eine lautlose Fledermaus, eine Spinne im Netz. Nichts davon. Schnaufen und Schlurfen. Seine eigenen Geräusche. Sonst nichts. «Ich kenne den Weg. Ich kann mich nicht verlieren.» Als könnte irgendjemand ihm das Messer, das er gerade so fest umklammert, in die Brust, in den Rücken stoßen. Als flattere sein Herz, aber es zappelt das Hühnchen im Sack. Als stünde er hier schon seit ewigen Zeiten mit flatterndem Herzen, das zappelnde Hühnchen im Sack. Als bewege sich sein verletzlicher blinder Körper in diesem Dunkel voran. Als wäre die aufbrausende schwarze Stille sein schutzloser Körper. Das Hühnchen zappelt im Sack. Als würde es irgendwo heller, aber nicht wahrnehmbar, wo. Wo auch immer, ob vor ihm oder hinter ihm. Auch das Licht ist nicht verlässlich, der Dämmer unbestimmt. Im zögernd aufdämmernden Dunkel ist alles in Bewegung. Die Schritte hören sich an, als träten sie stets auf derselben Stelle, das Keuchen, als käme es von derselben Stelle, aber es ist sein eigenes Keuchen. Minuten vergehen. Füllen Stunden. Monate, Jahre schwinden im Rhythmus von Sekunden. Weder Hunger noch Müdigkeit können ihn aufhalten. Nur das Dunkel. Das Undurchdringliche. Als bewege er sich durch eine schwarze Masse, und sobald er innehält, schlösse die dichte Schwärze ihn ein. Er schwitzt. Spürt deutlich den unbeirrten Weg der Schweißtropfen, die abwärts fließen. Von der Stirn zu den Jochbögen, von den Achselhöhlen über die Rippen zu den Lenden hinunter, von der Nasenwurzel auf die Oberlippe. Er spürt es. Genau so spürt er es. Die erweiterten Pupillen schmerzen bereits, aber die Richtung des Dämmerscheins ist immer noch ungewiss. «Du kennst doch den Weg.» Er kennt den Weg, aber jedes Mal wieder blendet das Licht ihn plötzlich, obwohl die Birne am Ende des Ganges nur klein ist. Der Gang ist endlos. Er windet sich, trotzdem bleibt immer das Licht der kleinen elektrischen Birne am Ende des langen Ganges. Das Hühnchen zappelt im Sack, als hüpfe ihm das eigene Herz. Seine Pupillen sind außerstande, sich weiter zu verengen, ohne dass es schmerzt. «Ich lasse das Licht hinter mir. Ich kenne den Weg.» Er schwitzt. Er ist taub. Er weiß genau, er müsste Geräusche hören, die Geräusche seiner eigenen Bewegungen, aber er hört nur ein Brausen. Der Gang ist lang, grau, er windet sich, aber die kleine Birne blendet noch immer am Ende des langen grauen Gangs. Als brause die Stille so gleichmäßig, die Taubheit. Wie ein unendliches Meer, gnadenlos in eine Muschel eingeschlossen. «Den Weg kenne ich gut. Ich lasse das Licht hinter mir, ich muss auf den Ton horchen.» Es klingelt. Ihm scheint, als hörte er es klingeln. Er wartet auf das zweite Klingeln, aber das erste hört nicht auf, lange Zeit. Die Schweißtropfen streben hinab, unaufhaltsam. Stufen. Sechzehn Stufen hinab und der lange graue Gang mit der kleinen Lichtquelle an seinem unbestimmten Ende windet sich immer noch weiter. Er hat Durst. Spürt weder Hunger noch Müdigkeit, nur Durst, quälenden Durst. Die Trockenheit der Mundhöhle. «Ich kenne das, es geht vorüber.» Der Gang führt vom Licht weg. Als wäre nicht er es, der geht, als würde der Gang ihn führen, als würden seine Windungen ihn umfangen und mit sich nehmen, immer tiefer nach unten, so wie die salzigen Tropfen des Schweißes, abwärts. Die Lampe gerät hinter seinen Rücken, der sich in immer engeren Kurven abwärts windende Gang liegt im grauen Dämmerlicht. Die ferne Lichtquelle in seinem Rücken verheißt eine ewige Morgendämmerung. «Das kenne ich gut. Diese Zeit geht vorüber.» Als ginge er jetzt zurück. Als würden die Windungen des Ganges ihn umfangen und zurückführen zu der kleinen brennenden Lampe. Seine Pupillen weiten sich, es schmerzt. Zurück, nach vorn. «Das kenne ich. Ich muss dieselbe Strecke vorwärts zurücklegen, die ich zurückgegangen bin. Verlieren kann ich mich nicht.» Seine Pupillen verengen sich, erweitern sich wieder. Er spürt weder Hunger noch Müdigkeit, nicht einmal Durst. Er kämpft mit den Augenlidern, die ihm zufallen wollen. Er ist schläfrig. Seine Schritte werden länger, sein seltsames Schlurfen entfernt sich. Als würde es sich entfernen. Ein fernes, unsicheres Schlurfen. Er weiß, dass es sein eigenes ist. Als hörte er in dem fernen Schlurfen und Schnaufen auch das dumpfe Aufprallen von Rinderhufen und das weiche Einsetzen des Morgengeläuts. Er kämpft dagegen an. Er weiß, wenn der Schlaf ihm die Augen schlösse, könnte er einen falschen Schritt tun. Dann würde es von vorn losgehen, ganz von vorn. «Das ist die gefährlichste Zeit. Ich kenne das.» Die Schritte werden kürzer, jeder Schritt muss vorher ertastet werden. «Ich weiß, hier irgendwo müssen die Bodenlöcher sein.» Er muss jeden Schritt vorher abtasten, um nicht zu stürzen. Seine Fußsohlen spüren, der Boden ist eben. Weicher als Beton, härter als niedergestampfte Erde. Seine Sohlen müssten den Rand der Löcher spüren, spüren aber nichts. Fuß um Fuß. Als senke sich Nebel weich und dicht herab. Er scheidet sein Herumsuchen von seinem Schlurfen, seinem Schnaufen. Sein Herz schlägt, als würde es zum letzten Mal das Blut durch die Adern stoßen. Stille. Ihm muss klar sein, dass er hinter den geschlossenen Lidern kein wirkliches Dunkel, kein wirkliches Licht sieht. Er horcht auf das Läuten von Kuhglocken. Es ist kein morgendliches, es ist ein abendliches Glockengeläut. Ihm muss klar sein, dass es keine wirklichen Töne sind, dass er die herrschende

Stille vernehmen müsste, dass das Schlurfen und Schnaufen aufgehört hat. Die Stille. Aber er hört die Stille nicht. «Der Geruch! Ich kenne ihn. Ich erkenne den Geruch, ich kenne ihn.» Sein Herz steht still, das abendliche Läuten der Kuhglocken verliert sich im Nebel, das Hühnchen zappelt im Sack. «Ich bin da.» Stille. Als würde der Wind ihn tragen, steigt der Geruch in kurzen Wellen auf und nieder. Nähert sich, entfernt sich, als wäre er dahingehaucht. Da vor seinen Füßen liegt er. Schnarcht. In langsamem, menschlichem Rhythmus. Sein süßlicher, schwüler Geruch, als ob ein Luftzug ihn näher brächte oder wegtrüge, ihn ansteigen oder niedergehen ließe. «Ich bin József, fürchte dich nicht!», unterbricht József die Stille. «Ich habe dir ein Hühnchen mitgebracht, hab keine Angst. Wir haben es gerupft, wie du es magst. Ein lebendiges, gerupftes Hühnchen, so wie du es liebst. Hörst du mich? Ich habe ein Hühnchen mitgebracht. Hörst du?» Er liegt vor seinen Füßen, der Geruch seines Körpers steigt auf und nieder, kommt näher und entfernt sich, wie vom Winde bewegt, er schnarcht in langsamem, menschlichem Rhythmus. «Ich bin József, aber nenne mich Vater, hörst du? Hebe den Kopf und sprich mir nach: Bist du gekommen, Vater? Hast du ein Hühnchen mitgebracht, Vater? Ein gerupftes, lebendiges Hühnchen, wie ich es mag? József, mein Vater. Hörst du mich?» Sein Schlaf ist tief, er schnarcht. «Wach auf, mein Sohn! Hörst du, mein Sohn? Wach auf! Fürchte dich nicht. Ich bin es, József, dein Vater. Deine Mutter schickt das Hühnchen gerupft und gebrüht, aber es lebt noch. Wie du es magst. Mária schickt es, deine Mutter. Hörst du?» Das Hühnchen im Sack rührt sich nicht. Er könnte den Sack von der Schulter nehmen, die Schnur mit dem Messer zerschneiden. Er fühlt das Messer in der Hand, wie er den Sack von der Schulter nimmt. Den Griff des Messers, die Schärfe der Klinge, ihre Länge. Fettig glänzt der Körper vor seinen Füßen. Er schnarcht in trägen Zügen. Zusammengerollt schwebt der fettig glänzende Körper im Fruchtwasser seines eigenen Geruchs. Die Rippen heben und senken den breiten Brustkorb. Wenn er das Messer zwischen die vierte und fünfte Rippe führte. *Nein.* Die Länge der Klinge reichte aus. Jetzt. «Los, József, beweg dich!» Der Körper vor seinen Füßen regt sich. Jetzt. *Nein.* «Wenn ich das Messer zwischen die vierte und fünfte Rippe stieße, reicht die Länge der Klinge gerade aus. Unverfehlbar das Herz!» Jetzt schnarcht er nicht mehr. Er regt sich vor seinen Füßen. *Wie es geschrieben steht.* Stille. «Fürchte dich nicht, mein Sohn! Ich bin es, József», unterbricht József die Stille. «Ich hab dir ein Hühnchen mitgebracht, fürchte dich nicht. Hörst du? Ein gerupftes, lebendiges Hühnchen, wie du es liebst. Deine Mutter hat es zubereitet, in heißem Wasser gerupft. Du kannst deine Hörner hineinstoßen, den Blutgeruch spüren, die spritzenden Blutstropfen mit deiner rauen Zunge auflecken. Blut! Das du doch so liebst! Wach auf, mein Sohn. Hörst du? Ich bin's. Warum sagst du nichts?» Als würde sein Herz sich von neuem regen, neues Blut durch die Adern stoßen, das Hühnchen regt sich im Sack. Er spürt das Messer in der Faust, die Länge der Klinge. «Los, József, beweg dich! Hörst du nicht? Wenn du doch einmal, ein einziges Mal das machen würdest, was ich nicht will. Hörst du?» *Ja.* «Wenn du doch einmal das machen würdest, was ich will, József!» *Nein.* «Willst du das Schicksal herausfordern, József? Warum rührst du dich nicht? Los! Dieses eine, dieses einzige Mal, József. Beweg dich, hörst du? Zwischen die vierte und fünfte Rippe. Es ist nicht zu verfehlen, József, hörst du nicht? Es hat geklingelt. Warum rührst du dich nicht? Willst du das Schicksal herausfordern, József?» Der Körper, da, vor seinen Füßen. Der Griff des Messers, die Länge der Klinge, er spürt sie. Er könnte die Schnur aufschneiden, mit der der Sack zugebunden ist. Das Hühnchen aus dem Sack lassen. Der Körper vor seinen Füßen erhebt sich. Fettig glänzt er in der Hülle seines süßlichen, schwülen Geruchs. Die mächtigen Bögen seiner Rippen heben und senken den Brustkorb. Die aufgestellten Hörner, die baumelnden Stierhoden. Der fettig glänzende Körper erhebt sich zu seiner vollen

Größe. *Wie es geschrieben steht.* Los geht's. Die Stierhörner hinter dem Hühnchen her. Die Füße wollen József nicht tragen. Wäre er bloß schon wieder in dem Gang, umfangen von seinen Windungen, die ihn vor und zurück voranbringen. Er könnte sich umdrehen und gehen. Mit dem süßlichen, schwülen Geruch in der Nase den Rückzug antreten, auf die Geräusche achtend, mit sich verengenden, sich erweiternden Pupillen das Licht suchen und meiden oder im Dunklen tasten. «Ich kenne das. Ich will es nicht. Hörst du? Ich will es nicht. Zuerst würde ich dir das Messer zwischen die vierte und fünfte Rippe bohren, dir die Haut aufreißen, das Fleisch, bevor ich mit meiner Klinge dein Herz erreichte. Hörst du, mein Sohn? Warum sagst du nichts? Ich will es ja nicht.» Es ist still. Nur das Flattern des Hühnchens ist zu hören, und irgendwo in dem unbestimmten Dunkel schlägt sein Herz in erregtem Rhythmus. Er spürt den Griff des Messers. Müdigkeit. Hunger und Durst. Stierhörner keilen sich mit dem in heißem Wasser gerupften Huhn. Er ist schläfrig. Er könnte vor und zurück vorangehen. Er weiß, wenn ihm der Schlaf die Augen schlösse, würde alles von vorn anfangen. «Ich kenne das.» Vorsichtig, damit der Fußboden nicht knarrt. Schleichend, damit er keine Fragen anhören muss. «József, hast du das Hühnchen hinuntergebracht? Nimmt er es noch, das Hühnchen, József?» Auch wenn sie nicht fragte, hörte József sie fragen. Zum Fenster. Mária atmet leise im Schlaf. Hinter den Vorhang. Aus der Höhe von sechs Stockwerken blickt der Vollmond in das blaue Rund der sechs Außengalerien herab. Als säße József auf dem Grund eines Brunnenschachts. Hier konnte er beten. Aufs Klingeln warten. «Gütiger Vater, ich danke dir!» Und aus der Tiefe des von Márias Schlafdunst erfüllten Zimmers: «József, bist du es? Es war mir, als hätte ich Schritte gehört, deine vorsichtigen, ängstlichen Schritte. Bist du zurück, József? Oder ist es nur meine Hoffnung? József, bist du's? Wo bist du? Hinter dem Vorhang, wo dir wohl ist? Schön. Wüsstest du nur, was alles passiert ist, seit du fort gewesen bist. Es hat geklingelt.

Diese Frau war es, bestimmt war es diese Frau vom siebenten Stock, diese Nutte. Aber ich hab ihr nicht aufgemacht, József, ich war auf der Hut. Ich weiß, sie hätte mir zwei Forint gegeben, um sie mir dann wieder wegzustibitzen. Eine Diebin ist sie, die sich einschleicht, József, da gibt es gar keinen Zweifel. Ich bin ganz erschöpft, József. Ich habe alle meine Kräfte gebraucht, um das Klingeln nicht zu hören, nicht den Schlüssel aus der Küche zu holen, wenn ich es hörte. Nicht über den Hof zu schlurfen. Nicht das Tor zu öffnen. Nicht das Geld anzunehmen, das sie mir doch wieder abgeluchst hätte. Ich habe alle meine Kräfte gebraucht, sie sind aufgebraucht. Ich bin erschöpft. Es wäre nötig auszuruhen, wir sollten ausruhen, József, aber langsam nähert sich die Zeit des Saubermachens. József, warum antwortest du nicht? Du warst so lange fort, lass mich deine Stimme hören. Na gut, ich werde nichts verschweigen. Wenn ich schon einmal dabei bin, werde ich dir alles erzählen. Unser kleiner Sohn war da, József. Sein Schatten oben an der Decke, immer im Kreis, rundherum. Und deine Vögel. Auch deine Vögel waren da, hörst du? Auf den Bäumen, zwischen den Bäumen. Ich habe unseren Sohn angesprochen, aber er hat nicht geantwortet. Er ist gegangen. Er hat mich verlassen. Umsonst hoffst du, József, umsonst sitzt du dort hinter dem Vorhang, umsonst beschmutzt du mir die Vorhänge, er kommt nicht wieder. Zugrunde ist er gegangen. Mit den Schächern hat er geendet. Er hat uns verlassen. József, hast du das Hühnchen hinuntergebracht? József, ich habe Angst vor dir. Gott verzeihe mir, aber ich muss dich der Lüge bezichtigen. József, ich habe die Eisentür nicht quietschen gehört. Warum hast du sie nicht zugemacht, die Tür? Ich meine die Eisentür. Hast du sie geschmiert, die Eisentür? Ich habe kein Quietschen gehört, József, was denkst du denn, was sollen wir machen, wenn eines Tages jemand nachfragen sollte, was für eine Tür es ist, die so ärgerlich quietscht, mitten in der Nacht? Nur er ist uns noch geblieben, József, wir dürfen ihn nicht töten. Hast du sie geschmiert, oder hast du sie zugemacht, József? Hast du sie zugemacht oder offen gelassen? Oder gar nicht aufgemacht? Hast du das Hühnchen selber vertilgt? Ich habe Angst. Vor dir habe ich Angst, József. Ich bitte dich, zeig deine Hand. Ich möchte sicher gehen. Warum rührst du dich nicht? József, ich bitte dich, dieses eine Mal. Wo bist du? Ich weiß, hinter dem Vorhang, zwischen Vorhang und Wand, wo dir wohl ist, wo du dich ausruhen kannst. Die Vorhänge werde ich, wenn's sein muss, täglich waschen und stärken. Dein Ziel wirst du nicht erreichen, József. Noch ist die Zeit nicht gekommen, auszuruhen, József, es ist Zeit, sauber zu machen. József, ich möchte deine Hand sehen. Deine blutige Hand. Ich möchte das Blut kosten, weil ich mich fürchte vor dir. Dies ist kein Hühnerblut an deiner Hand, József, das ist Menschenblut. Kannst du es leugnen? Oder hätte ich dich entlarvt? Sprich mir nach: Nein, Mária, das ist kein Menschenblut an meiner Hand, du irrst, Mária, das ist kein Menschenblut. Du verwechselst den Geschmack von Hühnerblut mit dem von Menschenblut: Sprich es mir nach, József, warum antwortest du nicht? Ich flehe dich an. Ich habe dir doch auch alles erzählt, was geschehen ist. József, ich möchte wissen, was passiert ist. Du schweigst? Ich möchte wissen, ob du ein Mörder bist. Möchte wissen, was nun werden soll. Du schweigst? Ich weiß, ich rede zu viel, aber das Schweigen hilft uns auch nicht weiter. Du antwortest nicht? O weh! Wie soll ich so weiterleben! József, es muss Schluss sein, lass uns jede Verbindung abbrechen. Nach dem Gesetz Gottes müssen wir uns trennen. Es ist genug. Wir sollten uns aufs Allernötigste beschränken. Hören Sie, was ich sage?» Ein scharfer Strich teilt das Pflaster des Hofs in zwei Hälften, quer durch. «József, es ist Zeit, sauber zu machen. Oder wollen Sie, dass wir im Dreck ersticken? Da sind Sie bei mir an die Falsche geraten. Das wäre eine läppische Rache, József. Hören Sie, was ich sage? Los. Stehen Sie auf, da hinter dem Vorhang, auf, József! Beginnen wir mit dem Saubermachen. Zuallererst den Staubsauger. Holen Sie ihn her, József. Zunächst wird der Staub entfernt. Los, auf, hören

Sie? Bringen Sie den Staubsauger her. Schalten Sie den Staubsauger ein. Auch unter den Möbeln, József. Unter den Möbeln verfilzt sich der Staub, zuerst müssen die Staubflusen entfernt werden, József. Bringen Sie den Staubsauger hinaus. Haben Sie ihn hinausgebracht? Bringen Sie den Besen herein. Los, beginnen wir mit dem Fegen, József! Auch unter den Möbeln, die Staubflusen. Rühren Sie sich, es muss schneller, gründlich und sorgfältig gearbeitet werden. Oder meinen Sie, ich will in Ihrem Dreck ersticken? Da sind Sie bei mir an die Falsche geraten. Bringen Sie den Besen hinaus. Haben Sie ihn hinausgebracht? Einen Scheuerlappen, holen Sie einen Scheuerlappen, József. Wischen Sie den Boden mit dem Scheuerlappen, damit auch die letzten Staubkörnchen entfernt werden. Etwas gründlicher, József, umsichtiger. Keuchen Sie nicht so. Atmen Sie mit Bedacht. Arbeiten Sie! Sie putzen schließlich Ihren eigenen Dreck weg. Ich habe Ihren Dreck lange genug weggeputzt. Bringen Sie den Scheuerlappen hinaus. Haben Sie ihn hinausgebracht? József, ich bin müde, sehr müde. Noch ist nicht Zeit, auszuruhen. Holen Sie einen Staublappen. Die Möbel. Die glatten Flächen. Überall sitzt dicker Staub. Öffnen Sie das Fenster, ich ersticke. Bringen Sie den Lappen hinaus, holen Sie einen anderen. Haben Sie ihn hinausgebracht? Bringen Sie einen anderen. Wo sind Sie? Warum rühren Sie sich nicht? Noch ist nicht Zeit auszuruhen. Wollen Sie das Schicksal herausfordern, József? Los! Warum antworten Sie nicht? Warum quälen Sie mich mit Ihrem Schweigen? In Ordnung. Alles in Ordnung. Wir haben gearbeitet. Jetzt können wir ausruhen. Die Zeit ist da, auszuruhen. Wir haben es verdient. Endlich können wir ausruhen. Lesen Sie mir aus der Zeitung vor, József. Was gibt es Neues? Das Wichtigste bitte, aber nur kurz. Was geht auf dem Hof vor, József? Ich will es wissen. Hören Sie? Verschweigen Sie mir nichts. Ich sehe doch den Schatten an der Decke, leugnen Sie nicht, József. Hören Sie, was ich sage? Ich sehe es doch, József, irgendetwas geht auf dem Hof vor. Leugnen Sie's nicht. Haben Sie es hinuntergebracht? Haben Sie sich umgeschaut? Wer ist da? Ich sehe seinen Schatten an der Decke. József, sagen Sie nicht, es sei das Kind, nein, das ist nicht das Kind, sprechen Sie es nicht an, Schluss mit dem Lügen, es gibt keine Bäume. Erzählen Sie, József, würden Sie bitte erzählen? Das ist nicht das Schattenspiel der bewegten Blätter in der reglosen Luft. Jemand streicht auf dem Hof herum. Warum schweigen Sie? Antworten Sie. Dieses einzige Mal. Hat es geklingelt? József, antworten Sie, dieses letzte Mal. Hören Sie, was ich sage?» Der Vollmond zwischen den Schornsteinen. Sein helles Licht teilt das Pflaster des Hofs mit einem scharfen Strich in zwei Hälften. Schwarz, gelb. «Doch, Mária. Er steht im Schatten. Er ist da. Er sieht ins Licht, er blinzelt. Setzt sich in Bewegung. Taucht auf im Licht.» «Ich sehe seinen Schatten an der Decke. Sein Schatten, József! Was ist geschehen? Antworten Sie, József. Seine Stierhörner. Er hat sich in Bewegung gesetzt. Taucht er auf im Licht? Ich sehe seinen Schatten. An der Decke. József, Sie schweigen? Was ist passiert? Herrgott, József, warum fährst du nicht fort?»

# Tim Gautreaux

## DERSELBE ORT, DIESELBEN DINGE

Der Pumpenmann war vorsichtig. Er sah die trockene Rinne in der Fahrspur und schaltete zurück, um den Lastwagen langsam durchzufahren. Die dünnen Reifen seines alten Ford federten heftig, und die Achse schrammte über den Straßenbuckel. Einige Amseln stoben aus dem trockenen Gestrüpp am Straßenrand auf und schossen über den Himmel wie eine geschleuderte Hand voll Kies. Er fragte sich, wie weit er noch über den Feldweg musste, um sein Ziel zu erreichen. Als die Frau ihn im Motel angerufen hatte, war sie bei der Wegbeschreibung unsicher gewesen, als wüsste sie nicht genau, wo ihr eigenes Haus lag.

Auf beiden Seiten der Straßen buken Erdbeerfelder in der Sonne. Es hatte seit sechs Wochen nicht geregnet, hatten ihm die Einheimischen erzählt.

Kahle Äste reckten sich, um ihm die Scheinwerfer abzureißen. Staubschwaden flogen hinterm Laster auf wie der Gesichtspuder einer Frau und ließen sich auf Brombeerbüschen am Straßenrand nieder, die aussahen wie erstarrte Lavafontänen. Es herrschte eine schreckliche Dürre.

Nach einer Weile erreichte er ein bretterverkleidetes Farmhaus, das hinter einem schiefen Stacheldrahtzaun lag. Er fuhr vor und stieg aus. Als niemand aus dem Haus kam, warf er die Lastwagentür knallend zu und hustete laut. Er hatte sich lange genug in diesem Teil des Landes aufgehalten, um zu wissen, dass die Farmer niemanden auf ihrer Veranda duldeten, der nicht zur Verwandtschaft oder Nachbarschaft gehörte. Jetzt, während der Depression, war das Leben für sie so hart, dass sie fast keinem mehr trauten. Schließlich drückte er auf die Hupe des Lastwagens und wurde mit einem Lebenszeichen an einem der Fenster belohnt. Nach einer halben Minute kam eine Frau in einem dünnen Baumwollkittel heraus.

«Sie sind der Pumpenmann?», fragte sie.

«Ja, Ma'am. Harry Lintel.»

Sie sah ihn abschätzend an, als wäre er eine Ziege, die sie vielleicht kaufen würde oder vielleicht auch nicht. Sie trat an den Rand ihrer Veranda und sah auf den Acker hinterm Haus. «Wenn Sie über diesen Feldweg ein Stück weiter gehen, dann finden Sie meinen Mann. Er versucht gerade, die Pumpe zu reparieren.» Es missfiel ihm, wie sie das Gesicht verzog, als sie «mein Mann» sagte. Er fühlte sich nicht wohl in der Gegenwart von Frauen, die ihre Männer nicht mochten. Sie kam von der Veranda herunter und bewegte sich durch die fünfzehn Fuß Disteln und Klee, die den Vorgarten darstellten, vorsichtig auf den Pumpenmann zu, der sie argwöhnisch ansah. Arme Leute machten ihn nervös. Er war selbst arm, zumindest an Geld, aber er war nicht trübsinnig und stumpf wie viele, die er in diesem Teil des Landes getroffen hatte, niedergedrückt und innerlich zerstört durch die schlimmen Zeiten. Sie sah ihm in die Augen. «Für wie alt halten Sie mich?»

Sie wirkte wie vierzig, vier Jahre jünger als er selbst, doch bei Farmerfrauen war er sich nie sicher. Er sah auf ihr sandfarbenes Haar und ihre grauen Augen. Sie war dünn, aber ihrem Blick nach zu schließen war sie wohl auch zäh. «Lady, ich bin hergekommen, um eine Pumpe in Ordnung zu bringen. Was ist es für eine, und was stimmt damit nicht?»

«Mein Mann, er ist gleich wieder da. Der weiß alles, was Sie hören wollen. Was ich gerne wissen würde, ist, wo Sie herkommen. Ich habe hier schon lange niemanden mehr so reden hören wie Sie.» Sie hatte ihr Haar zu einem losen Knoten zurückgebunden und hob die Hand, um es leicht zu berühren. Diese

Bewegung fiel ihm auf. Vermutlich war sie doch eher fünfunddreißig.

Harry Lintel steckte die rechte Hand in die Tasche und lehnte sich gegen die Tür seines Lastwagens. Er nahm seinen Strohhut ab und warf ihn über die Schulter auf den Vordersitz. «Ich bin aus Missouri», sagte er und fuhr sich mit der Hand durch den kurzen, messingfarbenen Haarschopf.

Ihr Gesicht hatte immer noch einen aufmerksam prüfenden Ausdruck. «Gibt es in Missouri keine Pumpen?», fragte sie. «Oder hat Ihre Frau Sie fortgejagt?»

«Meine Frau ist gestorben», sagte er. «Und was die Pumpen angeht, wenn es trocken ist und der Mechaniker in der Gegend mit der Arbeit nicht nachkommt oder wenn es keinen Mechaniker gibt, dann komm ich rüber und erledige den Rest.»

Er sah an ihr vorbei auf das Haus mit der abblätternden Farbe und den zerbrochenen, mit Pappe geflickten Scheiben.

«Weshalb sind Sie dann nicht da, wo Sie hingehören, und erledigen den Rest?»

Er sah sie scharf an. Die letzte Bemerkung zeugte von Witz, etwas, was ihm bei einer Frau schon seit längerem nicht begegnet war. «Wo ist Ihr Mann, Lady? Auf mich warten am Highway 51 bar bezahlte Jobs.»

«Immer mit der Ruhe. Ich habe doch gesagt, er kommt gleich.» Sie verschränkte die Arme und kam einen Schritt näher. «Ich bin einfach neugierig, was jemanden, der nicht von hier ist, in diese Gegend von Louisiana verschlägt.»

«Ich fahre hinter der Dürre her», sagte er, richtete sich auf und ging den Zaun entlang bis zu der Stelle, wo dieser sich auf einen zerfurchten Feldweg hin öffnete. Die Frau folgte ihm und fuhr sich mit den Händen über die Hüften, um ihr Kleid glatt zu streichen. «Letzte Woche war ich in Texas. Der Laden lief ganz gut, bis aus Mexiko die ganze Nacht über Regen kam und ich damit aus dem Geschäft war. Danach gab es nicht mehr viel zu pumpen, und die Mechaniker aus der Gegend konnten alles alleine in Gang halten.» Er spähte den Weg hinunter, so weit er am Feld mit den schlaffen Pflanzen entlanggucken konnte. «Letzten Monat war ich im Norden von Georgia. Davor habe ich drüben in Alabama Pumpen repariert. Wo zum Teufel bleibt Ihr Mann?»

«Ich kriege nie einen Menschen zu sehen bis auf meinen Mann und hin und wieder einen Käufer, der herkommt, um mit ihm zu verhandeln.» Sie begann seine Kleidung zu mustern, und das machte ihn verlegen, weil er wusste, dass das, was sie sah, sauber und ohne Flicken war. Er hatte ein Khakihemd und Khakihosen an. Vielleicht trug niemand, den sie kannte, ungeflickte Kleidung. Ihr Kittel sah aus, als wäre er aus einem verblichenen Fenstervorhang genäht. «Texas», sagte sie. «Ich habe Ihre Anzeige in der Zeitung gesehen und mir gedacht, dass Sie nicht sesshaft sind.»

«Nein, Ma'am», sagte er. «Ich bin nur viel unterwegs.» Er merkte, dass sie nicht verstand, dass es da einen Unterschied gab. Sie wirkte hoffnungslos und gelangweilt, aber viele Leute, denen er begegnete, waren so. Allerdings wollte kaum jemand wissen, woher er kam. Es interessierte sie nur, dass er Harry Lintel war, der jede Bewässerungspumpe oder Maschine reparieren konnte, die man je hergestellt hatte.

Er ging übers Feld auf die eine Viertelmeile entfernte Baumreihe zu, und die Frau lief rasch zum Haus. Er sah ein Kabel, das vom Haus aus in einen Seifenbaum gezogen war und dann durch eine lange Reihe von Weiden am Rande eines Grabens, und vermutete, dass es zu einer elektrischen Pumpe führte. Er war beinahe enttäuscht, dass die Frau nicht hinter ihm her kam.

Im Gehen sah er sich auf der Farm um. Sie verkörperte das Schlimmste. Er kam an einem Titan-Traktor vorbei, im Unkraut auf Holzböcken aufgebockt, mit rissigem Dach. Dahinter rostete eine Scheibenegge, die immer noch gebrauchsfähig wäre, wenn man sie gewartet hätte. Auf dem leeren Feld zu seiner Rechten standen zwei Kühe mit aufgeblähtem Bauch.

Sein Hemd war bereits durchgeschwitzt, als er einen kümmerlichen Bestand dornenüberwucherter Kiefern am Rande des Feldes erreichte. Zweihundert Fuß weiter die Baumreihe entlang war ein Mann mit dem Rücken zum Mechaniker über einen Elektromotor gebückt. Während Lintel auf ihn zuging, rief er dem Mann etwas zu, aber der reagierte nicht – er war wohl in die genaue Überprüfung eines Antriebsgurtes vertieft, dachte der Pumpenmann. Der Farmer lag über einem Stahlrost, der über einem offenen Brunnen hing. Harry ging hin und sagte hallo, aber der Farmer antwortete nicht. Er schien eingeschlafen zu sein, obwohl er in der prallen Sonne lag und sein Unterhemd nass war wie ein Spültuch. Harry bückte sich und warf einen prüfenden Blick auf die Pumpe, um festzustellen, wie sie installiert war. Er sah, dass man sie ohne Isolierung an den Rost geschraubt hatte. Zwei lose Drähte baumelten in den Brunnen. Er achtete auf ein Heben und Senken des Körpers, aber der Mann atmete nicht. Harry kniete nieder und berührte den Stahlrost mit den Knöcheln des Handrückens. Er spürte kein Zucken, und so packte er den Mann an den Armen, zog ihn vom Motor und drehte ihn um. Er war tot, ohne Zweifel: getötet durch Stromschlag. Seine Finger waren verbrannt, und ein dunkler Fleck lief ihm an den Hosenbeinen entlang. Er fühlte am Hals des Mannes nach dem Puls, und als er ihn nicht fand, saß er lange da, musterte das breite, glatte Männergesicht, ein Gesicht, sogar im Tode noch missmutig und dumm. Er sah sich auf der jämmerlichen Farm um, als wäre sie dafür verantwortlich, stand dann auf und lief zurück zum Haus.

Die Frau saß in einem Schaukelstuhl auf der Veranda und starrte auf ein dürres, brachliegendes Feld hinaus. Sie sah den Mechaniker an und zeigte den Anflug eines Lächelns.

Harry Lintel rieb sich das Kinn. «Haben Sie ein Telefon?»

«Nein», sagte sie und strich sich mit der rechten Hand das Haar zurück. «Im Laden an der 51 gibt es eins.»

Er wollte es ihr nicht sagen, meinte, es wäre besser, wenn es ihr jemand anders beibrächte. «Sie haben eine Freundin in der Nachbarschaft?»

Sie sah ihn scharf an, ihre grauen Augen wurden ganz rund. «Warum wollen Sie das wissen?»

«Ich habe meine Gründe», sagte er. Er stieg in seinen großen staubigen Lastwagen und versuchte, so zu tun, als wäre nichts passiert. Er wollte Abstand zwischen sich und ihren bevorstehenden Kummer legen.

«Das erste Haus, da, wo Sie eingebogen sind, da wohnt Mary. Aber sie hat kein Telefon.»

«Bin bald wieder da», sagte er und warf den Laster an.

Am Highway fand er Mary und bat sie, zurückzugehen und der Frau zu sagen, dass ihr Mann an der Pumpe draußen tot sei. Die alte Frau nickte einfach und ging wieder ins Haus, um ihren Sohn zu holen, der sie begleiten sollte. Ihr Mangel an Betroffenheit störte ihn. War ihr der Tod ihres Nachbarn gleichgültig?

Im Laden rief er den Sheriff an und wartete. Er fuhr mit den Deputies zurück zum Farmhaus und erzählte ihnen, was er wusste. Sie beugten sich über die Leiche, sahen zum trockenen Himmel hoch und forderten den Mechaniker auf, wieder an seine Arbeit zu gehen, sie würden sich um alles kümmern.

Er und einer der Deputies verließen gemeinsam das Feld, und Harry bemühte sich, nicht zur Veranda hinzusehen, als er am Farmhaus vorbeiging, doch er konnte nicht umhin zu lauschen. Er hörte nichts – kein Weinen, keine Stimmen voll unterdrückter Erregung. Die beiden Frauen standen auf der Verandatreppe, in ruhigem Gespräch, als redeten sie über die Beerenpreise. Die Witwe beobachtete ihn aufmerksam, als er in den Polizeiwagen stieg. Er meinte, einen Hauch von Parfüm in der Luft zu verspüren, und sah sich in der staubigen Limousine nach der Quelle um.

An diesem Tag reparierte er sechs Maschinen und bewahrte kleine Farmen davor, wieder zu Staub zu werden. Die Reparaturen wären für jeden anderen zu schwierig gewesen: zerbrochene Zahnräder, ausgediente Regler, rissige Ummantelungen. Auf jeder Farm fragte ihn wenigstens einer, ob er derjenige wäre, der den Toten gefunden hätte, und wenn er es zugab, zogen sich die mürrischen Farmer immer zurück und ließen ihn alleine arbeiten. Am späten Nachmittag erhitzte er gerade einen Motorkopf mit seinem tragbaren Schmiedeofen und behielt die Farbe des Metalls im Auge, um zu kontrollieren, wann es die richtige Temperatur zum Löten hätte. Er wartete darauf, dass der richtige Farbton erschien, wie wenn eine Frauenwange errötet, und als es so weit war, versiegelte er einen komplizierten Riss mit einem sauberen Streifen geschmolzenen Messings. Ein verhutzelter italienischer Farmer beobachtete ihn wie ein Hühnerhabicht, die Arme über einem verwaschenen Jeanshemd verschränkt. «Wird nicht funktionieren», sagte er.

Aber als Harry kurz vor Sonnenuntergang am Schwungrad zog und der Motor mit mächtigen stampfenden Abgaswolken ansprang und ein Rinnsal abendroten Wassers ins Feld hochförderte, verzog der Farmer das Gesicht zu einem schwachen Lächeln. «Wenn Sie das nicht geschafft hätten, hätten wir Sie aus dem Bezirk gejagt.»

Harry begann sorgfältig seine Hände zu reinigen. «Warum?»

«Ein Fremder, der einen Toten findet, das bringt Unglück.»

«Besser ich als seine Frau, oder?»

Der Farmer hielt Harry ein paar Scheine hin, wandte sich um und machte sich auf den Weg zu seinem Packschuppen. «Die Frau da, die bringt nichts aus der Fassung.»

Es war halb neun, als er ins Bell Pepper Motel zurückkehrte, eine Ansammlung von sechs rosa verputzten Hütten, in die jeweils ein großes ovales Fenster eingelassen war. Das Büro, in dem sich auch ein kleines Café befand, war geöffnet, aber er war zu müde zum Essen. Er saß auf seinem wackligen Bett und starrte über den Highway auf die Schienen, auf denen ein Personenzug vorbeizockelte, der an einem Übergang seine Pfeife ertönen ließ. Dahinter lag nur die nächste Gemüsefarm, wohl zwölf Morgen, von einem Schuppen mit Wellblechdach gekrönt. Er fragte sich, wie viele andere Frauen ohne Ehemann in den Wäldern zurückgeblieben waren. Die Witwe des durch Stromschlag umgekommenen Farmers hatte nicht einmal Kinder, die sie von ihrer Einsamkeit ablenken konnten. Er schon. Er hatte mir siebzehn geheiratet und zwei Töchter und einen Sohn großgezogen. Er war jetzt vierundvierzig und alleine, nachdem seine Frau vor fünf Jahren gestorben war. Die kleine Stadt Missouri, in der er aufgewachsen war, konnte ihm nicht genug Arbeit bieten, also war er losgezogen, durchstreifte den Süden und den Südwesten auf der Suche nach Maschinen, die niemand anders reparieren konnte.

Er starrte durch ein ovales Fenster auf seinen Lastwagen. Er konnte wenigstens unterwegs sein und andere Menschen treffen. Manchmal war er traurig, wenn er sie verließ, manchmal froh, wieder wegzukommen, je nachdem. Er sah liebevoll auf seinen Ford, auf die Ladefläche mit Schmiedezangen, Schweißwerkzeugen, einem tragbaren Schmiedeofen und Kisten voller Ersatzteile, Schraubenschlüssel, Steckdosen, Kohle, Meißeln, Dichtungsmaterial, alles von einer grünen Plane bedeckt, die über die hölzernen Seiten gezogen war. Mit dem Ford konnte er überall hin, und mit seinen Werkzeugen konnte er alles in Ordnung bringen, nur nicht das Wetter.

Am nächsten Morgen machte er sich in aller Herrgottsfrühe auf zum ersten Job des Tages und stellte fest, dass der Himmel in der Dämmerung aussah wie ein Blech, das sich beim Erhitzen blaugrau verfärbt hatte. Er hielt vor einem Farmhaus, und ein kleiner Mann mit einem mächtigen Schnurrbart kam fluchend dahinter hervor. Harry Lintel warf seinen Hut in den Laster und fuhr sich mit der Hand durchs Haar. Er war noch nie Leuten begegnet, die Fremde so wenig leiden konnten. Der kleine Farmer spuckte dem Ford an den Reifen und forderte den Mechaniker auf, ins Feld hinter dem Haus zu fahren. «Mein McCormick gibt keinen Mucks mehr von sich», erklärte er.

Harry wendete, um sich auf den Weg zu machen, aber über die Haube des Ford hinweg sah er, wie sich zweihundert Yards weiter der Hinterkopf einer Frau überm Unkraut auf einem brachliegenden Feld fortbewegte. «Wer ist das?», fragte er und zeigte zwei Felder weiter.

Der Farmer verdrehte den Hals, konnte aber die Gestalt nicht erkennen, die hinter einem Dornengestrüpp zwischen den beiden Farmen verschwand. «Ich weiß nicht», sagte der Farmer und kratzte an seinem Dreitagebart, «aber eine Frau, die nichts Besseres zu tun hat, als so rumzulaufen, führt nichts Gutes im Schilde.» Er zeigte auf Harry. «Wenn eine Frau was im Schilde führt, muss man aufpassen! Also, an die Arbeit, Mann!»

Der Tag erwies sich als heiß wie ein Hochofen, und Harrys Haut glänzte vor Schweiß. Gegen Mittag hatte er an drei Maschinen gearbeitet, die eine halbe Meile auseinander lagen. Von vielen kleinen Farmen am Highway 51 konnte er das Stampfen und Klopfen der Pumpenmotoren hören. Er verrichtete in einem Beerenfeld gerade die letzten Handgriffe an einer störrischen International, als er eine Frau mit einem Korb in der rechten Armbeuge an der Eisenbahnböschung entlanglaufen sah. Es war die Frau des toten Farmers. Er wartete, bis sie näher kam, und blickte ihr dann entgegen. Sie sah ihm direkt ins Gesicht, ihre Augen hatten die Farbe von stumpfem Nickel. Er gestand sich hier und jetzt ein, dass es ihn beunruhigte, wie sie ihn ansah. Harry kannte sich mit jeder Maschine der Welt aus, aber bei Frauen hätte er gern eine Bedienungsanleitung gehabt.

Sie ging zu ihm hin und stellte den Korb auf seine Schraubenschlüssel. «Können Sie jetzt was zu essen vertragen?» Sie fragte, als hätte er sie erwartet.

Er wischte sich die Hände an einem kerosingetränkten Lappen ab. «Wo kommen Sie denn her?»

«Ich wohne nicht weit von hier», sagte sie. Er stellte fest, dass sie ein neues Baumwollkleid trug, das sich an einigen Stellen offenbar im Gestrüpp verfangen hatte. Sie kniete nieder und öffnete den Korb, zog eine Babysteppdecke und Brote heraus. Er setzte sich auf das trockene Gras neben sie in einen Schattenfleck, den eine Weide warf.

«Das mit Ihrem Mann tut mir Leid», sagte er. «Ich hätte es Ihnen selbst sagen sollen.»

Ihre Hände wühlten geschäftig im Korb. «Diese Frau und ich, wir kommen schon miteinander aus. Sie haben es so gut gemacht, wie Sie konnten.» Eine Weile aßen sie schweigend. Aus der Ferne kam die tiefe dröhnende Musik eines großen Güterzugs von der Illinois Central, sein Pfeifen erfüllte den Nachmittag, schlingerte eine Leiter fiebriger Töne auf und ab. Der Crimson Flyer donnerte nordwärts, schleppte hundert Kühlwagen voller Beeren hinter sich her, die Arbeit eines ganzen Jahres für zahlreiche Farmer aus der Gegend. «Der Zug ist spät dran», sagte sie. «Offenbar läuft neuerdings nichts mehr nach Plan.» Sie nahm einen Bissen vom Schinkenbrot und kaute geistesabwesend.

«Ich habe mich bei den Leuten, denen die Maschine hier gehört, nach Ihrem Mann erkundigt. Sie wollten nicht über ihn reden.» Er biss in sein Brot und bemühte sich, nicht das Gesicht zu verziehen. Die Schnitte war trocken, und der Schinken schmeckte, als hätte er zu lange im Eisschrank gelegen. Er fragte sich, ob sie ihren Mann besser versorgt hatte.

«Er war aus New Orleans, nicht aus dieser Gegend. Niemand konnte ihn besonders gut leiden, wegen seiner Beeren. Er hat einmal versucht, schlechte Ware zu verschiffen, und die Männer auf dem Verladekai haben ihm das Bein gebrochen.»

Der Pumpenmann schüttelte den Kopf. «Einem Farmer das Bein zu brechen ist nicht gerade freundlich.»

«Er hat es verdient», stellte sie nüchtern fest. «Schlechte Beeren verschiffen schadet dem guten Ruf der Farmer hier.» Sie blickte auf ihr Brot, als sähe sie es zum ersten Mal, und warf es in den Korb. «Der verdammte Faulpelz schaffte es einfach nicht, früh genug zu pflücken, dass das Zeug rechtzeitig aufs Schiff kam.»

Er fürchtete, sie würde in Tränen ausbrechen, aber ihr Gesicht blieb trocken wie der Kiesweg, der an den Schienen entlangführte. Er begann sich zu fragen, was sie wegen ihres Mannes unternommen hatte. «Was ist mit der Beerdigung?»

«Marys Pflücker haben mir geholfen, ihn heute morgen unter die Erde zu bringen, nachdem der Coroner gekommen war und ihn freigegeben hatte.»

Das wär's also, dachte er. Das halbe Leben lang in der Sonne schuften, und dann gräbt deine Frau dich hinterm Geräteschuppen ein wie einen Hund. Er fühlte sich versucht, sein Brot fortzuwerfen, aber er war so hungrig wie seit Wochen nicht mehr, also biss er wieder hinein. Die Frau ließ ihre Augen über ihn wandern, und er wusste, warum sie das tat. Er fing an, sich mit ihrem Mann zu vergleichen. Er war größer. Die Leuten sagten ihm oft, dass er ein nettes Gesicht hätte, was seiner Ansicht nach ihre Art war, ihm mitzuteilen, dass er nicht direkt hässlich war.

Als sie einer lärmenden Krähe hinterhersah, warf er einen langen verstohlenen Blick auf sie. Das Kleid stand ihr recht gut, und wenn sie eine andere Frau wäre, eine, die nicht gerade ihren Mann unter die Erde gebracht hätte, würde er sie vielleicht gebeten haben, mit ihm auszugehen. Eine Reihe blasser Sommersprossen sprenkelte ihre Nase, und heute war ihr Haar nicht zusammengebunden, sondern fiel ihr über die Schultern. Er verspürte ein diffuses Unbehagen.

«Wie heißen Sie?», fragte er.

«Ada», sagte sie schnell, als hätte sie die Frage erwartet.

«Danke für das Brot, aber ich muss wieder los.»

Sie sah die Schienen entlang. «Muss schön sein, einfach loszufahren, wann immer man Lust dazu hat. Ich wette, Sie kommen weit herum.»

«Viele kommen mehr herum als ich.» Er bückte sich und begann, Sechskantsteckschlüssel aufzusammeln.

«Warum so eilig?», fragte sie und streckte ihre langen Beine ins tote Gras. Harry musterte sie einen Moment.

«Lady, die Leute hier fragen sich, was ein Baum vorhat, wenn er sich im Wind biegt. Was meinen Sie, was jemand denkt, der uns hier sieht.»

Er ging zu seinem Lastwagen, räumte die Werkzeuge in die richtigen Kisten, sprang über die Ackerfurchen zum Motor zurück, warf das Schwungrad mit einer gusseisernen Kurbel an und trat zurück, um zu hören, was die Auspuffrohre ihm erzählten. Die Frau verfolgte jede einzelne seiner Bewegungen. Als er vom Feld fuhr, spürte er ihren Blick im Nacken.

Nach dem Abendessen im Bell Pepper Café blickte Harry von seinem Kaffee auf und sah Ada durch die Fliegentür hereinkommen. Sie lief über den gründlich geschrubbten Kiefernboden, als käme sie ständig hierher, setzte sich dann ihm gegenüber in eine Nische und stellte eine Flasche mit hellrotem Erdbeerwein auf den Tisch. Sie hatte sich das Haar gewaschen und duftete nach Jasminparfüm.

Harry war verlegen. Eine Gruppe Farmer beobachtete sie, und Marie, die Besitzerin, hob das Kinn, als sie den Wein entdeckte. Er war zunächst verärgert über den Besuch, denn er mochte keine Überraschungen, aber während Ada ihn nach seinen Reisen fragte, betrachtete er ihre Haut, die nicht so rau war, wie er zuerst gedacht hatte, ihr sandfarbenes Haar und diese Augen, die ihn zu verschlingen schienen. Er fragte sich, was für ein Leben sie bisher geführt haben mochte, gestrandet an einem Feldweg im trübsinnigsten Nest, das ihm je vor Augen gekommen war. Er war ebenso neugierig auf ihre unbewegte Welt wie sie auf seine bewegliche.

Konversation war nicht seine Stärke, aber die Frau fragte ihn eine Stunde lang über Arkansas und Georgia aus, lauschte seinen Geschichten über die Berge, als würde er ihr von China oder vom Mond erzählen. Wovon er ihr gerne erzählt hätte, wäre Missouri und seine Kinder, aber ihre Fragen erlaubten es ihm nicht. Während der Unterhaltung sah sie einmal zu Marie hinüber und sagte: «Hier gibt es Leute, die meinen, wenn sie sich mit mir abgeben, dann kommen sie in wer weiß was für Schwierigkeiten.» Sie nahm die Hände zusammen und legte sie in die Mitte des grünen Wachstuchs.

Während er darauf starrte, fiel ihm auf, dass sie fast nichts über sich erzählt hatte. «Sie haben gesagt, Ihr Mann wäre aus New Orleans, aber Sie haben nicht gesagt, wo Sie herkommen.»

Sie nahm einen Schluck Wein aus einem Wasserglas. «Sagen wir, ich bin vor ein paar Jahren hier aufgetaucht. Niemand weiß viel über mich, außer dass ich auf der Klitsche festsaß und nie auf einen Schluck oder zum Tanzen oder so hierher konnte. Woher ich stamme, ist doch nicht wichtig, oder?» Sie nippte und lächelte ihm über den Rand ihres Glases zu. «Tanzen Sie gern?», fragte sie schnell.

«Ich kann irgendwie herumschieben», sagte er. «Aber wegen heute Nachmittag – warum sind Sie mit den Broten zu mir aufs Feld gekommen?»

Ada biss sich auf die Unterlippe und dachte einen Moment nach. «Vielleicht möchte ich weg hier», sagte sie einfach. Harry sah aus dem Fenster und pfiff.

Es dauerte eine Weile, bis sie die Flasche geleert hatten. Sie ging zur Damentoilette, und er ging nach draußen auf den dunklen Parkplatz. Er stand da und streckte seine müden Muskeln. Ada kam zu ihm nach draußen, hielt in beiden Richtungen auf der 51 nach Autos Ausschau, schlang ihre Arme um seine Taille und küsste ihn heftig. Dann trat sie zurück, lächelte und lief über den dunklen Highway nach Hause.

Oje, dachte er. Ihr Mund hatte nach Erdbeerwein geschmeckt, heiß und süß. Oje.

Später in der Nacht lag er bei offenem Fenster in seinem Bett, lauschte auf die laufenden Pumpenmotoren draußen auf den sich meilenweit rund ums Motel erstreckenden Feldern. Die Maschinen pochten, zart wie ferner Herzschlag. Er konnte bei jeder einzelnen am Klang erkennen, um welchen Typ es sich handelte. Er hörte den Stottermotor einer International einmal zünden und dann im Leerlauf immer langsamer werden, bis er nach mehreren Umdrehungen erneut zündete. In den Klang verwoben war eine ferne Fairbanks-Morse mit einem defekten Magnetzünder, der ständig knallte, dann abbrach, immer langsamer wurde, bis er fast stillstand, bevor der Zündfunke sich wieder aufbaute und die Maschine wieder ins Leben dröhnte. Auf der anderen Straßenseite murmelte eine kleine McCormick in einem Graben. In der stillen Nacht kämpften die Maschinen gegen die Dürre, feuerten wie die Musketen einer Armee auf dem Rückzug. Durch das Fliegengitter seines Fensters schwebte der Kerosingeruch aus den Auspuffrohren.

Er dachte an die Witwe des Farmers und gestand sich schließlich ein, hier im Dunkeln, dass sie gut aussah. Was sie wohl gerade tat?, fragte er sich. Lesen? Aus irgendeinem Grunde bezweifelte er das. Nähen? Und was – Kleidung für die Reise? Hatte sie vor, jetzt das Stück Land zu verkaufen und, wie viele Frauen es getan hatten, wieder dorhin zurückzuziehen, woher sie gekommen war? Wenn sie vernünftig wäre, dachte er, würde sie schlafen, und er drehte sich mit dem Gesicht zur Wand, hörte die Federn unter sich quietschen. Er versuchte, sich zu erinnern, was er abends getan hatte, als er zu Hause gewesen war, mit vierundzwanzig, mit Frau und drei Kindern, aber nichts fiel ihm ein. Dann, nach und nach, erinnerte er sich wieder, wie er kranke Babys gewiegt und seiner Frau beim Maiseinmachen geholfen hatte, und keine zwei Minuten später schlief er ein.

Am nächsten Morgen war der Himmel hart und ausdruckslos wie das Gesicht eines Pfandleihers. Um acht Uhr betrug die Temperatur 32 Grad, und der Mechaniker hatte bereits in Amite eine

Kolbenstange geschweißt und war unterwegs nach Süden. Als er an der Zufahrt zu Adas Haus vorbeikam, zwang er sich, nicht die gefurchte Fahrbahn entlangzusehen.. Er hatte in der letzten Nacht von ihr geträumt, und das war genug, dachte er. Die Zeiten waren so hart, dass er sich nur seine Träume leisten konnte. Eine halbe Meile weiter machte er sich daran, neue Weißmetalllager für eine alte Dan-Patch-Maschine zu gießen. Die Besitzer der Farm ließen ihn allein, damit sie einen Trupp unerfahrener Pflücker beaufsichtigen konnten, und um halb zehn, während er das Gebläse für den Schmiedeofen drehte, tauchte sie aus dem Gebüsch im Norden auf, einen Glaskrug mit Limonade in der Hand.

«Ich wette, du bist ganz ausgetrocknet», sagte sie und reichte ihm den Krug und eine Blechtasse.

«Lady, Sie sind schrecklich nett», sagte er, goss sich Saft ein und sah auf ihre schmale Taille, ihr langes Haar.

«Wenn ich will, kann ich ganz nett sein.» Für einen Augenblick ließ sie ihre Hand auf seiner feuchten Schulter ruhen und dann langsam heruntergleiten.

Sie redeten, während er mit dem Schmiedeofen beschäftigt war. Er versuchte, ihr von seinen Kindern zu erzählen, aber sie hatte offenbar kein Interesse. Sie wollte wissen, wo er gewesen war und wo er hinwollte. Sie wollte wissen, wie es war, auf der Straße zu leben, wie anders die Leute an verschiedenen Orten waren. «Bleibst du jede Nacht in einem Motel?», fragte sie und riss die Augen auf.

Bis seine Reparatur beendet war, hatte sie ihm erzählt, dass sie gerade ihren dritten Ehemann beerdigt hätte, dass sie nie hundert Meilen von der Stelle, auf der sie gerade standen, entfernt gewesen wäre und dass sie keine besondere Trauer empfände, wenn sie in ihrem Leben nie wieder eine Erdbeere zu Gesicht bekäme.

«Manchmal glaube ich, was mich fertig macht, ist der immer gleiche Ort, sind die immer gleichen Dinge, die man Tag für Tag tun muss. Morgens aufstehen, aus dem Fenster sehen und immer denselben rostigen Zaun vor Augen haben. Aus einem andern Fenster immer dieselbe Weide sehen. Aus dem nächsten und das Feld sehen. Derselbe Ort, dieselben Dinge, ein Leben lang.» Sie hörte den fernen Pfiff eines Zuges und sah ihm entgegen, gefangen von dem eindringlichen Ton.

Unglücklichen Menschen gegenüber fühlte sich Harry Lintel hilflos. Er erinnerte sich daran, dass seine junge Frau damals stets aufhörte zu weinen, wenn er seine kräftigen Arme um sie legte, aber er hatte keine Ahnung, warum das funktionierte. Beim Anblick der zarten Höhlung von Adas Wange fand er es bedauerlich, dass er keine Vorstellung hatte, wie er ihr helfen könnte. Er fragte sich, ob sie wohl mit ihm mitkäme, wenn er sie danach fragte, ob sie einfach mit ihm in seinem Lastwagen über den Highway nach Tennessee oder Georgia fahren würde, wo auch immer die nächste Dürre ihn brauchte, um Motoren oder Windmühlen zu reparieren. Würde davon geheilt, was nicht in Ordnung war?

Nachdem ein Güterzug vorbeigedonnert war, kamen drei Männer in Overalls über die Schienen gefahren, stiegen aus ihrem Pick-up und begannen, ihm von einer großen Maschine auf einem trockenen Feld sechs Meilen weiter westlich zu erzählen, die niemand dazu brächte, eine ganze Woche durchzulaufen. Die Männer ignorierten die Frau, und während der Mechaniker seine Werkzeuge einpackte und den Schmiedeofen wegstellte, sah er sie davongehen. Sie ging nach Süden, fort von ihrem Haus, den Feldweg entlang, der sich an die Bahnlinie heranschlängelte, wobei sie sich bemühte, nicht mit ihren dünnen braunen Schuhen in die aufgewehten Staubhaufen zu treten. Nachdem er den Lastwagen beladen hatte, ließ er ihn an und fuhr nicht nach Westen, nahm nicht den Weg, den die drei Männer ihm angegeben hatten, sondern den nach Norden. Er bog in die Zufahrt zu ihrer Farm ein und holperte über die Furchen bis zu ihrem Haus. Er ging zum hinteren Teil der Farm und stellte fest, dass die Beeren in der Sonne ausblichen, als hätte man sie mit einem Kessel kochenden Wassers übergossen. Er kehrte zum Haus zurück, öffnete den Sicherungskasten, der an die hintere Außenwand genagelt war, obwohl es sich um eine extra starke handelte. Er nahm sein Taschenmesser, um die Deckplatte aufzustemmen und herauszufinden, wo ein Draht für einen Schalter vom Stromkreis abging, der vom Kastenboden aus durch ein Loch ins Haus führte.

Er fand die Haustür unverschlossen vor. Als er durchs Haus ging, bemerkte er, dass es kaum Möbel gab: nur eine Gruppe dunkel lackierter Stühle, zwei kleine, grob gezimmerte Tische und ein wackeliges, ausgebeultes Sofa. Die Fenster waren schmutzig. In der Küche entdeckte er den Wandschalter, der die Pumpe in Gang setzte, und als er genau hinsah, stellte er fest, dass sie angestellt war. Er wusste, dass viele Farmen mit elektrischen Pumpen ebenfalls Innenschalter hatten. Aber der Mann hätte ganz bestimmt den Stromkreis unterbrochen, bevor er nach draußen ging, um an dem Ding zu arbeiten. Und dann erinnerte er sich, dass er draußen auf dem Feld auch keinen Schalter gesehen hatte.

Er setzte sich an den Küchentisch mit der Wachstuchdecke und blinzelte aus dem vorderen Fenster. Er sah einen rostigen Zaun. Als er aus dem seitlichen Fenster sah, sah er eine Weide. Mein Gott, dachte er. Er drehte sich um und sah durchs rückwärtige Fenster auf ein Feld. Neben dem defekten Traktor befand sich ein frisch aufgeworfener Erdhügel. Er legte das Gesicht in die Hände und zitterte wie jemand, der gerade einem schrecklichen Unfall entgangen war.

Während der nächsten zehn Tage hatte er im ganzen Bezirk zu tun. Wilde Tiere kamen aus den Wäldern auf der Suche nach Wasser. Der Boden der Entwässerungsgräben riss und wölbte sich auf. Er sah, wie Pflücker mit Hitzschlag vom Feld getragen wurden. Die Frau machte ihn nur zweimal ausfindig, und er war höflich, hörte ihr zu, wie sie von ihren Nächten erzählte und davon, was sie durch ihre Fenster sah. Sie trug immer dasselbe

Kleid, sorgte aber dafür, dass es sauber und glatt blieb. Einmal lud sie ihn zum Abendessen ein, aber er sagte, er müsse bis in die Nacht hinein arbeiten.

Im Motel mied er das Café und ging früh zu Bett, dachte beim Einschlafen an seine Frau, schmerzvoll, bewusst. Er erinnerte sich an ihre heiteren Mahlzeiten in der Küche und an ihre liebevollen Berührungen, die er immer noch spürte, aus denen er lernte.

An einem Donnerstagmorgen, vor Sonnenaufgang, wurde er von einem Trommelgeräusch aus Nordwesten geweckt. Zuerst dachte er, es wäre jemand an der Tür, aber als das Geräusch erneut auf den Bezirk herabrollte, wusste er, es war Donner. Beim ersten Tageslicht hatte der Regen richtig eingesetzt, und um acht war Harry immer noch in seinem Zimmer, starrte nach draußen auf die Laken aus windgepeitschter Gischt, die aus Pfützen am Highway emporstiegen – mindestens eine Handbreit tief, und es war mehr zu erwarten, so wie der Himmel aussah. Es war Zeit weiterzuziehen.

Im Café hatte Marie zum ersten Mal keine telefonischen Reparaturaufträge für ihn. Er zahlte, umarmte sie und fuhr in seinem ächzenden Laster nordwärts, wobei Regenwasser von der straffen neuen Plane über der Ladefläche rann.

Der Highway folgte der Eisenbahnlinie durch eine Reihe kleiner Städte, und er kam zügig voran, obwohl etliche kleine Lieferwagen und einige Bauern mit ihren Pferdefuhrwerken unterwegs waren. Er fühlte sich zum ersten Mal seit Tagen unbeschwert, pfiff, während er um die langsameren Fahrzeuge auf der nass geregneten Straße herumsteuerte. Er fand es irgendwie angenehm, aus diesem Teil des Landes herauszukommen, angenehm, die Scheinwerfer nach Jackson oder Memphis zu richten, wo er sich in einer Pension verschanzen und Großstadtzeitungen lesen würde, bis der Wetterbericht ihm mitteilte, wo er massenweise Staub, Hitze, abgenutzte Pumpen und kaputte Windmühlen fände.

Gegen Mittag fuhr er an einem Café südlich von McComb vor. Als er ans Heck des Lasters ging, sah er, dass sich eines der Seile an der Plane gelöst hatte. Er hob den Stoff an, um nachzusehen, ob darunter alles in Ordnung wäre, und entdeckte die Frau, die ihr Gesicht zu ihm erhob, die Augen rostig und dunkel. «Als ich auf meinem Dach den Regen hörte, wusste ich, Sie würden losfahren», sagte sie. «Sie können woanders hin. Ich nicht.»

Er starrte sie lange an, wusste nicht, was er sagen sollte. Er sah die rote, von spindeldürren Telefonmasten flankierte Schotterstraße entlang und dann zum Café, das geschlossen war, wie er am Vorhängeschloss an der Vordertür erkennen musste. Schließlich kletterte er zu ihr hinein und setzte sich auf den Deckel einer Werkzeugkiste neben sie ins ölige Dunkel. «Sie können nicht mitkommen.»

«Sagen Sie das nicht», erwiderte sie und legte ihre Arme leicht um seinen Hals. «Sie sind der einzige Mensch, den ich je getroffen habe, der hingehen kann, wohin er will.» Sie sagte das nicht mit bittender Stimme, sondern stellte eine Tatsache fest. «Ich darf mit. Ich werde gut zu Ihnen sein, Mr. Lintel.»

Er sah ihr in die Augen und dachte, dass sie seine Bewegungsfreiheit begehrte, aber nicht ihn. Die Augen schienen schon nach vorne zu schauen, eine ganze Welt zu erblicken, die an einem Lastwagenfenster vorbeizog. «Wo Sie hinwollen», sagte er schließlich, «da kann ich Sie nicht hinbringen.»

Sie zog schnell ihre Arme zurück. «Was meinen Sie damit? Sie wollen mich einfach am Straßenrand abstellen, wie eine ausgediente Maschine? Etwas in mir muss unbedingt mit Ihnen hier weg.»

Harry Lintel beugte sich zu ihr hin und nahm ihre Hände, versuchte sich zu erinnern, wie er einst seine Frau getröstet hatte. «Wenn ich Ihnen helfen könnte, würde ich Sie ja mitnehmen», sagte er. «Aber ich kann nicht das Geringste für Sie tun.» Er erwartete halbwegs, sie würde anfangen zu weinen, als er das sagte, aber sie schüttelte nur den Kopf.

«Sie haben ein Herz aus Stein», sagte sie zu ihm.

«Nein, Ma'am», sagte er. «Ich habe einmal eine gute Frau geliebt, und ich könnte eine zweite lieben. Sie können nicht mitkommen, weil Sie Ihren Mann umgebracht haben.»

Ihre Augen schienen zu pulsieren, und das letzte bisschen Sanftheit, das um ihre Mundwinkel schwebte, versteinerte zu Angst und Verzweiflung.

Er fasste nach seiner Brieftasche. «Ich werde Ihnen eine Fahrkarte kaufen und Sie in den Zug nach Süden setzen. Sie können vom Bahnhof aus nach Hause laufen.»

Sie entriss ihm einen Schein, bevor er ihn angeboten hatte, dann richtete sie sich auf, warf einen Arm nach hinten, als suchte sie nach dem Griff ihres Pappkoffers. Harry starrte einen Augenblick auf seine leere Hand und drehte sich um, um in den Nieselregen hinauszuklettern. Er hörte das Klingen eines gehärteten Schraubenschlüssels, der aufgehoben wurde, und dann explodierte eine Bombe in seinem Kopf, und er lag auf den Bodenplanken, wälzte sich in Schlacke und Draht ohne Kontrolle über seine Arme und Beine, und seine Augen nahmen das splitternde Bild einer Frau auf, die über ihm stand, auf ihn hinuntersah, wie jemand einen betäubten Fisch ansehen würde. «Ich habe noch nie einen Mann getroffen, bei dem ich es lange ausgehalten hätte», sagte sie. «Ich bin froh, dass ich meine alle los bin.»

Sein Kopf dröhnte wie ein Schmiedeofen, und er versuchte aufzustehen, seine Augen flackerten, seine Arme schoben ihn der erhobenen Faust entgegen, in der sein großer Rohrschlüssel aufblitzte. Der Hieb war geballter Schmerz, der ihn Sterne sehen ließ. Und er fühlte die Ladeklappe im Kreuz, die Welt drehte sich wie ein Schwungrad, sein Gesicht traf auf Kies und Lehm, ein kupfernes Rinnsal lief ihm durch Nase und Mund. In seinem Kopf war nichts als der silberne Klang eines Werkzeuges und dann das Auspuffgeräusch einer davonfahrenden Vierzylindermaschine, das mit einer Fehlschaltung oben auf dem Berg verging, und dann, die längste Zeit über, nichts. Irgendwo muhte eine Kuh, oder ein Auto fuhr vorbei, ohne anzuhalten, oder der Wind wehte neben ihm durchs Gras wie Wissen durch ein Ohr.

Gegen Abend erwachte er vom Gurren einer Taube auf den Telefondrähten. Er fragte sich, wo sie den Lastwagen verkaufen, in welche Stadt sie mit der Bahn fahren würde. Es spielte keine Rolle. Sie war eine Frau, die nie dorthin käme, wo sie hinwollte. Er war immer da, wo er hinwollte.

Ein Auge begann zu arbeiten, und er sah den Wolken zu, Bruchstücken der Welt, die wartend über ihm hingen, wie der große Reparaturauftrag für den nächsten Tag.

# Peter Høeg

## SPIEGELBILD EINES JUNGEN MANNES IM GLEICHGEWICHT

Die Tatsache, dass ich in einer Welt lebe, die so schnell redet, dass sie mit dem Hintern Luft holen muss, betrachte ich mit sanfter Gleichgültigkeit. Die Wörter beeindrucken mich nicht mehr. Ich bin ein verlassenes Gebäude – sagen wir ruhig, ein aufgegebenes und vergessenes Observatorium. Durch meine zerbrochene Scheibe weht die Welt, ohne Spuren zu hinterlassen.

Es bedeutet nichts mehr, ob man mir glaubt. Man kann dies lesen, wie man will. Als Geständnis, als Gebet, als kleine, kalte Fabel, als ein Wimmern. Ich selbst meine, dass ein Mensch der Wahrheit nicht näher kommen kann.

Ich schreibe dies, weil in meinem Leben etwas geschehen ist, das mich von allem, was man Gefühl nennt, vollständig befreit hat. Aus dem Universum, in dem ich mich befinde, dringen wohl nicht sehr viele Nachrichten durch. Wen ich habe verkünden hören, er habe sich nun ein für allemal über alle Emotionen erhoben, war gewöhnlich drauf und dran, in der Gosse zu ersaufen. Oder er stieg gen Himmel, vor Selbstüberschätzung aufgedunsen wie eine Wasserleiche.

Ich kann nicht sagen, mein Leben sei untadelig gewesen. Doch seit jener Nacht – der Nacht zum 20. März 1929 – ist es durch und durch golden. Da ist es egal, wie tief man kratzt. Seit der Nacht ist mein Verhältnis zu Liebe, Begierde, Eifersucht und Einsamkeit anders als das anderer Menschen. Seit der Nacht bin ich frei.

Ich bekenne mich nur zu einem Einzigen von dem, was die Welt Gefühle nennt. Einem leichten Zorn, den ich umhege, weil er mich wärmt. Ich habe ihn nie begriffen. Etwas sagt mir, dass ich ihn jetzt, heute Nacht, verstehen werde.

Ich ersinne Spiegel und stelle sie her. Das hat auch mein Vater getan und vor ihm dessen Vater. Ich bin Ingenieur geworden, das wurden sie nicht. Doch das ist das Verdienst der Entwicklung, nicht meines. Jedes Handwerk ist ein Bewusstseinszustand, das ist seine tiefste Wahrheit. Für diesen Zustand haben die Veränderungen, die sie Fortschritt nennen, keine Bedeutung. Die Substanz meiner Arbeit unterscheidet sich nicht von der meines Vaters und meines Großvaters.

Dass es sich so verhält, hat seine Ordnung. Wir können nichts sagen oder tun, was nicht bereits gesagt oder getan worden ist. Nicht nur, wenn wir sprechen, wiederholen wir uns selbst und andere. Auch unsere Handlungen sind Klischees.

Wenn es dennoch sinnvoll ist, mich einen Künstler zu nennen, dann nicht aufgrund dessen, was ich tun wollte.

Ich habe davon geträumt, einen Spiegel zu schaffen, der die Welt wiedergibt, wie sie wirklich ist. In gewisser Weise ist es dieser Traum, der mich rein gemacht hat.

Die Geschichte Europas kennt zwei Auffassungen des Spiegels: die Wahrheit und den Traum. Ovid schreibt, der Wasserspiegel sei von der Nemesis justiert worden und habe deshalb Narcissus einen Schatten gezeigt, den er irrtümlich für einen wirklichen Menschen gehalten habe.

Im Spiegel des ersten Korintherbriefes sah man stückweise, geteilt und unvollständig.

In den emblematischen Lexika des Mittelalters ist der Spiegel das Symbol der *vanitas*, der Eitelkeit, einer der sieben Todsünden.

Hans Christian Andersens und Lewis Carrolls Spiegel sind gefährlich, unverlässlich. Bei Offenbach stiehlt Dapertutto die Seele der Menschen, indem er ihr Spiegelbild stiehlt.

Diese Spiegel sind alle verlogen. Wie die, die wir selbst kennen. Wir wissen, dass wir uns in einem Spiegel nie so sehen, wie wir sind. Je nach unserem Gemütszustand sehen wir uns missverstanden und verlassen oder als jemanden, den das Universum liebt, oder als Tier unter einer dünnen Schicht Menschlichkeit. Nie aber sehen wir uns, wie wir wohl wirklich sind. Nämlich als aus allen diesen Teilwahrheiten zusammengesetzt. Immer ist der Spiegel für den Menschen ein Schirm, auf den er seine Sehnsucht nach Gleichgewicht projiziert.

Der andere Spiegel, den die Geschichte kennt, ist ein Traum. Es ist der furchtlose Spiegel bei Schneewittchen. Es ist Shakespeares Spiegel hinter Hamlets Worten an die Schauspieler, sie sollten «the mirror up to nature» halten. Dieser Traum war es, der das Mittelalter so viele seiner Textsammlungen *speculum* nennen ließ, womit man versicherte, dass sie erschöpfend und verlässlich seien. Im Orient ist es der Spiegel des historischen Buddha, Shakaymunis Spiegel, wie ihn der Dichter Asvaghosa zu Beginn des goldenen Zeitalters des Buddhismus beschreibt.

«In der zweiten Wache der Nacht empfing er den höchsten himmlischen Gesichtssinn (...) Damit betrachtete er die ganze Welt, die sich ihm wie in einem vollendeten Spiegel zeigte.»

Diese Spiegelbilder sind absolut verlässlich, weil sie unbestechlich sind. *Weil sie von dem, was sie spiegeln, unberührt bleiben.* Nach einem solchen Spiegel suchte ich. Jetzt, wo ich alles hinter mir gelassen habe, kann ich zugeben, dass mein Durst nach Wirklichkeit mit meinem Verhältnis zu Frauen zu tun hatte.

Ich wusste, dass es das Schlimmste auf der Welt ist, verlassen zu werden. Früher oder später werden wir alle verlassen. Deshalb übte ich mich jeden Tag in der Trennung. Ich ging von den Frauen in meinem Leben, um das Verlassen nicht zu verlernen. Jetzt kann ich es mir leisten einzuräumen, dass ich sie fürchtete. Die Frau ist das einzige Wesen der Welt, mit dem das Zusammensein ein einziger langer Abschied und ein Fortreisen ist. Mit jedem Tag, den ich sie kannte, wurden sie mir fremder.

Irgendwann begann ich zu fürchten, dass ich selbst einen Teil der Schuld an dieser Kette von Abreisen tragen könnte. Und da begann ich an den Spiegel zu denken. Ich wünschte ihn mir als einen neutralen Richter, als einen Fixpunkt und Wahrheitszeugen in der Nacht aus Passionen, in der sich die Kämpfe der Liebe zutragen.

Im Mai 1927 fragte man mich, ob ich das Spiegelteleskop für das neue nordische Observatorium oberhalb von Delsjö in der Nähe von Göteborg konstruieren wolle. Ich sagte ja.

Ich wusste, dass das Observatorium als Monument nordischer Versöhnlichkeit gedacht war. Damals fanden jeden Tag in ganz Europa Streiks statt. Wir wussten, dass eine Wirtschaftskrise bisher unbekannten Ausmaßes heraufzog. Ohne den Schatten eines Zweifels wartete ich auf den neuen Weltkrieg.

Das Observatorium war ein Versuch, die Angst zu dämpfen, indem man gemeinschaftlich zu den Sternen hinaufsah. Wie bei allen monumentalen, nationalen Illusionen war dieser Zweck – bei denen, die die Entscheidungen trafen – halb bewusst, halb unerkannt. Von Anfang an sah ich das Projekt, wie es war.

Man hat mich gefragt, weshalb ich mich denn trotzdem zur Verfügung gestellt hätte.

Was sollte ich sagen? Wir wissen so wenig, welcher Sache wir eigentlich dienen. Als Kepler 1604 in seinem «Zusatz zu Witelo» seine optischen Theorien veröffentlichte, meinte er damit die Existenz Gottes und die Beständigkeit seiner eigenen Zeit zu bestätigen. Die Geschichte hat gezeigt, dass er damit einen entscheidenden Schritt auf dem Weg machte, der die Welt, in der er schrieb, bis zur Unkenntlichkeit verändern sollte.

Fragte man trotzdem noch einmal, was einige auch getan haben, weshalb ich mich an einem politischen Betrug beteiligte, antwortete ich, schließlich müsse ich ja leben.

Denen, die dann noch einmal fragten, drohte ich eine Tracht Prügel an.

Das war vier Jahre bevor sie den Reflektor zum Palomarobservatorium bauten. Man meinte, dass es nie möglich sein würde, einen größeren Spiegel herzustellen als den Reflektor des «Leviathan», des vom Earl of Rosse gebauten Teleskops, mit seinem Durchmesser von 183 Zentimetern und einer Brennweite von 17 Metern. Noch diskutierte man, ob die Zukunft nicht eher den Linsenfernrohren gehöre.

Im Laufe des Sommers 1927 zogen wir die Arbeitshalle hoch. Im Winter den keramischen Ofen. Im folgenden Winter goss ich den Spiegel.

Ich will nicht von meiner Forschungsarbeit berichten, die dazu führte, dass ich mich für einen silberbeschichteten Glasspiegel entschied. Nicht von meiner Entwicklung homogener Glasarten. Nicht von meiner Silberbeschichtung. Auch nicht von dem Schlaf, den ich opferte, um zum ersten Mal in der Geschichte die Regel zu brechen, die uns seit zweihundert Jahren erzählt, die Lichtabsorption eines Spiegels könne nie geringer sein als fünfzig Prozent. Ich will Ihnen die Sterne zeigen, Sie nicht damit unterhalten, wie mühsam es ist, sie zu erreichen.

Ich unternahm neunzehn missglückte Versuche. Die letzte, gelungene Kühlung dauerte einunddreißig Tage. Ohne Stolz, ohne Zorn, ohne Reue kann ich sagen, dass noch niemand gesehen hat, was wir sahen, als wir den Ofen öffneten.

Es war ein perfekter Hohlspiegel, Teil einer Kugelfläche, deren imaginäres Zentrum 52 Meter entfernt lag. Seine Öffnung betrug sieben Meter im Durchmesser. Die Sprache ist arm. Ich habe keine Lust, noch weiter von diesem Anblick zu sprechen.

Da hörten wir zum ersten Mal von ihr. Ihr Ruf eilte ihr voraus, als sei sie die größte Hure der Welt oder der Welt größte Operndiva. Sie war Glasschleiferin.

Ich reiste los, um sie zu finden. Ich folgte den Wundern, die sie vollbracht hatte. Vor den friesischen Inseln sah ich auf dem Oberdeck des Schiffs eine goldene Scheibe, als hätte man den Vollmond auf das Deck heruntergeholt. Aber es war nicht der

Mond, es war eine blendend weiße Lichtscheibe, die von einem zehn Seemeilen entfernten Leuchtturm stammte. Das Lichtbündel war nicht zerstreut worden. Sein Durchmesser betrug einen halben Meter, genau wie zu dem Zeitpunkt, als es die undenkbare, die unfassbare, die perfekte Linse verließ, um die es sich dabei gehandelt haben muss. Man erzählte sich, es sei ein Geschenk von ihr an den holländischen Staat gewesen.

In Wien besuchte ich die neue Orangerie. Für die ellipsoiden Wände hatte sie krumme Spiegel geschliffen, die das Rauminnere so wiedergaben, dass man die Besucher kaum zum Eintreten bewegen konnte, weil sie den hundert Quadratmeter großen Raum in einen unwegsamen und unendlichen Wald aus Apfelsinen- und Zitronenbäumen entgleiten sahen, in dem sie sich, davon waren sie überzeugt, verirren würden.

Ich fand sie nicht, immer war sie da, wo ich hinkam, gerade abgereist, denn so sind die Frauen. Zuletzt fuhr ich nach Göteborg zurück. Dort war sie dann.

Sie befahl allen außer mir, die Halle zu verlassen, dann arbeitete sie. Zuerst entkleidete sie sich. Ich versuchte ihr die sphärische Aberration, den Baufehler des Hohlspiegels, zu erklären. Ich weiß nicht, ob sie zuhörte. Ich weiß nicht, ob sie mich verstand. Sie war wohl einen Meter sechzig groß, halb Japanerin, halb Italienerin. Man sagte, ihre Vorfahren seien unter den Ersten gewesen, die vor dem Emigrationsverbot flohen, das im Mittelalter für die Glasschleifer von Venedig galt. Sie waren nach Osten geflüchtet.

Sie zog alles aus, außer einem langen Tuch, das sie um die Hüften gewunden hatte. Ihre Haut war weiß wie die Masse aus Bienenwachs und Stearin, aus der sie die Altarkerzen gießen. Um Füße und Hände hatte sie weiße Baumwolllappen gewickelt, auf die sie ein Gemisch aus zerstoßenem Magnesium und Diamantenstaub streute. Danach kletterte sie in den Spiegel und begann zu schleifen.

Für mich ist diese Zeit wie ein Abschnitt meines Lebens. In

Wirklichkeit mögen es drei, vielleicht vier Tage gewesen sein. Das Dach über uns war aus Glas, und der Spiegel sammelte das Tageslicht. Auf dem pulverisierten Edelstein bewegte sie sich wie auf einem kalten, blauen Feuer. Sie rückte nur langsam vor, doch ihr Körper war immer von Schweiß bedeckt. In dem über dem Spiegel schwebenden Glasstaub hing ihre Reflexion wie umgekehrte, gewundene, dreidimensionale Bruchstücke von ihr.

Eines Nachts schliefen wir miteinander. Sie fragen, was sie dazu bewog? Ich habe keine Antwort. Ich kann nicht sagen, dass ich mich mag. Ich behandle mich mit Geduld, weil ich weiß, dass ich mit mir zusammenbleiben muss, bis dass der Tod uns scheidet. Aber ich habe nie gemeint, ich könne Frauen mehr bieten als meinen jungenhaften Charme, und auch an den glaube ich nicht mehr. Es mag wegen des Spiegels gewesen sein. Dann wurde sie jedenfalls enttäuscht. Der Künstler ist immer so viel armseliger als sein Werk.

Jedenfalls bedrückte sie mich. Als sie den Schliff beendet hatte, schickte ich sie weg.

Erst dann beschichtete ich den Spiegel mit Silber. Danach montierten wir das Teleskop und richteten es auf den Himmel. Wir machten eine Reihe Fotografien. Wir sahen, was noch kein Mensch zuvor gesehen hatte. Wir sahen den ersten Quasar. Wir sahen den Planeten Pluto. Wir sahen einen Sternennebel, der sich aufzulösen schien und in der nächsten Nacht vom Himmel verschwunden war. Wir sahen einen unerklärlichen dunklen Körper, der uns alle überraschte. Die Astronomen meinten, es sei eine Himmelserscheinung, die Gold und Berühmtheit verheiße. Ich wusste, dass es sich um einen Fremdkörper auf dem Spiegel handeln musste. Am folgenden Tag untersuchte ich das Glas. Ich fand nichts. Auf den nächsten Aufnahmen hatte sich der Schatten verschoben und die Form geändert. Da legte ich ein feinmaschiges Quadratnetz über den Spiegel und lokalisierte mit Sicherheit die Stelle, an der das Staubkorn zu finden sein musste. Ich richtete ein Mikroskop auf das Glas. Ich sah nur die Lichtquelle meines Instruments. Mir begegnete nichts als mein eigenes Spiegelbild.

Da begriff ich, dass der Spiegel lebendig sein musste. Nachdenklich betrachtete ich meine Kollegen und sah, dass sie zufrieden waren, dass sie mich und sich zu dem guten Ergebnis beglückwünschten und sich auf die Einweihung freuten. Dass es sie nicht störte, die kleine Schattenamöbe aus ihrem Weltbild zu verdrängen.

Da reiste ich ihr nach. Kadmus muss im dritten Gesang der Metamorphosen einer Frau um die Welt nachreisen. Odysseus fährt wegen einer Frau hinaus und wegen einer anderen wieder heim. Und Tristan. Und Salomon.

Ich erwähne das, weil ich die Garantie der Geschichte dafür haben möchte, dass ich nicht der einzige Idiot bin, der bereit gewesen ist, einer Frau um die halbe Welt nachzureisen. Damals meinte ich, mich treibe die Ahnung, dass sie, die das rote Glas zum Leben erweckt hatte, *den* Spiegel haben müsse. Jetzt, wo mein Gemüt polierter Granit ist, kann ich mir erlauben zu sagen, dass ich sie auch vermisste.

Ich holte sie in Kopenhagen ein. Sie bereitete eine Ausstellung ihrer Spiegel und Linsen im Tivoli vor. In der Nacht kletterte ich über das schmiedeeiserne Gitter des Gartens.

Sie war allein.

«Du kommst, um *den* Spiegel zu sehen», sagte sie. «Es gibt ihn also?», fragte ich. «Ja», sagte sie, und dann erzählte sie mir davon.

«Wer in einen Spiegel blickt», sagte sie, «sieht, was er zu sehen wünscht oder fürchtet. Ich habe immer gewusst, wenn ich einen Spiegel schaffen würde, der die Wirklichkeit zeigt, würde der Spiegel selbst lebendig sein, ein Organismus, der die Stimmung des Betrachters spürt und ein um diese Stimmung korrigiertes Bild zeigt.»

Sie führte mich in eine Ecke. An der Wand stand ein mannshohes, mit einem gelben Tuch verhülltes Rechteck. Es hätte ein Gemälde sein können. Sie zog den Stoff weg. Erst glich er einem gewöhnlichen Spiegel. Dann sah ich, dass er in dem dunklen Raum ganz schwach leuchtete, von einem Licht, das von irgendwoher hinter der Spiegelfläche zu kommen schien. Ich sah nun auch, dass er nicht völlig in Ruhe war, dass er am Rand eine leichte, wallende, plasmatische Bewegung zeigte. Ich trat vor den Spiegel.

Ich sage es noch einmal: Niemand braucht zu glauben, was ich jetzt erzähle. Ich kann es selbst nicht glauben. Nachts, wenn ich wach liege, denke ich, ob wohl mein Erinnerungsvermögen Schaden gelitten haben könnte. Diese Gedanken bringen mich nicht gerade zum Schlafen. Aber sie verleihen meiner Schlaflosigkeit eine Art Sinn.

Ich sah zuerst mein eigenes Spiegelbild, wie ich es kannte. Wie ich es zu kennen meinte. Aber mein Gesicht war verzerrt. Ich betastete meine Haut und fühlte, sie war ruhig. Ich begriff, dass der Spiegel zeigte, meine Selbstkontrolle war nur erzwungen. Um sich der Wahrheit zu nähern, zeigte er mir ein übertriebenes Bild meiner Unruhe.

Dann begann sich das Bild zu bewegen. Es wurde zu einer Reihe springender, schiefer Abbilder meiner selbst. Ich versuchte jedes einzelne zu erhaschen. Da erhöhte sich ihre Geschwindigkeit. Ich konzentrierte mich auf das Bild, das der Spiegel von meinem Äußeren vermittelte. Da verschwand ich von seiner Fläche, und stattdessen wirbelten an mir eine Reihe Tableaus vorbei, die ich als meine innersten Wünsche und Phobien erkannte. Ich war Zeuge, wie der Spiegel die Wellen aus Bildern und Stimmungen zu kompensieren versuchte, die in diesem Augenblick durch mich hindurchglitten.

Ich hielt mir die Augen zu. Ich versuchte ruhig zu bleiben, um den Spiegel zu bremsen. Ich sagte mir, was immer er zeigte, ich würde es kühl und ruhig betrachten, denn ich würde wissen, es war die Wahrheit.

Als ich die Hände fortnahm, sah ich den Raum, in dem ich stand. Ich erkannte die breiten, rauen Bodendielen und die Wände mit ihrer Mischung aus Gold und rauchgeschwärztem Grau. Ich selbst aber war fort, der Raum war nicht mehr naturalistisch, stattdessen schraubte er sich spiralförmig in die Unendlichkeit.

Der Spiegel hatte meine Erwartung hinsichtlich der Wahrheit registriert. Um diese Projektion auszugleichen, zeigte er mir eine unleugbare Fehlerhaftigkeit.

Ich hatte immer gemeint, mein Charakter habe etwas Eselhaftes und Bäurisches, das meine Welt immer begrenzen, mich dafür aber auch vor dem Wahnsinn schützen würde. Nun spürte ich, dass auch dies Einbildung war. Dass ich hier an einem grausamen Spiel teilnahm, durch das jeder wahnsinnig werden könnte.

Ich nahm von der Wand einen normalen quadratischen Schminkspiegel und hielt ihn dem Spiegel vor, um ihn zu zwingen, die Wahrheit über sich selbst zu zeigen. Er antwortete, doch nicht mit mir, nicht mit dem Spiegel, den ich hielt, sondern indem er die Wand hinter mir zeigte, und nur sie allein.

Ich sah die Frau an, und in diesem Augenblick verriet der Spiegel, dass ich alles – sogar den Anblick des Spiegels – dafür hingegeben hätte, mein Gesicht an ihre lumineszierende Haut legen zu dürfen. Ich sah meine Liebe entlarvt, ich hasste meine eigene Abhängigkeit, und mir fiel ein, dass ich sie töten könnte. Zugleich mit meinen Gedanken lagen meine Hände im Spiegel um ihren Hals. Da trat ich einen Schritt vor, um sie auszulöschen, sie, die einzige Zeugin meiner Nacktheit, der Spiegel aber sah durch mich hindurch und zeigte mich auf den Knien vor ihr, flennend vor Feigheit.

Ich konnte nicht von dem Spiegel weggehen, drehte ihm aber den Rücken zu. Was ich gesehen hatte, hatte nichts mit der pedantischen, flachen Wirklichkeit des normalen Spiegelbildes zu tun. Es hatte eine tiefere Räumlichkeit gehabt als alles, was ich je zuvor gesehen hatte. Ich war nicht mehr sicher, ob die Welt im Spiegel oder die Welt draußen die wirkliche war.

«Wie soll ich wissen, mein Blümchen», sagte ich zu ihr, «dass es dich gibt und du existierst und dass du nicht nur eine Konstruktion aus Licht bist, die dieser Spiegel hier geschaffen hat?»

«Das kannst du nie wissen», erwiderte sie. «Ich bin nicht einmal selbst sicher. Wenn ich die Augen schließe, sehe ich die Bilder von damals, als ich den Spiegel machte. Aber die Erinnerungen können ja vom Spiegel geschaffen worden sein, als er mich herstellte.»

Seitdem ist mir klar, dass dieses Problem auch immer das meine sein wird. Bin ich derjenige, der darüber schreibt, was er einmal erlebt hat? Oder fügt dieser Bericht meinem Leben irgendetwas hinzu, sodass man sagen muss, dass ich erst entstehe, während ich schreibe, dass also in gewissem Sinn erst dieses Protokoll mich zu dem macht, der ich bin? Und wie verwandelt es mich? Wenn Poe über Spiegel schrieb – wie in *Eine Mystifikation*, wie in *Die Philosophie der Einrichtung* –, wurde er selbst oberflächlich, glatt und gleichgültig, so als würde seine eigene Sprache zu einem Spiegel. Soll mir das Gleiche passieren?

Die Geschichte der Wissenschaft in Europa hat die Diskussion zwischen den Anhängern von Aristoteles und Galen nicht entscheiden können. Die Frage, inwieweit der Sehende passiv einen optischen Abdruck der Wirklichkeit empfängt oder selbst formt, was er sieht. Angesichts der Frau vor mir verstand ich, dass der Dialog immer sinnlos gewesen war, weil die Frage verkehrt gestellt war. Sie setzt voraus, dass es eine stabile Wirklichkeit zu beobachten gibt. Die gibt es nicht. In dem Augenblick, in dem wir die Welt betrachten, beginnt sie sich zu verändern. Und wir mit ihr. Die Wirklichkeit ansehen heißt nicht, eine Struktur begreifen. Es heißt vielmehr, sich unterwerfen und eine unüberschaubare Verwandlung einleiten.

Ich wandte mich dem Spiegel zu. Ich wusste, wenn ich seine Bilder jagte, würden sie entfliehen. Wenn ich ihnen davonlief, würden sie mich verfolgen. Sie würden mir verweigern, worum ich sie bitten würde. Was ich am meisten fürchtete, würden sie mir in die Gurgel stopfen. Die Geschichte Europas ist die Geschichte des grenzenlosen Vertrauens in die Macht des Willens. In diesem Augenblick sah ich die unendliche Begrenztheit dieses Willens. Vor diesem Spiegel hatte ich nur zwei Möglichkeiten, ich konnte mich davorstellen und aufgeben oder es ganz sein lassen.

In seinen Erinnerungen erzählt Carl Gustav Jung, wie er am Schreibtisch sitzt und zum ersten Mal in seinem Leben beschließt, sich von seinen inneren Bildern verschlingen zu lassen. Vielleicht ist es Furcht, die die Menschen dazu bringt loszulassen. Vielleicht ist es Verzweiflung. Mut ist es jedenfalls nicht.

Nur einen Moment lang zeigte mir der Spiegel meine physische Person. Dann muss er gemerkt haben, dass ich aufgegeben hatte, denn er ließ mich fallen. Der Raum um mich her verschwand. Irgendwo am Rande des Erlebens befand sich die Frau.

Ich lege dem, was ich gesehen habe, keine bestimmte Bedeutung bei. In *Alef* sah Luis Borges alle Punkte des Universums in ein und demselben Augenblick. Was ich sah, war unendlich viel weniger. Und es war sukzessiv. Wie die Stufen einer Treppe. Ich weiß nicht, ob sie nach oben oder nach unten, ob sie zur Wirklichkeit hin- oder von ihr wegführte.

Ich sah ein bodenloses Tal voller Nebel. Ich sah Spiraltürme aus Licht. Ich sah eine Frau mit dunklem Gesicht und einem Namen, der in einer nilotischen Sprache auf die blaugraue Stunde vor Sonnenaufgang verwies, in der ihre Mutter sie in einem Graben geboren hatte.

Ich sah einen Spiegel. Danach unendlich viele Spiegel, die ihre Leere spiegelten. Danach den Spiegel, den sie an Rasmus Rasks Lippen hielten, um zu sehen, ob er lebte. Danach seine Leiche. Danach Eselknochen an der Karawanenstraße von Tamale nach Mekka. Die beiden Jahre, die die Pilgerfahrt dauerte (wie sieht man zwei Jahre?). Danach den Duft des Vinho Cheiro von Terceira (wie sieht man einen Duft?). Eine Trinkschale, die vor dreitausend Jahren in einem Ruderboot drei Tagereisen von der Küste des Gelben Meeres entfernt lackiert worden war.

Ich sah die großen Systemkonstrukteure und ihr Werk. Linné mit seiner Botanisiertrommel in Lappland. Den vorläufig letzten Buddha. Thomas von Aquin. Seinen Kommentar zu *De Anima*. Hegel bei seiner Antrittsvorlesung in Berlin. Wagner. Den letzten mathematischen Polyhistor, Poincaré. Den Schatten eines Menschen, der der Erlöser hätte sein können. Den Abschnitt in *De Caelo* – ich glaube, es war der sechsundfünfzigste –, in dem Swedenborg schreibt, die irdische Welt sei ein Spiegelbild der himmlischen.

Danach die großen Kosmologien. Der Spiegel zeigte mir eine Welt, die fließt. Eine Welt, die brennt. Eine Welt, die aus kleinsten Teilen besteht. Die selbst ein kleinster Teil in einem größeren ist. Eine Welt aus konzentrischen Kreisen. Eine Welt, die eine Illusion ist. Die eine Pflanze ist. Eine Welt, die von Ideen bewegt wird. Die von Menschen bewegt wird. Von Göttern. Von Vernunft. Von ökonomischen Gesetzmäßigkeiten. Eine Welt, die nicht existiert, sondern von einem Wesen geträumt wird, das auch nicht existiert.

Dann kam ein Augenblick Stille. Dann kam die Leere. Sie kam nicht als Abwesenheit. Sie kam als Anwesenheit, als spürbares Vakuum, das aus dem Spiegel heraustrat und mich zu sich zog.

Wer die Leere kennt, wird mich verstehen. Sie ist ein Sog im Weltraum.

Sie verschlang mich, und dann würgte sie mich wieder aus.

Die Menschen sind grenzenlos gleich und grenzenlos unterschiedlich. Die Leere kann eine Taufe sein, ein Fluss, ein Grundstein, eine Vernichtung, ein Kreuz, eine neue Algebra. Für mich bedeutete sie, dass ich unwiderruflich von der Liebe befreit wurde.

Ohne ganz sicher zu sein, meine ich, ganz gelassen ausgedrückt, dass ich auch unsterblich geworden bin.

Ich wusste jetzt, wonach diejenigen, die ihr Leben mit Suchen verbringen, suchen. Sie müssen die Leere gesehen haben, und den Rest ihres Lebens werden sie versuchen, sie noch einmal erleben zu können. Ich verstand jetzt, weshalb sich Jesus mit jedem dritten Satz widersprechen musste, weshalb Buddha seine Zuflucht zu Wundern nehmen und Mohammed drohen und Meister Eckehart verlangen musste, dass seine eigene Isolation unser aller Los sein müsse.

Sie alle hatten die Leere gesehen und wollten in sie zurück.

Die großen Systeme, die der Welt von der Wahrheit und dem Leben erzählen, erheben immer den Anspruch, definitiv wahr und ausgewogen zu sein. In Wirklichkeit sind sie ein furchtsamer Brückenschlag aus Sehnsucht. Das sah ich, und es machte mich rein und klar wie Bergkristall.

Leider vergesse ich langsam, was ich sah. Ich habe es zwar wieder gesehen, sie hat mir den Spiegel seither noch oft gezeigt, aber das Vergessen löscht es aus.

Es ist elf Tage, vier Stunden und dreiundfünfzig Minuten her, seit ich es zum letzten Mal gesehen habe. Ich kann mich noch immer, wenngleich mit Mühe, daran erinnern, wie weiß die Leere ist. Aber an sie selbst nicht mehr.

Während ich dies schreibe, spüre ich, dass ich die Frau vermisse. Dass ich mich bis zum Wahnsinn nach ihr sehne. Ich weiß, dass ich damit allem widerspreche, was ich geschrieben habe. Ich sehe der Tatsache ins Auge, dass mein Gleichgewicht nicht souverän und endgültig ist. Dass es weg ist.

Ich weiß jetzt, warum ich zornig bin. Ich habe Angst vor meiner Abhängigkeit von ihr. Ein Leben mit ihr wäre die Hölle. Ein Leben ohne sie wäre schlimmer. Ich habe etwas Kostbares gesehen, aber ich bin nur ein Mensch, genau das ist der Fehler, denn der Mensch ist zerbrechlich, er verfällt, er vergisst, er versagt, er schmälert, er entwertet, er wird von moralischer und intellektueller Inflation getroffen.

Wenn ich mich nur daran erinnern könnte, wie es sich anfühlte, bescheiden und damit Herr der Lage zu sein. Doch das Vergessen frisst meine Demut. Ich schreibe dies mit einem zunehmenden fatalen Selbstgefühl. Ich werde aufgeblasen, ich steige empor. Ich kann den Bleistift nicht halten. Meine Liebe zu ihr ist einzigartig, sie ist enorm. Wo ist meine Ruhe? Mein Klischeebewusstsein? Mein Zynismus? Meine karmische Abgeklärtheit? Wo sind meine Spiegel? Wo ist die Frau? Hilfe!

# Quellenverzeichnis

**Hans Fallada, Die Sorglosen**
Aus: *Kleiner Mann – was nun?* S. 7–35. Veröffentlicht im Rowohlt Taschenbuch Verlag GmbH, Reinbek bei Hamburg, Mai 1950. Copyright © Aufbau-Verlag Berlin 1994

**Ernest Hemingway, Schnee auf dem Kilimandscharo**
Übersetzt von Annemarie Horschitz-Horst. Aus: *Schnee auf dem Kilimandscharo*, 6 Stories. Veröffentlicht im Rowohlt Taschenbuch Verlag GmbH, Reinbek bei Hamburg, April 1961. «49 stories» Copyright © 1950, 1977 by Rowohlt Verlag GmbH, Reinbek bei Hamburg

**Wolfgang Borchert, Schischyphusch oder Der Kellner meines Onkels**
Aus: *Das Gesamtwerk*. Veröffentlicht im Rowohlt Taschenbuch Verlag GmbH, Reinbek bei Hamburg, März 1991. Copyright © 1949 by Rowohlt Verlag GmbH, Reinbek bei Hamburg

**Robert Musil, Die Portugiesin**
Aus: *Drei Frauen*. Veröffentlicht im Rowohlt Taschenbuch Verlag GmbH, Reinbek bei Hamburg, Oktober 1952. Copyright © 1978 by Rowohlt Verlag GmbH, Reinbek bei Hamburg

**Dorothy Parker, Zu schade**
Übersetzt von Pieke Biermann und Ursula-Maria Mössner. Aus: *New Yorker Geschichten*. Gesammelte Erzählungen. Veröffentlicht im Rowohlt Taschenbuch Verlag GmbH, Reinbek bei Hamburg, März 1995. Copyright © 1985, 1994 by Haffmans Verlag AG Zürich

**Kurt Tucholsky, Rheinsberg**
Aus: *Rheinsberg. Ein Bilderbuch für Verliebte*, hg. von Mary Gerold Tucholsky, S. 19–73. Veröffentlicht im Rowohlt Taschenbuch Verlag GmbH, Reinbek bei Hamburg, April 1958. Copyright © 1960 by Rowohlt Verlag GmbH, Reinbek bei Hamburg. Die Veröffentlichung von *Rheinsberg* erfolgt mit freundlicher Genehmigung des Atrium Verlages AG, Zürich

**Italo Svevo, Die Zigarette**
Übersetzt von Piero Rismondo. Aus: *Zeno Cosini*. Gesammelte Werke in Einzelausgaben, Band VII, hg. von Claudio Magris, Gabriella Contini und Silvana de Lugnani, S. 31–59. Veröffentlicht im Rowohlt Taschenbuch Verlag GmbH, Reinbek bei Hamburg, September 1988. Copyright © 1959, 1987, 1988 by Rowohlt Verlag GmbH, Reinbek bei Hamburg

**Isaac Bashevis Singer, Gimpel der Narr**
Übersetzt von Wolfgang von Einsiedel. Aus: *Gimpel der Narr.* Ausgewählte Erzählungen. Veröffentlicht im Rowohlt Taschenbuch Verlag GmbH, Reinbek bei Hamburg, Oktober 1982. Copyright © 1968 by Rowohlt Verlag GmbH, Reinbek bei Hamburg

**Philip Roth, Die Bekehrung der Juden**
Übersetzt von Herta Haas. Aus: *Goodbye, Columbus!* Ein Kurzroman und fünf Stories. Veröffentlicht im Rowohlt Taschenbuch Verlag GmbH, Reinbek bei Hamburg, Dezember 1987. Copyright © 1962 by Rowohlt Verlag GmbH, Reinbek bei Hamburg

**Roald Dahl, Genesis und Katastrophe**
Übersetzt von Wolfheinrich von der Mülbe. Aus: *Küsschen, Küsschen*, Elf ungewöhnliche Geschichten. Veröffentlicht im Rowohlt Taschenbuch Verlag GmbH, Reinbek bei Hamburg, 1994. Copyright © 1962 by Rowohlt Verlag GmbH, Reinbek bei Hamburg

**Rolf Hochhuth, Die Berliner Antigone**
Aus: *Panik im Mai*. Sämtliche Gedichte und Erzählungen.Veröffentlicht im Rowohlt Taschenbuch Verlag GmbH, Reinbek bei Hamburg, Juni 1991. Copyright © 1961, 1971, 1975, 1985, 1986, 1991 by Rowohlt Verlag GmbH, Reinbek bei Hamburg

**Albert Camus, Der Gast**
Übersetzt von Guido G. Meister. Aus: *Jonas oder Der Künstler bei der Arbeit*. Gesammelte Erzählungen. Veröffentlicht im Rowohlt Taschenbuch Verlag GmbH, Reinbek bei Hamburg, Februar 1998. Copyright © 1966 by Rowohlt Verlag GmbH, Reinbek bei Hamburg

**Jean-Paul Sartre, Herostrat**
Deutsch von Uli Aumüller. Aus: *Die Kindheit eines Chefs*. Erzählungen. Veröffentlicht im Rowohlt Taschenbuch Verlag GmbH, Reinbek bei Hamburg, April 1985. Copyright © 1950, 1970, 1983 by Rowohlt Verlag GmbH, Reinbek bei Hamburg

**Vladimir Nabokov, Frühling in Fialta**
Übersetzt von Dieter E. Zimmer. Aus: *Frühling in Fialta*. Dreiundzwanzig Erzählungen, Copyright © 1966 by Rowohlt Verlag GmbH, Reinbek bei Hamburg

**John Cheever, Der Schwimmer**
Übersetzt von Lore Fiedler. Aus: *Der Schwimmer*. Stories. Veröffentlicht im Rowohlt Taschenbuch Verlag GmbH, Reinbek bei Hamburg, September 1995. Copyright © 1995 by Rowohlt Verlag GmbH, Reinbek bei Hamburg

**Henry Miller, Der dritte oder vierte Frühlingstag**
Übersetzt von Kurt Wagenseil. Aus: *Schwarzer Frühling*. Erzählungen. Copyright © 1954 by Rowohlt Verlag, Reinbek bei Hamburg

**Harry Mulisch, Symmetrie**
Übersetzt von Franca Fritz. Originaltitel: *Symmetrie*. Aus: *Vorfall*. Fünf Erzählungen. Veröffentlicht im Rowohlt Taschenbuch Verlag GmbH, Reinbek bei Hamburg, Oktober 1993. Copyright © 1993 by Carl Hanser Verlag, München/Wien

**John Updike, Die andere Frau**
Übersetzt von Uwe Friesel und Hannelore Gauster. Aus: *Spring doch!* Erzählungen. Veröffentlicht im Rowohlt Taschenbuch Verlag GmbH, Reinbek bei Hamburg, Dezember 1992. Copyright © 1990 by Rowohlt Verlag GmbH, Reinbek bei Hamburg

**Toni Morrison, Was dann?**
Übersetzt von Angela Praesent. Aus: *Solomons Lied*. Roman, S. 196–209.Veröffentlicht im Rowohlt Taschenbuch Verlag GmbH, Reinbek bei Hamburg, Februar 1986. Copyright © 1979 by Rowohlt Verlag GmbH, Reinbek bei Hamburg

**Peter Rühmkorf, Der Hüter des Misthaufens**
Aus: *Der Hüter des Misthaufens*. Aufgeklärte Märchen. Veröffentlicht im Rowohlt Taschenbuch Verlag GmbH, Reinbek bei Hamburg, Januar 1987. Copyright © 1983 by Rowohlt Verlag GmbH, Reinbek bei Hamburg

**Helmut Krausser, Spielgeld**
Aus: *Spielgeld*. Erzählungen und andere Prosa.. Veröffentlicht im Rowohlt Taschenbuch Verlag GmbH, Reinbek bei Hamburg, Dezember 1994. Copyright © 1990 by Peter Kirchheim Verlag, München

**Elke Heidenreich, Das Döofchen**
Aus: *Kolonien der Liebe*. Erzählungen.Veröffentlicht im Rowohlt Taschenbuch Verlag GmbH, Reinbek bei Hamburg, Juni 1994. Copyright © 1992 by Rowohlt Verlag GmbH, Reinbek bei Hamburg

**Harold Brodkey, Unschuld**
Übersetzt von Hans Wollschläger (I–III) und Dirk van Gunsteren (IV).
Aus: *Unschuld*. Nahezu klassische Stories Band I. Veröffentlicht im Rowohlt Taschenbuch Verlag GmbH, Reinbek bei Hamburg, Dezember 1992. Copyright © 1990 by Rowohlt Verlag GmbH, Reinbek bei Hamburg

**Herta Müller, Dorfchronik**
   Aus: *Niederungen*. Veröffentlicht im Rowohlt Taschenbuch Verlag GmbH, Reinbek bei Hamburg, Dezember 1993. Copyright © 1984 und 1988 by Rotbuch Verlag, Berlin
**Rosamunde Pilcher, Das blaue Zimmer**
   Übersetzt von Margarete Längsfeld. Aus: *Das blaue Zimmer*. Erzählungen. Veröffentlicht im Rowohlt Taschenbuch Verlag GmbH, Reinbek bei Hamburg, September 1996. Copyright © 1994 by Rowohlt Verlag GmbH, Reinbek bei Hamburg
**Paul Auster, Auggie Wrens Weihnachtsgeschichte**
   Übersetzt von Werner Schmitz. Copyright © 1991 by Rowohlt Verlag GmbH, Reinbek bei Hamburg. Aus: *Made in the U.S.A. Neue Stories aus Amerika*, hg. von Michael Naumann. Veröffentlicht im Rowohlt Taschenbuch Verlag GmbH, Reinbek bei Hamburg, November 1996. Copyright © 1994 by Rowohlt Verlag GmbH, Reinbek bei Hamburg
**Alissa Walser, Geschenkt**
   Aus: *Dies ist nicht meine ganze Geschichte*. Veröffentlicht im Rowohlt Taschenbuch Verlag GmbH, Reinbek bei Hamburg, Februar 1996. Copyright © 1994 by Rowohlt Verlag GmbH, Reinbek bei Hamburg
**José Saramago, Embargo**
   Übersetzt von Andreas Klotsch. Aus: *Der Stuhl und andere Dinge*. Erzählungen. Veröffentlicht im Rowohlt Taschenbuch Verlag GmbH, Reinbek bei Hamburg, Oktober 1997. Copyright © 1995 by Rowohlt Verlag GmbH, Reinbek bei Hamburg
**Felicitas Hoppe, Am Saum**
   Aus: *Picknick der Friseure*. Geschichten. Veröffentlicht im Rowohlt Taschenbuch Verlag GmbH, Reinbek bei Hamburg, Januar 1998. Copyright © 1996 by Rowohlt Verlag GmbH, Reinbek bei Hamburg
**Peter Nádas, Minotauros**
   Übersetzt von Hildegard Grosche. Aus: *Minotauros*. Erzählungen. Veröffentlicht im Rowohlt Taschenbuch Verlag GmbH, Reinbek bei Hamburg, Oktober 1999. Copyright © 1997 Rowohlt · Berlin Verlag GmbH, Berlin
**Tim Gautreaux, Derselbe Ort, dieselben Dinge**
   Übersetzt von Tamara Willmann. Aus: *Verschollen in Vegas*. Stories. Veröffentlicht im Rowohlt Taschenbuch Verlag GmbH, Reinbek bei Hamburg, Mai 1998. Copyright © 1998 by Rowohlt Verlag GmbH, Reinbek bei Hamburg
**Peter Høeg, Spiegelbild eines jungen Mannes im Gleichgewicht**
   Übersetzt von Monika Wesemann. Aus: *Von der Liebe und ihren Bedingungen in der Nacht des 19. März 1929*. Veröffentlicht im Rowohlt Taschenbuch Verlag GmbH, Reinbek bei Hamburg, Dezember 1998. Copyright © 1996 by Carl Hanser Verlag, München/Wien